제2판

소비자보호법

고 형 석 저

세창출판사

이 도서의 국립중앙도서관 출판시도서목록(CIP)은 e-CIP 홈페이지 (http://www.nl.go.kr/ecip)에서 이용하실 수 있습니다.(CIP제어번호: CIP2008002538)

제2판 머 리 말

1980년 소비자보호법의 제정으로 시작된 소비자보호에 관한 법의 역사는 약 30년에 달하고 있다. 지난 30년간 소비자보호법은 많은 변화와 발전을 하였다. 1980년 소비자보호법의 제정을 시작으로 1986년 약관규제법의 제정, 1991년 할부거래법과 방문판매법의 제정, 1999년 제조물책임법과 표시광고공정화법의 제정, 2002년 전자상거래소비자보호법의 제정 등이 이루어졌다. 특히, 2006년에는 소비자보호에 관한 기본법이라 할 수 있는 소비자보호법이 소비자기본법으로 개정되었다. 이는 소비자보호라는 소비자정책의 패러다임이 소비자의 주권실현으로 변화됨을 반영한 것이다. 또한 소비자정책과 법의 주무부처가 종전 재정경제부와 공정거래위원회로 이원화되어 있던 것이 2008년 정부조직개편으로 공정거래위원회로 일원화되었다.

이러한 제반 여건의 변화는 소비자보호에 관한 법의 내용에 지대한 영향을 미쳤다. 이의 대표적인 것이 소비자기본법이다. 즉, 소비자를 보호의 대상 또는 객체로 인식하였던 것에서 나아가 보호의 주체로 역할을 할 것을 천명하고, 국가 등의 의무에 있어서도 소비자가 자주적으로 주권자의 역할을 수행할 수 있는 여건을 마련하는 것을 중심으로 변화하게 되었다. 그러나 사업자와 비교하여 소비자는 아직도 경제적 약자이므로 소비자보호는 소비자정책에 있어서 주가 되어야 한다. 이러한 측면에서 본서의 명칭도 소비자보호법을 그대로 유지하였다.

소비자기본법 이외에 소비자보호에 관한 법인 약관규제법, 표시광고공정화법, 방문판매법, 전자상거래소비자보호법, 할부거래법 등이 그 동안 많은 개정을 통하여 그 내용에 있어서 많은 변화가 있었다. 이는 소비자계약이 정지되어 있는 것이 아니라 지속적으로 발전하고 변화하는 거래형태이기에 이에 적합한 법적 규율을 반영한 것이다. 또한 이러한 변화는 향후 지속적으로 이어지기 때문에 소비자보호법 변화에 적합한 소비자보호방안을 시기적절하게 마련하여야 할 것이다.

본서에서는 2003년 이후 개정된 소비자보호법의 내용을 새로이 추가하였다. 그러나 선불식 할부거래, 개인정보보호, 고령소비자와 국내 외국인소비자의 보호문제 등을 다루지 못한 점이 아쉬움으로 남는다. 특히, 소비자보호법의 민법에의 편입문제는 향후 소비자보호법뿐만 아니라 민법분야에서도 가장 중요한 과제라 할 수 있으며, 이에 대한 논의가 절실한 분야이다. 이러한 점에 대하여는 추후 지속적인 연구를 통하여 보완하고자 한다.

마지막으로 본서가 나오기까지 물심양면으로 아낌없이 도움을 주신 목포와 삼랑진에 계신 어머님과 지도교수님이신 신종철 교수님, 아내, 도원와 범경, 가족 여러분과 선·후배님, 그리고 많은 도움을 주신 여러 교수님과 친우들에게 감사를 드리며, 어려운 와중에서 본서의 출판을 맡아 주신 세창출판사의 이방원 사장님과 관계자 여러분들에게 감사의 뜻을 전한다.

2008년 7월

저자 씀

머 리 말

인간은 생을 유지함에 있어서 필연적으로 수많은 재화를 소비하면서 살아간다. 이러한 재화는 인간의 삶이 점차 복잡·다양화됨에 따라 더 다양한 종류와 많은 양을 요구하게 되었으며, 각 개인이 자신에게 필요한 모든 재화를 직접 생산하여 소비한다는 것은 현실적으로 불가능하거나 비경제적이 되었다. 따라서 개인은 타인이 생산한 재화를 구입하여 사용하게 되었으며, 대량생산과 대량소비의 시대에 접어들면서 재화를 생산하여 판매하는 자와 이를 소비하는 자가 명백하게 구분되기 시작하였다. 이로부터 발생한 소비자문제는 현대에 들어와서 가장 중요한 문제 중의 하나로 등장하였다. 즉, 재화를 판매하는 사업자와 이를 소비하는 소비자의 관계는 불평등하며, 경제적 강자인 사업자는 자신의 지위를 이용하여 다양한 소비자피해를 유발시키고 있다. 특히, 과학기술을 이용하여 등장한 새로운 판매방식은 사업자뿐만 아니라 소비자에게 이점을 부여하지만, 그 이면에는 비대면거래의 특성에서 유래하는 다양한 소비자피해를 유발시킬 가능성이 있으며, 그 가능성은 이미 현실화되고 있다. 따라서 재화 등의 구입으로 발생하는 소비자피해를 예방 또는 구제하기 위하여 적절한 법·제도적 보호방안이 강구되어야 한다. 또한 소비자문제는 단지 일시적인 문제가 아니라 인간의 삶이 지속되는 한 계속되는 문제이기에 이 분야에 대한 지속적인 관심과 연구가 진행되어야 한다.

이러한 점을 인식하여 우리나라에서도 1980년 이후에 소비자보호법을 비롯한 각종의 소비자보호를 목적으로 하는 법령이 제정되었으며, 소비자보호원 등의 기구가 신설되었다. 또한 20세기말부터 시작된 통신기술의 발전은 재화 등의 거래에 커다란 영향을 주었으며, 이로 인하여 발생하는 소비자피해는 시간의 경과에 따라 증가의 추세는 예상을 초월하였다. 하지만 기존의 법·제도로는 이 분야에서 발생하는 소비자피해에 대하여 효율적으로 대처하지 못하였기에 전자상거래 등에서의 소비자보호에 관한 법률 등을 제정함과 더불어, 방문판매 등에 관한 법률 등을 개정하여 이 분야에서의 소비자보호를 위한 법적 기초를 마련하였다.

본서에서는 기존의 소비자보호에 관한 내용을 기초로 하여 소비자보호를 위하여 제정·개정된 법령과 제도에 대하여 각 분야별로 그 내용에 대하여 서술하였다. 구체적으로 본서는 4개의 편으로 구성되며, 제1편에서는 소비자의 개념·지위·특성, 소비자피해와 보호의 필요성, 소비자보호법의 개관, 소비자의 기본적 권리 및 국가와 사업자 등의 의무에 관하여 서술하였다. 제2편에서는 거래전반에 있어서의 소비자보호로서 표시·광고분야에서의 소비자보호와 약관을 이용한 거래에서의 소비자보호 및 가상공간을 이용하는 소비자의 개인정보보호에 관하여 서술하였다. 제3편에서는 특수거래분야에서의 소비자보호로서 할부거래, 방문판매·전화권유판매, 다단계판매, 계속거래·사업권유거래, 전자상거래·통신판매, 신용카드거래에서의 소비자보호에 관한 내용을 서술하였다. 마지막으로 제4편에서는 재화 등의 거래에서 발생한 소비자피해의 효율적인 구제를 위한 제조물책임, 간이한 소송절차 및 조정제도에 대하여 서술하였다.

본서가 나오기까지 여러 가지 면에서 도움을 주신 목포와 삼랑진의 부모님, 아내와 도원, 가족들과 신종철 교수님을 비롯한 여러 교수님, 선·후배님들 및 벗들에게 감사의 말을 전하며, 출판을 맡아주신 세창출판사의 이방원 사장님 및 관계자 분들에게도 감사의 뜻을 전합니다.

2003. 8.

저자 씀

차 례

제1편 현대사회와 소비자

제2편 소비자기본법

제3편 거래전반에 있어서 소비자보호

제4편 특수거래와 소비자보호

제5편 소비자피해예방 및 피해구제

약 어 표

방문판매 등에 관한 법률 ⇒ 방문판매법

약관의 규제에 관한 법률 ⇒ 약관규제법

전자상거래 등에서의 소비자보호에 관한 법률 ⇒ 전자상거래소비자보호법

정보통신망 이용촉진 및 정보보호 등에 관한 법률 ⇒ 정보보호법

표시·광고의 공정화에 관한 법률 ⇒ 표시광고공정화법

할부거래에 관한 법률 ⇒ 할부거래법

제1편 | 현대사회와 소비자

제1장 소비자의 개관

Ⅰ. 소비자의 의의

1. 소비자의 개념

산업혁명의 시작과 더불어 인류는 자급자족 또는 물물교환의 시기에서 벗어나 대량생산·대량소비의 시기로 접어들었다. 또한 사회의 복잡화와 더불어 과학기술의 발전 등으로 인하여 인간의 삶을 유지함에 있어서 필요한 재화를 한 개인이 자급자족한다는 것은 기술적인 측면에서뿐만 아니라 경제적인 측면에서 불가능 또는 비효율적인 것이 되었다. 이로 인하여 자신이 필요한 재화 또는 용역(이하에서 '재화 등'이라고 함)을 직접 제작하는 것이 아니라, 당해 재화를 전문적으로 대량생산하여 판매하는 자로부터 구입하여 소비하게 되었다. 이러한 과정 속에서 재화를 제작하는 제조업자와 이를 전문적으로 판매하는 사업자가 명확하게 구분되었으며, 재화를 필요로 하는 자는 제조업자가 아닌 판매를 전문으로 하는 사업자로부터 재화를 구입한다.[1] 또한 재화를 매수하는 자는 이를 원재료 또는 중간재 등으로 이용하여 다른 재화를 생산하거나 재판매 또는 최종적으로 사용한다. 이를 구입목적에 따라 구분하면, 다른 재화를 생산하거나

1) 전자상거래 등의 등장으로 인하여 제조업자로부터 소비자가 직접 구매하는 경우도 점차 증가하고 있다.

재판매 또는 자신의 상행위를 위하여 구입하는 경우와 이외에 자신의 개인용도 또는 가정상의 이용을 위하여 구입하는 경우로 나누어지며, 후자의 목적으로 재화 등을 구입하는 자를 일반적으로 소비자라고 한다. 이러한 일반적인 소비자의 정의는 법령에서 정하는 소비자의 개념과 일치하지 않으며, 소비자기본법 등에서는 소비자의 범주를 더 광범위하게 정하고 있다. 소비자기본법상에서의 소비자의 정의를 살펴보면, 크게 두 가지로 구분할 수 있다. 먼저, 상기에서 살펴본 일반적인 소비자와 정책적 고려하에서 인정하는 소비자의 개념이다. 즉, 사업자가 제공하는 물품 및 용역을 소비생활을 위하여 사용하거나 이용하는 자는 일반적인 소비자에 해당하는 반면에(동법 제2조 제2호), 일정한 상행위를 목적으로 재화를 구입하는 자에 대하여도 소비자로 인정하고 있다(동 시행령 제2조 제2호). 즉, 매수한 물품을 농업, 축산업 및 어업활동을 위하여 사용하는 자는 사실상 사업자에 해당하지만, 이 중 일정한 자[2)]에 대하여는 사업자일지라도 소비자로 인정된다(소비자보호법 시행령 제2조 제2호). 방문판매법과 전자상거래소비자보호법에서는 상기의 일반적인 소비자외에 재화 등을 원재료(중간재 포함) 및 자본재로 사용하는 자를 제외하고 최종적으로 사용하거나 이용하는 자, 사실상 소비자와 같은 지위에서 다른 소비자와 같은 거래조건으로 거래하는 자, 다단계판매원이 되고자 다단계판매업자로부터 재화 등을 최초로 구매하는 자, 방문판매업자 또는 전화권유판매업자와 거래하는 경우의 방문판매원 또는 전화권유판매원 등을 소비자의 범주에 포함시키고 있다(동법 제2조 제10호, 동 시행령 제4조; 전자상거래소비자보호법 제2조 제5호, 동 시행령 제2조). 하지만 소비자로서 인정되는 경우는 상기의 자가 다른 사업자로부터 재화를 매수하였을 경우이다(동 시행령 제4조 제2항, 전자상거래소비자보호법 제2조 제1항 제2호). 그러므로 상기의 자는 재화를 최종적으로 소비를 위하여 구입하는 일반 소비자와의 관계에서 사업자의 지위를 갖는다.

2. 소비자의 개념요소

상기의 소비자에 대한 기본적인 정의를 기초로 하여 소비자라는 개념의 성립

2) 이에 해당하지 않는 사업자는 모돈 500두 이상의 양돈업자, 닭 5만 수 이상의 양계업자와 해양수산부장관의 허가를 받은 원양어업자이다(축산법 시행규칙 제24조 제1항, 수산업법 제41조 제1항 제2호).

요소를 살펴보면, 첫째 생산 또는 판매와 구별되는 소비, 둘째 최종 소비를 목적으로 재화의 구입, 셋째 사업자와의 거래가 주된 내용이다.

(1) 생산 또는 판매와 소비

종전과 달리 현대사회는 다양한 분야로 세분되어 있으며, 과학기술의 발달로 인하여 인간의 삶은 더욱 풍요롭게 되었다. 그 결과로 인간의 삶의 영역은 확장되었으며, 더 많은 재화 등을 필요로 하게 되었다. 이러한 재화 등에 대하여 종전에는 자신이 직접 생산하여 사용하였다. 하지만 재화에 대한 개인의 생산능력은 축소되었으며, 더 다양하고 많은 재화에 대한 필요로 인하여 개인은 필연적으로 타인의 재화 등을 매수 또는 제공받아서 생활을 유지하여야 한다. 즉, 개인은 생산하는 자 또는 판매하는 자로부터 필요한 재화 등을 매수하여 소비함으로써 삶을 유지한다. 따라서 재화 등을 생산하는 것과 이를 판매하는 것으로부터 삶을 유지하기 위하여 이용하는 소비라는 개념이 발생하게 되었다.[3)]

(2) 최종 소비를 목적으로 재화의 구입

개인이 제조업자 또는 판매업자로부터 재화를 매수하는 목적은 크게 두 가지로 구분된다. 첫째, 개인은 재화를 원재료, 중간재, 자본재로 사용하여 다른 재화를 생산하기 위하여 또는 타인에게 재판매하기 위하여 매수한다. 둘째, 개인은 당해 재화를 최종적으로 소비하기 위하여 매수한다. 전자의 목적을 위하여 매수하는 개인은 제조업자 또는 판매업자의 지위를 가진다. 반면에 후자의 목적으로 재화를 구입하는 자는 소비자의 지위를 갖는다. 따라서 재화를 구입하는 자는 생산 또는 판매가 아니라 소비를 목적으로 구입하여야 한다. 이러한 점에서 사업자도 생산 또는 판매가 아니라 소비를 목적으로 재화를 매수하였다면 소비자가 될 수 있다.

(3) 사업자와의 거래

소비생활을 목적으로 재화를 구입하는 자는 업으로서 판매하는 자로부터 구

---

3) 김영신 외, 「소비자법과 정책」, 교문사, 2000, 5면.

입할 수 있으며, 일반 개인으로부터 재화를 구입할 수 있다. 하지만 소비자로서의 지위를 가지기 위하여는 일반 개인이 아닌 제조업자 또는 판매업자 등의 사업자로부터 재화를 구입하여야 한다. 앞에서 살펴보았듯이, 소비는 생산 또는 판매와 대립하는 개념이기 때문에 재화의 구입 역시 이러한 행위를 업으로 하는 자, 즉, 재화를 제조·가공·포장·수입·판매하거나 용역을 제공하는 사업자로부터 소비생활을 목적으로 구입하여야 한다. 따라서 개인이 사업자가 아닌 자로부터 소비생활을 위하여 재화를 구입한 경우에 소비자로서의 지위를 갖는 것이 아니라 매수인의 지위를 갖는다.[4)]

3. 사 업 자

소비자계약에 있어서 상대방은 반드시 사업자이어야 한다. 따라서 상대방이 일반 개인인 경우, 이는 민법상 계약에 해당하므로 소비자법의 적용대상에서 배제된다. 다만, 소비자법상 사업자는 상법에서 의미하는 상인에 한정되는가에 대하여는 문제가 제기된다. 상법상 상인은 당연상인과 의제상인으로 구분된다. 당연상인은 자기의 명의로 상행위[5)]를 하는 자를 말하며, 의제상인은 점포 기타 유사한 설비에 의하여 상인적 방법으로 영업을 하는 자와 상행위를 하지 않은 회사가 있다(상법 제4조, 제5조). 소비자기본법상 사업자는 물품을 제조·수입·

4) 소비자기본법, 방문판매법, 전자상거래소비자보호법 등과 달리 할부거래법에서 당사자를 매도인과 매수인으로 규정하여 상기의 법과 다른 체계를 유지하고 있으나, 매수인의 범주에 상행위를 목적으로 구입하는 자를 배제하고 있으며(할부거래법 제2조 제2항), 매도인이 일반 개인인 경우 역시 사실상 동법의 적용대상이 되지 못하기 때문에 규정상 표현은 매도인과 매수인으로 되어 있지만, 그 해석은 사업자와 소비자로 해석하여야 할 것이다.

5) 상행위에는 기본적 상행위와 보조적 상행위가 있다. 기본적 상행위에는 동산·부동산·유가증권 기타의 재산의 매매, 동산·부동산·유가증권 기타의 재산의 임대차, 제조·가공 또는 수선에 관한 행위, 전기·전파·가스 또는 물의 공급에 관한 행위, 작업 또는 노무의 도급의 인수, 출판·인쇄 또는 촬영에 관한 행위, 광고·통신 또는 정보에 관한 행위, 수신·여신·환 기타의 금융거래, 객의 집래를 위한 시설에 의한 거래, 상행위의 대리의 인수, 중개에 관한 행위, 위탁매매 기타의 주선에 관한 행위, 운송의 인수, 임치의 인수, 신탁의 인수, 상호부금 기타 이와 유사한 행위, 보험, 광물 또는 토석의 채취에 관한 행위, 기계·시설 기타 재산의 물융에 관한 행위, 상호·상표 등의 사용허락에 의한 영업에 관한 행위, 영업상 채권의 매입·회수 등에 관한 행위가 이에 속하며, 보조적 상행위에는 상인이 영업을 위하여 하는 행위가 이에 해당한다(상법 제46조, 제47조).

판매(이하에서는 '판매'라고 함)하거나 용역을 제공하는 자로 정의하고 있다(동법 제2조 제2호). 사업자가 되기 위하여는 단순히 판매만이 아닌 이를 업으로서 하는 자이어야 한다. 즉, 단순한 판매 또는 제공하는 자에는 사업자뿐만 아니라 매도인도 있을 수 있으며, 사업자가 매도인과 구분되는 점은 이를 업(계속 반복적인 의사를 가지고)으로서 한다는 점이다. 따라서 소비자기본법상 사업자는 업으로써 물품을 제조·수입·판매하거나 용역을 제공하는 자를 의미한다고 할 수 있다. 이러한 소비자기본법상 사업자와 상법상의 상인과 동일한 것인가에 대하여는 다음의 점을 고려하여야 할 것이다. 즉, 상인은 기본적으로 영업을 하는 자를 말하며, 영업이라 함은 영리를 목적으로 계속 반복적으로 상행위를 하는 자를 말한다. 하지만, 사업자는 업으로서 물품을 제조·수입·판매하거나 용역을 제공하는 자를 말한다. 양자의 점은 영리의 목적의 유무에 있으며, 단순히 용역의 제공은 상행위에 포함되지 않는다. 따라서 소비자기본법상 사업자는 상법상 상인보다 더 광범위하며, 구체적으로 변호사 또는 의사 등은 상법상 상인에 해당하지 않지만,[6][7] 소비자기본법상 사업자에는 해당하게 된다.

6) 서울지법 2003.12.17.자 2003비단19 결정. 변호사라는 전문직에 대해 어느 정도의 공익성을 요구할 것인가, 공익성 때문에 영리성은 어느 정도로 제한되어야 하는가의 문제는 입법정책의 문제라고 할 것인데, 상법에 대한 관계에서 특별법이라고 할 수 있는 변호사법은 변호사는 기본적인 인권을 옹호하고 사회정의를 실현함을 사명으로 하며, 공공성을 지닌 법률전문가로서 독립하여 자유롭게 그 직무를 행하며, 당사자 기타 관계인의 위임과 위촉 등에 의하여 소송에 관한 행위 및 행정처분의 청구에 관한 대리행위와 일반 법률사무를 행함을 그 직무로 하는 것으로 규정하고 있고, 또 엄격한 자격을 지닌 자만이 변호사로 등록하여 변호사 직무를 수행할 수 있도록 하여 변호사가 아니면서 변호사의 직무를 행하는 자를 처벌하는 규정을 두고 있으며, 특히 변호사법 제38조에서 겸직제한 규정을 두어 변호사가 소속 지방변호사회의 허가 없이 상업 기타 영리를 목적으로 하는 업무를 경영하거나 이를 경영하는 자의 사용인이 되거나 영리를 목적으로 하는 법인의 업무집행사원, 이사 또는 사용인이 될 수 없는 것으로 규정하고 있어, 변호사가 변호사의 직무를 수행하는 것은 상업이나 영리를 목적으로 하는 업무가 아닌 것으로, 즉 상행위가 아닌 것으로 천명하고 있다고 보아야 할 것이고, 더 나아가서는 변호사가 변호사의 직무를 수행하는 것이 상행위가 되어서는 안 된다는 것을 천명하고 있다고 보아야 할 것이므로 변호사의 자격을 가진 자가 변호사로서 등록하여 변호사로서의 직무를 수행하는 범위 내에서는 그 직무 수행은 상행위가 아니며 변호사는 상인이 될 수 없다고 보아야 할 것이고, 변호사가 변호사의 직무 이외의 다른 상업이나 영리활동을 상인으로서 영위하고자 한다면 소속 지방변호사회의 허가를 받거나 변호사의 직무에 대해서는 휴업하여야 한다.

7) 서울중앙지방법원 2006.3.15.자 2004라135 결정. 상법 제46조는 소송사건의 수임이나 법률

4. 소비자계약의 목적물

소비자가 사업자로부터 소비생활을 목적으로 구입하는 목적물에 대하여는 법령에 따라 용역을 비롯한 물품(소비자기본법),[8] 재화(방문판매법, 전자상거래소비자

자문 등의 변호사 사무를 기본적 상행위로 규정하고 있지 않은바, 변호사 등과 같은 전문직업인이 그 전문지식을 활용하여 고유의 직무를 수행함에 있어 점포 기타 유사한 설비를 갖추고 사실상 영리를 목적으로 계속·반복적으로 그 직무를 수행하는 경우 그 전문직업인을 상법 제5조 제1항이 정한 의제상인에 해당하는 것으로 보아 그 직무활동에 상법을 적용할 것인지 여부는 상법뿐 아니라 당해 전문직업인의 직무를 규율하는 특별법을 포함한 법질서 전체의 입장에서 규범적으로 결정되어야 할 것이다. 변호사법은 변호사의 사명에 관하여, “변호사는 기본적인 인권을 옹호하고 사회정의를 실현함을 사명으로 한다. 변호사는 그 사명에 따라 성실히 직무를 수행하고 사회질서의 유지와 법률제도의 개선에 노력하여야 한다.”고 규정하고 있고(제1조), 변호사의 지위에 관하여 “변호사는 공공성을 지닌 법률전문직으로서 독립하여 자유롭게 그 직무를 행한다.”고 규정하고 있으며(제2조), 변호사의 직무에 관하여 “변호사는 당사자 기타 관계인의 위임 또는 국가·지방자치단체 기타 공공기관의 위촉 등에 의하여 소송에 관한 행위 및 행정처분의 청구에 관한 대리행위와 일반 법률사무를 행함을 그 직무로 한다.”고 규정하고 있다(제3조). 또한 변호사법은 일정한 자격을 지닌 사람만이 변호사로 등록하여 변호사 직무를 수행할 수 있도록 하고, 변호사가 아니면서 변호사의 직무를 행하는 사람을 처벌하는 규정을 두고 있으며, 법률사무소의 위치와 수, 사무직원의 자격요건과 인원수, 광고사항 등을 제한하고 있고, 품위유지의무, 비밀유지의무, 공익활동 등 지정업무 처리의무, 연고관계의 선전금지, 수임제한, 계쟁권리의 양수금지, 독직행위의 금지, 변호사 아닌 자와의 동업금지, 사건유치 목적의 출입금지, 영리목적 업무의 겸직제한 등을 규정하고 있다. 위와 같은 변호사법의 규정들은 변호사의 직무는 그것이 가지는 고도의 공공성으로 인하여 자유롭게 영리를 추구하는 것을 본래의 목적으로 하는 상인의 영업활동과는 본질적으로 다르다는 전제하에 두어진 규정으로 보아야 할 것이고, 항고인의 주장과 같이 위와 같은 변호사법의 규정들이 소송대리행위 자체에 관한 것일 뿐 의뢰인과의 소송위임계약에 관한 것은 아니라거나 변호사법 제38조 제2항 후단 규정이 법무법인에 대하여 영리성을 인정한 취지의 규정으로 볼 것은 아니다. 따라서 변호사가 점포 기타 유사한 설비를 갖추고 사실상 영리를 주된 목적으로 하여 계속·반복적으로 소송사건을 수임하는 등 변호사의 직무활동을 수행한다 하더라도 현행 법질서 하에서 변호사를 ‘상인적 방법으로 영업을 하는 자’에 해당한다고 볼 수는 없다고 할 것이므로 변호사는 그 고유의 직무활동과 관련하여서는 상법 제5조 제1항이 정한 의제상인에 해당하지 않는다 할 것이다. 비록 조세정책적 필요에 의하여 변호사를 사업자로 인정하여 변호사가 공급하는 역무에 대하여 부가가치세를 부과하거나 변호사 사무로 인하여 발생한 소득을 사업소득으로 인정하여 종합소득세를 부과한다 하여 달리 볼 것은 아니고, 변호사가 상인이 아닌 이상 상호등기제도에 의하여 그 명칭을 보호할 필요가 있다고 볼 수도 없다.

8) 소비자기본법에서는 목적물을 물품 또는 용역이라고 하고 있으나, 세부적인 규정에서는 상

보호법), 동산(할부거래법), 상품(표시광고공정화법), 제조물(제조물책임법)로 표시하고 있다. 또한 민법에서는 법률행위의 객체에 대하여 대표적으로 물건을 규정하고 있다. 이와 같은 소비생활의 목적물에 대한 다양한 법령상 용어는 모두 동일한 법적 의미를 가지며, 표현상의 차이인 것인가 아니면 상이한 법적 의미를 가지는가에 대한 문제가 발생한다. 민법에서 물건이라 함은 유체물, 전기 기타 관리 가능한 자연력을 말하며, 이에는 동산과 부동산이 있다(민법 제98조). 부동산은 토지와 그 위의 정착물을 말하며, 동산은 부동산을 제외한 모든 물건을 말한다(민법 제99조). 이러한 정의는 할부거래법에서의 동산에도 적용된다. 하지만 재화, 상품 또는 물품에 대하여는 개별 법령에서 정의규정을 두고 있지 않다. 일반적인 의미에서 재화라 함은 재산적 가치를 가진 물건이며, 상품은 판매의 대상이 되는 물건이며, 물품은 일정하게 쓰일 가치가 있는 물건을 말한다.[9] 따라서 재화, 상품 또는 물품은 그 의미에 있어서 크게 차이가 없다.[10] 즉, 용도가 있는 물건은 재산적 가치를 가지며, 판매의 대상이 될 수 있으며, 역으로 판매의 대상이 될 수 있는 물건은 교환가치, 즉 재산적 가치를 가지며, 일정한 용도가 있다. 따라서 상기의 용어는 표현상의 차이가 있을 뿐 그 의미는 동일하다고 할 수 있다. 하지만 민법상의 물건과 동일한 의미로 볼 수 없다. 즉, 온라인을 통하여 인도될 수 있는 전자적 전송물(Digital Contents)은 민법상 물건에 포함되지 않지만 재화, 상품 또는 물품에는 포함되기 때문에 민법상의 물건보다는

품도 병행하여 사용하고 있다(동법 제10조, 제52조).

9) 대외무역법에서 물품에 대한 정의를 외국환거래법상의 지급수단, 증권, 채권을 화체한 서류를 제외한 동산으로 정의하고 전자적 형태의 무체물을 물품에서 배제하고 있다(동법 제2조). 하지만, 대외무역법상 물품에 대한 정의가 소비자기본법상의 물품에 대한 정의로 바로 인정하는 것은 곤란하다. 즉, 디지털 컨텐츠와 같은 전자적 전송물에 대하여 별도의 규정을 두고 있는 대외무역법과 달리 소비자기본법에서는 이에 대한 규정을 두고 있지 않기 때문에 동일한 용어를 사용한다고 하여 이에 한정하는 것은 부당하며, 물품을 동산에 한정할 경우 전자적 전송물에 대하여는 소비자기본법의 적용대상에서 배제되는 문제가 발생한다. 또한 대외무역법은 물리적 이전을 전제로 하기 때문에 동법상 물품은 동산에 한정되지만, 소비자기본법상 소비자계약의 목적물은 반드시 동산에 한정할 필요가 없으며, 부동산을 비롯한 디지털 컨텐츠 역시 포함된다고 할 것이다. 따라서 소비자기본법상 물품은 대외무역법상의 물품보다 광의의 의미로 해석하여야 할 것이다.

10) 이와 달리, 재화의 개념을 물품+α로 파악하여 물품보다 광의로 파악하는 견해도 있다(류창호, "전자상거래소비자법에 관한 연구," 「외법논집」 제12집, 한국외국어대학교, 2002 · 8, 289면).

광범위하다. 또한 재화, 상품 또는 물품에 부동산이 포함되는가에 대한 문제도 제기된다. 즉, 민법에서 물건의 범주에 동산을 비롯하여 부동산도 포함하고 있기 때문에 과연 동산을 비롯한 부동산도 이에 포함되는가의 여부이다. 할부거래법, 제조물책임법과 같이 명문으로 부동산을 배제한 경우에는 문제의 소지가 없지만,[11] 명문으로 부동산을 배제하지 않은 경우에 부동산이 포함되는지에 대하여 의문이 제기된다. 그러나 이를 부정할 필요는 없다고 할 것이다. 즉, 소비자기본법에서는 소비생활을 위하여 구입하는 모든 물품 및 용역에 대한 소비자의 기본적인 권리를 규정하고 있으므로 권리의 객체에 대하여 제한을 두지 않고 있다. 또한 소비자보호를 목적으로 제정된 개별법령에서는 당해 법령이 적용되지 않은 경우를 거래형태와 목적물로 구분하여 규정하고 있지만, 적용배제대상의 목적물에 부동산은 포함되어 있지 않다(방문판매법 제3조, 동 시행령 제5조; 전자상거래소비자보호법 제3조, 동 시행령 제3조). 그리고 정부에서도 부동산으로 인하여 발생한 피해 역시 소비자피해로 인정하여 공정거래위원회가 고시한 소비자분쟁해결기준에 부동산(단독주택, 다세대주택, 연립주택, 아파트)으로 인하여 발생한 피해에 대한 보상내용을 규정하고 있다.[12]

Ⅱ. 소비자의 지위

1. 매수인으로서의 지위

소비생활을 위하여 재화를 구입하는 자가 사업자로부터 재화 등을 공급받기 위하여는 그 전제적인 조건으로 양 당사자간 매매계약이 존재하여야 한다. 즉, 매매계약의 성립으로 인하여 사업자는 당해 재화에 대한 재산권(소유권)을 소비자에게 이전할 의무를 부담하게 되고, 소비자는 대금지급의무를 부담하게 된다. 이와 같이 소비자는 매매계약의 양 당사자 중 일방당사자의 지위를 가지며, 민법에서는 이러한 지위를 가지는 자를 매수인이라고 한다. 매수인으로서의 소비

11) 할부거래법의 적용대상을 동산 또는 용역에 관한 계약으로 한정하고 있으므로 부동산의 할부거래는 동법의 적용대상이 되지 않는다(동법 제2조 제1항).

12) 소비자분쟁해결기준(공정거래위원회 고시 제2008-3호, 2008・2) 38. 주택건설업.

자의 지위는 민법상 매도인과 동등한 지위를 갖기 때문에 민법에서 인정하고 있는 권리외에 특별한 보호가 부여되지 않는다. 따라서 계약자유의 원칙에 의하여 매수인은 체결의 자유, 상대방 선택의 자유, 방식의 자유, 내용결정의 자유를 가지며, 매도인 역시 동일한 계약자유를 향유한다.[13] 따라서 매매계약을 체결한 경우에 매수인은 그 내용이 신의칙 또는 반사회질서 위반행위에 해당하지 않는 한 자신에게 불리하다고 하더라도 기속되며, 채무를 이행하지 않은 경우에 손해배상 등의 책임을 부담하게 된다.[14]

2. 소비자로서의 지위

사업자로부터 재화를 구입하는 자는 재판매 또는 다른 재화의 생산을 목적으로 구입하는 것이 아니라 소비생활을 목적으로 구입하기 때문에 소비자의 지위를 갖는다. 이러한 소비자는 계약법상 매수인의 지위와 동일하지 않다. 계약법상 매수인은 상대방인 매도인과 동등한 지위를 갖기 때문에 계약자유의 원칙에 의하여 특별한 보호가 부정되지만, 소비자는 상대적으로 강자인 사업자에 비하여 약자의 지위를 갖기 때문에 계약법에서 부여하지 않은 보호를 특별법에서 부여하고 있다. 즉, 할부거래법, 방문판매법, 전자상거래소비자법에서는 당해 거래분야에서 사업자와 소비자간의 불평등을 인정하고 양자간 실질적인 평등을 실현하고자 상대적 약자인 소비자를 보호한다.[15]

---

13) 소비자는 동시에 매수인의 지위를 갖지만, 매수인이 모두 소비자인 것은 아니다. 반대로 사업자는 매도인이지만, 모든 매도인이 사업자는 아니다. 즉, 개인간의 매매계약에 있어서 재화를 매수하는 자는 매수인의 지위를 갖지만 소비자의 지위를 갖지 않으며, 재화를 판매하는 자 역시 매도인의 지위를 갖지만 사업자의 지위를 갖지 않기 때문이다.

14) 권오승, "계약자유와 소비자보호,"「법학」제42권 제2호, 서울대학교, 2001 · 7, 2～3면.

15) 森泉章, "消費者問題と消費者保護,"「消費者保護の法律問題-森泉章 · 池田眞朗 編」, 東京: 勁草書房, 1994, 13～14면.

Ⅲ. 소비자의 특성

1. 구체적 인간

민법에서는 인간에 대하여 권리능력자, 의사능력자, 행위능력자, 책임능력자 등으로 표현하고 있지만, 구체적인 인간상을 전제로 하지 않고 합리적이고 추상적인 인간상을 전제로 하고 있다. 즉, 모든 인간은 동등한 지위에서 합리적인 이성을 가지고 타인과 법률관계를 형성한다는 점을 인정한다. 따라서 합리적인 이성을 가진 자가 자신의 의사에 기하여 타인과 법률관계를 형성한 경우에 이를 최대한 존중해 주는 사적 자치의 원리가 민법의 최고 기본원리로 인정되었다.[16] 이러한 사적 자치의 원리가 현대에 있어서 수정되었다고 할 수 있지만 근본적인 내용까지 변경된 것은 아니며, 현재에 있어서도 민법의 최고 지도원리로서 역할을 다하고 있다.[17] 이와 같은 민법상의 추상적인 인간상에 비하여 소비자는 구체적인 인간이다. 사업자와의 거래에 있어서 소비자는 이성적인 판단하에 구매의사를 결정하는 것이 아니라 충동적으로 구매의사를 결정할 수 있다. 특히, 사업자가 제공하는 정보에 의존하여 구매의사를 결정하는 경우가 다수를 이루고 있으며, 양자의 지위가 상이한 상태에서 소비자가 합리적인 판단하에 구매의사를 결정한다는 것은 형식적인 표현이라고 할 수 있다.

2. 경제적 약자

사업자는 거대자본과 조직력을 기초로 하여 시장지배력을 가지고 있지만, 소비자는 개별단위로 활동하기 때문에 조직력 등에 있어서 상대적으로 열악한 지위에 있다. 특히, 사업자가 기업인 경우에 있어서 이러한 차이는 확연하게 나타

---

16) 곽윤직, 「민법총칙」, 박영사, 2007, 30～33면. 사적 자치의 원칙의 내용으로는 체결의 자유, 상대방선택의 자유, 방식의 자유 및 내용결정의 자유가 있다.

17) 계약자유의 원칙이 현재에 있어서 계약강제의 원칙으로 변경되었다고 하나 이는 법률행위의 전체 중 일부에 해당하며, 현재에도 대부분의 법률행위에 있어서 사적 자치의 원칙은 가장 기본적인 원칙이다(이영준, 「한국민법론-총칙편」, 박영사, 2004, 99～101면).

난다.[18] 또한 재화 등에 관한 기술 및 정보 등에 관하여 사업자는 전문가의 지위에 있지만, 소비자는 사업자가 제공하는 기술 또는 정보에 의존하기 때문에 양자의 지위는 평등관계가 아닌 불평등관계이다. 이러한 현실적인 차이에도 불구하고 이를 무시하고 동일하게 취급하는 것은 평등을 이유로 하여 불평등을 조장하는 것이기 때문에 이러한 차이를 인정하고 각자를 달리 취급하여야 한다.

3. 계약내용결정에 있어서 수동적 지위

재화 등을 구입하는 자는 민법 등에서 매수인의 지위를 가진다. 따라서 재화의 구입에 관한 계약을 체결함에 있어서 계약내용을 매도인과 합의하에 결정할 수 있는 자유가 인정된다. 하지만 현대사회에 있어서 매도인은, 특히 사업자의 경우에 매수인, 특히 소비자와 비교하여 재화와 거래조건 등에 관한 많은 정보를 가지고 있다. 또한 사업자는 다수의 소비자와 거래할 것을 대비하여 계약의 내용을 미리 정하여 계약을 체결할 때에 이를 제시하여 소비자가 동의한 경우에 계약내용으로 편입한다. 이와 같이 사업자가 사전에 계약의 내용을 정한 것을 약관이라 한다. 이러한 약관은 작성과 동시에 계약의 내용이 되는 것은 아니며, 소비자가 동의한 경우에만 계약의 내용으로 편입된다. 또한 소비자는 사업자가 제시한 약관에 대하여 거부하거나 수정을 요구할 수 있지만, 이러한 경우에 사업자가 소비자와 협의하여 다시 계약내용을 정하는 것이 아니라 계약체결을 거절하기 때문에 소비자가 가지는 내용결정의 자유는 유명무실하다. 따라서 소비자는 계약내용에 대하여 결정할 수 있는 지위를 가지지 못하게 되었으며, 계약체결의 자유만을 향유한다. 하지만 사업자가 시장지배적 지위를 가지는 경우에 계약체결의 자유 또는 상대방 선택의 자유 역시 유명무실하게 된다.

---

18) 권오승, 「소비자보호법」, 법문사, 2005, 10면.

제2장 소비자피해와 보호의 필요성

Ⅰ. 소비자피해유형 및 특성

1. 소비자피해의 유형

소비자피해는 재화 등의 거래로 인한 직접적인 피해와 간접적인 피해로 구분할 수 있으며, 후자의 대표적인 경우가 소비자의 개인정보에 대한 피해이다. 또한 피해의 범주에 따라 재화 자체에 대한 손해와 확대손해로 구분할 수 있다.

(1) 직접적인 피해와 간접적인 피해

① 직접적인 피해

재화 등에 관한 계약에서 소비자가 입은 직접적인 피해는 대금 수령 후 재화 등을 인도하지 않음으로써 발생하는 손해 등과 같이 계약과 관련한 피해와 하자 있는 재화 등의 인도로 인한 재화 그 자체에 대한 손해와 이로 인하여 발생하는 확대손해가 있다. 소비자피해구제를 담당하는 대표적인 기관인 한국소비자원의 발표에 따르면, 이러한 소비자피해는 시간이 경과할수록 급증하고 있음을 나타내고 있다.

〈표 1〉 청구이유별 피해구제 현황

(단위 : 건, %)

구분 \ 연도	2004년	2005년	2006년
계약관련	7,502 (38.2)	8,929 (40.9)	8,752 (37.3)
품 질	6,982 (35.5)	6,543 (30.0)	7,329 (31.2)
부당행위	2,555 (13.0)	3,299 (15.1)	3,607 (15.4)
A / S	1,236 (6.3)	1,236 (5.7)	1,490 (6.4)
가격 · 요금	439 (2.2)	781 (3.6)	1,260 (5.4)
안전관련	248 (1.3)	315 (1.4)	293 (1.2)
표시 · 광고	157 (0.8)	184 (0.8)	198 (0.8)
약 관	83 (0.4)	93 (0.4)	56 (0.2)
제 도	15 (0.1)	23 (0.1)	31 (0.1)
거래관행	35 (0.2)	21 (0.1)	26 (0.1)
계량 · 규격 · 포장	15 (0.1)	18 (0.1)	19 (0.1)
사이버장애	8 (-)	6 (-)	19 (0.1)
법규위반	26 (0.1)	4 (-)	40 (0.2)
기 타	348 (1.8)	376 (1.7)	362 (1.5)
합 계	19,649 (100.0)	21,828 (100.0)	23,482 (100.0)

※ 한국소비자원, 「2006 소비자 피해구제 연보 및 사례집」, 한국소비자원, 2007, 89면.

〈표 2〉 거래유형별 피해구제 추이

(단위 : 건, %)

구분 \ 연도	일반판매	특수판매								계
		전자상거래	방문판매	텔레마케팅	통신판매	노상판매	TV 홈쇼핑	기타	소계	
2004	13,260 (67.5)	1,666 (8.5)	1,954 (9.9)	1,517 (7.7)	415 (2.1)	578 (2.9)	197 (1.0)	62 (0.3)	6,389 (32.5)	19,649 (100.0)
2005	14,366 (65.8)	3,261 (14.9)	1,770 (8.1)	1,085 (5.0)	884 (4.0)	234 (1.1)	169 (0.8)	59 (0.3)	7,462 (34.2)	21,828 (100.0)
2006	17,274 (73.6)	2,245 (9.6)	1,330 (5.7)	1,179 (5.0)	696 (2.9)	321 (1.4)	171 (0.7)	266 (1.1)	6,208 (26.4)	23,482 (100.0)

※ 한국소비자원, 「2006 소비자 피해구제 연보 및 사례집」, 한국소비자원, 2007, 90면.

〈표 3〉 피해구제 처리결과 추이

(단위 : 건, %)

구 분 \ 연 도	2004		2005		2006	
	건 수	비 율	건 수	비 율	건 수	비 율
수리 · 보수	1,451	7.4	1,399	6.4	1,472	6.3
교 환	846	4.3	883	4.0	962	4.1
환 불	2,797	14.2	4,821	22.1	3,700	15.8
계약이행	872	4.4	1,061	4.9	1,251	5.3
계약해제 · 해지	4,227	21.5	3,657	16.8	3,599	15.3
배 상	2,782	14.2	3,201	14.7	2,992	12.7
부당행위시정	382	1.9	434	2.0	831	3.5
조정요청	1,014	5.2	802	3.7	879	3.7
취하중지 · 처리불능	754	3.8	975	4.5	983	4.2
정보제공 · 상담기타	4,524	23.0	4,595	21.1	6,813	29.0
계	19,649	100.0	21,828	100.0	23,482	100.0

※ 한국소비자원, 「2006 소비자 피해구제 연보 및 사례집」, 한국소비자원, 2007, 98면.

② 개인정보침해

사업자는 거래과정에서 또는 거래와 관계없이 재화 등의 마케팅활동을 위하여 다양한 소비자의 개인정보를 수집한다. 수집된 개인정보는 재화 등의 거래를 위하여 또는 마케팅활동의 기초자료로 활용된다. 특히, 가상공간의 등장은 개인정보의 수집과 이용을 용이하게 하였지만, 사업자가 개인정보를 오용, 목적 이외의 사용 또는 제3자에게의 무단유출 등으로 침해하는 사례도 급증하고 있다.[19] 2002년부터 2006년까지 한국정보보호진흥원내에 설치된 개인정보보호센터에 접수된 피해현황을 살펴보면 타인의 개인정보의 훼손 · 침해 · 도용이 가장 많은 비중을 차지하고 있으며, 이용자의 동의 없는 개인정보수집, 동의철회, 열람 또는 정정요구 불응 등의 순으로 나타났다.[20]

19) 최근에 발생한 대규모 개인정보침해사례로는 옥션, 하나로텔레콤 등이 있다.

20) 송순영 외, 「인터넷상 주민등록번호 수집 · 이용 규제방안 연구」, 한국정보보호진흥원, 2007, 102면.

〈표 4〉 유형별 개인정보침해상담 및 피해구제 신청 현황

(단위 : 건)

유　　형	2002	2003	2004	2005	2006
이용자의 동의 없는 개인정보수집	221	260	564	1,140	2,565
개인정보수집시 고지 또는 명시의무 불이행	19	10	27	15	27
과도한 개인정보 수집	21	38	43	33	61
개인정보목적 외 이용 및 제3자 제공	266	337	784	916	917
개인정보취급자에 의한 개인정보 누설 등	139	172	235	186	206
개인정보 처리 위탁시 고지의무 불이행	2	8	2	4	5
영업의 양수시 통지의무 불이행	5	9	5	7	11
개인정보관리책임자 미지정	5	88	42	25	23
기술, 관리적 조치미비로 인한 정보누설 등	37	82	212	390	632
수집, 제공목적 달성 후 개인정보 미파기	129	122	107	152	266
동의철회, 열람 또는 정정요구 불응	1,159	795	2,312	771	923
수집보다 동의철회를 쉽게 할 조치 미이행	135	229	569	285	484
법정대리인 동의 없는 아동의 개인정보수집	2,117	1,195	736	71	23
개인정보의 도용, 훼손, 침해	8,298	8,058	9,163	9,810	10,835
기　　타	5,403	6,374	2,768	4,401	6,355
합　　계	17,956	17,777	17,569	18,206	23,333

(2) 재화 자체에 대한 손해와 확대손해

하자 있는 재화를 구입한 경우에 소비자에게 발생하는 손해는 재화 그 자체에 대한 손해와 확대손해로 구분된다. 하자 있는 재화를 구입한 경우에 소비자는 그 자체로 재산상의 피해를 입지만, 이의 사용 등으로 인하여 다른 재산에 피해를 입거나 생명·신체에 피해를 입은 경우에 확대손해가 발생한다. 이러한 구별은 재화가 제조물인 경우에 재화 자체만의 손해는 제조물책임법상 손해배상청구권의 대상이 되지 않지만, 확대손해가 발생한 경우에 제조업자는 귀책사유가 없다고 하더라도 제조물책임법상 손해배상책임을 부담한다.

2. 소비자피해의 특성

소비자피해의 특성은 소액·대규모의 피해, 입증의 곤란성, 피해구제를 위한

절차의 복잡성 및 비대면거래(전화권유, 통신판매, 전자상거래 등)에서 익명성으로 인한 사업자의 추적 곤란 등을 들 수 있다.[21)]

(1) 거래당사자의 익명성

통신수단을 이용한 판매방식의 발달로 인하여 사업자와 소비자 간의 거래는 상호 대면하여 계약을 체결하는 것이 아니라 통신수단을 이용하여 비대면으로 계약을 체결한다. 특히, 통신판매, 전자상거래 또는 전화권유판매는 우편, 인터넷 또는 전화 등을 통하여 이루어지므로 거래당사자의 실체가 나타나지 않는다. 이러한 점으로 인하여 사업자의 사칭에 의한 피해, 즉 소비자와 재화 등에 관한 계약을 체결하여 대금을 수령한 후 잠적하거나 재화 등을 인도하지 않음으로써 발생하는 피해가 급증하고 있다.[22)] 또한 익명성은 추후 소비자가 손해배상청구권을 행사함에 있어서도 곤란성을 제공한다.

(2) 광범위한 피해

과학기술의 발전은 계약체결의 과정을 단순화시켰다. 따라서 동시에 또는 단시간내에 다수의 소비자와 계약체결을 가능하게 하였으며, 이 결과 소비자의 피해가 발생한 경우에 그 피해범위는 광범위하다. 또한 각 소비자의 피해는 소액이지만, 전체적인 피해규모는 거액에 해당한다.

(3) 정보의 제한성

기술집약적인 재화 등의 생산으로 인하여 재화 등에 관한 정보는 소비자가 알지 못하는 경우가 대부분이다. 또한 사업자는 다양한 판매방법과 거래조건에 대한 연구를 통하여 자신에게 유리한 내용으로 계약을 체결하며, 이에 관한 정보 역시 소비자는 잘 알지 못한다. 그 결과 소비자는 사업자가 제공하는 정보에 전적으로 의존할 수밖에 없다. 하지만 사업자가 제공하는 정보는 소비자의 청약을 유인하기 위하여 사업자에게 유리한 정보와 상당히 과장된 정보일 수 있다. 또한 사업자가 제공하는 정보가 추상적일 경우에 구체적인 내용의 문의가

---

21) 박희주, 「전자상거래 관련 소비자보호법제에 관한 연구」, 한국소비자보호원, 2000, 15～16면.

22) 이의 대표적인 예가 리치투유, 하프플라자, 와우북 사건 등이 있다.

곤란하다. 따라서 소비자가 재화 등의 구입에 관한 계약(비대면계약)을 체결하여 재화 등을 수령한 경우에 소비자가 예상한 재화와 다른 재화가 인도될 가능성이 높다.

(4) 입증의 곤란성

앞에서 살펴본 바와 같이 소비자는 전문적인 지식을 보유하지 못하고 있으며, 거래과정에서 복수의 당사자가 개입되기 때문에 재화 등으로 인하여 손해가 발생한 경우에 배상을 청구하기 위하여는 먼저 누구의 행위에 의하여 발생한 것이며, 귀책사유가 있는가 여부를 입증하기란 매우 곤란하다. 따라서 소비자가 재화 등으로 인하여 손해를 입었지만, 배상청구를 위한 입증을 다하지 못함으로 인하여 구제받지 못하는 결과가 발생할 수 있다.[23)]

(5) 규제의 곤란성

통상의 시장에서는 행정기관이 적정한 인력을 투입하면 위법한 거래를 파악할 수 있으나, 비대면거래를 통하여 재화 등을 판매하는 사업자의 위법행위는 지속적인 감시체제에 의하여 않으면 적발이 매우 곤란하다. 특히, 전자상거래는 가상공간의 특성으로 인하여 위법행위의 파악이 곤란하다. 즉, 쇼핑몰 개설과 폐쇄 및 거래조건의 변경의 용이성으로 인하여 행정당국이 상시감시체제를 구축하지 않는다면 위법한 거래의 존재를 파악하는 것조차도 용이하지 않다. 또한 위법한 거래를 행하는 쇼핑몰을 적발하였다고 하여도 외국의 사업자이거나 쇼핑몰이 외국에서 개설된 경우에 이에 대한 제재의 부과는 단순한 문제가 아니다.[24)]

---

23) 판례는 고도의 기술이 집약되어 대량으로 생산되는 제품의 하자로 인하여 소비자에게 손해가 발생한 경우에 그 배상청구에 있어서 전문지식이 없는 소비자의 입증책임을 경감하고 있다(대판 2000.2.25, 98다15934).

24) 공정거래위원회는 외국의 가상공간 쇼핑몰을 통하여 상품 등을 구입하는 과정에서 발생하는 소비자피해를 구제하기 위한 "국제 소비자피해구제 웹사이트 구축작업(eConsumer.Gov Project)"에 참가하기로 하였다. 따라서 소비자는 외국의 쇼핑몰에서 상품 등을 구입하는 과정에서 배달지연 등의 피해를 입은 경우에 이 사이트에 불만을 제기할 수 있으며, 접수된 내용은 관련국가의 조사기관이 조사를 실시하기 때문에 신속한 피해구제를 받을 수 있다. 이러한 eConsumer.Gov Project는 2001년 4월 24일에 IMSN(International Marketing

(6) 피해구제의 곤란성

권리구제의 측면에서도 사업자가 임의로 피해구제조치를 취하지 않은 경우에 소비자는 소송 등의 방법에 의하여 피해구제를 청구할 수밖에 없다. 하지만 소액의 피해가 주를 이루는 소비자분쟁을 소송으로 해결할 경우에 소비자는 소송에 관한 전문지식의 부족과 시간·절차·경제적인 문제로 권리구제를 포기하게 될 것이다. 특히, 해외의 사업자와 계약을 체결하여 발생한 피해에 대한 소비자의 권리구제문제는 더욱 심각하다.[25)]

Ⅱ. 소비자정책의 패러다임의 변화

1. 소비자보호법 시대에서의 소비자정책

소비자보호법이 소비자기본법으로 변경되기 이전까지 소비자정책은 기본적으로 사업자와 소비자 간 지위의 비대칭성을 전제로 추진되어 왔다. 따라서 법령의 내용을 비롯하여 정부정책의 내용 역시 사업자에 대한 행정적 규제를 통한

Supervision Network) 주도로 13개 경제협력개발기구 회원국이 참여하여 출범하였으며, IMSN은 1992년에 경제협력개발기구 소비자정책위원회에 참여하는 29개 회원국의 공정거래법 및 소비자보호법을 집행하는 정부기관이 중심이 되어 설립된 국제조직으로서, 우리나라는 1996년 경제협력개발기구 가입과 더불어 공정거래위원회와 한국소비자보호원이 참가하고 있다(공정거래위원회, 보도자료: 국제인터넷 상거래상 소비자보호를 위한 정부간 국제협력 사이트에 참여, 2001·11·28, 1면).

25) 소비자분쟁에 관한 재판관할과 준거법에 관하여 국제사법에서는 소비자가 직업 또는 영업활동 외의 목적으로 계약을 체결하는 경우에는 당사자가 준거법을 선택하더라도 소비자의 상거소가 있는 국가의 강행규정에 의하여 소비자에게 부여되는 보호를 박탈할 수 없다고 규정하고 있다(국제사법 제27조 제1항). 만일, 당사자가 준거법을 선택하지 아니한 경우에는 소비자의 상거소지법을 적용하며, 계약의 방식 역시 소비자의 상거소지법에 의한다(동법 제27조 제2항, 제3항). 그리고 소의 제기에 있어서 소비자는 그의 상거소가 있는 국가에서도 상대방에 대하여 소를 제기할 수 있으며, 소비자의 상대방인 사업자는 소비자의 상거소가 있는 국가에서만 소비자를 상대로 소를 제기할 수 있다. 또한 계약의 당사자는 서면에 의하여 국제재판관할에 관한 합의를 할 수 있지만, 그 합의는 분쟁이 이미 발생한 경우 또는 소비자에게 이 조에 의한 관할법원에 추가하여 다른 법원에 제소하는 것을 허용하는 경우에 한하여 그 효력이 있다(동법 제27조 제4항 내지 제6항).

소비자보호가 주를 이루었다. 이 시기에 있어서 소비자는 보호의 대상이자 정책의 수혜자로서 수동적인 존재로 인식되었다. 이를 단적으로 나타내는 것이 바로 소비자보호법의 법명이며, 소비자정책을 집행하는 기관 중 대표적인 기관의 명칭 역시 한국소비자보호원이었다.[26] 따라서 이 시기의 소비자정책의 패러다임은 '소비자보호'였다.

2. 소비자기본법 시대에서의 소비자정책

2000년 이후 소비자와 기업을 둘러싼 소비환경이 급속하게 변화하면서 이러한 기존 인식의 틀이 해체되는 경향이 등장하였다. 즉, 그 동안 수동적으로 행동하던 소비자는 급속도로 조직화되어 본연의 권리와 의무를 인식하게 되었으며, 보호의 대상으로 인식되었던 소극적 소비자가 이제 소비자주권을 실현하고자 하는 적극적인 경제주체로 재등장하게 되었다. 특히, 소비자가 선택을 하면서 종전 가격 중심의 선택기준에서 재화의 품질까지 동시에 고려하게 되었으며, 품질의 우수성과 안전성은 소비자의 신뢰를 제고하는 중요한 역할을 하게 되었다. 그 결과 소비자는 사업자에 대한 신뢰부여를 수단으로 하여 사업자와 대등한 지위로 올라서게 되었다. 이러한 환경의 변화는 궁극적으로 소비자정책의 변화를 요구하게 되었으며, 종전 '소비자보호'에서 '소비자주권실현'으로 소비자정책의 패러다임이 변경되었다. 또한 이에 관한 근거법인 소비자보호법의 개정 필요성을 제기하였다. 이후 연구용역, 공청회 및 공개토론회 등 다양한 의견수렴과정을 거쳐 소비자보호법을 소비자기본법으로 개정함과 더불어 한국소비자보호원의 명칭 역시 한국소비자원으로 변경하였다.[27]

3. 평 가

상기와 같이 소비자정책에 대한 패러다임은 종전 소비자보호에서 소비자주권실현으로 변경되었다고 한다. 그 근저에는 소비자의 지위변화를 제시하고 있다.

26) 장주성 · 박희주, 「우리나라 소비자정책의 발전과 패러다임의 변화」, 2006, 재정경제부 · 한국소비자보호원, 68면.

27) 장주성 · 박희주, 앞의 책, 69~70면.

즉, 종전과 달리 소비자는 적극적으로 자신의 권리를 행사하고, 재화 등을 선택함에 있어서 가격뿐만 아니라 고품질 및 안정성을 동시에 판단기준으로 삼고 있다. 따라서 소비자는 사업자에 대한 신뢰부여라는 수단으로 사업자와 대등한 지위를 차지하게 되었다는 점을 제시한다.

그러나 과연 소비자가 사업자와 대등한 지위에 있는가에 대하여는 재판단이 요구된다. 상기에서 지적한 바와 같이 소비자가 재화를 선택함에 있어서 종전보다 품질과 안정성을 추가적으로 고려하게 되었지만, 이러한 내용을 판단하기 위한 정보는 사업자가 전적으로 보유하고 있다. 따라서 사업자가 소비자에게 제공하지 않는 한 소비자는 재화의 안정성 등을 판단할 수 있는 정보와 능력을 갖추지 못하였기에 이를 기준으로 하여 올바른 선택권을 행사할 수 없다. 이러한 점을 살펴볼 때, 소비자는 사업자와 대등한 지위에 있는 것이 아니라 여전히 사업자보다 열위에 있다고 볼 수 있다. 따라서 소비자에 대한 보호는 소비자정책에 있어서 중요한 지위를 차지하여야 할 것이지만, 종전과는 다른 측면에서 접근을 하여야 할 것이다. 즉, 소비자를 계속하여 보호의 대상으로 인정하여 무조건적인 보호만을 강조하는 것은 역차별의 문제를 야기할 수 있으며, 경제의 일주체인 소비자를 과소평가하는 것이 된다. 그러나 소비자와 사업자 간 격차가 존재하는 현시점에서 소비자보호는 반드시 유지되어야 하며, 이와 병행하여 소비자가 자신의 책임하에 소비생활을 영위할 수 있도록 적절한 소비자교육과 소비생활정보 등을 제공하여 궁극적으로 소비자주권실현을 창출하여야 할 것이다. 이는 소비자정책의 목적이 소비자보호에서 벗어난 것이 아니라 소비자보호와 동시에 소비자교육 및 정보 제공 등을 통하여 소비자가 자주적 역량을 갖춘 상태에서 소비자주권을 실현하는 것이다. 이러한 측면에서 볼 때, 소비자보호에서 소비자주권실현이라는 소비자정책의 패러다임의 변화는 수긍할 수 있을 것이다.

Ⅲ. 소비자보호의 필요성

근대민법에서는 계약자유의 원칙에 따라 합리적인 이성을 가진 자 간의 합의를 최우선적으로 존중하였다. 따라서 재화 등을 판매하는 자는 이를 구입하고자 하는 자와 함께 계약내용을 합의하여 결정하였으며, 합의내용이 신의칙에 위반하지 않는 한 양 당사자는 합의내용에 기속되었다. 이러한 점은 계약의 양 당사자가 평등하다는 점에서 출발한다. 하지만 앞에서도 살펴보았듯이 최종 소비를 목적으로 구입하는 소비자와 이를 전문적으로 판매하는 사업자 간의 지위는 결코 평등한 지위에 있는 것이 아니라 소비자는 사업자와 비교하여 약자의 지위에 있다. 약자인 소비자와 강자인 사업자의 지위는 결코 평등하지 않으며, 강자인 사업자는 자신의 지위를 이용하여 약자인 소비자에게 불리한 내용의 계약체결을 강요하게 되었으며, 소비자는 이를 거부할 수 없다. 또한 계약체결 여부를 결정하는 기초인 정보(사업자의 신원, 재화 및 거래조건 등)를 사업자가 전적으로 보유하고 있기에 이를 소비자에게 적절하게 제공하지 않는다면 소비자의 합리적인 선택권의 행사는 불가능하다. 따라서 근대민법의 기본원리인 계약자유의 원칙은 형식적 의미의 계약자유에 불과하게 되었으며, 실질적으로 소비자는 계약자유의 원칙을 향유할 수 없게 되었다. 이러한 점은 사업자가 시장지배적 지위를 갖는 경우에 극명하게 나타난다. 따라서 현실적인 양자의 불평등을 고려하여 약자인 소비자가 강자인 사업자와 재화 등의 계약을 체결함에 있어서 피해를 입지 않도록 하기 위하여는 민법, 상법 등과 같은 계약법에서 부여하는 권리 이외에 특별한 보호방안이 필요하게 됨은 당연한 이치이다. 또한 소비자문제는 일시적인 문제가 아니라 과학기술의 발전과 사업자의 재화 등에 관한 판매방식의 변화에 따라 적절한 보호방안이 요구되기 때문에 지속적인 연구와 함께 법·제도적인 정비가 요구되는 분야이기도 한다.

Ⅳ. 소비자보호의 방법

1. 보호수단에 따른 방안

보호수단에 따른 소비자보호방안은 입법적 보호방안과 제도적 보호방안으로 구분할 수 있으며, 이는 국가 또는 지방자치단체 등에 의한 보호방안이라고 할 수 있다. 즉, 국가 등은 재화 등의 구체적인 거래분야에서 특성을 파악하여 이에 적합한 소비자의 권리와 사업자의 의무를 법령에서 규정하여야 한다. 또한 소비자의 권리가 실현될 수 있음과 더불어 사업자의 의무위반에 대하여 감시하고 규율할 수 있도록 관련 제도를 정비하여야 한다. 이러한 입법적 보호방안으로 소비자기본법을 비롯한 다양한 거래분야에서 소비자를 보호하기 위하여 할부거래법, 방문판매법, 전자상거래소비자보호법, 약관규제법, 표시광고공정화법, 제조물책임법 등이 제정되어 있다. 하지만 사업자의 판매방식은 지속적으로 발전하고 있으므로 이에 따라 적절한 소비자보호가 실현될 수 있도록 법령의 제·개정작업이 지속적으로 이루어져야 한다. 또한 제도적 보호방안으로 공정거래위원회와 한국소비자원을 중심으로 사업자의 법 위반에 대한 지속적인 감시활동을 펼치고 있으며, 피해구제를 위하여 각종 조정위원회가 활동하고 있다.

〈표 5〉 주요 소비자관련 분쟁조정기관의 현황

조정기관	근거법률	조정대상	조정의 효력
소비자분쟁조정위원회	소비자기본법	소비자피해	재판상 화해
소비자단체협의체	소비자기본법	소비자피해	당사자간 화해계약의 성립
금융분쟁조정위원회	금융감독기구설치법	금융분쟁	재판상 화해
의료심사조정위원회	의료법	의료분쟁	재판상 화해
개인정보분쟁조정위원회	정보보호법	개인정보	당사자간 화해계약의 성립
통신위원회	전기통신기본법	통신서비스	당사자간 화해계약의 성립
전자거래분쟁조정위원회	전자거래기본법	전자거래	당사자간 화해계약의 성립
방송분쟁조정위원회	방송법	방송서비스	재판상 화해

※ 나광식 등, 「FTA 체제하 소비자정책의 부문별 과제」, 한국소비자원, 2007, 82면.

2. 보호시기에 따른 방안

(1) 사전예방

소비자보호의 가장 중요한 점은 소비자피해가 발생하기 전에 이를 예방하는 것이다. 이를 위하여 국가 등은 소비자의 기본적인 권리를 비롯하여 개별 거래분야에서 소비자의 권리와 사업자의 의무에 대하여 거래주체가 쉽게 이해할 수 있도록 지속적인 소비자교육이 전개되어야 한다. 또한 소비자가 합리적인 소비생활을 영위할 수 있도록 소비생활과 관련된 정보를 수시로 제공하여야 하며, 이미 발생한 피해사례에 관한 정보를 신속하게 제공하여 동일한 피해가 반복되지 않도록 하여야 한다. 사업자에 대하여도 소비자보호에 관한 관련법령의 내용을 주지시킴과 더불어 법 위반행위에 대한 상시 감시체계를 확립하여 소비자피해의 발생을 예방 또는 확대되는 것을 방지하여야 한다. 이러한 소비자피해를 방지하기 위하여 소비자기본법에서는 소비자단체소송제도를 도입하여 2008년부터 시행하고 있다. 즉, 소비자단체소송제도라 함은 사업자의 위법행위로 인하여 불특정 다수의 소비자에게 피해가 발생할 우려가 있는 경우에 사업자의 위법한 행위를 금지 또는 중지시킬 수 있는 소권을 소비자단체 등에게 부여하는 제도를 말한다. 이러한 소비자단체소송제도의 도입으로 인하여 소비자피해를 예방할 수 있는 제도적 기초가 마련되었다.[28]

(2) 피해구제

상기의 소비자피해예방에도 불구하고 소비자피해가 현실적으로 발생한 경우에 사업자는 자율적으로 피해구제활동을 하여야 하며, 국가 등은 사업자의 자율적인 피해구제를 권장하여야 한다. 하지만 사업자가 자율적으로 피해구제활동을 하지 않은 경우에 소비자가 자신의 피해를 신속하고 경제적으로 구제받을 수 있는 여건을 마련하여야 한다. 즉, 소비자는 재화 등, 거래조건 등에 관하여 전문지식을 보유하고 있지 않기 때문에 피해구제에 대하여 엄격한 입증을 요구한 경우에 소비자의 손해배상청구권은 유명무실하게 되며, 소송의 방식은 이에 관한 전문지식의 부족, 시간·경제적인 면에서 불합리하기 때문에 소송을 통한 권리구제는 실효성이 매우 낮다. 따라서 소비자가 신속하고 경제적으로 권리구제를 받을 수 있도록 국가 등은 소비자의 입증책임을 경감하고 소송외적인 방식으로 권리를 구제받을 수 있도록 하는 입법적, 제도적 노력을 하여야 한다. 이러한 노력의 일환으로 소비자기본법에서는 집단분쟁조정제도를 도입하였다. 즉, 집단분쟁조정제도는 소액 다수라는 소비자피해의 특성을 고려하여 피해의 원인이 동일한 다수의 피해자인 소비자가 입은 피해를 조정절차를 통하여 일괄적으로 구제하는 방안이다.[29]

---

28) 소비자단체소송제도에 대하여 자세한 내용은 제4편 소비자피해구제의 내용을 참조하기 바람.

29) 집단분쟁조정제도에 대하여 자세한 내용은 제4편 소비자피해구제의 내용을 참조하기 바람.

3. 보호주체에 따른 보호방안

소비자보호는 그 보호주체에 따라 국가 또는 지방자치단체, 사업자 또는 사업자 단체 및 소비자 또는 소비자단체로 구분할 수 있다. 국가 등은 관련 법령의 제·개정 및 제도의 보완을 통하여 구체적인 거래분야에서 적절한 소비자보호가 이루어질 수 있도록 하여야 한다. 또한 소비자피해가 발생하지 않도록 지속적인 소비자교육을 실시하여야 하며, 소비생활에 관한 정보를 제공하여야 한다. 사업자 등은 소비자의 피해가 발생하지 않도록 관련 법령을 준수하여야 하며, 결함 없는 재화 등을 생산하기 위하여 노력을 다하여야 한다. 또한 소비자의 피해가 발생한 경우에 신속한 구제활동을 전개함과 더불어 확대손해가 발생하지 않도록 필요한 조치를 취하여야 한다. 소비자단체는 소비자의 권익을 대변하는 대표적인 기관이며, 개별 소비자가 자신의 이익을 직접적으로 주장하는 것은 소비자의 특성상 사실상 곤란하다. 따라서 소비자단체는 소비자보호를 위하여 국가 등의 소비자정책 및 시책의 수립 또는 집행에 있어서 소비자보호가 충실하게 이루어질 수 있도록 적극적으로 의견을 개진하거나, 사업자의 위법행위의 감시 및 소비자피해가 발생한 경우 신속하게 피해구제가 이루어질 수 있도록 노력하여야 할 것이다. 마지막으로 소비자 등 역시 보호대상으로서의 수동적 지위에서 벗어나 피해의 예방과 구제를 위하여 권리주체로서 적극적으로 활동하여야 한다. 따라서 위해정보의 수집 또는 소비자교육 등을 통하여 합리적인 소비자가 되기 위한 노력을 경주함과 더불어 피해가 현실적으로 발생한 경우에 적극적으로 피해구제를 요청하여 다른 소비자에게 동일한 피해가 확대되는 것을 방지하여야 한다.

제3장

소비자보호법의 개관

Ⅰ. 소비자보호법의 의의 및 성질

1. 소비자보호법의 의의

소비자보호법이라 함은 사업자와 계약을 체결하여 재화 등을 구입하는 소비자를 보호하기 위하여 제정된 법 총체를 의미한다. 이러한 소비자보호법은 규율범주에 따라 광의의 소비자보호법과 협의의 소비자보호법으로 구분할 수 있다. 광의의 소비자보호법은 소비자의 보호뿐만 아니라 계약에 있어서 사인의 보호를 목적으로 하는 법 총체를 의미하며, 이에는 협의의 소비자보호법을 포함하여 민법을 비롯한 사법, 형법을 비롯한 형사법, 소송 및 행정구제를 내용으로 하는 공법 등이 있다. 이러한 광의의 소비자보호법 중 사업자와 소비자 간 재화 등의 거래에서 소비자를 보호하기 위하여 제정된 법은 협의의 소비자보호법이라고 할 수 있다. 협의의 소비자보호법에는 소비자기본법을 비롯하여 표시광고공정화법, 약관규제법, 할부거래법, 방문판매법, 전자상거래소비자보호법, 제조물책임법 등이 있다.

2. 소비자보호법의 법적 성질

전통적인 분류방식에 따르면 법은 공법과 사법으로 구분된다. 즉, 공법은 국가기관 상호간 또는 국가기관과 국민 간의 불평등한 법률관계를 규율하며, 사법은 국가기관과 개인 간 또는 개인 상호간 평등한 법률관계를 규율한다. 이러한 분류방식에 따르게 되면 소비자보호법은 어느 법 분야에 속하는가의 문제가 제기된다. 개별적인 소비자보호법의 내용을 살펴보면, 기본적으로 재화 등의 거래에 있어서 사업자와 소비자 간의 권리·의무관계를 규율하고 있으며, 사업자의 의무위반에 대한 규제로 손해배상, 시정조치, 과징금, 과태료 및 벌금과 징역형을 규정하고 있다. 따라서 소비자보호법은 사법적인 내용을 기초로 하여 공법적인 내용이 혼합되어 있기에 전적으로 공법 또는 사법에 속하지 않으며, 공법과 사법의 혼합형태인 사회법에 속한다.

소비자보호법의 내용 중 사법에 관한 규정은 대부분 강행법규에 해당한다. 즉, 사법의 규정 중 당사자가 법률의 규정과 다른 합의를 하였을 경우에 당사자의 특약이 우선하여 적용되는 경우에 당해 법규를 임의법규라고 하며, 당사자의 합의보다 법규가 적용되는 경우에 당해 법규를 강행법규라 한다. 소비자보호법의 내용은 경제적 약자인 소비자를 보호하기 위한 규정이므로 사업자와 소비자가 법규의 내용과 다른 합의를 한 경우에 특약은 효력을 발생하지 못하여 법규정이 적용된다. 다만, 당사자간의 합의 내용이 법에서 정한 내용보다 소비자에게 유리한 경우에는 합의가 법규정보다 우선하여 적용된다. 따라서 소비자보호법의 내용 중 사법에 관한 사항은 상대적 강행규정이라고 할 수 있다.

Ⅱ. 소비자보호법의 법원 및 체계

소비자보호에 관한 법원은 기본적으로 헌법에서 찾을 수 있다. 즉, 건전한 소비행동을 계몽하고 생산품의 품질향상을 촉구하기 위한 소비자보호운동을 법률로써 보장할 의무를 국가에 부과하고 있다(헌법 제124조). 이러한 헌법적 근거에 의하여 소비자보호에 관한 기본적 사항, 소비자의 권리와 의무·국가 또는 지방자치단체의 의무, 사업자 등의 의무 등을 규정하기 위하여 소비자기본법이 제정되었다.[30] 소비자기본법은 소비자보호를 위한 각 경제주체의 기본적인 권리와

---

30) 소비자기본법의 전신인 소비자보호법은 1980년 제정되었으며, 2006년 동법의 전면개정과 더불어 법명 역시 소비자기본법으로 개정되었다.

의무를 규정하고 있지만, 구체적인 내용에 대하여는 언급하지 않고 있다. 따라서 구체적인 거래분야에서의 소비자보호에 관한 사항은 다시 개별 법령에서 규정하고 있다. 이러한 개별 법령은 거래전반에 있어서의 소비자보호에 관한 법령과 특수거래분야에서의 소비자보호에 관한 법령으로 구분할 수 있다. 전자에 해당하는 법령으로는 재화 등의 표시·광고에 있어서 소비자보호를 위한 표시광고공정화법과 약관을 통한 거래에 있어서 소비자를 보호하기 위한 약관규제법 등이 있다. 또한 소비자가 구입한 제조물로 인한 피해에 대하여 효율적으로 구제를 받을 수 있도록 제정된 제조물책임법이 2002년부터 시행되고 있다. 후자에 해당하는 법령으로는 방문판매·전화권유판매·다단계판매·사업권유판매·계속거래 분야에서의 소비자를 보호하기 위한 방문판매법이 있으며, 전자상거래·통신판매에서의 소비자를 보호하기 위한 전자상거래소비자보호법이 있다. 또한 대금의 분할지급을 통한 재화 등의 거래인 할부거래에서의 소비자를 보호하기 위하여 제정된 할부거래법이 있으며, 신용카드를 통한 대금결제에 있어서 소비자를 보호하기 위한 여신전문금융업법 등이 있다. 이와 더불어 재화에 대한 대금결제방식이 전자적으로 이루어짐에 따라 이로 인하여 발생하는 문제를 규율하기 위하여 전자금융거래법이 2007년에 제정되었다.

Ⅲ. 소비자보호법과 다른 법률과의 관계

1. 민법·상법과의 관계

소비자보호법의 주된 내용은 사업자와 소비자 간 재화 등에 관한 거래에 있어서 양자의 권리·의무에 관한 사항이다. 그러므로 재화 등에 관한 거래를 규율하는 민법 또는 상법이 당연히 적용된다. 민법·상법은 모든 당사자 간의 거래 또는 상인 간, 상인과 개인 간의 거래를 적용범위로 하고 있지만, 소비자보호법은 사업자와 소비자 간의 거래만을 적용대상으로 하고 있다. 따라서 소비자보호법은 민법·상법의 적용범위 중 특정거래분야 즉, 사업자와 소비자 간의 거래분야를 규율대상으로 하고 있기에 민법과 상법에 대하여 특별법의 지위를 갖는다고 할 수 있다. 따라서 소비자보호법의 규정과 민법·상법의 규정이 경합할 경우에 소비자보호법이 먼저 적용되며, 소비자보호법에서 규정하지 않은 내용은 민법 · 상법의 규정이 적용된다.

2. 경제법과의 관계

경제법은 국가가 국민경제 전체를 정당하게 질서지우기 위하여 경제활동을 규제하는 법규범과 법제도의 총체를 말하며,[31] 이에는 독점규제 및 공정거래에 관한 법률, 하도급거래공정화에 관한 법률, 가맹사업거래 공정화에 관한 법률 등이 있다. 이러한 경제법은 사업자의 시장지배적 지위의 남용과 과도한 경제력의 집중을 방지하고 부당한 공동행위 및 불공정거래행위를 규제하여 공정하고 자유로운 경쟁을 촉진함으로써 창의적인 기업활동을 조장하고 소비자를 보호함과 아울러 국민경제의 균형 있는 발전을 도모함을 목적으로 한다(독점규제 및 공정거래에 관한 법률 제1조). 소비자보호법 역시 소비자 권익의 증진과 국민경제의 발전을 목적으로 한다(소비자기본법 제1조). 따라서 경제법과 소비자보호법의 목적은 동일하게 소비자의 권익증진과 국민경제의 발전이다. 하지만 양자는 목적 달성의 방법론에 있어서 차이가 있다. 소비자보호법은 사업자와 소비자의 거래에서 소비자의 권리강화와 사업자의 의무강화를 통하여 목적을 달성하고자 하나, 경제법은 사업자 또는 사업자 단체의 불공정한 거래행위(시장지배적 지위의 남용, 기업결합, 경제력집중, 부당한 공동행위, 불공정 거래행위 등)를 규율함으로써 목적을 달성하고자 한다. 그러므로 경제법은 사업자 또는 사업자단체의 일정한 행위를 규제하지만, 소비자보호법은 사업자와 소비자 간의 거래행위를 규제하기 때문에 동일한 목적을 달성하기 위한 방법론에서 차이가 있다고 할 수 있다.[32]

3. 소비자보호법 상호간의 관계

소비자가 재화 등을 구입한 경우에 거래방법은 할부거래, 방문판매, 전화권유판매, 다단계판매, 전자상거래, 통신판매 중 하나에 의한 경우도 있으나, 다수의

---

31) 권오승, 「경제법」, 법문사, 2003, 12～15면.

32) 경제법 역시 사업자의 불공정거래행위를 규제함으로 인하여 사업자와 소비자 간 계약관계를 규율하지만, 이는 경제법의 내용 중 일부에 해당한다.

거래방법을 통하여 구입할 수 있다. 따라서 민법과 상법을 기본으로 하여 각종 소비자보호법이 단일 또는 복수로 적용될 수 있다. 이와 같이 복수의 거래형태가 결합되어 복수의 법규가 적용될 경우에 어느 법이 우선하여 적용되는가의 문제가 발생한다. 이러한 문제를 해결하고자 개별 법령에서는 당해 법령을 우선 적용하고 다른 법령의 적용이 소비자에게 유리한 경우에 그 법령을 적용하도록 규정하고 있다(방문판매법 제4조, 전자상거래소비자보호법 제4조).

제2편 | 소비자기본법

제1장

소비자의 기본적 권리와 책무

Ⅰ. 소비자의 기본적 권리

재화 등을 소비하는 자로서의 소비자는 산업혁명 이후부터 발생하였지만, 이에 대한 인식은 거의 전무하였다. 이러한 소비자에 대하여 관심을 가지며, 이에 대한 법적 보호의 필요성을 인식하고 소비자의 기본적인 권리에 대하여 처음으로 천명한 것은 미국 케네디 대통령의 '소비자의 이익보호에 관한 특별교서'이다.[1] 동 교서에서는 소비자의 기본적인 권리로 안전의 권리, 정보에 관한 권리, 선택의 권리, 의견제시의 권리를 포함하고 있었다.[2] 이후 보상을 받을 권리, 교육을 받을 권리, 단결 및 단체활동에 관한 권리, 환경에 관한 권리가 새로이 추가되었으며, 소비자기본법에서도 소비자의 기본적인 권리로서 8대 권리를 규정하고 있다.

1. 안전에 관한 권리

소비자는 모든 재화 등으로 인한 생명・신체 및 재산상의 위해로부터 보호받

---

1) 소비자의 이익보호에 관한 특별교서는 당시 미국 대통령이었던 John F. Kenney가 1962년 3월 15일에 의회에 보냈던 교서를 말하며, 이를 기념하고자 국제소비자기구는 이 날을 세계 소비자의 날(World Consumer Rights Day, 15th March)로 지정하였다.

2) www.consumersinternational.org/about/rights.html.

을 권리를 향유한다(동법 제4조 제1호). 재화 등에 관한 거래로 인하여 소비자가 입은 피해는 재산상의 손해와 신체·생명에 관한 손해로 구분된다. 소비자가 사업자와 재화 등에 관한 계약을 체결하여 소비자의 대금을 수령한 후에 재화 등을 인도하지 않은 경우에 소비자에게는 재산상의 피해가 발생하지만, 결함 있는 재화의 인도를 한 경우에는 소비자에게 재산상의 피해뿐만 아니라 신체·생명에 대한 피해까지 유발시킬 수 있다. 따라서 사업자는 소비자가 거래과정에 있어서 피해를 입지 않도록 공정한 거래방식을 채택함과 더불어 재화 등을 제조 또는 판매함에 있어 소비자피해가 발생하지 않도록 적정기준에 적합한 재화를 생산하여야 하며, 재화의 용도에 따라 인체에 유해를 가할 위험이 있는 재화에 대하여는 소비자에게 충분히 그 내용을 설명하거나 표시하여 피해를 예방할 수 있도록 조치를 취하여야 한다. 또한 국가 역시 재화 등에 대하여 지속적인 검사 등을 통하여 위험성을 시험하고, 위험성이 인식된 경우에 소비자에게 피해가 발생하지 않도록 유해정보를 공개하거나 재화 등을 수거, 폐기 등 필요한 조치를 취하여야 한다.

2. 정보 등을 제공받을 권리

소비자는 재화 등을 선택함에 있어서 필요한 지식 및 정보를 제공받을 권리를 향유한다(동법 제4조 제2호). 이러한 정보에 관한 소비자의 권리는 합리적인 선택권의 행사 및 소비생활의 영위와 밀접한 관련이 있으며, 그 기초가 된다. 소비자는 재화 등에 대한 거래에 있어서 사업자와 함께 계약의 일 주체이지만, 재화 등에 관한 정보는 사업자측에서 전적으로 보유하고 있기에 실질적으로 수동적인 지위에 있다. 이러한 점은 비대면거래분야인 통신판매, 전자상거래, 전화권유판매 등에서 현저하게 나타나고 있다. 이 결과 소비자는 자신이 필요로 하는 재화 등을 선택함에 있어서 사업자가 제공하는 정보에 의존하여 구매의사를 결정하게 되며, 사업자의 기망행위 등에 의하여 구매의사를 결정할 수 있다. 따라서 소비자가 재화 등에 대하여 합리적인 구매의사를 결정할 수 있도록 필요한 지식뿐만 아니라 관련 정보를 제공받아야 한다. 이러한 정보에는 기본적으로 재화 등에 관한 정보뿐만 아니라 사업자에 관한 정보 및 거래조건 등에 관한 정보가 포함되어야 하며, 제공의 정도 역시 소비자가 구매의사를 결정함에 있어서 충분한 수준이어야 한다.

3. 선택할 권리

소비자는 재화 등을 사용 또는 이용함에 있어서 거래의 상대방·구입장소·가격·거래조건 등을 자유로이 선택할 권리를 향유한다(동법 제4조 제3호). 즉, 소비자는 다수의 사업자가 제공하는 다양한 재화들 속에서 자신에게 적합한 재화를 선택할 수 있어야 한다. 거래의 상대방인 사업자가 시장에 독·과점적인 지위를 가지는 경우에 소비자는 재화 등을 비롯한 거래조건을 선택하지 못하고 사업자가 일방적으로 결정한 사항을 수락할 수밖에 없다. 따라서 소비자의 재화 등에 대한 선택권이 인정되기 위한 전제조건으로 사업자의 시장지배적 지위의 남용과 과도한 경제력의 집중을 방지하고 부당한 공동행위 및 불공정거래행위를 규제하여 시장의 공정경쟁질서가 확립되어야 한다.

4. 의견제시의 권리

소비자는 소비생활에 영향을 주는 국가 및 지방자치단체의 정책과 사업자의 사업활동 등에 대하여 의견을 반영시킬 권리를 향유한다(동법 제4조 제4호). 소비자는 국가와 사업자 등과 더불어 경제의 일 주체임에도 불구하고 종전에는 소비생활과 관련된 정책결정 등에 있어서 참여하지 못하였다. 이 결과 소비자에 관한 사항을 결정함에 있어서 가장 직접적인 이해관계인인 소비자가 참가하지 못하여 소비자의 입장을 충분히 반영시킬 수가 없었다. 따라서 국가 등은 소비생활과 관련된 정책을 결정함에 있어서 직접적인 이해관계인인 소비자가 참여하여 자신의 의사를 충분히 제시할 수 있는 절차를 마련하여야 한다.[3] 구체적으로 정책결정의 과정에 소비자대표 또는 소비자단체의 대표자를 참여시켜 소비자의 의사가 반영될 수 있어야 하며, 각종의 설문조사 또는 공청회 등을 통하여 일반 소비자의 의견을 수렴하여 정책의 내용에 반영하여야 한다. 이와 달

3) 소비생활에 관한 기본적인 정책을 심의·의결하기 위하여 설치된 소비자정책위원회는 소비자의 참여하에 소비생활에 관한 정책을 결정하기 위하여 소비자단체에서 추천한 소비자대표를 포함시키고 있다(소비자기본법 제24조 제2항).

리 사업자의 사업활동에 대하여 소비자의 의견을 반영시킬 권리가 과연 인정될 수 있는가에 대하여는 의문이 제기된다. 즉, 사업활동에 대한 전반적인 결정권은 사업자가 전적으로 행사할 수밖에 없으며, 소비자는 사업활동에 책임을 지지 않기 때문에 소비자에게 의견을 반영시킬 권리를 부여하는 것은 사실상 불가능하다. 하지만, 현대 사회에서 소비자의 의견을 무시한 사업활동의 전개는 불가능하기 때문에 사업자는 소비자의 의견을 존중하여야 한다. 따라서 소비자가 사업자에게 자신의 의견을 제시할 수 있는 기회를 제공하여야 할 것이며, 이는 의견반영의 권리가 아닌 의견제시의 권리로 인정하여야 할 것이다.

5. 보상을 받을 권리

소비자는 재화 등의 사용 또는 이용으로 인하여 입은 피해에 대하여 신속·공정한 절차에 의하여 적절한 보상 또는 배상을 받을 권리를 향유한다(동법 제4조 제5호). 소비자가 재화 등을 구입하여 사용함으로써 발생할 수 있는 피해를 사전에 예방하는 것이 최선책이지만, 피해를 예방할 수 있는 방안을 강구하였음에도 불구하고 현실적으로 피해가 발생한 경우에 신속하고 효율적으로 보상을 받을 수 있는 절차를 마련하여야 한다. 이를 위하여 사업자는 소비자의 피해가 발생한 경우에 피해구제를 위하여 충분한 조치를 취하여야 한다. 또한 국가 등은 소비자피해에 대한 사업자의 구제가 이루어지지 않거나 충분하지 못하여 소비자가 피해구제를 요청한 경우에 적절한 보상 또는 배상을 받을 수 있도록 법·제도를 마련하여야 한다. 효율적인 소비자피해구제를 위하여 소비자가 사업자에 비하여 정보면에서 열악한 지위에 있다는 점을 인식하고 재화 등으로 인한 피해에 대하여 사업자에게 책임을 추궁할 수 있기 위하여는 소비자의 입증책임이 완화되어야 한다.[4] 또한 소비자의 피해는 소액의 피해가 주를 이루고 있기 때

---

4) 소비자의 입증책임을 완화하는 방안에는 입증책임을 사업자에게 전환하는 방안과 입증책임을 면제하는 방안이 있다. 전자의 예로서, 방문판매법에서 청약철회권에 관한 사항을 사업자가 입증하도록 하고 있으며, 전자상거래소비자보호법에서도 동일하게 규정하고 있다(방문판매법 제8조 제5항, 제17조 제3항; 전자상거래소비자보호법 제17조 제5항). 후자의 예로는 제조물책임법에서 소비자가 제조업자에 대하여 제조물로 인한 피해에 대하여 배상을 청구함에 있어 무과실책임을 규정하고 있다(동법 제3조 제1항).

문에 기존의 소송방식이 아닌 다른 절차[5])를 통하여 신속, 공정, 저렴하게 구제를 받을 수 있어야 한다.

6. 교육을 받을 권리

소비자는 합리적인 소비생활을 영위하기 위하여 필요한 교육을 받을 권리를 향유한다(동법 제4조 제6호). 현대 사회는 매우 급속도로 변화하고 있기 때문에 변화에 적응하기 위하여는 이에 따른 교육이 필수적으로 이루어져야 한다. 특히, 소비자주권시대에 있어서 소비자가 자주적으로 자신의 권리를 행사하고 자신의 책무를 수행하기 위하여는 이에 필요한 역량을 갖추어야 한다. 이러한 역량을 갖추기 위하여는 필연적으로 적합한 교육이 수반되어야 한다. 또한 거래분야에 있어서도 과학기술의 급격한 발전으로 인하여 첨단기술을 응용한 재화가 생산되고 있으며, 판매방식에 있어서도 사업자가 과학기술을 이용한 다양한 방법이 등장하고 있다. 이러한 판매방식은 사업자와 소비자 모두에게 이점을 부여한다. 그러나 소비자는 과다한 정보 속에서 재화 등을 선택함에 있어 곤란을 겪고 있으며, 이로 인하여 합리적인 선택이 아닌 충동적인 구매가 이루어지고 있다. 또한 사업자의 기망행위 등으로 인한 소비자의 피해 사례가 빈번하게 발생하고 있다. 따라서 소비자가 재화 등의 거래에 있어서 사업자의 기만적인 행위로 인하여 피해를 입지 않도록 피해유형에 따른 사업자의 기망행위에 관한 정보를 소비자에게 제공하여야 하며, 합리적인 소비생활을 영위할 수 있도록 국가 등은 지속적인 교육을 전개하여야 한다. 또한 소비자교육의 대상에 있어서도 차별화가 필요하다. 특히, 고령화 사회로의 진입과 국제결혼의 활성화로 인하여 기존 소비자와 다른 취약계층이 등장하고 있으며, 이들에 대한 소비자교육은 기존 소비자교육과 달리 이루어져야 한다.[6])

---

5) 간이한 소송절차로서 소액사건심판제도와 독촉절차가 있으며, 소송외적인 분쟁해결방식으로는 중재, 조정 등이 있다. 또한 소비자의 피해가 소액 다수라는 점에서 소비자기본법에서는 집단분쟁조정제도를 도입하였다.

6) 송순영, "고령자 소비자정책의 발전방향," 「소비자문제연구」 제30호, 한국소비자보호원, 2006 · 12, 1~32면; 김현주, 「국내 거주 외국인 소비생활실태」, 한국소비자보호원, 2006, 33~36면.

7. 단체조직 및 단체행동에 관한 권리

소비자는 스스로의 권익을 옹호하기 위하여 단체를 조직하고 이를 통하여 활동할 수 있는 권리를 향유한다(동법 제4조 제7호). 우리나라의 소비자운동은 정부차원이 아닌 민간차원, 즉 소비자단체에서 출발하였으며, 현재에 있어서도 소비자단체의 역할은 매우 중요하다. 즉, 사업자는 소비자와 비교하여 경제력, 정보, 조직 등의 면에서 우월적인 지위를 가지고 있다. 특히 사업자가 기업 또는 기업집단인 경우에 이러한 격차는 더욱 크다. 이러한 점에서 개별적인 소비자가 사업자를 상대로 하여 자신의 권익을 주장하여 보호를 받는다는 것은 실현가능성이 매우 작다. 따라서 사업자와 비교하여 약자인 소비자가 자신의 권익을 옹호하기 위하여는 사업자와 대등한 지위를 가져야 한다. 이를 위하여는 소비자가 소비자단체를 조직할 수 있어야 하며, 이를 통하여 자신의 권익을 주장하여 보호받을 수 있도록 단체의 활동권이 보장되어야 한다. 이러한 단체의 결성 및 활동권은 사업자를 대상으로 한 경우뿐만 아니라 소비자와 관련된 정책을 결정하는 국가 및 지방자치단체에 대하여도 필연적으로 인정되어야 하며, 보호되어야 한다.

8. 환경에 관한 권리

소비자는 안전하고 쾌적한 소비생활 환경에서 소비할 권리를 향유한다(동법 제4조 제8호). 여기에서의 환경은 소비생활과 관련된 환경을 비롯하여 자연환경까지 포함하며, 물질적 환경뿐만 아니라 정신적 환경을 포함한다. 이러한 환경에 관한 권리는 재화를 구입하기 전[7]부터 구입하여 사용 후 폐기에 이르기까지의 전반에 걸쳐 적용된다. 따라서 사업자는 친환경적인 재료의 사용 및 재활용이 가능한 제품으로 재화를 생산하여야 하며, 소비자 역시 재화를 사용한 후

---

7) 현대사회에서의 소비자는 상품광고의 홍수 속에서 살아가고 있다. 특히, 전자상거래의 활성화와 더불어 각종의 영리성 광고메일(일명 스팸메일)로 인하여 현대인들은 정신적인 피해를 입고 있으며, 이는 쾌적한 환경에서 소비생활을 할 권리에 대한 막대한 침해행위이다. 따라서 정보보호법에서는 수신자의 의사에 반하여 스팸메일을 송부한 자에 대하여 1천만원 이하의 과태료를 부과하고 있다(동법 제50조 제1항, 제67조 제1항 제15호).

폐기물의 처리에 있어 환경오염을 방지할 수 있도록 최선을 다하여야 한다. 즉, 환경은 현재뿐만 아니라 미래의 세대가 함께 공유하는 것이므로 이를 보존할 의무는 사업자뿐만 아니라 소비자도 부담하기 때문에 환경에 관한 권리는 의무의 성격이 강한 권리이다.

Ⅱ. 소비자의 책무

소비자는 단지 보호의 대상이 아닌 사업자 등과 더불어 경제의 일 주체이기 때문에 올바른 선택과 함께 상기의 기본적 권리를 정당하게 행사하여야 하며, 스스로의 권익을 증진하기 위하여 필요한 지식과 정보를 습득하는 동시에 자주적이고 합리적인 행동과 자원절약적이고 환경친화적인 소비생활을 함으로써 소비생활의 향상과 국민경제의 발전에 적극적인 역할을 다하여야 한다(동법 제5조). 소비자는 국가, 사업자 등과 함께 경제의 일 주체이지만, 과거에는 형식적인 의미로서 주체의 지위를 가졌다. 따라서 사업자로부터 피해를 입은 경우에 국가 등에 구제를 요청하였기에 단순히 보호의 대상으로서의 지위를 가졌으며, 소비자에 관한 정책을 결정함에 있어서도 자신의 의견을 제시하지 않는 소극적인 역할을 수행하였다. 하지만 소비자가 자신의 안전과 권익을 보호하기 위하여는 스스로가 적극적인 역할을 수행하여야 한다. 즉, 사업자에 대하여 자신의 권리를 주장하고 소비자에 관한 국가정책의 결정과정에 동참하여 자신의 의견을 개진하여 반영될 수 있도록 노력하여야 한다. 이를 위하여 소비자는 관련 지식을 교육 등을 통하여 습득하고, 유해정보를 습득하여 이로 인한 피해를 입지 않도록 노력함으로써 자주적으로 권익을 향상시켜야 한다. 따라서 현대사회에 있어서 소비자는 단순한 보호의 대상으로서 수동적 소극적인 소비자에서 보호의 주체로서 적극적이고 능동적인 소비자의 역할이 강조된다.

제2장

국가 및 지방자치단체의 책무

Ⅰ. 관련 법령 및 조례의 제정·개정 및 폐지

소비자기본법에서 규정하고 있는 소비자의 기본적인 권리는 매우 추상적이고 일반적으로 규정되어 있기 때문에 구체적인 거래분야에서 소비자가 이를 행사하기란 매우 곤란하다. 따라서 소비자의 기본적 권리가 구체적인 거래분야에서 실현되기 위하여는 이를 개별법령에서 구체화할 필요가 있다. 이를 위하여 국가 등은 개별 거래의 특성을 파악하여 소비자보호를 위한 법령과 조례[8]를 제정하여야 하며, 주기적으로 거래분야에 대한 실태조사를 통하여 효율적인 소비자보호가 이루어질 수 있도록 현실에 적합한 법령의 개정작업을 진행하여야 한다(동법 제6조 제1호). 또한 소비자보호의 문제는 일시적인 문제가 아니라 인간이 생존하는 한 계속적으로 발생하는 문제이기 때문에 단기적인 측면에서뿐만 아니라 장기적인 측면에서도 법적 보호방안이 강구되어야 한다.

---

8) 지방자치단체가 조례로 제정할 수 있는 사항으로는 소비자안전에 관한 시책, 소비자와 관련된 주요 시책이나 정책결정사항에 관한 정보의 제공, 사업자의 표시 및 거래 등의 적정화를 유도하기 위한 조사·권고·공표 등, 소비자단체·소비자생활협동조합 등 소비자의 조직활동 지원, 소비자피해구제기구의 설치·운영 등, 소비자의 능력 향상을 위한 교육 및 프로그램, 그 밖에 지역 소비자의 권익 증진에 필요한 사항이다(소비자기본법 시행령 제3조).

Ⅱ. 행정조직의 정비 및 운영 개선

소비자정책의 패러다임이 소비자보호에서 소비자의 주권실현으로 전환되었지만, 소비자의 권익실현 또는 소비자의 권리보호를 위하여 행정적인 지원은 반드시 필요하다. 따라서 이를 전담하여 수행할 수 있는 행정조직이 필요하며, 단순한 조직의 구성만이 아닌 전문적인 역량을 갖춘 구성원으로 구성되어야 한다. 중앙부처 차원에서의 소비자행정은 2008년 2월 이전까지 재정경제부와 공정거래위원회가 담당하였지만, 정부조직법의 개정으로 인하여 공정거래위원회로 일원화되었다(정부조직법 제2조 제1항). 지방의 경우에는 지방자치단체가 담당하고 있다. 특히, 지방소비자를 위하여 지방자치단체가 소비자행정조직을 설치·운영하는 경우에 국가는 지원할 수 있다고 규정하고 있다. 그러나 국가의 지원은 국가기관 소속 공무원의 파견이 아닌 지방자치단체의 요청에 따라 등록소비자단체 또는 한국소비자원에 소속된 직원이 파견될 경우 이에 소요되는 경비지원으로 한정되고 있다(동법 제7조, 동 시행령 제5조). 따라서 지방소비자를 위한 행정이 충실하게 이루어지기 위하여는 제한된 지원이 아닌 광범위한 지원이 이루어져야 할 것이며, 이는 단순한 재정지원이 아닌 소비자행정을 처리할 수 있는 인적 지원뿐만 아니라 폭넓은 재정적 지원이 동시에 이루어져야 할 것이다.

Ⅲ. 필요한 시책의 수립 및 실시

국가 차원에서 소비자의 권익증진이 종합적이고 체계적으로 이루어지기 위하여는 기본적인 정책의 수립과 더불어 구체적인 시책의 수립 및 집행이 요구된다. 소비자정책에 있어서 가장 기본적인 정책은 소비자정책위원회가 심의·의결한 소비자정책에 관한 기본계획이며, 이의 근거하에 정부부처와 시·도지사는 중앙행정기관별 시행계획과 시·도별 시행계획을 수립하여야 하며, 공정거래위원회위원장은 종합시행계획을 수립하여 집행하여야 한다(동법 제21조, 제22조, 정부조직법 제6조 제39항). 이러한 소비자정책의 수립은 3년간 또는 1년 동안의 소비자권익보호에 관한 중요사항을 결정한다는 점에서 그 중요성은 매우 높다. 하지만, 소비자행정의 근본인 소비자정책의 수립에 있어서 지방자치단체의 역할은 극히 미흡하다.[9] 즉, 소비자정책의 기본계획의 수립과 종합시행계획의 수립에 있어서 지방자치단체의 참여는 단지 시·도별시행계획의 수립 및 제출에 한정되며, 소비자정책의 심의의결기구인 소비자정책위원회에의 참여는 원칙적으로 불가능하지만, 공정거래위원회위원장이 요청한 경우에 한하여 의견제시 등을 할 수 있다(동법 제26조 제2항, 정부조직법 부칙 제6조 제39항). 그 결과 지방 소비자의 권익증진을 위하여 필요한 내용이 제대로 반영되지 못하는 결과가 발생할 수 있다. 따라서 소비자정책위원회에서 지방 소비자의 권익증진에 관한 사항이 보다 직접적이고 심도 있게 다루어지기 위하여는 주관기관인 지방자치단체의 참여가 필수적이라 할 수 있으므로 소비자정책위원회의 당연직 위원으로 지방자치단체협의체의 장을 포함시켜야 할 것이다.

소비자기본법상 국가 등에게 부여하고 있는 시책으로는 계량·규격에 관한 시책, 특수거래에 있어서 소비자권익을 위하여 필요한 시책, 사업자의 정보를 소비자에게 제공함에 있어 필요한 시책 등으로 구분된다.

1. 계량 및 규격에 관한 시책

계량과 규격의 통일화 및 표준화는 사업자의 기망에 의한 피해를 예방함과 더불어 생산에 있어서 비용절감의 효과를 유발한다. 이러한 점을 고려하여 소비자기본법에서는 국가뿐만 아니라 지방자치단체에도 이에 관하여 필요한 시책을 강구할 의무를 부과하고 있다. 그러나 양자를 구분하여 규정하여야 할 것이다. 즉, 계량과 규격의 통일화 및 표준화에 대한 기준 설정에 관한 사항은 국가가 전담하여야 한다. 만일 지방자치단체에게 이를 위임할 경우 지역별로 계량과 규격의 차이가 발생할 수 있으며, 광범위한 국토를 가진 국가와 달리 지역적 경계가 그리 넓지 않은 우리의 현실에서 이는 적합하지 않으므로 이에 관한 사항은 국가가 전담하여야 할 것이다. 그리고 확정된 계량과 규격의 보급 및 준수여부에 대한 점검에 관한 시책은 지방자치단체가 담당하는 것이 효율적이다. 따

9) 소비자정책의 수립 및 집행 분야에서 소비자의 역할을 강화하기 위하여 소비자의 참여확대와 정책집행에 대한 소비자모니터링을 강화하여야 한다고 한다(김종구, "21세기 소비자정책의 방향," 「소비자문제연구」 제23호, 한국소비자보호원, 2000, 188면).

라서 계량과 규격에 관한 시책 중 통일화 및 표준화에 관한 사항은 국가가 전담하고, 이의 보급 및 준수 여부에 대한 사항은 지방자치단체가 담당하는 것으로 이원화하여야 할 것이다.[10)]

2. 특수거래에 있어서 소비자권익을 위하여 필요한 시책

대량생산 대량판매의 시대에 있어서 기존의 판매방식으로는 대량생산된 물품의 판매가 곤란하기에 사업자는 다양한 판매방식을 개발하고 있다. 소비자 역시 사업자의 다양한 판매방식의 이점을 향유하지만, 이로 인한 피해 역시 시간이 경과할수록 급증하고 있어 특수거래분야에서의 소비자보호는 소비자정책에 있어서 가장 중요한 부분을 차지하고 있다. 따라서 국가 등은 특수거래분야에서 소비자피해가 발생하지 않도록 당해 분야에 적합한 소비자보호시책을 수립・실시하여야 한다.

3. 사업자의 정보를 소비자에게 제공함에 있어 필요한 시책

사업자의 정보는 소비자의 합리적인 선택, 피해예방 및 합리적인 소비생활의 영위를 위하여 필요하다. 이러한 정보는 사업자의 신원에 관한 정보를 비롯하여 재화 등에 대한 정보 및 거래조건 등에 관한 정보로 구분된다. 특히, 재화의 결함정보는 이로 인한 피해를 예방 또는 확산방지를 위하여 신속하게 소비자에게 제공될 필요가 있다. 이는 소비자의 재산적 피해뿐만 아니라 생명 또는 신체피해를 유발할 수 있기에 정보제공의 중요성은 재차 언급할 필요가 없을 것이다. 이러한 정보를 제공함에 있어서 필요한 시책을 강구할 의무는 국가뿐만 아니라 지방자치단체도 부담한다(동법 제13조 제2항). 정보제공의 방법에 있어서는 소비자가 간편하게 접할 수 있는 다양한 매체(공고문, 홈페이지에 게시, 언론기관을 통한 보도 등)를 통하여 제공하여야 할 것이다. 특히, 물품 등의 시험검사의 결과 소비자피해를 유발할 수 있는 경우, 소비자피해주의보 또는 소비자피해경보를

---

10) 국가표준기본법에서 국가표준에 관한 시책수립에 관한 사항을 정부에게 위임하고 있으며(동법 제4조), 계량에 관한 법률에서 정부가 정한 계량의 준수 및 사후 관리에 관한 권한을 시・도지사에게 위임하고 있다(동법 제32조 내지 제38조).

발하여 소비자피해를 예방하여야 할 것이다. 또한 소비자피해는 단시간내에 복수의 소비자가 동일한 피해를 입는다는 점을 고려하여 취득한 피해 또는 결함 정보의 공유 등을 통하여 다른 소비자에게 동일한 피해가 발생하지 않도록 하여야 할 것이다.

Ⅳ. 소비자의 조직활동에 대한 지원 및 육성

회사의 형태를 취하고 있는 사업자와 달리 소비자는 개인단위로 활동하기에 사업자와의 관계에서 상대적으로 열악한 지위에 있으며, 소비자정책의 수립 등에 있어서 자신의 의견을 반영하기란 그리 쉬운 문제는 아니다. 이러한 소비자의 특성을 고려하여 소비자의 권익을 스스로 보호 및 증진하기 위하여 단체를 결성하였으며, 우리나라 소비자운동의 태동부터 발전을 이끌어 왔다. 그러나 소비자의 자발적 참여와 공익목적의 비영리사업을 운영하기 때문에 재정적 기반이 미약할 수밖에 없으며, 이에 대한 지원이 없을 경우 실질적인 활동을 기대하는 것은 불가능하다. 이러한 점을 고려하여 소비자단체에 대한 지원을 법정화하고 있으며, 지원의 내용은 업무지원, 시설지원, 조직활동지원 및 재정지원으로 구분된다(동법 제6조 제4호, 동 시행령 제4조 제1항). 업무지원은 소비자단체의 업무에 대한 지원으로서 소비자의 권익과 관련된 시책의 지원, 시험・검사・조사 및 분석, 소비자문제에 관한 조사・연구, 소비자교육, 불만 또는 피해구제를 수행함에 있어서 필요한 사안에 대하여 지원한다. 시설지원으로는 소비자단체가 물품 등의 규격・품질 또는 안전성 등에 관하여 시험・검사를 실시할 수 있는 시설을 갖추고자 한 경우 이를 갖출 수 있도록 지원할 수 있다(동법 제17조 제4항). 또한 소비자단체와 소비자생활협동조합 등이 행하는 교육・홍보・공동구매・판매사업 및 공동이용시설의 설치・운영을 지원한다. 조직활동 지원으로 소비자의 권익 증진을 위하여 필요하다고 인정하는 소비자의 조직활동에 대하여 지원한다. 재정지원은 다시 모든 소비자단체에 대한 재정지원과 등록소비자단체에 대한 재정지원으로 구분된다. 먼저 모든 소비자단체에 대하여 지방자치단체는 예산의 범위 안에서 소비자단체가 필요한 자금을 지원할 수 있으며(동법 제6조 제4호, 동 시행령 제4조 제2항), 이와 별도로 등록소비자단체의 건전한 육성 및

발전을 위하여 필요하다고 인정될 경우에 보조금을 지급할 수 있다(동법 제32조).[11]

Ⅴ. 지방행정조직에 대한 지원

소비자정책의 패러다임이 소비자보호에서 소비자의 주권실현으로 전환되었지만, 소비자의 권익실현 또는 소비자의 권리보호를 위하여 행정적인 지원은 반드시 필요하다.[12] 따라서 이를 전담하여 수행할 수 있는 행정조직이 필요하며, 단순한 조직의 구성만이 아닌 전문적인 역량을 갖춘 구성원으로 구성되어야 한다. 이러한 조직의 운용에 있어서는 필연적으로 재정적 수요가 뒤따르며, 소비자행정조직[13]의 효과적인 운용을 위하여 필요한 재정에 대한 원활한 조달이 요구된다. 그러나 지방자치단체의 열악한 재정상황을 고려할 때, 국가의 지원 없이 이의 구축을 요구하는 것은 형식적인 조직의 운영으로 나아갈 수 있기에 효과적인 운영을 위하여 인적, 재정적 지원이 필요하다. 이에 소비자기본법에서는 지

11) 지방자치단체에 등록할 수 있는 소비자단체는 물품 등의 규격 등의 시험검사 및 가격 등을 포함한 거래조건이나 거래방법에 관한 조사분석, 소비자의 불만 및 피해를 처리하기 위한 상담·정보제공 및 합의의 권고 업무를 수행하고, 물품 등에 대하여 전반적인 소비자문제를 취급하며, 업무를 처리할 수 있는 전산장비와 사무실 및 상근인력 5명 이상을 갖추고, 비영리민간단체지원법 제2조 각호의 요건을 갖추어야 한다(소비자기본법 제29조). 공정위에 등록할 수 있는 소비자단체는 상기의 요건 외에 전국적 규모의 소비자단체로 구성된 협의체 또는 3개 이상의 시·도에 지부를 설치하고 있는 소비자단체에 한정된다(소비자기본법 시행령 제23조 제2항). 다만, 등록된 소비자단체라 할지라도 거짓 그 밖의 부정한 방법으로 등록을 한 경우 등록은 취소되며, 등록소비자단체가 상기의 제 요건을 갖추지 못한 경우 3개월의 보완기간을 부여하고 이 기간내에 보완하지 않은 경우 등록을 취소할 수 있다(동법 제30조).

12) 강창경·손수진, 「개정소비자보호법해설」, 한국소비자원, 1996, 14면.

13) 일본 지방소비자행정의 특징 중에 하나가 소비자지원서비스를 산출 제공하기 위해서 각 지방자치단체들이 설립한 소비생활센터이다. 소비생활센터는 1965년에는 효고현(兵庫縣)에서 고베(神戶)생활과학센터를 설치한 것이 효시이다. 이후 소비생활센터가 소비자가 접근하기 쉬운 장소로서 소비자운동의 거점이 될 수 있고, 행정의 종적 구조를 떠나서 소비자지원행정을 종합적으로 추진할 수 있는 기관으로서 높이 평가를 받으면서 소비생활센터의 개설 움직임이 확산되었다(강성진, “일본의 지방소비자행정체계에 관한 소고,” 「소비자문제연구」 제17호, 한국소비자보호원, 1996·6, 2면).

방자치단체가 소비자행정을 충실히 수행할 수 있도록 국가의 지원을 명시하고 있다. 그러나 소비자기본법상 국가의 지원은 국가기관 소속 공무원의 파견이 아닌 지방자치단체의 요청에 따라 등록소비자단체 또는 한국소비자원에 소속된 직원이 파견될 경우 이에 소요되는 경비지원으로 한정되고 있다(동법 제7조, 동 시행령 제5조). 따라서 지방소비자를 위한 행정이 충실하게 이루어지기 위하여는 제한된 지원이 아닌 광범위한 지원이 이루어져야 할 것이며, 이는 단순히 한정된 재정지원이 아닌 소비자행정을 처리할 수 있는 인적 지원뿐만 아니라 폭넓은 재정적 지원이 동시에 이루어져야 할 것이다.[14)]

Ⅵ. 위해의 방지

과학기술의 발달로 인하여 현대 사회에서 소비자가 소비하는 물품 등은 매우 다양화되고 있다. 물품의 다양화는 소비자의 선택의 폭을 넓혀 주는 효과를 부여하였지만, 물품의 안전성을 동시에 보장한다고 말할 수는 없다. 그러나 물품의 안전성이 보장되지 않은 상태에서 물품에 대한 소비는 언제든지 소비자에게 생명·신체 또는 재산에 대한 피해를 유발할 수 있는 가능성을 내포하고 있다. 따라서 소비자가 안전하게 물품을 소비할 수 있는 환경의 마련은 현대 사회에서 가장 핵심적인 분야라고 할 수 있다. 이러한 안전성의 확보의 출발은 안전한 물품이 생산되어 소비자에게 판매되는 것이며, 이를 위하여 국가 등이 물품의 안전기준을 설정하여 이에 합치하는 물품이 생산되도록 사업자에게 요구하는 것이다. 또한 안전기준을 설정하거나 신제품 등과 같이 안전기준을 설정할 수 없는 경우에 있어서 물품으로 인한 소비자의 피해가 발생하지 않도록 예방조치를 강구하는 것 역시 물품의 안전기준의 설정과 더불어 매우 중요하다. 이를 위하여 소비자기본법에서는 안전기준의 설정 및 점검, 위해정보의 수집·조사, 결함정보의 보고 및 자진 수거, 위해 물품에 대한 조치 및 시험·검사시설의 설치를 국가 등의 의무사항으로 규정하고 있다.

---

14) 이승신, "21세기의 소비자문제 해결을 위한 소비자정책,"「소비자문제연구」제23호, 한국소비자보호원, 2000, 169면.

1. 안전기준의 설정 및 점검

(1) 안전기준의 설정

소비자안전의 첫 번째는 안전성을 결여한 물품 등이 생산되지 않도록 하는 것이며, 이를 위하여는 물품의 안전성에 대한 기준을 설정하여 사업자에게 이의 준수를 요구하는 것이다. 이러한 기준설정은 개별 사업자에게 위임하는 것보다 국가에서 설정하여야 하며, 소비자기본법에서는 국가에게 물품 등으로 인한 소비자의 생명・신체 또는 재산에 대한 위해를 방지하기 위하여 사업자가 준수하여야 할 기준제정의무를 부과하고 있다(동법 제8조). 따라서 국가가 제정하여야 할 기준으로는 물품 등의 성분・함량・구조 등 안전에 관한 중요한 사항, 물품 등을 사용할 때의 지시사항이나 경고 등 표시할 내용과 방법, 그 밖에 위해방지를 위하여 필요하다고 인정되는 사항이 있다.

(2) 안전취약계층에 대한 안전배려

물품의 소비대상자가 어린이・노약자 및 장애인과 같은 안전취약계층인 경우, 일반인을 대상으로 한 안전기준만으로는 피해가 발생할 수 있기 때문에 이러한 계층에 적합한 안전기준의 제정이 필요하다(동법 제45조). 구체적으로 어린이물품의 경우 인체에 해로운 성분의 사용금지, 표시사항에 있어서 차별화된 글자크기 또는 색상, 사용주의 등에 있어서 문자방식보다는 그림방식 등이 필요하다. 사업자 역시 안전취약계층의 안전을 위하여 물품 등을 판매・광고 또는 제공하는 경우에 일반인을 대상으로 한 안전조치외 안전취약계층에 적합한 예방조치를 취하여야 한다. 그러나 안전취약계층에 대한 안전조치의 첫 단계는 제조단계이지만, 안전취약계층에 대한 사업자의 안전배려의무에 있어서 제조단계는 배제되어 있다(동법 제45조 제2항). 따라서 안전취약계층에 대한 소비자안전이 보다 충실하게 이루어지기 위하여는 제조 역시 포함되어야 할 것이다.

(3) 안전기준의 준수여부에 대한 조사 등

소비자의 안전확보는 단순히 기준의 제정만으로 해결되는 것이 아니라, 사업자의 준수가 필연적으로 요구된다. 이러한 기준준수를 사업자에게만 요구한 경우에 안전성을 결여한 물품 등으로 인한 소비자피해가 현실적으로 발생할 수 있으므로 사업자의 준수여부에 대한 감독이 필요하다. 따라서 이의 준수여부에 대한 지속적인 감독(시험 · 검사 · 조사)이 필요하며, 이의 책임을 중앙행정기관의 장에게 부과하고 있다(동법 제8조 제2항). 다만, 소비자기본법에서는 감독권한을 시 · 도지사에게 위임하고 있기 때문에 구체적인 감독은 시 · 도지사가 행한다(동법 제83조, 동 시행령 제68조 제1항 제1호).

(4) 시험 · 검사시설의 설치 등

상기의 물품에 대한 안전기준의 준수 여부 및 물품의 안전성을 판단하기 위하여는 이를 시험 또는 검사할 수 있는 시설의 구비가 필연적이다. 이에 국가 등에게 물품의 규격 · 품질 및 안정성 등에 관하여 시험 · 검사 또는 조사를 실시할 수 있는 기구와 시설을 갖출 의무를 부과하고 있다(동법 제17조 제1항). 만일 소비자단체가 이러한 시험 · 검사시설을 구비할 경우에 국가 등은 이에 필요한 지원을 할 수 있다(동법 제17조 제4항). 그러나 국가 차원에서 시험검사시설을 설치하는 것을 제외하고, 지방자치단체가 모든 물품에 대한 시험검사시설을 설치하는 것은 사실상 불가능하다. 이러한 점을 고려하여 지방자치단체는 국 · 공립검사기관 또는 한국소비자원에 시험 등을 의뢰할 수 있도록 하고 있다(동법 제제17조 제2항, 동 시행령 제10조). 따라서 지방자치단체의 여건상 시험검사시설의 설치는 사실상 곤란하기 때문에 이를 의무적으로 규정하는 것은 실효성이 없으므로 시험검사기관의 설치의무에서 지방자치단체를 배제하거나 재량으로 하고 국공립검사기관 또는 한국소비자원에 시험 등을 의뢰할 수 있도록 개정하여야 할 것이다. 국가 · 지방자치단체 또는 소비자나 소비자단체가 필요하다고 인정하는 때 또는 소비자의 요청이 있는 때에는 국가 등의 시험 · 검사기관이나 한국소비자원에 의뢰하여 시험 등을 실시할 수 있다(동법 제17조). 이러한 시험 · 검사기관이나 한국소비자원에 시험 등을 의뢰한 경우에 국가 등은 그 결과를 공표하고, 물품의 불안전으로 인하여 소비자피해가 발생할 우려가 있는 경우에는 사업자에게 시정조치, 소비자피해주의보 또는 경보를 발하여 소비자피해가 발생하지 않도록 필요한 조치를 취하여야 한다(동법 제17조 제3항).

2. 위해정보의 수집 · 조사 등

위해정보라 함은 물품 등으로 인하여 소비자의 생명 · 신체 또는 재산에 위해가 발생하였거나 발생할 우려가 있는 사안에 대한 정보를 말한다. 이러한 위해정보를 수집하여 적절한 조치를 취하는 것은 물품 등의 사용으로 인한 피해를 예방함과 더불어 피해발생의 확대를 방지함에 있어서 중요한 역할을 하기 때문이다.

(1) 소비자안전센터의 설치

소비자안전센터는 소비자안전시책을 지원하기 위하여 설립된 기관으로 현재 한국소비자원내에 설치되어 있다(동법 제51조 제1항). 소비자안전센터는 소비자안전을 위하여 위해정보의 수집 및 처리, 소비자안전을 확보하기 위한 조사 및 연구, 소비자안전에 관련된 교육 및 홍보, 위해물품 등에 대한 시정 건의, 소비자안전에 관한 국제협력 및 그 밖에 소비자안전에 관한 업무를 담당한다(동법 제51조 제2항).

(2) 위해정보수집 및 처리

소비자에 대한 위해정보를 수집할 수 있는 대표적인 기관이 바로 소비자안전센터이며, 동 기관에서 위해정보를 수집하는 방식은 다음의 두 가지로 구분할 수 있다. 먼저, 국가 또는 지방자치단체, 소비자 또는 소비자단체가 물품에 대한 안전성시험을 요청하거나 직접 물품의 안전성에 대한 시험검사를 통하여 위해정보를 수집하는 방법과 위해정보 제출기관으로 지정된 행정기관 · 병원 · 학교 · 소비자단체 등으로부터 수집하는 방법이다. 이와 같이 수집된 위해정보는 분석을 통하여 그 결과를 한국소비자원장에게 보고하여야 하며, 원장은 위해정보의 분석결과에 따라 필요한 경우 위해방지 및 사고예방을 위한 소비자안전경보의 발령, 물품 등의 안전성에 관한 사실의 공표,[15] 위해 물품 등을 제공하는

15) 소비자안전경보의 발령 또는 물품 등의 안전성에 관한 사실을 공표하기 위하여는 소비자안전센터의 소장으로 하여금 해당 물품에 대하여 위해정보의 발생빈도, 소비자의 위해정도, 그 밖에 원장이 정하는 평가요소에 대한 평가를 실시하게 할 수 있으며, 이러한 평가를 실시하는 경우에 반드시 소비자안전센터 내에 설치된 위해정보평가위원회의 심의를 거쳐야 한

사업자에 대한 시정권고, 국가 또는 지방자치단체에의 시정조치·제도개선 건의 및 소비자안전을 확보하기 위하여 필요한 사항 등의 조치를 할 수 있다(동법 제52조 제2항).[16] 다만, 물품 등의 위해정보를 수집하였다고 하여 정밀분석을 거치지 않고 이를 공표하는 것은 사업자에게 막대한 손해를 야기할 위험성이 있다. 즉, 정확하지 않은 정보를 공개할 경우, 일반소비자는 공표기관을 신뢰하여 당해 사업자에 대한 신뢰를 저버리게 되며, 그 결과 사업자의 물품은 시장에서 퇴출된다. 따라서 위해정보를 수집하여 이를 소비자에게 공개하는 것 역시 중요하지만, 공개 이전에 위해성에 대한 객관적인 검사가 이루어져야 할 것이며, 이를 기초로 공개여부를 결정하여야 한다. 소비자기본법 역시 이를 명문화하여, 위해정보를 수집·처리하는 자는 물품 등의 위해성이 판명되어 공표되기 전까지 사업자명·상품명·피해정도·사건경위에 관한 사항을 누설할 수 없도록 하고 있으며, 이의 위반시 행위자에게는 1년 이하의 징역 또는 3천만원 이하의 벌금, 행위자가 소속된 법인 또는 사용자에 대하여 3천만원 이하의 벌금을 부과하도록 규정하고 있다(동법 제52조 제3항, 제84조 제2항, 제85조). 이와 같이 위해정보 제출기관으로부터 수집된 위해정보는 분기별로 해당물품의 소관 중앙행정기관에 보고하여야 하며, 긴급한 조치가 필요한 경우에는 즉시 보고하여야 한다(동 시행령 제39조 제5항). 또한 위해정보 제출기관이 제출한 위해정보는 유형별로 분류하여 3년 이상 보관하여야 한다(동 시행령 제40조).

다(소비자기본법 시행령 제42조). 이와 같이 소비자안전경보의 발령 등에 있어서 신중을 기하고자 이와 같은 절차를 두었으나, 평가의 실시 역시 재량행위로 규정하고 있어 그 근본취지가 상실될 수 있다. 따라서 평가실시를 의무화하여야 할 것이며, 이의 실시에 의하여 경보발령 등의 지연에 따라 소비자피해가 발생할 것이 확실시되는 경우에 이의 절차를 생략할 수 있도록 개정하여야 할 것이다.

16) 소비자기본법에서는 소비자안전센터의 위해정보 분석결과보고에 대하여 한국소비자원장이 취할 조치에 대하여 재량행위로 규정하고 있다. 그러나 소비자의 안전을 위협하는 위해정보는 소비자피해의 유발 또는 확산을 유발할 수 있으므로 신속한 조치가 필요하며, 한국소비자원이 업무수행과정 중에서 취득한 정보 중 소비자피해의 확산 방지 등을 위하여 필요하다고 인정되는 사실에 대한 공표의무(동법 제35조 제3항) 등에 비추어 볼 때 이를 재량행위로 규정한 것은 그 인정의 취지 및 다른 규정과의 관계에서 일치하지 않는다. 따라서 이를 재량행위로 할 것이 아니라 기속행위로 전환하여야 할 것이며, 이를 기속행위로 전환하더라도 '필요한 경우'에 한정되므로 재량의 여지가 전혀 배제되는 것은 아니다.

(3) 위해정보 제출기관

물품 등으로 인한 피해가 발생한 경우 이의 확산을 방지하기 위하여 위해정보를 취득한 기관이 이를 총괄적으로 관리하는 기관에 제공할 필요가 있다. 따라서 위해정보를 취득할 수 있는 기관을 위해정보제출기관으로 지정하여 업무처리 도중에 취득한 위해정보를 소비자안전센터에 제출하도록 하고 있다. 위해정보제출기관으로는 경찰서·소방서 등 위해정보수집이 가능한 행정관서, 등록소비자단체, 의료법에 따른 종합병원 및 병원, 초·중등교육법에 따른 초·중·고 학교 중 보건실을 운영하고 있는 학교, 그 밖에 위해정보의 수집이 가능한 기관이나 단체이다(동 시행령 제39조 제1항). 이러한 위해정보 제출기관이 취득한 위해정보를 소비자안전센터에 제공하는 방식은 위해정보 제출기관의 명칭, 위해발생일, 위해를 입은 소비자의 인적 사항, 위해내용과 위해부위, 위해발생경위, 위해관련 물품 등의 명칭과 사업자의 이름 및 연락처, 위해의 발생장소 및 그 밖에 사진·물품 등 위해정보의 분석·평가를 위한 참고자료를 기재한 서면을 제출하는 것이다(동 시행령 제39조 제2항). 위해정보 제출기관이 위해정보 제출과 관련한 업무를 수행함에 있어서 필요한 경비에 대하여 소비자안전센터는 한국소비자원 예산의 범위 안에서 지원할 수 있다(동 시행령 제41조). 그러나 정확한 위해정보의 수집을 위하여는 미국 소비자제품안전법(Consumer Product Safety Act)상 전민상해조사전산망(NEISS: National Electronic Injury Surveillance System)과 같이 체계적으로 운영할 필요가 있다.[17] 즉, 현재 위해정보 제출기관으로 지정된 기관으로부터 정확한 위해정보가 수집되기 위하여는 수집단계에서 전문가에 의한 조사·분석이 이루어져야 하며, 신속한 위해정보의 제출이 이루어질 수 있도록 소비자안전센터와의 네트워크가 구축되어야 한다. 따라서 위해정보의 제출과 관련하여 인적 지원과 더불어 재정지원이 동시에 이루어져야 하며, 이에 대한 예산은 한국소비자원의 예산과 별도로 책정되어야 한다.

---

17) 미국 소비자제품안전법상 위해정보의 수집단계는 먼저 전미상해조사전산망의 각 지정병원 조정관이 모든 응급실 기록을 검토하고 이에 상응하는 자료를 선택한다. 둘째, 조정관이 코딩작업과 자료입력을 통해 데이터베이스를 구축한다(이경아 외, 「일산화탄소 중독 사고관련 소비자안전 확보 방안」, 한국소비자원, 2007·3, 30~34면).

3. 결함정보의 보고 및 위해방지조치

(1) 결함정보의 보고

사업자는 물품 등으로 인하여 소비자에게 생명·신체 또는 재산에 위해가 발생하지 아니하도록 필요한 조치를 강구하여야 한다(동법 제19조 제1항). 이를 위하여 사업자는 물품 등의 제조단계에서 결함 있는 물품이 생산되지 않도록 노력하여야 하며, 추후 물품의 결함을 인식하였을 경우 당해 결함으로 인하여 소비자에게 위해가 현실적으로 발생하지 않도록 노력하여야 한다. 후자에 해당하는 것이 바로 결함정보의 보고의무이다. 즉, 사업자는 소비자에게 제공한 물품등에 소비자의 생명·신체 또는 재산에 위해를 끼치거나 끼칠 우려가 있는 제조·설계 또는 표시 등의 중대한 결함이 있는 사실을 알게 된 때에는 그 결함의 내용을 소관 중앙행정기관의 장에게 보고하여야 한다(동법 제47조 제1항). 이러한 결함정보를 보고하여야 하는 사업자로는 물품 등을 제조·수입 또는 제공하는 자, 물품에 성명·상호 그 밖에 식별 가능한 기호 등을 부착함으로써 자신을 제조자로 표시한 자, 유통산업발전법의 적용을 받는 대규모점포 중 대형마트·전문점·백화점·쇼핑센터 또는 그 밖의 대규모 점포를 설치하여 운영하는 자, 그 밖에 소비자의 생명·신체 및 재산에 위해를 끼치거나 끼칠 우려가 있는 물품 등을 제조·수입·판매 또는 제공하는 자로서 대통령령이 정하는 자[18]가 이에 해당한다(동법 제47조 제3항, 동 시행령 제34조 제3항). 사업자가 보고하여야 할 중대한 결함의 범위는 물품 등의 제조·설계·표시·유통 또는 제공에 있어서 통상적으로 기대할 수 있는 안전성이 결여된 결함으로서 소비자에게 사망, 의료법상 3주 이상의 치료가 필요한 골절·질식·화상·감전 등의 신체적 부상이나 질병, 2명 이상의 식중독을 야기하거나 야기할 수 있는 결함 또는 물품 등이 관련 법령이 정하는 안전기준을 위반한 결함이다(동법 제47조 제4항, 동 시행령 제34조 제1항). 사업자가 이러한 결함정보를 지득한 경우에 이를 안 날로부터 5일 이내에 소관 중앙행정기관의 장에게 그 결함사실을 보고하여야 하며, 물품 등의 중대한 결함으로 인하여 소비자의 생명·신체 및 재산상의 안전에 긴급한 위해를 끼치거나 끼칠 우려가 있다고 판단된 경우에 지체 없이 구술로

18) 2008년 3월 현재 동 시행령에서는 이에 해당하는 자를 규정하고 있지 않다.

결함사실을 보고하여야 한다(동 시행령 제35조 제1항).[19] 다만, 구술로 보고한 경우 24시간 내에 서면으로 보고하여야 한다(동 시행령 제35조 제2항). 또한 유통업자가 중대한 결함사실을 알기 전에 제조업자 등이 결함사실을 먼저 보고한 경우 유통업자의 보고의무는 면제된다(동 시행령 제35조 제3항). 사업자로부터 결함정보를 보고받은 중앙행정기관의 장은 결함내용이 사실로 확인될 때까지 해당 결함보고사실을 공개하여서는 아니 된다(동 시행령 제35조 제4항). 그러나 이를 위반하였을 경우에 대한 처벌규정이 부존재하여 문제가 제기된다. 이와 유사한 규정인 위해정보의 누설에 대하여 처벌규정이 존재한 것과 비교하여 동 규정에 대한 위반에 대하여도 처벌규정을 두어야 할 것이며, 이를 위하여는 결함보고사실의 비공개의무를 시행령에서 규정할 것이 아니라 소비자기본법에서 규율하고 이에 대한 처벌규정을 신설하여야 할 것이다.

(2) 결함정보에 대한 시험·검사

사업자로부터 보고받은 결함정보에 대하여 소비자피해가 현실적으로 발생하지 않거나 확대를 방지하기 위하여 중앙행정기관의 장은 적절한 조치를 강구하여 실시하여야 한다. 이를 위하여는 먼저 사업자의 결함정보가 사실인지 여부에 대한 평가가 선행되어야 한다. 따라서 사업자로부터 결함정보를 보고받은 중앙행정기관의 장은 결함내용에 대하여 소비자기본법 제17조의 시험·검사기관 또는 한국소비자원 등에 시험·검사를 의뢰하고, 검사결과에 의하여 생명·신체 또는 재산에 위해를 끼치거나 끼칠 우려가 있다고 인정되는 경우에 이를 예방 또는 확대방지를 위한 조치를 취하여야 한다(동법 제47조 제2항).

(3) 위해방지조치

위해방지조치는 사업자의 자발적인 위해방지조치(자진시정조치), 중앙행정기관

---

19) 결함사실의 보고시 기재하여야 할 사항으로는 사업자의 이름(상호 또는 그 밖의 명칭을 포함)·주소 및 연락처, 물품 등의 명칭과 제조연월일 또는 공급연월일, 중대한 결함 및 위해의 내용, 중대한 결함사실을 알게 된 시점과 경로, 소비자의 피해가 실제로 발생한 경우 피해를 입은 소비자의 인적 사항이며, 구술로 보고할 경우 중대한 결함사실을 알게 된 시점과 경로, 소비자의 피해가 실제로 발생한 경우 피해를 입은 소비자의 인적 사항은 생략할 수 있다(동 시행령 제35조 제2항).

의 권고 또는 명령에 따른 위해방지조치 및 중앙행정기관의 장에 의한 위해방지조치로 구분된다.

① 자진시정조치

먼저, 자진시정조치로는 사업자가 소비자에게 제공한 물품 등의 결함으로 인하여 소비자의 생명·신체 또는 재산에 위해를 끼치거나 끼칠 우려가 있는 경우에 먼저 시정계획서를 중앙행정기관의 장에게 제출하고, 당해 물품 등의 수거·파기·수리·교환·환급 또는 제조·수입·판매·제공의 금지 그 밖의 필요한 조치를 취한 후 그 결과를 소관 중앙행정기관의 장에게 보고하여야 한다(동법 제48조, 동 시행령 제36조). 사업자가 제출하여야 할 시정계획서에는 결함이 있는 물품 등의 명칭과 제조연월일 또는 공급연월일, 결함과 위해의 내용 및 원인, 결함이 있는 물품 등으로 인하여 발생하는 위험과 주의사항, 자진시정조치의 방법과 기간, 소비자 또는 판매자 등에게 자진시정조치계획을 알리기 위한 방법을 기재하여야 한다.[20]

② 시정권고

사업자가 물품 등의 위해성을 인식하고도 상기의 자진시정조치를 취하지 아니하거나, 이를 인식하지 못한 경우 중앙행정기관의 장은 물품 등의 위해성으로 인하여 소비자의 생명·신체 또는 재산에 위해가 발생하거나 발생할 우려가 있다고 인정되는 경우에 그 사업자에 대하여 당해 물품 등의 수거·파기·수리·교환·환급 또는 제조·수입·판매·제공의 금지 그 밖의 필요한 조치를 권고할 수 있다(동법 제49조 제1항).[21] 중앙행정기관의 장은 시정권고를 하기 위하여 위해정보가 필요한 경우 소비자안전센터에 위해정보의 제출을 요청할 수 있으며, 소비자안전센터는 특별한 경우를 제외하고 이의 요청을 거부할 수 없다(동

20) 자진시정조치를 취하기 전에 먼저 시정계획서를 제출한 후 시행하도록 하고 있으나, 위해의 발생이 급박한 경우에는 시정계획서의 제출은 면제된다고 할 것이다. 따라서 이 경우에는 먼저 사업자 자진시정조치를 취한 후 결과보고의무만을 부담한다고 할 것이다.

21) 물품 등의 결함으로 인하여 소비자에게 피해가 발생하거나 발생할 우려가 있는 경우 중앙행정기관의 장에게 시정권고의 권한을 부여하였지만, 이의 행사에 대하여 재량행위로 규정하여 이를 통한 소비자피해의 예방이라는 목적달성에 의문이 제기된다. 따라서 이의 권한행사에 대하여는 재량행위가 아닌 기속행위로 전환하여야 할 것이다.

시행령 제37조 제1항). 시정권고서에는 시정권고의 대상이 되는 사업자의 이름, 시정권고의 대상이 되는 물품 등의 명칭과 제조연월일 또는 공급연월일, 결함과 위해의 내용, 시정권고의 내용, 시정권고 수락 여부의 통지기한, 시정권고를 수락하지 아니하는 경우의 조치계획을 기재하여야 한다(동 시행령 제37조 제2항). 이러한 시정권고를 받은 사업자는 당해 권고의 수락여부를 7일 또는 시정권고서에서 인정되는 통지기한[22]내에 사업자의 성명·주소 및 연락처, 물품 등의 명칭, 시정권고의 수락 여부, 시정권고를 수락하는 경우에는 조치계획, 수락을 거부하는 경우에는 그 사유를 기재한 서면으로 수락여부를 통지하여야 한다(동법 제49조 제2항, 동 시행령 제37조 제3항). 시정권고를 수락한 사업자는 조치계획을 이행하여야 하며, 만일 수락 후 이를 이행하지 않거나 수락 거부 또는 수락여부에 대한 미통지 후 권고에 따르지 않은 경우에 중앙행정기관의 장은 사업자의 이름, 시정권고의 대상이 되는 물품 등의 명칭, 시정권고의 내용과 사업자의 시정권고 수락거부사유, 사업자의 시정권고 수락거부사유에 대한 중앙행정기관의 장의 의견, 그 밖에 시정권고와 관련된 사항을 신문·방송 등을 통하여 공표할 수 있다(동법 제49조 제4항, 동 시행령 제37조 제4항). 이러한 공표는 사업자가 시정조치를 취하지 않음으로 인하여 발생할 수 있는 소비자위해를 예방 또는 확대방지를 위함이지만, 구체적인 내용에 있어서 문제가 있다. 즉, 행정행위에 있어 권고는 원칙적으로 상대방이 이의 수락여부는 자유롭게 결정할 수 있으며, 이의 이행여부 역시 사업자의 자유이다. 따라서 이에 대한 미수락 또는 미이행에 대하여 불이익을 가할 수 없다. 그럼에도 불구하고 시정권고에 따르지 않음에 대하여 사업자에 대한 내용을 공표하는 것은 부당하다. 또한 동법상 공표할 수 있는 내용은 사업자가 권고를 받은 사실에 한하고 있지만, 동 시행령에서는 시정권고의 거부사유 등 법에서 규정하고 있지 않은 내용까지 공표하도록 하고 있다. 동법에서 시행령으로 위임한 사항은 권고, 권고의 수락 및 공표의 절차에 관한 사항에 한정되므로 이를 초과한 내용을 규정하고 있는 동 시행령 제37조 제4항 제3호의 내용 중 사업자의 시정권고 수락거부사유와 제4호는

---

22) 소비자기본법 시행령 제37조 제3항에서 사업자의 통지기간을 7일 이내로 정하고 있지만, 동조 제2항에서는 시정권고서에 수락 여부의 통지기한을 별도로 정하고 있다. 따라서 사업자의 통지기간은 시정권고서에 기재되지 않은 경우 또는 7일 미만인 경우에 7일이지만, 시정권고서에 7일 이상인 경우 통지기간은 7일이 아닌 시정권고서에 기재된 일자가 된다.

상위법에 위배된다. 따라서 시정권고에 따르지 않음에 대하여 공표를 규정하고 있는 동법 제49조 제4항과 동 시행령 제37조 제4항 제3호의 일부내용 및 제4호는 삭제되어야 할 것이다.

③ 시정명령

물품 등의 결함으로 인하여 소비자의 생명·신체 또는 재산에 위해가 발생하거나 발생할 우려가 있다고 인정되는 경우에 중앙행정기관의 장은 사업자에 대하여 당해 물품 등의 수거·파기·수리·교환·환급 또는 제조·수입·판매·제공의 금지를 명할 수 있고, 그 물품 등과 관련된 시설의 개수 그 밖에 필요한 조치를 명할 수 있다(동법 제50조 제1항 본문). 이러한 시정명령을 발함에 있어 위해정보가 필요한 경우 소비자안전센터에 위해정보의 제출을 요청할 수 있으며(동 시행령 제38조 제1항), 그 사유와 의무사항 및 이행에 필요한 상당한 기간을 정하여 사업자에게 서면으로 통지하여야 한다(동조 제2항).[23] 시정명령을 받은 사업자는 7일 이내에 결함이 있는 물품 등의 명칭과 제조연월일 또는 공급연월일, 결함과 위해의 내용 및 원인, 결함이 있는 물품 등으로 인하여 발생하는 위험과 주의사항, 시정조치의 이행방법과 이행기간, 소비자 또는 판매자 등에게 시정조치계획을 알리기 위한 방법[24]을 기재한 시정계획서를 중앙행정기관의 장에게 제출하고 시정조치를 취하여야 하지만, 소비자의 안전에 긴급하고 현저한 위해를 끼칠 우려가 있는 경우에 이 기간은 단축될 수 있다(동 시행령

23) 중앙행정기관의 장은 사업자에 대한 시정명령을 발함에 있어 시정권고와 동일하게 서면으로 하여야 한다. 그러나 시정권고와 달리 시정명령에 있어서는 시정명령서의 기재사항을 일부에 한정하고 있으나, 이에 대하여는 세부적으로 규정할 필요가 있다. 이의 내용으로는 시정명령의 대상이 되는 사업자의 이름, 시정명령의 대상이 되는 물품 등의 명칭과 제조연월이 또는 공급연월일, 시정명령에 응하지 않을 경우에 대한 재제 등을 추가하여야 할 것이다.

24) 소비자 등에게 알리는 방법으로는 소비자의 주소를 알고 있는 경우 등기우편에 의하여야 하며, 소비자의 주소를 알지 못하거나 다수의 소비자 또는 판매자 등에게 시정조치계획을 신속하게 알릴 필요가 있는 경우에 방송이나 신문에 광고하는 방법 및 대형마트 등이나 물품 등의 판매·제공장소에 안내문을 게시하는 방법이 있다(소비자기본법 시행령 제38조 제3항 제5호). 이 경우 물품 등의 명칭과 제조연월일 또는 공급연월일, 결함과 거래의 내용 및 원인, 결함이 있는 물품 등으로 인하여 발생하는 위험과 주의사항, 시정조치의 이행방법과 이행기간 및 사업자의 이름·주소 및 연락처를 반드시 포함하여 소비자에게 알려야 한다(동 시행령 제38조 제5항).

제38조 제3항). 만일 사업자가 제출한 시정계획서가 위해를 제거하는 데 미흡한 경우 그 시정계획서의 보완을 요구할 수 있다(동 시행령 제38조 제4항). 시정계획서를 제출한 사업자는 이에 따라 시정조치를 취하여야 하며, 이를 완료한 사업자는 시정조치의 내용과 실적, 시정조치를 이행하지 못한 물품 등에 대한 조치계획 및 위해의 재발 방지를 위한 대책을 기재한 시정조치 결과서를 중앙행정기관의 장에게 보고하여야 한다(동 시행령 제38조 제6항).

④ 행정기관에 의한 위해방지조치

상기와 같이 물품의 위해성으로부터 소비자의 피해를 예방하기 위하여 중앙행정기관의 장에게 시정권고 또는 시정명령의 권한을 부여하였지만, 사업자가 시정명령에 따르지 않은 경우 소비자의 피해는 현실적으로 발생하게 된다. 따라서 이를 방지하고자 사업자가 시정명령에 응하지 않은 경우 중앙행정기관의 장은 직접 물품의 수거·파기 또는 제공금지 등 필요한 조치를 취할 수 있다(동법 제50조 제2항). 다만, 사업자 외의 자가 소유하거나 점유하는 물품 등은 수거·파기 대상에서 제외할 수 있다(동 시행령 제38조 제7항). 만일, 중앙행정기관 소속 공무원이 직접 수거·파기 등을 할 경우에는 사업자를 참여시켜야 하며, 사업자가 이에 따르지 않거나 사업자의 소재를 알 수 없는 경우 관계 공무원 1인 이상을 반드시 참여시켜야 한다(동 시행령 제38조 제8항). 이와 같이 사업자의 위해성 있는 물품 등을 수거·파기함에 있어 지출되는 비용은 사업자가 부담하며, 사업자의 파산 등으로 비용을 부담할 수 없는 경우 중앙행정기관이 그 비용을 부담한다(동 시행령 제38조 제9항).

이와 같이 사업자가 시정명령에 따르지 않을 경우 중앙행정기관의 장이 직접 위해방지조치를 취할 수 있도록 규정하고 있으나, 이에 대하여는 다음과 같은 점을 보완할 필요가 있다. 먼저, 중앙행정기관의 장이 직접 위해방지조치를 취할 수 있는 요건으로 사업자가 시정명령에 따르지 않은 경우로 한정하고 있으나, 파산 등으로 사업자가 이를 행할 수 없는 경우 및 주소 불명 등의 경우를 추가하여야 할 것이다. 또한 사업자가 시정명령을 이행하지 않은 경우 소비자의 피해발생을 방지하기 위하여 이의 내용을 공표할 필요가 있음에도 불구하고 공표에 관한 사항을 규정하고 있지 않다. 따라서 사업자의 미이행시 행정기관이 직접 위해방지조치를 취함과 더불어 신문 또는 방송 등을 통하여 이의 사실을 공표하고, 이에 소요되는 비용을 사업자에게 청구하여야 할 것이다. 따라서 이러한 사실(미이행시 공표 및 비용부담) 역시 시정명령을 함에 있어서 사업자에게 고지하여야 할 것이다.

Ⅶ. 계량 및 규격의 적정화

1. 계량의 적정화

계량이라 함은 거래 또는 증명에 사용하기 위하여 길이·질량·시간·온도·광도·전류·물질량·넓이·부피·역량·압력·일·열량·유량·점도·전력량·전기저항·조도·소음·압축강도 등 물상상태의 양을 결정하기 위한 조작을 말하며, 계량기는 계량을 하기 위한 기계·기구 또는 장치를 말한다(계량에 관한 법률 제2조 제1호, 제2호). 재화 등을 거래함에 있어 사업자가 개별적인 계량단위를 사용하거나 허용기준을 초과한 계량기를 사용하여 소비자피해가 발생하지 않도록 국가는 이에 필요한 시책을 강구하여야 한다(동법 제9조 제1항). 따라서 국가는 사업자가 사용하는 계량의 단위[25]를 통일화하여 소비자도 쉽게 알 수 있도록 하여야 하며,[26] 계량기에 대하여도 주기적인 점검을 통하여 허위의 계

25) 측정의 단위는 국제단위계에 따라 기본단위와 유도단위로 구분되며, 기본단위로는 길이의 측정단위인 미터, 질량의 측정단위인 킬로그램, 시간의 측정단위인 초, 온도의 측정단위인 켈빈, 광도의 측정단위인 칸델라, 전류의 측정단위인 암페어 및 물질량의 측정단위인 몰이 있다(국가표준기본법 제10조 제1항). 따라서 국제단위계 이외의 단위는 필요에 따라 국가표준심의회의 승인을 받아 다른 법령으로 정한 경우에만 사용할 수 있다(국가표준기본법 제12조 제1항).

26) 계량의 기준이 되는 단위인 법정계량단위는 기본단위·유도단위·보조단위 및 특수단위로 구분되며, 누구든지 법정계량단위 외의 단위를 계량 또는 광고에 사용하여서는 아니 되며, 비법정계량단위로 표시된 계량기나 상품을 제작 또는 수입하여서는 아니 된다(계량에 관한 법률 제3조 제1항, 제4조). 그러나 그 동안 일반적으로 통용되어 왔던 계량단위에 대하여 일률적으로 법정계량단위만을 사용하게 하는 것은 소비자에게 더 큰 혼동을 유발할 수 있다. 즉, 일반적으로 사용된 무게의 단위인 근과 넓이의 단위인 평에 대하여 전면적으로 사용을 금지하고, kg 또는 ㎡만을 사용하도록 하면 소비자는 기존의 단위와 현재의 단위 간의 비율에 대하여 인식하지 못하게 된다. 따라서 일반적으로 사용된 비법정단위의 사용을 금지할 경우에 일정한 유예기간을 부여하고, 동 기간 동안에는 비법정단위와 법정계량단위

량이 발생하지 않도록 하여야 한다.[27] 사업자는 비법정계량단위를 사용하여 재화 등을 계량하여서는 아니 되며, 계량기가 아닌 것과 계량에 관한 법률 제8조 각호[28]의 규정에 의하여 양도·대여·진열·보관 등이 제한되는 계량기, 검정을 받지 않거나 검정에 합격하지 아니한 계량기, 변조된 계량기, 일정한 사용공차를 초과하는 계량기를 법정계량에 사용하거나 사용할 목적으로 소지하여서는 아니된다(계량에 관한 법률 제4조, 제9조).

2. 규격의 적정화

규격이라 함은 생산하거나 사용하는 데 편리하도록 주로 공업생산품에 대해서 정한 기술적 표준을 말한다. 이러한 규격에는 한 나라의 제도로서 설정되는 국가규격, 국제간의 협정에 입각하여 널리 적용되는 국제규격 등이 있다.[29] 규격의 표준화는 재화 등의 생산방법을 단일화 및 자동화할 수 있는 전제조건이 됨으로써 대량생산을 가능하게 하며, 이로 인하여 재화의 단가를 하락시키는 역할을 한다. 따라서 국가 등은 재화의 품질개선 및 소비생활의 합리화를 기하기

를 동시에 사용 또는 병기하도록 하여야 할 것이다.

27) 제작업자, 수리업자 또는 수입업자는 정해진 유효기간 내에 제작·수리 또는 수입한 계량기에 대하여 검정을 받아야 한다(계량에 관한 법률 제12조).

28) 계량에 관한 법률 제8조(양도 등의 제한) 제작업자, 수리업자 또는 수입업자와 계량기의 판매를 업으로 하는 자는 대통령령이 정하는 경우를 제외하고는 다음 각호의 1에 해당하는 계량기를 양도 또는 대여하거나 양도 또는 대여를 위하여 진열·보관하여서는 아니 된다.

1. 비법정계량단위가 표시되어 있는 것. 다만, 제4조 제2항 단서의 규정에 의하여 비법정계량단위로 표시할 수 있는 것을 제외한다.
2. 계량기의 제작업자가 아닌 자가 제작한 것
3. 정밀도 등을 표시하지 아니하거나 허위로 표시한 것
4. 제12조 제3항의 규정에 의한 검정의 유효기간이 경과된 것
5. 제14조의 규정에 의한 검정증인 및 제17조의 규정에 의한 정기검사증인을 표시하지 아니하거나 허위로 이를 표시한 것

29) 국가규격으로는 우리나라의 한국산업규격(KS: Korean Industrial Standard), 일본의 일본공업표준규격(JIS: Japanese Industrial Standard), 미국의 미국규격협회(ANSI: American National Standards Institute) 등이 있으며, 미터 나사·베어링·키·리벳 등 30여 종의 규격을 정하여 국제간에 통용되는 이른바 국제표준화기구(ISO: International Standardization Organization)는 국제규격이다(http://kr.encycl.yahoo.com/final.html?id=24811).

위하여 재화 등의 규격을 정하고 이를 보급하기 위한 시책을 강구하여야 한다(동법 제9조 제2항). 이러한 규격의 표준화를 전담하는 기구로서 산업표준심의회가 설치되어 있으며, 산업표준의 제정·개정·확인 및 폐지에 관하여 필요한 사항을 조사·심의하고 관계행정기관의 장의 자문에 응하며 필요한 사항에 관하여 건의할 수 있다(산업표준화법 제3조). 따라서 지식경제부 장관은 산업표준을 정함에 있어 이해관계인의 의견의 수렴과 더불어 심의회의 의결을 거쳐 산업표준을 제정할 수 있으며, 이러한 절차를 통하여 제정된 규격을 한국산업표준이라 한다(산업표준화법 제4조, 제10조 제1항). 지식경제부 장관은 소비자단체의 요구가 있는 경우 또는 규격표시제품의 품질저하로 인하여 다수의 소비자에게 피해가 발생하거나 회복하기 어려운 피해가 발생할 우려가 현저한 경우에 판매되고 있는 규격표시제품에 대한 품질시험을 하거나 인증받은 자[30)]의 제품제조 공장에서 제품·원자재 및 기술적 생산조건 등을 조사할 수 있으며, 조사결과 그 지정품목의 제품 또는 지정가공기술이 표시된 제품이나 기술적 생산조건 등이 규격에 맞지 아니하다고 인정되는 때에는 해당 인증기관에 그 사실을 통보하여야 하며, 인증받은 자에게 그 제품의 표시의 제거·표시의 정지 또는 판매의 정지 기타 필요한 조치를 명할 수 있다(산업표준화법 제24조, 제25조).

Ⅷ. 표시·광고의 기준

과학기술의 발달로 인하여 현대 사회에서 인간이 소비하는 재화는 매우 다양하며, 동일한 재화에 대하여도 수많은 종류의 재화가 생산되고 있다. 그러므로 사업자는 동종의 상품을 판매하는 사업자와 경쟁을 통하여 보다 많은 재화를 판매하기 위하여 다양한 방식의 판매전략을 전개하고 있다. 이러한 판매전략 중

30) 인증의 대상은 재화, 지정가공기술 및 외국에서 제조된 재화 또는 지정가공기술이며, 지식경제부 장관은 심의회의 심의를 거쳐 제조업자, 기술사용자 등에게 인증의 표시 또는 홍보를 할 수 있도록 인정하고 있다(산업표준화법 제11조 제1항, 제12조 제1항, 제13조 제1항). 따라서 인증받은 자 이외의 자는 이와 동일 또는 유사한 표시를 하여서는 아니 되며, 허위표시가 되어 있는 재화 등을 수입 또는 판매하거나 판매를 위한 진열·보관 또는 운반하여서는 아니 된다(산업표준화법 제11조 제2항, 제3항, 제12조 제2항, 제3항, 제14조 제1항).

의 하나가 상품에 대한 광고이며, 현대사회의 소비자는 광고의 홍수 속에서 살아가고 있다고 하여도 과언은 아니다. 하지만 소비를 위하여 재화를 구입하는 소비자는 재화 등에 관한 정보를 가지고 있지 못하기 때문에 사업자가 제공하는 정보에 의존하여 재화를 선택한다. 이러한 정보를 제공하는 방법으로는 재화 등에 관한 사항을 포장 등에 표시하거나 광고를 통하는 것이다. 하지만 사업자가 재화에 관한 사항을 충분하게 표시하지 않거나 허위 또는 과장의 표시·광고를 한 경우에 소비자는 오류의 선택을 할 수밖에 없다. 따라서 소비자가 재화 등을 합리적으로 선택할 수 있도록 사업자는 재화 등에 관한 사항을 정확하게 표시하여 제공하여야 하며, 국가는 재화 등에 표시하여야 할 사항에 대한 기준[31]을 정하여야 한다(동법 제10조). 또한 물품 등의 잘못된 소비 또는 과다한 소비로 인하여 발생할 수 있는 소비자의 생명·신체 또는 재산에 대한 위해를 방지하기 위하여 용도·성분·성능·규격 또는 원산지 등을 광고하는 때에 허가 또는 공인된 내용만으로 광고를 제한할 필요가 있거나 특정내용을 반드시 소비자에게 알려야 할 필요가 있는 경우, 소비자가 오인할 우려가 있는 특정용어 및 특정표현의 사용을 제한할 필요가 있는 경우 및 광고의 매체 및 시간대에 대하여 제한이 필요한 경우에 광고의 내용 및 방법에 관한 기준을 정하여야 한다(동법 제11조). 이러한 재화 등에 대한 사업자의 부당한 표시·광고행위를 규제하기 위하여 표시광고공정화법이 제정되어 시행되고 있다.

Ⅸ. 거래의 적정화

소비자가 재화 등에 대하여 합리적인 선택을 할 수 있기 위하여는 시장의 공정경쟁질서가 인정되어야 한다. 따라서 국가는 시장의 공정경쟁질서를 저해하는

31) 표시기준의 대상이 되는 사항으로는 상품명·용도·성분·재질·성능·규격·가격·용량·허가번호 및 용역의 내용, 물품을 제조·수입·가공하거나 용역을 제공한 사업자명(주소 및 전화번호를 포함한다) 및 물품의 원산지, 사용방법, 사용·보관상의 주의사항 및 경고사항, 제조연월일, 품질보증기간 또는 식품이나 의약품 등 유통과정에서 변질되기 쉬운 물품은 그 유효기간, 표시의 크기·위치·방법, 물품 또는 용역에 대한 불만 및 소비자피해가 있는 경우의 처리기구(주소 및 전화번호를 포함한다) 및 처리방법이 있다(소비자기본법 제10조 각 호).

사업자의 부당한 행위에 대하여 규제를 하여야 하며, 공정거래법과 부정경쟁방지법[32] 등에서 이에 관하여 규율하고 있다. 또한 소비자와의 거래에서 사업자의 불공정한 거래조건이나 거래방법으로 소비자피해가 발생하지 않도록 국가는 필요한 시책을 수립하여 실시하여야 하며, 특수한 거래분야에서 소비자의 권익을 위하여 필요한 시책을 강구하여야 한다(동법 제12조). 이와 더불어 국가는 소비자의 합리적인 선택을 방해하고, 소비자에게 손해를 기칠 우려가 있다고 인정되는 사업자의 부당한 행위를 지정・고시할 수 있다.

X. 소비자에게의 정보제공

소비자가 합리적인 소비생활을 영위하기 위하여는 이에 관한 정보를 충분히

32) 동법에서 규율하는 부정경쟁행위는 국내에 널리 인식된 타인의 성명・상호・상표・상품의 용기・포장 기타 타인의 상품임을 표시한 표지와 동일하거나 이와 유사한 것을 사용하거나 이러한 것을 사용한 상품을 판매・반포 또는 수입・수출하여 타인의 상품과 혼동을 하게 하는 행위, 국내에 널리 인식된 타인의 성명・상호・표장 기타 타인의 영업임을 표시하는 표지와 동일하거나 이와 유사한 것을 사용하여 타인의 영업상의 시설 또는 활동과 혼동을 하게 하는 행위, 그 밖에 비상업적 사용 등 정당한 사유 없이 국내에 널리 인식된 타인의 성명・상호・상표・상품의 용기・포장 그 밖에 타인의 상품 또는 영업임을 표시한 표지와 동일하거나 이와 유사한 것을 사용하거나 이러한 것을 사용한 상품을 판매・반포 또는 수입・수출하여 타인의 표지의 식별력이나 명성을 손상하게 하는 행위, 상품이나 그 광고에 의하여 또는 공중이 알 수 있는 방법으로 거래상의 서류 또는 통신에 허위의 원산지의 표지를 하거나 또는 이러한 표지를 한 상품을 판매・반포 또는 수입・수출하여 원산지의 오인을 일으키게 하는 행위, 상품이나 그 광고에 의하여 또는 공중이 알 수 있는 방법으로 거래상의 서류 또는 통신에 그 상품이 생산・제조 또는 가공된 지역 이외의 곳에서 생산 또는 가공된 듯이 오인을 일으키게 하는 표지를 하거나 또는 이러한 표지를 한 상품을 판매・반포 또는 수입・수출하는 행위, 타인의 상품을 사칭하거나 상품 또는 그 광고에 상품의 품질・내용・제조방법・용도 또는 수량의 오인을 일으키게 하는 선전 또는 표지를 하거나 이러한 방법이나 표지로써 상품을 판매・반포 또는 수입・수출하는 행위 및 '공업소유권의 보호를 위한 파리협약' 당사국, 세계무역기구 회원국 또는 상표법조약의 체약국에 등록된 상표 또는 이와 유사한 상표에 관한 권리를 가진 자의 대리인이나 대표자 또는 그 행위를 한 날부터 1년 이전에 대리인이나 대표자이었던 자가 정당한 사유 없이 당해 상표를 그 상표의 지정상품과 동일하거나 이와 유사한 상품에 사용하거나 그 상표를 사용한 상품을 판매・반포 또는 수입・수출하는 행위를 말한다(부정경쟁방지 및 영업비밀보호에 관한 법률 제2조 제1호).

제공받아야 한다. 이러한 정보는 소비자주권실현에 관한 국가 등의 정책에 대한 정보와 소비자계약에 관한 정보로 구분된다.

1. 소비자정책에 대한 정보제공

국가 등은 소비자의 기본적인 권리가 실현될 수 있도록 소비자의 권익과 관련된 주요시책 및 주요결정사항을 소비자에게 알려야 한다(동법 제13조 제1항). 이러한 내용 중 대표적인 것이 소비자정책위원회가 심의·의결한 소비자정책에 관한 기본계획, 중앙행정기관별 시행계획, 시·도별시행계획 및 종합시행계획 등이며, 이 외 소비자정책위원회 등에서 결정한 사항이다. 또한 소비자에게 이러한 내용을 알리는 방법은 신문·방송 등이 있으나, 정보의 내용을 지속적으로 소비자에게 제공하고, 소비자 역시 언제든지 이의 내용을 확인할 수 있도록 이에 대한 전문홈페이지를 통하여 제공할 필요가 있다. 현재 소비자정책을 소비자에게 제공하는 홈페이지로는 공정거래위원회의 홈페이지(www.ftc.go.kr)와 소비자홈페이지(www.consumer.go.kr), 한국소비자원의 홈페이지(www.kca.go.kr) 등이 있다.

2. 사업자에 관한 정보제공

국가 등은 소비자가 물품 등을 합리적으로 선택할 수 있도록 물품 등의 거래조건·거래방법·품질·안전성 및 환경성 등에 관련되는 사업자의 정보가 소비자에게 제공될 수 있도록 필요한 시책을 강구하여야 한다(동법 제13조 제2항). 이러한 방안으로 운영되고 있는 것이 한국소비자원의 홈페이지와 공정거래위원회의 소비자홈페이지이다. 특히, 동 홈페이지에서는 사업자의 위법행위에 대한 정보뿐만 아니라 각종 시험·검사의 결과를 공표하여 물품의 위해성으로부터 소비자의 피해를 예방하기 위한 정보를 제공하고 있다.

XI. 소비자의 능력향상

1. 소비자교육의 필요성

소비자가 스스로 자신의 권익을 증진하고, 소비자주권을 실현하기 위하여는 소비자가 올바른 권리를 행사하여야 하며, 물품 등에 대한 판단능력을 갖추고, 자신의 선택에 책임을 부담하여야 한다. 이러한 역량을 갖추기 위하여는 필연적으로 이에 적합한 소비자교육이 이루어져야 한다.[33] 이를 위하여 국가 등은 소비자교육을 담당할 교・강사의 육성, 교육프로그램의 개발 및 보급, 교육방법의 다양화가 이루어져야 하며, 이를 종합적이고 체계적으로 추진할 수 있는 시책이 마련되어야 한다.[34] 즉, 소비자교육은 인간이 생을 영위하는 모든 시기에서 필요하다.

2. 소비자교육의 내용 및 방식

소비자교육의 내용은 경제 및 사회의 발전 또는 변화가 반영되어야 하며, 이에 따라 소비자의 능력을 향상할 수 있어야 한다(동법 제14조 제2항). 특히, 사업자의 변화된 거래형태 및 물품 등에 대하여 적합한 내용으로 구성되어야 하기 때문에 단기적인 차원이 아닌 장기적이고 지속적인 계획하에서 이루어져야 한다.

---

33) 소비자교육의 활성화를 위하여 범국가적인 소비자교육 협력시스템의 마련 또는 소비자협력체의 구축이 필요하며, 이를 위하여 전국단위의 소비자교육정보교류네트워크를 위한 소비자교육전국연합, 학교・평생소비자교육 연계강화를 위한 소비자교육연계회의, 지방소비자교육 및 실용적 소비자교육 활성화를 위한 소비자교육실행그룹, 소비자교육종사자의 인적 개발을 위한 소비자교육인력포럼 등의 협력체가 필수적으로 구축되어야 하며, 이를 연계하고 종합하기 위하여 중앙정부차원에서 소비자교육기획단이 발족하여야 하며, 이에 관한 관련법의 규정이 보완되어야 한다고 한다(배순영, 「소비자교육협력체 구축 및 운영방안」, 한국소비자원, 2007, 113～114면).

34) 소비자교육정책이 과거 공급자 중심에서 수요자인 소비자 중심으로 추진될 필요가 있으며, 미래세대 소비자교육을 위한 보다 장기적인 안목에서의 비전과 목표를 설정하고 소비자교육의 이념, 방향 및 전략을 새롭게 정립함으로써 미래세대를 위한 소비자교육의 정체성 및 방향성을 정립하여야 한다고 한다(황정선, "미래세대 소비자의 신소비문화 창출을 위한 소비자교육 체계화 방안," 「소비자문제연구」 제26호, 한국소비자보호원, 2003・12, 143면).

소비자교육 역시 일시적인 것이 아닌 장기적인 차원에서 접근하여야 할 것이며, 학교에서부터 시작하여 평생교육으로 연계되어야 한다. 이를 위하여 국가 등은 이를 위하여 필요한 시책을 수립・시행하여야 한다(동법 제14조 제3항). 소비자교육을 행하는 방식에 있어서는 소비자가 용이하게 수강할 수 있어야 하며, 소비자의 특성에 적합한 교육이 이루어져야 한다. 따라서 교육의 방식에 있어서는 정보통신매체를 이용하는 방법, 현장실습 등 체험 위주의 방법, 평생교육시설을 활용하는 방법, 비상업적 공익광고 등 다양한 매체를 활용하는 방법을 활용하여야 할 것이며(동 시행령 제6조), 취약계층에 대하여는 일반 소비자와 차별화된 교육을 진행하여야 할 것이다.

3. 소비자교육담당자의 육성

소비자의 주권실현에 있어서 소비자교육이 차지하는 위치는 대단히 중요하다. 그러나 소비자교육의 내용에 있어서 가장 핵심이 되는 소비자교육을 담당할 교・강사의 육성에 대하여 소비자기본법에서는 명시하고 있지 않지만, 이는 소비자교육에 있어서 기본이 되는 사항이다. 그러나 이를 전문적으로 육성하는 것을 내용으로 하는 교육기관은 일부대학에 설치된 소비자학과와 한국소비자원이 있다. 그러나 한국소비자원의 교육기간이 매우 단기간이기 때문에 전문적인 역량을 갖춘 교・강사의 육성에 있어서는 미흡하다고 볼 수 있다. 따라서 소비자교육을 전담할 수 있는 교・강사를 육성할 수 있는 전담기구와 교・강사 양성을 위한 교육프로그램의 개발 및 재정적 지원이 필요하다.

〈표 6〉 한국소비자원의 연수과정

대 상	과 정 명	일 수	시 간
기업체	기업체 소비자업무 전문가연수	3	20
대학생	소비자리더 일반연수	1	1-2
	소비자리더 실무연수	5	40
초중고생	견학프로그램	1	2-3
교사	소비자교육교사연수	5	30
공무원	소비자행정 및 법령 실무연수	3	21

XII. 개인정보의 보호

1. 개인정보보호에 관한 시책수립

개인정보라 함은 생존하는 개인에 관한 정보로서 성명·주민등록번호 등에 의하여 당해 개인을 알아볼 수 있는 부호·문자·음성·음향 및 영상 등의 정보(당해 정보만으로는 특정 개인을 알아볼 수 없는 경우에도 다른 정보와 용이하게 결합하여 알아볼 수 있는 것을 포함한다)를 말한다(정보보호법 제2조 제6호). 현대 사회의 특징 중 하나가 정보화 사회라는 점이다. 즉, 정보 그 자체가 재산적 가치를 가질 뿐만 아니라, 거래 등에 있어서 중요한 요소로서 인정되고 있다.[35] 또한 인터넷의 급속한 발달은 개인정보의 수집 및 편집을 용이하게 함과 더불어 정보의 자유로운 전달을 가속화시키고 있다. 따라서 개인은 자신이 필요한 정보를 쉽게 획득할 수 있는 반면에, 자신에 관한 정보가 알지 못하는 상태에서 외부에 쉽게 노출되거나 침해될 수 있다. 만일 정보주체에 민감한 정보가 노출된 경우(개인의 성생활 또는 건강에 관한 정보, 신용정보, 금융정보 등)에는 정보주체에 대한 인격적 침해뿐만 아니라 재산적 침해와 정신적 침해까지 유발할 수 있으므로 이에 대한 보호가 요구된다.[36] 이에 국가 등은 소비자가 사업자와의 거래에서 개인정보의 분실·도난·누출·변조 또는 훼손으로 인하여 부당한 피해를 입지 않도록 필요한 시책을 강구할 의무를 부과하고 있다(동법 제15조 제1항).

2. 개인정보관련 법령

개인정보의 보호에 관한 우리나라의 법령은 통일화되어 있지 않고 개인정보를 보관하고 있는 기관 또는 정보의 유형에 따라 구분되어 있다. 즉, 공공기관이 보유하고 있는 개인정보에 대하여는 1996년에 제정된 '공공기관의 개인정보보호에

---

35) 황철증, "인터넷과 개인정보보호의 패러닥스," 「정보화정책」 제6권 제4호, 한국전산원, 1999·12, 24면.

36) 졸고, "가상공간과 개인정보보호," 「인터넷전자상거래연구」 제3권 제2호, 한국인터넷전자상거래학회, 2003·9, 49면.

관한 법률'이 적용되며, 정보통신망상의 개인정보는 '정보보호법'이, 신용정보는 '신용정보의 이용 및 보호에 관한 법률'이, 통신비밀은 '통신비밀보호법'이, 금융거래정보는 '금융실명거래 및 비밀보장에 관한 법률'이 적용된다.37) 따라서 가상공간에서의 개인정보는 기본적으로 '정보보호법' 중 개인정보의 보호에 관한 장의 적용을 받으며, '전자상거래소비자보호법'에서도 전자상거래를 이용하는 소비자의 개인정보보호에 대하여 동법을 준용하고 있다(동법 제11조). 또한 정보보호법의 내용을 구체화하여 정보통신서비스제공자 등에게 준수를 권장하기 위하여 2000년 5월에 '개인정보보호지침'을 제정하였으며, 이후 2002년 1월 이를 수정·보완하여 고시하였다. 이와 같이 개인정보에 관한 현행법은 특정 범위내에서의 개인정보호를 규율하고 있을 뿐, 모든 분야에 있어서 개인정보를 규율하고 있지 않다. 따라서 이에 해당하지 않은 분야에서의 개인정보보호는 특히, 거래에서 소비자의 개인정보가 보호될 수 있는 시책을 강구할 의무를 국가 등에 부과하고 있으므로 모든 분야에 있어서 개인정보보호를 규율하는 가칭 개인정보보호법이 시급히 제정되어야 할 것이다.38)

XIII. 소비자분쟁의 해결

1. 소비자분쟁해결기구의 설치

사업자와의 거래에서 소비자가 재화 등에 대하여 불만을 갖거나 피해를 입은 경우, 국가 등은 피해 등이 신속·공정하게 처리될 수 있도록 이를 전담하는 기구의 설치 등 이에 필요한 조치를 강구하여야 한다(동법 제16조 제1항). 즉, 소비자의 피해는 다른 분야에서 발생하는 피해보다도 소액이며, 피해자가 다수라

37) 개인정보보호에 관한 현행의 법제는 분야별로 적용범위를 규정하고 있기 때문에 현행 법령의 적용범위에 포함되지 않은 분야에서의 개인정보보호에 대하여 입법적 미비점으로 지적되었다. 이의 보완점으로 개인정보보호에 관한 기본법의 제정이 요구된다(임건면, 개인정보침해에 대한 민사법적 대응, 「비교사법」 제8권 제1호(하), 2001·6, 1051면; 유황빈, 앞의 글, 74면).

38) 전 분야에 있어서 개인정보보호를 목적으로 하는 법률안(이은영 의원안, 이혜운 의원안)이 2005년에 제안되었지만, 입법화되지 못하였다.

는 특성을 가지고 있기에 기존 분쟁해결의 주된 방식인 소송제도는 이를 해결하는 방안으로 적합하지 않다.[39] 따라서 소비자분쟁을 전문적으로 처리할 수 있는 기구를 설치함과 더불어 분쟁절차가 신속·공정 및 저렴하게 이루어질 수 있도록 간이한 분쟁해결절차가 강구되어야 한다.[40] 이로 인하여 등장한 것이 바로 조정제도이다. 그러나 조정을 통하여 소비자분쟁을 전문적으로 처리하는 기관은 서울에 소재한 한국소비자원내 소비자분쟁조정위원회와 소비자단체협의체이기 때문에 지방소비자가 이를 이용하기란 그리 쉽지만은 않다(동법 제60조 내지 제69조, 제31조). 또한 동 조정위원회가 지방순회 조정위원회를 개최하고 있지만, 그 횟수가 그리 많지 않아 지방소비자의 이용가능성은 매우 낮다. 이러한 점을 고려하여 자치단체 중 특별시, 광역시 및 도(이하 "시·도"라 한다)에 소비자의 불만이나 피해를 신속, 공정하게 처리할 수 있는 전담기구의 설치 등을 의무화하고 있다(동법 제16조 제1항, 동 시행령 제7조). 그러나 시·도 차원에서 전담기구를 설치하여 운용하는 것은 경제적인 측면이나 인력 등의 면에서 사실상 불가능하며, 한국소비자원에 분쟁해결을 의뢰하게 된다.[41] 그 결과 지역소비자의 피해구제는 지연될 수밖에 없으며, 이를 해결하기 위하여는 지방 소비자의 피해구제를 전담할 수 있는 전문기관의 신설이 필요하다. 다만, 지방 분쟁해결기구의 신설을 시·도가 자체적으로 설치하는 것도 하나의 방안이지만, 전문적인 역량을 갖춘 구성원이 필수적으로 요구되기 때문에 이러한 역량을 갖춘 한

---

39) 류승훈, "소비자분쟁의 효과적 해결을 위한 제언,"「외법논집」제9집, 한국외국어대학교 법학연구소, 2000·12, 375면.

40) 소비자피해구제방안으로 간이한 소송방식을 통한 해결과 소송외적인 분쟁해결방식이 있다. 간이한 소송방식에는 소액사건심판절차와 독촉절차에 따른 지급명령제도, 소송촉진 등에 관한 특례법상의 배상명령제도가 있다. 소액사건심판절차는 소제기 방식에서 서면 이외 구두 또는 양 당사자의 출석에 의한 소의 제기를 인정하고 있으며(소액사건심판법 제4조, 제5조), 소송대리인에 있어서도 변호사뿐만 아니라 본인과의 일정한 신분관계를 입증하면 당연히 소송을 대리할 수 있다(동법 제8조). 또한 절차의 신속을 위하여 원칙적으로 변론기일은 1회에 한정되며(동법 제7조), 독촉절차의 경우에는 피고의 변론을 구하지 않고 원고의 주장만으로 지급명령을 결정한다(민사소송법 제436조)는 점에서 소송과 다른 특징을 갖는다. 소송외적인 분쟁해결방식에는 중재, 조정, 알선 및 화해가 있으며, 이 중 소비자분쟁해결에 있어서 주로 이용되는 것은 조정제도이다.

41) 소비자로부터 피해구제를 받은 지방자치단체는 한국소비자원에 그 처리를 의뢰할 수 있다고 규정하고 있기 때문에 피해구제기구의 설치의무는 사실상 법적 구속력이 없다고 볼 수 있다(동법 제55조 제2항).

국소비자원의 분쟁조정위원회를 활용하여 지방 분쟁조정위원회를 각 권역별로 설치하여 운용하는 것이 더 효율적이라고 할 수 있다.

2. 소비자분쟁해결기준

소비자거래에 있어서 분쟁이 발생할 경우, 이의 해결은 가장 기본적으로 사업자와 소비자 간 합의를 통하여 해결하는 것이 가장 바람직하다. 그러나 이에 대한 해결의 기준이 부존재할 경우에 분쟁해결은 지연되며, 이로 인하여 사업자와 소비자간의 골은 더욱 깊어지게 된다. 또한 상기의 소비자분쟁을 전문적으로 처리하는 기관을 설치하더라도 이에 대한 기준이 부존재한 경우에 소비자분쟁의 처리는 지연될 수밖에 없고 그로 인하여 당해 기관에 대한 신뢰성 역시 저하된다. 따라서 사업자가 자율적으로 소비자의 피해를 구제할 수 있음과 더불어 소비자가 사업자를 상대로 하여 분쟁해결기구에 해결을 요청한 경우에 신속한 분쟁해결방안을 용이하게 제시할 수 있는 방안의 마련이 필요하다. 이에 소비자기본법에서는 소비자와 사업자 간에 발생한 분쟁을 원활하게 해결할 수 있는 방안으로 소비자분쟁해결기준의 제정권한을 국가에게 부과하고 있다(동법 제16조 제2항). 구체적으로 소비자분쟁해결기준의 제정권한은 공정거래위원회가 가지고 있으며, 품목별 소비자분쟁해결기준을 제정함에 있어 소관 중앙행정기관의 장관과의 협의 및 소비자단체·사업자단체 및 해당 분야의 전문가의 의견을 들어야 한다(동 시행령 제8조). 이러한 소비자분쟁해결기준은 일반적 소비자분쟁해결기준[42]과 품목별 소비자분쟁해결기준으로 구분되며, 소비자분쟁해결기준은 분쟁당

---

42) 일반적 소비자분쟁해결기준

1. 사업자는 물품 등의 하자·채무불이행 등으로 인한 소비자의 피해에 대하여 다음 각 목의 기준에 따라 수리·교환·환급 또는 배상을 하거나, 계약의 해제·해지 및 이행 등을 하여야 한다.

가. 품질보증기간 동안의 수리·교환·환급에 드는 비용은 사업자가 부담한다. 다만, 소비자의 취급 잘못이나 천재지변으로 고장이나 손상이 발생한 경우와 제조자 및 제조자가 지정한 수리점·설치점이 아닌 자가 수리·설치하여 물품 등이 변경되거나 손상된 경우에는 사업자가 비용을 부담하지 아니한다.

나. 수리는 지체 없이 하되, 수리가 지체되는 불가피한 사유가 있을 때는 소비자에게 알려야 한다. 소비자가 수리를 의뢰한 날부터 1개월이 지난 후에도 사업자가 수리된 물품 등을 소비자에게 인도하지 못할 경우 품질보증기간 이내일 때는 같은 종류의 물품 등

으로 교환하되 같은 종류의 물품 등으로 교환이 불가능한 경우에는 환급하고, 품질보증기간이 지났을 때에는 구입가를 기준으로 정액 감가상각한 금액에 100분의 10을 더하여 환급한다.

다. 물품 등을 유상으로 수리한 경우 그 유상으로 수리한 날부터 2개월 이내에 소비자가 정상적으로 물품 등을 사용하는 과정에서 그 수리한 부분에 종전과 동일한 고장이 재발한 경우에는 무상으로 수리하되, 수리가 불가능한 때에는 종전에 받은 수리비를 환급하여야 한다.

라. 교환은 같은 종류의 물품 등으로 하되, 같은 종류의 물품 등으로 교환하는 것이 불가능한 경우에는 같은 종류의 유사물품 등으로 교환한다. 다만, 같은 종류의 물품 등으로 교환하는 것이 불가능하고 소비자가 같은 종류의 유사물품 등으로 교환하는 것을 원하지 아니하는 경우에는 환급한다.

마. 할인판매된 물품 등을 교환하는 경우에는 그 정상가격과 할인가격의 차액과 관계없이 교환은 같은 종류의 물품 등으로 하되, 같은 종류의 물품 등으로 교환하는 것이 불가능한 경우에는 같은 종류의 유사물품 등으로 교환한다. 다만, 같은 종류의 물품 등으로 교환하는 것이 불가능하고 소비자가 같은 종류의 유사물품 등으로 교환하는 것을 원하지 아니하는 경우에는 환급한다.

바. 환급금액은 거래시 교부된 영수증 등에 적힌 물품 등의 가격을 기준으로 한다. 다만, 영수증 등에 적힌 가격에 대하여 다툼이 있는 경우에는 영수증 등에 적힌 금액과 다른 금액을 기준으로 하려는 자가 그 다른 금액이 실제 거래가격임을 입증하여야 하며, 영수증이 없는 등의 사유로 실제 거래가격을 입증할 수 없는 경우에는 그 지역에서 거래되는 통상적인 가격을 기준으로 한다.

2. 사업자가 물품 등의 거래에 부수(附隨)하여 소비자에게 제공하는 경제적 이익인 경품류의 하자・채무불이행 등으로 인한 소비자피해에 대한 분쟁해결기준은 제1호와 같다. 다만, 소비자의 귀책사유로 계약이 해제되거나 해지되는 경우 사업자는 소비자로부터 그 경품류를 반환받거나 반환이 불가능한 경우에는 해당 지역에서 거래되는 같은 종류의 유사물품등을 반환받거나 같은 종류의 유사물품 등의 통상적인 가격을 기준으로 환급받는다.

3. 사업자는 물품 등의 판매시 품질보증기간, 부품보유기간, 수리・교환・환급 등 보상방법, 그 밖의 품질보증에 관한 사항을 표시한 증서(이하 "품질보증서"라 한다)를 교부하거나 그 내용을 물품 등에 표시하여야 한다. 다만, 별도의 품질보증서를 교부하기가 적합하지 아니하거나 보상방법의 표시가 어려운 경우에는 「소비자기본법」에 따른 소비자분쟁해결기준에 따라 피해를 보상한다는 내용만을 표시할 수 있다.

4. 품질보증기간과 부품보유기간은 다음 각 목의 기준에 따른다.

가. 품질보증기간과 부품보유기간은 해당 사업자가 품질보증서에 표시한 기간으로 한다. 다만, 사업자가 정한 품질보증기간과 부품보유기간이 제8조 제3항에 따른 품목별 소비자분쟁해결기준에서 정한 기간보다 짧을 경우에는 품목별 소비자분쟁해결기준에서 정한 기간으로 한다.

나. 사업자가 품질보증기간과 부품보유기간을 표시하지 아니한 경우에는 품목별 소비자분쟁해결기준에 따른다. 다만, 품목별 소비자분쟁해결기준에 품질보증기간과 부품보유기

사자 간 분쟁해결방법에 대하여 별도의 의사표시가 없는 경우에 분쟁해결을 위한 합의 또는 권고의 기준이 된다(동법 제16조 제3항). 다만, 다른 법령에 의하여 제정된 분쟁해결기준이 소비자에게 더 유리한 경우 소비자기본법상 소비자분쟁해결기준보다 우선하여 적용된다. 또한 해당 물품에 대하여 품목별 소비자분쟁해결기준에서 분쟁해결기준을 정하고 있지 않은 경우 유사 품목에 대한 분쟁해결기준을 적용할 수 있으며, 품목별 소비자분쟁해결기준에서 동일한 피해에 대한 분쟁해결기준을 두 가지 이상 정하고 있는 경우 소비자가 선택한 분쟁해결기준에 따른다(동 시행령 제9조).

XIV. 시험·검사시설의 설치 등

1. 시험·검사시설의 설치 등

사업자가 생산한 물품 등이 표시한 내용과 일치하는지의 여부는 소비자의 사기피해를 예방하기 위하여 필요하다. 또한 물품의 사용에 따른 피해를 예방하기

간이 정하여져 있지 아니한 품목의 경우에는 유사품목의 품질보증기간과 부품보유기간에 따르며, 유사품목의 품질보증기간과 부품보유기간에 따를 수 없는 경우에는 품질보증기간은 1년, 부품보유기간은 해당 품목의 생산을 중단한 때부터 기산하여 내용연수(耐用年數)에 해당하는 기간으로 한다.

다. 중고물품 등에 대한 품질보증기간은 품목별 분쟁해결기준에 따른다.

라. 품질보증기간은 소비자가 물품 등을 구입하거나 제공받은 날부터 기산한다. 다만, 계약일과 인도일(용역의 경우에는 제공일을 말한다. 이하 이 목에서 같다)이 다른 경우에는 인도일을 기준으로 하고, 교환받은 물품 등의 품질보증기간은 교환받은 날부터 기산한다.

마. 품질보증서에 판매일자가 적혀 있지 아니한 경우, 품질보증서 또는 영수증을 받지 아니하거나 분실한 경우 또는 그 밖의 사유로 판매일자를 확인하기 곤란한 경우에는 해당 물품 등의 제조일이나 수입통관일부터 3월이 지난 날부터 품질보증기간을 기산하여야 한다. 다만, 물품 등 또는 물품 등의 포장에 제조일이나 수입통관일이 표시되어 있지 아니한 물품 등은 사업자가 그 판매일자를 입증하여야 한다.

5. 물품 등에 대한 피해의 보상은 물품 등의 소재지나 제공지에서 한다. 다만, 사회통념상 휴대가 간편하고 운반이 쉬운 물품 등은 사업자의 소재지에서 보상할 수 있다.
6. 사업자의 귀책사유로 인한 소비자피해의 처리과정에서 발생되는 운반비용, 시험·검사비용 등의 경비는 사업자가 부담한다.

위하여 이의 안전성을 검사하여 위해성을 사전에 차단할 필요가 있다. 이를 위하여는 이를 시험·검사 및 조사할 수 있는 기관이 필요하며, 이의 설치의무는 국가뿐만 아니라 지방자치단체도 부담한다(동법 제17조 제1항). 하지만, 국가 차원에서 시험검사시설을 설치하는 것을 제외하고, 지방자치단체가 모든 물품에 대한 시험검사시설을 설치하는 것은 재정적인 면 등에서 사실상 불가능하다. 이러한 점을 고려하여 지방자치단체는 국·공립검사기관 또는 한국소비자원에 시험 등을 의뢰할 수 있도록 하고 있다(동법 제17조 제2항, 동 시행령 제10조). 따라서 지방자치단체의 여건상 시험검사시설의 설치는 사실상 곤란하기 때문에 이를 의무적으로 규정하는 것은 실효성이 없으므로 시험검사기관의 설치의무에서 지방자치단체를 배제하거나 국공립검사기관 또는 한국소비자원에 시험 등을 의뢰할 수 있도록 개정하여야 할 것이다. 만일, 소비자단체가 이러한 시험·검사를 실시할 수 있는 시설을 마련할 경우 국가는 이에 대한 지원을 할 수 있다(동법 제17조 제4항).

2. 시험·검사 등의 의뢰 및 공표

국가·지방자치단체 또는 소비자나 소비자단체는 필요하다고 인정하는 때 또는 소비자의 요청이 있는 경우에 상기의 시험·검사기관이나 한국소비자원에 시험·검사 또는 조사를 의뢰하여 시험 등을 실시할 수 있다(동법 제17조 제2항). 만일 시험·검사 등을 실시한 경우에 그 결과를 공표하고 소비자의 권익을 위하여 필요한 조치를 취하여야 한다(동법 제17조 제3항). 소비자로부터 시험·검사 등의 요청을 받은 경우 국가 등은 지체 없이 상기의 시험·검사기구 또는 한국소비자원에 시험 등을 의뢰하여야 하며, 그 결과를 의뢰받은 날로부터 1개월 이내에 의뢰인에게 통보하여야 한다. 다만, 부득이한 사유로 이 기간내에 통보할 수 없는 경우에는 그 사유와 통보기한을 정하여 의뢰인에게 알려야 한다. 이러한 조사 등에 따른 경비는 의뢰한 자가 부담한다(동 시행령 제10조). 이와 더불어 국가는 위해방지·표시·광고의 기준, 거래의 적정화, 소비자에게의 정보제공 및 개인정보에 관한 기준을 정하거나 소비자의 권익과 관련된 시책을 수립하기 위하여 필요한 경우 한국소비자원, 국·공립검사기관, 정부출연연구기관 등의 설립·운영 및 육성에 관한 법률상 정부출연기관, 과학기술분야 정부출연연구기관 등의 설립·운영 및 육성에 관한 법률상 과학기술분야 정부출연연구기관, 특정연구기관 육성법상 특정연구기관, 등록된 소비자단체에 조사·연구를 의뢰할 수 있으며, 이에 따른 비용은 국가 등이 부담한다(동법 제17조 제5항, 동 시행령 제11조).

제3장
사업자의 책무

Ⅰ. 소비자권익증진에 대한 협력

소비자의 권익을 증진하기 위하여는 거래당사자인 사업자의 역할은 매우 중요하다. 즉, 국가 등이 법령 등을 제정하여 시행하더라도 거래당사자인 사업자가 이를 준수하지 않으면 사실상 소비자의 권익증진은 불가능하다. 그러나 소비자의 권익증진을 위한 노력은 단순히 소비자만의 이익이 아닌 사업자에게도 이익을 주는 것이다. 이는 소비자가 사업자를 선택함에 있어서 친소비자적인 사업자를 선택하며, 반소비자적인 사업자에 대하여는 소비자가 선택하지 않음으로 인하여 시장에서 퇴출하게 된다. 따라서 사업자가 시장에서 성공하기 위하여는 친소비자적인 활동을 영위하여야 한다. 이를 위하여는 먼저, 국가 등의 소비자 권익 증진시책에 적극적으로 협력하여야 하며, 소비자단체 및 한국소비자원의 소비자 권익증진과 관련된 업무의 추진을 위하여 필요한 자료 및 정보 제공 요청에 적극적으로 협력하여야 한다. 또한 소비자가 안전하고 쾌적한 소비생활을 영위할 수 있도록 물품 등을 제공함에 있어 환경친화적인 기술의 개발과 자원의 재활용을 위하여 노력하여야 한다(동법 제18조).

Ⅱ. 사업자의 의무

1. 소비자피해유발행위의 금지 등

소비자거래에 있어서 소비자피해는 물품 등으로 인한 피해와 거래로 인한 피해로 구분할 수 있다. 이러한 소비자피해를 예방하는 가장 기본적인 방법은 사업자가 소비자피해를 유발하는 행위를 하지 않는 것이다. 따라서 사업자는 물품 등의 제조단계에서 소비자피해가 유발할 수 있는 위해성을 배제하여야 할 것이며, 추후 물품의 위해성을 인식한 경우에 피해가 현실적으로 발생하지 않도록 물품의 수리, 회수 또는 교환 등 필요한 조치를 강구하여야 한다(동법 제19조 제1항). 또한 소비자가 선택권을 행사함에 있어서 필요한 물품 등에 대한 정보는 사업자가 보유하고 있으므로 이의 적절한 행사를 위하여 사업자는 소비자에게 물품 등의 관한 정보를 성실하고 정확하게 제공하여야 한다(동법 제19조 제3항). 이와 더불어 소비자의 합리적인 선택이나 이익을 침해할 우려가 있는 거래조건이나 거래방법을 사용하지 않아야 한다(동법 제19조 제2항). 마지막으로 소비자의 개인정보가 분실·도난·누출·변조 또는 훼손되어 이로 인한 피해를 소비자가 입지 않도록 개인정보를 성실하게 취급하여야 한다(동법 제19조 제4항).

2. 소비자피해구제

(1) 소비자상담기구의 설치

소비자피해예방조치에도 불구하고 소비자피해가 현실적으로 발생한 경우에 이의 신속한 구제가 필요하다. 소비자피해구제는 가해행위자인 사업자가 소비자에게 적절한 보상 또는 배상을 하는 것이 가장 효율적이다. 이는 피해구제를 위한 시간, 비용 및 절차를 간소화하는 것임과 더불어 소비자의 신뢰를 확보하는 방안이 된다. 따라서 사업자는 물품 등의 하자로 인하여 소비자의 불만이나 피해를 해결하거나 보상하여야 하며, 채무불이행 등으로 인한 소비자의 손해를 배상하여야 한다(동법 제19조 제5항). 이를 위하여 사업자 및 사업자단체는 소비자로부터 불만이나 피해를 처리하기 위하여 소비자상담기구를 설치하여 운영하기 위하여 노력하여야 한다(동법 제53조 제1항). 이러한 소비자의 불만이나 피해의 상담은 전문가에 의하여 처리하는 것이 보다 효율적이므로 사업자 등이 소비자상담기구를 설치운영할 경우에 이러한 자격을 갖춘 자를 고용·배치하여야 할 것이다(동법 제53조 제2항). 이러한 자격으로는 현재 소비자전문상담사 1급과 2급 등이 있다. 사업자 등이 소비자상담기구의 설치하여 운영할 경우에 중앙행정기관의 장은 이에 필요한 지원을 할 수 있다(동법 제54조).

(2) 소비자불만자율관리프로그램

소비자불만자율관리프로그램(CCMS: Consumer Complaints Management System)은 기업이 소비자불만·피해예방 및 신속한 구제를 위해 기업특성에 맞는 실행체제를 구축하여 자율적으로 실행하는 프로그램으로 현재 공정거래위원회가 주관하고, 평가기관인 (사)기업소비자전문가협회가 실시하고 있는 제도이다. 또한 실시기관인 기업소비자전문가협회가 인증신청기업을 대상으로 매분기별로 평가를 실시하여 일정점수 이상[1,000점 만점에서 대기업(800점), 중소기업(700점)]을 취득한 기업체에 대하여 CCMS 인센티브를 제공하고 있다. 즉, 기업체가 CCMS 인증을 획득할 경우 먼저, 공정거래위원회에 신고되는 소비자법령(표시광고공정화법, 방문판매법 및 전자상거래소비자보호법) 위반사건 중 개별 소비자피해사건은 당사자가 자율로 처리하도록 통보하고, 소비자가 결과를 수락하는 경우에 공정위의 별도 조사 및 심사절차가 면제된다. 둘째, 소비자법령 관련 시정조치 제재수준을 경감한다. 즉, 1단계(인증기업)로서 공표크기·공표기간 등 하향조정하며, 2단계(인증기업이 위반행위를 자진하여 시정할 경우)로서 공표명령을 면제한다. 셋째, 공정거래의 날에 우수 모범기업에 대하여 포상을 하며, 넷째 하기의 CCMS 인증마크를 사용할 수 있다. 이러한 소비자불만자율관리프로그램이 소비자 및 사업자에게 부여하는 장점은 다음과 같다. 먼저, 소비자는 CCMS 도입·운영기업의 제품이나 서비스를 안심하고 선택할 수 있을 뿐 아니라 피해 발생시에 신속한 해결책을 제공받을 수 있다. 기업측면에서는 소비자피해발생의 감소 및 피해발생시 명확한 업무처리를 통해 불필요한 비용을 절감할 수 있으며, 소비자 이미지제고를 통해 기업경쟁력을 향상시킬 수 있다. 정부차원에서는 규제정책을 통한 개입필요성 감소 및 소비자문제 해결 등에 불필요한 비용과 자원 등을 지출하는 비효율을 제거할 수 있다.[43]

〈그림 1〉 CCMS 인증마크

〈표 7〉 CCMS 도입 및 인증기업 현황('08.1.17. 기준)

구 분	회 사 명	도입일
도입 · 운영기업 (62개)	LG전자(주), CJ(주), 남양유업(주), 삼성카드(주), GS칼텍스(주)	'05.10월
	롯데제과(주), 현대해상화재보험(주), 삼성생명보험(주), 야마하뮤직코리아(주), (주)풀무원, (주)유니베라, 유한킴벌리(주), (주)LG화학, 삼성화재해상보험(주), 롯데삼강(주), (주)두산 식품, (주)나이키스포츠, (주)GS홈쇼핑	'06.3월
	삼성증권(주), 신동아화재해상보험(주), (주)롯데햄, 해태음료(주), 매일유업(주)	'06.7월
	대한생명보험(주), 교보생명보험(주), 동서식품(주), 롯데칠성음료, 비알코리아(주), (주)CJ홈쇼핑, 웅진코웨이(주)	'06.11월
	SK텔레콤(주), 파스퇴르유업(주), BMW코리아(주), 일동후디스(주), 웅진식품(주), 대상(주)	'06.12월
	(주)KT, (주)코리아나화장품, 한일전기CS(주)	'07.3월
	koid한국인포데이타(주)	'07.5월
	현대약품(주), 동부화재해상보험(주), 삼성전자(주), 롯데우유(주), (주)오뚜기, 메리츠화재해상보험(주), 금호생명보험(주), 삼성물산(주), (주)농수산홈쇼핑, (주)현대홈쇼핑, 한미약품	'07.6월
	한국코카콜라보틀링, 니콘이미징코리아(주), 아주오토렌탈(주), 한국야쿠르트(주), 더클레스효성(주), 대우캐피탈(주), 하이트맥주(주), 서울우유협동조합	'07.10월
	LIG손해보험(주), 김정문알로에, 우리은행	'07.12월
인증기업 (16개)	LG전자(주), 남양유업(주), 삼성카드(주), 삼성생명보험(주), 대한생명보험(주), 교보생명보험(주), 웅진코웨이(주), (주)풀무원, 해태음료(주)	'07.7월
	롯데제과(주), (주)유니베라, 삼성화재해상보험(주), 동부화재해상보험(주), 삼성전자(주), SK텔레콤(주), (주)CJ홈쇼핑	'08.1월

43) 공정거래위원회, 보도참고자료: (주)CJ홈쇼핑 등 7개 기업 "소비자불만 자율관리프로그램(CCMS) 인증획득," 2008 · 1 · 17.

Ⅲ. 소비자의 권익증진관련기준의 준수

소비자의 권익증진은 사업자의 협력이 필수적으로 요구된다. 이러한 측면에서 소비자기본법에서는 사업자에게 소비자의 권익증진을 위하여 국가가 지정한 기준의 준수의무를 부과하고 있다(동법 제20조). 이의 내용으로는 첫째, 국가가 정한 기준에 위반되는 위해성 있는 물품 등을 제조·수입·판매하거나 제공하여서는 아니 되며, 둘째 국가가 정한 표시·광고기준을 위반하여서는 아니 된다. 셋째, 소비자의 합리적인 선택을 방해하고 소비자에게 손해를 끼칠 우려가 있다고 국가가 지정·고시한 행위를 하여서는 아니 되며, 넷째 국가가 정한 개인정보의 보호기준을 위반하여서는 아니 된다. 만일 사업자가 이를 위반한 경우 중앙행정기관의 장은 사업자에 대하여 당해 행위의 중지 등 시정에 필요한 조치를 명할 수 있으며, 사업자에게 시정명령을 받은 사실을 공표하도록 명할 수 있다(동법 제80조). 국가 등은 사업자의 행위가 상기의 금지행위에 해당하는 지의 여부를 판단하기 위하여 필요한 경우 등록소비자단체 또는 한국소비자원에 조사를 의뢰할 수 있으며, 사업자의 행위가 상기의 요건에 해당하다는 사실을 알게 된 공정거래위원회 위원장은 그 물품 등을 주관하는 중앙행정기관의 장에게 위반행위의 시정에 필요한 적절한 조치를 요청할 수 있다(동법 제81조). 다만, 중앙행정기관의 장이 사업자에 대하여 시정명령을 발하기 위하여는 청문을 실시하여야 한다(동법 제82조). 또한 이와 별도로 상기의 금지행위를 한 사업자에게는 3,000만원 이하의 과태료가 부과된다(동법 제86조 제1항 제1호).

이와 같이 소비자의 권익증진을 위하여 사업자에게 금지의무를 부과하고 있으며, 사업자가 준수하여야 할 내용은 국가가 정한 기준이다. 그러나 사업자의 행위를 규제한다는 것은 이러한 행위가 위법한 경우에 한하여 인정되며, 이의 판단은 법률의 위반여부이다. 또한 법률에서 금지를 하고 있다고 하더라도 금지된 행위가 무엇인지 수범자인 사업자가 명확하게 인식할 수 있어야 한다. 이러한 점은 동 규정을 위반하였을 때, 사업자에 대한 불이익을 살펴보면 명확하게 알 수 있다. 즉, 사업자가 금지규정을 위반한 경우 3천만원 이하의 과태료가 부과되며, 소비자단체소송의 대상이 된다(동법 제70조, 제86조 제1항). 따라서 사업자의 금지행위에 대하여 포괄적으로 규정하고 있는 동 규정은 죄형법정주의에 위배되므로 그 금지행위에 대하여 구체적으로 규정을 하거나 관련 법령의 규정을 명시하여야 할 것이다.

제4장

소비자정책의 추진체계

Ⅰ. 소비자정책의 수립

소비자보호를 통한 소비자권익증진을 달성하기 위하여는 국가 및 지방자치단체의 역할이 대단히 중요하다. 이러한 국가 등의 역할은 구체적으로 국가정책으로 표출되며, 소비자분야에서는 소비자정책으로 나타난다. 이러한 소비자정책은 기본계획, 시행계획, 시·도별시행계획 및 종합시행계획으로 구분된다.

1. 기본계획의 수립

소비자정책의 기본계획은 우리나라 소비자정책의 기초라 할 수 있으며, 매 3년마다 제정된다(동법 제21조 제1항). 이의 제정과정은 다음과 같다. 먼저, 공정거래위원회 위원장이 관계 중앙행정기관의 장 및 시·도지사에게 기본계획에 반영되어야 할 정책과 사업에 관한 자료의 제출을 요구할 수 있으며, 이 자료를 기초로 총괄·조정하여 기본계획안을 작성한다. 하지만, 제출된 정책과 사업 외에 기본계획에 포함되는 것이 타당하다고 인정되는 사항은 관계 중앙행정기관의 장 및 시·도지사와 협의하여 기본계획안에 반영할 수 있다. 이러한 과정을 거쳐 작성된 기본계획안은 소비자정책위원회의 심의·의결을 거쳐 기본계획으로 확정되며, 이를 즉시 관계 중앙행정기관의 장 및 시·도지사에게 통보하여야 한다(동 시행령 제12조 제1항 내지 제4항). 기본계획에는 소비자정책과 관련된 경제·사회 환경의 변화, 소비자정책의 기본방향, 소비자안전의 강화, 소비자와 사업자 사이의 거래의 공정화 및 적정화, 소비자교육 및 정보제공의 촉진, 소비자피해의 원활한 구제, 국제소비자문제에 대한 대응, 그 밖에 소비자의 권익과 관련된 중요한 사항이 포함된 소비자정책의 목표, 소비자정책의 추진과 관련된 재원의 조달방법, 어린이 위해방지를 위한 연령별 안전기준의 작성, 그 밖에 소비자정책의 수립과 추진에 필요한 사항이 포함되어야 한다(동법 제21조 제2항). 다만, 이와 같이 수립된 기본계획은 변경할 수 있으며, 변경절차는 수립절차와 동일하다(동법 제21조 제3항).

2. 시행계획의 수립

상기와 같이 확정된 기본계획에 따라 관계 중앙행정기관의 장은 매년 10월 31일까지 소관 업무에 관하여 다음 연도의 소비자정책에 시행계획을 수립하여야 하며, 시·도지사는 기본계획과 중앙행정기관별 시행계획에 따라 매년 11월 30일까지 소비자정책에 관한 다음 연도의 시·도별시행계획을 수립하여야 한다(동법 제22조 제1항, 제2항). 이를 위하여 중앙행정기관의 장 등은 관계 행정기관 및 공공기관이나 단체의 장에게 협조를 요청할 수 있다(동 시행령 제13조 제1항). 이와 같이 수립된 중앙행정기관별 시행계획 및 시·도별 시행계획을 취합·조정하여 공정거래위원회 위원장은 매년 12월 31일까지 소비자정책위원회의 심의 및 의결을 통하여 종합적인 시행계획을 수립하여야 한다(동법 제22조 제3항). 이러한 종합시행계획의 원활한 시행을 위하여 중앙행정기관의 장 및 시·도지사는 매년 소요비용에 대한 예산편성 등 필요한 재정조치를 강구하여야 한다(동법 제22조 제4항).

3. 시행계획의 추진평가

소비자정책을 통한 소비자권익증진이 달성되기 위하여는 소비자정책에 관한 계획의 수립 역시 중요하지만, 이의 시행과 평가 역시 중요하다. 특히, 추진실적에 대한 평가는 기본계획 등에 대한 전반적인 점검 및 보완을 위하여 필수적이다. 따라서 중앙행정기관의 장 및 시·도지사는 지난 해의 중앙행정기관별 시행계획이나 시・도별 시행계획의 추진실적을 평가한 후 그 결과를 매년 1월 31일까지 공정거래위원회 위원장에게 제출하여야 하며, 공정거래위원회 위원장은 제출받은 추진실적결과를 종합하여 기본계획의 성과를 정기적으로 평가한 후 그 결과를 기본계획의 수립 또는 변경에 반영하여야 한다(동 시행령 제13조 제2항, 제3항).

Ⅱ. 소비자정책위원회

1. 설치의 목적

소비자정책의 영역은 국가기관 중 어느 한 중앙기관만의 업무가 아닌 중앙정부 전체를 비롯한 지방자치단체 등의 업무이다. 따라서 어느 한 행정기관이 이를 전담할 수 없기에 이를 협의하여 의결할 수 있는 기구가 필요하다. 이를 위하여 조직된 것이 소비자정책위원회이다. 특히, 소비자기본법에서는 舊 소비자보호법과 달리 소비자정책위원회의 역할을 단순한 심의기구가 아닌 심의 및 의결기구화하여 그 지위를 격상하였다(동법 제23조).

2. 위원회의 구성 및 역할

(1) 위원회의 구성

소비자정책위원회의 구성은 위원장을 포함한 25인 이내의 위원으로 구성된다(동법 제24조 제1항). 위원장은 2인으로 당연직인 공정거래위원회 위원장과 소비자문제에 학식과 경험이 풍부한 자 중 대통령이 위촉하는 자가 된다(동법 제24조 제2항). 위원장은 각자 정책위원회를 대표하며, 위원회의 업무를 총괄하며, 위원장이 부득이한 사유로 직무를 수행할 수 없는 경우에 하기의 위원의 순으로 그 직무를 대행한다(동 시행령 제15조). 의원은 당연직 위원과 공정거래위원회 위원장이 위촉하는 임명직 위원으로 구성된다. 먼저, 당연직 의원으로는 교육과학기술부장관・법무부장관・행정안전부장관・문화체육관광부장관・농림수산식품부장관・지식경제부장관・보건복지가족부장관・환경부장관・국토해양부장관・

기획재정부장관·금융감독위원회위원장 및 한국소비자원장이 있으며, 임명직 위원으로는 소비자문제에 관한 학식과 경험이 풍부한 자, 등록소비자단체, 「상공회의소법」에 따른 대한상공회의소, 「중소기업협동조합법」에 따른 중소기업중앙회, 사업자 등을 회원으로 하여 「민법」에 따라 설립된 사단법인으로서 정관에 따라 기업경영의 합리화 또는 건전한 기업문화 조성에 관한 사업을 수행하는 법인 중 공정거래위원회 위원장이 정하여 고시하는 법인에서 추천하는 소비자대표 및 경제계대표 중에서 공정거래위원회 위원장이 임명하는 자로 구성된다(동법 제24조, 동 시행령 제14조, 정부조직법 부칙 제2조, 제6조 제39항). 당연직 위원의 임기는 당해 직을 보유하는 기간 동안이지만, 위촉직 위원의 임기는 3년이다. 또한 소비자정책위원회의 업무를 처리하기 위하여 1인의 간사를 두며, 공정거래위원회 소속 공무원 중 1인을 공정거래위원회 위원장이 간사로 임명한다(동법 제24조 제3항 내지 제5항, 동 시행령 제14조, 정부조직법 부칙 제6조 제39항).

(2) 위원회의 역할

소비자정책위원회는 기본계획 및 종합시행계획, 소비자정책의 종합적 추진에 관한 사항, 소비자정책의 평가 및 제도개선에 관한 사항, 그 밖에 위원장이 소비자의 권익증진 및 소비생활의 향상을 위하여 토의에 부치는 사항에 대하여 심의·의결한다(동법 제25조 제1항). 위원회의 회의는 재적의원 과반수의 출석으로 개회되며, 출석의원 과반수의 찬성으로 의결한다(동 시행령 제16조). 다만, 위원회는 심의사항을 심의하기 위하여 필요한 경우 소비자문제에 관하여 전문지식이 있는 자, 소비자 또는 관계사업자의 의견을 들을 수 있으며, 공정거래위원회 위원장은 소비자권익·정책위원회의 운영 등을 위하여 필요한 경우 중앙행정기관의 장 및 지방자치단체의 장 등 관계 행정기관에 의견제시 및 자료제출을 요청할 수 있다(동법 제26조). 그러나 의견제시 및 자료제출을 요구할 수 있는 자로 공정거래위원회 위원장을 규정한 것은 문제가 있다. 즉, 공정거래위원회 위원장의 지위에서 관계 중앙행정기관의 장 및 지방자치단체의 장 등에게 자료제출 등은 이미 기본계획의 수립 및 변경에 있어서 이미 인정되는 권한이며(동 시행령 제12조 제1항), 여기에서는 규정하여야 할 것은 소비자정책위원회의 운영에 관한 사항만이 대상이 된다. 따라서 공정거래위원회 위원장의 지위가 아닌 소비자정책위원회의 위원장으로서 자료제출 등을 요구하여야 할 것이며, 위원회는 2인의 위원장이 각자 독립하여 업무를 총괄하기 때문에 위원장인 공정거래위원회 위원장뿐만 아니라 위촉위원장에게도 이의 권한을 부여하여야 할 것이다.

(3) 실무위원회

소비자정책위원회는 소관업무를 효율적으로 추진하기 위하여 위원회내에 실무위원회를 설치할 수 있다(동법 제25조 제2항). 실무위원회는 위원장 1인을 포함하여 20명 이내의 위원으로 구성된다(동 시행령 제17조 제2항). 위원장은 공정거래위원회 위원장인 정책위원장이 다른 정책위원장과 협의하에 공정거래위원회의 3급 이상 또는 이에 상당하는 공무원 중에서 임명하며, 위원은 정책위원회의 당연직 위원인 중앙 행정기관의 장이 지명하는 소속 4급 이상 또는 이에 상응하는 공무원 1인과 한국소비자원장이 지명하는 소속 임원 또는 직원 1인이 된다(동 시행령 제17조 제3항). 실무위원회는 정책위원회에 상정할 안건을 미리 검토・조정하고, 정책위원회의 운영을 지원한다(동 시행령 제17조 제1항).

(4) 분야별 전문위원회

소비자정책위원회는 소관업무를 효율적으로 추진하기 위하여 위원회내에 분야별 전문위원회를 설치할 수 있다(동법 제25조 제2항). 분야별 전문위원회는 위원장 1인을 포함하여 25인의 전문위원으로 구성된다(동 시행령 제18조 제2항). 위원장은 공정거래위원회 위원장인 정책위원장이 다른 정책위원장과 협의하에 전문위원회의 위원 중에서 임명 또는 위촉하고, 전문위원은 공정거래위원회 및 중앙행정기관에 소속된 4급 이상 또는 이에 상당하는 공무원 중 해당 기관의 장이 지명하는 자 각 1인, 한국소비자원장이 지명하는 소속 임원 또는 직원 1인 및 해당 분야에 관하여 학식과 경험이 풍부한 자 중에서 공정거래위원회 위원장인 정책위원회 위원장이 다른 정책위원회 위원장과 협의하여 위촉하는 자로 구성된다(동 시행령 제18조 제3항). 전문위원회는 정책위원회에 상정할 안건 중 전문성이 요구되는 사안에 대한 연구・검토를 수행한다(동 시행령 제18조 제1항).

(5) 지방소비자정책위원회

시・도지사는 상기의 정책위원회 등과 별도로 지방소비자권익증진시책의 수립 및 시행에 필요한 사항을 심의하기 위하여 지방소비자정책위원회를 설치할 수 있다(동 시행령 제20조 제1항). 이러한 지방소비자정책위원회는 각 지역별 또는 복수의 지역에 공동으로 발생하는 소비자문제를 효과적으로 대응하기 위하여 반드시 필요하다. 그러나 이에 대하여는 다음과 같은 문제가 제기된다. 먼저, 근거법에 있어서 이의 설치에 대하여 소비자기본법에서는 아무런 규정이 없음에도 불구하고 시행령에서 이의 설치를 인정하고 있다. 시행령은 법률에서 위임한 사항만을 규정할 수 있을 뿐 그 외의 사안에 대하여 규율할 수 없다. 따라서 이의 설치의 근거를 시행령이 아닌 소비자기본법에서 규율하여야 할 것이다. 또한 지방소비자정책위원회의 조직과 운영에 필요한 사항은 해당 지방자치단체의 조례로 정하도록 하고 있다(동 시행령 제20조 제2항). 그러나 조례는 해당 지방자치단체의 사무에 한정되며, 지방소비자정책위원회와 같이 복수의 지방자치단체의 결합체에 대하여는 조례의 규율대상에서 벗어난다. 따라서 이의 내용 역시 소비자기본법 또는 동 시행령에서 규율하여야 할 것이다.

Ⅲ. 국제협력

1. 국제협력의 필요성

세계시장의 단일화 또는 블록화로 인하여 소비자거래 역시 한 국가내에서만 이루어지는 것이 아니라 국경을 초월하여 이루어지고 있다. 그 결과 소비자문제 역시 한 국가만의 문제가 아닌 국제문제로 발전하고 있다. 따라서 국제거래로 인하여 발생하는 소비자문제는 단순히 한 국가만의 노력으로 해결될 수 없기에 관련 국가간의 협력이 필요하다. 이에 소비자기본법에서는 소비자문제의 국제화에 대응하기 위하여 국가 사이의 상호협력방안을 마련하는 등 필요한 대책을 강구할 의무를 국가에 부과하였으며, 이를 위한 정보의 공유, 국제협력의 창구 또는 협의체의 구성 및 운영 등 관련 시책의 수립 및 시행 의무를 공정거래위원회 위원장에게 부과하고 있다(동법 제27조). 만일 공정거래위원회 위원장이 국제협력창구 또는 협의체를 구성하는 경우 반드시 소비자정책위원회의 심의・의결을 거쳐야 한다(동 시행령 제21조).

2. 소비자관련 국제협력기구

국제소비자문제를 논의하기 위한 기구로는 정부기관으로 구성되는 기구와 민간단체로 구성되는 기구로 구분할 수 있다. 전자에 해당하는 기구로는 OECD 소비자정책위원회(CCP: Committee on Consumer Policy)와 국제소비자보호집행기구(ICPEN: International Consumer Protection and Enforcement Network) 등이 있으며, 후자의 대표적인 예로 국제소비자기구(CI: Consumer International) 등이 있다.

(1) OECD 소비자정책위원회

OECD 소비자정책위원회는 1969년에 설립되었으며, 국제시장에서 소비자의 신뢰를 증진하기 위하여 노력하고 있다. 구체적으로 공정하고 투명한 시장을 유도하기 위한 원칙을 개발하며, 온라인과 국경을 초월하여 이행을 확보하기 위하여 노력하고 있다. 또한 소비자정책과 법 집행에 있어서 OECD 회원국간 협력을 유도하고 있으며, 더 큰 세계경제의 효율과 소비자의 복지를 위한 소비자제도와 정책에 대한 건설적인 논의를 위하여 비회원국, 소비자단체, 사업자 및 학자를 참여시키고 있다. 이를 통하여 형성된 주권적 소비자는 사업자에게 쇄신을 요구하고, 이를 통하여 공정경쟁과 생산성 향상을 유도하게 된다. 이러한 방식으로 소비자정책위원회는 회원국을 비롯한 모든 국가의 삶의 질 향상과 지속적인 경제성장의 달성이라는 OECD의 중요한 목적을 지지하고 있다.[44]

(2) 국제소비자보호집행기구

국제소비자보호집행기구는 공식적으로 국제시장감시기구(IMSN: International Marketing Supervision Network)로 알려져 있으며, 대부분 OECD 회원국의 거래관행법 집행기구로 구성된 기구이다. 이 기구의 설립목적은 국경을 초월하여 소비자에게 영향을 미치는 사업자의 활동에 대한 정보를 공유하고, 법집행기구간 국제적 협력을 유도하기 위함이다.[45] 시장감시기구간 국제적 연대계획은 덴마크 소비자옴브즈만의 설립을 위하여 1991년 코펜하겐에서 개최된 EU와 EFTA 소

---

44) http://www.oecd.org/about/0,3347,en_2649_34267_1_1_1_1_1,00.html.

45) http://www.icpen.org/index.htm.

비자집행기구 총회에서부터 시작되었다. 이후 영국 공정거래청(Office of Fair Trading)이 주관하여 1992년 런던에서 개최된 회의에서 국제소비자보호집행기구의 설립과 운영에 대하여 합의가 이루어졌다.[46] 현재 국제소비자보호집행기구에는 우리나라를 비롯하여 미국, 일본 등 현재 50여 개 국가가 참여하고 있다.[47] 특히, 우리나라는 2005년과 2006년에 국제소비자보호집행기구의 의장국을 역임하였다.

(3) 국제소비자기구

국제소비자기구는 전세계 소비자의 권익보호를 위하여 1960년에 설립되었으며, 120여 개국 260여 개의 소비자 단체 및 기구가 가입하고 있다.[48] 이 기구의 주요활동내용으로는 먼저 소비자의 8가지 기본적 권리[49]에 대하여 제정하였으며, 국제기구뿐만 아니라 개별국가에 대하여 소비자보호에 관한 정책의 수립 및 입법의 제정과 보호 수준의 향상을 촉구하고 있다.[50]

---

46) http://www.icpen.org/background.htm.

47) http://www.icpen.org/participants.htm.

48) www.consumersinternational.org/about/history.html.

49) 소비자의 8가지 기본적 권리는 케네디 권리장전에 포함되어 있는 안전에 대한 권리, 경쟁가격으로 다양한 서비스나 상품을 선택할 권리, 정보에 관한 권리, 소비자정책수립에 있어서 소비자의 의견이 반영되어야 할 권리를 포함하여 피해구제, 소비자 교육, 기본적 수요에 대한 충족과 환경에 대한 권리를 말한다(www.consumersinternational.org/about/rights.html).

50) 대표적 입법내용으로 1985년 4월 16일 국제연합에서 제정된 「소비자보호에 관한 국제연합 가이드라인」(UN Guideline for Consumer Protection)과 1999년 6월에 제정된 「라틴 아메리카와 캐리비안에서의 소비자권리 보호를 위한 모델법」(Model Law for Protection of Consumer's Rights in Latin America and the Caribbean)이 있다(www.consumersinternational.org/about/movement.html#cprot).

제5장
소비자단체

Ⅰ. 소비자단체의 설립 및 등록

1. 소비자단체의 의의

회사의 형태를 취하고 있는 사업자와 달리 소비자는 개인단위로 활동하기에 사업자와의 관계에서 상대적으로 열악한 지위에 있으며, 소비자정책의 수립 등에 있어서 자신의 의견을 반영하기란 그리 쉬운 문제는 아니다. 따라서 소비자가 자율적으로 자신의 의견을 대변할 수 있는 방안이 요구되었으며, 이를 구체화한 것이 바로 소비자의 단체결성권과 활동권이다. 특히, 소비자단체는 우리나라의 소비자운동을 이끌어 왔으며, 소비자권익증진에 있어서 매우 중요한 역할을 수행하고 있다. 이와 같이 소비자가 자율적으로 자신의 권익을 증진하기 위하여 조직한 단체가 바로 소비자단체이다(동법 제2조 제3호).

2. 소비자단체의 설립 및 등록

(1) 설 립

소비자가 소비자단체를 설립함에 있어서는 제한이 없으며, 소비자단체가 민법상 법인격을 취득하여야 하는 것은 아니다.[51] 또한 소비자단체의 등록 역시 필

51) 민법상 법인격을 취득하기 위하여는 설립행위와 주무관청의 허가 및 설립등기를 갖추어야

수 요건은 아니지만, 일정한 요건을 갖춘 경우에 공정거래위원회 등에 등록을 할 수 있다. 그러나 소비자단체 역시 단체이므로 기본적인 요건을 충족하여야 한다. 먼저, 단체이기 위하여는 2인 이상의 소비자가 존재하여야 하며, 단체의 목적이 소비자의 권익을 증진하기 위함이어야 한다.

(2) 등 록

설립된 소비자단체는 일정한 기관에 등록할 수 있으며, 이 경우 설립과 달리 등록요건을 갖추어야 한다. 등록요건으로는 등록기관에 따라 차이가 있다. 먼저, 시・도지사에 등록하기 위하여는 소비자단체의 업무 중 물품 등의 규격・품질・안전성・환경성에 관한 시험・검사 및 가격 등을 포함한 거래조건이나 거래방법에 관한 조사・분석과 소비자의 불만 및 피해를 처리하기 위한 상담・정보제공 및 당사자 사이의 합의의 권고에 관한 업무를 수행할 것, 물품 및 용역에 대하여 전반적인 소비자문제를 취급할 것, 소비자기본법 제28조 제1항상 소비자단체의 업무를 처리할 수 있는 전산장비와 사무실 및 이를 수행할 수 있는 상근인력 5명 이상을 갖출 것 및 비영리민간단체지원법 제2조의 요건[52]을 충족하여야 한다(동법 제29조 제1항).[53] 공정거래위원회에 등록할 수 있는 소비자단체

한다(민법 제32조, 제33조).

52) 비영리민간단체지원법 제2조(정의) 이 법에 있어서 "비영리민간단체"라 함은 영리가 아닌 공익활동을 수행하는 것을 주된 목적으로 하는 민간단체로서 다음 각호의 요건을 갖춘 단체를 말한다.

1. 사업의 직접 수혜자가 불특정 다수일 것
2. 구성원 상호간에 이익분배를 하지 아니할 것
3. 사실상 특정정당 또는 선출직 후보를 지지・지원할 것을 주된 목적으로 하거나, 특정 종교의 교리전파를 주된 목적으로 설립・운영되지 아니할 것
4. 상시 구성원수가 100인 이상일 것
5. 최근 1년 이상 공익활동실적이 있을 것
6. 법인이 아닌 단체일 경우에는 대표자 또는 관리인이 있을 것

53) 소비자단체가 등록하기 위한 요건 중 소비자단체의 업무 전반을 처리할 수 있는 설비와 인력을 요구하는 것은 소비자단체의 등록 요건 중 취급업무와 불일치하며, 시행령에서 이를 과도하게 요구하는 것이다. 즉, 동법에서는 제29조 제1항 제2호 및 제5호의 업무수행을 요구하고 있는 반면에 설비 및 인력요건에서는 제28조 제1항 각호의 요건을 처리할 수 있는 여건을 요구하는 것은 역으로 소비자단체가 등록하기 위하여 소비자단체의 업무 전반을 처리할 것을 요구하는 것과 동일하다. 따라서 동법 제29조 제1항 제3호의 요건은 제1호의 요

로는 전국적 규모의 소비자단체로 구성된 협의체 또는 3개 이상의 시・도에 지부를 설치하고 있는 소비자단체에 한정된다(동 시행령 제23조 제2항). 이러한 요건을 갖춘 소비자단체는 공정거래위원회 또는 주된 사무소가 위치한 시・도지사에 등록할 수 있으며, 등록하기 위하여는 등록신청서[54]를 제출하여야 한다. 공정거래위원회 또는 시・도지사는 등록을 신청한 소비자단체가 각 요건을 충족하였는지에 대하여 심사한 후 등록여부를 결정하여야 한다(동법 제29조 제2항). 만일 소비자단체가 거짓 그 밖의 부정한 방법으로 상기의 등록을 받은 경우에 공정거래위원회 등은 그 등록을 취소하여야 한다(동법 제30조 제1항). 등록소비자단체 중 등록사항에 변경이 있는 경우 변경된 날로부터 20일 이내에 등록기관에 변경된 사항을 통보하여야 한다(동 시행령 제23조 제55항). 또한 등록사항의 변경 등으로 등록 요건을 갖추지 못한 경우에 3월 이내에 보완을 명할 수 있으며, 이 기간내에 보완하지 못한 경우에는 등록을 취소할 수 있다(동법 제30조 제2항).

Ⅱ. 소비자단체의 업무

1. 기본업무

소비자단체의 업무로는 첫째, 국가 및 지방자치단체의 소비자의 권익과 관련된 시책에 대한 건의, 둘째 물품 등의 규격・품질・안전성・환경성에 관한 시험・검사 및 가격 등을 포함한 거래조건이나 거래방법에 관한 조사・분석, 셋째 소비자문제에 관한 조사・연구, 넷째 소비자의 교육, 다섯째 소비자의 불만 및 피해를 처리하기 위한 상담・정보제공 및 당사자 사이의 합의의 권고가 있다(동법

건과 일치시키야 하므로 제1호의 업무를 처리할 수 있는 설비와 인력으로 개정하여야 할 것이다.

54) 등록신청서에는 목적, 명칭, 주된 사무소의 소재지 및 지부의 주소, 대표자의 성명・주민등록번호・주소 및 전화번호, 설립연월일, 회원의 수(지부의 수를 포함한다), 사업내용을 기재하여야 하며, 정관・설립 및 인력 현황・재정상황에 관한 자료를 첨부하여야 한다(동 시행령 제23조 제3항, 제4항).

제28조 제1항). 이러한 소비자단체의 업무는 등록여부와 무관하다. 이 외에 소비자단체는 소비자로부터 받은 피해구제의 신청에 대한 처리를 한국소비자원에 의뢰할 수 있으며, 공정거래위원회에 등록된 소비자단체 중 일정요건을 충족한 소비자단체는 동법 제70조 이하에서 규정하고 있는 소비자단체소송을 제기할 수 있다.

2. 자료 및 정보 요청권

상기의 업무를 추진하기 위하여 소비자단체는 사업자 또는 사업자단체에 자료 또는 정보의 제공을 요청할 수 있으며, 사업자 등은 정당한 사유가 없는 한 이에 응하여야 한다(동법 제78조 제1항). 다만, 정보제공 등을 요청할 수 있는 소비자단체는 공정거래위원회 등에 등록된 소비자단체에 한정되며, 이의 요청을 위하여 한국소비자원내에 설치된 소비자정보요청협의회의 협의·조정을 사전에 거쳐야 한다(동법 제78조 제3항, 동 시행령 제65조 제1항). 사업자 등에게 요청할 수 있는 정보 등은 사업자의 모든 정보가 아닌 사업자의 영업비밀에 속하지 않은 정보 중 시험·검사 및 조사·분석에 필요한 자료 및 정보와 시험·검사기관이 중대한 하자 또는 결함이 있다고 판정한 물품 등에 대한 처리계획 및 실적에 해당하는 정보에 한정된다(동 시행령 제65조 제3항). 다만, 사업자에게 정보제공 등을 요청하기 전에 소비자단체는 자료 및 정보의 사용목적·사용절차 등을 사업자에게 알려야 한다(동법 제78조 제2항). 이러한 요청에도 불구하고 사업자 등이 정당한 사유 없이 이를 거부·방해·기피하거나 거짓으로 제출한 경우에는 당해 사업자 등의 이름(상호 그 밖의 명칭을 포함한다), 거부 등의 사실과 사유를 신문 등의 자유와 기능보장에 관한 법률에 따른 일반일간신문에 게재할 수 있다(동법 제28조 제3항). 그러나 이에 소요되는 비용부담에 관하여는 전혀 규정을 두고 있지 않아 실효성에 의문이 제기된다. 따라서 이의 공표에 따른 비용은 사업자 등에게 청구할 수 있음을 규정하여야 할 것이며, 사업자 등에게 정보제공 등을 요청할 경우에 있어 고지할 사항 중 정당한 사유 없이 불응 등의 경우에 일반일간신문에 공표할 수 있으며, 이 경우 소요되는 비용에 대하여 사업자 등이 부담한다는 사실을 명기하여야 할 것이다. 특히, 시험·검사 및 조사·분석의 결과에 대하여 소비자단체는 일반소비자에게 그 사실을 알리기 위하여 공표할 수 있으나, 물품 등의 품질·성능 및 성분 등에 관한 시험·검사로서 전문적인 인력과 설비를 필요로 하는 시험·검사인 경우[55]에는 국·공립시험검사기관, 한국소비자원, 국가표준기본법 시행령 제16조에 의하여 중앙행정기관의 장이 시험·검사의 능력을 갖추었다고 인정하는 시험·검사기관, 그 밖에 중앙행정기관의 장이 관계 법령에 따라 지정한 시험·검사기관의 시험·검사를 거친 후에 공표하여야 한다(동법 제28조 제2항, 동 시행령 제22조 제2항). 또한 공표예정일로부터 7일 전까지 사업자의 의견을 들어야 한다(동 시행령 제22조 제3항). 이와 같이 요청 또는 업무처리과정에서 취득한 사업자 등의 정보 등은 소비자의 권익을 증진하기 위한 목적으로만 사용하여야 하며, 구체적으로 사업자에게 제시한 목적 또는 사용절차에 따라 사용하여야 한다(동법 제28조 제4항, 제78조 제5항). 이를 위반한 경우 행위자를 비롯하여 소비자단체는 사업자 등에게 손해를 끼친 때에는 손해배상을 하여야 하며(동법 제28조 제5항), 행위자는 3년이하의 정역 또는 5천만원 이하의 벌금이 부과되며, 소비자단체 역시 5천만원 이하의 벌금이 부과된다(동법 제84조, 제85조). 다만, 소비자단체가 이와 같이 처벌을 받는 경우는 사업자 등에게 요청하여 제공받은 정보를 이용목적 등에 따라 이용하지 않은 경우에 한정되며, 그 외의 방법으로 취득한 사업자의 정보에 대하여 소비자의 권익을 증진하기 위한 목적으로 사용하지 않은 경우에 대한 제재규정이 없다. 만일 소비자단체 등이 이를 악용하였을 경우 발생하는 사업자의 손해는 막대하다는 것을 고려한다면 이에 대한 제재규정 역시 필요하다.

Ⅲ. 보조금의 지급

소비자보호를 통한 소비자의 권익증진에 있어서 소비자단체의 역할은 매우 중요하다. 이러한 소비자단체가 업무를 추진하기 위하여는 많은 재정이 요구된다. 이의 충족 방식은 회원들이 납부하는 회비가 주를 이루지만, 사실상 재정적 수요를 충족시키지 못하고 있다. 따라서 소비자단체가 소비자권익 증진이라는

55) 이에 해당하는 경우로는 역학검사, 화학시험, 전기시험, 열 및 온도시험, 비파괴검사, 음향 및 진동시험, 광학 및 광도시험, 의학시험 및 생물학적 시험이다(동 시행령 제22조 제1항).

역할을 수행하기 위하여는 재정적 기반이 충실하여야 하며, 이를 안정적으로 충족시키기 위하여는 국가 등의 지원이 필요하다. 국가의 재정적 지원은 크게 두 가지로 구분된다. 즉, 모든 소비자단체에 대한 재정적 지원과 등록소비자단체에 대한 지원이다. 전자의 경우는 소비자기본법 제6조 제4호에 따라 국가 등은 예산의 범위 안에서 필요한 자금을 지원할 수 있으며, 후자의 경우는 등록소비자단체에 한하여 국가 등이 등록소비자단체의 건전한 육성·발전을 위하여 필요하다고 인정되는 때에 보조금을 지급할 수 있다.

제6장 한국소비자원

Ⅰ. 설립 및 조직

1. 설　　립

한국소비자원은 1987년 7월 舊 소비자보호법에 의하여 '한국소비자보호원'으로 설립된 후, 2007년 3월 개정된 소비자기본법에 의해 '한국소비자원'으로 기관명이 변경되었다. 한국소비자원은 소비자의 권익을 증진하고 소비생활의 향상을 도모하며 국민경제의 발전에 이바지하기 위하여 국가가 설립한 전문기관이다(동법 제33조 제1항). 따라서 한국소비자원이 아닌 자는 소비자를 비롯하여 일반인들에게 혼동을 유발할 수 있는 유사명칭을 사용할 수 없다(동법 제37조). 또한 한국소비자원은 공정거래위원회의 승인을 받아 지부를 설치할 수 있다(동법 제33조 제3항). 현재 한국소비자원은 서울에 위치하고 있기 때문에 서울 및 수도권에 거주하고 있는 소비자들은 용이하게 이용을 할 수 있지만, 지방소비자의 경우 지리적 위치로 인하여 접근이 용이하지 않다. 따라서 지방소비자가 한국소비자원을 간편하게 이용할 수 있도록 지부의 설립이 적극적으로 검토되어야 할 것이다.

2. 조　　직

(1) 임원 및 위원회 등

한국소비자원은 원장·부원장 및 소비자안전센터의 소장 각 1인을 포함한 10인 이내의 이사와 감사 1인을 두며, 원장·부원장·소장 및 한국소비자원의 원장이 상임이사로 제청하여 공정거래위원회 위원장이 임명한 자는 상임으로 하고, 그 외의 임원은 비상임으로 한다(동법 제38조 제1항, 제2항). 원장은 소비자문제에 관하여 학식과 경험이 풍부한 자 중에서 공정거래위원회 위원장의 제청으로 대통령이 임명하며, 부원장 및 이사는 소비자문제에 관하여 학식과 경험이 풍부한 자 중에서, 소장은 소비자안전에 관하여 학식과 경험이 풍부한 자 중에서 각각 원장의 제청으로 공정거래위원회 위원장이 임명하며, 감사는 공정거래위원회 위원장이 임명한다. 임원의 임기는 3년으로 한다(동법 제38조 제3항 내지 제5항). 한국소비자원의 업무와 운영에 관한 중요사항을 심의·의결하기 위하여 한국소비자원에 이사회를 둔다. 이사회는 원장·부원장·소장 그 밖의 이사로 구성되며, 원장이 의장이 된다(동법 제40조). 이 외의 소비자기본법상 조직으로 한국소비자원내에 소비자분쟁조정위원회, 소비자안전센터, 전문가위원회 및 소비자정보요청협의회 등이 있다. 소비자안전센터는 소장 1인외 그 조직의 구성은 정관으로 정한다(동법 제51조 제2항). 소비자정보요청협의회는 협의회장 1인을 포함한 7명 이내의 위원으로 구성된다. 협의회장은 한국소비자원 원장의 제청으로 공정거래위원회 위원장이 위촉하며, 위원은 원장의 제청으로 위원장이 위촉하되 위원 중 2명은 소비자단체가 추천하는 자 중에서, 2명은 사업자단체가 추천하는 자 중에서 제청한다. 협의회의 사무를 처리하기 위하여 간사 1인을 두며, 간사는 한국소비자원 원장이 한국소비자원의 직원 중에서 임명한다. 협의회장을 제외한 위원의 임기는 3년이며, 연임할 수 있다(동 시행령 제67조). 그러나 협의회의 구성 중 협의회 위원과 달리 협의회장의 임기에 관하여는 규정을 두고 있지 않으므로 이에 대한 임기규정을 신설하여야 할 것이다.

(2) 임원의 직무

원장은 한국소비자원을 대표하고 업무를 총괄한다. 부원장은 원장을 보좌하며, 원장이 부득이한 사유로 직무를 수행할 수 없는 경우에 그 직무를 대행한다. 소장은 원장의 지휘를 받아 소비자안전센터의 업무를 총괄하며, 원장·부원장·소장이 아닌 이사는 정관이 정하는 바에 따라 한국소비자원의 업무를 분장한다. 원장·부원장 모두가 부득이한 사유로 직무를 수행할 수 없는 경우에는 상임이사·비상임이사의 순으로 정관이 정하는 순서에 따라 그 직무를 대행한다. 감사는 한국소비자원의 업무 및 회계를 감사한다(동법 제39조).

(3) 재원 및 감독

한국소비자원의 운영에 필요한 재원은 국가 및 지방자치단체의 출연금과 그 밖에 한국소비자원의 운영에 따른 수입금으로 충당된다(동법 제41조). 한국소비자원의 업무 전반에 대한 지도 및 감독은 공정거래위원회가 담당하며, 필요하다고 인정될 경우에 공정거래위원회는 한국소비자원의 사업에 대하여 지시 또는 명령을 할 수 있다. 따라서 한국소비자원은 매년 업무계획서와 예산서를 12월 10일까지 제출하여 공정거래위원회의 승인을 얻어야 하며, 매년 3월 31일까지 결산보고서·이에 대한 감사의 의견서·해당 연도의 대차대조표 및 수지계산서·해당 연도의 사업계획서와 그 집행실적의 대비표·공인회계사의 의견서 및 그 밖의 참고서류를 작성하여 공정거래위원회에 보고하여야 한다. 또한 공정거래위원회는 필요시 한국소비자원에 대하여 그 업무·회계 및 재산에 관한 사항을 보고하게 하거나 감사할 수 있다(동법 제42조, 동 시행령 제31조, 제32조).

Ⅱ. 업 무

1. 소비자권익증진 관련 업무

한국소비자원이 담당하는 업무로는 첫째, 소비자의 권익과 관련된 제도와 정책의 연구 및 건의, 둘째 소비자의 권익증진을 위하여 필요한 경우 물품 등의 규격·품질·안전성·환경성에 관한 시험·검사 및 가격 등을 포함한 거래조건이나 거래방법에 대한 조사·분석, 셋째 소비자의 권익증진·안전 및 소비생활의 향상을 위한 정보의 수집·제공 및 국제협력, 넷째 소비자의 권익증진·안전 및 능력개발과 관련된 교육·홍보 및 방송사업, 다섯째 소비자의 불만처리 및 피해구제, 여섯째 소비자의 권익증진 및 소비생활의 합리화를 위한 종합적인 조사·연구, 일곱째 국가 또는 지방자치단체가 소비자의 권익증진과 관련하여 의뢰한 조사 등의 업무 및 그 밖에 소비자의 권익증진 및 안전에 관한 업무 등이다(동법 제35조 제1항). 다만, 국가 또는 지방자치단체가 제공한 물품 등으로 인하여 발생한 피해구제와 그 밖에 다른 법률의 규정에 따라 설치된 전문성이 요구되는 분야의 분쟁조정기구에 신청된 피해구제 등으로서 다른 법률에 따라 소비자분쟁조정위원회에 준하는 분쟁조정기구가 설치되어 있는 경우 그 분쟁조정기구에 피해구제가 신청되어 있거나 이미 그 피해구제절차를 거친 사항과 동일한 내용의 피해구제와 소비자가 한국소비자원에 피해구제를 신청한 후 이와 동일한 내용으로 상기의 분쟁조정기구에 피해구제를 신청한 경우에 있어 그 피해구제는 업무처리대상에서 제외한다(동법 제35조 제2항, 동 시행령 제28조). 또한 소비자의 권익증진을 위하여 필요한 경우 물품 등의 규격·품질·안전성·환경성에 관한 시험·검사 및 가격 등을 포함한 거래조건이나 거래방법에 대한 조사·분석 및 소비자의 불만처리 및 피해구제에 관한 업무를 처리하기 위하여 필요한 경우 국·공립의 시험·검사기관에 물품 등에 대한 시험·검사를 의뢰할 수 있으며, 의뢰받은 기관은 특별한 사유가 없는 한 우선하여 이에 응하여야 한다(동법 제36조). 이와 더불어 한국소비자원은 상기의 업무를 처리하기 위하여 필요한 자료 및 정보의 제공을 사업자 또는 사업자단체에 요청할 수 있다(동법 제78조 제1항).[56] 이러한 업무처리과정에서 취득한 사실 중 소비자의 권익증진, 소비자피해의 확산 방지, 물품 등의 품질향상 그 밖에 소비생활의 향상을 위하여 필요하다고 인정되는 사실은 사업자 또는 사업자단체의 영업비밀을 보호할 필요가 있다고 인정되거나 공익상 필요하다고 인정되는 때를 제외하고 이를 공표하여야 한다(동법 제35조 제3항).

2. 소비자안전센터의 업무

소비자안전센터는 소비자안전을 위하여 위해정보의 수집 및 처리, 소비자안전

56) 한국소비자원의 자료 및 정보제공요청권에 대하여는 소비자단체의 내용을 참조하기 바람.

을 확보하기 위한 조사 및 연구, 소비자안전에 관련된 교육 및 홍보, 위해물품 등에 대한 시정 건의, 소비자안전에 관한 국제협력 및 그 밖에 소비자안전에 관한 업무를 담당한다(동법 제51조 제2항).

3. 전문위원회 및 소비자정보요청협의회의 업무

한국소비자원은 국가 또는 지방자치단체가 소비자의 권익증진과 관련하여 의뢰한 조사 등의 업무를 효율적으로 수행하기 위하여 관계 행정기관 및 관련 단체의 전문가로 구성되는 위원회를 둘 수 있다(동 시행령 제27조). 따라서 구체적인 분야에 대한 위원회가 설치된 경우 국가 등이 의뢰한 조사 등의 업무를 처리하게 된다. 그러나 전문위원회의 설립에 대하여 소비자기본법에서는 전혀 규정하고 있지 않음에도 불구하고 이를 시행령에서 규정하는 것은 위법의 요소가 있다. 따라서 이의 근거에 대하여는 소비자기본법에서 규정하여야 할 것이지만, 위원회의 성격이 상설기구가 아닌 임의기구이며, 그 처리사항이 불확정이기 때문에 이의 세부적인 조직 및 운영에 대하여는 한국소비자원의 원장이 정하도록 하여야 할 것이다. 소비자정보요청협의회는 소비자단체의 자료 및 정보의 제공요청과 관련하여 소비자단체가 요청하는 자료 및 정보의 범위·사용목적·사용절차에 관한 사항, 자료 및 정보의 제공 여부 및 사업자나 사업자단체가 요청하는 자료 및 정보의 제공기한에 관한 사항을 협의·조정한다(동법 제78조, 동 시행령 66조).

제3편 | 거래전반에 있어서 소비자보호

제1장 _ 표시 · 광고와 소비자보호

제2장 _ 약관과 소비자보호

제3장 _ 가상공간과 개인정보보호

제1장
표시 · 광고와 소비자보호

Ⅰ. 표시광고공정화법의 제정목적

사업자는 판매하는 상품 등에 관한 정보의 제공 및 소비자의 구매의사를 촉진시키기 위하여 표시 · 광고를 하게 된다. 이러한 표시 · 광고의 내용이 정확한 경우에 소비자는 이를 기초로 하여 합리적인 구매의사를 결정할 수 있다. 하지만 사업자는 보다 많은 상품 등을 판매하기 위하여 허위 또는 과장된 표시 · 광고를 할 수 있으며, 이를 신뢰하여 구입한 소비자는 예상과 다른 상품 등의 구입으로 인하여 피해를 입게 된다.[1] 따라서 소비자를 속이거나 소비자로 하여금 잘못 알게 하는 부당한 표시 · 광고를 방지하고 소비자에게 바르고 유용한 정보의 제공을 촉진함으로써 공정한 거래질서를 확립하고 소비자를 보호하기 위하여 표시광고공정화법이 제정되었다(동법 제1조).

Ⅱ. 표시 · 광고의 의의

1. 표 시

표시라 함은 사업자 또는 사업자단체가 상품 또는 용역에 관한 자기 또는 다

---

1) 김상규, "부당광고의 규제에 관한 소고," 「법학논총」 제15집, 한양대학교, 1998, 99～100면.

른 사업자 등에 관한 사항과 자기 또는 다른 사업자 등의 상품 등의 내용·거래조건 기타 그 거래에 관한 사항을 소비자에게 알리기 위하여 그 상품 등의 용기·포장(첨부물 및 내용물을 포함한다) 또는 사업장 등의 게시물 또는 상품권·회원권·분양권 등 상품 등을 관한 권리를 나타내는 증서에 쓰거나 붙인 문자·도형 및 상품의 특성을 나타내는 용기·포장을 말한다(표시광고공정화법 제2조 제1호).

2. 광　　고

광고라 함은 사업자 또는 사업자단체가 상품 등에 관한 자기 또는 다른 사업자 등에 관한 사항과 자기 또는 다른 사업자 등의 상품 등의 내용·거래조건 기타 그 거래에 관한 사항을 신문 등의 자유와 기능보장에 관한 법률상 정기간행물·인터넷신문, 방송법상 방송, 전기통신기본법상 전기통신, 전단·팜플렛·견본 또는 입장권, 인터넷 또는 PC통신, 포스터·간판·네온사인·애드벌룬 또는 전광판, 비디오물·음반·서적·간행물·영화 또는 연극, 자기의 상품 외의 다른 상품 및 이와 유사한 매체 또는 수단으로 소비자에게 널리 알리거나 제시하는 것을 말한다(동법 제2조 제2호, 동 시행령 제2조).

Ⅲ. 부당한 표시·광고행위의 유형[2)]

1. 허위·과장의 표시·광고

허위·과장의 표시광고는 사실과 다르게 표시·광고하거나 사실을 지나치게 부풀려 표시·광고하는 것이다(표시광고공정화법 시행령 제3조 제1항). 예를 들어, 상품을 사진이나 화면으로 제시하는 경우에 광고상에 표시된 상품의 크기를 실

2) 공정거래위원회는 부당한 표시광고의 세부적인 유형 및 기준을 정하여 고시할 수 있다. 현재 이러한 유형 및 기준으로는 전반적인 표시광고에 대한 기준과 업종별 기준으로 구분된다. 전자에 해당하는 것이 부당한 표시·광고행위의 유형 및 기준지정고시(공정거래위원회 고시 제2001-13호: 2001.8.30.)이며, 후자에 해당하는 것이 주유소 등 석유판매업에 있어서

제상품의 크기와 다르게 하면서 그 사실을 표시하지 않거나 화면에 나타난 상품의 색상, 디자인 등이 차이가 있음에도 불구하고 그 내용을 표시하지 않아 상품의 품질 등이 실제보다 우수한 것으로 표시・광고하는 것을 말한다.3)

2. 기만적인 표시・광고

기만적인 표시광고는 사실을 은폐하거나 축소하는 등의 방법으로 표시・광고하는 것이다(표시광고공정화법 시행령 제3조 제2항). 예를 들어, 실제 판매가격 이외에 배송료 등 추가비용에 대하여 언급하지 않아 마치 추가비용이 없거나 추가비용은 사업자가 부담하는 것처럼 표시・광고하는 것 또는 판매수량에 제한이 없으면서 한정판매라고 광고하거나 누적판매수량을 사실과 다르게 표시하는 경우를 말한다.

3. 부당하게 비교하는 표시・광고

부당하게 비교하는 표시광고는 비교대상 및 기준을 명시하지 아니하거나 객관적인 근거 없이 자기 또는 자기의 상품이나 용역을 다른 사업자 또는 사업자단체의 상품 등과 비교하여 우량 또는 유리하다고 표시・광고하는 것이다(표시

의 공급자에 관한 부당한 표시・광고행위의 유형 및 기준고시(공정거래위원회고시 제2001-2호 : 2001.4.10.)이 있다. 전자의 구체적인 내용으로는 표시・광고의 기본원칙, 사업자 자신에 관한 표시・광고, 가격에 관한 표시・광고, 원재료・성분에 관한 표시・광고, 품질・성능・효능 등에 관한 표시・광고, 규격・용량・수량 등에 관한 표시・광고, 제조일자・유효기간 등에 관한 표시・광고, 제조방법에 관한 표시・광고, 특징에 관한 표시・광고, 원산지・제조자에 관한 표시・광고, 보증에 관한 표시・광고, 용기・포장에 관한 표시・광고, 추천・권장 등에 관한 표시・광고, 용도・사용방법・주의사항 등에 관한 표시・광고, 경쟁사업자 및 경쟁관계상품에 관한 비교표시・광고, 누락・은폐 등에 의한 기만적인 표시・광고, 기타의 거래내용 및 거래조건에 관한 사항의 표시・광고에 관한 구체적인 내용과 이에 해당하는 사례를 제시하고 있다.

3) 이러한 대표적인 예가 건강식품 중 다이어트 상품에 대한 일부 광고이다. 이에 공정거래위원회는 2000년 11월 20일에 두 개의 업체를 적발하여 법 위반사실을 공표하고 부당한 광고행위의 중지와 법 위반사실을 1개 중앙지에 게재하도록 하였다(공정거래위원회, 보도자료: 2개 다이어트사업자의 부당한 광고행위에 대한 시정조치, 2000・11・28, 1~2면).

광고공정화법 시행령 제3조 제3항). 예를 들어, 상품 등의 무상수리에 관한 비교광고를 함에 있어서 무상수리 품목 및 기간이 경쟁사업자의 것과 상이함에도 자기에게 불리한 무상수리기간은 명시하지 아니하고 자기에게 유리한 무상수리품목만을 비교하는 경우가 이에 해당한다.

4. 비방적인 표시 · 광고

비방적인 표시광고는 다른 사업자 등의 상품 등에 관하여 객관적인 근거가 없는 내용으로 표시 · 광고하여 비방하거나 불리한 사실만을 표시 · 광고하여 비방하는 것이다(표시광고공정화법 시행령 제3조 제4항). 예를 들어, 객관적 근거 없이 "××회사(경쟁관계사업자)의 ○○제품은 약효가 전혀 없고 치료가 되지 않는다"고 표시 · 광고하는 경우가 이에 해당한다.

Ⅳ. 중요한 표시 · 광고사항의 지정 및 고시

1. 중요정보의 의의 및 지정고시

중요정보라 함은 소비자가 상품 등의 선택시 또는 이용에 있어서 해당 사항을 알지 못할 경우 소비자피해가 발생할 우려가 있는 정보를 말한다. 따라서 소비자의 오류의 선택을 방지하고, 이로 인한 소비자피해를 예방하기 위하여 공정거래위원회는 중요정보를 지정하여 사업자가 표시 · 광고를 함에 있어서 반드시 포함시키도록 하고 있다. 즉, 공정거래위원회는 상품 또는 거래분야의 성질에 비추어 소비자보호 및 공정한 거래질서의 유지를 위하여 필요한 사항에 대하여 사업자 등이 표시 · 광고에 포함시켜야 할 사항과 표시 · 광고의 방법을 고시할 수 있다. 이에 해당하는 사항으로 첫째, 표시 · 광고를 하지 아니하여 소비자의 피해가 자주 발생하는 사항, 둘째 표시 · 광고를 하지 아니할 경우 소비자가 상품 등의 중대한 결함[4] 또는 기능상의 한계 등을 정확히 알지 못하여 소비

4) 표시 · 광고에 포함시켜야 할 사유 중 상품의 중대한 결함은 입법적 오류이다. 결함 있는

자의 구매선택에 결정적인 영향을 미치게 되는 경우, 소비자의 생명・신체상의 위해가 발생할 가능성이 있는 경우 및 그 밖에 소비자의 합리적인 선택을 현저히 그르칠 가능성이 있거나 공정한 거래질서를 현저히 저해하는 경우가 생길 우려가 있는 사항이 이에 해당한다(동법 제4조 제1항). 이러한 중요정보를 지정하여 고시할 경우 하기의 중요정보제공협의회 및 관계행정기관의 장과 사전에 협의를 하여야 한다. 또한 필요하다고 인정되는 경우 공청회를 개최하여 사업자단체, 소비자기본법상 등록소비자단체 및 그 밖의 이해관계인 등의 의견을 들을 수 있다(동법 제4조 제2항). 또한 공정거래위원회는 중요정보를 고시함에 있어 소비자, 사업자 등 이해관계인에게 종합적인 정보를 제공하기 위하여 다른 법령에서 표시・광고를 하도록 한 사항 및 표시・광고를 제한하거나 금지하고 있는 사항을 통합하여 공고할 수 있으며, 관계행정기관의 장은 통합공고 사항에 관한 법령이 제정 또는 개정된 경우에 그 사항이 통합공고될 수 있도록 그 법령의 시행일 전에 공정거래위원회에 통보하여야 한다(동법 제4조 제3항, 제4항). 이와 같이 고시된 중요정보에 대하여 사업자는 표시・광고를 함에 있어 반드시 포함하여야 한다(동법 제4조 제5항).

이와 같이 소비자의 오류의 선택을 방지하고 이로 인한 피해를 예방하고자 중요정보고시제도를 운영하고 있지만, 이를 지정함에 있어서 절차상의 문제가 제기된다. 즉, 중요정보는 소비자의 피해를 예방하기 위한 제도이다. 따라서 이에 대한 직접적인 이해관계인은 소비자이며, 사업자 역시 영업활동에 대한 제약이므로 이해관계인이라 할 수 있다. 그럼에도 불구하고 소비자와 사업자와 같은 직접적인 이해관계인의 의견을 수렴할 수 있는 공청회의 개최에 대하여 재량사항으로 규정하는 것은 부당하다고 할 수 있다. 다만, 이를 결정함에 있어 필수적으로 중요정보제공협의회를 거쳐야 하며, 이의 구성에 있어서 소비자단체 및 사업자단체에서 추천하는 자가 포함되어 이들의 의견이 반영될 수 있는 여지를 두고 있다. 그러나 중요정보제공협의회는 의결기구가 아닌 협의 및 조정기구이며, 동 협의회에 참여하지 못한 소비자 또는 소비자단체 및 사업자 또는 사업

상품은 판매의 대상이 아닌 소비자피해의 발생을 방지하기 위하여 수거 또는 폐기 등의 대상일 뿐이다. 따라서 동 규정의 해석상 소비자가 상품 등의 사용상 주의사항을 알지 못하여 발생하는 피해를 예방하기 위하여 표시・광고하여야 할 것으로 해석되므로 동 규정의 문언은 상품 등의 사용상 주의사항으로 개정하여야 할 것이다.

자단체의 의견은 공청회 등이 아니면 수렴할 수 없다 따라서 이해관계인의 의견을 가능한 폭 넓게 수렴하기 위하여 공청회 등의 절차를 필수절차로 개정하여야 할 것이다.

2. 중요정보제공협의회의 구성 및 역할

중요정보제공협의회는 공정거래위원회에 설치되며, 위원장 1인을 포함하여 25인 이내의 위원으로 구성된다(표시광고공정화법 제4조의2 제1항, 제2항). 위원장은 공정거래위원회 부위원장이 역임하며, 위원장은 협의회를 대표하고 그 업무를 총괄한다(동법 제4조의2 제2항, 동 시행령 제3조의2 제1항). 협의회의 위원은 관계행정기관에서 표시·광고의 규제와 관련된 업무를 담당하는 3급 이상의 직급에 해당하는 자 중에서 소속 행정기관의 장이 지명하는 자, 소비자단체 및 사업자단체에서 추천하는 그 단체의 임원·직원 중에서 공정거래위원회가 위촉하는 자 및 소비자정보의 제공에 관한 학식과 경험이 풍부한 자 중에서 공정거래위원회가 위촉하는 자가 된다(동법 제4조의2 제3항). 또한 협의회에는 위원장의 명을 받아 사무를 처리하기 위하여 간사 1인을 두며, 간사는 공정거래위원회 소속 공무원 중에서 지명한다(동 시행령 제3조의2 제2항). 위원 중 공정거래위원회가 위촉하는 위원의 임기는 2년이며, 연임할 수 있다(동 시행령 제3조의2 제3항). 이러한 중요정보제공협의회는 중요정보의 발굴·평가에 관한 사항, 통합공고에 관한 사항 및 그 밖에 중요정보의 제공촉진 등에 관한 사항을 협의·조정하며, 협의회의 회의는 위원장을 포함한 재적위원의 과반수 출석으로 개의한다(동법 제4조의2 제1항, 동 시행령 제3조의2 제4항).

3. 중요한 표시·광고사항

(1) 중요한 표시·광고사항의 고시

소비자의 구매 선택에 영향을 미칠 수 있는 중요한 표시·광고 사항을 규정하여 소비자가 합리적으로 선택하는 데 필요한 정보 제공을 확대하기 위하여 표시광고공정화법 제4조 제1항에 근거하여 공정거래위원회는 사업자(사업자단체를 포함한다)가 표시·광고에 포함하여야 할 중요한 사항을 2007년 7월에 개정

고시하였다.[5)]

(2) 분야별 중요정보

① 유전자변형물질 분야의 중요정보

이는 식품 제조·판매업과 농·수산물 생산·판매업에 대하여 적용한다. 중요정보 항목으로는 먼저, 식품 제조·판매업의 중요정보 항목으로 광고시 유전자변형물질 포함 사실(유전자변형물질이 포함되어 있을 경우에 한한다)을 표시하여야 한다. 예를 들어, 당해 식품에 "유전자변형물질이 포함되어 있다는 사실"을 구체적으로 명시하거나 유전자재조합(농·축·수산물명) 포함 식품[포함여부가 확실한 경우], 유전자재조합(농·축·수산물명) 포함가능성 있음[포함여부가 불확실하나 포함가능성이 큰 경우]으로 광고하여야 한다. 둘째, 농·수산물 생산·판매업의 중요정보 항목으로 유전자변형물질 포함 사실(유전자변형물질이 포함되어 있을 경우에 한한다)을 광고하여야 한다. 예를 들어, 당해 농·수산물에 "유전자변형물질이 포함되어 있다는 사실"을 구체적으로 명시하거나 유전자변형(농·수산물명) 포함[포함여부가 확실한 경우], 유전자변형(농·수산물명) [포함 가능성 있음 포함여부가 불확실하지만 포함가능성이 큰 경우]으로 광고하여야 한다.

② 상품권 분야의 중요정보

이는 사업자가 자신의 상품 등을 판매하기 위하여 현금 액수를 기재한 상품권을 발행·판매하는 경우에 적용한다. 중요정보 항목으로는 권면금액 중 사용 후의 잔액에 대한 현금 환급 기준, 상사채권 소멸시효(5년) 이내인 경우로서 유효기간이 경과된 상품권에 대한 보상기준 및 상품권의 사용제한품목, 사용제한기간 등 상품권의 사용과 관련한 제한사항(제한사항이 있는 경우에 한함)을 상품권면 또는 첨부물(통신판매를 통해 판매하는 경우 해당 매체에도 표시하여야 함)에 표시하여야 한다. 구체적으로 "권면금액 중 사용 후의 잔액에 대한 현금 환급 기준" 등을 구체적으로 명시하거나 권면금액 중 사용 후의 잔액에 대한 현금 환급 기준으로 "상품권 권면금액의 ○○% 이상 사용시 잔액을 현금 환급"으로 명시하거나, 상사채권 소멸시효(5년) 이내인 경우로서 유효기간이 경과된 상품권

5) 공정거래위원회 고시 제2007-5호 2007년 7월 19일.

에 대한 보상기준으로 "상품권 권면금액의 ○○% 해당 금액을 현금 환급"으로 명시하거나 상품권의 사용제한품목, 사용제한기간 등 상품권의 사용과 관련한 제한사항으로 "이 상품권은 ○○구입(○○기간)에는 사용하실 수 없습니다"고 명시하여야 한다.

③ 자격증 분야의 중요정보

이는 사업자가 자격과 관련하여 자신의 교재판매 또는 학원수강생을 모집하는 경우에 적용한다. 중요정보 항목으로는 자격의 종류 및 성격(국가자격·민간자격 여부, 공인여부 등), 광고주(사업자등록증상의 상호), 자격관리주체(자격증 발급기관)를 표시·광고하여야 하며, 제품 자체 또는 첨부물(교재판매의 경우)·사업장 게시물 또는 등록신청서(학원수강생 모집의 경우) 또는 통신판매를 통해 판매하는 경우 해당 매체에도 표시하여야 한다. 구체적인 예로서 자격의 종류 및 성격을 구체적으로 국가자격인 경우에는 '국가기술자격(국가기술자격법에 의한 자격인 경우)' 또는 '국가자격(개별법령에 의한 국가자격인 경우),' 민간자격인 경우에는 '공인민간자격(자격기본법에 근거한 공인자격인 경우)' 또는 '민간자격(자격기본법에 근거한 공인자격이 아닌 경우)'으로 표시하여야 한다.

④ 소비자안전 분야의 중요정보

이는 전기용품안전관리법 시행규칙 제3조 및 별표2의 규정에 의한 안전인증대상전기용품을 제조·판매하는 사업자, 전기용품안전관리법 제5조의2 규정에 의한 안전검사 대상 전기용품을 판매하는 사업자, 품질경영 및 공산품안전관리법 시행규칙 제2조 및 별표 제1,2에 의한 안전인증대상·자율안전확인대상 공산품이 되는 어린이용 제품(물놀이기구, 보행기, 비비탄총, 어린이놀이기구, 운동용안전모, 유모차, 유아용 침대, 인라인롤러스케이트, 자동차용어린이보호장치, 킥보드, 롤러스포츠보호장구, 바퀴운동화, 유아용 의자, 크레용, 휴대용레이저용품)을 제조·판매하는 사업자에 대하여 적용한다. 중요정보항목으로는 전기용품 제조·판매업의 경우 표시대상 중요정보 항목은 안전인증 필 또는 안전검사 필을, 광고대상 중요정보 항목은 안전인증 필 또는 안전검사 필을 포함하여야 한다. 어린이용품 제조·판매업의 경우 표시대상 중요정보 항목으로 안전인증 필 또는 자율안전확인신고 필을, 광고대상 중요정보 항목으로 안전인증 필 또는 자율안전확인신고

필을 포함하여야 한다. 표시의 장소는 통신판매의 경우 해당매체에, 제품 자체 등에 표시하는 경우는 전기용품안전관리법 및 품질경영 및 공산품안전관리법이 정하는 방법에 따라 하여야 한다. 구체적인 예로서 "안전인증 필," "자율안전확인신고 필" 또는 개별법의 안전마크와 인증번호를 기재하여 안전인증 등을 받은 제품임을 명시하여야 한다.

(3) 업종별 중요정보

① 부동산 중개업종의 중요정보

이는 공인중개사의 업무 및 부동산 거래신고에 관한 법률 제9조에 따라 부동산 매매 또는 임대차의 중개 등 부동산중개업의 등록을 한 사업자에 대해 적용한다. 중요정보 항목으로 표시대상 중요정보의 항목은 중개수수료 과다 징수에 따른 피해보상기준, 중개 대상물의 권리관계와 거래 및 이용제한 사항의 확인·설명을 소홀히 하여 재산상 손해를 발생시킨 경우의 피해보상기준을 포함하여야 한다. 표시의 장소는 중개사무소 안의 보기 쉬운 곳에 게시하여야 한다. 구체적인 예로서 "중개수수료 과다 징수, 중개대상물의 권리관계와 거래·이용제한 사항의 확인·설명 소홀에 따른 소비자 피해 보상기준"을 구체적으로 명시하거나, 피해보상기준을 구체적으로 명시하거나, "중개수수료 과다 징수와 중개대상물의 확인·설명 소홀에 따른 소비자피해에 대해서는 ○○보상규정(사업자 스스로 제정한 보상규정일 경우에는 당해 보상규정을 알 수 있는 방법을 제시하고, 공정위 고시일 경우에는 공정위 고시임을 명시)에 따라 보상가능함" 등과 같이 명시하여야 한다.

② 학습교재 업종의 중요정보

이는 아동용 학습교재, 외국어 학습교재를 출판·판매하는 사업자에 대해 적용한다. 중요정보 항목으로 표시대상 중요정보 항목은 구입 후의 철회 가능 여부와 철회의 방법, 파손 등 피해 발생시 보상기준 및 교재 사용 연령(아동용 학습교재에 한하여 적용한다)이 있으며, 광고대상 중요정보 항목은 표시항목과 동일하다. 표시의 장소는 제품 자체 또는 첨부물에 표시하거나 통신판매를 통해 판매하는 경우 해당 매체에도 표시하여야 한다. 구체적인 예로서 "구입 후의 철회 가능 여부, 철회의 방법과 파손 등 피해발생시 보상기준, 교재사용 연령"을 구체적으로 명시하며, 철회가능 여부·철회의 방법으로 "구입 후에는 철회 안 됨"[철회가 불가능한 경우] 또는 "계약서 수령일부터 ○○이내 서면으로 철회 가능함"[철회가 가능한 경우] 등과 같이 명시하고, 피해보상기준은 "구체적인 피해보상기준"을 명시하거나 "파손 등에 따른 소비자 피해에 대해서는 ○○보상규정(사업자 스스로 제정한 보상규정일 경우에는 당해 보상규정을 알 수 있는 방법을 제시하고, 공정위 고시일 경우에는 공정위 고시임을 명시)에 따라 보상가능함" 등과 같이 명시하여야 하며, 교재 사용 연령은 "교재사용연령 ○○세 이상" 등과 같이 명시하여야 한다.

③ 학원운영 업종의 중요정보

이는 학원의 설립·운영 및 과외교습에 관한 법률 제6조에 의한 학원운영업의 등록을 한 사업자에 대해 적용한다. 중요정보 항목으로 표시대상 중요정보 항목은 수강료·이용료 또는 교습료의 환급 가능 여부 및 환급기준과 수강료·이용료 또는 교습료 외에 부대비용의 추가부담 여부가 있으며, 광고대상 중요정보 항목은 이와 동일하다. 표시의 장소는 사업장 게시물 또는 등록신청서이며, 통신판매를 통해 등록이 가능한 경우 해당 매체에도 표시하여야 한다. 구체적인 예로서 "수강료 등의 환급가능 여부·환급기준과 수강료 등 이외에 부대비용이 추가부담 되는지 여부"를 구체적으로 명시하고, 환급가능 여부 및 환급기준은 "이용료 등은 환급 안 됨"[환급이 불가능한 경우] 또는 "수강료 등의 구체적인 환급기준"을 명시하거나, "수강료 환급에 대해서는 ○○○보상규정(사업자 스스로 제정한 보상규정일 경우에는 당해 보상규정을 알 수 있는 방법을 제시하고, 공정위 고시일 경우에는 공정위 고시임을 명시)에 따라 환급가능함"[환급이 가능한 경우] 등과 같이 명시하며, 부대 비용의 추가부담 여부에 대하여는 "구체적인 추가부담 내역"을 명시하거나 "수강료 외에 추가부담 없음" 등과 같이 명시하여야 한다.

④ 간접투자업종의 중요정보

이는 간접투자자산 운용업법 제2조 제3호에 의한 자산운용회사 및 동조 제4호에 의한 투자회사가 투자자로부터 자금 등을 모아서 투자증권 등에 운용하고 그 결과를 투자자에게 귀속시키는 것을 목적으로 하는 간접투자기구의 간접투자증권을 발행·판매하는 경우(동법 제26조의 규정에 의한 판매회사가 간접투자증권을 판매하는 경우를 포함)에 적용한다. 중요정보 항목으로는 표시대상 중요정보 항목으로 환매 신청 후 환매금액의 수령이 가능한 구체적 시기, 환매 수수료 및 투자자가 직 · 간접적으로 부담하게 되는 각종 보수 및 수수료가 있으며, 광고대상 중요정보 항목으로는 상기와 동일하다. 표시의 장소는 사업장 게시물 또는 설명서이며, 통신판매를 통해 판매하는 경우 해당 매체에도 표시하여야 한다. 구체적인 예로서 “환매 신청할 경우 환매 금액의 실제 수령 시기, 환매수수료, 투자자가 직 · 간접적으로 부담하게 되는 각종 보수 및 수수료”를 구체적으로 명시한다. 환매 금액의 실제수령 시기는 “환매금액은 신청 즉시 수령가능함” 또는 “환매금액은 신청일로부터 제○영업일에 수령할 수 있음” 등과 같이 명시하고, 환매 수수료는 “환매 수수료는 간접투자증권 보유기간이 ( ) 이내인 경우 환매금액 또는 이익금의 ○○%” 등과 같이 명시하며, 투자자가 직 · 간접적으로 부담하게 되는 각종 보수 및 수수료는 “각종 보수는 간접투자재산의 연평균가액의 ○○%, 각종 수수료는 납입금액의 ○○%” 등과 같이 명시하여야 한다.

⑤ 장의업종의 중요정보

이는 장의용품 중 수의를 제조 · 판매하는 사업자에 대해 적용한다. 중요정보 항목으로 표시대상 중요정보 항목은 수의 원단 제조에 소요되는 원사의 종류 · 구성비율 및 원산지, 수의 원단의 제조방법 및 제조지역 및 수의 완제품의 제조자명이 있으며, 광고대상 중요정보 항목은 상기와 동일하다. 표시의 장소는 제품의 라벨 또는 첨부물이며, 통신판매를 통해 판매하는 경우 해당 매체에도 표시하여야 한다. 구체적인 예로서 “원사의 종류 · 구성비율 · 원산지, 원단의 제조방법 · 제조지역, 완제품의 제조자명”을 구체적으로 명시하여야 한다. 원사의 종류 · 구성비율 · 원산지는 “대마100%” 또는 “대마70% · 저마30%,” 국내산인 경우 “시 · 군단위 이하의 지역명” 외국산인 경우 “국가명”을 명시하고, 원단의 제조방법 및 제조지역은 “수작업식 또는 기계식 여부”와 국내 제조인 경우 “시 · 군 단위 이하의 지역명,” 외국 제조인 경우 “국가명”을 명시하며, 완제품의 제조자명은 “제조자명”을 명시한다.

⑥ 체육시설 운영업종의 중요정보

이는 체육시설의 설치 · 이용에 관한 법률에 의한 체육시설업 중 종합체육시설업, 수영장업 및 체력단련장업을 운영하는 사업자에 대해 적용한다. 중요정보 항목으로 표시대상 중요정보 항목은 제공되는 서비스의 구체적 내용과 요금체계(기본요금 및 추가 비용) 및 체육시설 이용계약의 중도해지시 잔여기간의 이용료 환급기준이 있으며, 광고대상 중요정보 항목은 상기와 동일하다. 표시의 장소는 사업장 게시물 또는 등록 신청서이며, 통신판매를 통해 등록이 가능한 경우 해당 매체에도 표시하여야 한다. 구체적인 예로서 "제공되는 서비스의 구체적 내용과 요금체계, 중도해지에 따른 잔여기간의 이용료 환급기준"을 구체적으로 명시한다. 제공되는 서비스의 구체적 내용과 요금체계는 "○○서비스, ○○서비스, 이외 서비스(가능한 서비스의 내용을 괄호형태로 명시)는 별도요금 추가," "○○서비스, ○○서비스: ○○원, 추가요금 없음" 등과 같이 명시하며, 환급기준은 "구체적인 환급기준"을 명시하거나, "이용료 환급에 대해서는 ○○보상규정(사업자 스스로 제정한 보상규정일 경우에는 당해 보상규정을 알 수 있는 방법을 제시하고, 공정위 고시일 경우에는 공정위 고시임을 명시)에 따라 환급가능함" 등과 같이 명시한다.

⑦ 할인카드 회원권 운영업종의 중요정보

이는 소비자로부터 연회비 등 회원 가입금액을 받고 소비자가 호텔·콘도미니엄 숙식, 가구·가전제품, 연극·영화관람, 주유소 휘발유 등 주유제품을 구입하거나 제공받을 경우 정상가격보다 할인을 해주는 할인 전문업자에 대해 적용한다. 다만, 여신전문금융업법 제2조 제2호에 의한 신용카드업을 운영하는 사업자가 자신의 신용카드 회원에게 상품 등의 구입시 할인 혜택을 제공하는 경우에는 적용하지 아니한다. 중요정보 항목으로 표시대상 중요정보 항목은 할인카드 이용과정에서 발생하는 각종 피해의 보상기준이 있으며, 광고대상 중요정보 항목으로 가맹점의 수 및 상품별 할인율이 있다. 표시의 장소는 사업장 게시물 또는 가입신청서이며, 통신판매를 통해 판매하는 경우 해당 매체에도 표시하여야 한다. 구체적인 예로서 "할인카드 이용과 관련한 소비자 피해 보상기준과 가맹점의 수 및 상품별 할인율"을 구체적으로 명시한다. 피해보상기준은 "구체적인 피해보상기준"을 명시하거나, "할인카드 이용과정에서 발생하는 소비자 피해에 대해서는 ○○○보상규정(사업자 스스로 제정한 보상규정일 경우에는 당해 보상규정을 알 수 있는 방법을 제시하고, 공정위 고시일 경우에는 공정위 고시임을 명시)에 따라 보상가능함" 등과 같이 명시하며, 가맹점의 수 및 상품별 할인율: "가맹점 총 ○○개, ○○상품 ○○% 할인" 등과 같이 명시한다.

⑧ 사진현상 및 촬영 업종의 중요정보

이는 사진을 현상하거나 촬영하는 서비스를 제공하는 사업자에 대해 적용한다. 중요정보 항목으로 표시대상 중요정보 항목은 현상불량 등 피해발생에 대한 보상기준 및 사진 원판의 인도 가능 여부가 있다. 표시의 장소는 사업장 게시물이다. 구체적인 예로서 "현상불량 등에 따른 소비자 피해 보상기준과 사진원판의 인도가능여부"를 구체적으로 명시한다. 피해보상기준은 "구체적인 피해보상기준"을 명시하거나, "현상불량 등에 따른 소비자 피해에 대해서는 ○○보상규정(사업자 스스로 제정한 보상규정일 경우에는 당해 보상규정을 알 수 있는 방법을 제시하고, 공정위 고시일 경우에는 공정위 고시임을 명시)에 따라 보상가능함" 등과 같이 명시하며, 사진 원판의 인도가능 여부는 "사진원판은 모두 인도 안 됨"[인도가 불가능한 경우] 또는 "○○ 사진원판의 경우 인도 가능함"[인도가 가능한 경우] 등과 같이 명시한다.

⑨ 화물자동차운수 업종의 중요정보

이는 화물자동차운수사업법 제2조 제2호에 의한 화물자동차운수사업을 운영하는 사업자 중 '이사화물' 또는 '택배화물'을 취급하는 사업자에 대해 적용한다. 중요정보 항목으로 표시대상 중요정보 항목은 분실·파손 등 피해 발생시 보상기준이다. 표시의 장소는 사업장 게시물, 설명서, 계약서 중 한 곳이며, 통신판매를 통해 판매하는 경우 당해 매체에도 표시하여야 한다. 구체적인 예로서 "분실·파손 등에 따른 소비자 피해 보상기준"을 구체적으로 명시한다. 피해보상기준은 "구체적인 피해보상기준"을 명시하거나, "분실·파손 등에 따른 소비자피해에 대해서는 ○○○보상규정(사업자 스스로 제정한 보상규정일 경우에는 당해 보상규정을 알 수 있는 방법을 제시하고, 공정위 고시일 경우에는 공정위 고시임을 명시)에 따라 보상가능함" 등과 같이 명시한다.

⑩ 완구 업종의 중요정보

이는 품질경영 및 공산품안전관리법 시행규칙 제2조 및 별표 제2에 의한 자율안전확인 대상공산품이 되는 '완구'를 제조·판매하는 사업자에 대하여 적용한다. 중요정보 항목으로 표시대상 중요정보 항목은 결함·하자 등 피해 발생 시 보상기준과 자율안전확인신고 필이 있으며, 광고대상 중요정보 항목은 자율안전확인신고 필이 있다. 표시의 장소는 제품 자체, 용기, 첨부물 중 한 곳이며, 통신판매를 통해 판매하는 경우 해당 매체에도 표시하여야 한다. 구체적인 예로서 "결함·하자 등에 따른 소비자 피해 보상기준"을 구체적으로 명시하여야 한다. 피해보상기준은 "구체적인 피해보상기준"을 명시하거나, "결함·하자 등에 따른 소비자피해에 대해서는 ○○○보상규정(사업자 스스로 제정한 보상규정일 경우에는 당해 보상규정을 알 수 있는 방법을 제시하고, 공정위 고시일 경우에는 공정위 고시임을 명시)에 따라 보상 가능함" 등과 같이 명시하고, "자율안전확인신고 필" 또는 개별법의 안전마크와 자율안전확인신고필증번호를 기재하여 자율안전확인을 받은 제품임을 명시하여야 한다.

⑪ 의류 업종의 중요정보

이는 섬유를 원재료로 하여 내의, 외의 등 의류제품을 제조·판매하는 사업자에 대해 적용한다. 다만, 의류제품 중 품질경영 및 공산품안전관리법 시행규칙 제13조 관련 안전검정대상 공산품(유해물질함유 섬유제품)을 제조·판매하는 사업자에 대해서는 적용하지 아니한다. 중요정보 항목으로 표시대상 중요정보 항목은 원재료 종류와 그 혼용률(함유비율), 세탁방법 등 취급상의 주의사항 및 제조연월 또는 제품 최초 착용연도가 있다. 다만, 제조연월 또는 제품 최초 착용연도에 대하여는 학생복을 제조하는 사업자에 한하여 적용한다. 표시의 장소는 제품 라벨이며, 통신판매를 통해 판매하는 경우 해당 매체에도 표시하여야 한다. 구체적인 예로서 "원재료 종류와 그 혼용률, 세탁방법 등 취급상의 주의사항" 등을 구체적으로 명시한다. 원재료 종류와 그 혼용률은 "면 ○○%, 나일론 ○○%" 등과 같이 명시하고, 세탁방법 등 취급상의 주의사항은 "물세탁이나 다림질을 하면 제품이 손상될 우려가 있음" 등과 같이 명시하며, "○○년도 제품," "○○년도 동복 제품," "○○년도 신학기 제품"으로 명시한다.

⑫ 가구 업종의 중요정보

이는 소파, 장롱, 탁자, 침대 등 가구제품을 제조·판매하는 사업자에 대해 적용한다. 중요정보 항목으로 표시대상 중요정보 항목은 주요 원재료의 종류, 환급·교환 가능여부 및 환급·교환기준이다. 표시의 장소는 제품 자체, 용기, 첨부물 중 한 곳이며, 통신판매를 통해 판매하는 경우 해당 매체에도 표시하여야 한다. 구체적인 예로서 "주요 원재료의 종류, 환급·교환 가능 여부 및 환급·교환기준"을 구체적으로 명시한다. 주요 원재료의 종류는 "주요 원재료는 목재, ○○, ○○" 등과 같이 명시하며, 환급·교환 가능 여부 및 환급·교환기준은 "구입 후에는 환급이나 교환이 안 됨"[환급·교환이 불가능한 경우], 구체적 환급·교환 기준을 명시하거나 "○○, ○○, ○○의 경우 교환·환급이 가능하며 구체적 내용은 ○○ 보상규정(사업자 스스로 제정한 보상규정일 경우에는 당해 보상규정을 알 수 있는 방법을 제시하고, 공정위 고시일 경우에는 공정위 고시임을 명시)을 참고하시기 바람"[환급·교환이 가능한 경우] 등과 같이 명시한다.

⑬ 주방용품 업종의 중요정보

이는 소비자들의 일상 식생활과 관련된 주방용품 중 식기, 씽크대 제품을 제조·판매하는 사업자에 대해 적용한다. 중요정보 항목으로 표시대상 중요정보 항목은 품질보증기간 및 환급·교환 가능여부 및 환급·교환기준이 있다. 표시의 장소는 제품 자체, 용기, 첨부물 중 한 곳이며, 통신판매를 통해 판매하는 경우 해당 매체에도 표시하여야 한다. 구체적인 예로서 "품질보증기간, 환급·교환 가능여부 및 환급기준"을 구체적으로 명시한다. 품질보증기간은 "품질보증기간 ○년" 등과 같이 명시하며, 환급·교환 가능여부 및 환급·교환기준은 "구입 후에는 환급이나 교환이 안 됨"[환급·교환이 불가능한 경우], 구체적 환급·교환 기준을 명시하거나 "○○, ○○, ○○의 경우 교환·환급이 가능하며 구체적 내용은 ○○보상규정(사업자 스스로 제정한 보상규정일 경우에는 당해 보상규정을 알 수 있는 방법을 제시하고, 공정위 고시일 경우에는 공정위 고시임을 명시)을 참고하시기 바람"[환급·교환이 가능한 경우] 등과 같이 명시한다.

⑭ 귀금속·보석 업종의 중요정보

이는 금, 은, 백금 등 귀금속이나 자수정, 다이아몬드, 에메랄드, 루비, 사파이어, 스컬잼, 토파즈 등 보석을 원재료로 하는 제품을 가공·판매하는 사업자에 대해 적용한다. 중요정보 항목으로 표시대상 중요정보 항목은 세공불량 등 소비자피해에 대한 보상기준, 가공국가명 및 가공지역명(국내가공의 경우 시·군·구 단위까지 기재), 순도(함량) 및 보증기간 및 가공업자의 명칭 및 전화번호이다. 광고대상 중요정보 항목은 가공국가명 및 가공지역명(국내가공의 경우 시·군·구 단위까지 기재)이다. 표시의 장소는 제품, 제품의 용기 또는 첨부물 중 한 곳이며, 통신판매를 통해 판매하는 경우 해당 매체에도 표시하여야 한다. 구체적인 예로서 "세공불량 등 소비자피해에 대한 보상기준" 등을 구체적으로 명시한다. 세공불량 등 소비자피해에 대한 보상기준은 당해 내용을 구체적으로 명시하거나 "○○, ○○, ○○의 경우 소비자피해보상이 가능하며 구체적 내용은 ○○보상규정(사업자 스스로 제정한 보상규정일 경우에는 당해 보상규정을 알 수 있는 방법을 제시하고, 공정위 고시일 경우에는 공정위 고시임을 명시)을 참고하시기 바람" 등과 같이 명시하며, 가공 국가명 및 가공 지역명은 "○○국가 ○○지역 가공" [외국 가공인 경우], "○○광역시 ○○구 가공"[국내가공인 경우] 등과 같이 명시한다. 순도는 "24K순금 또는 999금, PT999 또는 순백금, AG999 또는 순은"으로 하며, "보증기간은 구입일로부터 1년간" 등과 같이 명시한다.

⑮ 자동차부품 업종의 중요정보

이는 자동차를 구성하는 부품 중 '에어컨디셔너, 오디오 장치, 비디오 장치, 타이어, 브레이크 패드(브레이크 라이닝), 원격시동장치, 연료절감장치, 시트커버 기타 비내구성 부품이나 선택적 부품(옵션 품목)으로 볼 수 있는 자동차부품'을 제조·판매하는 사업자에 대해 적용한다. 중요정보 항목으로 표시대상 중요정보 항목은 품질보증기간, 환급·교환 가능여부 및 환급·교환기준이다. 표시의 장소는 제품 자체, 용기, 첨부물 중 한 곳이다. 구체적인 예로서 "품질보증기간, 환급·교환가능여부 및 환급·교환기준"을 구체적으로 명시한다. 품질보증기간은 "품질보증기간 ○년" 등과 같이 명시하며, 환급·교환 가능여부 및 환급·교환기준은 "구입 후에는 환급이나 교환이 안 됨"[환급·교환이 불가능한 경우], 구체적 환급·교환기준을 명시하거나 "○○, ○○, ○○의 경우 교환·환급이 가능하며 구체적 내용은 ○○보상규정(사업자 스스로 제정한 보상규정일 경우에는 당해 보상규정을 알 수 있는 방법을 제시하고, 공정위 고시일 경우에는 공정위 고시임을 명시)을 참고하시기 바람"[환급·교환이 가능한 경우] 등과 같이 명시한다.

⑯ 투자자문·투자일임 업종의 중요정보

이는 간접투자자산운용업법 제145조에 의한 투자자문업 또는 투자일임업의 등록을 한 사업자와 동법 제149조에 의한 유사투자자문업의 신고를 한 사업자에 대해 적용한다. 중요정보 항목으로 표시대상 중요정보 항목은 투자위험성 또는 원본손실 가능성 등 유의사항이며, 광고대상 중요정보 항목 역시 이와 동일하다. 표시의 장소는 사업장 게시물, 설명서, 계약서 중 한 곳이다. 구체적인 예로서 "투자위험성 또는 원본손실가능성 등 유의사항"을 구체적으로 명시한다. 투자위험성 또는 원본손실 가능성 등 유의사항은 "본 투자자문의 내용은 절대적 사항이 아니며 투자시 참고자료로만 활용하시기 바람," "일임매매의 경우 원본손실 가능성이 있으니 유의하시기 바람" 등과 같이 명시한다.

⑰ 건강기능식품·특수영양식품 업종의 중요정보

이는 건강강식품에 관한 법률 제3조 제1호에 의한 건강기능식품, 식품위생법 제7조에 의한 '식품의 기준 및 규격' 고시 중 특수영양식품을 제조·판매하는 사업자 및 이들 식품을 이용하여 일정기간 동안 체질개선·체질감량 등 건강관련 관리·상담을 해주는 것을 내용으로 하는 '건강프로그램 상품'을 판매하는 사업자에 대해 적용한다. 중요정보 항목으로 표시대상 중요정보 항목은 환급·교환 가능여부 및 환급·교환기준, 부작용 발생 가능성(부작용이 있고 건강기능식품에 관한 법률 제17조 제1항이 적용되지 않는 경우에 한한다)이며, 광고대상 중요정보 항목 역시 이와 동일하다. 표시의 장소는 건강기능식품 및 특수영양식품의 경우 제품 자체, 용기, 첨부물 중 한 곳이며, 건강프로그램 상품의 경우 사업장 게시물, 설명서, 계약서 중 한 곳이다. 만일 통신판매를 통해 판매하는 경우 해당 매체에도 표시하여야 한다. 구체적인 예로서 환급·교환 가능여부 및 환급·교환기준은 "구입 후에는 환급이나 교환이 안 됨"[환급·교환이 불가능한 경우], 구체적 환급·교환기준을 명시하거나 "○○, ○○, ○○의 경우 교환·환급이 가능하며 구체적 내용은 ○○보상규정(사업자 스스로 제정한 보상규정일 경우에는 당해 보상규정을 알 수 있는 방법을 제시하고, 공정위 고시일 경우에는 공정위 고시임을 명시)을 참고하시기 바람"[환급·교환이 가능한 경우] 등과 같이 명시한다. 부작용 발생 가능성은 "부작용 발생가능성 있음" 등과 같이 명시한다.

⑱ 산후조리원 운영업종의 중요정보

이는 출산한 부녀자를 대상으로 당해 부녀자의 건강관리 등 산후조리 서비스를 제공하는 사업자에 대해 적용한다. 중요정보 항목으로 표시대상 중요정보 항목은 제공되는 용역의 구체적 내용과 요금체계(기본요금 및 추가 비용) 및 중도해약시 환급기준이며, 광고대상 중요정보 항목 역시 이와 동일하다. 표시의 장소는 사업장 게시물, 설명서, 계약서 중 한 곳이다. 구체적인 예로서 "제공되는 용역의 구체적 내용과 요금체계, 중도해약시 환급기준"을 구체적으로 명시한다. 제공되는 서비스의 구체적 내용과 요금체계는 "○○서비스, ○○서비스: ○○원, 이외 서비스(가능한 서비스의 내용을 괄호형태로 명시)는 별도 요금 추가," "○○서비스, ○○서비스: ○○원, 추가요금 없음" 등과 같이 명시하며, 중도해약시 환급기준은 해지일까지의 이용일수에 해당하는 금액과 총 계약금액의 ○% 공제 후 환급 등과 같이 구체적 기준 명시하거나 "환급기준은 공정위 고시 소비자분쟁해결기준에 따름"과 같이 소비자분쟁해결기준을 원용할 수 있다.

⑲ 공동주택 업종의 중요정보

이는 주택법 제2조 제2호 규정에 의한 공동주택을 건설·분양하는 사업자에 대해 적용한다. 중요정보 항목으로 표시대상 중요정보 항목은 하자 등으로 인한 소비자피해 발생시 보상기준이며, 광고대상 중요정보 항목은 신탁계약 체결여부 등 분양대금 관리방법, 시행사·시공업체명 및 분양물의 규모·지번이다. 다만, 광고대상 중요정보 항목은 공동주택 건설사업자에 대하여는 적용하지 아니한다. 표시의 장소는 설명서 또는 계약서이다. 구체적인 예로서 하자 등으로 인한 소비자피해 발생시 보상기준"을 구체적으로 기재한다. 하자 등으로 인한 소비자피해 발생시 보상기준은 "소비자피해보상기준을 구체적으로 명시"하거나, "하자 등에 따른 소비자 피해에 대해서는 ○○보상규정(사업자 스스로 제정한 보상규정일 경우에는 당해 보상규정을 알 수 있는 방법을 제시하고, 공정위 고시일 경우에는 공정위 고시임을 명시)에 따라 보상가능함" 등과 같이 명시한다.

⑳ 유사금융업종의 중요정보

이는 자금 대출을 영업으로 하는 자로서 금융실명거래 및 비밀보장에 관한 법률 제2조 제1호에 의한 금융기관, 간접투자자산 운용업법 제145조에 의한 투자자문회사, 간접투자자산 운용업법 제2조 제16호에 의한 자산운용회사, 선물거래법 제3조 제6호에 의한 선물업자, 신용정보의 이용 및 보호에 관한 법률 제2조 제4호에 의한 신용정보업자, 금융지주회사법 제2조 제1항 제1호에 의한 금융지주회사, 자산유동화에 관한 법률 제2조 제5호에 의한 유동화전문회사, 주택저당채권유동화회사법 제2조 제1항 제7호에 의한 주택저당채권유동화회사, 예금자보호법 제2장에 의한 예금보험공사, 금융기관부실자산등의 효율적 처리 및 한국자산관리공사의 설립에 관한 법률 제3장에 의한 한국자산관리공사가 아닌 자에 대하여 적용한다. 중요정보 항목으로 표시대상 중요정보 항목은 연(年) 단위 환산 이자율 및 연체이자율 및 이자 이외 추가비용이 있는지 여부가 있으며, 광고대상 중요정보 항목 역시 이와 동일하다. 표시의 장소는 사업장 게시물 또는 설명서이며, 통신판매를 통해 자금 대출이 가능한 경우 해당 매체에도 표시하여야 한다. 구체적인 예로서 "연 단위 환산 이자율 및 연체이자율, 이자 이외 추가비용이 있는지 여부"를 구체적으로 명시한다. 연 단위 환산 이자율 및 연체이자율은 "이자율(또는 금리) 연 ○○% [연체이자율(또는 연체금리) 연 ○○%]" 등과 같이 명시하고, 이자 이외 추가비용이 있는지 여부는 "추가비용 없음"(이자 이외 추가비용이 없을 경우), "추가비용 별도"(이자 이외 추가비용이 있을 경우) 등과 같이 명시한다.

㉑ 결혼정보 업종의 중요정보

이는 소비자에게 결혼상대자 또는 결혼상품 소개 등 결혼과 관련된 정보를 제공하는 사업자에 대해 적용한다. 중요정보 항목으로 표시대상 중요정보 항목은 제공되는 용역의 구체적 내용과 요금체계(기본요금 및 추가 비용) 및 중도해지시 가입비 환급기준이 있다. 표시의 장소는 사업장 게시물, 설명서, 계약서 중 한 곳이며, 통신판매를 통해 가입이 가능한 경우 해당 매체에도 표시하여야 한다. 구체적인 예로서 "제공되는 용역의 구체적 내용과 요금체계" 등을 구체적으로 명시한다. 제공되는 서비스의 구체적 내용과 요금체계는 "○○서비스, ○○서비스, ○○서비스: ○○원, 이외 서비스(가능한 서비스의 내용을 괄호 형태로 명시)는 별도요금 추가," "○○서비스, ○○서비스, 추가요금 없음" 등과 같이 명시하며, 중도해지시 가입비 환급기준은 "○○ 경우 가입비의 ○○% 환급" 등과 같이 명시한다.

㉒ 영화업종의 중요정보

이는 영화진흥법 제2조 제11호에 의한 '영화업자'에 대해 적용한다. 중요정보 항목으로 광고대상 중요정보 항목은 상영 등급(영화진흥법 제21조에 의하여 상영 등급분류를 받아야 하는 영화로서 영상물등급위원회의 상영등급분류심사가 완료된 날부터 7일이 경과한 날 이후에 광고하는 경우에 한한다)이다. 구체적인 예로서 "상영 등급"을 전체관람가, 12세 이상 관람가, 15세 이상 관람가, 18세 이상 관람가, 제한상영가 중 어느 하나로서 구체적으로 명시한다.

㉓ 건축물 분양업종의 중요정보

이는 건축물을 분양하는 사업자에 대하여 적용한다. 다만, 건축물의 분양에 관한 법률의 적용범위에 해당하는 건축물을 분양하는 사업자 및 주택법에 의한 공동주택을 분양하는 사업자에 대해서는 적용하지 아니한다. 또한, 산업집적활성화 및 공장설립에 관한 법률에 의한 아파트형 공장, 관광진흥법에 의한 관광숙박시설, 노인복지법에 의한 노인복지시설에 대해서는 '23-2 (2) 가 및 나' 항목을 적용하지 아니하며, 주택법에 의한 오피스텔에 대해서는 '23-2 (2) 가' 항목을 적용하지 아니한다. 중요정보사항으로 광고대상 중요정보 항목은 건축허가 취득여부, 대지소유권 확보여부, 신탁계약 체결여부 등 분양대금 관리방법, 시행사·시공업체명, 분양물의 용도·규모·지번이다. 구체적인 예로서 중요정보항목들을 "건축허가 취득," "건축허가 미취득," "대지소유권 100%확보"(대지소유권 확보가 완료된 경우), "대지소유권 ○○% 확보"(대지소유권 확보가 완료되지 않은 경우) 등과 같이 구체적으로 명시한다. "분양대금 관리방법은 ○○은행 신탁관리"(신탁계약이 체결된 경우), "분양대금 관리방법은 시행사 자체관리(신탁계약 없이 시행사가 자체 관리하는 경우)" 등과 같이 명시한다. "시행사: ○○사, 시공사: ○○사," "분양물 용도: 상가, 분양규모: ○○평(또는 ○○㎡), 지번: ○○시 ○○동 ○○번지" 등과 같이 명시한다.

㉔ 여행업종의 중요정보

이는 관광진흥법 제2조 제3호에서 규정하고 있는 '기획여행'을 실시하는 사업자에 대하여 적용한다. 중요정보사항으로 광고대상 중요정보 항목은 광고상 제시한 가격 외의 추가경비 유무(다만, 광고되는 다수의 여행상품에 공통적으로 적용되는 추가경비는 이를 1개의 공통항목으로 기재가능), 필수경비(공항이용료, 전쟁보험료, 관광진흥기금, 유류할증료 등 여행시 소비자가 반드시 부담해야 하는 필수적인 경비)가 광고상 제시한 가격에 포함되어 있는지 여부, 선택경비(선택관광 경비, 안내원 봉사료 등 현지에서 개별 구매자의 필요 또는 선택에 의하여 지출하게 되는 경비)가 있는지 여부 및 관광진흥법 시행규칙 제18조 제3항의 규정에 의한 보증보험 가입여부 또는 영업보증금 예치여부이다. 구체적인 예로서 중요정보항목들을 다음과 같이 구체적으로 명시한다. "추가경비 없음," "추가경비가 있는 경우 필수경비 중 유류할증료 등 ○○만원과, 선택경비 중 선택관광비 등 ○○원을 별도로 지급해야 함 또는 추가경비 있음: 유류할증료 ○○만원, 개별보험료 ○○만원, 선택관광비 ○○만원 등 총 ○○○만원을 별도 지급해야 함, "보증보험 ○○원 가입" "영업보증금 ○○원 예치" 등과 같이 명시하여야 한다. 광고의 방법은 소비자가 쉽게 알아볼 수 있는 장소에 색, 크기, 모양 등으로 구별되게 기재하여야 한다.

㉕ 전화정보서비스 업종의 중요정보

이는 기간통신사업자의 전화회선을 이용하여 각종 정보를 제공하거나 음성을 녹음하고 그 내용을 들을 수 있도록 하는 서비스를 제공하는 사업자에 대해 적용한다. 중요정보 항목으로 광고대상 중요정보 항목은 정보제공자명, 정보제공자의 주소(홈페이지 주소도 가능) 및 전화번호, 제공하는 정보의 내용, 통화료 외에 정보이용료가 부과된다는 사실 및 정보이용료이다. 구체적인 예로서 "실시간 운세 상담," "증권 시세 분석 ARS 서비스" 등과 같이 제공하는 정보의 내용을 명시하고, "이 서비스는 통화료 외에 30초당 1000원의 정보이용료가 부과됩니다." 등과 같이 통화료 외에 정보이용료가 부과된다는 사실과 시간 단위당 정보이용료를 명시하여야 한다.

㉖ 체형 · 피부관리 서비스 업종의 중요정보

이는 비만관리 등 체형관리 서비스를 제공하는 사업자 및 경락, 여드름관리, 모공관리, 잡티제거 등 피부관리 서비스를 제공하는 사업자에 대해 적용한다. 중요정보 항목으로 표시대상 중요정보 항목은 제공되는 용역의 구체적 내용과 요금체계, 중도해약시 환급기준이다. 표시의 장소는 사업장 게시물, 설명서, 계약서 중 한 곳이다. 구체적인 예로서 "○○서비스: ○○회에 ○○원, 이외 ○

○서비스는 별도요금 추가" 등과 같이 명시하고, 중도해약시 환급기준은 해지일까지의 이용일수에 해당하는 금액과 총 계약금액의 ○%공제 후 환급 등 구체적 기준을 명시하며, 소비자분쟁해결기준을 원용할 경우 "환급기준은 공정위 고시 소비자분쟁해결기준에 따름"이라고 명시하여야 한다.

㉗ 토지분양 업종의 중요정보

이는 자기 소유의 토지를 분양하거나 타인 소유 토지의 분양을 대행하는 사업자에 대하여 적용한다. 중요정보 항목으로 광고대상 중요정보 항목은 분양대상 토지의 소재지·지목·지번 및 면적, 국토의 계획 및 이용에 관한 법률상 용도지역·용도지구 및 용도구역, 토지거래허가구역 여부 등 법령상 거래규제사항 및 매매시 소유권 이전 형태(지분등기 또는 분할등기 여부)이다. 구체적인 예로서 "○○군 ○○면 ○○리 ○○번지 임야 ○○㎡, 농림지역, 토지거래허가구역에 해당됨" 등과 같이 명시하고, "잔금 완납시 공유지분 등기," "잔금 완납시 별도지번 분할등기" 등과 같이 명시한다.

㉘ 렌탈서비스 업종의 중요정보

이는 정수기, 공기청정기, 의류, 도서 등 생활용품을 대여해 주고 사용료를 받는 사업자에 대해 적용한다. 중요정보 항목으로 표시대상 중요정보 항목은 소유권 이전 조건(소유권이 이전되는 경우에 한함), 상품의 고장·훼손·분실시 소비자의 책임범위, 중도해약시 환급기준이다. 표시의 장소는 제품 라벨(단, 제품의 특성상 라벨에 표시가 불가능한 경우는 설명서에 표시), 포장지, 사업장 게시물 중 한 곳이며, 통신판매를 통해 렌트가 가능한 경우 해당 매체에도 표시하여야 한다. 예를 들어, 소유권 이전에 필요한 렌탈기간 또는 총 렌탈금액 등 소유권 이전에 필요한 요건을 구체적으로 명시하며, 상품의 고장·훼손·분실시 사업자 및 소비자의 책임범위는 사업자의 귀책사유로 인한 고장·훼손·분실시 사업자의 책임 및 소비자의 귀책사유로 인한 고장·훼손·분실시의 소비자의 책임을 구체적으로 명시한다. 중도해약시 환급기준은 해지일까지의 이용일수에 해당하는 금액과 총 계약 금액의 ○%공제 후 환급와 같이 구체적 기준을 명시하거나 "환급기준은 공정위 고시 소비자분쟁해결기준에 따름"과 같이 소비자분쟁해결기준을 원용할 수 있다.

4. 중요정보 미표시에 대한 제재와 사법적 효과

(1) 과태료의 부과

사업자는 소비자가 상품 등의 구매선택을 결정할 때 중대한 영향을 받을 수 있는 정보 항목에 관해서는 소비자에게 진실되게 알릴 기본적 의무가 있고, 소비자는 자신이 구매하고자 하는 상품 등에 관해 정확하게 알 권리가 있다. 즉, 소비자가 상품 등에 관한 중요정보를 알고서 최종적인 구매 결정을 할 때 비로소 소비자 권익이 보호됨과 더불어 사업자간 공정한 경쟁질서를 정착시킬 수 있다. 따라서 사업자는 자신이 제조・판매하는 상품 등에 관하여 표시・광고행위를 할 경우 중요정보를 소비자가 알아보기 쉽도록 명확하게 표시・광고 내용에 포함하여야 한다. 이러한 측면에서 표시광고공정화법에서는 사업자가 소비자에게 중요정보를 제공하도록 하고 있으며, 공정거래위원회는 이를 구체화하고 있다. 만일, 사업자가 표시・광고를 함에 있어서 이러한 중요정보를 포함하지 않았을 경우 1억원 이하의 과태료에 처하며, 법인 또는 사업자단체의 임원 또는 종업원 기타 이해관계인이 위의 사항을 위반할 때에는 1천만원 이하의 과태료에 처한다(표시광고공정화법 제20조 제1항).

(2) 사법적 효과

사업자가 중요정보를 제공하지 않은 상태에서 소비자가 계약을 체결하였을 경우 당해 계약의 효력 등 사법적 효력에 대하여는 동법에서 규정을 두고 있지 않다. 즉, 표시광고공정화법은 소비자거래법의 일종이기 때문에 그 핵심적인 내용은 거래관계를 규율하는 사법적 규율이 중심이 되어야 함에도 불구하고 현행 표시광고공정화법은 공법적 규율이 중심이 되고 있다. 또한 소비자가 계약체결 여부를 정확하게 판단하기 위하여는 상품 등에 대한 정보가 필수적임에도 불구하고 이에 관한 정보를 사업자가 전적으로 보유하고 있기 때문에 이를 소비자에게 제공하지 않는다면 소비자의 합리적인 선택권 행사는 유명무실하게 된다. 만일 사업자가 소비자에게 중요정보를 제공하지 않은 상태에서 계약이 이루어진 경우 소비자는 민법상 착오 또는 사기 등을 이유로 계약을 취소할 수 있는 가능성이 있지만, 구체적인 요건의 충족 및 소비자가 이를 입증하는 것은 사실상 곤란하기 때문에 이를 통한 사법적 구제는 현실적으로 곤란하다. 이러한 점을 고려하여 일본의 경우 2000년에 소비자계약법[6]을 제정하여 사업자의 정보제공의무를 인정함과 동시에 중요정보에 대하여 사실과 다르게 고지하거나, 중요정보 또는 이와 관련된 사항에 대하여 소비자에게 유리한 것만 제공하고 불이익한 것에 대하여 제공하지 않아 소비자가 오인상태에서 계약을 체결한 경우 또는 장래의 불확실한 사실에 대하여 사업자가 단정적인 판단을 제공하여 소비자가 이를 확실하다고 오인한 상태에서 계약을 체결한 경우 소비자에게 민법상 취소권과 별도의 취소권을 부여하고 있다(일본 소비자계약법 제4조).[7] 또한 우리의 방문판매법과 유사한 특정상거래법에서도 사업자가 고의로 제공하여야 할 정보를 제공하지 않은 상태에서 소비자가 오인상태에서 계약을 체결한 경우 역시 소비자취소권을 인정하고 있다(동법 제9조의2, 제24조의2, 제40조의3).

이와 같이 일본에서 소비자취소권을 인정하게 된 이유는 다음과 같다. 현대사회에 있어서 거래는 다양화・복잡화되어 정보면에서 소비자와 사업자 간의 격차가 존재한다. 따라서 소비자가 계약을 체결하고자 하는 의사를 결정함에 있어 필요한 정보를 사업자가 계약체결을 권유하는 시점에서 적절하게 제공하지 않은 상태에서 계약이 체결되고 있다. 소비자가 사업자의 부적절한 권유행위에 영향을 받아 자신이 원하지 않은 계약을 체결한 경우에 민법상 사기가 성립하지 않을 수 있다. 그러나 하자 있는 의사표시에 의하여 체결된 계약에 소비자가 기속을 받는 것은 형평을 결한 것이기 때문에 소비자가 당해 계약의 효력을 부정할 수 있도록 하는 것이 타당하다. 따라서 사업자로부터 소비자에게의 정보제공에 관한 새로운 민사법칙을 창설한 것이 바로 소비자계약법 제4조이며, 구체적으로 소비자는 사업자의 일정한 행위 또는 불이익사실의 불고지에 따라 오인

6) 현대사회에 있어서 소비자는 사업자로부터 상품을 구매하거나 서비스를 제공받는 등 소비자계약이 확대되고 있다. 소비자계약에 있어서 소비자와 사업자 간에는 상품 등의 내용과 계약내용에 관한 지식, 정보 및 교섭력 등에 있어서 커다란 격차가 존재하며, 이는 소비자분쟁과 피해의 원인으로 되고 있다. 이에 따라 격차가 있는 계약당사자에 상응한 법제도가 필요하게 되었으며, 이를 반영한 것이 2000년 4월에 제정되어 2001년 4월 1일부터 시행되고 있는 소비자계약법이다. 동법은 사업자와 비교하여 열등한 지위에 있는 소비자에게 보다 강력한 권리를 부여하는 것을 기본적 고려하에 소비자의 알 권리와 사업자와 대등한 권리를 보장하여자유경제사회에서 소비자주권을 실현하는 것을 목적으로 한다(松村晴路 編, 「消費者主權と消費者法」, 嵯峨野書院, 2001, 72면.).

7) 일본 소비자계약법상 소비자취소권에 대하여는 졸고, "소비자취소권에 관한 연구," 「동아법학」 제41호, 동아대학교 법학연소, 2007・2, 203～230면 참조.

을 하여 당해 소비자계약의 청약 또는 승낙의 의사표시를 한 때에 이를 취소할 수 있도록 한 것이다.[8] 이러한 사업자의 정보제공의무의 강화 및 이의 위반시 사법적 효과의 신설 필요성 및 일본의 입법례를 고려할 때, 사업자가 소비자계약의 체결에 있어서 중요한 정보인 중요정보를 제공하지 않은 상태에서 체결된 계약의 효력에 대하여 표시광고공정화법에서 특칙을 규정할 필요가 있다.

Ⅴ. 표시・광고내용의 실증

1. 표시・광고에 대한 실증의 필요성

사업자가 자신의 상품 등을 판매하기 위하여 또는 소비자에게 정보를 제공하기 위하여 행한 표시・광고는 소비자가 구매의사를 결정함에 있어서 매우 중요한 역할을 한다. 특히, 표시・광고의 내용이 사실과 관련된 사항인 경우 소비자의 신뢰도는 매우 높다. 그러나 사업자가 표시・광고한 사항이 사실이 아닐 경우 소비자는 오인에 빠지게 되고, 이로 인하여 소비자의 선택권은 침해를 받게 된다. 또한 사업자가 사실이 아닌 내용을 사실로 표시・광고할 경우 이로 인한 피해는 단지 소비자뿐만 아니라 동종의 사업자에게도 발생하게 된다. 즉, 허위사실을 표시・광고한 사업자에 대한 소비자의 불신은 단지 당해 사업자에게만 발생하는 것이 아니라 동종의 사업자 전체에 대하여 발생할 수 있다. 따라서 사업자가 표시・광고한 내용 중 사실과 관련된 내용에 대하여는 사실 유무를 정확하게 판별할 수 있어야 할 것이며, 이에 대한 책임은 소비자가 아닌 당해 사업자가 행하여야 한다. 즉, 사업자는 표시・광고를 함에 있어 사실에 근거하여야 하며, 이의 증명자료를 보유하고 있기에 용이하게 증명할 수 있기 때문이다. 또한 사업자 자신이 주장한 내용이기에 이에 대한 입증 역시 사업자가 부담하는 것은 당연하다고 할 것이다.

---

8) 經濟企劃廳國民生活局消費者行政第一課, 「消費者契約法」, 商事法務硏究會, 2000, 66면.

2. 실증의 방법 및 절차

(1) 실증의 요청 및 대상

표시・광고의 내용 중 사실과 관련된 내용에 대한 실증은 이를 행한 사업자가 행한다. 실증절차는 먼저, 공정거래위원회가 사업자에 대하여 표시・광고의 내용 중 사실과 관련된 사항에 대한 실증자료의 제출을 요청한다. 공정거래위원회가 사업자에게 실증자료를 요청하기 위하여는 사업자의 표시・광고의 내용이 부당한 표시・광고에 해당할 우려가 있어 이에 대한 실증이 필요하다고 인정할 경우이다(표시광고공정화법 제5조 제2항).[9] 실증자료요청의 주요대상으로는 부당한 표시・광고행위에 해당할 혐의가 있는 표시・광고로서 TV, 라디오, 신문 및 잡지를 통해 전국적으로 표시・광고되고, 표시・광고 중 사실과 관련한 사항이 당해 표시・광고의 주요 내용으로서 인체에 직접적으로 영향을 미친다는 내용인 경우,[10] 안전 또는 환경과 관련된 내용인 경우,[11] 성능・효능・품질에 관한 내용인 경우[12] 및 기타 소비자의 구매선택 및 거래질서에 중대한 영향을 미치

---

9) 실증자료의 요청 주체에 대하여 동법에서는 공정거래위원회만을 인정하고 있으나, 소비자기본법에서는 한국소비자원과 등록소비자단체 역시 사업자에 대하여 자료 및 정보의 제공을 요청할 수 있는 권한을 부여하고 있다. 다만, 동법상 실증자료의 미제출시 사업자에 대하여 1억원 이하의 과태료가 부과되며, 표시광고행위의 중지를 할 수 있다. 그러나 소비자기본법상 사업자가 자료를 제출하지 않은 경우에 사업자에 대한 제재규정이 부존재하다. 따라서 한국소비자원 또는 등록소비자단체 역시 사업자의 표시광고에 대한 감시활동을 원활하게 수행할 수 있도록 동법에서 실증자료 요청의 주체로 인정하여야 할 것이다.

10) 이에 해당하는 구체적인 예로서 건강기능식품의 경우, "담즙분비 촉진효과" 등의 표현, "소화흡수율이 95% 이상" 등의 표현, "운동하는 경우와 같은 원리로 지방을 분해하여 복부비만을 없애줍니다" 등의 표현, "장에서 파괴되지 않고, 약 4배 이상 흡수가 잘 되며, 신경조직에 침투가 잘 됩니다" 등의 표현 등이 있다.

11) 이에 해당하는 구체적인 예로서 "미국 FDA 화장품 안정성・무독성 검사에 합격하였습니다" 등의 표현, "한국소비자원의 시험결과에서도 ○○제품 '○○○'의 안전성이 입증되었습니다" 등의 표현, "○○란? 석탄을 액화시켜 만든 청정연료로 환경오염을 획기적으로 줄였을 뿐 아니라, 연비의 향상은 물론 주행성을 향상시킨 고성능의 자동차용 대체연료입니다" 등의 표현 등이 있다.

12) 이에 해당하는 구체적인 예로서 내연기관용 윤활유의 경우, "연료절감 10%" 등의 표현, "98% 유기농 고급원료로 정성껏 만들었습니다" 등의 표현, "꿈의 연비 한 번 주유 서울↔부산 왕복 2회 1600km 달성, ○○탑재시 차종에 따라 공인연비 대비 166%~240%의 연비 향상을 나타냈습니다" 등의 표현, "스텐레스로 만든 보일러는 동(銅)에 비하여 23배, 철(鐵)

는 내용[13)]인 경우에 해당하는 경우에는 실증자료요청의 주요대상으로 한다.

(2) 실증자료의 제출

실증자료제출의 요청을 받은 사업자는 요청을 받은 날로부터 15일 이내에 실증자료를 제출하여야 하지만, 정당한 사유가 있는 경우 이를 연장할 수 있다(동법 제5조 제3항). 즉, 천재지변 등 불가항력적인 사유로 인해 제출기간 내에 실증자료를 제출할 수 없다고 공정거래위원회가 인정하는 경우에 한하여 그 사유가 소멸한 날부터 30일까지 제출기간을 연장할 수 있다. 만일 사업자가 제출한 실증자료가 요청한 내용에 따르지 않아 보완의 필요가 있는 경우 지체 없이 사업자등에 대해 보완을 요청한다. 이 경우 보완자료가 제출된 때에 실증자료가 제출된 것으로 인정하지만, 최초의 실증자료가 공정거래위원회에 도달한 때부터 공정거래위원회의 보완요청 문서가 사업자 등에게 도달한 때까지의 기간은 실증자료제출기간에 산입하지 아니한다.[14)] 사업자가 제출하여야 할 실증자료는 실증방법, 시험 · 조사기관의 명칭, 대표자의 성명 · 주소 · 전화번호, 실증내용 및 결과, 실증자료 중 영업상 비밀에 해당하여 공개를 원하지 않은 경우 그 내용 및 사유를 기재한 서면을 제출하고, 이를 증명하는 서류를 첨부하여야 한다(동 시행령 제5조). 사업자 등이 표시 · 광고한 내용 중 사실과 관련한 사항을 실증함에 있어서 시험이나 조사를 하고자 하는 경우에는 실증에 사용되는 시험 또는 조사의 방법은 학술적 또는 산업계에서 일반적으로 인정된 방법 등 객관적이고 타당한 방법이며, 시험 또는 조사는 법령에 의한 시험 · 조사기관이나 사업자 등과 독립적으로 경영되는 시험 · 조사기관에서 이루어져야 한다. 다만, 법령에 의한 시험 · 조사기관 또는 사업자 등과 독립적으로 경영되는 시험 · 조사기관에 의한 시험 · 조사가 불가능하거나 적당하지 아니하다고 인정되는 경우에는 그러하지 아니하다. 여기에서 의미하는 "독립적으로 경영되는 시험 · 조사기관"이라 함은 사업자 등 또는 사업자의 계열회사(독점규제 및 공정거래에 관한 법률 제2조 제3호의 규정에 의한 계열회사를 말한다)가 운영하는 시험 · 조사기관, 사업자 등이 속한 기업집단

에 비하여 4배나 열전도율이 나쁘므로 연료비가 너무 많이 듭니다" 등의 표현 등이 있다.

13) 이에 해당하는 구체적인 예로서 운동기구의 경우 "○○보다 열량소비율 5배 높음, 근육 강화기능이 40% 더 높음" 등과 같이 비교하는 내용의 표현 등이 있다.

14) 표시 · 광고 실증에 관한 운영고시(공정거래위원회 고시 제2007-17호, 2007. 12. 31).

의 범위(독점규제 및 공정거래에 관한 법률 시행령 제3조의 규정에 의한 기업집단의 범위를 말한다)에 속하였으나 독점규제 및 공정거래에 관한 법률 시행령 제3조의2 제1항 제2호의 규정에 의하여 그 기업집단으로부터 제외된 회사가 운영하는 시험·조사기관이 아닌 시험·조사기관을 말한다(동 시행령 제4조 제1항 제2항).

(3) 실증자료의 심사

① 기본 원칙

사업자가 제출한 실증자료가 표시·광고에서 주장하는 내용을 실증하는 합리적 근거로 인정받기 위해서는 다음의 조건을 모두 충족하여야 한다. 첫째, 합리적인 근거로 인정될 수 있는 실증방법은 시험결과, 조사결과, 전문가의 견해, 학술문헌 또는 기타 과학적이고 객관적이라고 인정할 수 있는 자료 중 하나에 해당하여야 한다. 둘째, 실증자료는 객관적이고 과학적인 절차와 방법에 따라 작성되어야 한다. 셋째, 실증자료의 내용은 광고에서 주장하는 내용과 직접적인 관계가 있어야 한다.

② 실증방법별 판단기준

㉠ 시험결과

시험기관은 사업자와 독립적이어야 한다. 이를 위하여 표시광고공정화법 시행령 제4조(실증방법 등) 제1항 제2호의 규정에 의한 요건을 충족하여야 한다. 다만, 당해 표시·광고내용의 실증을 위하여 시험을 수행할 수 있는 독립적인 시험기관이 없는 경우, 공개될 경우 영업활동에 중대한 침해가 우려되는 영업상의 비밀을 유지하기 위하여 독립된 시험기관에 의한 시험이 적당하지 아니한 경우 또는 기타 실증하고자 하는 내용, 실증자료의 열람·공개 효과, 사업자 등의 규모 등에 비추어 독립된 시험기관에 의한 시험비용이 과대하여 독립된 시험기관에 의한 시험이 적당하지 아니한 경우에 해당된다고 공정거래위원회가 인정하는 경우에는 그러하지 아니하다. 시험기관은 해당분야를 시험할 수 있는 전문적인 인적·물적 능력을 보유하여야 하며, 개별법(동법에 의한 시험검사소 등)에 근거하여 설립된 시험기관·국가표준기본법에 의해 업종별·분야별로 "공인시험기관"으로 인정된 시험기관·기타 업종별·분야별로 전문적인 시험능력을 보유하고 있다고 공정거래위원회 위원장이 인정하는 시험기관은 전문적인 시험능력을 보유하고 있는 것으로 인정된다. 실증에 사용되는 시험절차와 방법 등은 정부에서 정하고 있는 시험검사방법과 절차가 있는 경우에는 그 내용, 관련 학계나 업계에서 보편적으로 인정하는 시험검사방법과 절차 등이 있는 경우에는 그 내용, 시험에 사용되는 시료는 업종별·분야별로 정부 또는 관련 학계에서 일반적으로 인정하는 시료채취방법, 신물질 또는 신소재의 개발 등 관련분야에서 광범위하게 합의된 절차 및 방법이 없는 경우에는 공정거래위원회가 관련 전문가 견해 등을 참고하여 객관성과 타당성을 인정한 내용과 같이 해당 분야의 학계 또는 산업계에서 일반적으로 인정되고 있는 객관적이고 타당한 것이어야 한다.

ⓛ 조사결과

조사기관은 사업자와 독립적이어야 하며, 조사를 할 수 있는 능력을 갖추어야 하며, 이의 독립성에 관한 요건은 시험기관에서의 내용과 같다. 조사절차와 방법 등은 조사 목적 및 표본선정의 적절성, 자료관리의 적절성, 질문사항의 적합성, 조사기관의 객관성 및 조사목적 비인지성의 요건을 충족하여야 한다.

ⓒ 전문가(단체/기관)의 견해

전문가, 전문가 단체, 전문기관 등의 견해는 다음 조건을 충족하여야 한다. 첫째, 전문가, 전문가단체(기관) 여부의 판단은 사회통념상 해당 분야에서 보편적으로 인정하는 기준에 따른다. 둘째, 전문가 개인의 견해는 당해 분야의 전문지식에 기초하여야 하고, 그 내용은 당해 분야의 전문가라면 일반적으로 인정할 수 있는 내용이어야 하며, 반드시 그 견해는 사적이 아니라 공식적으로 밝힌 것이어야 한다. 셋째, 전문가 단체(기관)의 견해는 당해 분야의 전문가라면 일반적으로 인정할 수 있는 내용이어야 하며, 반드시 그 단체(기관)의 공식적인 의견제시 절차를 따른 것이어야 한다. 넷째, 전문기관(단체)에서 발표하는 통계자료는 해당 업종이나 분야의 사업자가 일반적으로 객관적이고 과학적인 통계자료로 널리 인정하는 것이어야 한다.

ⓡ 학술문헌

학술문헌에 의한 경우는 그 문헌이 다음에 해당하는 학술지에 게재된 학술문헌이어야 한다. 첫째, 국내 학술문헌은 한국학술진흥재단에 등록된 등재학술지 및 이와 동등한 수준의 학술지에 게재된 문헌이어야 한다. 둘째, 외국 학술문헌은 SCI(Science Citation Index) 및 SSCI(Social Science Citation Index)에 등록된 학술지 및 이와 동등한 수준의 학술지에 게재된 학술문헌이어야 한다.

③ 실증자료와 표시·광고 내용과의 관계에 대한 판단기준

실증자료 내용은 실증이 요구된 표시·광고내용과 직접적으로 관계가 있어야 한다. 따라서 실증자료에서 입증한 내용이 실제로는 표시·광고에서 주장하는 내용과 관련이 없는 경우 및 실증자료에서 입증한 내용이 표시·광고에서 주장하는 내용과 부분적으로만 상관이 있는 경우는 실증자료가 객관적이고 과학적인 자료라 하더라도 표시·광고 내용에 대한 합리적인 근거로 인정되지 않는다.

④ 관계 전문가 등의 의견조회 등

위원회는 실증자료의 객관성과 타당성을 판단하기 위하여 필요한 경우 업계, 학계 등 관련 전문가의 의견이나 자문을 구할 수 있다.

(4) 심사결과에 따른 처리

공정거래위원회는 제출된 실증자료의 심사결과 실증으로 인정할 수 없을 경우에는 당해 표시·광고 등의 사실에 관한 부분에 대하여 객관적인 근거가 없는 것으로 보고 동법 제3조(부당한 표시·광고행위의 금지)의 규정에 의한 부당한 표시·광고에 해당되는지 여부를 심사한다.

3. 실증자료의 열람·공개

(1) 열람·공개의 대상 및 내용

사업자가 제출한 실증자료를 공개하지 않을 경우 소비자는 사업자의 표시·광고의 내용에 대하여 오인을 하게 되고, 그 결과 사업자는 시장에서 퇴출될 수도 있다. 따라서 소비자에게 정확한 정보를 제공하고, 이로 인한 사업자의 피해를 예방하기 위하여 실증자료를 공개할 필요가 있다. 따라서 공정거래위원회는 소비자의 오인을 방지하고 공정한 거래질서를 유지하기 위하여 필요한 경우에 실증자료를 비치하여 일반인이 열람할 수 있도록 하거나 기타 적절한 방법

으로 이를 공개할 수 있다. 다만, 그 자료가 사업자 등의 영업상 비밀에 해당하여 그 공개가 사업자의 영업활동을 침해할 우려가 있는 경우에는 그러하지 아니하다(동법 제5조 제4항). 여기에서 의미하는 영업상 비밀은 부정경쟁방지 및 영업비밀보호에 관한 법률 제2조 제2호의 규정에 의한 영업비밀을 말한다(동 시행령 제6조). 그러나 공정거래위원회의 표시·광고 실증에 관한 운영고시에 따르면 실증자료의 열람·공개의 대상이 되는 표시·광고는 실증자료요청이 대상이 된 표시·광고의 내용이 동법 제3조(부당한 표시·광고행위의 금지) 제1항의 규정에 위배되어 공정거래위원회가 시정조치, 과징금부과 또는 고발조치를 하기로 한 표시·광고로 한정하고 있다. 이는 실증자료를 공개하는 목적인 소비자의 오인방지와 공정한 거래질서의 유지라는 차원에서 볼 때, 사업자의 표시·광고에 대한 소비자의 오인을 방지하기 위하여는 모든 사업자의 실증자료를 공개 또는 열람의 대상으로 하여야 할 것이다. 이와 같이 공개하는 것이 표시·광고에 대한 실증으로 인한 사업자의 피해를 예방하는 것이며, 실증자료 중 영업비밀에 해당하는 사항은 비공개하는 것이기 때문에 이로 인한 사업자의 피해는 발생하지 않을 것이다. 또한 표시광고의 내용이 부당한 표시광고에 해당하지 않은 경우에 있어서 사업자가 이의 내용의 공개 또는 열람을 원하지 않을 경우 비공개를 선택할 수 있도록 보완할 필요가 있다.

(2) 실증자료의 열람·공개방법

실증자료는 공정거래위원회에 비치하고 열람할 수 있도록 한다. 실증자료를 열람하고자 하는 자는 서면에 의하여 열람신청을 하고, 공정거래위원회는 열람장소 및 일자 등을 지정하여 신청인에게 서면으로 통지하여야 한다. 영업상 비밀에 해당하는 자료임을 이유로 공정거래위원회가 열람을 거부할 경우 그 사유를 기재하여 신청인에게 서면으로 통지하여야 한다. 이와 더불어 공정거래위원회는 필요한 경우 언론기관에 대한 보도자료 배포, 공정거래위원회 홈페이지 게재, 소비자단체에 대한 배포 등을 통하여 실증자료를 공개할 수 있다

4. 실증자료 미제출에 대한 규제

사업자의 표시광고가 동법 제3조에서 규정하고 있는 부당한 표시광고에 해당

할 우려가 있어 실증자료를 요청하였음에도 불구하고 이에 관한 자료를 제출하지 않은 경우 소비자피해가 현실적으로 발생하거나 확대될 수 있다. 따라서 이로 인한 소비자피해를 예방하기 위한 조치가 필요하며, 임시중지명령이 이에 해당한다. 즉, 공정거래위원회의 실증자료 제출 요청을 받았음에도 불구하고 사업자가 제출기간내에 이를 제출하지 아니한 채 계속하여 표시광고를 하는 때에는 실증자료를 제출할 때까지 공정거래위원회는 당해 표시광고행위의 중지를 명할 수 있다(동법 제5조 제5항). 이와 더불어 실증자료를 제출하지 아니한 사업자 등에게는 1억원 이하의 과태료를 부과받게 되며, 법인 또는 사업자단체의 임원 또는 종업원 기타 이해관계인의 경우에는 1천만원 이하의 과태료가 부과된다(동법 제20조 제1항).

Ⅵ. 사업자단체의 표시광고제한행위의 금지

1. 사업자단체의 의의 및 규제의 필요성

사업자단체라 함은 그 형태 여하를 불문하고 2 이상의 사업자가 공동의 이익을 증진할 목적으로 조직한 결합체 또는 그 연합체를 말한다(독점규제 및 공정거래에 관한 법률 제2조 제4호). 이와 같이 사업자단체는 사업자로 구성된 단체이며, 소속 사업자는 내부적 규율에 따라 강한 통제를 받게 된다. 따라서 소속 사업자가 자신의 사업을 위하여 표시광고를 함에 있어서 원칙적으로 자유롭게 할 수 있음에도 불구하고 단지 단체의 구성원이라는 이유로 단체의 부당한 제약을 받게 되면 영업활동의 자유를 침해받게 된다. 따라서 이러한 사업자단체의 부당한 제약을 배제하고자 표시광고공정화법에서는 사업자단체의 표시광고제한행위에 대하여 금지규정을 두고 있다(동법 제6조 제1항). 그러나 사업자단체를 조직하게 된 목적 및 목적 달성을 위한 수단 등을 고려할 때, 소속 사업자에 대한 사업자단체의 표시광고제한행위를 원칙적으로 금지하는 동법의 규정은 부당하다고 할 수 있다. 즉, 단체는 공동의 목적을 달성하기 위하여 조직되었으며, 이를 달성하기 위하여는 소속 사업자에 대한 제한이 불가피할 수 있다. 특히, 표시광고의 효과를 극대화하기 위하여 통일적인 표시광고가 이루어져야 할 경우에 사업자단체의 제한은 필수적이다. 이러한 점을 고려하지 않고 전면적으로 사업자단체의 표시광고제한행위를 금지하는 동법의 규정은 사업자단체의 표시광고제한행위가 부당한 경우에 한하여 금지하는 방향으로 개정되어야 할 것이다.

2. 사업자단체의 표시광고제한행위의 금지와 허용

사업자단체는 소속 사업자에 대하여 표시광고를 제한하는 행위를 할 수 없다. 다만, 다른 법령에서 허용하는 경우를 비롯하여 공정거래위원회가 소비자의 이익을 보호하거나 공정한 거래질서를 유지하기 위하여 필요하다고 인정하는 경우에는 제한을 할 수 있다. 공정거래위원회가 제한을 허용할 경우는 먼저 사업자단체가 사유 및 내용을 기재한 인정신청서를 공정거래위원회에 제출하여야 하고, 공정거래위원회는 신청일로부터 60일 이내에 인정여부를 결정하여 서면으로 통보하여야 한다(동 시행령 제7조). 이 경우에 있어서 다른 관계 중앙행정기관과 연관이 있는 경우에 당해 중앙행정기관의 장과 미리 협의를 하여야 한다(동법 제6조 제2항). 만일 사업자가 공정거래위원회의 인정을 받지 않거나 법령에서 허용되지 않음에도 불구하고 소속 사업자의 표시광고에 대하여 제한을 가한 경우 당해 위반행위의 중지, 당해 위반행위를 정한 정관·규약 등의 변경, 기타 위반행위의 시정을 위하여 필요한 조치를 명할 수 있다(동법 제6조 제3항). 이러한 시정조치명령을 이행하지 않은 자에 대하여는 2년 이하의 징역 또는 1억 5천만원 이하의 벌금이 부과되며, 사업자단체에도 1억 5천만원 이하의 벌금이 부과된다(동법 제17조, 제19조).

Ⅶ. 표시광고의 자율규약 및 자율심의기구

1. 자율규약

(1) 자율규약의 의의 및 필요성

사업자의 표시광고는 영업활동에 있어서 가장 중요한 역할을 차지한다. 그러나 사업자의 표시광고가 부당한 표시광고일 경우에 이로 인한 소비자피해는 필연적으로 발생하게 된다. 따라서 사업자의 부당한 광고행위를 금지하기 위하여 금지규정 및 제재규정을 두고 있으나, 이를 예방하기 위한 가장 효율적인 방안은 사업자 스스로 부당한 표시광고행위를 하지 않는 것이다. 즉, 표시광고분야에서 소비자피해의 예방과 공정한 경쟁질서 확립의 효과가 극대화될 수 있는 방안은 타율적 규제가 아닌 자율적 규제를 통한 것이며, 사후규제보다는 사전규제가 보다 효율적이다. 또한 사업자와 광범위한 영업활동과 이의 표시광고대상은 그 영역이 매우 넓기 때문에 이에 대한 모든 기준을 설정한다는 것은 사실상 불가능하다. 따라서 사업자 스스로가 일정한 기준을 정하고, 이에 합치하는 표시광고행위를 한 경우 법 위반행위를 방지할 수 있으며, 소비자보호와 공정경쟁질서의 확립이라는 입법목적을 달성함에 있어 보다 효율적이라 할 수 있다. 이러한 측면에서 사업자가 부당한 표시광고행위를 방지하기 위하여 자율적으로 표시광고에 관하여 제정한 규약 또는 기준을 자율규약이라고 한다(표시광고공정화법 제14조 제1항).

(2) 제정의 주체 및 제정절차

표시광고에 대한 자율규약을 제정할 수 있는 주체는 사업자 또는 사업자단체이다. 다만, 자율규약의 내용은 표시광고공정화법에서 금지하고 있는 부당한 표시광고행위를 방지하기에 적합하여야 하며, 정당한 사유없이 사업자 등의 표시광고 또는 소비자에 대한 정보제공을 제한하지 않아야 한다. 이러한 내용상의 한계에 대한 일탈여부를 판단하기 위하여 사업자 등은 자율규약에 대한 심사를 공정거래위원회에 요청할 수 있으며, 요청을 받은 공정거래위원회는 60일이내에 심사결과를 신청인에게 통보하여야 한다. 만일, 자율규약에 대한 심사결과 부당한 표시광고행위에 해당하거나 부당한 사업자에 대한 표시광고행위의 제한일 경우 사업자 등에게 시정을 명할 수 있다(동법 제14조).

2. 자율심의기구

(1) 자율심의기구의 설립 및 신고

사업자 등의 표시광고가 동법상 부당한 표시광고 또는 상기의 자율규약에 위반되는지의 여부 등을 심의하는 등 부당한 표시광고를 방지하기 위한 조직을 자율심의기구라 한다. 이러한 자율심의기구의 설립에 있어서 설립주체 및 설립요건에 대하여는 제한이 없다. 다만, 자율심의기구를 설립한 경우 공정거래위원회에 신고할 수 있으며,[15] 신고시 신고자의 성명, 신고자의 주소·전화번호 및 전자우편주소, 심의대상, 심의기준, 자율심의기구의 설립근거를 기재한 신고서를 제출하여야 한다(동 시행령 제16조의2 제1항). 다만, 신고서의 기재사항 중 설립근거는 자율심의기구의 성질을 고려할 때 포함될 사항이 아니다. 즉, 자율심의기구를 반드시 설립하여야 하는 것이 아니며, 설립주체가 자유롭게 설립할 수 있기 때문에 이를 명시하도록 하는 것은 불필요하다.

(2) 심의의 절차 및 감독

자율심의기구의 표시광고에 대한 심의는 내부에서 정한 절차에 따라 진행된다. 다만, 심의개시는 심의기구가 정하거나, 사업자 등 또는 소비자 등의 요청 및 공정거래위원회의 심의요청에 따라 이루어진다. 즉, 공정거래위원회는 표시광고가 자율심의기구 등의 심의대상에 해당되는 것으로 판단되는 경우에 자율심의기구 등에 대하여 심의를 요청할 수 있다(동법 제14조의2 제5항).[16] 심의의 기준은 동법 제3조 제1항 또는 자율규약이며, 정당한 사유 없이 사업자 등의 표시광고 또는 소비자에 대한 정보제공을 제한하여서는 아니 된다(동법 제14조의2 제2항). 만일 심의내용이나 처리결과 등이 이에 위반한 경우 공정거래위원회

---

15) 자율심의기구 중 전기통신사업법상 정보통신윤리위원회, 출판 및 인쇄진흥법상 한국간행물윤리위원회, 민법에 근거하여 설립된 사단법인 한국신문윤리위원회 및 사단법인 한국광고자율심의기구 및 기타 사업자 등이 행한 표시광고를 심의하기 위하여 다른 법령에 의하여 설립된 기관 또는 단체는 공정거래위원회에 신고를 하지 않더라도 신고한 것으로 인정된다(동 시행령 제16조의2 제2항). 그러나 임시중지명령요청기관 또는 단체 중 한국소비자원을 배제하는 것은 그 역할에 비추어 볼 때 의문이 제기되므로 이를 배제할 것이 아니라 포함시켜야 할 것이다.

16) 공정거래위원회가 심의를 요청할 수 있는 자율심의기구에 대하여 제한을 두고 있지 않다. 그러나 자율심의기구의 설립에 있어서 제한이 없다는 점을 고려할 때, 이러한 역량을 갖춘 자율심의기구에 심의를 의뢰하는 것은 당연하다. 또한 경비지원에 관한 규정과 관련하여 모든 자율심의기구에 대하여 경비를 보조하는 것이 아니라 신고한 자율심의기구에 한정하고 있다. 따라서 심의를 요청할 수 있는 자율심의기구를 한정할 필요가 있으며, 구체적으로 동법상 임시중지명령을 요청할 수 있는 기관과 공정거래위원회에 신고한 자율심의기구에 한정하여야 할 것이다.

는 이의 시정을 요청할 수 있으며,[17] 이를 판단하기 위하여 자율심의기구에 대하여 심의내용이나 처리결과 등에 관한 자료를 요청할 수 있다(동법 제14조의2 제3항, 제4항). 심의의 결과 사업자 등의 표시광고가 동법 제3조 제1항 또는 자율규약에 위반된다고 판단되는 경우 사업자 등에 대하여 이의 시정에 필요한 조치를 요청할 수 있다. 사업자가 이에 응하여 부당한 표시광고가 시정된 경우 공정거래위원회는 당해 사업자에 대하여 시정조치를 취하지 않지만, 사업자의 시정조치가 행하여지더라도 동법의 위반행위를 반복하는 등 자율심의기구 등의 시정만으로 소비자 또는 경쟁사업자의 피해방지가 곤란한 경우에 별도의 시정조치를 부과할 수 있다(동법 제14조의2 제6항).

Ⅷ. 부당한 표시 · 광고와 사법적 효과

1. 표시 · 광고의 법적 성질

사업자가 행한 표시 · 광고의 법적 성질이 무엇인가에 대한 문제는 이로 인한 소비자계약의 체결시기와 직결하는 문제이다. 즉, 이를 청약으로 볼 경우, 소비자의 의사표시에 의하여 계약은 성립하지만, 청약의 유인으로 볼 경우 소비자의 의사표시는 청약이 되며, 이에 대한 사업자의 의사표시(승낙)가 있어야 비로소 계약은 성립하게 된다.[18] 이를 파악하기 위하여 먼저 청약과 청약의 유인에 대하여 살펴보면 다음과 같다. 청약(Offer)이라 함은 이에 응하는 승낙만 있으면 계약을 성립시키는 확정적 의사표시이지만, 청약만으로 계약은 성립하지 않고 이에 대한 승낙이 있어야 계약이 성립하기 때문에 법률요건이 아닌 법률사실에 해당한다. 반면에 청약의 유인(Invitation of Offer)은 상대방으로 하여금 청약을 하도록 유인하기 위한 거래의 권유를 말하며, 청약과 달리 법적 구속력이 없다.[19] 따라서 당사자의 의사표시가 승낙적격을 갖춘 경우에 청약이지만 승낙적

17) 공정거래위원회는 요청한 심의를 수행한 기관에 대하여 예산의 범위 내에서 소요경비를 보조할 수 있다(동법 제14조의2 제7항).

18) 졸고, "전자상거래에 있어서 착오에 관한 연구," 「비교사법」 제11권 제3호, 한국비교사법학회, 2004 · 9, 100면.

격을 갖추지 못한 의사표시는 청약의 유인에 해당한다.[20] 즉, 표의자가 상대방의 승낙이 있으면 계약이 성립되고 이에 구속되겠다는 의도를 표명한 경우에는 승낙적격을 갖추었기에 청약이지만, 의사표시에 이러한 의도가 포함되지 않은 경우에는 청약의 유인에 해당한다. 따라서 표의자가 자신의 의사표시를 청약이라고 표시하더라도 이러한 의도가 없는 경우에는 청약의 유인에 해당한다.[21] 특정인에 대한 확정적인 거래조건의 제시는 청약에 해당하지만, 불특정 다수인에 대한 의사표시 또는 특정인에 대한 의사표시일지라도 불확정적인 거래조건을 제시하는 경우에는 청약의 유인에 해당한다.[22] 다만, 불특정 다수에 대한 의사표시인 현상광고의 경우에는 청약의 유인이 아닌 청약이다.[23]

(1) 청 약 설

청약자의 다른 의사표시가 없는 한 자동화된 컴퓨터 프로그램을 통하여 사람의

---

19) Michael H. Whincup, *Contract Law and Practice*, Kluwer Law International, 1996, p.35. 청약자는 청약이 상대방에게 도달한 이후부터 임의적으로 철회하지 못하며, 이를 청약의 구속력이라 한다(민법 제527조).

20) 양자를 구별하는 기준으로서 상대방의 특정성 여부, 계약의 내용에 있어서 유보여부, 당사자간 종래의 거래관계, 지방적 관습 등을 들고 있다(곽윤직, 「채권각론」, 박영사, 2007, 36면).

21) G. H. Treitel, *The Law of Contract*, ninth edt., Sweet&Maxwell, 1995, pp.10～11.

22) 불특정 다수인에 대한 의사표시 중 논란이 되고 있는 사례가 자동판매기의 설치와 슈퍼마켓 기타의 셀프서비스의 점포에서의 재화의 진열이다. 전자에 대하여는 일반적으로 청약으로 인정되고 있으나(곽윤직, 앞의 채권각론, 37면; 장재옥, "인터넷상에서의 계약체결," 「법학논문집」 제23집, 중앙대학교 법학연구소, 1998 · 12, 223면), 후자에 관하여는 청약으로 보는 견해(곽윤직, 앞의 채권각론, 37면)와 청약의 유인으로 보는 견해(지원림, 「민법강의」, 홍문사, 2005, 1017면; Nigel Savage, Robert Bradgate, *Business Law*, second edt., Butterworths, 1993, p.188; G. H. Treitel, *op.cit.*, p.12)로 구분되고 있다. 슈퍼마켓의 진열에 대한 영국의 판례는 종전에 청약의 유인으로 보았으나[Lasky v. Economy Grocery Stores, 319 mass. 224, 65 N.E.2d 305, 163 ALR 235 (1946); Day v. Grand Union Co., 280 App. Div 253, 113 N.Y.S.2d 436(1952); Pharmaceutical Society of Great Britain v. Boots Cash Chemists Ltd. (1953) 1 Q.B. 401], 이후에는 청약[Giant Food, Inc. v. Washington Coca-Cola Bottling Co., 273 Md. 592, 332 A.2d 1, 78 ALR3d 682(1975); Fender v. Colonial Stores, 138 Ga. App. 31, 225 S.E.2d 691, 693-694 (1976)]으로 인정하고 있다(John D. Calamari, Joseph M. Perillo, *The Law of Contracts*, fourth edt., WEST Group, 1998, p.38).

23) John Jude Moran, *Practical Business Law*, third edt., Prentice Hall, 1995, p.108.

개입 없이 자동적으로 계약의 성립과 이행이 이루어지도록 하였다면 이는 단순한 청약이 아닌 구매자로부터 구입하겠다는 의사가 있는 경우 즉시 이에 구속되겠다는 의사가 있는 것으로 추정할 것이며, 웹사이트에서 단순한 거래조건의 제시에 그치는 것이 아니라 사이버몰에서 재화 등을 구입하겠다는 의사로써 아이콘을 선택한 다음 사이버몰의 운영자가 제시하는 양식에 따라 인적 사항과 주소지를 기재하고 즉시 결제를 요구하는 절차를 거치도록 되어 있는 경우에 특별한 사정이 없는 한 웹사이트의 게시는 구속력 있는 청약으로 보아야 한다.24) 또한 전자상거래는 이용자 보호가 가장 본질적인 또는 가장 우선시되어야 할 문제인바, 쇼핑몰이나 인터넷상의 재화 등에 관한 정보게시는 청약으로 보아야 한다.25)

(2) 청약의 유인설

불특정 다수인을 상대로 하는 인터넷 사이트에서 재화 등을 제시하는 자가 우선 주문을 받고 주문에 대하여 응할지의 여부를 결정하겠다는 의사를 가지고 있기에 쇼핑몰에 재화 등을 진열하는 것은 단지 청약의 유인으로 인정하여야 한다.26) 전자상거래소비자보호법 제2조 제2호에서 통신판매업자가 거래조건을

---

24) 노태악, "전자거래와 계약,"「CYBER LAW의 제문제(상)」, 재판자료 제99집, 법원도서관, 2003, 441～442면; 오병철,「전자거래법」, 법원사, 1999, 287면; 정준우, "전자상거래에서의 계약의 체결과 소비자보호,"「법학연구」 제6집, 인하대학교 법학연구소, 2003・12, 152면; 백형기・최창렬,「전자상거래 시대의 법」, 미래와경영, 2002, 145～146면; 장재옥, 앞의 글, 222～223면; 山本　豊., "電子契約の法的諸問題,"「ジュリスト」 第1215號, 有斐閣, 2002・1, 77면; 松本恒雄, "高度情報通信社會の契約法,"「谷口知平・五十嵐清　編-新版註釋民法(13)」, 有斐閣, 1996, 255면; David Baumer, J. C. Poindexter, *Cyberlaw and E-Commerce*, McGraw-Hill, 2002, p.29.

25) 한재철, "전자상거래에 있어서 소비자보호에 관한 법제도의 연구," 박사학위논문, 경성대학교, 2001, 71면. 지방법원의 판결에서도 상품의 판매가격 등 매매조건이 구체적으로 명시되어 있고, 대량으로 이루어지는 전자상거래에 있어서 매도인은 상품의 구매자가 누구인지 여부에 따라 그 계약체결 여부를 결정하는 것도 아니어서, 매수인이 그 게시된 가격으로 상품을 구입할 것을 희망하는 한 매도인에게는 매매계약체결 여부에 대한 선택의 여지가 없으므로, 웹페이지에 위 상품의 매매조건을 게시한 것이 피고 주장과 같이 단순히 매매의 '청약의 유인'에 해당한다고 볼 수는 없으므로 청약으로 인정하여 소비자의 주문과 대금결제로 전자상거래는 성립하였다고 판시하였다(서울지방법원 민사44단독 2002.5.30, 2001가단324892).

26) 이기수 외,「인터넷 경매에서의 계약체결과 소비자보호」, 집문당, 2003, 106～107면. 다만, 쇼핑몰상 판매를 목적으로 하는 재화의 수량이 한정된 경우와 온라인상으로 직접 다운받을

제시하는 것을 청약의 유인으로 전제하고 있으며, 나아가 재고량이나 상대방의 변제자력에 대한 위험 또는 당해 거래에 관한 행정적인 규제 등을 고려할 때 확정적인 거래조건의 제시를 청약의 유인으로 보아야 한다. 또한 사이버 몰을 통한 전자거래에서의 양 당사자간의 이해관계를 고려할 때 매수인의 대금지급 능력이나 배송가능성에 대한 심사권을 사업자가 보유하고 있어야 할 것이라는 점에서 표시·광고를 청약의 유인이라고 한다.[27)]

(3) 소 결

사업자의 재화 등에 관한 표시·광고는 소비자가 구매의사를 결정함에 있어 가장 기초적이며,[28)] 중요한 정보이기에 표시광고공정화법에서는 부당한 표시·광고행위를 규제하고 있으며, 필수적으로 제공하여야 할 표시·광고사항을 고시하고 있다. 또한 할부거래법·방문판매법·전자상거래소비자보호법에서는 소비자가 합리적으로 구매의사를 결정할 수 있도록 하기 위하여 사업자가 제공하여야 할 정보를 구체적으로 제시하고 있으며, 이를 위반시 시정명령·영업정지·과징금·과태료 등의 제재를 부과할 수 있도록 규정하고 있다(할부거래법 제14

수 있는 경우에 표시·광고는 재고부족의 위험이 발생할 여지가 없음을 이유로 청약으로 인정하고 있다.

27) 최병록, "전자계약에서의 법률문제," 「비교사법」 제29호, 한국비교사법학회, 2005·6, 322~323면; 한웅길, "전자거래와 계약법," 「비교사법」 제5권 제2호, 한국비교사법학회, 1998·12, 22면; 구재군, "인터넷 사이버몰 이용계약에 관한 소고," 「정보화정책」 제10권 제1호, 한국전산원, 2003·3, 26면; 강태훈, "전자상거래와 소비자보호," 「CYBER LAW의 제문제(하)」, 재판자료 제100집, 법원도서관, 2003, 336면; 지원림, 앞의 책, 1085~1086면; 정영화, 「전자상거래법」, 다산출판사, 2001, 116면; 이은영, "전자상거래에서 소비자의 청약철회권," 「전자상거래(B2C) 활성화를 위한 정책추진전략」, 한국전자거래진흥원, 2003, 59면; 백형기·최창렬, 앞의 책, 144~145면; 大谷和子, "電子商取引の法律問題," 「高橋和之·松井茂記 編-インタネットと法」, 有斐閣, 2001, 121~122면; Ronald A. Anderson, Ivan Fox, David P. Twomey, Marianne M. Jennings, Peter S. Smith, *Business Law & the Legal Environment*, seventeenth ed., WEST, 1999, p.214; Simmons & Simmons, *E-Commerce Law*, Palladian Law Publishing, 2001, pp.8~9; Catherine Elliott, Frances Quinn, *Contract Law*, third ed., Longman, 2001, pp.9~12; John Jude Moran, *Ibid*, p.108; Gerald R. Ferera, Stephen D. Lichtenstein, Margo E. K. Reder, Ray August, *Cyber Law*, South-Western College Publish, 2001. p.95.

28) 後藤卷則, "不當表示と情報提供者の責任," 「森泉章·池田眞朗 編-消費者保護の法律問題」, 勁草書房, 1994, 289면.

조; 방문판매법 제42조, 제44조; 전자상거래소비자보호법 제32조, 제34조, 제40조, 제41조).[29] 따라서 사업자는 재화 등에 관한 표시·광고를 함에 있어 거래조건 등을 구체적으로 제시하여야 하며, 이는 소비자보호를 위하여 부여된 사업자의 의무이다. 이러한 법적 의무를 이행하기 위하여 거래조건 등을 구체적으로 제시한 표시·광고가 청약이라고 한다면 사업자는 계약의 구속을 면하기 위하여 추상적이거나 충분하지 않은 정보를 소비자에게 제공할 것이고, 이로 인하여 소비자의 합리적인 구매의사결정은 불가능하게 된다. 또한 계약체결의 단순화 또는 자동화는 단시간 내에 다수의 상대방과 계약을 체결할 수 있기 때문에 예상치 못한 과다한 주문으로 채무를 이행하지 못한 사업자는 채무불이행책임을 면하지 못하게 된다. 그 결과 사업자는 법 위반에 따른 재제를 받을 것인가 아니면 과다한 주문으로 인한 채무불이행책임을 부담할 것인가를 선택하여야 할 것이다. 따라서 재화 등에 관한 표시·광고가 구체적인 내용을 담고 있다고 하더라도 청약이 아닌 청약의 유인으로 인정하여야 할 것이다.[30]

2. 부당한 표시광고에 의하여 체결된 계약의 효력

사업자의 부당한 표시광고행위로 인하여 계약을 체결한 경우 당해 계약의 효력에 대하여 표시광고공정화법에서는 규정을 두고 있지 않다. 따라서 계약에 관하여 규율하는 민법 등과 개별소비자보호법의 내용을 통하여 살펴보면 다음과 같다. 먼저, 소비자가 행위무능력자(미성년자, 한정치산자 및 금치산자)일 경우 부당한 표시광고 여부를 묻지 않고 자신의 행위무능력을 이유로 당해 계약을 취소할 수 있다(민법 제4조, 제10조, 제13조). 행위무능력자가 아닌 소비자의 경우,

---

29) 사업자가 소비자에게 제공할 정보를 제공하지 않은 경우에 할부거래법에서는 과태료 규정을 두고 있으나, 전자상거래소비자보호법에서는 허위로 표시한 경우에만 벌칙규정을 두고 있으며, 방문판매법에서는 이에 대한 제재규정이 없다. 특히, 방문판매법 제56조 제2호와 제58조 제2항 제3호에서 열거하고 있는 조항 중 제7조 제1항은 제7조 제2항이며, 오기라 할 수 있다. 따라서 방문판매법과 전자상거래소비자보호법에서도 사업자가 제공하여야 할 정보를 제공하지 않은 경우에 대한 제재규정을 추가하여 소비자가 합리적인 구매의사를 결정할 수 있는 기초를 마련하여야 할 것이다.

30) 구재군, "전자거래에 있어서 계약의 성립에 관한 법적 검토,"「법학논총」제25집, 단국대학교, 2001·12, 276면.

민법상 사기에 의사표시를 이유로 취소할 수 있다(민법 제110조 제1항). 다만, 사기를 이유로 취소하기 위하여는 사업자의 표시광고가 표시광고공정화법 제3조에서 의미하는 부당한 표시광고에 해당하여야 하며(기망행위), 이로 인하여 소비자의 착오가 유발되고, 이 상태에서 의사표시를 하여야 한다. 또한 사업자에게는 기망행위에 대한 고의와 착오상태에서 의사표시를 하게 할 고의, 즉 2중의 고의가 존재하여야 한다. 따라서 민법상 사기를 이유로 취소를 하기 위하여 소비자는 상기의 제요건을 입증화여야 한다. 개별 소비자보호법에서는 소비자에게 청약철회권을 부여하고 있으므로 소비자는 부당한 표시광고에 기초하여 할부거래, 방문판매, 전화권유판매, 다단계판매, 전자상거래 및 통신판매를 통하여 상품을 구입한 경우 청약철회권의 행사를 통하여 간편하게 당해 계약관계에서 벗어날 수 있지만, 청약철회권의 행사가 부정되는 경우와 청약철회권이 인정되지 않은 거래형태에서는 그 의미가 없다.

3. 손해배상책임

(1) 입증책임의 완화

사업자 등은 부당한 표시·광고행위를 하여 피해를 입힌 경우에 당해 소비자에 대하여 손해배상책임을 지며, 동 책임은 무과실책임이다(표시광고공정화법 제10조). 따라서 부당한 표시·광고로 인하여 피해를 입은 소비자가 손해배상을 청구함에 있어서 표시·광고가 동법 제3조의 부당한 표시·광고에 해당한다는 것[31]과 이로 인하여 손해가 발생하였다는 것을 입증하면 충분하며, 민법의 불법행위책임에 있어서와 같이 사업자 등의 사업자 등의 귀책사유에 대한 입증은 불요하다. 하지만 피해를 입은 소비자가 표시광고공정화법에 의하여 손해배상청구권을 행사하지 않고 민법상 불법행위에 기한 손해배상청구권을 행사한 경우에 사업자 등의 귀책사유까지 입증하여야 한다(민법 제750조).

---

31) 동법상 손해배상청구권을 행사하기 위하여는 공정거래위원회의 시정조치가 확정되어야 하기 때문에 사실상 부당한 표시·광고에 대한 소비자의 입증책임은 감면된다. 즉, 이를 적극적으로 입증하지 않고 공정거래위원회의 확정된 시정조치의 증거를 제시하는 것만으로도 사실상 이에 대한 입증책임은 다한 것으로 인정될 수 있기 때문이다.

(2) 손해배상책임의 주체

상기의 소비자에게 손해배상책임을 지는 자는 당해 부당한 표시·광고를 행한 사업자 또는 사업자와 사업자단체이다. 즉, 상품 등에 대한 광고는 사업자가 행하나 사업자가 가입한 사업자단체가 사업자의 표시·광고행위를 제한함으로써 부당한 표시·광고를 행한 경우에 책임의 주체는 사업자뿐만 아니라 사업자단체도 포함된다. 이 경우에 소비자는 사업자와 사업자단체에 대하여 손해배상을 청구할 수 있으며, 양자는 연대하여 책임을 진다(민법 제760조 제1항).

(3) 행사기간

피해를 입은 소비자가 표시광고공정화법상의 손해배상청구권을 행사하기 위하여는 시정조치가 확정되어야 한다. 하지만 사업자 등의 귀책사유 등을 입증하여 민법상의 불법행위책임으로 손해배상을 청구하는 경우에는 이러한 시정조치의 확정을 요하지 아니한다. 이러한 표시광고공정화법상의 손해배상청구권은 행사할 수 있는 날로부터 3년 내에 행사하여야 한다(표시광고공정화법 제11조).

IX. 부당한 표시·광고에 대한 공법적 규제

1. 행정규제

(1) 임시중지명령

사업자 등의 표시·광고가 부당한 표시·광고행위에 해당한다고 명백하게 의심되고, 당해 표시·광고행위로 인하여 소비자 또는 경쟁사업자에게 회복하기 어려운 손해가 발생할 우려가 있어 이를 예방하기 위한 긴급한 필요가 있다고 인정될 경우에 공정거래위원회는 직권으로 또는 소비자단체, 전기통신사업법상 정보통신윤리위원회, 출판 및 인쇄진흥법상 한국간행물윤리위원회, 민법에 근거하여 설립된 사단법인 한국신문윤리위원회 및 사단법인 한국광고자율심의기구 및 기타 사업자 등이 행한 표시광고를 심의하기 위하여 다른 법령에 의하여 설립된 기관 또는 단체의 서면요청을 받아 사업자 등에 대하여 당해 표시·광고행위를 일시 중지할 것을 명할 수 있다(표시광고공정화법 제8조 제1항, 제2항, 동 시행령 제9조). 소비자단체 등이 임시중지명령을 요청할 경우에는 소비자단체 또는 기관 등의 명칭·대표자의 성명·주소·전화번호, 표시광고행위를 한 사업자 등의 명칭, 임시중지명령의 대상이 되는 표시광고의 내용, 임시중지명령을 요청한 사유를 기재한 요청서를 제출하여야 한다(동 시행령 제10조). 공정거래위원회의 임시중지명령을 받은 사업자 등은 불복이 있는 경우에 중지명령을 받은 날부터 7일 이내에 공정거래위원회에 이의를 제기할 수 있으며, 이의를 제기받은 공정거래위원회는 지체 없이 당해 사실을 서울고등법원에 통보하여야 하며, 서울고등법원은 비송사건절차법에 의하여 재판한다(표시광고공정화법 제8조 제3항, 제4항).

(2) 시정조치

공정거래위원회는 사업자 등이 부당한 표시·광고행위를 하는 때에는 당해 사업자 등에 대하여 그 시정을 위한 당해 위반행위의 중지, 시정명령을 받은 사실의 공표, 정정광고, 기타 위반행위의 시정을 위하여 필요한 조치를 명할 수 있다(표시광고공정화법 제7조 제1항). 시정명령을 받은 사실의 공표 또는 정정광고를 명할 경우에는 위반행위의 내용 및 정도, 위반행위의 기간 및 횟수를 고려하여 공표 또는 정정광고의 내용 및 그 횟수·크기·매체 등을 정하여야 한다. 또한 공표에 관한 문안 등을 정함에 있어 공정거래위원회는 사업자에게 사전에 이에 관한 사항을 공정거래위원회와 협의하도록 명할 수 있다(동 시행령 제8조).

(3) 과 징 금

부당한 표시·광고행위를 한 사업자 등에 대하여 공정거래위원회는 위반행위의 내용 및 정도, 위반행위의 기간 및 횟수, 위반행위로 인하여 취득한 이익의 규모 등을 고려하여 과징금을 부과할 수 있다(표시광고공정화법 제9조 제1항, 제3항). 과징금의 결정은 위반행위의 유형에 따라 결정된다. 즉, 동법 제3조 제1항의 부당한 표시광고규정을 위반한 경우와 사업자의 표시광고행위의 제한금지규정을 경우로 구분된다. 전자의 경우는 매출액이 없는 경우[32] 등과 매출액이 있는 경우로 구분되며, 전자의 사업자 등에 대한 과징금은 5억원을 초과하지 아

32) 이에 해당하는 경우로는 영업을 개시하지 아니하거나 영업중단 등으로 인하여 영업실적이 없는 경우, 매출액산정자료를 제출하지 아니하거나 허위로 제출한 경우, 기타 객관적인 매출액의 산정이 어렵다고 인정되는 경우이다(동 시행령 제15조).

니하는 범위 안에서 부과할 수 있다. 후자의 사업자 등에 대하여는 직전 3개 사업연도의 평균매출액에 100분의 2를 곱한 금액을 초과하지 아니하는 범위 안에서 과징금을 부과할 수 있다. 다만, 당해 사업연도 초일 현재 사업을 개시한 지 3년이 되지 아니하는 경우에는 사업개시일부터 직전 사업연도 말일까지의 매출액을, 당해 사업연도에 사업을 개시한 경우에는 사업개시일부터 위반행위일까지의 매출액을 연 매출액으로 환산한 금액으로 한다(동 시행령 제12조). 또한 사업자의 표시광고행위에 대한 제한금지규정을 위반한 사업자단체에 대하여는 5억원의 범위 안에서 과징금을 부과할 수 있다(동법 제9조 제2항). 과징금부과대상의 사업자인 법인이 합병을 하는 경우에는 당해 법인이 행한 위반행위는 합병 후 존속하거나 합병에 의하여 설립된 법인이 행한 행위로 보아 과징금을 부과하여 징수한다(표시광고공정화법 제9조 제4항). 구체적으로 공정거래위원회가 사업자 등에게 과징금을 부과할 경우에 그 위반행위의 종별과 당해 과징금의 금액을 명시하여 이를 납부할 것을 서면으로 통지하여야 하며, 통지를 받은 자는 통지가 있은 날부터 60일 이내에 과징금을 공정거래위원회가 정하는 수납기관에 납부하여야 한다(동 시행령 제16조 제1항, 제2항). 다만, 이 기간 내에 과징금을 납부할 수 없는 경우에는 그 사유가 소멸한 날로부터 30일 이내에 납부하여야 한다.

(4) 과 태 료

고시된 중요정보를 표시광고하지 아니한 사업자 등, 실증자료를 제출하지 아니한 사업자 등, 실증자료 미제출에 따른 임시중지명령에 따라 표시광고행위를 중지하지 않은 사업자 등, 공정거래위원회의 임시중지명령에 응하지 아니한 사업자 등, 정당한 사유없이 출석하지 아니한 사업자 등, 보고 또는 필요한 자료나 물건을 제출하지 않거나 허위의 보고 또는 자료나 물건을 제출한 사업자 등, 조사를 거부·방해 또는 기피한 사업자 등에 대하여 1억원 이하의 과태료가 부과되며, 법인 또는 사업자단체의 임원 또는 종업원 기타 이해관계인이 이에 해당하는 경우 1천만원 이하의 과태료가 부과된다(동법 제20조 제1항). 또한 공정거래위원회의 시정명령에 응하지 아니한 자에 대하여는 3천만원 이하의 과태료가 부과되며, 법인 또는 사업자단체의 임원 또는 종업원 기타 이해관계인이 이에 해당하는 경우 1천만원 이하의 과태료가 부과된다(동법 제20조 제1항). 마지막으로 질서유지명령에 응하지 아니한 자에 대하여는 100만원 이하의 과태료가 부과된다(동법 제20조 제2항). 상기의 과태료는 공정거래위원회가 부과·징수하며, 과태료처분에 불복이 있는 자는 그 처분의 고지를 받은 날로부터 30일 이내에 공정거래위원회에 불복을 제기할 수 있으며, 이의를 제기받은 공정거래위원회는 지체 없이 관할법원에 그 사실을 통보하여야 하며, 통보받은 관할법원은 비송사건처리절차법에 의한 과태료의 재판을 한다. 만일, 사업자가 이의를 제기하지 않고 과태료를 납부하지 않은 경우에 국세체납처분의 예에 따라 이를 징수한다(동법 제20조 제3항 내지 제6항).

2. 형사법적 규제

부당한 표시·광고행위를 하거나 또는 다른 사업자 등으로 하여금 이를 행하게 한 사업자 등, 시정명령에 응하지 않은 사업자 또는 사업자단체에 대하여는 2년 이하의 징역 또는 1억5천만원 이하의 벌금이 부과된다(표시광고공정화법 제17조). 또한 법인의 대표자나 법인 또는 개인의 대리인·사용인 기타 종업원이 그 법인 또는 개인의 업무에 관하여 상기의 위반행위를 한 때에는 행위자를 벌하는 외에 그 법인 또는 개인에 대하여도 동조의 벌금형을 과한다(동법 제19조). 하지만 법인의 대표자와 달리 대리인 또는 사용인 기타 종업원 등의 행위에 대하여 본인 등에게 형사책임을 부과하는 것은 개인책임주의와 관련하여 문제가 제기된다. 즉, 법인의 행위는 구체적으로 대표자를 통하여 이루어지기 때문에 법인에 대한 처벌은 타당성이 인정되지만, 본인 등이 대리인을 교사 등을 하지 않았음에도 불구하고 대리인이 단순히 업무에 관하여 위반행위를 하였다는 것만으로 본인 등을 처벌하는 것은 부당하다.

제2장 약관과 소비자보호

Ⅰ. 약관규제법의 제정목적

대량생산 대량판매로 인하여 사업자는 다수의 소비자와 동일한 재화 등에 관한 계약을 체결하게 되었다. 하지만 개별적으로 계약을 체결하게 되면 시간과 절차 등에서 불편을 인식하게 된 사업자는 계약의 내용을 사전에 정하여 계약체결시 이를 상대방에게 제시하여 계약내용으로 편입시키게 되었다. 이로 인하여 계약체결에 따른 시간을 절약함과 더불어 절차를 단순화시킬 수가 있게 되었다. 하지만 계약의 내용을 사업자가 일방적으로 정하기 때문에 상대방인 소비자에게 불리한 내용을 포함하는 경우가 많게 되었으며, 이로 인한 소비자의 피해가 급증하게 되었다. 이러한 점을 인식하여 약관의 긍정적인 면을 강조함과 더불어 신의성실의 원칙에 반하여 공정을 잃은 조항들을 무효화함으로써 약관의 이용으로 인하여 발생하는 소비자피해를 방지하기 위하여 약관규제법은 제정되었다.

Ⅱ. 약관의 의의 및 규제의 필요성

1. 의의 및 동법의 적용범위

약관이라 함은 그 명칭이나 형태 또는 범위를 불문하고 계약의 일방 당사자가 다수의 상대방과 계약을 체결하기 위하여 일정한 형식에 의하여 미리 마련한 계약의 내용을 말한다(약관규제법 제2조 제1항).[33] 대부분의 재화 등에 관한 거래에서 사업자는 다수의 소비자와 계약을 체결하기 위하여 미리 약관을 작성하고 계약의 체결과정에 이를 제시하여 동의한 경우에만 계약을 체결하고 있다. 하지만 대다수의 소비자는 약관에 대하여 정확히 숙지를 하지 않고 계약을 체결하고 있으며, 자신에게 불리한 약관의 조항에 대하여 거부를 할 수 없다. 따라서 사업자가 일방적으로 작성한 약관에 대하여 규제하며, 소비자에게 불이익한 조항의 유효여부를 판단하여 소비자의 권리를 보호하여야 한다. 다만, 모든 약관에 대하여 약관규제법이 적용되는 것이 아니라 상법 제3편(회사), 근로기준법 기타 대통령령이 정하는 비영리사업의 분야에 속하는 계약에 관한 약관은 적용되지 않으며, 특정한 거래분야의 약관에 대하여 다른 법률에 특별한 규정이 있는 경우에 당해 법률이 우선하여 적용된다(동법 제30조).

2. 약관의 구속력에 대한 근거

사업자가 일방적으로 작성한 약관이 소비자까지 구속하는 근거에 대하여 학설은 종전에 자치법설과 상관습설, 계약설로 구분하고 있었지만 현재에는 대부분 계약설[34]을 취하고 있으며, 판례 역시 계약설을 따르고 있다.[35] 즉, 사업자가 간편한 업무처리를 위하여 작성한 약관을 법으로서 인정하는 자치법설은 사업자에게 입법권을 부여하게 되며, 소비자의 동의 없이도 당연히 계약내용으로 될 수 있다는 점에서 부당하며, 약관이 있을 때 계약은 그에 의한다고 하는 상관습설 역시 강자에 의한 일방적인 경제적 약자의 지배를 정당화한다는 점에서

33) 공정거래위원회는 약관에 해당하지 않은 경우로서 부동산 분양가격・입회금・임차보증금・이용료・수수료・이익・로열티 배분 비율 등 각종 재화와 용역의 가격조항 그 자체, 아파트・상가 등의 공동규약, 공제조합의 공제규정, 회사의 정관 등 단체의 내부 구성원 간의 규율조항, 계약서에 공란으로 비워두었다가 계약당사자가 개별적인 교섭을 거쳐 기재한 위약금 등에 관한 조항 등을 제시하고 있다(공정거래위원회 약관심사지침; 2008년 1월 1일).

34) 곽윤직, 앞의 채권각론, 21~24면; 권오승, 앞의 소비자보호법, 144면. 이러한 계약설을 취하면서 규범과 유사한 비자발적 구속성을 인정하는 절충설도 있다(이은영, 「채권각론」, 박영사, 1999, 50~51면).

35) 대판 1990.4.27, 89다카24070; 대판 1989.11.14, 88다카29177.

부당하다. 따라서 약관이 사업자뿐만 아니라 소비자에게도 적용이 되는 것은 약관에 대하여 상대방인 소비자가 이를 계약에 편입하는 것을 동의하였다는 계약설이 타당하며, 약관규제법 역시 이러한 점에 입각하여 약관의 제시, 설명 및 교부의 의무를 사업자에게 부여하고 있으며, 이의 위반시 당해 약관의 내용을 계약내용으로 주장할 수 없도록 하고 있다. 다만, 명시의무가 면제되는 약관(여객운송업, 통신업, 전기·가스 및 수도사업의 약관)은 해당 법률에 의거하여 행정관청의 인가를 받았기에 이를 명시하지 않더라도 계약에 편입되므로 구속성의 근거는 당사자의 합의가 아닌 법률에 있다고 할 것이다.[36)]

3. 약관에 대한 규제의 필요성

(1) 편입통제의 필요성

사적 자치의 원칙상 계약의 내용은 양 당사자가 합의하에 정하는 것이 원칙이다. 그러나 절차의 복잡상, 시간의 소요 등을 이유로 사업자가 사전에 일방적으로 계약의 내용이 될 사항을 정하고, 추후 이를 상대방의 동의를 얻어 계약의 내용으로 편입시킬 경우 사업자를 비롯하여 소비자 등은 간편하게 계약을 체결할 수 있다. 그러나 약관은 소비자의 동의시 계약의 내용이 되기 때문에 계약을 체결함에 있어서 매우 중요한 요소이다. 그러므로 약관의 존재 및 약관의 내용에 대한 소비자의 인식은 가장 기본적이라 할 수 있다. 그러나 사업자가 이를 소비자에게 제시하지 않아 그 내용을 알 수 없는 상태에서 약관이 계약의 내용으로 편입된다면 양 당사자의 합의에 의하여 체결된다는 계약의 기본원칙은 유명무실하게 될 수밖에 없다. 또한 약관의 내용은 사업자가 일방적으로 작성하였기에 소비자가 그 내용을 이해하기란 쉽지 않다. 따라서 계약의 내용인 약관에 대하여 사업자뿐만 아니라 상대방인 소비자 역시 그 내용을 충분하게 인식할 수 있는 여지를 부여하여야 한다. 이러한 측면에서 약관이 계약의 내용으로 편입되기 위하여는 상대방인 소비자가 이의 내용을 인식하고 이해할 수 있는 여지가 제공되어야 한다.

---

36) 곽윤직, 앞의 채권각론, 23면.

(2) 내용통제의 필요성

경제적 약자인 소비자가 사업자와 계약을 체결함에 있어 사업자가 제시하는 약관을 거부하거나 소비자에게 불리한 약관과 다른 특약을 한다는 것은 거의 불가능하다. 더욱이 비대면거래이고, 약관에 대한 동의여부를 통하여 계약을 체결하는 전자상거래 등에 있어서 소비자에게 불이익한 약관을 거부하여 계약을 체결하거나 특약을 정하는 것은 더더욱 불가능하다. 이러한 점에서 소비자에게 불이익한 약관에 소비자가 동의하였다는 사실만으로 당해 약관을 계약관계에 적용한다는 것은 사적 자치의 미명하에 사적 자치의 원칙을 침해하는 것이다. 따라서 소비자가 약관에 동의를 하였더라도 소비자에게 불이익한 약관조항의 효력을 부정하여 소비자를 보호함과 더불어 사법의 기본원칙인 사적 자치의 원칙을 유지하여야 할 것이다.

Ⅲ. 약관의 편입을 위한 사업자의 의무

1. 약관 작성시 주의의무

약관은 계약의 내용으로 편입될 수 있지만, 사업자가 일방적으로 작성하기 때문에 그 내용이 전문적인 내용으로 구성될 수 있다. 그 결과 당해 분야의 전문가가 아닌 자는 그 내용을 보더라도 이해할 수 없게 된다. 특히, 약관의 작성언어를 외국어로 할 경우 당해 외국어를 알지 못하는 자는 약관의 내용을 알 수 없다. 또한 약관의 내용 중 소비자에게 이해관계가 밀접한 사항에 대하여 다른 문자와 동일하게 기재한 경우 쉽게 중요사항을 파악할 수 없다. 이러한 점을 고려하여 약관규제법에서는 약관의 작성자인 사업자에 대하여 약관의 작성시 다음과 같은 주의의무를 부과하고 있다. 즉, 사업자는 약관을 작성함에 있어 언어는 기본적으로 한글을 사용하여야 하며, 용어의 사용에 있어서는 표준화・체계화된 용어를 사용하며, 약관의 내용 중 중요사항은 부호・문자・색채 등으로 명확하게 표시하여 작성하여야 한다(동법 제3조 제1항). 다만, 언어의 사용에 있어서 상대방의 동의가 있는 경우에는 한글이 아닌 다른 외국어로 작성할 수 있다. 만일, 사업자가 별도의 동의 또는 합의 없이 외국어로 작성된 약관을 사용할 경우 당해 약관의 내용을 주장할 수 있는지에 대한 문제가 제기된다. 즉, 약관규제법상 계약의 내용으로 주장할 수 없는 경우를 명시·교부 및 설명의무를 위반한 경우로 한정하고 있으며, 외국어 등으로 작성된 약관의 효력에 대하여는 규정을 두고 있지 않기 때문이다. 이에 대하여 약관의 한글작성의무에 대한 동법의 규정을 선언적 의미만을 갖는 주의적 규정으로 파악하고, 동 약관의 효력에 대하여는 다시 명시의무의 이행여부에 따라 판단하는 견해가 있다.[37] 그러나 명시의무는 약관의 내용에 대한 이해가 아닌 약관의 존재를 인식할 수 있는 상태를 마련할 의무이기 때문에 외국어로 된 약관의 편입여부에 대한 기준으로 삼기에는 곤란하다. 그렇다면 외국어로 된 약관의 효력은 어떠한가? 약관규제법의 내용만을 본다면 외국어로 된 약관에 대하여 상대방이 동의를 하였다면 내용에 대한 이해여부를 불문하고 편입통제요건인 명시·설명 및 교부의무를 이행하였다면 계약의 내용으로 편입된 것으로 볼 수 있다. 그러나 약관은 계약의 내용이며, 상대방의 내용에 대한 이해가능성은 법문에 규정되어 있지 않지만, 당연히 전제되는 요건이라 할 수 있다. 즉, 상대방이 이해할 수 없는 언어 등의 문자를 사용한 경우 단순히 동의만으로 계약의 내용으로 편입된다고 한다면 상대방은 계약의 내용을 전혀 알지 못하는 상태에서 계약을 체결하는 결과가 된다. 이 경우 상대방이 동 약관의 적용을 거절할 수 있기 때문에 이러한 문제는 발생하지 않을 것이라는 반론도 제기될 수 있지만, 사업자와 소비자와의 거래에 있어서 소비자의 거부는 사실상 불가능하다. 따라서 외국어로 작성된 약관은 원칙적으로 상대방의 내용에 대한 이해가능성을 배제하는 것이므로 계약의 내용에 편입될 수 없다고 보아야 할 것이며, 이를 명확하게 하기 위하여 약관규제법의 내용은 이를 반영하여 다음과 같이 개정하여야 할 것이다. 즉, 외국어로 된 약관에 대하여는 사전에 상대방의 별도의 동의(외국어로 된 약관의 사용에 대한 동의)를 받아야 할 것이며, 이의 사용을 거부할 경우 한글로 작성된 약관을 제시하도록 하거나 외국어로 작성된 약관과 한글로 작성된 약관 모두를 제시하고 선택을 소비자에게 하도록 하는 방향으로 개정되어야 할 것이다. 만일 이러한 요건을 갖추지 못한 외국어 약관에 대하여는 상대방의 약관의 내용에 대한

37) 이춘원, "외국어로 된 약관의 규제," 「2007 추계학술대회 논문집」, 2007·10, 한국소비자학회, 12~14면.

인식가능성을 배제한 것으로 계약의 내용에 편입됨을 부정하여야 할 것이다.

2. 약관의 명시 · 교부 · 설명의무

(1) 약관의 명시 및 교부의무

사업자가 사전에 작성한 약관이 당해 계약의 내용으로 편입되기 위하여는 소비자에게 약관을 명시하고, 소비자의 요청이 있을 경우 이를 교부하여야 한다(약관규제법 제3조 제2항). 약관의 명시라 함은 약관의 존재를 상대방인 소비자가 인식할 수 있는 상태에 두는 것을 말한다. 명시의 방법에는 제한이 없으나, 당해 거래분야에서 일반적으로 예상되는 방법으로 명시하여야 한다. 구체적인 예로서 사업장 내에 상대방이 약관의 내용을 인식할 수 있도록 게시하거나 계약서에 병기 또는 별첨하는 등의 방식이다. 특히, 전자상거래의 경우 메인페이지 등에 게시하거나 링크화하는 것도 명시의무의 이행으로 인정하고 있다.[38] 또한 이동통신단말기 등 출력에 제한이 있는 기기를 이용하여 거래하는 사업자는 약관의 내용을 순차적으로 나타나게 하거나 그 내용을 확인할 수 있는 방법을 화면에 나타나게 하여 동 의무를 이행할 수 있다(전자상거래소비자보호법 시행규칙 제7조 제2항). 그러나 사업자가 사이버몰의 초기화면에 연결화면장치(하이퍼링크)를 소비자가 쉽게 인식할 수 없도록 설치한 경우(다른 표시 · 광고사항과 동일한 문자나 형태로 제공한 경우)에도 명시의무이행으로 인정할 수 있는가의 문제점이 발생한다. 이러한 점은 전자상거래소비자보호법 시행규칙에서 약관의 명시의무 이행에 관하여 연결화면의 설치만을 규정하고 있을 뿐 구체적으로 어떠한 방식으로 이행하여야 하는가에 대하여는 규정하고 있지 않기 때문에 발생한다(동 시행규칙 제7조 제1항). 하지만 약관의 명시의무는 상대방이 약관의 내용을 쉽게 인식하여 계약의 내용으로 편입할 것인가의 여부를 결정함에 있어서 중요한 것

---

38) 사업자가 단순히 사이버몰의 하단에 약관의 연결화면을 설치한 경우에 계약의 내용으로 편입될 것인가에 대하여 미국 법원에서는 이를 부정하여 계약위반책임을 인정하지 않았다(Ticketmaster v. Tickets.com U.S. District Court, Central District of California. August 10, 2000). 즉, 약관의 내용을 하이퍼링크만 시키고 피고가 동의하지 않은 상태에서 원고의 사이버몰과 피고의 사이버몰을 하이퍼링크한 경우에 원고는 피고의 행위가 약관을 위반한 것이라고 주장하였으나 법원은 단순히 약관의 연결화면을 설치한 것만으로는 계약의 내용이 되지 못한다고 판시하였다(Simmons & Simmons, *op.cit*, p.13).

이기 때문에 약관의 존재에 대한 인식가능성을 저해하는 연결화면장치의 설치는 명시의무를 이행한 것으로 인정할 수 없다. 따라서 동 시행규칙에서 연결화면장치의 마련뿐만 아니라 약관의 연결화면장치의 존재를 소비자가 쉽게 알 수 있도록 초기화면의 상단에서 다른 문자와 색상을 차별하고 글자크기를 확대하거나 별도의 약관란을 설치할 의무를 부과할 필요가 있다.[39]

이와 달리 약관의 교부의무는 소비자가 요청할 경우에 한하여 발생한다. 약관의 내용이 계약서에 부기되어 있거나 계약서에 별첨되어 있는 경우에는 교부의무는 이행한 것이지만, 사업장에 게시된 약관의 경우 소비자가 교부를 요청한 경우 복사본을 교부하여야 한다. 다만, 교부의무를 종이문서로만 이행하여야 하는가의 문제가 제기되지만, 전자문서 역시 종이문서와 동일한 효력을 가지기 때문에 약관을 전자문서로 교부하였다고 하더라도 교부의무의 이행에는 문제가 없다고 할 것이다(전자거래기본법 제4조 제1항). 다만, 다른 법률의 규정에 의하여 행정관청의 인가를 받은 약관으로서 거래의 신속을 위하여 필요하다고 인정된 여객운송업, 통신업, 전기·가스 및 수도사업에 관한 약관에 대하여는 이러한 약관의 명시·교부의무가 적용되지 않는다(동법 제3조 제2항 단서, 동 시행령 제2조 제1항).[40] 그러나 이러한 약관이라 할지라도 사업자는 영업소에 비치하여야

---

39) 졸고, "사이버몰의 약관과 소비자보호에 관한 연구," 「민사법학」 제26호, 한국민사법학회, 2004·9, 399면.

40) 명시의무와 설명의무의 적용 예외를 대통령령으로 정하도록 규정하고 있는 약관규제법 제3조 제1항 단서에 대하여 입법론적 문제를 제기하는 견해가 있다(김대규, 앞의 글, 267면). 즉, 소비자보호라는 헌법적 가치 차원에서 명시·설명의무가 부과되는 점을 고려할 때 그 적용의 예외를 대통령령에 위임시켜서 국회의 동의를 얻지 않은 채 적용 축소의 가능성을 두는 것은 바람직하지 않으며, 대통령의 선택은 정책적인 우선 또는 공약에 따라서 달라질 가능성이 있으므로 상대적인 법적 불안정성을 본질적으로 가질 수밖에 없기 때문에 소비자보호법의 예외는 되도록 법률로만 정해야 하는 것이 법치국가의 바람직한 태도라고 주장한다. 원칙적으로 법률의 제한 역시 당해 법률에서 규정하는 것이 타당하지만 그 내용이 세부적이며, 변화의 가능성이 높으며, 이에 대한 실무적인 판단이 요구되는 경우에 하위 법령에서 정하는 것이 위헌 또는 권리침해라고 볼 수는 없다. 다만, 백지위임이 아닌 당해 법률에서 구체적인 기준을 정하여 위임하여야 한다. 이러한 측면에서 볼 때, 상기의 견해가 제기한 문제점은 약관규제법 제3조 제1항 단서가 구체적인 기준을 제시하고 있지 않은가의 문제와 직결한다. 하지만 동 조항에서는 시행령에서 정할 수 있는 약관으로 다른 법률의 규정에 의하여 행정관청의 인가를 받은 약관이라는 형시적 요건과 거래의 신속성이라는 실질적 요건이라는 구체적인 기준을 제시하고 있기 때문에 위임입법의 기준을 일탈하였다고 보기는

하며, 고객의 요청이 있는 때에는 당해 약관의 사본을 고객에게 교부하여 이를 알 수 있도록 하여야 한다(동 시행령 제2조 제2항).[41)42)]

(2) 약관의 설명의무

사업자는 계약의 성질상 설명이 현저히 곤란한 경우를 제외하고 당해 약관에서 중요한 내용을 소비자가 이해할 수 있도록 설명하여야 한다(약관규제법 제3조 제3항).[43)] 중요한 내용이라 함은 당해 고객의 이해관계에 중요한 영향을 미치기 때문에 계약체결시 반드시 알아두어야 할 사항으로서 사회통념상 당해 사항을 알거나 알지 못하는 것이 계약체결의 여부에 영향을 미칠 수 있는 사항을 말하며, 급부내용의 변경·계약해제 또는 해지 사유·사업자의 책임감면조건·고객의 책임가중조건 등이 이에 속한다.[44)] 판례도 중요한 내용을 결정함의 기준을 그 내용에

어렵다.

41) 이러한 약관에 대하여 설명의무가 면제될 뿐 명시의무는 그대로 인정된다는 견해가 있다(장경환, "인터넷 사이버몰이용 표준약관의 검토,"「상사법연구」 제19권 제2호, 한국상사법학회, 2000, 37면). 하지만 사업자가 소비자와 여객운송업, 통신업, 전기·가스 및 수도사업에 관한 계약을 체결할 경우에 이를 명시하는 것이 곤란하기 때문에 명시의무를 면제하고 영업소에 비치의무를 규정한 것이다. 또한 상기의 계약은 체결 당시 상대방에게 약관의 내용을 설명하기가 곤란하기 때문에 설명의무 또한 면제될 수 있다. 즉, 운송계약의 체결시, 예를 들어 버스에 승차한 경우에 운전자가 개개의 탑승자를 상대로 운송약관의 내용을 설명하는 것은 매우 곤란하다.

42) 약관규제법에서는 약관을 사용하는 사업자에 대한 의무로서 한글 및 평이한 용어로 작성의무 및 명시·교부·설명의무만을 두고 있으며, 약관의 보관의무에 대하여는 규정을 두고 있지 않다. 이러한 점은 소비자가 교부받은 약관을 보관하고 있는 경우에는 별다른 문제가 발생하지 않지만, 이를 분실하거나 계약체결시 교부를 요청하지 않고 추후에 요청할 수 있다. 따라서 약관의 분실 등으로 인하여 발생하는 문제를 해소하기 위하여는 약관에 대한 보관의무를 명시하여야 할 것이다. 또한 이러한 보관의무는 현행약관에 대한 보관의무뿐만 아니라 舊 약관(약관이 변경된 경우)에 대한 보관의무 역시 필요하다(박희주, "전자거래에 있어서 소비자보호,"「인터넷법연구」 제1호, 한국인터넷법학회, 2002, 98면).

43) 이와 달리 전자상거래는 체결의 비대면성 및 신속성으로 인하여 설명의무가 면제되는 약관이라고 하는 견해가 있지만(장경환, 앞의 글, 37면), 설명의무가 면제되는 경우는 계약의 성질상 설명이 현저히 곤란한 경우에 한정되기 때문에 체결의 비대면성 및 신속성을 이유로 설명의무의 면제를 인정하기는 곤란하다(이병준, "모바일 전자상거래에서의 약관의 편입과 정보제공의무의 이행,"「인터넷 법률」 제23호, 법무부, 2004·5, 54면; 김윤명 외,「사이버스페이스법」, 법률서원, 2001, 145면).

44) 권재열, "약관규제의 법리,"「법제」 제517호, 법제처, 2001·1, 55면; 김진환, "약관규제법

대해 설명을 들었다면 계약을 체결하지 아니하였을 것을 제시하고 있다.[45] 비대면·자동화거래인 전자상거래에서 대면거래에서 이루어지는 설명의 방식이 아닌 전자적 방식에 의하여 이루어질 수밖에 없다. 구체적으로 약관의 내용 중 청약철회·배송책임·환급조건 등과 같은 중요한 내용을 소비자가 이해할 수 있도록 별도의 연결화면 또는 팝업화면 등을 제공하여 소비자의 확인을 구하도록 규정하고 있다(전자상거래표준약관 제3조 제2항).[46] 그러나 보험약관에 대한 판례에서 보험약관의 중요한 내용에 해당하는 사항[47]이라 하더라도 보험계약자나 그 대리인이 그 내용을 충분히 잘 알고 있거나, 거래상 일반적이고 공통된 것이어서 보험계약자가 별도의 설명 없이도 충분히 예상할 수 있었거나, 이미 법령에 의하여 정하여진 것을 되풀이하거나 부연하는 정도에 불과한 사항이라면 그러한 사항에 대하여서까지 보험자에게 명시·설명의무가 인정된다고 할 수는 없다고 판시하였다.[48] 따라서 설명의무가 인정되는 중요한 내용은 법령에서 정하지 않은 사항, 법령에서 정하고 있는 사항과 달리 규정하는 사항[49] 등으로 한정된다. 다만, 상대방이 법령의 내용을 오인하여 착오에 빠진 상태를 사업자가 알고 있는 경우에는 이에 대한 설명의무는 신의칙상 배제되지 않는다고 할 것이다. 이러한 중요한 내용에 대한 설명의무는 구체적이고 상세하게 이루어져야 한다.[50] 또한 설명의무의 정도는 일반인을 기준으로 할 것인가 아니면 계약의 상대방을 기준으로 할 것인가의 문제가 제기되지만, 특별한 사정이 없는 한 일반인을 기준으로 하여야 할

과 전자약관의 계약편입," 「법학연구」 제10집, 경성대학교 법학연구소, 2001, 45면.

45) 대판 1996.6.25, 96다12726; 대판 1995.12.12, 95다11344.

46) 약관규제법 제3조 제2항 본문에서는 약관의 중요한 내용을 고객이 이해할 수 있도록 설명할 의무를 부과하고 있으며, 의무이행은 소극적인 아닌 적극적으로 규정하고 있다. 따라서 별도의 팝업화면 등을 설치하지 않고 단순히 별도의 연결화면을 제공하는 것만으로는 설명의무를 이행한 것으로 보기는 곤란하다.

47) 보험계약의 중요한 내용에 해당하는 사항으로 보험상품의 내용, 보험료율의 체계 및 보험청약서상 기재사항의 변동사항 등을 제시하고 있다(대판 1998.11.27, 98다32564).

48) 대판 2006.1.26, 2005다60017, 60024; 대판 2003.1.10, 2002다32776 등.

49) 구체적인 예로서 보험약관에서 피보험자의 폭행 또는 구타에 기인하는 배상책임은 보상하지 아니한다는 면책조항을 규정하고 있는 경우에 그 면책조항이 상법 제659조 제1항의 내용을 초과하는 범위에서 보험자의 명시·설명의무의 대상이 된다고 판시하였다(대판 2006.1.26, 2005다60017, 60024).

50) 대판 1998.11.27, 98다32564.

것이며, 통상의 일반인보다 이해능력이 현저하게 낮은 상대방과의 계약체결에 있어서는 당사자를 기준으로 하여야 할 것이다. 다만, 계약의 성질상 설명이 현저하게 곤란한 경우에는 이러한 설명의무는 면제된다(동법 제3조 제4항 단서).

3. 의무위반에 대한 효과

이러한 사업자가 명시, 교부, 설명의무를 위반하여 계약을 체결한 경우에 사업자는 당해 약관을 계약의 내용으로 주장할 수 없으나,[51] 소비자는 유리한 경우에 이를 계약의 내용으로 주장할 수 있다(약관규제법 제3조 제4항).

Ⅳ. 약관에 대한 동의

약관규제법은 계약설의 입장에서 약관의 편입을 인정하고 있다. 그러나 계약설의 가장 기본적인 요건인 약관에 대한 소비자의 동의에 대하여는 동법에서 전혀 규정을 두고 있지 않다. 이러한 점은 약관의 명시·설명·교부의무만의 이행에 의하여 약관이 계약의 내용으로 편입될 수 있는 해석상의 여지를 두고 있다. 즉, 사업자가 약관을 명시하고, 중요한 내용에 대하여 설명함과 더불어 소비자의 요청에 따라 이의 사본을 교부하였으면, 소비자의 동의의 의사가 없더라도 이의 반대의 의사표명하지 않은 이상 묵시적 동의로 볼 수 있는 여지를 남기도 있다. 그러나 약관이 계약의 내용에 편입될 수 있는 것은 상대방인 소비자가 이에 대하여 동의를 하였기 때문이며, 약관의 명시·설명의무는 약관에 대한 소비자의 동의를 얻기 위한 전제 요건이지 이것만으로 약관에 대한 편입요건을 충족하였다고 보기는 곤란하다. 즉, 미국의 판례에서 볼 수 있듯이 단순히 약관에 대한 명시에 대하여 이의 편입을 부정한 점은 소비자의 동의가 없는 경우에 약관을 계약의 내용으로 편입시킬 수 없다는 것을 분명히 하고 있다. 따라서 약관이 계약의 내용으로 편입되기 위하여는 사업자가 소비자에 대하여

---

51) 대판 1999.5.11, 98다59842; 대판 1999.3.9, 98다43342·43359; 대판 1998.11.27, 98다32564; 대판 1998.6.23, 98다14191; 대판 1998.4.10, 97다47255; 대판 1997.9.26, 97다4494.

약관의 내용을 명시하고, 중요한 내용에 대하여 설명함과 더불어 이에 대한 동의를 얻어야 한다고 규정하여야 할 것이며, 동의한 이후 교부를 요청한 경우에 사본의 교부를 인정하여야 할 것이다.[52]

V. 약관의 해석과 적용

1. 신의성실의 원칙

약관은 계약의 내용이므로 이에 대한 해석은 법률행위에 대한 해석이 된다.[53] 따라서 법률행위해석의 원칙에 의하여 약관의 내용을 해석함에 있어서 신의칙에 입각하여 양 당사자에게 공정하게 해석하여야 한다. 또한 동일한 약관의 내용을 해석함에 있어서 소비자에 따라 차별적으로 해석하는 것은 금지되며, 모든 소비자에게 동일하게 해석되어야 한다(약관규제법 제5조 제1항).

2. 작성자불이익의 원칙

약관의 내용을 해석하여도 불명확한 경우에 그 원인을 준 자가 불이익을 부담하여야 한다(약관규제법 제5조 제2항). 즉, 약관은 양 당사자가 합의하여 그 내용을 정한 것이 아니고 일방 당사자가 임의로 작성한 것이기 때문에 그로 인한 불이익은 작성자가 부담하는 것이 신의칙상 당연하다. 따라서 약관의 내용이 불명확하여 다의적으로 해석될 수 있는 경우에 당해 약관의 조항은 작성자에게 불이익한 방향으로 해석되어야 한다.[54]

3. 개별약관우선의 원칙

양 당사자가 계약을 체결함에 있어서 약관의 내용과 다른 내용을 개별적으로

52) 김종구・강창경, 「약관의 명료화에 관한 연구」, 한국소비자보호원, 1997, 21～22면.
53) 이은영, 「약관규제법」, 박영사, 1994, 60면.
54) 이은영, 앞의 약관규제법, 60면.

합의한 경우에 약관과 특약의 충돌이 발생하게 된다. 이 경우에 있어서 원칙적으로 당사자간의 특약이 약관의 조항보다 우선하여 적용된다(약관규제법 제4조).[55] 하지만 충돌되는 약관의 조항은 무효가 되는 것은 아니며, 특약의 효력이 상실하는 경우에 있어서 약관의 조항이 적용된다.[56]

4. 변경된 약관의 적용

계약체결시 제시하여 소비자가 동의한 약관의 내용이 추후 변경된 경우, 변경된 약관이 당해 계약의 내용으로 인정되기 위하여는 상기의 명시·설명 및 교부의무를 이행하여야 한다. 이러한 약관의 변경시 변경된 약관의 내용이 계약의 내용으로 편입될 수 있는가의 문제는 계속적 계약관계에서 주로 문제가 된다. 이 경우에 있어서 상대방인 소비자가 변경된 내용에 대한 인식가능성을 부여하고, 자신에게 불이익하게 변경된 내용에 대하여 거부가능성을 보장하기 위하여는 당연히 상기의 명시·설명 및 교부의무가 인정되어야 할 것이다. 따라서 변경된 약관에 대하여 상기의 요건을 갖추지 못한 경우에는 변경된 약관의 내용은 계약내용으로 되지 못하며, 변경전 약관의 내용이 그대로 효력을 갖는다고 할 것이다.[57] 그러나 계약체결과 달리 변경된 약관에 대한 구속력 발생요건에 대한 절차를 전혀 규정하고 있지 않다. 따라서 변경된 약관의 구속력발생요건을 규정할 필요가 있으며, 이는 다시 변경된 약관이 적용되는 자의 주소 등을 알고 있는 경우와 이를 알지 못하는 경우로 구분하여 규정하여야 할 것이다. 먼저, 전자의 경우 개별 회원에 대한 우편 등을 통한 통지를 통하여 변경된 내용을 종전과 대비하여 명시하여야 할 것이며, 중요한 내용에 해당하는 경우 이에 대한 설명까지 포함되어야 할 것이다. 또한 변경된 약관에 대한 동의를 받기

55) 대판 2001.3.9, 2000다67235; 대판 1998.9.8, 97다53663; 대판 1997.9.5, 95다47398.

56) 이은영, 앞의 약관규제법, 131면.

57) 판례 역시 "동일한 보험계약당사자가 일정한 기간마다 주기적으로 동종계약을 반복 체결하는 계속적 거래관계에 있어서 종전계약의 내용이 된 보험약관을 도중에 가입자에게 불리하게 변경하였다면 보험자로서는 새로운 보험계약 체결시 그와 같은 약관변경사실 및 내용을 가입자인 상대방에게 고지하여야 할 신의칙상의 의무가 있다고 봄이 상당하고, 이러한 고지 없이 체결된 보험계약은 과거와 마찬가지로 종전약관에 따라 체결된 것으로 봄이 타당하다"고 판시하고 있다(대판 1986.10.14, 84다카122).

위하여 우편 등을 통하여 전달한 경우 수신에 대한 비용은 사업자가 부담하여야 할 것이다. 반면에 후자의 경우에는 주소 등을 알지 못하기 때문에 개별적으로 동의를 받는 것은 불가능하므로 변경된 약관의 내용에 대한 비교표와 이에 대한 설명을 일정기간 이상 동안 영업장을 비롯하여 불특정 다수인이 이를 인식할 수 있는 방법(일간지에 대한 게시 등)으로 공지하여야 할 것이며, 이에 대한 동의 또는 거부의 의사표시를 할 수 있는 절차를 제공하여야 할 것이다.

전자상거래 표준약관을 사용하는 사업자는 동 약관을 약관규제법, 전자상거래 소비자보호법 등의 관련법을 위배하지 않는 범위 내에서 개정할 수 있으며, 개정할 경우에는 적용일자 및 개정사유를 명시하여 현행약관과 함께 적용일자 7일전부터 적용일자 전일까지 쇼핑몰의 초기화면에 공지하여야 한다. 다만, 이용자에게 불리하게 약관내용을 변경하는 경우에는 최소한 30일 이상의 사전 유예기간을 두고 공지한다. 이 경우 사업자는 개정전 내용과 개정후 내용을 명확하게 비교하여 이용자가 알기 쉽도록 표시하여야 한다. 따라서 개정약관은 원칙적으로 적용일자 이후에 체결된 계약에 적용되지만, 이용자가 소급하여 적용을 받기를 원하는 의사표시를 개정약관의 공지기간 내에 쇼핑몰에 송신하여 동의를 받은 경우에는 소급하여 적용된다(전자상거래 표준약관 제3조 제3항 내지 제5항). 이와 같이 전자상거래 표준약관에서는 변경된 약관의 적용절차에 대하여 규정을 두고 있지만, 가장 핵심적인 내용인 소비자의 동의에 대하여는 규정을 두고 있지 않다. 즉, 약관이 계약의 내용에 편입되기 위하여 소비자의 동의가 필요하지만(동 표준약관 제3조 제2항), 약관의 변경의 경우 7일 또는 30일 간의 공지의무만을 규정하고 있어 공지만으로 계약의 내용으로 편입될 수 있다는 오인을 유발할 수 있다. 즉, 변경된 약관은 이에 대한 명시·설명 및 교부의무와 더불어 소비자의 동의를 받아야 하기 때문에 필연적으로 소비자의 개별동의를 받을 수 있는 절차를 마련하여야 할 것이다. 또한 약관의 변경사실을 알리는 방법으로 쇼핑몰의 초기화면에 게시만을 두고 있으나, 원칙적으로 공지의 방식은 개별통지가 원칙이다. 따라서 개별소비자에 대한 전자우편 등을 통한 고지와 쇼핑몰의 초기화면에 대한 게시로 변경하여야 할 것이다.

Ⅵ. 불공정약관의 유형과 효력

1. 불공정약관의 유형

약관규제법상 불공정약관의 기준은 일반적 기준과 구체적 기준으로 구별된다. 양자의 차이점은 전자의 경우 구체적인 기준을 제시하는 것이 아니라 추상적·일반적 기준을 제시하여 이에 해당하는 경우 불공정약관으로 인정하는 것이며, 후자의 경우 이의 충족 여부를 판단하기 위한 요건이 구체적으로 제시되어 있어 이의 요건을 충족하는 경우 불공정한 약관으로 인정하는 것이다. 또한 전자의 경우 일반적 추상적 기준에 충족할 경우 불공정약관으로 추정하지만, 후자의 경우 바로 불공정한 약관으로 인정된다. 따라서 후자의 경우 별도의 절차 없이 무효가 되지만, 전자의 경우 추정이기 때문에 이에 대한 반증, 즉 상당한 이유가 있는 경우에 불공정약관으로 인정되지 않을 수 있다. 그러나 약관규제법에서 제시하고 있는 일반적 불공정약관의 기준을 충족한 경우 반증을 통하여 이를 부정하기란 사실상 불가능하기 때문에 구체적 기준에 따른 불공정약관과 동일하다고 볼 수 있다. 또한 국제적으로 통용되는 약관, 국제적으로 통용되는 운송업의 약관·금융업 및 보험업의 약관 및 수출보험법에 따른 수출보험의 약관에 대하여는 개별적 불공정약관에 해당하는 조항의 일부 또는 전부가 적용되지 않지만, 일반적 불공정약관에 관한 내용은 적용된다(동법 제15조).

(1) 일반적 불공정약관

사업자가 작성한 약관에 대하여 소비자가 동의를 하였다고 하여도 당해 약관의 내용이 신의칙에 비추어 공정을 잃은 경우에는 무효가 된다(약관규제법 제6조 제1항). 이러한 불공정약관의 대표적인 예로서 소비자에게 부당하게 불리한 조항,[58] 소비자가 계약의 제반사정에 비추어 예상하기 어려운 조항, 계약의 목적

---

58) 이에 대한 판단은 사업자와 고객의 이익형량에 기초하여 사업자가 어떤 특정 조항으로 인하여 이익을 얻은 대가로 고객에게 어떠한 이익이 부여되고 있는가를 비교하며, 설사 일정한 사항에 대한 불이익이 있더라도 다른 사항에 이익이 있어 계약의 전체적인 내용이 정당하게 조정된 경우라면 고객에게 부당하게 불리한 조항이라고 할 수 없다(공정거래위원회 약

을 달성할 수 없을 정도로 계약에 따르는 본질적 권리를 제한하는 조항이 있으며, 이에 해당하는 약관조항은 공정을 잃은 것으로 추정된다(약관규제법 제6조 제2항).[59] 일반적 불공정약관의 요건인 계약목적달성의 불능을 판단함에 있어서 기준은 물리적인 기준에 의하여 결정되는 것이 아니라 사회통념을 기준으로 하여 결정된다.[60] 이와 같이 일반적 불공정약관의 역할은 사업자의 약관이 하기의 구체적 불공정약관에 해당하지 않지만, 신의칙에 위반될 경우에 이를 판단하는 기준으로서의 역할을 한다. 그러나 일반적 불공정약관의 기준에 해당하는 약관의 조항에 대하여 공정을 잃은 것으로 추정하고 있지만, 그 구체적인 요건을 살펴보면 부당하게 불리한 조항, 계약의 제반사정에 비추어 예상하기 어려운 조항, 계약의 목적을 달성할 수 없을 정도로 본질적 권리를 제한하는 조항은 모두 이미 신의칙에 반한다고 볼 수 있으므로 이를 공정을 잃은 것으로 추정할 것이 아니라 바로 신의칙에 위반하는 조항으로 인정하여 그 효력을 무효화하여야 할 것이다.

이러한 일반적 불공정약관에 해당하는 구체적인 사례로는 다음과 같다. 먼저, 소비자에게 부당하게 불리한 조항으로, 임대차계약 종료 후 임차인이 임대차목적물을 명도하지 아니한 경우 임대인이 명도소송 등 적법절차를 거치지 않고 임차인 소유의 물건을 다른 장소로 철거할 수 있도록 한 조항, 계약서에 명시되지 아니한 사항은 양 당사자가 합의하여 결정하여야 함에도 일방적으로 사업자의 결정에 따르도록 한 조항, 소송비용은 패소자 부담이 원칙임에도 재판의 승·패소 여부나 패소비율을 불문하고 고객에게 소송비용 일체 또는 사업자에게 유리한 비율로 부담하도록 한 조항 등이 있다. 둘째 소비자가 계약의 제반사정에 비추어 예상하기 어려운 조항으로 입원환자가 개인사정으로 중간에 퇴원하거나 사망한 경우에도 미리 수납한 진료비(1개월분)를 환급하지 않는다는 조항 등이 있다. 셋째, 계약의 목적을 달성할 수 없을 정도로 계약에 따르는 본질적 권리를 제한하는 조항으로 상가분양계약에서 상품 교환, 환급, 수리 등 판매·

관심사기준).

59) 공정거래위원회는 "공정을 잃은"에 대하여 사업자의 이익과 고객의 이익 사이에서 고객에게 부당하게 불리한 것을 말하며, 그 판단기준은 사업자의 이익과 고객의 이익을 비교형량하여 정한다고 한다.

60) 김효신, "약관규제의 일반원칙과 수정해석,"「법학논고」제13집, 경북대학교, 1997, 267면.

관리 일체는 상가 입주자의 고유한 결정사항임에도 판매·관리 일체를 사업자의 지시에 따르도록 한 조항 등이 있다(공정거래위원회 약관심사지침).

(2) 개별적 불공정약관

상기의 일반적 불공정약관과 달리 개별적 불공정약관에 대한 기준은 약관이 불공정한 약관에 해당하는가에 대한 구체적인 기준을 제시하고 있다. 그러나 그 내용에 있어서는 당사자간의 합의를 전혀 고려하고 있지 않아 문제가 제기된다. 즉, 계약의 내용은 계약자유의 원칙(내용결정의 자유)에 따라 당사자간 합의에 의하여 자유롭게 정할 수 있다. 특히, 당사자간 격차가 존재하지 않는 경우 이러한 합의는 더욱 존중되어야 하며, 민법의 채권편에 관한 규정은 이러한 점을 반영하여 대부분 임의규정의 성격을 갖는다. 그럼에도 불구하고 당사자간의 합의를 배제하고 있는 약관규제법의 내용은 전면적인 검토가 필요하다. 이는 약관규제법의 적용대상을 사업자와 소비자 간 거래에 한정하는 것이 아닌 사업자와 사업자 간의 거래에도 적용하고 있기 때문에 발생하는 문제이기도 한다. 이러한 점 때문에 약관규제법은 사업자와 소비자 간 거래에만 적용되어야 한다는 주장도 있지만, 약관은 일방만이 작성하기 때문에 이의 내용에 대한 인식가능성을 부여할 필요성은 단지 사업자와 소비자 간 거래뿐만 아니라 사업자 간 거래에도 존재한다. 그러나 약관에 대한 편입통제와 달리 내용통제에 있어서는 대등한 능력을 갖춘 사업자 간의 거래에서 당사자간의 합의를 부정할 필요도 없다고 할 것이다. 따라서 약관규제법의 내용 중 내용통제에 관한 부분에 대하여는 사업자 간 합의를 존중하기 위하여 이의 적용을 제한할 필요가 있다. 만일 이를 적용하더라도 모든 사업자 간의 거래가 모두 동등한 지위에 있는 것은 아니므로 세분화하여 적용범위를 결정하여야 할 것이다. 즉, 가맹사업거래에 있어서 가맹점사업자와 가맹본부, 하도급거래에서 원사업자와 수급사업자 간, 시장지배적 지위 등을 가진 사업자와 중·소하청업자간의거래 등은 그 지위가가 결코 대등한 것이 아니기 때문에 이들 간의 거래에 대하여는 약관규제법의 내용통제에 관한 규정이 적용되어야 할 것이다.

① 면책조항 등

사업자, 이행보조자 또는 피용자의 고의 또는 중대한 과실로 인한 법률상의 책임을 배제하는 조항, 상당한 이유 없이 사업자의 손해배상범위를 제한하거나 소비자에게 사업자가 부담할 위험을 이전하는 조항, 상당한 이유 없이 사업자의 담보책임을 배제 또는 제한하거나 그 담보책임에 따르는 소비자의 권리행사의 요건을 가중시키는 조항, 보장된 내용에 대한 책임을 배제 또는 제한하는 조항은 사업자의 책임을 부당히 감면하는 조항으로서 신의칙에 반하는 불공정 조항이므로 무효가 된다(약관규제법 제7조). 사업자의 행위로 인하여 소비자에게 피해가 발생한 경우 사업자는 손해배상 책임을 진다(민법 제390조, 제750조 등). 또한 사업자의 이행보조자 또는 피용자의 행위로 인하여 소비자에게 손해가 발생한 경우 역시 손해배상책임을 부담한다(민법 제391조, 제5756조). 그럼에도 불구하고 사업자가 약관에 이로 인하여 발생한 손해에 대하여 책임을 지지 않는다는 약관의 조항은 불공정약관에 해당하여 무효이다. 다만, 무효로 인정되는 경우는 고의 또는 중대한 과실에 한정되므로 경과실의 경우에는 동 조항에 따라 무효가 되지 않지만, 일반적 불공정약관에 해당하는 경우에는 무효가 될 수 있다. 사업자가 배상하여야 할 손해배상의 범위는 통상손해와 특별손해로 구분되며, 특별손해의 경우는 사업자가 이를 알았거나 알 수 있는 경우로 한정된다(민법 제393조). 따라서 소비자에게 발생한 손해액에 대하여 전액이 아닌 일정금액만을 배상한다는 것은 동 규정에 의하여 무효가 된다. 계약체결 이후 불가항력으로 인하여 계약의 목적을 달성할 수 없는 경우에 위험부담의 문제가 발생하며, 이의 부담은 원칙적으로 채무자인 사업자가 부담한다. 따라서 사업자는 목적물에 대한 재산권을 이전할 의무를 면하는 반면에 소비자는 대금을 지급할 의무를 면하며, 이미 지급한 경우 사업자는 이를 반환하여야 한다(민법 제537조). 그럼에도 불구하고 위험부담을 소비자에게 전가하여 대금을 청구할 수 있도록 하거나 반환을 금지하는 것을 내용으로 하는 약관의 조항은 무효이다. 계약의 목적물 또는 권리에 하자가 있는 경우 사업자는 하자담보책임을 부담한다(민법 569조 이하). 동 책임은 무과실책임이다. 따라서 약관에서 하자담보책임을 면제하거나 사업자의 과실을 요구하거나 행사기간을 법정기간(6월 또는 1년)보다 단기간으로 정하거나, 계약의 목적을 달성할 수 없음에도 불구하고 해제권의 불인정 또는 교환을 부정하는 약관 등은 불공정약관으로 무효이다.

② 고액의 손해배상액의 예정

계약의 당사자는 상대방의 채무불이행에 관한 손해배상액을 예정할 수 있다

(민법 제398조 제1항). 따라서 사업자는 소비자와 계약을 체결함에 있어서 소비자의 채무불이행 등으로 발생하는 손해에 대하여 추후 발생할 수 있는 분쟁을 예방하기 위하여 사전에 손해배상액을 정할 수 있다. 그러나 사업자가 약관에서 정한 손해배상액이 지나치게 과다한 경우에 먼저 소비자는 법원에 적당한 감액을 청구할 수 있으며(민법 제398조 제2항), 당해 조항을 신의칙상 불공정한 조항으로 무효임을 주장할 수 있다(약관규제법 제8조). 또한 할부거래 등 특수거래에 있어서 당해 계약의 해제로 인하여 발생하는 사업자의 손해에 대하여 소비자가 부담할 손해배상액이 과다하게 예정된 경우에 당해 사업자가 소비자에게 청구할 수 있는 금액은 일정범위 내로 축소된다(할부거래법 제9조 제3항, 방문판매법 제10조, 제19조, 제30조, 전자상거래소비자보호법 제19조).

③ 계약의 해제 · 해지

법률이 규정하고 있는 해제권 · 해지권을 배제하거나 그 행사를 제한하는 조항, 법률에서 부여하지 않은 해제권을 사업자에게 부여하거나 그 요건을 완화하여 소비자에게 부당하게 불이익을 줄 수 있는 조항, 소비자의 원상회복의무를 가중하거나 부당하게 포기하도록 하는 조항, 사업자의 원상회복의무를 부당하게 경감하는 조항은 효력이 없다(약관규제법 제9조). 해제권이라 함은 유효하게 체결된 계약을 추후 채무자의 채무불이행이 있을 경우 채권자의 일방적 의사표시에 의하여 당해 계약을 소멸시키는 형성권을 말한다. 반면에 해지권은 계속적 계약관계에 있어서 채무자의 채무불이행이 있을 경우 채권자의 일방적 의사표시에 의하여 당해 계약의 효력을 장래에 향하여 소멸시키는 형성권을 말한다. 이러한 해제권 등의 발생원인은 당사자간의 합의 또는 법률의 규정이 있다. 법정해제권으로는 이행지체에 의한 해제권, 이행불능으로 인한 해제권, 불완전이행으로 인한 해제권, 하자담보책임에 따른 해제권, 사정변경에 따른 해제권, 채권자지체에 따른 해제권 등이 있다. 만일 사업자가 소비자의 법정 해제권의 발생을 부정할 경우 당해 약관의 조항은 불공정약관으로 무효가 된다. 반면에 사업자의 해제권의 발생에 있어서 법정 사유 외에 약정해제권을 인정할 경우 이를 무효로 하고 있으나, 이에 대하여는 의문이 제기된다. 즉, 동 조항에서 무효로 되는 경우는 법률에서 부여하고 있지 않은 해제권을 사업자에게 부여한 경우라 하고 있으나, 해제권의 발생을 규정하고 있는 민법 제543조에서는 해제권의 발생에 대하여 계약 또는 법률의 규정이라고 규정하고 있으므로 약정해제권 역시 민법에서 인정하고 있는 해제권이라 할 수 있다. 따라서 약정해제권을 사업자에게 부여하였다는 것만으로 무효라 하는 것은 부당하며, 약정해제권의 요건이 법정해제권과 비교하여 부당하게 완화한 것일 경우에 한하여 무효로 규정하여야 할 것이다. 따라서 소비자의 이행지체인 경우에 상당한 기간을 정하여 최고한 후 미이행시 해제권이 발생함에도 불구하고 최고기간 없이 이행지체만으로 해제권의 발생을 인정하는 조항은 무효라 할 것이다. 계약을 해제한 경우 양 당사자는 원상회복의무를 부담한다. 만일 소비자가 계약을 해제한 경우 당해 약관에서 당해 목적물을 개봉하기 전의 상태로 만들어 반환하도록 하고, 사용 등의 경우에 있어 목적물의 반환을 원상회복의무로 인정하지 않을 경우 또는 행위채무에 있어서 사업자의 행위와 동일한 내용으로 원상회복을 요구하는 경우에는 소비자의 원상회복의무를 가중하는 것이므로 무효이다. 또한 소비자의 대금환급권을 부정하거나 현금인 경우에 이자지급을 면제하는 조항은 소비자의 원상회복에 대한 권리를 포기하게 하거나 사업자의 원상회복의무를 부당하게 경감하는 조항으로 이는 무효이다.

④ 채무의 이행

상당한 이유 없이 급부의 내용을 사업자가 일방적으로 결정, 변경할 수 있도록 하는 조항, 상당한 이유 없이 사업자가 이행하여야 할 급부를 일방적으로 중지하거나 제3자가 대행할 수 있도록 하는 조항은 효력이 없다(약관규제법 제10조). 사업자가 이행하여야 할 채무는 크게 목적물의 인도 채무와 행위 채무로 구분할 수 있다. 전자의 경우 계약에서 정해진 목적물에 대한 재산권을 이전하거나 인도하여야 한다. 이러한 목적물은 다시 특정물과 종류물로 구분되며, 종류물의 경우도 특정이 되면 특정된 물건을 인도하여야 한다. 이를 변경하기 위하여는 당연히 채권자인 소비자의 동의가 있어야 한다. 따라서 소비자의 동의 없이 일방적으로 목적물의 변경을 인정하는 약관의 조항은 불공정약관으로 무효가 된다. 다만, 목적물의 훼손 등으로 당해 계약의 목적물을 인도할 수 없는 경우 이와 동일한 다른 목적물의 인도를 인정하면서 소비자의 계약해제권을 동시에 인정하는 경우 등에는 상당한 이유가 있는 것으로 인정할 여지가 있다. 반면에 행위 채무의 경우(예를 들어, 학원수강계약 등)에 채무자 및 채무자의 능력 등이 계약의 목적에 있어서 매우 중요한 역할을 차지한다. 따라서 채무자의 변경은 채권자인 소비자의 입장에서 계약의 목적을 달성할 수 없는 경우이므로 소비자의 동의 없이 이를 변경하거나 중단을 인정하는 것을 규정하고 있는 약관의 내용은 불공정한 약관으로 무효가 된다. 다만, 사업자 등의 질병 등으로 인하여 채무의 이행이 곤란한 경우 소비자의 동의하에 변경 또는 중단하거나 손해배상을 인정하는 경우에는 그러하지 아니하다.

⑤ 소비자의 권익보호

법률의 규정에 의한 소비자의 항변권, 상계권 등의 권리를 상당한 이유 없이 배제 또는 제한하거나 소비자의 기한의 이익을 박탈하는 조항, 소비자의 정보를 정당한 이유 없이 누설하는 것을 인정하는 조항은 효력이 없다(약관규제법 제11조). 항변권이라 함은 채권자의 청구권의 행사를 일시 또는 영구히 저지할 수 있는 권리를 말한다. 이에는 쌍무계약에서 인정하는 동시이행의 항변권, 불안의 항변권, 보증인의 최고·검색의 항변권, 상속인의 한정승인 등이 있으며, 할부거래법상 소비자의 항변권 등이 있다. 특히, 할부거래법상 소비자의 항변권은 할부계약상 사업자가 자신의 채무를 이행하지 않고 할부금을 청구할 경우에 이를 거부할 수 있는 권리로 그 중요성이 강조되고 있다. 따라서 사업자가 자신의 채무를 이행하지 않고 소비자의 할부금청구를 요구하였을 경우에도 소비자가 이를 거부할 수 없도록 규정하고 있는 약관은 불공정한 약관으로 무효이다. 상계권은 상계적상에 있는 양자간의 채권을 자동채권의 범주 내에서 일방적 의사표시에 의하여 소멸시키는 권리이다. 이러한 상계권은 일방만이 이행하고 상대방이 이행하지 않을 위험을 감소하기 위하여 인정된 권리이기에 소비자는 사업자에 대한 채권을 가지고 사업자의 채권에 대하여 상계의 의사표시로써 소멸시킬 수 있다. 그럼에도 불구하고 이를 부정하는 약관의 조항은 무효이지만, 사업자의 채권이 소비자의 불법행위에 기하여 발생한 경우 이를 수동채권으로 하여 상계할 수 없다. 따라서 이를 배제하는 약관의 조항은 무효가 아니다. 기한의 이익은 기한이 도래하지 않음으로 인하여 가지는 채무자의 이익을 말한다. 소비자가 기한의 이익을 가지는 경우가 대표적으로 할부거래이며, 소비자의 기한의 이익을 박탈하기 위하여는 할부금의 지연이 2회 이상 연속하여 이루어지고, 지연금액이 전체 할부금의 10분의 1을 초과하거나 생업에 종사하기 위하여 외국에 이주하거나 외국인과의 결혼 및 연고관계로 이주하는 경우에 한정된다(할부거래법 제10조). 따라서 이러한 요건을 완화하여 소비자의 기한의 이익을 침해하는 것을 내용으로 하는 약관의 조항은 불공정한 약관으로 무효이다. 마지막으로 소비자의 개인정보를 보호하여야 함에도 불구하고, 요금의 청구・목적물의 배송 등의 이유 없이 소비자의 개인정보를 제3자에게 제공하는 것을 인정하는 약관의 조항은 무효이다.

⑥ 의사표시의 의제

일정한 작위 또는 부작위가 있을 때 소비자의 의사표시가 표명 또는 표명되지 않는 것으로 보는 조항은 원칙적으로 무효이다. 다만, 소비자에게 상당한 기간 내에 의사표시를 하지 아니하면 의사표시가 표명되거나 표명되지 아니한 것으로 본다는 뜻을 명확하게 따로 고지하거나 부득이한 사유로 그러한 고지를 할 수 없는 경우에는 그러하지 아니하다. 또한 소비자의 의사표시의 형식이나 요건에 부당하게 엄격한 제한을 가하거나 소비자의 이익에 중대한 영향을 미치는 사업자의 의사표시를 소비자에게 도달한 것으로 의제하는 조항, 사업자의 의사표시에 장기의 기간 또는 불확정한 기한을 정하는 조항은 무효이다(약관규제법 제12조). 소비자의 의사표시의 대표적인 예로서 사업자가 소비자의 동의 또는 청약이 없음에도 불구하고 상품 등을 배송한 후 포장의 개봉 또는 즉시 반환 또는 거부의 의사표시를 하지 않은 경우에 계약이 성립하는 것으로 인정하는 약관의 조항이다. 이러한 약관의 조항은 상기의 의사표시의 의제에 해당하여 무효이지만, 거부의 의사표시를 할 수 있는 상당한 기간을 인정할 경우에는 예외적으로 유효하다.[61] 특히, 계속적 계약관계의 경우(예를 들어, 신문구독・우유배달 등)에 계약의 존속기간의 도과에도 불구하고 소비자의 거부의 의사표시가 없는 경우 자동갱신을 인정하는 경우가 많으며, 이 경우 자동갱신이 이루어지기 위하여는 이에 대한 명시적인 고지와 상당한 기간의 허용이 요구된다. 소비자의 의사표시의 방식은 원칙적으로 제한이 없다. 따라서 소비자는 구두 또는 서면 등

---

61) 일본의 경우 소비자의 청약 또는 동의 없이 사업자가 일방적으로 상품 등을 배송하여 수령한 소비자가 이에 대하여 승낙하지 않은 경우, 상품의 배송일로부터 14일 또는 소비자가 수거를 요청한 날로부터 7일 이내에 상품을 수거하지 않은 경우 반환청구권을 부정하고 있다(일본 특정상거래법 제59조).

의 방식으로 자유롭게 의사표시를 할 수 있으나, 반드시 서면, 등기우편, 내용증명우편 등으로 행사하도록 하거나 그 표시방식을 어렵게 정하여 사실상 권리행사에 제한을 가하는 조항은 무효이다. 예를 들어, 방문판매 등에 있어서 청약의 철회는 방식에 있어서 제한이 없음에도 불구하고 반드시 내용증명우편에 의한 서면으로 행사하도록 하는 것이 대표적인 예이다. 또한 소비자의 중대한 이익에 영향을 미치는 사업자의 의사표시는 원칙적으로 개별 통지하여 소비자의 불이익발생을 방지하여야 함에도 불구하고 영업장에 일시적인 게시만으로 의사표시가 도달하는 것으로 인정하는 조항 역시 불공정 약관에 해당하여 무효이다. 마지막으로 사업자의 의사표시 기간에 대하여 장기의 기간 또는 불확정기간을 정하고 있는 조항으로서, 소비자가 청약을 한 경우 사업자는 승낙기간 내에 또는 승낙기간을 정하고 있지 않은 경우 상당한 기간 내에 승낙을 하여야 함에도 불구하고 언제든지 이에 대한 승낙을 할 수 있다고 규정하고 있는 약관의 조항은 무효이다.

⑦ 대리인의 책임과중

소비자를 위하여 대리인이 계약을 체결한 경우 소비자가 채무를 이행하지 않은 경우 대리인에게 그 의무의 전부 또는 일부를 이행할 책임을 지우는 내용의 약관조항은 무효이다(약관규제법 제13조). 대리인이 체결한 법률행위의 법적 효과는 본인에게 발생하며, 본인이 채무를 이행하지 않은 경우에 사업자는 채무의 이행 또는 채무불이행에 기한 손해배상을 본인에게 청구하여야 한다. 만일 본인이 채무를 이행하지 않은 경우에 대리인에게 채무의 이행을 청구할 수 있는 경우는 대리인이 무권대리인이거나, 연대채무 또는 보증채무를 부담한 경우에만 가능하다(민법 제135조 제1항). 이러한 경우를 제외하고 본인이 채무를 이행하지 않은 경우에 대리인은 아무런 책임을 부담하지 않으며, 대리인의 책임을 인정하는 약관의 내용은 무효가 된다.

⑧ 소제기의 금지

소비자에게 부당하게 불리한 소제기의 금지 또는 재판관할의 합의조항, 상당한 이유 없이 소비자에게 입증책임을 부과시키는 조항은 무효이다(약관규제법 제14조). 소비자거래와 관련하여 분쟁이 발생할 경우 분쟁의 해결방법 중 하나는 소송을 통한 것이다. 소의 제기는 당해 분쟁에 대하여 관할권이 있는 법원에 소송을 제기하여야 하며, 이를 관할법원이라 한다. 관할법원의 결정은 민사소송법에서 정하고 있으며, 기본 원칙은 피고의 주소지를 관할하는 법원이다(민사소송법 제2조). 따라서 소비자가 소를 제기할 경우 사업자의 주소지를 관할하는 지방법원이 관할권을 갖는 것이 원칙이지만, 특수거래의 경우 소비자의 소제기를 원활하게 하기 위하여 이에 대한 특칙을 두어 소비자의 주소지를 관할하는 지방법원에 관할권을 하고 있다(할부거래법 제16조, 방문판매법 제46조, 전자상거래소비지보호법 제36조). 따라서 특수거래로 인한 분쟁을 해결하기 위한 소의 제기에 있어서 관할법원을 소비자의 주소지 등을 관할하는 지방법원이 아닌 사업자의 주소지 등을 관할하는 지방법원으로 정하는 약관의 조항은 무효이다. 또한 손해배상의 청구에 있어서 채무불이행책임의 경우 사업자의 귀책사유에 대한 입증은 소비자가 아닌 사업자가 이의 부존재를 입증하여야 함에도 불구하고, 이의 입증책임을 소비자에게 전가시키거나 불법행위에 기한 손해배상책임의 특칙인 제조물책임과 표시광고공정화법상 손해배상책임은 무과실책임임에도 불구하고 사업자의 귀책사유를 요구하는 경우 역시 소비자에게 부당하게 입증책임을 가중시키는 조항으로 무효이다.

2. 불공정약관의 효력

(1) 불공정약관의 효력 일반

사업자는 상기의 불공정 약관조항을 계약의 내용으로 하여서는 아니 된다(약관규제법 제17조). 그럼에도 불구하고 이를 계약의 내용으로 사용한 경우 소비자가 이에 동의하였다고 하여도 당해 약관의 조항은 무효가 된다.[62)]

---

62) 舊 독일 약관규제법은 우리의 약관규제법과 달리 불공정약관에 대하여 일반조항(제9조), 상대적 무효조항(제10조), 절대적 무효조항(제11조)으로 세분하여 규정하고 있다. 상대적 무효조항에 해당하는 경우에는 절대적 무효조항과 달리 부당성을 갖춘 경우에만 무효가 된다(권대우, "약관의 부당성 규제,"「서강법학연구」 제3권, 서강대학교, 2001·4, 253~256면 참조). 미국에서의 약관규제는 통일상법전 제2장 제302조에서 규정하고 있는 비양심성의 법리에 따라 규율한다. 비양심성의 법리란 계약이나 계약의 일부 조항이 계약체결에 있어서 비양심적인 것으로 인정될 때에는 법원이 계약의 효력을 부인할 수 있도록 한 것이다(김진환, 앞의 글, 47면).

(2) 무효의 범위

당해 약관의 일부 조항이 무효가 된 경우에 일부무효의 법리에 따라 원칙적으로 전체가 무효가 되어야 하나(민법 제137조 본문),[63] 약관규제법에서는 특칙을 두어 이 경우에 무효된 조항을 제외한 나머지 부분만으로 존속하며 잔존부분만으로 계약의 목적달성이 불가능하거나 일방당사자에게 부당하게 불리한 때에는 계약을 무효로 한다(약관규제법 제16조). 특히, 할부거래에 있어서 소비자의 철회권, 철회권행사의 효과, 신용제공자가 있는 경우의 철회, 사업자의 해제권, 사업자의 손해배상청구금액의 제한, 소비자의 기한의 이익에 관한 할부거래법의 제 규정보다 소비자에게 불리한 내용을 당사자가 약정한 경우에 당해 약정은 효력을 상실한다(할부거래법 제13조). 또한 전자상거래소비자보호법에서도 개별약관의 내용이 소비자의 청약철회권과 손해배상금의 제한에 관한 동법의 규정(제17조 내지 제19조)보다 소비자에게 불리한 경우에 그 약관의 효력을 무효로 규정하고 있다(동법 제35조). 이와 같이 약관규제법상 불공정약관에 해당하는 경우 당해 약관의 조항 또는 전체가 무효가 되어 민법 등 개별 소비자보호법의 규정이 적용된다. 즉, 무효가 되는 약관의 조항은 당해 약관의 내용에서 배제되며, 법률의 규정 등에 의하여 보완되어 당사자간 거래에 적용된다. 그러나 약관의 조항을 무효로 하는 범위에 대하여는 재검토가 필요하다. 즉, 무효로 되는 약관의 조항 중 분할이 가능한 경우에는 초과한 부분에 대하여만 무효로 하고, 나머지에 대하여는 유효로 하는 것이 세부적인 일부무효의 원칙을 적용하는 것이다. 즉, 과도한 손해배상금을 예정한 경우에 이에 관한 약관의 조항을 전부 무효로 하는 것이 아니라 초과된 부분만을 무효로 하고 합리적인 손해배상액의 범위 내에서는 유효로 하는 것이다. 이러한 방식은 당사자의 의사에도 합치하는 것이기 때문에 고려할 필요가 있을 것이다. 이러한 방식을 취하는 것이 일본 소비자계약법상 약관의 무효결정이다. 즉, 동법에서 약관이 무효로 될 경우 당해 조항 전체를 무효로 인정하는 것이 아니라 초과부분에 대하여만 무효로 인정하고 있다(동법 제9조).

---

63) 민법 개정안에서는 일부무효의 원칙을 수정하여 약관규제법의 내용과 동일하게 일부무효의 경우 잔존부분에 대하여 효력을 인정하고, 잔존부분만으로 계약의 목적을 달성할 수 없는 경우 전체를 무효로 하고 있다(민법 개정안 제137조). 따라서 민법 개정안이 통과될 경우 민법과 약관규제법의 내용은 동일하게 된다.

VII. 약관의 심사

약관의 심사라 함은 사전 또는 사후에 사업자가 마련한 약관에 대하여 불공정성 여부를 판단하는 것을 말한다. 이러한 약관의 심사는 심사주체에 따라 공정거래위원회에 의한 심사와 법원에 의한 심사로 구분되며, 심사시기에 따라 사전심사와 사후심사로 구분된다.

1. 약관의 심사기관 및 심사시기

(1) 약관의 심사기관

약관의 불공정성에 대한 심사를 담당하는 기관으로는 크게 행정기관과 사법기관으로 구분할 수 있다. 그러나 중심적인 역할을 하는 것은 행정기관에 의한 규제이며, 특히 공정거래위원회에 의한 규제가 그 중심을 담당하고 있다.

(2) 약관의 심사시기

약관에 대한 심사는 그 시기에 따라 사전심사와 사후심사로 구분된다. 사전심사라 함은 불공정한 약관의 사용에 따른 피해가 현실적으로 발생하기 전에 약관의 불공정성에 대한 심사를 통하여 이에 해당한다고 인정된 경우에 이의 사용을 금지하거나 효력을 배제하여 이로 인한 피해가 발생하지 않도록 하는 것을 말한다. 이러한 사전심사의 방식은 소비자 등이 약관의 내용에 대한 심사를 청구할 수 있는 약관규제법 제18조에 근거한 규제와 인가[64] 또는 표준약관에 의한 규제로 구분할 수 있다.[65] 사후심사는 사업자가 구체적인 거래에 있어서 불공정한 내

64) 인가약관으로는 여객자동차운수사업법 제10조, 화물자동차운송사업법 제7조 등에 의한 운송약관 등이 있다.

65) 표준약관은 사업자의 개별약관보다 공정거래위원회의 심사를 통하기 때문에 불공정성이 내포될 가능성이 낮지만, 전혀 배제된다고 할 수 없다. 만일 표준약관에 불공정한 내용이 포함된 경우에 이로 인한 소비자피해는 막대할 것이며, 사업자는 무의식적으로 소비자피해를 야기하게 된다. 따라서 표준약관을 제정함에 있어 이러한 요소들이 배제될 수 있도록 신중을 기하여야 할 것이며, 제정된 표준약관의 내용에 불공정한 요소가 포함된 경우에는 이를 신속하게 배제하여야 할 것이라고 한다(박정기, "사이버몰의 불공정약관에 관한 연구," 「비

용이 포함된 약관을 사용한 후 소비자와 분쟁이 발생한 경우에 이를 해결하기 위한 기준으로 약관이 제시되었으나 약관의 효력이 문제시된 경우와 불공정한 약관에 의하여 소비자가 피해를 입은 경우에 피해구제를 위하여 약관의 불공성 여부에 대한 판단의 요청시 행하여지는 규제를 말한다. 이러한 사후규제는 그 규제의 기관에 따라 공정거래위원회에 의한 규제와 법원에 의한 규제로 구분된다.

2. 공정거래위원회에 의한 약관의 심사

(1) 약관심의 심사청구 및 의견제시 등

공정거래위원회에 의한 불공정 약관에 대한 심사절차는 약관심사청구, 조사, 심사 및 공개 등으로 구성된다. 먼저, 약관에 대한 심사청구권자로는 사업자가 사용하는 또는 사용하고자 하는 약관에 대하여 불공정 약관에 해당하는지 여부에 대하여 법률상 이익이 있는 자, 등록된 소비자단체, 한국소비자원 및 사업자단체 등이며, 서면 또는 전자문서로 심사를 청구할 수 있다(약관규제법 제19조, 제21조). 이러한 심사청구를 받은 공정거래위원회는 심사 전에 사업자 또는 이해관계인에게 약관이 심사대상이 되었음을 통지하여 심사절차에서 의견을 제시하거나 불공한 약관이 아님을 증명할 수 있는 자료를 제공할 수 있도록 하여야 한다. 이러한 통지는 서면으로 하여야 하며, 이 서면에는 공정거래위원회의 회의일시 및 장소를 명기하여야 한다(동 시행령 제8조 제1항). 만일 대상 약관이 다른 법률에 의하여 행정기관의 인가를 받았거나 받아야 할 것인 경우에는 심사에 앞서 당해 행정기관의 의견제출을 요구할 수 있다(약관규제법 제21조 제3항). 그러나 행정관청이 작성한 약관에 대하여는 당해 행정기관의 의견진술절차를 두고 있지 않으므로 이를 추가하여야 할 것이다. 또한 공정거래위원회는 심사에 앞서 당해 약관이 약관규제법을 위반하였는지의 여부를 판단하기 위하여 필요한 조사를 할 수 있다(약관규제법 제20조, 제21조 제1항, 약관규제법 제21조 제2항).

(2) 심사절차 및 조치

약관에 대한 불공정성 판단은 공정거래위원회 소회의에서 결정하며,[66] 당해

교사법」 제39호, 한국비교사법학회, 2007 · 12, 456면).

약관이 약관규제법을 위반하였다고 판단한 경우에 공정거래위원회는 사업자에 대하여 시정에 필요한 조치를 권고 또는 명령할 수 있다(약관규제법 제17조의2). 다만, 행정관청이 작성한 약관이거나 다른 법률에 의하여 행정관청의 인가를 받은 약관이 불공정한 약관으로 인정될 때에 공정거래위원회가 시정조치를 명하는 것이 아니라 당해 행정관청에 그 사실을 통보하고 그 시정에 필요한 조치를 요청할 수 있으며, 은행법에 의한 금융기관의 약관이 불공정 약관에 해당한다고 인정될 때에는 금융감독기구의 설치 등에 관한 법률에 의하여 설립된 금융위원회에 그 사실을 통보하고 그 시정에 필요한 조치를 취하도록 권고할 수 있다. 따라서 공정거래위원회가 행정관청에 시정을 요청한 경우에 시정권고 또는 시정명령은 하지 아니한다(동법 제18조).[67] 이러한 시정권고와 명령은 불공정 약관을 사용하고 있는 사업자를 대상으로 하지만, 동일한 내용의 약관을 사용하고 있는 경우 등에는 다른 사업자에게 동일한 내용의 불공정약관을 사용하지 않을 것을 권고할 수 있다(동법 제17조의2 제3항). 상기의 공정거래위원회의 처분에 대하여 사업자 등은 그 처분의 통지를 받은 날로부터 30일 이내에 이의신청을 할 수 있으며, 공정거래위원회는 60일 이내(부득이한 경우에는 30일을 연장할 수 있음)에 재결하여야 한다(독점금지법 제53조). 이러한 약관의 심사를 위하여 공정거래위원회는 약관에 관한 학식과 경험이 풍부한 자를 자문위원으로 위촉할 수 있으며, 자문위원은 공정거래위원회의 요청을 받아 약관의 심사에 관하여 공정거래위원회의 회의에 출석하여 의견을 진술하거나 서면으로 의견을 제출할 수 있다(동법 제32조, 동 시행령 제13조의2). 마지막으로 공정거래위원회가 불공정 약관에 해당한다고 결정한 경우에는 당해 약관의 목록을 작성하여 비치하고 일반

---

66) 공정거래위원회회의 운영 및 사건절차 등에 관한 규칙(공정거래위원회 고시 제2006-8호) 제5조 제1항 제1호 라목.

67) 행정기관의 인가 대상이거나 행정기관이 작성한 약관이 불공정한 약관으로 인정될 경우에 공정거래위원회는 직접 시정조치를 취하지 않고 당해 행정기관에 시정조치를 위임할 수 있다고 규정하고 있다. 그러나 만일 행정기관에 시정조치를 위임하였으나 이를 시행하지 않을 경우 이로 인한 소비자의 피해는 발생 또는 확산될 수 있다. 따라서 시정조치를 취하지 않음으로 인하여 발생하는 소비자피해를 예방하기 위하여 당해 행정기관이 시정조치를 취하지 않은 경우 또는 시정조치에 따라 시정이 이루어지지 않은 경우 공정거래위원회가 직접 시정조치를 취하거나 당해 행정기관의 시정명령에 응하지 않은 사업자에게 약관규제법 제32조의 적용을 인정하여야 할 것이다.

인이 열람할 수 있도록 공개할 수 있다(약관규제법 제23조). 이와 같이 불공정약관에 의한 피해를 방지하고자 불공정약관에 대하여 공개를 규정하고 있지만, 공개에 대하여 공정거래위원회의 재량사항으로 규정하고 있다. 그러나 불공정약관의 사용에 따른 소비자피해를 예방함과 더불어 동종의 사업자가 이러한 내용의 약관을 사용하는 것을 방지하기 위하여는 이의 공개를 재량으로 할 것이 아니라 의무사항으로 개정하여야 할 것이다.

3. 법원에 의한 심사

법원에 의한 약관의 심사는 공정거래위원회의 심결에 대한 불복의 방식과 약관이 사용된 계약의 당사자간 분쟁이 발생하여 분쟁을 해결하기 위한 방법으로 약관의 효력을 다루는 방식으로 구분된다. 양자의 구체적인 내용을 살펴보면, 후자의 경우는 당사자간에 분쟁이 발생하여 그 해결기준으로 약관이 제시되었지만, 약관의 내용이 불공정성을 내포하고 있어 이의 효력이 문제시된 경우에 당사자는 법원에 소를 제기하여 약관의 불공정성 여부에 관하여 사법적 판단을 받을 수 있다. 다만, 일반적으로 약관의 불공정성 여부만을 판단받기 위하여 소를 제기하지 않으며, 해제권 등의 권리행사와 손해배상 등의 청구와 동시에 이를 제한 또는 금지하고 있는 약관에 대한 판단을 청구한다. 이와 달리 전자의 경우는 당해 약관을 불공정 또는 불공정하지 않은 것으로 판단한 공정거래위원회의 심결에 대한 불복의 소를 의미한다. 2차적 심사에 대한 구체적인 내용은 약관규제법이 독점금지법을 준용하고 있기 때문에 독점금지법이 적용된다(약관규제법 제30조의2). 따라서 공정거래위원회의 심결, 즉 불공정약관에 해당한다는 심결에 대한 불복의 소를 제기하고자 하는 자는 처분 또는 이의신청에 대한 재결서를 받은 날로부터 30일 이내에 서울고등법원에 제기하여야 한다(독점금지법 제54조, 제55조).[68]

---

68) 박정기, 앞의 논문, 452~453면.

Ⅷ. 표준약관

1. 의의 및 필요성

(1) 정　　의

사업자는 다수의 상대방과 재화 등에 관한 계약을 체결하면서 발생하는 시간 소요와 절차의 반복성 등을 인식하고, 이러한 비효율성을 배제하고자 미리 계약 내용을 정하여 상대방에게 제시함으로써 계약을 체결하였다. 그 결과 사업자는 계약체결에 따른 시간의 절약, 절차의 단순화, 위험의 배분 및 체결권의 포기 없이 피용자를 통한 계약체결이라는 이점을 향유하게 되었으며,[69] 상대방 역시 계약체결에 따른 시간과 비용의 감소·절차의 간소화와 더불어 재화 등의 가격의 하락이라는 이점을 향유하게 되었다.[70] 이러한 약관 중 사업자 또는 사업자 단체가 일정한 거래분야에서 건전한 거래질서를 확립하고 불공정한 내용의 약관이 통용되는 것을 방지하기 위하여 일정한 약관의 내용을 정하여 공정거래위원회의 심사를 받거나 공정거래위원회가 직접 작성한 약관을 표준약관이라 한다(약관규제법 제19조의2 제1항, 제4항). 2008년 3월을 기준으로 제정된 표준약관은 전자상거래 표준약관[71]을 비롯하여 58개 표준약관이 제정되어 사용되고 있다.[72] 또한 표준약관의 확대를 위하여 공정거래위원회는 해외연수 수속대행약관·

---

69) G. H. Treitel, *op.cit.*, p.196.

70) Nigel Savage, Robert Bradgate, *op.cit.*, pp.209～210. 반면에 약관의 사용으로 인하여 상대방은 계약의 자유 중 체결의 자유를 제외한 내용결정 등의 자유는 상실하게 되었다(潮見佳男, "普通取引約款,"「新版註釋民法(13)-谷口知平·五十嵐清 編」, 東京; 有斐閣, 1996, 167～168면).

71) 전자상거래 표준약관은 舊 방문판매법에 기초하여 한국정보통신진흥협회 및 전자상거래연구조합 등이 공정거래위원회에 심사를 청구하여 2000년 1월 28일에 승인되었다. 하지만 2002년 3월에 전자상거래를 이용하는 소비자를 보호하기 위한 전자상거래소비자보호법이 제정되었으며, 근거 법령의 변경으로 인하여 표준약관의 내용은 법령과 불일치하게 되었다. 이로 인하여 표준약관의 사용이 소비자를 보호하는 것이 아니라 소비자피해를 유발시키는 모순된 결과를 발생시켰다. 이에 공정거래위원회는 (사)한국전자상거래 및 통신판매협회가 심사를 청구한 전자상거래 표준약관 개정안을 2003년 10월 10일에 승인하였다.

72) www.ftc.go.kr.

신용카드 이용약관[73]·자동차대여 표준약관 등의 제정을 준비하고 있으며, 특수형태근로종사자 보호대책으로 보험설계사·골프장경기보조원·학습지도사·화물차기사에 대한 표준약관의 심사청구시 심사하여 승인할 예정이다.[74]

(2) 필요성 및 역할

소비자거래는 부합계약의 특성으로 재화 등에 관한 계약을 체결함에 있어 양 당사자가 구체적인 계약내용을 협의하여 정하는 것이 아니라 사업자가 사전에 작성한 약관에 소비자가 동의함으로써 계약내용이 결정된다. 하지만 사업자가 사전에 일방적으로 계약내용을 정하기 때문에 내용면에 있어서 불공정한 약관조항이 포함될 수 있으며, 추후 소비자피해를 유발시키는 주된 원인으로 작용할 수 있다. 이러한 불공정약관조항은 추후 약관규제법의 적용에 의하여 무효로 인정하여 소비자를 보호할 수 있으나 이는 사후적 구제방안이며, 소비자보호에 있어서 최선책이 아닌 차선책에 불과하다. 특히, 전자상거래의 경우 인터넷의 특성상 법률적 규제만으로 사업자의 부당거래를 방지하기에는 효과적이지 않다.[75] 따라서 약관의 이용으로 인하여 발생할 수 있는 소비자피해를 예방하는 방안은 당해 거래분야에서 일반적으로 사용할 수 있는 약관을 작성하여 이를 사용하기 전에 당해 내용의 불공정성 여부를 심사하여 공정한 약관을 제정한 후 이를 구체적인 거래분야에서 이용하는 것이며, 이러한 필요성에 의하여 마련된 것이 표준약관제도이다. 이러한 표준약관은 사업자 등의 자율적인 규제방안의 일환이며, 불공정 약관의 사용으로부터 발생할 수 있는 소비자피해를 예방할 수 있는 방안이다. 또한 사업자와 소비자간 전자상거래의 공정한 거래질서를 사전에 확보할 수 있음과 더불어 사업자에 대한 신뢰성을 향상시키는 기능을 한다.[76]

---

73) 신용카드이용 표준약관은 2008년 1월 승인되었다.

74) 공정거래위원회, 보도자료: 건전한 거래질서 확립을 위한 표준약관 제·개정 추진, 2007·5, 1면.

75) 김성숙, "전자상거래 소비자보호관련 자율적 행동규약의 국제동향," 「전자상거래(B2C) 활성화를 위한 정책추진전략」, 한국전자거래진흥원, 2003·1, 116～117면.

76) 약관규제법 제19조의2 제7항에서는 사업자가 표준약관을 사용하는 경우에 공정거래위원회가 정한 표지를 사용할 수 있도록 하고 있기 때문에 표준약관을 사용하는 사업자는 표지를 사용하거나 사용하지 않을 수도 있다. 하지만 표준약관을 사용하면서도 표지를 사용하지 않은 경우에 소비자가 당해 약관이 표지약관인지 또는 개별약관인지를 파악하기가 곤란하다.

2. 표준약관의 제정

(1) 제정주체

일반적인 약관과 달리 표준약관의 궁극적인 제정주체는 공정거래위원회이다. 그러나 공정거래위원회가 전적으로 제정할 수 있는 것은 아니며, 사업자 등과의 협력을 통하여 제정하기 때문에 광범위한 의미에서 사업자 등 역시 제정주체에 포함된다고 할 수 있다. 이러한 약관제정주체의 확대는 舊 약관규제법에서 표준약관의 작성 및 심사청구권자를 사업자 또는 사업자단체로 한정하였기 때문에 사업자 등이 표준약관을 작성하지 않거나 심사청구를 하지 않은 경우에 일정 거래분야에서의 표준약관을 제정할 수가 없었다는 점을 고려한 것이다.

(2) 제정절차

표준약관의 제정절차는 사업자 등과의 협력에 의한 방식과 공정거래위원회의 독자적인 방식으로 구분되며, 기본적인 절차는 전자이다. 전자의 경우는 다시 자율적인 제정절차와 타율적인 제정절차로 구분된다. 즉, 자율적인 제정절차로는 사업자 등이 건전한 거래질서를 확립하고 불공정한 내용의 약관이 통용되는 것을 방지하기 위하여 일정한 거래분야에서 표준이 될 약관을 마련하고, 동 표준약관(안)이 약관규제법의 위반여부를 확인하기 위하여 공정거래위원회에 심사청구하여 공정거래위원회가 심사한 후 표준약관으로 승인한다(동법 제19조의2 제1항). 즉, 표준약관(안)의 마련이 사업자 등의 자율에 의하여 이루어지기 때문에 자율적인 제정절차라 할 수 있다. 반면에 타율적 제정절차는 등록 소비자단체 또는 한국소비자원이 소비자피해가 자주 발생하는 거래분야에 대한 표준이 될 약관의 마련에 대한 요청이 있거나 일정한 거래분야에서 다수의 고객에게 피해가 발생하는 경우 약관이 없거나 불공정 약관조항이 있는 경우에 공정거래위원회는 사업자 등에 대하여 표준약관(안)을 마련하여 심사청구할 것을 권고할 수 있으며, 이에 따라 사업자 등이 마련하여 공정거래위원회의 심사에 따라 승인된다. 즉, 사업자가 자율적으로 표준약관(안)을 마련하여 심사청구하는 것이 아니

따라서 소비자가 이를 쉽게 파악할 수 있도록 하기 위하여 표준약관을 사용하는 사업자에게 동 표지의 사용의무를 부과하여야 할 필요성이 있다.

라 공정거래위원회의 요청을 받아 마련하기 때문에 타율적 제정이라고 볼 수 있다(동법 제19조의2 제2항, 제3항). 이러한 협력방식을 통한 절차가 아닌 공정거래위원회의 독자적인 제정절차로는 상기의 소비자단체 또는 한국소비자원의 요청 또는 다수의 소비자피해가 발생하여 공정거래위원회가 사업자 등에 대하여 표준약관(안)의 마련을 요청하였음에도 불구하고 사업자 등이 권고를 받은 날로부터 4월 이내에 필요한 조치를 취하지 않은 경우에 관련분야의 거래당사자 및 소비자단체 등의 의견을 듣고, 관계부처의 협의를 거쳐 표준약관을 마련하는 절차이다(동법 제19조의2 제4항).

3. 표준약관의 사용 및 효력

(1) 표준약관의 사용 및 표지사용

상기의 절차에 따라 제정된 표준약관에 대하여 공정거래위원회는 공시하고 사업자 등에 대하여 그 사용을 권장할 수 있다(동법 제19조의2 제5항). 즉, 표준약관이 제정되었다고 하더라도 사업자는 이를 반드시 사용하여야 하는 것이 아니라 표준약관을 사용할 것인지 아니면 자신이 마련한 개별약관 등을 사용할 것인가를 자유롭게 선택할 수 있다. 그러나 표준약관의 사용을 권장받은 사업자 등은 표준약관과 다른 약관을 사용할 경우 표준약관과 다르게 정한 주요내용을 소비자가 알기 쉽게 표시하여야 한다(동법 제19조의2 제6항). 만일, 공정거래위원회의 권고를 받은 사업자 등이 개별 약관을 사용하면서 표준약관의 내용과 다른 내용을 표시하지 않은 경우 500만원 이하의 과태료가 부과된다(동법 제34조 제2항). 이러한 점은 표준약관의 사용을 사업자 등의 자율로 정하고 있는 동법 제19조의2 제5항과 불일치한다. 즉, 표준약관의 사용을 자율로 규정하고 있음에도 불구하고 이의 미사용시 별도 표시의무를 부과하는 것은 사실상 표준약관의 사용을 강제하는 것이다. 따라서 표준약관의 미사용시 별도 표시의무를 부과하고 있는 동 조항은 삭제되어야 할 것이며, 표준약관의 사용을 활성화하기 위하여는 사업자 등과 소비자에게 지속적으로 동 제도를 홍보하여 표준약관을 사용하고 있는 사업자와의 계약체결을 유도하여야 할 것이다.[77]

---

77) 졸고, 앞의 사이버몰의 약관과 소비자보호에 관한 연구, 437면.

사업자 등이 표준약관을 사용할 경우 사업자는 이의 사실을 소비자 등에게 알리기 위하여 공정거래위원회가 정한 표준약관표지를 사용할 수 있다. 따라서 표준약관이 아닌 개별약관을 사용하는 사업자가 표준약관마크를 사용하여서는 아니 되며, 이를 위반한 경우 5천만원 이하의 과태료가 부과된다(동법 제19조의2 제8항, 제34조 제1항).[78] 그러나 사업자가 표준약관을 사용하면서 표지를 사용하지 않을 경우 소비자가 당해 약관이 표준약관인지 여부를 확인하기 위하여는 구체적인 내용을 파악하여야 하나, 이는 사실상 곤란하다. 또한 표지의 허위사용에 대한 제재를 부과하기가 매우 곤란하다. 따라서 소비자의 인식의 편의 및 규제의 효율을 위하여 표준약관을 사용하는 경우 반드시 이를 나타내는 표지를 사용하도록 하여야 할 것이다.

〈그림 2〉 표준약관의 표지

공정거래위원회

표준약관 제00000호

(2) 표준약관과 상이한 약관조항의 효력

사업자가 표준약관표지를 사용하면서 표준약관의 내용을 수정하여 소비자에게 불리하게 변경하여 사용하거나 표준약관을 사용하지 않으면서 표준약관표지를 사용한 경우 표준약관의 내용보다 소비자에게 불리한 약관의 효력은 무효이다(동법 제19조의2 제9항). 이는 표준약관표지를 신뢰한 소비자를 보호하기 위함이다. 그러나 개별약관의 효력을 표준약관으로 판단하는 점에 대하여는 다음과

78) 표준약관을 사용하지 않으면서 표준약관표지를 사용한 경우 약관규제법의 위반임과 동시에 표시광고공정화법의 위반에 해당하게 된다. 즉, 사업자는 표시광고공정화법에서 금지하는 허위의 표시·광고를 행한 것이기 때문이다. 그러나 이를 위반한 사업자에 대한 제재는 약관규제법과 표시광고공정화법이 상이하다. 즉, 약관규제법에서는 벌칙 규정 없이 5천만원 이하의 과태료가 부과되는 반면에 표시광고공정화법에서는 2년 이하의 징역 또는 2억원 이하의 벌금이 부과된다. 따라서 양자를 일치시키고 표준약관에 대한 소비자 등의 신뢰를 보호하기 위하여 강력한 제재가 필요하므로 약관규제법상 벌칙 규정을 추가하여야 할 것이다.

같은 문제점이 제기된다. 먼저, 약관은 계약의 내용이다. 따라서 이의 무효에 대한 판단기준은 법률에 의하여야 한다. 그러나 표준약관은 약관의 일종일 뿐 법률이 아니므로 이를 기준으로 약관의 효력을 판단하는 것은 부당하다. 또한 법률에 대한 제정주체는 헌법상 기본적으로 국회이다. 그러나 표준약관에 대한 심사는 공정거래위원회가 행하며, 공정거래위원회는 행정기관이다. 따라서 표준약관을 기준으로 개별 약관의 효력을 판단하는 것은 표준약관을 법으로 인정하는 것이며, 공정거래위원회 및 사업자 등에게 법률의 제정권을 부여하는 것과 동일하다. 이는 법률의 제정권을 국회에 부여하고 있는 헌법에 반하는 것이다.[79] 마지막으로 표준약관은 기본적으로 사업자가 마련하여 공정거래위원회가 심사한 것이지만, 구체적인 내용면에서 있어서 개별소비자보호법의 내용과 위배하여 무효가 되는 조항이 포함되어 있다. 따라서 무효의 요소가 가미된 표준약관을 기준으로 개별약관의 효력을 판단하는 것은 모순이다. 따라서 표준약관의 표지를 사용한 경우 이에 대한 제재를 부과하는 것을 별도로 당해 약관의 효력을 무효로 규정하는 것은 부당하며, 이의 무효 여부는 약관규제법 제6조 내지 제14조에 따라 판단하여야 할 것이다.

Ⅸ. 불공정약관의 사용에 대한 제재

1. 시정조치

사업자가 약관을 사용함에 있어 약관규제법 제6조 내지 제14조에서 금지하고 있는 불공정약관의 조항이 포함된 약관을 사용한 경우 공정거래위원회는 당해 사업자 등에 대하여 당해 약관조항의 삭제·수정 등 시정에 필요한 조치를 권고할 수 있다(동법 제17조의2 제1항). 다만, 사업자가 독점규제 및 공정거래에 관한 법률상 시장지배적 사업자인 경우, 사업자가 자기의 거래상의 지위를 부당하게 이용하여 계약을 체결하는 경우, 일반공중에게 물품·용역을 공급하는 계약

79) 강창경, "약관의 규제에 관한 법률의 개선방향,"「소비자거래법령의 개선방향」, 공정거래위원회·한국소비자보호원, 2006, 9면.

으로서 계약체결의 긴급성·신속성으로 인하여 고객이 계약을 체결할 때에 약관조항의 내용을 변경하기 곤란한 경우, 사업자의 계약당사자로서의 우월적 지위가 현저하거나 고객이 다른 사업자를 선택할 범위가 제한되어 있어 약관을 계약의 내용으로 하는 것이 사실상 강제되는 경우, 계약의 성질 또는 목적상 계약의 취소·해제 또는 해지가 불가능하거나 그로 인하여 고객에게 현저한 재산상의 손해가 발생하는 경우 및 사업자가 상기의 시정권고를 정당한 사유 없이 따르지 아니하여 다수 고객의 피해가 발생하거나 발생할 우려가 현저한 경우에 공정거래위원회는 사업자 등에 대하여 당해 약관조항의 삭제·수정 등 시정에 필요한 조치를 명할 수 있다(동법 제17조의2 제2항). 공정거래위원회가 시정조치를 취함에 있어 필요한 경우 당해 사업자와 동종 사업을 영위하는 다른 사업자에게 같은 내용의 불공정약관조항을 사용하지 말 것을 권고할 수 있다(동법 제17조의2 제3항). 이는 공정거래위원회의 약관에 대한 심결의 효력이 대상 약관에 대하여만 효력을 미치기 때문에 심사청구된 사업자의 약관 외 다른 사업자의 약관에 대하여는 효력을 미치지 않는다. 그러나 이와 동일한 내용을 담고 있는 약관을 다른 사업자가 사용할 경우 동일한 피해가 소비자에게 발생할 수 있으므로 이를 예방하고자 사용금지의 권고를 할 수 있도록 규정하고 있다.

2. 형법적 규제

약관규제법상 형벌이 부과되는 경우는 공정거래위원회의 시정명령을 위반한 경우로 한정된다. 따라서 이를 위반한 사업자 등에 대하여 2년 이하의 징역 또는 1억원 이하의 벌금이 부과된다(동법 제32조). 만일 법인의 대표자나 법인 또는 개인의 대리인·사용인 기타 종업원이 그 법인 또는 개인의 업무에 관하여 시정명령의 위반행위를 한 때에는 행위자를 벌하는 외에 그 법인 또는 개인에 대하여도 1억원 이하의 벌금이 부과된다(동법 제33조).

3. 과태료 처분

사업자가 표준약관을 사용하지 않음에도 불구하고 표준약관표지를 사용하거나 사업자가 사용하는 약관이 불공정약관에 해당하는지에 대한 공정거래위원회의 조사를 거부·방해 또는 기피한 자에 대하여 5천만원 이하의 과태료가 부과된다(동법 제34조 제1항). 또한 약관의 명시·설명 및 교부의무를 위반한 자 또는 표준약관의 사용을 권장받은 사업자 등이 개별약관을 사용하면서 표준약관과 상이한 주요 내용에 대하여 소비자가 알기 쉽도록 조치를 취할 의무를 이행하지 않은 자에 대하여 5백만원 이하의 과태료가 부과된다(동법 제34조 제2항). 공정거래위원회는 과태료를 부과하기 전에 10일 이상의 기간을 정하여 과태료 처분대상자에게 구술 또는 서면에 의한 의견진술의 기회를 하여야 하며, 동 기간 내에 의견진술이 없는 경우에는 의견이 없는 것으로 간주된다. 사업자에게 과태료를 부과함에 있어 당해 위반행위를 조사·확인한 후에 위반사실·이의방법·이의기간·과태료금액 등을 서면으로 명시하여 납부할 것을 통지하여야 한다. 구체적인 과태료 금액은 당해 위반행위의 동기와 그 결과 등을 참작하여 결정한다(동시행령 제14조). 공정거래위원회의 과태료처분에 불복이 있는 자는 그 처분의 고지를 받은 날로부터 30일 이내에 이의를 제기할 수 있다. 사업자로부터 이의신청을 받은 공정거래위원회는 관할법원에 그 사실을 통보하여야 하며, 그 통보를 받은 관할법원은 비송사건절차법에 의한 과태료의 재판을 한다. 만일, 이의신청기간 내에 이의를 제기하지 아니하고 과태료를 납부하지 아니한 때에는 국세체납처분의 예에 의하여 이를 징수한다(동법 제34조 제3항 내지 제6항).

제3장 가상공간과 개인정보보호

Ⅰ. 법령상의 개인정보보호

1. 개인정보보호법의 범주

개인정보의 보호에 관한 우리나라의 법령은 통일화되어 있지 않고 개인정보를 보관하고 있는 기관 또는 정보의 유형에 따라 구분되어 있다. 즉, 공공기관이 보유하고 있는 개인정보에 대하여는 1996년에 제정된 '공공기관의 개인정보보호에 관한 법률'이 적용되며, 정보통신망상의 개인정보는 '정보보호법'이, 신용정보는 '신용정보의 이용 및 보호에 관한 법률'이, 통신비밀은 '통신비밀보호법'이, 금융거래정보는 '금융실명거래 및 비밀보장에 관한 법률'이 적용된다.[80] 따라서 가상공간에서의 개인정보는 기본적으로 '정보보호법' 중 개인정보의 보호에 관한 장의 적용을 받으며, '전자상거래소비자보호법'에서도 전자상거래를 이용하는 소비자의 개인정보보호에 대하여 동법을 준용하고 있다(전자상거래소비자보호법 제11조). 또한 동법의 내용을 구체화하여 정보통신서비스제공자 등에게

80) 개인정보보호에 관한 현행의 법제는 분야별로 적용범위를 규정하고 있기 때문에 현행 법령의 적용범위에 포함되지 않은 분야에서의 개인정보보호에 대하여 입법적 미비점으로 지적되었다. 이의 보완점으로 개인정보보호에 관한 기본법의 제정이 요구된다(임건면, "개인정보침해에 대한 민사법적 대응,"「비교사법」 제8권 제1호(하), 한국비교사법학회, 2001 · 6, 1051면; 유황빈, "디지털시대의 개인정보보호기술,"「인터넷법률」 제4호 법무부, 2001 · 1, 74면).

준수를 권장하기 위하여 2000년 5월에 '개인정보보호지침'을 제정하였으며, 이후 2002년 1월 이를 수정・보완하여 고시하였다. 이러한 개인정보보호에 관한 입법방식은 일본[81] 등과 달리 일반법적인 성격이 아닌 구체적인 분야에 대한 입법의 특징을 가지고 있다. 이러한 입법방식은 당해 분야에서의 개인정보보호가 이루어질 수 있으나, 해당 법률의 적용대상이 아닌 분야에 대하여는 규율하기가 곤란하다. 이러한 점 때문에 현실적으로 당해 법률이 규율하는 범위 외에서의 개인정보는 법의 사각지대에 있게 되고, 그에 대한 침해에 대하여 예방 또는 구제 역시 곤란하다. 또한 시간이 경과함에 따라 급증하고 있는 개인정보 피해를 예방하고, 이를 수집・이용자에 대하여 규율함과 더불어 정보주체의 권리를 확보하기 위하여 모든 분야를 적용대상으로 하는 개인정보보호법의 제정이 시급하다.[82]

2. 정보보호법의 적용범위

동법은 정보통신망을 통하여 이루어지는 서비스를 이용하는 이용자의 개인정보보호에 관한 사항을 규율한다. 여기에서 정보통신망은 전기통신기본법 제2조 제2호의 규정에 의한 전기통신설비[83]를 이용하거나 전기통신설비와 컴퓨터 및 컴퓨터의 이용기술을 활용하여 정보를 수집・가공・저장・검색・송신 또는 수

81) 일본의 경우, 2003년에 개인정보보호에 관한 법률(個人情報の保護に関する法律)을 제정하여 공적 영역뿐만 아니라 사적 영역 모두에서 개인정보를 보호하고 있다. 이의 제정배경을 살펴보면, 일본 역시 20세기 말부터 공・사적 영역에서 급속한 IT화가 진행되었다. 즉, 공적 영역에서는 전자정부와 전자자치단체의 구축이 이루어졌으며, 사적 영역에서는 전자상거래의 발달과 고객서비스의 고도화 등이 이루어졌다. 또한 국제적 환경의 변화로서 국제적인 정보유통의 확대 및 IT로서 OECD에서는 회원국에서 민간부분을 대상으로 한 법제를 정비하여 정보의 자유로운 유통과 프라이버시의 보호의 확립을 통하여 제도간 조화를 요청하였다. 이러한 다양한 환경변화를 수용하기 위하여 동법을 제정하였으며, 그 주된 내용은 기본이념・국가 등의 책무와 시책, 민간사업자가 준수하여야 할 규율, 공적기관이 준수하여야 할 규율로 구성된다(http://www5.cao.go.jp/seikatsu/kojin/kaisetsu/pdfs/haikei.pdf).

82) 김성천, 「소비자 개인정보보호와 법제개선방안」, 한국소비자보호원, 2003, 192~193면.

83) 전기통신설비이라 함은 유선・무선・광선 및 기타의 전자적 방식에 의하여 부호・문언・음향 또는 영상을 송신하거나 수신하는 전기통신을 하기 위한 기계・기구・선로 기타 전기통신에 필요한 설비를 말한다(전기통신기본법 제2조 제1호, 제2호).

신하는 정보통신체제를 말한다(동법 제2조 제1호). 따라서 동법은 기존의 아날로그 방식과 디지털 방식의 통신 모두를 적용대상으로 한다. 다만, 2001년 동법의 개정으로 인하여 온라인뿐만 아니라 오프라인까지 동법의 개인정보보호에 관한 규정(제22조 내지 제32조)이 적용되게 되었다(동법 제67조). 이에 해당하는 자로는 관광진흥법 제3조 제1항의 규정에 의한 여행업 또는 호텔업을 행하는 자, 항공법 제2조 제26호의 규정에 의한 항공운송사업을 행하는 자, 학원의 설립·운영 및 과외교습에 관한 법률 제2조 제1호의 규정에 의한 학원 또는 동조 제2호의 규정에 의한 교습소를 설립·운영하는 자, 그 밖에 재화 또는 용역을 제공하면서 회원제 또는 그와 유사한 형태로 개인정보를 수집하는 사업자로서 관계중앙행정기관의 장과 협의하여 행정안전부령으로 정하는 자[84]가 있다(동 시행령 제71조).[85]

Ⅱ. 피해사례와 개인정보보호의 필요성

1. 구체적인 피해사례

개인정보에 대한 침해를 유발하는 대표적인 유형을 살펴보면, 먼저 정보주체의 동의 없이 정보를 수집하는 경우, 둘째, 목적달성에 필요한 사항 이외에 과다한 정보의 요구, 셋째 정보관리자가 목적 이외의 사용 또는 제3자에게의 무단유출, 마지막으로 부정확한 또는 오류의 개인정보의 사용 등으로 구분할 수 있다.

(1) 동의 없는 정보수집

과학기술의 발전은 정보수집을 더욱 용이하게 하고 있으며, 나아가 정보수집

---

84) 이에 해당하는 자로는 관광진흥법 제3조 제1항 제2호 나목의 규정에 의한 휴양콘도미니엄업을 행하는 자, 유통산업발전법 제2조 제3호의 규정에 의한 대규모점포 중 할인점·백화점 또는 쇼핑센터를 운영하는 자, 유통산업발전법 제2조 제5호의 규정에 의한 체인사업을 행하는 자가 있다(동 시행규칙 제14조의4).

85) 송순영 외, 앞의 책, 56～57면.

에 있어서 정보주체의 동의를 받지 않고도 수집할 수 있는 가능성을 제시하고 있다. 하지만 정보주체의 동의 없이 무단으로 정보를 수집할 경우에 정보관리자의 임의로 정보를 활용할 수 있음과 더불어 정보에 대한 정보주체의 관리권(정보접근권, 정정권, 삭제권 등)을 유명무실하게 한다. 또한 정보주체의 부지 속에 자신의 일정한 정보가 사업자에게 전달될 수 있다. 즉, 소비자가 가상공간의 쇼핑몰에 들어가면 전자상거래의 체결여부와 관계없이 일정한 기록이 쿠키[86]의 형태로 남게 된다. 이러한 쿠키를 통하여 사업자는 자신의 쇼핑몰에 들어온 사람의 수를 비롯하여 어떤 지역의 고객인지, 고객의 취향 및 선호도 등을 손쉽게 파악할 수 있다. 만일 소비자가 자신의 일정한 정보를 기입한 경우 쿠키에 저장되어 유출될 가능성이 높다.

(2) 과다한 정보의 요구

소비자가 가상공간에서 쇼핑을 하거나 필요한 정보를 구하고자 웹서핑을 하는 경우에 사업자 등은 소비자에게 회원가입 또는 일정한 정보의 제공을 요구한다. 이러한 정보제공의 범위는 전자상거래의 체결이나 이행 또는 일정한 정보제공을 위하여 필요한 범위 내에 한정되어야 함에도 불구하고 당해 목적과 무관한 정보까지 요구하는 경우가 많다. 이와 같은 과도한 정보제공요구는 추후 개인정보침해의 주요한 요인으로 작용하고 있다.

(3) 목적 이외의 사용

사업자에 의하여 수집된 정보는 당해 목적의 범주 내에서만 사용되어야 하며,

---

86) 쿠키란 쿠키를 제공하는 웹사이트를 인터넷 사용자가 방문할 때 그 사용자의 하드디스크에 기록되는 짤막한 정보를 말한다. 이 쿠키는 기본적으로 개인 ID와 비밀번호, 방문한 사이트 등의 정보가 함축되어 사용자 컴퓨터의 하드디스크에 저장된다. 따라서 추후 사용자가 당해 사이트를 방문한 경우에 그가 누구인지, 어떤 정보를 주로 찾았는지 바로 파악할 수 있게 되어 사업자가 이를 이용한 타깃 마케팅을 가능하게 해준다. 또한 쿠키는 사용자에게 쇼핑몰에 들어가 한번 ID와 비밀번호를 입력하면 동일 쇼핑몰의 다른 화면으로 이동하여도 이를 다시 입력할 필요성을 감소시켜 준다. 쿠키에 기록되는 정보는 컴퓨터 사용자가 쇼핑몰에 남긴 자취(성명, 암호, ID, 주민등록번호, 신용카드번호 등), 쇼핑몰을 방문하면서 둘러본 페이지, 사용자의 검색패턴 및 배너 광고 등이 쿠키 프로그램 제작자의 설정에 따라 저장될 수 있다(김연수, 「쿠키를 통한 온라인 추적과 개인정보침해」, 정보통신부, 2001 · 1, 4~6면).

목적 이외의 사용시에는 필히 정보주체의 동의를 얻어야 한다. 이러한 목적 이외의 사용은 내적 침해와 외적 침해로 구분할 수 있다. 내적 침해는 사업자가 수집목적 이외에 정보를 이용하는 것을 말하며, 외적 침해는 개인정보가 외부의 제3자에게 유출된 것을 말한다.87) 내적 침해에 대하여 소비자가 접근권, 정정권 및 삭제권 등을 행사하여 침해에 대한 조치를 취할 수 있는 가능성이 있지만, 외부의 제3자에게 정보가 유출된 경우에는 정보사용자의 신원이나 목적 등을 전혀 알 수 없기 때문에 매우 심각한 문제를 유발할 수 있다.

(4) 부정확한 개인정보의 사용

개인의 정보는 한번 생성되면 변경되지 않는 것과 일정한 상황에 따라 변동되는 것으로 구분된다. 즉, 성명·성·주민등록번호·출신학교 등에 관한 정보는 특별한 사정이 없는 한 변경되지 않지만, 직업·수입·주소·학력 등에 관한 정보는 수시로 변동한다. 특히 개인의 신용정보는 수시로 변동하기 때문에 이에 관한 최신의 정보로 변경하지 않고 종전의 기록을 보유하게 된다면 부정확한 정보로 인하여 소비자에게 피해를 유발할 수 있다.

2. 개인정보보호의 필요성

현대 사회의 특징 중 하나가 정보화 사회라는 점이다. 즉, 정보 그 자체가 재산적 가치를 가질 뿐만 아니라 거래 등에 있어서 중요한 요소로서 인정되고 있다.88) 또한 인터넷의 급속한 발달은 개인정보의 수집 및 편집을 용이하게 함과 더불어 정보의 자유로운 전달을 가속화시키고 있다. 따라서 개인은 자신이 필요한 정보를 쉽게 취득할 수 있는 반면에 자신에 관한 정보가 자신의 부지 속에 외부에 쉽게 노출되거나 침해될 수 있다. 만일, 정보주체의 민감한 정보가 노출된 경우(개인의 성생활 또는 건강에 관한 정보·신용정보·금융정보 등)에는 정보주체에 대한 인격적 침해뿐만 아니라 재산적 침해와 정신적 침해까지 유발할 수 있으므로 이에 대한 보호가 요구된다.89)

---

87) 유황빈, 앞의 글, 64~65면.

88) 김성천, 앞의 책, 16면.

89) 졸고, 앞의 가상공간과 개인정보보호, 49면.

Ⅲ. 개인정보에 관한 사업자의 의무 및 정보주체의 권리

1. 개인정보의 수집에 있어서 동의 및 정보제공

사업자가 개인정보를 수집하고자 하는 경우에는 사전에 정보주체로부터 동의를 얻어야 한다(동법 제22조 제1항).[90] 또한 전자우편주소의 수집을 거부하는 의사가 명시된 인터넷 홈페이지에서 자동으로 전자우편주소를 수집하는 프로그램 그 밖의 기술적 장치를 이용하여 전자우편주소를 수집하여서는 아니 되며, 이를 통하여 수집된 전자우편주소를 판매·유통 및 이를 알고 정보전송에 이용하여서는 아니 된다(동법 제50조의2). 사업자가 정보주체에게 이용 또는 수집동의를 요청함에 있어서 반드시 개인정보의 수집·이용 목적, 수집하는 개인정보의 항목, 개인정보의 보유 및 이용 기간에 관한 내용을 알려야 하며, 이를 변경할 경우에도 역시 고지하여야 한다.[91] 다만, 정보통신서비스 제공에 관한 계약의 이행을 위하여 필요한 개인정보로서 경제적·기술적인 이유로 통상의 동의를 받는 것이 현저히 곤란하거나, 정보통신서비스 제공에 따른 요금정산을 위하여 필요한 경우 또는 동법 또는 다른 법률에 특별한 규정이 있는 경우에 한하여 정보주체의 동의를 얻지 않더라도 개인정보를 수집할 수 있다(동법 제22조 제2항).

2. 수집대상인 개인정보의 범위

수집대상의 개인정보는 목적달성에 필요·최소한의 범위 내로 한정되어야 하

90) 2007년 1월 개정 이전 舊 정보보호법에서는 사업자가 정보주체로부터 개인정보 수집 및 이용에 대한 동의를 얻기 위하여 제공할 정보로 개인정보관리책임자의 성명 등, 정보주체의 권리 등도 고지하도록 하였으나, 2007년 1월 동법의 개정에서 이를 삭제하였다. 이는 개인정보의 침해 또는 삭제 등의 경우에 개인정보 주체가 자신의 권리를 행사함에 있어서 필요한 정보이기 때문에 이의 제공은 필수적이다. 따라서 개인정보 수집시 제공하여야 할 정보에 추가하여야 할 것이다.

91) 고지 또는 명시하여야 할 사항에 가장 기본적인 사업자의 신원에 관한 사항이 포함되어 있지 않다. 따라서 사업자의 성명, 주소, 전화번호, 전자우편주소 등을 개인의 동의요청시에 제공하여야 할 것이다.

며, 이를 초과한 정보의 미제공을 이유로 하여 서비스의 제공을 거부하여서는 아니 된다(동법 제23조 제2항). 하지만 정보수집에 있어서 능동적인 지위에 있지 못하는 개인이 사업자가 제공하는 정보서비스를 이용하고자 하는 경우에 현실적으로 정보수집에 대한 거부권은 유명무실하며, 사업자가 요구하는 정보에 대하여 모두 제공할 수밖에 없다. 이러한 점은 과다한 정보의 유출로 인하여 개인의 피해를 유발할 수 있는 가능성을 제시하게 되므로 개인정보침해를 사전에 예방하기 위하여 개인에게 정보수집제한권을 부여하여야 할 필요성이 있다. 즉, 당해 목적달성에 불필요한 정보제공 요구시 정보주체가 이를 거부하고 필요한 정보만을 제공할 수 있는 권리가 인정되어야 할 것이다.

사업자가 개인에게 정보를 요구시에는 반드시 목적 달성에 필수적 사항과 선택적 사항을 명백히 구분하여 개인이 이를 쉽게 인식할 수 있도록 하여야 한다. 하지만 사상·신념·과거의 병력 등 개인의 권리·이익 및 사생활을 현저하게 침해할 우려가 있는 개인정보[92)]는 정보주체의 동의 또는 다른 법률에 따라 특별히 수집대상 개인정보로 허용된 경우를 제외하고 원칙적으로 그 수집이 제한된다(동법 제23조 제1항). 정보주체로부터 동의를 얻는 방법으로는 인터넷 사이트에 동의 내용을 게재하고 이용자가 동의 여부를 표시하도록 하는 방법, 동의 내용이 기재된 서면을 이용자에게 직접 교부하거나, 우편 또는 모사전송을 통하여 전달하고 이용자가 동의 내용에 대하여 서명날인 후 제출하도록 하는 방법, 동의 내용이 적힌 전자우편을 발송하여 이용자로부터 동의의 의사표시가 적힌 전자우편을 전송받는 방법, 전화를 통하여 동의 내용을 이용자에게 알리고 동의를 얻거나 인터넷주소 등 동의 내용을 확인할 수 있는 방법을 안내하고 재차 전화 통화를 통하여 동의를 얻는 방법이 있으며, 정보통신서비스제공자 등은 동의를 얻어야 할 사항을 이용자가 명확하게 인지하고 확인할 수 있도록 표시

---

92) 개인의 기본적 인권을 침해할 우려 있는 개인정보로서 개인정보보호지침에서는 인종 및 민족, 사상 및 신조, 출신지 및 본적지, 정치적 성향 및 범죄기록, 건강상태 및 성생활을 들고 있으며(개인정보보호지침 제4조 제2항), 유럽연합 개인정보지침에서는 인종·민족, 정치적 성향, 종교 또는 철학적 신념, 노동조합, 건강 또는 성생활에 관한 개인정보를 들고 있으며, ECOM의 전자상거래 개인정보보호지침에서는 사상·신조 및 종교, 인종·민족·출신지·본적지·신체·정신장애·범죄기록, 노동자의 단결권·단체교섭권 및 단체행동에 관한 사항, 집단시위행위 참가·청원권행사·정치적 권리행사에 관한 사항, 보건의료 및 성생활을 예시하고 있다(정보통신부, 「개인정보보호지침 해설서」, 2000·7, 8~10면).

하여야 한다. 다만, 정보통신서비스제공자 등은 개인정보 수집 매체의 특성상 동의 내용을 전부 표시하기 어려운 경우 이용자에게 동의 내용을 확인할 수 있는 방법(인터넷주소·사업장 전화번호 등)을 안내하고 동의를 얻을 수 있다(동 시행령 제12조).

3. 개인정보의 관리 및 이용

(1) 개인정보의 관리 및 개인정보취급방침

사업자는 개인의 동의를 얻어 수집한 정보에 대하여 정확한 형태로 보존하여야 한다. 개인정보는 상시 변경되는 정보가 있기 때문에 이러한 정보에 대하여는 항상 최신의 것으로 보존하여야 한다. 하지만 사업자가 개인의 동의 없이 최신의 정보로 보존하기 위하여 추가적인 정보를 수집하는 것은 또 다른 개인정보침해를 유발할 수 있다. 그러므로 정보의 정확성을 확보하기 위하여 보존기간을 지정하고 정기적 갱신을 제도화하여 당해 개인이 직접 정보를 갱신할 수 있는 기회를 부여하여야 할 것이다.[93] 정보주체로부터 동의를 얻어 수집한 정보를 보호 및 이용자의 고충을 처리하기 위하여 사업자는 개인정보관리책임자를 지정하여야 한다. 개인정보관리책임자가 될 수 있는 자로는 임원 또는 개인정보와 관련하여 이용자의 고충처리를 담당하는 부서의 장이다(동 시행규칙 제3조 제1항). 다만, 상시 종업원 수가 5인 미만인 사업자의 경우 또는 인터넷으로 정보통신서비스를 제공하는 것을 주된 업으로 하는 사업자인 경우에 상시 종업원 수가 5인 미만으로서 전년도말 기준으로 직전 3월간 일일평균이용자가 1,000명 이하인 경우에 개인정보관리책임자를 지정하지 않을 수 있으며, 이 경우 사업주 또는 대표자가 개인정보관리책임자가 된다(동법 제27조 제1항 단서, 제2항, 동 시행규칙 제3조 제2항).

사업자는 이용자의 개인정보를 취급하는 경우에는 개인정보취급방침을 정하여 이용자가 언제든지 쉽게 확인할 수 있도록 개인정보의 수집 장소와 매체 등을 고려하여 인터넷 홈페이지의 첫 화면 또는 첫 화면과의 연결화면을 통하여 법 제27조의2 제2항 각 호의 사항을 이용자가 볼 수 있도록 하는 방법으로 점

---

93) 정보통신부, 앞의 책, 21면.

포·사무소 안의 보기 쉬운 장소에 써 붙이거나 비치하여 열람하도록 하는 방법 또는 동일한 제호로 연 2회 이상 계속적으로 발행하여 이용자에게 배포하는 간행물·소식지·홍보지·청구서 등에 지속적으로 게재하는 방법으로 개인정보취급방침을 공개하되, 그 명칭을 '개인정보취급방침'이라고 표시하여야 한다(동법 제27조의2, 동 시행령 제14조 제1항). 이러한 개인정보취급방침에는 개인정보의 수집·이용 목적, 수집하는 개인정보의 항목 및 수집방법, 개인정보를 제3자에게 제공하는 경우 제공받는 자의 성명(법인의 경우에는 법인의 명칭을 말한다), 제공받는 자의 이용 목적 및 제공하는 개인정보의 항목, 개인정보의 보유 및 이용 기간, 개인정보의 파기절차 및 방법(제29조 단서의 규정에 따라 개인정보를 보존하려는 경우에는 그 보존근거 및 보존하는 개인정보 항목을 포함한다), 개인정보취급위탁을 하는 업무의 내용 및 수탁자(해당되는 경우에 한한다), 이용자 및 법정대리인의 권리와 그 행사방법, 인터넷 접속정보파일 등 개인정보를 자동으로 수집하는 장치의 설치·운영 및 그 거부에 관한 사항, 개인정보관리책임자의 성명 또는 개인정보보호 업무 및 관련 고충사항을 처리하는 부서의 명칭과 그 전화번호 등 연락처가 모두 포함되어야 한다(동법 제27조의2 제2항). 또한 정보통신서비스제공자등이 개인정보취급방침을 공개하는 경우에는 이용자가 인터넷을 통하여 개인정보취급방침의 주요 사항을 언제든지 쉽게 확인할 수 있도록 하기 위하여 방송통신위원회가 정하여 고시하는 방법에 따른 전자적 표시도 함께 하여야 한다(동 시행령 제14조 제3항). 만일 개인정보취급방침을 변경하는 경우에는 그 이유 및 변경 내용을 정보통신서비스제공자 등이 운영하는 인터넷 홈페이지의 첫 화면의 공지사항란 또는 별도의 창을 통하여 공지하는 방법, 서면·모사전송·전자우편 또는 이와 비슷한 방법으로 이용자에게 공지하는 방법, 점포·사무소 안의 보기 쉬운 장소에 써 붙이거나 비치하는 방법에 따라 지체 없이 공지하고, 이용자가 언제든지 변경된 사항을 쉽게 알아볼 수 있도록 조치하여야 한다(동법 제27조의2 제3항, 동 시행령 제14조 제2항).

정보통신서비스제공자 등은 이용자의 개인정보를 취급함에 있어서 개인정보가 분실·도난·누출·변조 또는 훼손되지 아니하도록 안전성 확보에 필요한 기술적·관리적 조치를 하여야 한다. 이러한 기술적·관리적 조치로는 개인정보의 안전한 취급을 위한 내부관리계획의 수립 및 시행, 개인정보에 대한 불법적인 접근을 차단하기 위한 침입차단시스템 등 접근통제장치의 설치·운영, 접속기록의 위조·변조 방지를 위한 조치, 개인정보를 안전하게 저장·전송할 수 있는 암호화 기술 등을 이용한 보안조치, 백신소프트웨어의 설치·운영 등 컴퓨터바이러스 방지 조치, 그 밖에 개인정보의 안전성 확보를 위하여 필요한 보호조치 등이 이에 해당한다(동법 제28조 제1항, 동 시행령 제15조 제1항). 또한 정보통신서비스제공자 등은 이용자의 개인정보를 취급하는 자를 최소한으로 제한하여야 한다(동법 제28조 제2항). 이와 더불어 이용자의 개인정보를 취급하거나 취급하였던 자는 직무상 알게 된 개인정보를 훼손·침해 또는 누설하여서는 아니 된다(동법 제28조의2).

(2) 개인정보의 취급위탁

개인정보를 제공받은 자가 제3자에게 이용자의 개인정보를 수집·보관·처리·이용·제공·관리·파기 등을 할 수 있도록 업무를 위탁하는 경우에는 개인정보취급위탁을 받는 자 및 개인정보취급위탁을 하는 업무의 내용을 이용자에게 알리고 동의를 얻어야 하며, 상기의 내용 중 어느 하나가 변경되는 경우에도 이를 고지하고 동의를 받아야 한다(동법 제25조 제1항). 다만, 정보통신서비스제공자 등은 정보통신서비스의 제공에 관한 계약의 이행을 위하여 필요한 경우로서 정보주체에 대하여 고지하여야 할 사항 모두를 동법 제27조의2 제1항의 규정에 따라 공개하거나 전자우편·서면·모사전송·전화 또는 이와 유사한 방법에 따라 이용자에게 통지한 경우에는 개인정보취급위탁에 따른 상기의 고지 및 동의절차를 거치지 아니할 수 있다(동법 제25조 제2항, 동 시행령 제10조). 정보통신서비스제공자 등은 개인정보취급위탁을 하는 경우에는 수탁자가 이용자의 개인정보를 취급할 수 있는 목적을 미리 정하여야 하며, 수탁자는 이 목적을 벗어나서 이용자의 개인정보를 취급하여서는 아니 된다. 정보통신서비스제공자 등은 수탁자에 대하여 동법을 위반하지 아니하도록 관리·감독하여야 한다. 만일 수탁자가 개인정보취급위탁을 받은 업무와 관련한 위반행위로 이용자에게 손해를 발생시킨 경우에는 그 수탁자를 손해배상책임에 있어서 정보통신서비스제공자 등의 소속직원으로 본다(동법 제25조 3항 내지 제5항).

(3) 개인정보의 이용

사업자가 개인의 정보를 이용함에 있어서 개인의 동의를 받은 수집목적의 범위 내에서 당해 사업자만 이용하여야 한다(동법 제24조). 따라서 수집목적을 초과하여 개인정보를 이용할 경우에는 사전에 정보주체의 동의를 받아야 한다.

4. 영업의 양도 등

사업자가 개인으로부터 동의를 얻어 정보를 수집하고 이용하는 경우에 당해 목적에만 사용하여야 하고, 동의를 받은 사업자만이 이를 이용하여야 한다. 따라서 사업자가 개인정보를 제3자에게 제공할 경우에 반드시 사전에 정보주체의 동의를 받아야 한다(동법 제24조의2 제1항). 또한 영업의 전부 또는 일부를 양도하거나 합병 등으로 이용자의 개인정보를 타인에게 이전하는 경우에는 개인정보를 이전하려는 사실, 개인정보의 이전을 받는 자의 성명(법인인 경우 법인의 명칭)・주소・전화번호 그 밖의 연락처, 이용자가 개인정보의 이전을 원하지 않을 경우 그 동의를 철회할 수 있는 방법 및 절차를 인터넷 홈페이지 게시, 전자우편・서면・모사전송・전화 또는 이와 유사한 방법 중 하나의 방법에 따라 이용자에게 통지하여야 한다(동법 제26조 제1항, 동 시행령 제11조 제1항). 다만, 정보통신서비스제공자 등 또는 영업양수자 등이 과실 없이 이용자의 연락처를 알 수 없는 경우에 해당되어 제1항의 방법에 따라 통지할 수 없는 경우에는 인터넷 홈페이지에 최소 30일 이상 게시하여야 한다. 또한 천재지변이나 그 밖에 정당한 사유로 홈페이지 게시가 곤란한 경우에는 신문 등의 자유와 기능보장에 관한 법률에 따라 전국을 보급지역으로 하는 둘 이상의 일반일간신문(이용자의 대부분이 특정지역에 거주하는 경우에는 그 지역을 보급구역으로 하는 일반일간신문)에 1회 이상 공고하는 것으로 갈음할 수 있다(동 시행령 제11조 제2항, 제3항). 영업의 양수인 등은 개인정보를 이전받은 경우 지체 없이 그 사실을 상기의 방법으로 이용자에게 통지하여야 하지만, 양도인 등이 그 이전사실을 이미 통지한 경우에는 그러하지 아니하다. 이와 같이 영업의 양수 등으로 인하여 개인정보를 취득한 양수인 등은 당초의 목적범위 내에서만 이용 또는 제공할 수 있으나, 이용자의 별도의 동의를 받은 경우에는 그러하지 아니하다(동법 제26조 제2항, 제3항).

5. 개인정보의 파기

사업자는 정보수집목적의 달성, 보존기간 또는 이용기간의 만료, 동법 제22조

제2항에 따라 이용자의 동의를 얻지 않고 수집·이용한 경우 개인정보의 보유 및 이용기간이 종료한 경우 및 사업을 폐지하는 경우에 당해 개인정보를 파기하여야 하며, 이후의 정보를 보유하기 위하여는 이에 대한 정보주체의 동의를 받거나 다른 법령의 규정[94]에 의하여 보존할 필요성이 존재하여야 한다(동법 제29조). 그리고 정보주체가 이용동의를 철회한 경우에도 지체 없이 수집한 정보를 파기하는 등의 필요한 조치를 취하여야 한다(동법 제30조 제3항).

6. 정보주체의 권리

(1) 동의 및 철회권

정보주체는 사업자의 정보수집 또는 정보이용의 요청에 대하여 동의권과 거부권을 가지며, 동의권의 행사는 서명날인, 전자서명, 전자우편 또는 동의란에 대한 표시로 할 수 있다(동법 제22조, 제24조의2). 이러한 동의권은 개인정보의 수집·이용에 있어서 필수적인 요건이므로 정보주체가 이에 동의하지 않은 경우에 사업자는 개인정보를 수집하거나 이용할 수 없다. 또한 개인정보의 수집 또는 이용에 대하여 정보주체가 동의하였더라도 개인적인 사유 또는 사업자의 목적 이외의 사용 및 제3자에게 동의 없는 유출 등이 발생한 경우에 언제든지 동의를 철회할 수 있으며, 철회시 사업자는 개인정보를 파기하여야 한다(동법 제30조 제1항, 제3항).

(2) 정보접근, 정정 및 삭제권

이와 더불어 수집된 정보에 대하여 정보주체가 직접 자신의 정보에 대하여 확인할 수 있는 정보접근권을 가진다.[95] 이러한 정보접근권은 오류의 정보에 대한 정정권과 삭제권에 대한 기초가 된다. 따라서 사업자는 언제든지 정보주체

---

94) 대표적인 법령으로는 전자상거래소비자보호법이 있다. 동법에서는 전자상거래 사업자가 전자상거래에 관하여 소비자의 개인정보를 수집한 경우에 상당한 기간(6월 내지 5년) 동안 보관할 의무를 부가하고 있다(동법 제6조 제1항). 이는 전자상거래로 인하여 사업자와 소비자 간에 분쟁이 발생한 경우에 입증의 곤란성을 배제하고자 사업자에게 정보보유의무를 부과한 것이다.

95) 정보접근권에 대하여 동법에서는 열람 또는 제공으로 표현하고 있으며, 그 대상을 정보주체의 개인정보뿐만 아니라 이용 및 제3자에게의 제공한 내역 및 수집·이용·제공 등의 동의를 한 내역으로 규정하고 있다(동법 제30조 제2항).

가 정보의 정확성 여부를 확인할 수 있는 조치를 강구하여야 하며, 그 접근의 편리성과 무상 또는 저렴한 비용으로 처리할 수 있도록 하여야 한다. 정보주체가 정보열람 등을 통하여 개인정보의 오류를 발견한 경우에 사업자에게 오류의 정정 또는 삭제를 요구할 수 있으며, 오류의 정정시까지 당해 개인정보의 사용은 금지되며, 지체 없이 정정에 필요한 조치를 취하여야 한다(동법 제30조 제2항, 제4항, 제5항). 하지만 개인에게 처리결과의 통지의무를 사업자에게 부과하지 않음으로 인하여 개인은 자신의 요청에 따라 처리되었는가를 재차 확인하여야 한다. 따라서 이러한 절차상의 복잡성을 피하고 사업자의 의무이행여부를 개인이 쉽게 알 수 있도록 오류수정에 필요한 조치의 이행완료 후 통지의무를 사업자에게 부과하여야 할 것이다.

이러한 개인의 권리를 실현시키기 위하여 사업자는 당해 청구권자가 진정한 정보주체 또는 대리인 여부를 확인할 수 있는 기술적인 조치를 강구하여야 한다. 누구든지 정보를 열람하여 이의 수정, 삭제를 요청할 수 있다면 사업자는 정보의 침해를 방조하는 것이 되므로 반드시 정보주체성을 확인한 후에 이를 인정하여야 할 것이다. 이와 더불어 정보통신망을 이용하여 일반인에게 공개를 목적으로 제공된 정보로 인하여 법률상 이익을 침해받은 정보주체는 당해 정보의 삭제 또는 반박내용의 게재를 요청할 수 있으며, 사업자는 요청을 받은 즉시 필요한 조치를 취하고 이를 통지하여야 한다(동법 제44조의2 제1항). 이러한 삭제 등의 요청을 받은 사업자는 지체 없이 삭제, 임시조치 등의 필요한 조치를 취하고 이를 신청인 및 정보게재자에게 통지하여야 하며, 조취를 취한 사실을 해당 게시판에 공시하는 등의 방법으로 이용자가 알 수 있게 하여야 한다. 다만, 삭제요청에도 불구하고 권리의 침해 여부를 판단하기 어렵거나 이해당사자간 다툼이 예상되는 경우에 해당 정보에 대한 접근을 임시적으로 차단하는 조치를 취할 수 있으며, 임시조치의 기간은 30일 이내로 한다(동법 제44조의2 제2항 내지 제4항). 이러한 필요조치에 관한 사항인 그 내용과 절차에 대하여는 미리 약관에 명시하여야 한다(동법 제44조의2 제5항).

7. 법정대리인의 권리

개인정보의 중요성에 대한 인식이 부족하여 정보를 평가하거나 진위를 판단할 수 있는 능력이 부족한 자에 대하여 정보제공을 요청하는 경우에 당사자뿐만 아니라 타인의 개인정보까지 무제한적으로 유출될 수 있다. 이러한 점에서 각국의 입법에서도 일정연령 미만의 자에게 정보를 수집할 경우에는 반드시 법정대리인의 동의를 얻게 하고 있으며,[96] 동법에서도 14세 미만의 아동으로부터 정보를 수집, 이용 또는 제3자에게 제공할 경우에는 반드시 법정대리인의 동의를 얻도록 하고 있다.[97] 따라서 법정대리인은 아동의 개인정보수집 및 이용, 제3자에의 제공에 대한 동의권을 가지며, 추후 동의에 대한 철회권과 아동의 정보에 대한 열람과 정정을 요구할 수 있으며, 사업자는 법정대리인의 동의를 얻기 위하여 필요한 법정대리인의 성명 등 최소한의 정보를 아동에게 요구할 수 있다(동법 제31조 제1항). 하지만 동 규정은 정보판단능력이 부족한 자에게 타인의 정보제공을 요구하고 있으며, 개인정보수집시 본인의 동의를 요하는 동법 제22조의 규정과 상반된다. 따라서 아동으로부터 수집한 정보를 통하여 법정대리인의 동의를 얻도록 한 동법의 규정은 법정대리인이 직접 자신의 개인정보를 제공함과 더불어 아동의 개인정보수집에 대하여 동의하도록 개정되어야 할 것이다.

---

96) 정보통신부, 앞의 책, 38~41면. 미국은 1999년 1월에 어린이온라인프라이버시법(The Children's Online Privacy Protection Act of 1998)을 제정하여 만13세 미만의 아동으로부터 개인정보를 수집, 이용 및 공개할 경우에 부모의 동의를 얻도록 하고 있으며, 일본의 ECOM 지침에서도 12세에서 15세까지의 아동의 경우에는 부모의 동의를 받도록 하고 있다.

97) 개인정보침해신고센터에서는 법정 대리인의 동의를 얻은 구체적인 방법에 대하여 다음과 같이 제시하고 있다. 정보통신서비스제공자는 제공서비스 특성, 유·무료 여부, 회사정책 등을 고려하여 동의를 얻는 방법을 선택한다. 이러한 방안에는 전자우편을 통한 방법, 전화를 통한 방법, 팩스를 통한 방법 및 일반 우편을 통한 방법 등이 있다. 첫째, 수집한 연락처가 부모의 전자우편인 경우에 전자우편을 통해 관련 사항을 알리고 전자우편, 전화, 서신 또는 팩스 등을 이용해 동의 여부를 회신토록 본문을 기재한다. 둘째, 수집한 연락처가 부모의 전화번호인 경우에 전화를 통해 숙련된 상담원으로 하여금 관련 사항을 알리고 동의 여부를 확인하며 전화 상담일지를 기록하거나 전화 이외의 다른 매체를 통해 동의 여부를 회신토록 안내한다. 셋째, 수집한 연락처가 팩스인 경우에 팩스를 통해 관련 사항을 알리고 전자우편, 전화, 서신 또는 팩스 등을 이용해 동의 여부를 회신토록 안내한다. 넷째, 수집한 연락처가 거주지 주소인 경우에 우편으로 관련 사항을 알리고 전자우편, 전화, 서신 또는 팩스 등을 이용해 동의 여부를 회신토록 안내한다(http://www.cyberprivacy.or.kr/).

Ⅳ. 개인정보 침해에 대한 규제

1. 민사법적 규제

사업자의 불법적인 정보수집행위, 목적 이외의 사용, 제3자에의 무단 제공으로 인하여 개인에게 피해를 주거나 개인 등의 동의철회, 열람 및 정정에 대하여 적절한 조치를 취하지 않아 정보주체에게 손해가 발생한 경우에 사업자는 손해배상책임을 진다. 이 경우에 민법에서는 정보주체에게 사업자의 귀책사유를 입증하도록 하고 있으나, 동법에서는 사업자가 자신의 귀책사유가 없음을 입증하지 못하는 한 손해배상책임을 인정하고 있어 입증책임을 전환하고 있다(동법 제32조). 또한 사업자가 개인정보처리 등을 타인에게 위촉한 경우, 위탁받은 자의 행위로 인하여 피해가 발생한 경우에 사업자는 사용자책임을 부담하기 때문에 위탁받은 자의 귀책사유로 인한 손해에 대하여도 배상책임을 부담한다(동법 제25조 제5항, 민법 제756조 제1항).

2. 형사법적 규제

이용자의 동의를 받지 아니하고 개인정보를 수집한 자, 이용자의 동의를 받지 아니하고 개인의 권리·이익이나 사생활을 뚜렷하게 침해할 우려가 있는 개인정보를 수집한 자, 동의받은 목적외 개인정보를 사용하거나 동의를 받지 않고 개인정보를 제3자에게 제공하거나 그 사정을 알면서 영리 또는 부정한 목적으로 개인정보를 제공받은 자, 이용자의 동의를 받지 아니하고 개인정보 취급위탁을 한 자, 직무상 알게 된 개인정보를 훼손·침해 또는 누설한 자와 이를 알면서 영리 또는 부정한 목적으로 개인정보를 제공받은 자, 오류의 정정요청에 대한 필요한 조치를 하지 아니하고 개인정보를 제공하거나 이용한 자 및 법정대리인의 동의를 받지 아니하고 만 14세 미만인 아동의 개인정보를 수집한 자에 대하여 5년 이하의 징역 또는 5천만원 이하의 벌금이 부과된다(동법 제71조). 또한 기술적·관리적 조치를 하지 아니하여 이용자의 개인정보를 분실·도난·누출·변조 또는 훼손한 자에 대하여는 2년 이하의 징역 또는 1천만원 이하의 벌금이 부과된다(동법 제73조). 법인의 대표자나 법인 또는 개인의 대리인·사용인 그 밖의 종업원이 그 법인 또는 개인의 업무에 관하여 상기의 위반행위를 하였을 경우 행위자를 벌하는 외에 그 법인 또는 개인에 대하여도 해당 조문의 벌금이 부과된다(동법 제75조).

3. 행정법상의 규제

필요최소한의 정보 외의 개인정보를 제공하지 아니한다는 이유로 그 서비스의 제공을 거부한 자, 개인정보를 취급할 때에는 개인정보의 분실·도난·누출·변조 또는 훼손을 방지하기 위한 기술적·관리적 조치를 하지 아니한 자, 개인정보를 파기하지 아니한 자, 동의철회에 따른 개인정보파기조치·열람 또는 제공요청에 따른 조치·오류 정정요청에 따른 필요한 조치를 취하지 않은 자에 대하여는 3천만원 이하의 과태료가 부과된다(동법 제76조 제1항). 또한 이용자에게 개인정보 취급위탁에 관한 사항을 공개하지 아니하거나 알리지 아니한 자, 이용자에게 개인정보의 이전사실을 알리지 아니한 자, 개인정보 관리책임자를 지정하지 아니한 자, 개인정보 취급방침을 공개하지 아니한 자에 대하여는 2천만원 이하의 과태료가 부과된다(동법 제76조 제2항).

Ⅴ. 제도상의 개인정보보호

1. 개인정보침해신고센터

개인정보침해신고센터[98]는 정보보호법상의 개인정보 보호규정을 준수하고 있는지 여부를 감시하는 임무를 수행하며, 한국정보보호진흥원 내에 설치되어 있다. 따라서 누구든지 개인정보를 침해당한 경우에는 신고센터에 소정의 양식에 따라 신고할 수 있으며, 개인정보보호와 관련된 궁금한 사항이나 자신의 권익내용에 관한 사항을 상담 받을 수 있다. 신고 접수된 사항은 행정안전부의 조사계획에

98) http://www.cyberprivacy.or.kr.

의거하여 당사자를 조사하게 되며, 법규위반 여부 결정 및 위반사항 정도에 따라 과태료 부과 및 수사 의뢰를 한 후, 조치결과를 신고자에게 통보하게 된다.

2. 개인정보보호마크제도

(1) 마크제도의 의의

인터넷을 통한 전자상거래가 활성화된 반면에 개인정보침해의 증가는 전자상거래의 발전에 장애가 되고 있다. 따라서 인터넷 이용자의 개인정보를 효과적으로 보호하고, 온라인 거래를 안심하고 행할 수 있는 신뢰기반구축이 필요하게 되었다. 이에 인터넷 사이트의 개인정보보호정책 및 관리수준을 종합적이고 객관적으로 평가하여 일정기준을 충족한 경우에 이를 외부에서 인식할 수 있도록 부여한 표지가 바로 e-Privacy 마크이다. 동 마크가 인증하는 내용은 사이버몰의 개인정보보호에 관한 내용이며, 거래와 관련한 내용은 포함되지 않는다. 동 마크의 주관기관은 한국정보통신산업협회이며, 행정안전부・공정거래위원회・정보통신윤리위원회・한국정보보호진흥원 등에서 후원하고 있다.[99] 또한 마크취득업체가 해외에서도 개인정보보호 우수사이트로 인증받을 수 있도록 하기 위하여 2002년 2월에 일본 경제산업성 산하 일본정보처리개발협회의 프라이버시마크와 국제 상호인증을 위한 협정을 체결하였다.[100]

(2) 마크부여 절차

인증을 신청할 수 있는 자격으로 인터넷사이트를 통하여 개인정보를 수집하여 취급 또는 관리하는 국내 사업자 등이며, 신청일 기준으로 3개월 이내에 개인정보관련 법률의 위반으로 과태료의 부과 또는 형사처벌을 받은 자는 신청할 수 없다. 또한 신청서류를 허위로 작성하거나 마크취득 이후 심사기준을 위반한 경우에 1년 동안 신청자격이 제한된다. 이에 해당하지 않은 사업자는 인증을 신청할 수 있으며, 신청시 작성한 설문지를 제출하고 심사료[101]를 납부하여야

---

99) www.isafe.or.kr.

100) http://www.privacymark.or.kr/isafe/jsp/personal/personal1.jsp.

101) e-Privacy마크를 부여 받기 위하여 사업자가 지급하여야 할 심사료는 대기업인 경우에 100만원, 중소기업인 경우에는 80만원이다(http://www.eprivacy.or.kr/).

한다. 사업자로부터 신청을 받은 경우에 사무국과 인증위원회는 서류심사와 더불어 실질심사를 병행하며, 인증위원회의 인증심사에 합격한 경우에는 동 마크를 사이트에 1년 동안 게시할 수 있다. 구체적인 심사항목은 정보보호법 · 개인정보보호지침 · 한국정보통신산업협회 인터넷사이트안전마크 심사기준을 근거로 하여 작성된 7개 분야 59개 항목으로 구성되어 있다.[102]

(3) 마크부여의 효과

인증위원회로부터 개인정보보호마크부여 결정을 받은 자는 사용계약의 체결 후 1년 동안 동 마크를 인터넷 사이트에 표시할 수 있다. 개인정보보호마크가 표기된 사이트는 이용자로부터 개인정보보호에 대한 신뢰를 받게 되는 효과가 있으며, 외국과의 상호인증협정의 체결시 외국에서 요구하는 개인정보보호수준을 충족한 것이 된다. 하지만 마크부여 후 개인정보침해 사유가 발생한 경우에는 유효기간 내일지라도 마크사용이 금지된다.

〈그림 3〉 ePRIVACY마크

102) 구체적인 심사항목을 살펴보면, 개인정보의 수집에 관한 조치(개인정보의 수집자 · 개인정보의 수집 · 수집의 제한 · 쿠키활용 · 수집의 동의), 개인정보이용 및 관리(이용 및 제공의 제한 · 영업양도 등 권리의무이전에 따른 개인정보의 관리 · 개인정보의 안전성확보를 위한 기술적 · 관리적 대책 · 개인정보의 파기 · 개인정보의 위탁처리), 이용자의 권리(동의철회 · 열람 또는 정정요구), 공개 및 책임(개인정보보호정책 · 개인정보보호교육 · 내부 모니터링 · 개인정보관리책임자 · 비밀유지), 만14세 미만의 아동에 관한 특별조치(아동의 개인정보수집 · 법정대리인의 동의 · 법정대리인의 권리), 이용자의 권리구제 및 기타로 구성되어 있다.

제4편 | 특수거래와 소비자보호

제1장

할부거래와 소비자보호

Ⅰ. 할부거래법의 제정목적

과학기술의 발달은 동산 또는 용역(이하에서는 '동산 등'이라 한다)의 가격을 하락시켜 저렴한 가격으로 소비자가 동산 등을 구입할 수 있도록 하였지만, 동시에 고품질을 가진 고가동산의 생산을 가능하게 하였다. 하지만 경제적인 여유가 없는 소비자가 고가의 동산을 매수하는 것은 현실적으로 불가능하다. 따라서 사업자가 고가의 동산을 경제적 여유가 없는 소비자에게 판매하기 위한 방법으로 등장하게 된 것이 바로 할부거래이다. 이러한 할부거래는 기존의 거래와 비교하여 매매대금을 일시불로 지급하는 것이 아니라 일정한 기간 동안 대금을 분할하여 지급하는 것으로서 소비자는 동산을 구입함에 있어 지급하여야 하는 초기대금이 전체 대금의 일부이기 때문에 경제적으로 여유가 없는 소비자도 고가의 동산을 구입할 수 있다는 장점을 부여한다. 하지만 대금의 분할지급으로 인하여 소비자가 동산을 구입함에 있어 합리적으로 구매의사를 결정하는 것이 아니라 충동적인 구매를 할 수 있는 여지를 제공하며,[1] 대금에 부가되는 할부수수료에 관한 정보를 소비자에게 제공하지 않음으로 인하여 결과적으로 더 많은 대금을 지급하게 된다. 또한 할부거래시 소유권이 사업자에게 유보되어 있는 경우에 있어서 사업자가 소유권에 기한 반환청구권을 행사하거나 대금의 일부미지급 등을 이유로 하여 계약을 해제하고 동산의 반환을 청구하면서 이미 지급한 대금

1) 권오승, "할부매매," 「사법행정」 제385호, 한국사법행정학회, 1993 · 1, 13면.

을 손해배상금으로 충당하여 반환하지 않아 할부거래로 인한 소비자의 피해가 급증하였다.[2] 따라서 할부계약에 의한 거래를 공정하게 함으로써 소비자 등의 권익을 보호하고 건전한 상거래질서를 확립하기 위하여 할부거래법[3]이 제정되었다.

Ⅱ. 할부거래의 의의 및 특성

1. 의의 및 유형

할부거래는 일반적인 거래와 비교하여 대금지급방식에 있어서 특징이 있는 거래이다. 즉, 일반적인 거래에서 동산 등을 매수한 소비자는 동산을 인도받기 전, 인도와 동시에 또는 인도 후 일시에 매매대금 전액을 사업자에게 지급한다. 그러나 할부거래에 있어서 소비자는 동산 등을 먼저 인도받지만, 매매대금은 일시불로 지급하는 것이 아니라 일정한 기간을 정하여 매매대금을 분납한다. 다만, 할부거래법상 적용대상이 되는 할부거래에 대하여 일정한 제한을 두고 있다. 즉, 동법의 적용대상이 되는 할부거래는 2월 이상의 기간을 정하여 3회 이상 대금을 분납하기로 사업자와 소비자가 약정하고 대금을 완납하기 전에 동산 등이 소비자에게 인도되는 거래를 말한다(동법 제2조). 따라서 할부거래는 매매계약의 일종이며, 유상·쌍무·낙성 계약의 성질을 가진다. 하지만 할부거래법에서는 계약체결의 방식에 있어서 서면주의를 요구하고 있기 때문에 요식계약이라 할 수 있으나,[4] 구두로 체결된 할부거래의 효력에 대하여는 유효설과 무

---

2) 어황의, "월부판매와 소비자보호에 관한 법적 고찰," 「법학논고」, 청주대학교, 1981·8, 70면.

3) 할부거래에 관한 사항에 대하여 초기에는 도·소매업진흥법에서 이를 규율하였지만, 동법은 도·소매업을 진흥하는 것을 1차적인 목적으로 하기 때문에 할부거래를 이용하는 소비자보호에 적합하지 않았다. 따라서 1991년에 도·소매진흥법에서 할부거래에 관한 사항을 분리하여 할부거래법을 제정하게 되었다(권오승, 앞의 소비자보호법, 181~182면).

4) 서면주의를 위반한 할부거래의 효력도 유효하기 때문에 요식계약이 아닌 불요식계약이라고 주장하는 견해가 있다(김형수, "할부매매," 「법학논총」 제5권, 조선대학교 법학연구소, 1999·6, 189~190면; 이정식, "할부매매의 법리 구성에 관한 고찰," 「법학논문집」 제21집, 중앙

효설로 대립하고 있으며, 이에 관하여는 후술한다. 또한 할부거래의 법적 성질에 대하여 임대차계약설, 혼합계약설, 소유권유보계약설, 물권적 기대권설 등으로 설명하고 있으나,[5] 이는 소유권이 유보된 할부거래에 대한 성질이기 때문에 할부거래 일반에 대한 성질로 파악하는 것은 적합하지 않다.

할부거래는 매매대금의 지급방식에 따라 사업자와 소비자 간 할부거래와 사업자, 소비자 및 신용제공자 간의 할부거래로 구분된다. 전자의 경우에 사업자에 대한 할부금 지급의무는 소비자가 부담하지만, 후자의 경우에 신용제공자가 대금을 지급하고, 소비자에게 대금을 청구한다.[6]

2. 할부거래의 특성

(1) 대금의 분할지급

할부거래는 일반거래와 비교하여 대금의 분할지급이라는 특성을 가지고 있다. 매매계약이 체결된 경우에 사업자는 목적물인도의무를 부담하며, 소비자는 대금을 지급할 의무를 부담한다. 이러한 양 당사자의 의무는 특약이 없는 한 동시이행의 관계에 있다(민법 제536조 제1항). 하지만 할부거래에 있어서 소비자의 대금지급의무는 사업자의 목적물인도의무보다 나중에 이루어진다. 이러한 점은 일부의 전체 대금 중 일부만의 지급으로 고가의 동산을 사용할 수 있다는 편익을 소비자에게 부여함과 더불어 사업자에게는 광범위한 소비자를 확보할 수 있다는 장점을 부여한다.

(2) 소유권유보부매매

앞에서 살펴보왔듯이 할부거래는 대금의 완납 이전에 사업자가 목적물인 동산 등을 소비자에게 이전한다. 하지만 소비자가 대금을 지급하지 않은 경우에

대학교 법학연구소, 1996・12, 198면).

5) 김형수, 앞의 글, 190면; 이정식, 앞의 글, 202~216면; 엄영진, "할부판매의 성질,"「고시계」 제303호, 국가고시학회, 1982・5, 86~90면.

6) 소비자에게 할부거래에 관한 신용을 제공하는 자가 누구인가에 따라 사업자가 제공하는 경우를 자체할부계약이라 하고, 제3자인 신용제공자가 제공하는 경우를 간접할부계약이라고 칭하는 견해도 있다(권재열, "할부거래법상 할부매매의 법률관계,"「판례월보」 제361호, 판례월보사, 2000・10, 50면).

사업자의 대금청구권이 유명무실해질 우려가 발생할 수 있다. 따라서 사업자가 소비자에 대한 대금청구권을 실효성 있게 보장받기 위하여 할부거래계약을 체결할 때 목적물의 소유권을 사업자에게 유보한다. 즉, 매매계약의 체결 후 상품 등은 인도되었지만, 소유권은 사업자가 계속하여 보유하게 되며, 소비자의 대금 미지급이 있을 경우에 소유권에 기한 반환청구권을 행사하여 목적물을 반환받음과 더불어 소비자의 기 지급한 할부금은 손해배상액과 상계하고 나머지 할부금만을 소비자에게 반환하게 된다. 이러한 소유권유보는 사업자에게 대금청구권을 담보하는 역할을 하지만 소액의 할부금지급의 지연에 대하여도 반환청구권을 행사할 수 있게 되어 소비자의 피해가 발생하게 되는 원인이 된다. 또한 사업자가 파산한 경우에 사업자의 채권자는 할부거래의 목적물을 강제집행할 수 있으며, 소비자는 일반채권자의 지위를 가지게 되어 목적물에 대한 소유권 또는 기 지급한 할부금에 대하여 전혀 보호를 받지 못하게 되는 결과가 발생할 수 있다. 이러한 소비자피해의 발생을 방지하기 위하여 할부거래법에서는 사업자가 목적물반환청구권을 행사함에 있어서 반드시 계약을 해제하도록 하고 있으며, 사업자가 파산하여 채권자가 할부거래의 목적물을 강제집행한 경우에 소비자를 보호하기 위하여 잔여 할부금을 일시에 지급함으로써 강제집행을 면할 수 있도록 하고 있다.[7)]

Ⅲ. 적용범위

1. 할부금 지급방식 및 시기

할부거래는 동산 등에 대한 매매계약이라는 점에서 일반적인 거래와 동일하지만 대금의 지급방식에 있어서 차이가 있다. 즉, 일반적인 거래에 있어서는 대금지급의무를 일시에 지급하는 것이 원칙이지만, 할부거래에 있어서는 대금을 분할하여 지급한다. 하지만 할부거래법의 적용대상이 되는 할부거래는 대금의

7) 졸고, "할부거래와 소비자보호," 「상사법연구」 제22권 제5호, 한국상사법학회, 2004・2, 339면 이하 참조.

분할지급방식에 있어서 일정한 제한을 두고 있다. 즉, 동산 등의 대금을 2월 이상의 기간을 정하여 3회 이상 분납하기로 하는 할부거래에 대하여 적용된다. 따라서 2월 미만의 기간내에 수회 분할 지급하도록 하거나 2월 이상의 기간을 두더라도 2회 이하 분납하기로 하는 할부거래에 대하여는 적용이 되지 않는다. 또한 할부거래법이 적용되기 위하여는 대금의 완납이전에 상품 등이 소비자에게 인도되어야 하기 때문에 대금을 2월 이상의 기간을 걸쳐 3회 이상 분납하기로 하더라도 목적물을 대금의 완납 이후에 인도받기로 한 경우에는 적용대상이 되지 않는다(동법 제2조 제1항).[8)]

2. 할부거래의 목적물

할부거래의 목적물은 동산 또는 용역에 한정된다(동법 제2조 제1항 본문). 따라서 부동산에 대한 할부거래[9)]는 적용대상이 되지 못한다.[10)] 동산이라 할지라도 그 성질상 할부거래법을 적용하는 것이 적합하지 않은 것으로 농・수・축・임・광

---

8) 선불식 할부거래에 대하여 우리는 규정을 두고 있지 않지만, 일본의 경우 할부거래법에서 이를 규정하고 있다. 특히, 이와 관련하여 문제가 되고 있는 것이 상조서비스계약이다.

9) 우리의 할부거래법과 달리 미국의 통일소비자신용보호법에서는 부동산의 할부거래도 적용범위에 포함시키고 있다(김성천, "할부거래법의 문제점과 개정방향," 「소비자문제연구」 제24호, 한국소비자보호원, 2001・6, 92면).

10) 부동산할부거래에 대하여도 할부거래법의 적용을 주장하는 견해도 있다. 즉, 부동산 특히, 주택은 인간의 생을 유지함에 있어서 필수요소이지만, 가격이 고가이기 때문에 할부거래가 주로 이루어진다. 또한 부동산할부판매업자의 부당한 거래행위로 인한 소비자피해가 IMF 이후 급증하고 있기 때문에 할부거래법의 적용을 통한 보호의 필요성이 제기된다고 한다(신종철, "할부거래에 관한 연구," 박사학위논문, 동아대학교, 1994, 173~175면; 김성천, 앞의 글, 92~93면). 하지만 목적물에 관한 할부거래법의 적용범위를 부동산까지 포함한다고 하여도 할부거래법은 적용되지 못한다. 즉, 사업자인 건설회사는 소비자에게 먼저 분양계약을 체결한 후 준공하기 때문에, 소비자가 먼저 계약금, 중도금 및 잔금을 지급하고 주택을 인도받는다. 따라서 대금의 완납전에 목적물을 인도받은 할부거래만을 적용대상으로 하고 있기 때문에 대부분의 부동산 특히, 주택은 적용대상에서 제외된다. 또한 부동산할부거래에 있어서 사업자의 부당한 거래행위 특히, 하자 있는 부동산에 대한 할부거래에 대하여 소비자가 항변권을 주장할 수 있는가의 문제를 해결하기 위하여 할부거래법의 적용을 주장하지만(김성천, 앞의 글, 92면), 소비자가 대금을 완납하기 이전에 주택을 인도받은 경우에 있어서도 사업자의 불완전이행이기 때문에 소비자는 대금지급을 거절할 수 있다.

산물로서 통계법 제11조의 규정에 의하여 작성한 한국표준산업분류표상의 제조업에 의하여 생산되지 아니한 것, 약사법 제2조 제4항의 규정에 의한 의약품, 보험업법에 의한 보험, 증권거래법 제2조 제1항의 규정에 의한 유가증권, 단기금융업법 제2조 제1항의 규정에 의한 어음 및 채무증서, 주식회사의 외부감사에 관한 법률 제2조의 규정에 의한 회계감사 및 소비자의 주문에 의하여 개별적으로 제조·제공되는 목적물에 대하여는 동법이 적용되지 않는다(동 시행령 제2조).

3. 할부거래의 당사자

할부거래법은 할부거래를 이용하는 소비자를 보호함을 주된 목적으로 하기 때문에 사업자와 소비자 간 할부거래를 주된 규율대상으로 한다. 따라서 사업자가 상행위를 목적으로 동산 등에 대한 할부거래를 체결하여도 적용대상이 되지 않는다(동법 제2조 제2항). 다만 사업자라 할지라도 사실상 소비자의 지위에서 할부거래를 체결한 경우에는 할부거래법의 적용을 받는다. 또한 소비자기본법에서는 일정규모 미만의 사업자[11]에 대하여도 소비자로 인정하고 있으나(동 시행령 제2조 제2호), 할부거래법에서는 매수인이 상행위를 목적으로 할부계약을 체결한 경우를 배제하고 있으므로 이 역시 배제된다. 하지만 개인 간의 할부거래에 대하여도 할부거래법을 적용할 필요가 있는가에 대하여는 의문이 제기되며, 소비자기본법에서 일정규모 미만의 사업자에 대하여도 소비자로 인정하고 있기 때문에 법 전체의 통일적인 적용을 위하여 이러한 사업자의 할부거래에 대하여도 동법의 적용을 인정하는 것이 타당할 것이다.

11) 이러한 사업자로는 제공받은 동산 등을 농·축산업 또는 어업활동을 위하여 사용하는 자 중 모돈 500두 이상의 양돈업자, 닭 5만 수 이상 양계업자와 해양수산부장관의 허가를 받은 원양어업자를 제외한 자가 이에 해당된다(소비자기본법 시행령 제2조 제2호, 축산법 제21조 제1항, 동 시행규칙 제26조, 수산업법 제41조 제1항).

Ⅳ. 할부거래의 법률관계

1. 정보제공의무

할부거래는 대금의 분할지급이라는 특성을 가지고 있기 때문에 초기에 지급하여야 할 금액은 매우 소액이거나 없는 경우가 대부분이다. 이 결과 소비자는 자신의 경제적 능력을 합리적으로 판단하지 않고 할부거래에 대한 청약을 행하게 된다. 따라서 소비자가 할부거래를 체결하기 전에 자신의 구매의사를 정확하게 판단할 수 있도록 하기 위하여 사업자는 계약체결 전에 할부거래에 관한 정보를 사업장내 매수인이 보기 쉬운 장소에 게시하거나 9호 이상의 큰 활자를 사용한 서면으로 소비자에게 표시하고 고지하여야 한다(동 시행규칙 제2조 제1호). 특히, 대금부분과 관련하여 사업자는 할부거래에 의하지 않을 경우에 지급할 금액(현금가격)과 매매대금과 할부수수료를 포함한 할부금의 총합계금(할부가격)을 소비자가 쉽게 알 수 있도록 제공하여야 할 것이다. 이와 같이 사업자가 계약체결 전에 소비자에게 제공하여야 할 정보로는 목적물의 종류 및 내용, 현금가격(할부계약에 의하지 아니하고 매수인이 목적물의 인도 등을 받은 때에 매도인에게 지급하여야 할 대금전액), 할부가격(매수인이 매도인 또는 신용제공자에게 지급하여야 할 할부금의 총합계액), 각 할부금의 금액·지급횟수 및 시기, 할부수수료의 실제연간요율 및 계약금(최초지급금·선수금 등 명칭여하를 불구하고 할부계약을 체결하는 때에 매수인이 매도인에게 지급하는 금액) 및 지연손해금 산정시 적용하는 율이 있다(동법 제3조 본문). 다만 여신전문금융업법에 의한 신용카드가맹점과 신용카드회원 간의 할부계약의 경우에는 할부가격, 계약금 및 지연손해금 산정률에 관한 사항을 표시하지 아니할 수 있다(동법 제3조 단서). 만일 사업자가 할부계약을 체결하기 전에 소비자에게 상기의 사항을 표시하지 않거나 허위로 표시한 경우에 500만원 이하의 과태료를 부과받게 된다(동법 제14조 제1호). 이와 같이 할부거래를 체결하기 전에 소비자가 할부계약의 체결여부를 합리적으로 판단하기 위하여 필요한 정보를 사업자가 제공하도록 규정하고 있으나, 할부계약의 중요한 요소인 소비자의 청약철회권·소유권유보에 관한 사항·사업자의 해제권·기한이익의 상실·소비자의 항변권 등의 사항에 대하여 표시 및 고지대상에서 배제하고 있다. 이러한 소비자의 권리 등은 할부계약에 있어서 중요사항이므로 소비자가 합리적인 판단하에 할부거래를 체결하기 위하여는 반드시 사전에 제공되어야 할 정보이다. 또한 다른 특수거래관련 소비자보호법인 방문판매법과 전자상거래소비자보호법에서는 사전 정보제공의 대상인 정보와 계약서의 기재사항을 동일하게 정하고 있음에도 불구하고 이를 달리 정하고 있는 할부거래법은 소비자의 합리적인 판단에 불충분한 정보제공을 인정하고 있기에 이러한 내용 역시 사전에 제공하여야 할 정보로 포함시켜야 할 것이다. 또한 이러한 할부계약에 관한 정보에 대하여 사업자는 이를 표시할 뿐만 아니라 소비자에게 고지할 의무를 부담한다. 즉, 표시는 할부계약의 정보를 소비자에게 나타내는 것을 말하며, 고지는 그 구체적인 내용을 소비자에게 알리는 것이다. 이러한 점을 볼 때, 표시의무의 이행도 중요하지만, 더 중요한 것은 고지의무의 이행이다. 그럼에도 불구하고 표시의무위반에 대하여는 과태료 규정을 두고 있지만, 고지의무의 미이행에 대하여는 과태료 규정을 두고 있지 않다. 따라서 표시의무 위반에 대한 과태료 규정의 부과요건을 표시 또는 고지로 개정하여야 할 것이다.

2. 할부거래의 체결

(1) 서면주의

계약에 있어서 방식의 자유가 인정되기 때문에 당사자는 구두 또는 서면 등으로 계약을 체결할 수 있다. 하지만 구두로 계약을 체결한 경우에 당사자가 경솔하게 체결할 수 있으며, 추후 계약에 관한 분쟁이 발생할 경우에 이를 입증하기가 곤란하다. 이러한 점에서 예외적으로 방식의 자유를 제한하여 계약체결을 서면으로 하도록 하고 있다.[12] 할부거래 역시 소비자의 신중한 계약

12) 계약체결의 자유를 제한하여 서면에 의한 계약체결을 요구하는 경우로는 국가를 계약당사자로 하여 체결하는 계약(국가를 당사자로 하는 계약에 관한 법률 제11조 제1항 본문), 건설공사의 도급계약과 하도급계약(건설산업기본법 제22조 제2항), 계약에 의한 부동산소유권등기이전의 경우(부동산등기특별조치법 제3조 제1항), 서면에 의한 증여계약(민법 제555조) 등이 있다. 또한 미국 사기방지법(Statute of Frauds)에서는 영국 사기와 위증의 방지법(Act for Prevention of Frauds and Perjuries 1677)의 영향을 받아 일정한 계약에 대하여 서면으로 체결할 것을 요구하고 있으며, 이를 위반한 계약의 효력을 무효로 하고 있다[통일상법전(Uniform Commercial

체결과 추후 분쟁의 발생시 입증의 곤란성을 배제하기 위하여 서면으로 체결하도록 하고 있다(동법 제4조 제1항).[13] 할부거래의 계약서는 9호 이상의 큰 글자를 사용하여 작성하여 하며, 목적물의 소유권의 유보에 관한 사항, 매수인의 철회권과 행사방법에 관한 사항, 매도인의 할부계약의 해제에 관한 사항 및 매수인의 기한이익 상실에 관한 사항에 대하여는 붉은색으로 기재하고 테두리를 하여야 하며, 매수인의 철회권행사를 위한 서식을 포함시켜야 한다(동 시행규칙 제3조).

(2) 계약서의 기재사항과 기재방식

사업자가 할부거래의 계약서를 작성함에 있어 매도인・매수인 및 신용제공자의 성명 및 주소, 목적물의 종류・내용 및 목적물의 인도 등의 시기, 현금가격, 할부가격, 각 할부금의 금액・지급회수 및 시기, 할부수수료의 실제연간요율[14],

---

Code) 제2-201조, 캘리포니아 민법(California Civil Code) 제1624조]. 이러한 형태에 속하는 계약으로는 체결 이후 1년 내에 이행이 완료될 수 없는 계약, 보증계약, 유언집행인 또는 유산관리인에 의한 계약, 혼인의 약인에 관한 계약, 부동산매매계약이 있다(Pamela R. Tepper, The Law of Contracts and The Uniform Commercial Code, New York; Delmar Publishers, 1995, pp.123～134). 다만, 1년 이내에 이행할 수 없는 계약인 보험계약에 대하여 서면으로 체결하지 않았다고 하더라도 1년이 도과하기 이전에 보험사고가 발생한 경우 예외적으로 보험계약은 유효하므로 보험금청구에 대하여 보험회사는 거부할 수 없다.

13) 권재열, 앞의 글, 54면; 황적인・이상정, 「소비자보호법」, 대학출판사, 1993, 300면; 手塚宣夫, "割賦購入あっせん契約," 「消費者保護の法律問題-森泉 章/池田眞朗 編」, 勁草書房, 1994, 196면.

14) 할부수수료의 실제연간요율에 대한 계산방식은 복리계산방법과 단리계산방법이 있으며, 이 중 하나를 선택하여 산정한다(동 시행령 별표). 이 경우 최고연간요율은 연 4할을 한도로 공정거래위원회가 정하는 최고이율이지만, 현재 공정거래위원회가 이를 정하고 있지 않기 때문에 최고요율은 4할이다. 그러나 이자제한법상 최고이율이 30%라는 점을 감안할 때 40%는 과도한 금액이라고 할 수 있다(동 시행령 제3조 제2항). 이러한 점은 공정거래위원회가 최고이율을 정하지 않음으로 인하여 발생하는 문제이며, 조속히 공정거래위원회가 정하거나 아니면 최고이율을 이자제한법상 최고이율로 정하는 것이 필요하다.

가. 복리계산방법 : $A = p \times r \times \dfrac{(1+r)^n}{(1+r)^{n-1}}$

나. 단리계산방법 : $R = \dfrac{F}{P} \times \dfrac{24}{n+1}$

A : 월할부금

P : 할부원금(현금판매가격 또는 매도인・신용제공자가 매수인으로부터 계약금・선수금 등을 받은 경우에는 현금판매가격에서 계약금・선수금 등을 뺀 금액을 말한다)

목적물의 소유권의 유보에 관한 사항, 매수인의 철회권과 행사방법에 관한 사항, 매도인의 할부계약의 해제에 관한 사항, 매수인의 기한이익 상실에 관한 사항, 매수인의 항변권과 그 행사방법에 관한 사항 및 지연손해금 산정시 적용하는 율이 기재되어야 한다(동법 제4조 제1항). 다만, 신용카드를 통한 할부거래의 경우 할부가격과 지연손해금 산정률에 대하여는 기재하지 않을 수 있다. 이러한 내용에 대하여 계약서에 기재할 경우 계약서의 글자는 9호 이상의 활자를 사용하여야 하며, 소유권유보・철회권・할부계약의 해제・기한의 이익・항변권・지연손해금산정률에 대하여는 기재사항의 글씨와 다른 색의 글씨 또는 굵은 글씨를 사용하여 명확히 드러나게 하여야 하며, 철회권 및 항변권 행사에 필요한 서식을 포함시켜야 한다(동 시행규칙 제3조 제1항). 만일 3자간 할부거래의 경우에 있어서 계약체결 당시 신용제공자의 성명 및 주소가 확정되지 않은 경우 계약서에 할부의 유형을 기재하고, 신용제공자가 확정된 때에 그 성명 및 주소를 매수인에게 서면으로 지체 없이 통지하여야 한다(동 시행규칙 제3조 제2항). 따라서 할부거래의 계약서에 상기의 내용이 누락되어 있거나 불확실한 경우에 사업자와 소비자 간의 특약이 없는 한, 그 계약내용은 어떠한 경우에도 소비자에게 불리하게 해석되어서는 아니 된다(동법 제4조 제4항).

(3) 계약서 교부의무

사업자는 소비자와 할부거래를 체결한 경우에 즉시 상기의 기재사항을 기재한 계약서 1부를 소비자에게 교부하여야 한다(동법 제4조 제3항). 이러한 계약서 교부의무는 추후 계약의 내용을 확인하기 위한 방편이자, 계약의 증거자료로 활용하기 위함이다. 만일 할부거래의 체결 후 계약서를 교부하지 않거나 상기의 사항을 모두 기재하지 않은 계약서 또는 허위의 사실을 기재한 계약서를 교부

---

r : 할부수수료의 실제월요율(할부수수료의 실제연간요율÷12)

n : 대금지급기간(월을 기준으로 한다)

R : 할부수수료의 실제연간요율

F : 할부수수료의 총액[금리・신용조사비・사무관리비 기타 명목여하를 불문하고 할부판매에 관한 수수료로서 매수인이 매도인 또는 신용제공자에게 지급하는 금액의 총액을 말한다. 다만, 저당권의 설정・말소, 공정증서의 작성 등 채권의 확보를 위하여 드는 수수료(수수료의 금액은 해당 법령에서 정한 금액을 기준으로 한다)를 별도로 표시하고 할부수수료에 포함하지 아니한다는 뜻을 명시한 경우에는 이를 뺀 금액을 말한다]

한 사업자는 500만원 이하의 과태료를 부과받게 된다(동법 제14조 제2호).

(4) 서면에 의하지 않은 할부거래의 효력

할부거래법에서는 소비자의 신중한 선택 및 분쟁해결을 위하여 방식에 있어서 서면주의를 취하고 있다. 하지만 사업자가 서면에 의하지 않은 할부거래를 체결하였을 경우에 그 효력에 대하여 무효설[15]과 유효설[16]로 대립하고 있다. 무효설에 따르면 할부거래는 당사자의 신중을 기할 수 있도록 체결의 방식에 대하여 일정한 제약을 두고 있기 때문에 이를 위반한 경우에 당해 계약은 무효가 된다고 한다. 유효설은 당사자의 신중을 기하기 위하여 서면주의를 취하고 있지만 이는 효력규정이 아니라 단속규정이기 때문에 계약의 효력에는 영향을 미치지 않는다고 한다. 할부거래를 서면으로 체결하지 않은 경우에 무효설에 따르면 당해 계약은 무효이므로 소비자는 법률상 원인 없이 목적물을 사용하게 된 것이므로 부당이득반환의무를 부담하며, 사업자 역시 지급받은 대금을 반환하게 된다(민법 제741조). 이러한 결과는 소비자가 계속하여 목적물을 사용할 수 있다는 전제를 부정하게 되는 것이며, 사용도중에 언제든지 반환청구를 받게 된다. 이는 소비자가 할부금을 계속적으로 지급하는 한 목적물을 사용할 수 있다는 기대감을 저해하는 것이므로 구두에 의한 할부거래의 체결을 무효로 인정하는 것은 소비자보호에 충실하지 않다고 할 수 있다. 따라서 서면에 의하지 않은 할부거래의 효력에 대하여 유효설에 찬동한다. 그러므로 할부거래의 체결을 서면으로 하지 않더라도 서면주의에 관한 할부거래법의 규정은 임의규정이자, 사업자에 대한 주의규정이기 때문에 사법상의 효력은 유효이다. 또한 대부분의 단속법규의 위반에 대하여 과태료 등을 부과하고 있지만 할부거래법에서는 서면주의를 위반한 사업자에 대한 과태료 규정을 두고 있지 않다. 하지만 서면으로 할부거래를 체결하지 않은 사업자는 체결 즉시 계약서 1부를 소비자에게 교부하지 않았기 때문에 500만원 이하의 과태료를 부과받게 되나 이는 서면으로 체결하지 않았기 때문이 아니라 계약서를 교부하지 않았기 때문이다(동법 제14조 제2호).

---

15) 김상용, 「채권각론」, 법문사, 2003, 18면.

16) 지원림, 앞의 책, 1117면; 신종철, “할부거래의 법적 구성 및 할부매매의 특성,” 「해법·통상법」 제7권 제1호, 한국해사법학회, 1995·8, 148면.

3. 동산 등의 인도와 대금지급

(1) 동산 등의 인도의무

할부거래가 체결된 경우에 사업자는 동산 등을 인도할 의무를 부담한다. 인도시기에 관하여 소비자와 특약이 없는 한 소비자의 대금지급의무와 동시이행의 관계에 있다(민법 제536조 제1항). 이러한 대금지급의무는 1회의 할부금 또는 계약금을 의미한다. 하지만 할부거래법에서는 다른 소비자보호법과 달리 사업자의 동산 등의 인도의무의 이행시기에 대하여 규정을 두고 있지 않아 문제가 제기된다. 따라서 전자상거래소비자보호법과 같이 소비자가 대금을 먼저 지급한 경우에 수령일로부터 3영업일 이내 또는 할부거래를 체결한 날로부터 7일 이내에 인도에 필요한 조치를 완료하도록 법령을 보완하여야 할 것이다(전자상거래소비자보호법 제15조 제1항).

(2) 대금지급의무

사업자의 목적물인도의무에 대하여 소비자는 약정된 시기에 할부금을 지급할 의무를 부담한다. 하지만 소비자의 일시적인 지연을 이유로 하여 기한의 이익을 상실하게 하여 나머지 대금의 전부를 일시에 지급하게 하거나 계약해제권을 행사하여 목적물의 반환을 청구하는 사례가 증가하고 있다. 하지만 소비자의 일시적인 지연은 악의적으로 행하여진 것이 아니기 때문에 기한의 이익을 상실하게 하거나 할부거래를 해제하는 것은 소비자에게 목적물을 사용할 수 있는 권리를 박탈함과 더불어 사업자에게 일방적으로 유리한 내용이다. 따라서 할부거래법에서는 소비자의 일시적인 할부금지연으로 인한 피해를 방지하기 위하여 기한의 이익상실과 계약해제에 관하여 일정한 제한을 두고 있다.

① 기한이익의 상실

소비자가 기한의 이익을 상실하여 잔여할부금 전액을 지급하여야 하는 경우로는 소비자가 할부금의 지급을 2회 이상 지연하고 지연금액이 할부가액의 10분의 1을 초과한 경우와 생업에 종사하기 위하여 외국으로 이주하는 경우 및 외국인과의 결혼 및 연고관계로 인하여 이주하는 경우로 한정된다(동법 제10조). 이러한 요건을 완화하여 소비자의 기한의 이익을 상실하게 하는 약정은 소비자에게 불리한 것으로 무효이다(동법 제13조). 또한 할부수수료가 있는 할부거래에 있어서 기한이익은 소비자뿐만 아니라 사업자도 가지기 때문에 소비자가 기한의 이익을 포기할 경우에는 원칙적으로 상대방의 기한의 이익을 침해하지 못한다(민법 제153조 제2항). 하지만 할부거래법에서는 소비자가 기한이익을 포기한 경우에 특칙을 규정하고 있다. 즉, 소비자는 자신의 기한이익을 포기할 수 있으며, 포기한 경우에도 지급하여야 할 금액은 나머지 할부금에서 잔존기간에 대한 할부수수료를 제외한 금액만을 사업자에게 지급하도록 하고 있다(동법 제11조).

② 할부거래의 해제와 손해배상

소비자가 할부금을 지연한 것은 채무불이행 중 이행지체에 해당한다. 즉, 대금지급의무에 대한 불이행은 이행불능이 아니라 이행지체에 해당한다. 따라서 사업자가 할부거래를 해제하기 위하여는 약정기일 내 할부금의 미지급[17]과 더불어 상당한 기간을 정하여 다시 이행여부를 최고하여야 하며, 최고기간 내에 이행이 없어야 한다(민법 제544조 본문). 할부거래법에서는 최고기간인 상당한 기간을 구체적으로 정하여 14일 이상 이행여부를 최고하도록 하고 있으며, 최고의 방식에 있어서도 서면으로 하도록 제한하고 있다(동법 제8조 제1항).[18] 또한 할부거래를 해제한 경우에 당사자는 원상회복의무를 부담하며, 양자의 의무는 동시이행관계에 있다(동법 제8조 제2항). 또한 소비자가 대금지급을 지연한 경우

17) 사업자의 해제권 발생요건으로 소비자의 대금미지급을 제시하고 있으나, 구체적인 기준을 제시하고 있지 않다. 따라서 1회의 할부금을 미지급한 경우에도 이의 요건을 충족한 것인가의 문제가 제기된다. 그러나 대금 전액을 지급하지 않는 것을 전제로 한 민법상 이행지체의 요건을 할부거래에 그대로 적용하여 1회 할부금의 미지급만으로 해제권의 발생요건으로 정하는 것은 부당하다. 즉, 일부 할부금의 미지급은 불완전이행에 해당하며, 불완전이행의 경우 해제권의 발생은 계약목적을 달성할 수 없는 경우로 제한하고 있다는 점을 고려할 때, 단순히 할부금의 지연이 아닌 기한의 이익상실 규정을 준용하여 할부금을 2회 이상 연속하여 지연하고, 지연금액이 전체할부금의 10분의 1을 초과할 경우로 한정할 필요가 있다.

18) 할부계약상 소비자의 대금미지급에 따른 해제권의 발생요건으로서 최고의 방식인 서면주의는 할부계약의 체결 및 청약철회권의 행사방식인 서면주의와 그 성격이 다르다. 즉, 앞의 두 경우의 서면주의 요건은 임의규정이기에 위반하더라도 그 효과에 대하여는 영향을 미치지 않지만, 최고의 방식에 있어서 서면주의는 소비자에게 대금지연의 사실과 미지급시 계약해제권의 발생사실을 명확하게 고지하기 위함이기에 이에 관한 규정은 강행규정에 해당한다고 할 것이다. 따라서 사업자가 최고를 서면이 아닌 구두로 하였을 경우 최고의 효과는 발생하지 않게 되어 해제권 역시 발생하지 않는다.

에 사업자는 손해배상을 청구할 수 있으며, 사업자의 손해배상청구권은 할부거래의 해제와 관계없이 손해배상만을 청구하는 경우와 계약의 해제와 더불어 손해배상을 청구하는 경우로 구분된다. 하지만 사업자가 청구할 수 있는 손해배상액은 통상손해와 특별손해의 범위가 아닌 일정범위 내로 한정된다(민법 제390조). 따라서 손해배상만을 청구하는 경우에 있어 구체적인 청구금액은 지연된 할부금에 연 4할의 범위 내에서 공정거래위원장이 정한 최고이율의 범위 내에서 사업자와 소비자 또는 신용제공자와 소비자 간 합의한 이율을 곱하여 산정한 금액에 상당하는 지연손해금을 초과하지 못한다(동법 제9조 제1항, 동 시행령 제5조). 또한 할부거래를 해제하고 손해배상을 청구하는 경우에는 연 4할의 범위 내에서 공정거래위원장이 정한 최고이율의 범위 내에서 사업자와 소비자 간 합의한 이율을 곱하여 산정한 금액에 상당하는 지연손해금과 목적물의 반환된 경우에 통상의 사용료액과 계약체결 및 그 이행을 위하여 통상 필요한 비용액의 합계액[19] 또는 목적물의 반환되지 아니한 경우에는 할부가격에 상당한 금액(용역이 제공된 경우에는 이미 제공된 용역의 대가 또는 그 용역에 의하여 얻어진 이익에 상당하는 금액) 또는 목적물의 인도 등이 되기 전인 경우에는 계약체결 및 그 이행을 위하여 통상 필요한 비용액을 합산한 금액을 초과하지 못한다(동법 제9조 제2항). 따라서 사업자는 명칭여하를 불문하고 상기의 금액을 초과하여 소비자에게 손해배상금을 청구하지 못하며, 손해배상을 청구함에 있어 입은 피해를 최소화 할 신의칙상 의무를 부담한다(동법 제9조 제3항, 제4항). 따라서 손해경감의무를 해태하여 확대손해가 발생한 경우에 사업자는 이를 소비자에게 청구할 수 없다.

Ⅴ. 청약철회권

1. 의의 및 구별개념

(1) 의 의

청약철회권이라 함은 소비자가 계약을 체결하여 효력이 발생한 후에도 진정한

19) 할부가격에서 목적물이 반환된 당시의 가액을 공제한 금액이 그 사용료액과 비용액의 합계액을 초과하는 경우에는 그 금액으로 한다(할부거래법 제9조 제2항 제1호 단서).

구입의 필요성이 있는가를 재고할 기간을 부여하고 그 기간 내에 구매의사를 철회한 경우에 계약을 소멸시키는 권리이다.[20] 계약은 일방 당사자가 청약을 하고 상대방이 이에 승낙한 경우에 성립하며, 청약을 수령한 상대방은 이행을 위한 준비를 하게 된다. 만일 청약자가 청약을 임의로 철회할 수 있다면 신의를 바탕으로 한 거래의 안전은 유지될 수 없으며, 상대방에게 불측의 손해를 야기할 수 있기 때문에 민법에서는 철회를 부정하고 있다(동법 제527조).[21] 그러나 특수거래를 통하여 재화 등을 구입하는 소비자는 대금의 분할지급, 방문판매원 또는 전화권유판매원의 적극적인 권유·다단계판매의 특성·사업자의 광고 또는 전자우편 등을 통한 재화 등의 광고내용을 기초로 구매의사를 결정하며, 비대면거래의 특성상 사업자의 과장광고 또는 사업자의 기망행위를 비롯한 불확실한 재화 등의 정보를 기초로 하여 청약을 할 수 있다. 만일 이러한 청약까지 구속력을 인정하면 신의칙에 반하게 된다. 민법에서는 상기의 청약에 대하여 사기 또는 착오 등을 이유로 하여 취소할 수 있도록 규정하고 있으나 전문적인 지식을 가지고 있지 아니한 소비자가 상기의 요건을 입증하기란 그리 쉬운 것은 아니며, 소비자의 충동적인 청약에 대한 구제방안은 민법상 존재하지 않다.[22] 따라서 소비자가 숙고 없이 행한 청약으로 인한 계약의 구속을 받지 않고 간편한 방식으로 계약관계에서 벗어날 수 있도록 하는 방안이 요구되었으며, 이것이 청약철회권이다.[23]

---

20) 若原紀代子, 「民法と消費者法の交錯」, 成文堂, 1999, 191～192면; 이은영, 앞의 글, 61면. 이은영 교수는 청약철회권을 계약철회권이라는 용어와 혼용하여 사용하고 있으나 양자의 의미에 대하여는 동일하게 설명하고 있다.

21) 곽윤직, 앞의 채권각론, 38～39면; 三上雅通, "訪問販賣におけるクーリング・オフ制度," 「森泉 章・池田眞朗 編, 消費者保護の法律問題」, 勁草書房, 1994, 219면. 미국 통일상법전상 청약자는 상대방의 승낙이 있을 때까지 청약을 철회할 수 있다. 즉, 우리 민법에서는 청약이 상대방에게 도달한 후에는 철회를 부정하지만, 통일상법전에서는 상대방에게 도달한 후라 할지라도 승낙이 있기 전까지 철회를 인정하고 있다. 또한 불특정 다수에 대한 청약은 청약을 했던 대중매체를 이용하여 철회할 수 있다(Pamela R. Tepper, *The Law of Contracts and Uniform Commercial Code*, Delmar, 1995, p.34). 다만, 청약자가 상인인 경우에 약정한 기간 동안 또는 기간을 정하지 않은 경우에 합리적인 기간(3개월의 범위) 내에서 철회권의 불행사를 약정할 수 있으며, 이 경우에 청약자는 상대방이 승낙을 하지 않았더라도 철회를 할 수 없다(U.C.C. 제2-205조; 樋口範雄, 「アメリカ契約法」, 弘文堂, 1998, 116～117면).

22) 독일 민법에서도 청약의 구속력을 인정하고 있으나(독일 민법 제145조), 소비자계약과 같은 특수한 계약에서는 청약의 구속력을 배제하고 청약철회권을 인정하고 있다(독일 민법 제312조, 제355조 내지 358조). 양창수, 「독일민법전」, 박영사, 2002, 61/155～163/185～191면.

(2) 취소 및 해제 등과의 구별

① 민법상 철회권

민법상 철회권이라 함은 아직 법률효과를 발생하고 있지 않은 법률행위나 의사표시의 효력을 장차 발생하지 않도록 막는 권리이며,[24] 대표적으로 행위무능력자의 상대방의 철회권과 무권대리인의 상대방의 철회권이 있다(민법 제16조 제1항, 제134조). 이러한 민법상의 철회권과 소비자보호법상의 청약철회권과의 관계는 청약철회권의 성질을 무엇으로 보는가에 따라 구별된다. 즉, 청약철회권을 법정해제권의 일종으로 보는 견해[25]에 따르면 양자는 상이하나, 이를 부정하는 견해에 따르면 청약철회권은 민법상 철회권의 일종이 된다. 하지만 후술하는 바와 같이 청약철회권은 해제권과 구별되며, 철회권과 동일하게 아직 완전한 효력을 발생하지 않은 법률행위의 효력을 장래에 향하여 소멸시키기 때문에 양자는 동일하다고 할 수 있다.[26] 다만, 민법상 철회권은 모든 법률행위에 적용되지만, 청약철회권은 계약에 한정된다는 점에서 차이가 있다. 따라서 청약철회권은 철회권의 일종이라 할 수 있다.

② 취 소 권

취소권이라 함은 취소권자의 일방적 의사표시에 의하여 유효하게 성립한 법률행위의 효력을 법률행위시에 소급하여 무효화시키는 권리를 말한다(민법 제

---

23) 청약철회권에 대한 자세한 내용은 졸고, "특수거래에 있어서 소비자의 청약철회권에 관한 연구,"「민사법학」제29호, 한국민사법학회, 2005 · 9, 323면 이하 참조.

24) 곽윤직, 앞의 채권각론, 82면.

25) 오병철, "전자거래의 민사법적 규율방안,"「정보사회에 대비한 일반법 연구(II)」, 정보통신정책연구원, 1998 · 2, 74면; 김대규, 앞의 글, 331/334면.

26) 무능력자와 계약을 체결한 상대방은 무능력자측의 추인이 있기 전에 철회할 수 있으며, 철회의 대상인 계약은 행위무능력자와의 계약체결로 인하여 효력을 발생하였으나 확정적 효력을 발생하기 전 단계인 유동적 유효상태이다. 이와 달리 철회와 취소를 구별하면서 양자의 차이점을 전자는 아직 효력을 발생하지 않은 법률행위나 의사표시를 대상으로 하나, 후자는 이미 효력을 발생한 법률행위를 대상으로 한다고 주장하면서 양자를 구별하는 견해는 동일한 법률행위를 대상으로 무능력자측에서 취소한 경우에 이미 효력을 발생하였지만 상대방이 철회한 경우에 아직 효력을 발생하기 전이라는 모순을 가지게 된다(곽윤직, 앞의 민법총칙, 296~297면). 따라서 철회 역시 취소와 동일하게 유동적 유효인 법률행위의 효력을 소멸시키는 것이다.

141조 본문). 이러한 취소권은 청약철회권과 비교하여 다음과 같은 점에서 동이(同異)하다. 먼저 동일한 점으로는 첫째, 권리자의 일방적 의사표시만으로 법률관계를 해소한다는 점, 둘째 그 대상인 법률행위의 효력이 유동적 유효라는 점을 들 수 있다. 상이한 점으로는 첫째, 발생근거에 있어서 취소권은 법률의 규정[27]이 있는 경우에만 인정되지만, 청약철회권은 법률의 규정뿐만 아니라 당사자간 약정에 의하여 발생할 수 있다. 둘째, 취소권은 모든 법률행위에 적용되지만, 청약철회권은 계약에 한정된다. 셋째, 취소권을 행사한 경우에 소급효가 인정되지만, 청약철회권을 행사한 경우에 소급효가 인정되지 않는다. 넷째, 반환범위에 있어서 취소의 경우 부당이득의 반환법리가 적용되지만 청약철회권의 경우 원상회복의무를 부담하는 것이 원칙이다. 다섯째, 청약철회권을 행사한 경우에 소비자는 손해배상책임을 부담하지 않지만 착오를 이유로 취소권을 행사한 경우에는 신뢰이익의 범주 내에서 손해배상책임을 부담한다.[28] 여섯째, 권리행사기간에 있어서 취소권은 법률행위를 한 날로부터 10년 또는 추인할 수 있는 날로부터 3년 내에 행사하여야 하지만(민법 제146조), 청약철회권의 경우에는 당사자간 약정기간 또는 7일・14일・30일 또는 3개월 내에 행사하여야 한다.

③ 해 제 권

해제권이라 함은 유효하게 성립한 계약을 채무자의 채무불이행이 있을 경우

27) 취소권을 행사할 수 있는 경우로는 행위무능력자의 법률행위, 사기・강박 또는 착오에 의한 의사표시가 이에 해당한다(민법 제5조 제2항, 제109조 제1항, 제110조 제1항).

28) 착오를 이유로 취소한 경우에 취소자에게 손해배상책임을 인정할 것인가에 대하여는 학설의 대립이 있다. 긍정설은 상대방이 취소로 인하여 예견하지 못한 손해를 입었기에 배상이 필요하며, 그 손해는 전적으로 표의자에 의하여 야기된 것이므로 표의자가 부담하여야 한다고 주장한다(곽윤직, 앞의 채권각론, 58면; 이은영, 「민법총칙」, 박영사, 2004, 533～534면; 이영준, 앞의 책, 374～375면). 부정설은 표의자와 상대방의 이익조절의 구체적인 내용은 법률정책의 문제이며, 우리 민법은 독일 민법과 달리 착오에 의한 취소에 있어서 손해배상책임을 인정하고 있지 않으며, 민법제정과정에서 표의자에게 경과실이 있는 경우에 배상책임을 인정하자는 수정안이 제출되었으나 국회에서 부결되었으며, 이는 법률이 표의자의 손해배상의무를 부인하는 의사를 간접적으로 표현한 것이라고 한다(김증한・김학동, 「민법총칙」, 박영사, 1995, 351면; 大久保憲, "錯誤者の過失-サヴィニーイェリング," 「原島重義 編-ベール-現代私法學の形成と現代法理論」, 九州大學出版會, 1996, 282～283면). 현재 민법개정안 제109조의2에서는 착오취소자에 대하여 손해배상책임을 인정하고 있다.

에 채권자가 일방적으로 계약의 효력을 소멸시킬 수 있는 권리를 말한다. 이러한 해제권은 다음과 같은 점에서 청약철회권과 동이(同異)하다.[29] 먼저 동일한 점으로는 첫째, 권리자의 일방적 의사표시로 계약관계를 소멸시키는 형성권이라는 점, 둘째 모든 법률행위가 아닌 계약관계에서만 인정된다는 점, 셋째 발생근거에 있어서 약정 또는 법정의 사유가 인정된다는 점 등을 들 수 있다. 상이한 점으로는 첫째, 청약철회권의 발생원인은 법률의 규정 또는 약정에 의한 것이나,[30] 해제권은 신의칙상에서도 발생한다.[31] 둘째, 철회권은 취소권과 동일하게 확정적인 효력이 발생하지 않은 법률행위를 소멸케 하지만, 해제권은 완전한 효력을 발생한 계약을 소멸케 하는 점에서 차이가 있다. 셋째, 해제의 소급효를 긍정하는 입장[32]에서는 철회권의 불소급성에서 차이가 있으나, 부정하는 입장[33]

---

29) 청약철회권을 수정된 법정해제권으로 파악하는 견해에서 청약철회권은 해제권과 동일한 것으로 인정된다(김대규, 앞의 글, 334～335면; 현대호, 「소비자계약관련입법의 체계화방안」, 한국법제연구원, 2003 · 11, 73～74면). 개정된 독일 민법에서도 청약철회권을 해제권의 일종으로 보아 해제권에 관한 규정을 준용하고 있다(독일 민법 제357조 제1항). 하지만 해제권은 확정적 효력을 발생한 계약을 추후 채무자의 채무불이행이 있는 경우에 채권자의 의사표시로 소멸시키는 권리이며, 청약철회권은 유동적 유효상태의 계약을 소멸시키는 권리이므로 양자는 상이하다.

30) 청약의 철회를 부정하고 있는 민법 제527조는 강행규정이 아닌 임의규정이기 때문에 당사자간의 합의에 의하여 청약철회권을 부여할 수 있다. 또한 법률의 규정이나 약정 이외에 신의측상 청약철회권이 인정된다는 견해도 있다(김성천, "청약철회의 법체계론적 고찰," 「소비자문제연구」 제25호, 소비자보호원, 2002 · 12, 100～103면).

31) 학설은 신의칙에 기하여 사정변경에 따른 해제권을 인정하지만(김형배, 「채권각론」, 박영사, 2001, 76면; 김주수, 「채권각론」, 삼영사, 1997, 142～143면; 윤철홍, 「요해채권각론」, 법원사, 1997, 24면; 石川利夫 · 尾中普子, 「債權法講義概說」, 評論社, 1985, 79면), 판례의 입장은 명확하지 않다. 즉, 판례는 매매계약을 체결할 때와 잔대금을 지급할 때와의 사이에 장구한 시일이 지나서 화폐가치의 변동이 극심하게 된 경우에 매도인의 사정변경 소송원리에 의한 계약해제권의 인정여부에 대하여 부정하였지만(대판 1963.9.12, 63다452), 계속적 계약에 대한 보증인인 이사가 퇴직한 경우에 사정변경을 이유로 보증계약을 해지할 수 있는가에 대하여 판례는 긍정하고 있다(대판 2002.5.31, 2002다1673; 대판 2000.3.10, 99다61750). 민법개정안에서는 사정변경에 따른 계약해제권을 명문으로 규정하고 있다(민법개정안 제544조의 4).

32) 김욱곤, "해제의 효과에 관한 법리 소고," 「손해배상법의 제문제(황적인교수화갑기념논문집)」, 박영사, 1990, 739면; 곽윤직, 앞의 채권각론, 99～102면; 石川利夫 · 尾中普子, 앞의 책, 81면.

33) 김상용, 앞의 책, 147～148면; 이은영, 앞의 채권각론, 251～252면; 김용담, "해제의 효과에 관한 일고찰," 「민사법학」 제4, 5권, 한국민사법학회, 1985, 146～149면; 김형배, "해제의

에서는 공통점이 된다. 넷째, 청약철회권을 행사한 경우에 소비자는 원상회복의무만을 부담하며, 손해배상책임을 지지 않는다. 반면에 해제권을 행사한 경우에 당사자는 원상회복의무를 부담하며, 채무불이행에 귀책사유가 있는 경우에 손해를 배상하여야 한다. 다섯째, 발생요건에 있어서 청약철회권의 경우에 제한이 없지만, 해제권의 경우 채무불이행이라는 요건을 충족하여야 한다. 여섯째, 권리행사기간에 있어서 해제권은 민법에서 하자담보책임을 제외하고 구체적인 규정을 두고 있지 않으나,[34] 청약철회권은 비교적 단기인 7일(동법 제5조 제1항; 전자상거래소비자보호법 제17조 제1항), 14일(방문판매법 제8조 제1항 제1호), 30일 또는 3개월(방문판매법 제8조 제3항; 전자상거래소비자보호법 제17조 제3항)로 규정하고 있다.

2. 청약철회권유보시 계약의 효력

청약철회권의 행사기간내 계약의 효력에 대하여 학설은 크게 유동적 무효설과 유동적 유효설로 구분되고 있다. 유동적 무효설에 따르면, 청약철회권이 인정되는 계약은 소비자에게 부여된 숙려기간이 경과하여야 비로소 효력을 발생하기 때문에 행사기간 전까지는 유동적 무효상태에 있다고 한다. 유동적 무효는 유효사유(청약철회권행사기간 내 미행사)가 발생하기 전까지 무효이며, 이 기간이 경과한 경우에 비로소 유효가 된다고 주장한다.[35] 반면에 유동적 유효설[36]에 따르면

효과에 관한 법리구성," 「민사법연구」, 박영사, 1986, 223면.

34) 해제권의 행사기간은 하자담보책임의 경우와 기타의 경우로 구분되며, 전자는 권리의 하자와 수량부족 또는 일부멸실인 경우에 그 사실을 안 때로부터 1년 내에 해사하여야 하며, 특정물 또는 종류물인 경우에 소비자는 그 하자를 안 날로부터 6월 이내에 행사하여야 한다(민법 제773조, 제582조). 후자의 경우에는 권리행사기간이 특약으로 정해진 경우와 정해지지 않은 경우로 구분되며, 기간이 정해진 경우에는 그 기간 내에, 기간이 정해지지 않은 경우에 상대방은 해제권자에게 상당한 기간을 정하여 최고할 수 있으며, 이 기간 내에 통지를 받지 못하면 해제권은 소멸한다(민법 제552조).

35) 윤주희, 「전자거래의 적정화에 관한 법제연구」, 한국법제연구원, 2001, 102~103면; 전삼현, "소비자보호법상의 철회권," 「사회과학연구」 제14집, 숭실대학교, 1996, 57면.

36) 이승우, "전자거래 관련법상 철회의 법적 지위에 대한 고찰," 「전자거래의 사법상의 문제점」, 한국법제연구원, 2001·9, 67면; 하경효, "소비자보호법의 통합수용," 「독일 채권법의 현대화」, 법문사, 2003, 144면; 長尾治助, 「消費者私法の原理」, 有斐閣, 1992, 286면.

청약철회권은 일반적인 해제권의 내용이 수정된 일종의 특수한 법정해제권이므로 철회기간 동안 계약의 효력은 유효하다고 주장한다.[37] 유동적 무효설에 의하면, 사업자가 청약철회권의 행사기간 내에 소비자에게 대금을 청구하거나 수령하는 것 또는 소비자가 사업자에게 재화 등의 인도를 청구하거나 인도를 받은 것은 모두 법률상 원인 없이 청구 또는 수령한 것이 되므로 상대방은 이를 거절할 수 있으며, 수령시 부당이득이 된다. 하지만 전자상거래소비자보호법·방문판매법·할부거래법 등에서는 청약철회권의 행사기간의 기산점을 계약서를 송부받은 날 또는 재화 등을 수령한 날로 정하고 있으며, 청약을 한 날로부터 7일 이내 또는 선불식매매의 경우 대금수령일로부터 3영업일 이내에 재화 등의 인도에 필요한 조치를 취하도록 규정하고 있다. 따라서 사업자가 대금을 수령하거나 소비자가 재화 등을 수령한 것은 채무의 이행을 수령한 것이므로 모두 적법한 것이다. 그러므로 청약철회권행사기간 내의 소비자계약은 유효이며, 청약철회권의 행사로 인하여 소멸하기 때문에 '유동적 무효'가 아니라 '유동적 유효'라 할 수 있다. 그러나 상기에서 설명하는 바와 같이 청약철회권은 법정해제권의 일종이 아니기 때문에 이러한 점에서 상기의 유동적 유효설과는 상이하다.[38]

3. 청약철회권이 부정되는 경우

(1) 할부거래법의 적용배제

할부거래법의 적용대상이 되지 않는 거래로는 대금지급방식에 따른 제한으로 일시불 거래 또는 대금지급을 할부로 하였지만, 할부거래법에서 규정하는 할부거래가 아닌 경우이다. 목적물에 따른 제한으로 부동산은 제한되며, 성질상 동법의 적용을 부정하는 목적물에 대하여는 배제된다. 또한 당사자의 제한으로서 상행위를 목적으로 할부계약을 체결한 경우에는 적용되지 않는다.

(2) 청약철회권의 배제

할부거래법의 적용대상인 할부거래이지만, 목적물의 성질 또는 계약체결의 형

---

37) 오병철, 앞의 글, 74면; 김대규, 앞의 글, 334～335면.

38) 권오승, 앞의 소비자보호법, 187면.

태에 비추어 철회를 인정하는 것이 부적당한 경우와 매수인의 귀책사유에 의한 경우로 구분된다. 즉, 매수인의 귀책사유로 인하여 상품 등이 멸실 또는 훼손된 경우에 청약철회권을 행사할 수 없다(동법 제5조 제4항). 또한 사용에 의하여 그 가치가 현저히 감소될 우려가 있는 목적물을 사용한 경우,[39] 설치에 전문인력 및 부속자재 등이 요구되는 목적물을 설치한 경우[40] 및 할부가격이 10만원 이하인 할부계약과 여신전문금융업법에 의한 신용카드를 사용하여 할부거래를 하는 경우에 할부가격이 20만원 이하인 할부계약에 대하여도 청약철회권을 행사할 수 없다(동 시행령 제4조). 따라서 상기의 목적물에 대한 할부거래를 체결하고 사용하거나 설치한 경우에 청약철회권을 행사할 수 없지만, 아직 사용하지 않거나 설치하지 않은 경우에는 청약철회권을 행사할 수 있다. 이러한 청약철회권의 배제규정 중 동산 등의 가격을 기준으로 한 청약철회권배제규정은 현금을 사용하는 소비자와 신용카드를 사용하는 소비자를 차별하는 규정이다. 즉, 국가는 투명한 경제를 이룩하기 위하여 신용카드 사용자에 대하여 세금공제를 비롯한 신용카드영수증복권제를 실시하여 신용카드 사용을 적극 권장하고 있지만, 청약철회권의 배제대상에서 현금거래와 신용카드거래를 구분하여 차별적으로 적용하고 있다(동 시행령 제4조). 이러한 차별적 조치는 현금거래와 신용카드거래의 차별을 금지하는 여신전문금융업법의 입법정신에도 불일치하며,[41] 소액의 할부거래가 다수 이루어진다는 현실적인 면에서 소비자보호에 미흡하다. 따라서 동산 등의 대금을 신용카드로 지급하는 소비자를 보호하기 위하여 양자의 차별은 폐지되어야 하며, 소액의 신용카드 사용자를 보호하기 위하여 청약철회권이 배제되는 거래를 양자 모두 동일한 금액인 10만원 이하의 거래로 개정하여야 할 것이다.[42]

---

39) 선박법에 의한 선박, 항공법에 의한 항공기, 철도법 및 도시철도법에 의하여 궤도를 운행하는 차량, 건설기계관리법에 의한 건설기계, 자동차관리법에 의한 자동차, 냉장고 및 세탁기 및 낱개로 밀봉된 음반·비디오물 및 소프트웨어가 이에 속한다(동 시행령 제4조 1호).

40) 고압가스안전관리법 제3조 제4호의 규정에 의한 냉동기, 전기 냉방기(난방겸용인 것을 포함한다), 보일러가 이에 속한다(동 시행령 제4조 2호).

41) 신용카드가맹점은 신용카드에 의한 거래를 이유로 물품의 판매 또는 용역의 제공 등을 거절하거나 신용카드회원을 불리하게 대우하지 못한다(여신전문금융업법 제19조 제1항).

42) 신종철, 앞의 학위논문, 148면; 김성천, "신용카드관련 법제개선방안,"「법제」 제509호, 법제처, 2000·5, 17면; 고형석·서민교, "전자상거래에 있어서 소비자의 청약철회권에 관한 연

4. 청약철회권의 발생요건

동법의 적용대상에 포함되지 않는 할부거래와 청약철회권이 부정되는 경우를 제외한 할부거래에 대하여 소비자는 아무런 제한 없이 청약철회권을 행사할 수 있다. 즉, 소비자의 개인적인 구매의사변경뿐만 아니라 사업자의 의무위반에 대하여도 청약철회권을 행사할 수 있다. 또한 청약철회권이 부정되는 경우는 사용한 경우이거나 설치한 경우이기 때문에 아직 사용하기 전이나 설치하기 전이라면 당해 거래에 대하여도 청약철회권을 행사할 수 있다. 이와 같이 소비자가 합리적으로 구매의사를 결정하지 않고 행한 충동적인 청약에 대하여 철회권을 인정하고자 할부거래법에서는 청약철회권의 행사요건을 백지화하였다. 이러한 입법취지는 공감하나, 과연 행사요건과 효과의 단일화가 진정한 소비자보호라는 본연의 목적에 충실하는가에 대하여는 의문이 제기된다. 즉, 소비자의 개인적인 구매의사변경에 따른 청약철회권의 행사로 인한 반환비용과 소비에 의한 가치감소를 사업자가 부담하게 된다면 사업자는 이를 동산 등의 판매가격에 포함시키게 될 것이며, 그로 인하여 정상적으로 동산 등을 구입하여 소비하는 일반소비자는 더 많은 대금을 지급하게 된다. 그 결과 소비자보호를 목적으로 인정된 청약철회권은 일반소비자에게 피해를 주는 역할을 하게 된다. 따라서 청약철회권이 본연의 목적을 달성함과 더불어 이의 행사로 인한 피해를 일반소비자가 입지 않도록 하기 위하여는 청약철회권의 행사요건을 세분화하여 그 효과도 달리 정하여야 할 것이다.[43)]

5. 청약철회권의 행사기간 및 방법

(1) 청약철회권의 행사기간

청약철회권의 행사는 할부거래를 체결한 소비자가 계약서를 교부받은 날 또

究," 「인터넷전자상거래연구」 제3권 제1호, 한국인터넷전자상거래학회, 2003・2, 20～21면.

43) 전자상거래소비자보호법에서는 소비자의 개인적인 구매의사변경에 기한 청약철회권과 사업자의 채무불이행에 기한 청약철회권을 세분하여 각각의 행사요건과 효과를 달리 규정하고 있다. 특히, 개인적 구매의사변경에 따른 청약철회권을 행사한 경우에 반환에 따른 비용은 소비자가 부담하도록 하고 있으며, 동산 등을 일부 소비한 경우에 동산 등의 사용 또는 일부 소비에 의하여 소비자가 얻은 이익 또는 그 동산 등의 공급에 소요된 비용에 상당하는 금액의 지급을 소비자에게 청구할 수 있다고 규정하고 있다(전자상거래소비자보호법 제17조, 제18조).

는 그 계약서를 교부받은 때보다 목적물의 인도 등이 늦게 이루어진 경우에는 목적물의 인도 등을 받은 날부터 7일 이내에 청약철회권을 행사할 수 있다(동법 제5조 제1항 제1호). 舊 할부거래법에서는 청약철회권의 행사기간을 계약서를 교부받은 때와 목적물의 인도를 받은 때로 두 개의 기간점을 두어 계약서를 먼저 교부하고 7일 이후에 목적물을 인도하여 사실상 소비자의 청약철회권의 행사를 배제하는 경우가 있었다. 이러한 점을 보완하여 현행 할부거래법에서는 청약철회권의 기산점을 단일화하였다. 즉, 원칙적으로 청약철회권의 행사기간은 계약서를 교부받은 때로부터 기산되지만, 목적물의 인도가 계약서를 교부한 시점보다 나중에 이루어진 경우 그 기산점을 목적물의 인도시점으로 정하여 소비자의 청약철회권 행사에 있어서 합리적인 판단이 이루어질 수 있도록 개정하였다.

(2) 행사방법

청약철회권의 행사방법은 구두에 의한 행사를 인정하고 있지 않고 서면에 의한 행사만 인정하고 있어 소비자는 청약의 철회를 서면으로 하여야 한다(동법 제5조 제2항). 다만 '舊 방문판매법'과는 달리 사업자가 송부한 서식[44]으로 청약철회권을 행사하여야 하는 제한은 존재하지 않으므로 자유로운 방식에 의하여 당해 할부거래에 대한 청약을 철회한다는 의사표시를 기재한 서면으로 청약철회권을 행사할 수 있다. 또한 대금지급에 있어 신용제공자가 있는 경우에 소비자는 상기의 청약철회권 행사기간 내에 서면으로 청약철회권의 행사사실을 발송하여야 한다(동법 제7조 제1항). 이와 같이 할부거래법에서는 청약철회권의 행사를 서면으로 하도록 규정하고 있으나, 이의 규정이 강행규정인가의 문제가 발생한다. 즉, 동 규정이 강행규정일 경우 소비자가 구두로 청약철회권을 행사한 경우에는 청약철회권의 행사로 인정되지 않게 된다. 그러나 청약철회권의 행사

44) 舊 방문판매법에서는 소비자가 통신판매로 상품 등을 구입하여 청약철회권을 행사할 경우에 사업자가 송부한 서식으로 행사하도록 하였다(舊 방문판매법 제20조 제2항 제1호, 제21조 제3항). 하지만 사업자가 청약철회권의 행사에 필요한 서식을 소비자에게 송부하지 않은 경우에 소비자는 청약철회권을 행사할 수 없게 된다는 문제점이 제기되었다. 현행 전자상거래소비자보호법에서는 소비자의 청약철회권 행사방법에 대하여 제한을 두고 있지 않기 때문에 소비자는 구두 또는 서면(전자문서 포함)으로 청약철회권을 행사할 수 있다(전자상거래소비자보호법 제17조 제1항, 제3항).

를 서면으로 하도록 한 것은 추후 분쟁의 발생시 서면에 의한 입증을 통하여 간편하게 분쟁을 해결하기 위한 것이지, 권리의 행사 그 자체를 제한하기 위함은 아니다. 이러한 점은 앞에서 살펴본 할부거래의 체결에 있어서 서면주의와 동일하다. 또한 방문판매법과 전자상거래소비자보호법에서도 역시 구두에 의한 청약철회권의 행사를 인정하고 있다는 점은 이를 뒷받침한다. 따라서 소비자가 청약철회권의 행사를 함에 있어서 방식은 구두 또는 서면으로 할 수 있다.

6. 청약철회권 행사의 효과

(1) 효력발생 및 동산 등의 반환

소비자가 동산 등에 관한 매매계약을 체결하고 대금을 할부로 지급하기로 약정한 후 청약철회권을 행사한 경우에 그 효력은 서면을 발송한 날에 발생한다(동법 제5조 제3항). 따라서 소비자는 이미 인도받은 동산 등을 사업자에게 반환하여야 하며(동법 제6조 제1항), 반환에 따른 비용은 사업자가 부담한다. 만일 동산 등의 반환비용을 소비자에게 전가하는 특약이 존재하여도 이는 소비자에게 불리한 내용이므로 무효이다(동법 제6조 제3항, 제13조).

(2) 대금의 환급

사업자는 청약철회권의 행사에 따른 동산 등의 반환과 동시에 지급받은 할부금을 동시에 소비자에게 반환하여야 한다(동법 제6조 제1항). 하지만 소비자가 동산 등을 반환하였음에도 불구하고 사업자가 지급받은 할부금을 반환하지 않은 경우에 방문판매법, 전자상거래소비자보호법[45]과 달리 할부거래법에서는 지연배상금에 대한 규정을 두고 있지 않다. 따라서 소비자가 청약철회권을 행사한 후 사업자가 할부금의 반환을 지연한 경우에 다른 소비자보호에 관한 법률과 동일하게 지연배상금을 함께 지급하도록 하여야 할 것이다. 또한 소비자가 신용제공자에게 청약철회권 행사의 사실을 행사기간 내에 서면으로 발송한

45) 방문판매법과 전자상거래소비자보호법에서는 청약철회권의 행사시 소비자의 선반환의무를 규정하고 있으며, 사업자는 재화 등을 반환받은 날로부터 3영업일 내에 대금을 환급하도록 하고 있으며, 지연시 지연배상금을 함께 지급하도록 규정하고 있다(방문판매법 제9조 제2항, 전자상거래소비자보호법 제18조 제2항).

경우에 신용제공자의 할부금청구에 대항할 수 있으며, 신용제공자가 청약철회권행사기간 내에 대금을 사업자에게 지급한 경우에 소비자는 서면의 미발송에도 불구하고 할부금청구에 대항할 수 있다(동법 제7조 제2항). 이와 같이 소비자가 신용제공자의 대금청구에 대항할 수 있는 경우는 아직 소비자가 신용제공자에게 대금을 지급하지 않은 경우이지만, 소비자가 신용제공자에게 대금을 지급한 경우에 신용제공자에게 반환을 청구할 수 있는가의 문제가 발생한다. 이를 해결하기 위하여 소비자에게 상계요청권을 부여할 필요가 있다. 소비자의 상계요청권은 방문판매법과 전자상거래소비자보호법에서 도입하여 시행하고 있으나, 그 내용은 상이하다. 즉, 방문판매법 등의 상계요청권은 소비자의 항변권행사의 전제요건이지만, 여기에서 언급하는 상계요청권은 기지급한 대금에 대한 환급방안이라는 점에서 차이가 있다. 카드사는 가맹점인 사업자와 계속거래관계에 있기 때문에 계속적으로 채권채무관계가 발생한다. 또한 청약철회권을 행사한 소비자가 지급한 대금을 사업자가 반환하지 않을 경우 사업자는 소비자에 대하여 대금반환의무가 있고, 소비자는 이의 환급을 청구할 채권이 존재한다. 따라서 사업자 및 소비자와 계약관계에 있는 카드사가 중간에서 이를 상계처리할 경우 사업자에게 손해를 가하는 것이 아니며, 소비자 역시 간편하게 대금을 환급받을 수 있는 장점이 있다. 그러므로 청약철회권을 행사하였음에도 대금을 환급받지 못한 소비자에게 상계요청권을 부여하고, 이의 요청을 받은 카드사는 사업자가 자신에 대하여 가지고 있는 채권과 상계하고 대금을 환급하도록 하며, 소비자의 상계요청에도 불구하고 정당한 사유 없이 상계하지 않은 경우 카드사에게 대금환급의무를 부담시키는 것이 필요하다. 이는 카드사와 회원 간 역시 장기계약관계에 있기 때문에 상호간 신뢰는 가장 중요한 요소이며, 신용카드거래에 있어서 상대방의 손실을 최소화할 의무를 부담한다고 할 것이다. 따라서 이를 해태하여 소비자에게 손실을 입힌 경우 이에 대한 책임을 부담하도록 하는 것이 타당할 것이다.

(3) 손해배상청구금지

청약철회권은 소비자보호를 위하여 할부거래법상 소비자에게 부여된 권리이다. 따라서 사업자는 소비자의 청약철회권의 행사를 부정하거나 청약철회권의 행사를 이유로 소비자에게 위약금 또는 손해배상금을 청구할 수 없으며, 이를 특약으로 정하였다고 하여도 소비자에게 불리한 내용이므로 효력이 없다(동법 제6조 제3항, 제13조).

Ⅵ. 소비자의 항변권

1. 의 의

항변권이라 함은 청구권의 효력을 적법하게 저지할 수 있는 권리를 말한다. 즉, 상대방의 권리를 부인하거나 변경, 소멸시키는 것이 아니라 이를 승인하면서 그 권리의 효력발생을 일시 또는 영구히 저지시킨다. 소비자는 사업자의 대금지급청구에 대하여 일정한 사유가 있는 경우에 항변권의 행사를 통하여 이를 거부할 수 있으며, 항변권의 행사로 인하여 대금을 지급하지 않았다고 하더라도 채무불이행책임을 지지 않는다. 이러한 소비자의 항변권에는 민법상 항변권과 할부거래법상 항변권으로 구분된다. 민법상 항변권으로는 동시이행의 항변권, 불안의 항변권, 보증인의 최고·검색의 항변권, 상속인의 한정승인 등이 있다. 할부거래법상 규정하고 있는 항변권은 사업자의 대금청구권의 효력을 저지시킬 수 있는 것을 내용으로 한다. 따라서 민법상 항변권 중 동시이행의 항변권과 불안의 항변권과 유사하다고 할 수 있다.

2. 발생요건

할부거래법상 항변권의 발생요건으로는 할부계약이 무효·취소 또는 해제된 경우, 목적물의 전부 또는 일부가 목적물의 인도 등의 시기까지 매수인에게 인도 또는 제공되지 아니한 경우, 매도인이 하자담보책임을 이행하지 아니한 경우 및 기타 매도인의 채무불이행으로 인하여 할부계약의 목적을 달성할 수 없는 경우가 있다(동법 제12조 제1항). 또한 신용제공자를 통하여 할부금을 제공하는 경우에 있어 소비자는 상기의 사유가 발생하면 신용제공자에게 할부금지급거절의 의사를 통지한 후 할부금의 지급을 거절할 수 있으며, 신용제공자에게 항변권을 행사하기 전에 사업자와 분쟁의 해결을 위한 노력을 하여야 한다(동법 제

12조 제2항, 제4항). 다만, 신용제공자에게 항변권을 행사할 수 있는 소비자는 할부가격이 10만원 이상(신용카드인 경우에 20만원 이상)인 할부거래에 한정되며, 신용제공자에게 지급을 거절할 수 있는 금액은 할부금의 지급을 거절한 당시에 소비자가 신용제공자에게 지급하지 아니한 나머지 할부금이다(동법 제12조 제2항, 제3항). 이러한 동법의 항변권의 발생요건에 대하여 너무 제한적이기 때문에 동법 제12조에서 열거하고 있는 사유 외에 불성립·해지 등의 경우에도 항변권의 발생요건으로 포함시켜야 한다는 견해도 있다.[46] 이는 동법상 항변권의 발생사유에 관한 규정을 예시주의가 아닌 열거주의로 파악한 것이다.[47] 따라서 항변권의 발생요건을 폭 넓게 인정하여야 한다고 한다. 그러나 소비자의 항변권이라 할 때 전제는 사업자의 할부금청구권이 존재하여야 한다. 따라서 할부계약이 무효·취소, 해제 또는 불성립된 경우에 있어서 사업자의 할부금청구권은 무효 또는 부존재하기 때문에 소비자는 이에 대하여 당연히 거부할 수 있는 것이고, 항변권이 인정되어야 거부할 수 있는 것은 아니다. 따라서 소비자의 항변권을 규정하고 있는 동법 제12조에서의 항변사유는 소비자가 사업자 등의 대금청구권행사에 대하여 적법하게 거부할 수 있는 사유를 제시한 것이지만, 이에 한정되는 것이 아니므로 열거주의가 아닌 예시주의로 해석하여야 한다. 그러나 동법 제12조 중 할부계약이 무효·취소 또는 해제된 경우는 사업자에게 대금청구권 자체가 없기 때문에 항변권의 발생요건이 아닌 단순한 항변사유를 예시한 것에 불과하다.

Ⅶ. 불공정약관의 효력

할부거래에서 사업자가 제시한 약관을 소비자가 동의한 경우에 약관의 내용은 당해 할부거래의 내용이 되지만, 사업자가 일방적으로 작성하기 때문에 소비자에게 불리한 내용이 포함될 가능성이 높다. 이와 같이 소비자에게 불리한 약관의

46) 황진자, 「할부거래에서의 소비자보호방안 연구」, 한국소비자보호원, 2006, 37면.

47) 김성천, "할부거래에 관한 법률의 개선방향," 「소비자거래법령의 개선방향」, 공정거래위원회·한국소비자보호원, 2006, 36면. 이러한 항변권의 문제에 대하여 신용제공자가 포함된 3자간 할부거래를 전제로 하고 있다.

내용은 약관규제법에 의하여 불공정약관으로 판단될 경우 무효가 되지만 그 기준이 일반적이기 때문에 당해 약관의 내용이 불공정약관에 해당하는가의 여부를 판단하기란 개별 소비자의 입장에서 쉽지 않다. 이러한 점을 고려하여 할부거래법에서는 구체적인 불공정약관의 내용에 대하여 규정을 두고 있으며, 이에 해당하는 약관의 내용을 무효로 인정하고 있다. 따라서 사업자와 소비자 간의 할부계약의 내용 중에서 청약철회권의 요건·행사기간·효력발생시기·배제사유, 청약철회권의 효력, 신용제공자가 있는 경우의 청약의 철회, 사업자의 할부계약의 해제, 손해배상청구금액의 제한, 기한의 이익상실 및 소비자의 항변권(동법 제5조 내지 제10조 및 제12조)에 관한 내용이 할부거래법에서 정한 내용보다 불리한 것은 무효이며, 이 경우에 할부거래법의 조항이 적용된다(동법 제13조).

Ⅷ. 전속관할

할부거래에서 사업자와 소비자 간 분쟁이 발생할 경우에 분쟁의 기본적인 해결방안은 소송이다. 소비자가 소송을 제기하기 위하여는 피고인 사업자의 주소지 또는 주된 사무소의 소재지를 관할하는 법원에 소를 제기하여야 하며, 관할법원에 대하여 당사자간 합의가 있는 경우에 합의관할법원에 소를 제기하여야 한다(민사소송법 제2조, 제3조, 제5조, 제29조 제1항). 하지만 사업자의 주소지 또는 주된 사무소의 소재지를 관할하는 지방법원에 소를 제기하는 경우에 시간적, 경제적인 면 등에서 소비자에게 불리하며, 소송을 통한 권리구제는 유명무실하게 된다. 따라서 소송에서의 소비자를 보호하기 위하여 할부거래법에서는 할부계약에 관한 소송은 제소 당시 매수인의 주소를, 주소가 없는 경우에는 거소를 관할하는 지방법원의 전속관할로 규정하고 있다(동법 제16조 본문). 따라서 약관에 사업자의 주소지 또는 주된 사무소의 소재지를 관할하는 지방법원이 관할권을 갖는다는 규정은 적용되지 않지만, 제소 당시 매수인의 주소 또는 거소가 분명하지 아니한 경우에는 합의관할법원이 관할권을 갖는다(동법 제16조 단서).

Ⅸ. 과태료 부과 및 징수

1. 과태료 부과대상

사업자가 할부거래법에서 금지하고 있는 행위를 한 경우에 500만원 이하의 과태료가 부과된다(동법 제14조). 이러한 행위로는 할부계약을 체결하기 전에 표시의무를 위반하여 표시할 사항을 표시하지 않거나 허위로 표시한 경우, 계약서 기재사항을 모두 기재하지 않거나 허위의 사실을 기재한 계약서를 교부한 경우, 할부수수료의 실제연간요율의 최고한도를 위반하여 할부수수료를 받은 경우, 계약서를 교부하지 않은 경우 및 지연손해금 산정시 적용하는 율의 최고한도를 위반하여 지연손해금을 받은 경우이다.

2. 과태료 부과 및 징수

시·도지사는 상기의 과태료를 사업자에게 부과하기 전에 당해 위반행위를 조사 및 확인한 후 10일 이상의 기간을 정하여 해당 사업자에게 구술 또는 서면에 의한 의견진술의 기회를 제공하여야 하며, 만일 이 기간 내에 의견진술이 없는 경우 의견이 없는 것으로 인정된다(동 시행령 제7조 제2항). 과태료를 결정함에 있어서 시·도지사는 당해 위반행위의 동기와 결과 등을 참작하여야 하며, 과태료 금액을 결정한 경우 위반사실과 과태료 금액 등을 서면으로 명시하여 이를 납부할 것을 통지하여야 한다(동 시행령 제7조 제1항, 제3항). 이러한 과태료 처분에 불복이 있는 자는 그 처분의 고지를 받은 날로부터 30일 이내에 시·도지사에게 이의를 제기할 수 있으며, 시·도지사는 지체 없이 관할법원에 그 사실을 통보하며, 관할법원은 비송사건절차법에 의한 과태료 재판을 진행한다. 만일 이의를 제기함이 없이 과태료를 납부하지 않은 경우에는 지방세체납처분의 예에 따라 징수한다(동법 제15조).

제2장 방문판매 · 전화권유판매와 소비자보호

Ⅰ. 방문판매법의 제정목적

사업자가 재화 등을 판매하는 방식의 발달로 인하여 등장한 방문판매, 통신판매 및 다단계판매 등은 소비자가 종전과 달리 간편한 방법으로 재화 등을 구입할 수 있게 하였다. 하지만 판매방식의 장점과 달리 이로 인한 소비자피해가 증가함과 더불어 피해가 광범위하게 발생함에 따라 방문판매, 통신판매 및 다단계판매에 의한 거래를 공정하게 함과 더불어 소비자의 권익을 보호하고 건전한 거래질서를 확립하기 위하여 방문판매법은 제정되었다. 하지만 통신수단의 발달은 이를 이용한 판매방식인 전자상거래, 전화권유판매를 등장하게 하였다. 이에 방문판매법을 개정하여 적용대상을 방문판매 및 다단계판매 중심으로 개편하고, 소비자피해가 빈발하는 전화권유판매 · 계속거래 등을 이 법의 적용대상에 추가함과 더불어 종전 통신판매에 관한 사항을 전자상거래와 함께 방문판매법의 적용범위에서 배제하였다.

Ⅱ. 방문판매와 전화권유판매의 정의

1. 방문판매

방문판매라 함은 재화 등의 판매를 업으로 하는 자인 사업자가 방문의 방법으로 그의 영업소 · 대리점 · 지점 · 출장소 등 명칭여하를 불문하고 소유 또는 임차하거나 점용허가를 받은 장소에서 일정한 시설을 갖추고 3월 이상 계속적으로 영업하는 장소 외에서 소비자에게 권유하여 계약의 청약을 받거나 계약을 체결하여 재화 등을 판매하는 것을 말한다(동법 제2조 제1호). 또한 사업장 이외의 장소에서 권유 또는 소비자와 대면하여 재화 등에 관한 정보를 제공하고 소비자의 구매를 유도하는 방법으로 소비자를 유인하여 사업장에서 계약의 청약을 받거나 계약을 체결하는 경우도 방문판매의 일 유형이다. 따라서 방문판매는 사업자가 고정된 사업장 이외의 장소에서 소비자의 청약을 유인하거나 계약을 체결하는 판매방식을 의미한다고 할 수 있다. 이러한 방문판매는 이를 업으로 하기 위하여 방문판매조직을 개설 또는 관리 · 운영하는 자인 방문판매업자와 방문판매업자를 대신하여 방문판매업무를 수행하는 자인 방문판매원에 의하여 이루어지며, 양자를 방문판매자라고 한다(동법 제2조 제2호).

2. 전화권유판매

전화권유판매라 함은 전화를 이용하여 소비자에게 권유하여 계약의 청약을 받거나 계약을 체결 또는 전화를 사용하여 소비자의 응답을 유도하여 대화를 함으로써 청약을 받거나 계약을 체결하는 방법[48]으로 재화 등을 판매하는 방식을 말한다(동법 제2조 제3호). 전화권유판매는 전기통신을 이용한다는 점에서 통신판매의 일 유형으로 볼 수 있으나, 방문의 방법이 전화로써 이루어진다는 점에서 방문판매와 함께 방문판매법에서 규율하고 있다. 이러한 전화권유판매는 이를 업으로 하기 위하여 전화권유판매조직을 개설 또는 관리 · 운영하는 자인 전화권유판매업자와 전화권유판매업자를 대신하여 전화권유판매업무를 수행하는 자인 전화권유판매원에 의하여 이루어지며, 양자를 전화권유판매자라 한다(동법 제2조 제4호).

---

48) 이러한 방식으로는 전화를 통한 설문조사를 빙자하여 소비자에게 재화를 판매하는 것을 말할 수 있다.

Ⅲ. 적용범위

1. 적용이 배제되는 방문판매 또는 전화권유판매

(1) 당사자의 제한

방문판매법은 방문판매 또는 전화권유판매(이하에서는 '방문판매 등'이라 한다)로 재화 등을 구입하는 소비자를 보호하기 위하여 제정되었기 때문에 적용의 대상이 되는 거래는 사업자와 소비자 간의 거래이다(동법 제1조). 따라서 사업자가 상행위를 목적으로 방문판매 등을 통하여 재화 등을 구입한 경우에 동법은 적용되지 않는다(동법 제3조 제1항). 하지만 사업자라 할지라도 사실상 소비자의 지위에서 재화 등을 구입한 경우에는 동법의 적용대상이 되며, 일정규모 미만 또는 허가를 받지 않은 사업자[49]는 사실상 사업자임에도 불구하고 소비자로서 인정되기 때문에 이러한 자가 방문판매 등으로 재화 등을 구입한 경우에도 동법의 적용을 받게 된다(동법 제3조 제1항 단서, 동 시행령 제4조 제5호).

(2) 목적물의 제한

방문판매법에서 규율하고 있는 방문판매 등은 보험업법에서 규정하고 있는 보험사업자와의 보험계약에는 적용되지 않는다(동법 제3조 제3항 제1호). 또한 방문판매원 또는 전화권유판매원(이하에서는 '방문판매원 등'이라 한다)을 두지 아니하는 방문판매업자 또는 전화권유판매업자(이하에서는 '방문판매업자 등'이라 한다)가 가공되지 아니한 농산물·수산물·축산물·임산물 또는 방문판매자 등이 직접 생산한 재화 등에 해당하는 재화 등을 방문판매하는 거래에 대하여는 방문판매법이 적용되지 않는다(동법 제3조 제3항 제2호).

49) 이에 해당하는 사업자는 모돈 500두 미만의 양돈업자, 닭 5만 수 미만의 양계업자와 해양수산부장관의 허가를 받지 않은 원양어업자이다(축산법 시행규칙 제24조 제1항, 수산업법 제41조 제1항 제2호). 하지만 소비자로서 인정되는 사업자 중 원양어업자를 결정함에 있어 해양수산부장관의 허가를 받은 자로 정하고 있으나 해양수산부장관의 허가를 받아야 함에도 불구하고 허가를 받지 않은 사업자에 대하여는 소비자로 인정받게 된다. 따라서 소비자로서 인정되는 원양어업자를 결정함에 있어서 허가를 기준으로 할 것이 아니라 사업규모 또는 어선의 규모로 정하여야 할 것이다.

2. 계약서교부의무의 면제

방문판매 등을 통하여 재화 등에 관한 계약을 체결한 경우에 소비자가 계약내용을 재차 확인할 수 있도록 함과 더불어 추후 사업자와의 분쟁이 발생한 경우에 분쟁해결에 관한 자료로서 활용하기 위하여 방문판매법에서는 소비자와 계약을 체결한 방문판매자 또는 전화권유판매자(이하에서는 '방문판매자 등'이라고 한다)에게 동법에서 정한 사항을 기재한 계약서의 교부의무를 부과하고 있다(동법 제7조 제2항). 전화권유판매의 경우에 계약서의 교부의무는 소비자의 동의를 얻은 경우에 한하여 모사전송이나 전자문서로써 이행할 수 있다(동법 제7조 제4항). 이러한 계약서 교부의무 등에 관한 규정은 다른 법률에서 이를 규정하고 있거나 다른 방법에 의한 계약서교부의무 등이 규정되어 있는 거래에는 적용하지 아니한다.

3. 다른 법률과의 관계

소비자가 재화 등을 구입하는 방법에는 방문판매법에서 규정하고 있는 판매방식 이외 다양하다. 또한 소비자가 재화 등을 구입함에 있어 방문판매 등의 방식과 다른 판매방식을 결합하여 계약을 체결할 수 있다. 예를 들어, 방문판매를 통하여 재화를 구입하면서 대금의 지급을 할부로 하는 경우에 방문판매법과 할부거래법이 적용되며, 방문판매원이 소비자의 직장이나 집에서 청약을 유인하여 계약을 전자적 방식으로 체결하는 경우에 방문판매법과 전자상거래소비자보호법이 적용된다. 따라서 이와 같은 소비자와 사업자 간 계약에 어느 법이 더 우선하여 적용될 것인가의 문제가 발생한다. 이에 방문판매법에서는 방문판매 등에서의 소비자보호와 관련하여 동법과 다른 법률이 경합하는 경우에 동법의 우선적용을 인정하고 있으며, 다른 법률의 적용이 소비자에게 유리한 경우에 동법의 적용을 배제하고 그 법의 적용을 인정하고 있다. 예를 들어, 15만원인 재화를 방문판매로 구입하고 신용카드로 3개월 할부한 경우에 소비자는 방문판매법상 청약철회권을 행사할 수 있지만 할부거래법상 청약철회권을 주장할 수 없다. 이 경우에 방문판매법이 우선하여 적용되기 때문에 소비자는 청약철회권을 행사할 수 있다. 또한 상기의 사례에서 재화의 대금이 25만원인 경우에 소비자는 방문판매법 또는 할부거래법상의 청약철회권을 행사할 수 있으나, 개인적인 구매의사의 변경을 이유로 청약철회권을 행사한 경우에 방문판매법에 의하면 소비자는 카드사에 상계요청을 한 후 정당한 사유 없이 상계하지 않은 경우에 한하여 대금결제를 거부할 수 있지만, 할부거래법에 따르면 청약철회권의 행사 사실의 통지만으로 카드사의 대금결제요청에 거부할 수 있다. 따라서 소비자는 방문판매법보다 할부거래법의 적용을 주장하여 청약철회권의 행사사실의 통지만으로 카드사의 대금결제요청에 거부할 수 있다.

Ⅳ. 방문판매업자의 신고 및 명부비치의무

1. 방문판매업의 신고

방문판매업자 등이 방문판매업 등을 영위하기 위하여는 상호・주소・전화번호・전자우편주소(법인인 경우 대표자의 성명, 주민등록번호 및 주소를 포함) 또는 상법상 회사인 방문판매업자 등의 자산・부채 및 자본금에 관한 사항이 기재된 신고서를 주된 사무소의 소재지를 관할하는 공정거래위원회[50] 또는 시・도지사[51]에게 신고하여야 한다(동법 제5조 제1항). 또한 방문판매업자 등은 신고시 상기의 신고서와 함께 사업자등록증 사본, 법인인 경우에 법인등기부등본, 상법상 회사인 경우에 자산・부채 및 자본금을 증명할 수 있는 서류를 함께 제출하여야 한다(동 시행령 제7조 제1항). 사업자의 신고서 등을 접수한 시장, 군수 또는 구청장은 신고증을 사업자에게 교부하여야 한다(동 시행령 제7조 제2항). 이와 같이 신고된 방문판매업자 등의 정보에 대하여 소비자 등이 확인할 수 있도록 공정거래위원회는 공개할 수 있으며, 공개할 경우에는 미리 공개하는 정보의 내용과 방법을 방문판매업자 등에게 고지하여 사실과 다른 내용에 대하여 정정할 수 있는 기회를 부여하여야 한다(동법 제5조 제4항, 동 시행령 제9조). 방문판매업자 등은 영업 도중 또

---

50) 공정거래위원회에 신고하여야 할 방문판매업자는 주된 사무소의 소재지가 외국인 경우이다(방문판매법 시행령 제7조 제1항 단서).

51) 방문판매업자 등이 신고하여야 할 기관은 광역자치단체장이 아닌 지역자치단체장인 시장・군수・구청장이며, 신고증 교부 역시 지역자치단체장이 행한다(방문판매법 시행규칙 제6조).

는 기타의 사유 등으로 신고사항이 변경된 경우에 당해 변경사항이 발생한 날(자산·부채 및 자본금의 변동에 관한 사항은 결산이 확정된 날)부터 15일 이내 신고서에 그 변경사항을 증명하는 서류를 첨부하여 공정거래위원회 또는 시·도지사에게 이를 제출하여야 하며, 변경신고를 받은 공정거래위원회 또는 시·도지사는 변경사항을 확인하고 변경사항이 기재된 신고증을 다시 교부하여야 한다(동법 제5조 제2항, 동 시행령 제7조 제3항). 상기의 절차에 따라 신고를 한 방문판매업자 등이 그 영업을 휴지 또는 폐지하거나 휴업한 후 영업을 재개하는 때에는 신고서를 시·도지사에게 제출하여 이를 신고하여야 하며, 영업폐지의 신고시에는 종전 신고증을 함께 제출하여야 한다(동법 제5조 제3항, 동 시행령 제7조 제5항). 신고의무는 종이문서뿐만 아니라 전자문서로써 이행할 수 있으며, 전자문서로써 신고의무를 행한 경우에 있어 전자문서에 의한 자료의 제출이 곤란한 사항은 1월 내에 우편 등을 통하여 보완할 수 있다. 하지만 신고의 시점은 보완자료가 우편 등으로 도달한 날이 아니라 전자문서에 의하여 신고한 날이 된다(동 시행령 제7조 제5항, 제6항). 이러한 신고의무는 모든 방문판매업자 등이 부담하는 것이 아니라 방문판매원을 두지 아니하는 방문판매업자 또는 전화권유판매원을 두지 아니하는 전화권유판매업자에게는 적용되지 않는다(동법 제5조 제1항 단서).

2. 방문판매원의 명부비치의무

소비자가 방문판매 등을 통하여 재화 등을 구입한 경우에 방문판매업자 등과 직접 계약을 체결한 것이 아니라 방문판매원 등과 계약을 체결하는 것이 일반적이다. 하지만 당해 방문판매원 등이 방문판매업자 등에 소속된 판매원인가를 소비자가 확인하기란 매우 곤란하며, 방문판매원 등을 사칭하여 소비자와 계약을 체결한 경우에 소비자피해가 발생할 수 있다. 따라서 방문판매원 등의 신원을 사칭한 소비자의 피해를 예방하기 위하여 방문판매원 등의 신원을 확인할 수 있는 방안이 강구되어야 할 것이다. 이에 방문판매법에서는 방문판매원 등으로 사칭하여 소비자와 계약을 체결하여 발생하는 소비자의 피해를 방지하기 위하여 방문판매업자 등에게 소속 방문판매원 등의 명부[52]를 작성하여 사업장에

52) 방문판매원의 명부에는 방문판매원 등의 성명·주민등록번호·주소 및 전화번호(전자우편

비치할 의무를 부과하여 소비자가 방문판매원 등의 신원을 확인할 수 있도록 규정하고 있다(동법 제6조 제1항, 제2항). 또한 방문판매업자 등이 사이버몰을 운용하는 경우에 소비자가 당해 사이버몰을 통하여 특정 방문판매원 등이 당해 방문판매업자 등에 소속되어 있음을 쉽게 확인할 수 있도록 하여야 한다(동 시행규칙 제10조 제2항).

3. 의무위반에 대한 효과

방문판매업자 등이 상기의 신고의무 또는 명부비치의무 등을 이행하지 않거나 허위로 이행한 경우에 공정거래위원회 또는 시·도지사는 직권 또는 신고에 의하여 위반사실을 조사할 수 있으며, 공정거래위원회는 위반사실을 공개할 수 있다(동법 제37조, 제38조). 또한 공정거래위원회 또는 시·도지사는 위반행위를 한 사업자에 대하여 시정권고 또는 시정명령을 할 수 있으며, 시정명령에도 불구하고 위반행위를 반복하거나 이행하지 않은 경우에 영업의 일부 또는 전부의 정지를 명할 수 있으며, 영업정지에 갈음하여 위반사업자에게 과징금을 부과할 수 있다(동법 제41조, 제42조, 제44조). 이와 더불어 영업신고를 하지 않거나 허위로 한 사업자에 대하여 1년 이하의 징역 또는 3천만원 이하의 벌금이 부과되며, 변경·영업폐지·휴업·영업재개신고를 하지 않거나 허위로 신고한 또는 방문판매원 등의 명부를 비치하지 않은 방문판매업자 등에게는 500만원 이하의 과태료가 부과된다(동법 제55조 제1호, 제58조 제2항 제1호, 제2호).

Ⅴ. 계약체결 전 방문판매업자 등의 의무

1. 방문 또는 전화의 목적고지의무

소비자의 집이나 직장 등의 장소를 방문판매자 등이 재화 등의 판매를 위하여 방문한 경우에 대부분 불시의 방문을 하게 된다. 이러한 불시의 방문은 소

주소가 있는 경우 이를 포함한다)가 포함되어야 한다(방문판매법 시행규칙 제10조 제1항).

비자에게 사생활침해의 문제와 더불어 정신적인 피해를 유발할 수 있다. 또한 전화권유판매는 비대면거래라는 특성과 시간과 장소에 대한 제한을 받지 않는다는 점에서 때와 장소를 가리지 않고 재화 등의 판매를 위한 전화권유가 행하여지고 있으며, 이로 인한 소비자의 정신적인 피해는 급증하고 있다. 특히, 휴대폰의 국민적 보급은 전화권유를 통한 판매량이 증대될 수 있는 기초가 되었지만, 반면에 소비자는 시기와 상황을 가리지 않는 판매권유전화로 인하여 많은 정신적 피해를 입게 되었다. 따라서 불필요한 재화 등의 판매를 위한 방문 또는 전화로부터 소비자가 정신적 피해 등을 입지 않기 위한 방안의 강구가 요구되었다. 이에 방문판매법에서는 소비자피해를 예방하기 위하여 방문판매자 등이 재화 등을 판매하기 위하여 소비자에게 방문 또는 전화를 한 경우에 당해 방문 또는 전화가 판매를 위한 것과 자신의 신원 및 재화 등의 명칭, 내용 등을 사전에 밝히도록 하고 있다(동법 제6조 제3항). 즉, 방문 또는 전화의 목적이 재화 등의 판매를 위한 것임을 사전에 고지함으로써 소비자가 방문 또는 전화를 거부할 수 있도록 하여 불필요한 방문 또는 전화로부터 발생할 수 있는 피해를 최소화하고자 한 것이다. 이를 위반한 경우에 공정거래위원회는 시정권고 또는 시정명령을 방문판매업자 등에게 부과할 수 있으며, 허위로 명시한 경우에는 1천만원 이하의 과태료가, 명시하지 않은 경우에는 500만원 이하의 과태료가 부과된다(동법 제41조, 제42조 제1항 제1호, 제56조 제1호, 제58조 제2항 제2호). 또한 소비자가 재화 등의 판매를 위한 방문 또는 전화를 거부하였음에도 불구하고 계속적인 방문 또는 전화 등을 통하여 재화 등의 구매를 요구하는 행위는 금지되며, 이를 행한 경우에 1천만원 이하의 과태료가 부과된다(동법 제11조 제8항, 제58조 제1항 제3호). 하지만 목적고지의무를 규정하고 있는 동 조항의 체계적 위치에 대하여는 의문이 제기된다. 동 규정은 계약체결 전 소비자의 피해가 발생하지 않도록 하기 위하여 방문판매자 등에게 미리 방문 또는 전화의 목적을 밝히도록 하고 있으며, 방문판매자 등의 신원과 재화 등의 종류와 내용을 제공하도록 하고 있다. 이러한 제3항은 동 조항의 표제(방문판매원 등의 명부 비치 등), 방문판매원의 명부에 관한 내용을 규정하고 있는 제1항과 제2항의 내용과 불일치하며, 정보제공의무를 규정하고 있는 제7조와 일치한다. 따라서 제6조 제3항은 제7조 제1항의 설명의무와 함께 규정되는 것이 체계적으로 더 타당할 것이다.

2. 정보제공의무

방문판매자 등이 상기의 방문 또는 전화의 목적 등을 소비자에게 고지하였지만, 이를 거부하지 않은 경우에 방문판매자 등은 소비자가 합리적인 구매의사를 결정할 수 있도록 관련정보를 제공하여야 한다. 방문판매자 등이 제공하여야 할 정보에는 방문판매자 등의 신원에 관한 정보와 재화 등에 관한 정보 및 거래조건 등에 관한 정보로 구분되며, 소비자에게 제공하여야 할 시기는 계약체결 이전이다. 이러한 정보제공의무를 허위로 하거나 이행하지 않은 경우에 방문판매법에서는 시정권고 또는 시정명령 등을 방문판매자 등에게 부과하고 있지만 과태료 등을 부과하고 있지 않다. 이는 전자상거래소비자보호법에서 허위의 정보를 제공한 사업자에게 벌금을 부과하고 있는 점에서 형평성에 문제가 있으며(전자상거래소비자보호법 제43조), 정보면에서 약자인 소비자가 합리적인 구매의사를 결정하거나 방문판매자 등의 사칭에 의한 피해예방을 위하여 방문판매자 등에게 부과한 것이므로 이를 위반한 경우에 대한 벌칙규정의 부존재는 입법적 미비라고 할 수 있으므로 이에 관한 규정을 보완하여야 할 것이다. 반면에 방문판매자 등으로부터 정보를 제공받은 소비자는 비밀유지의무를 부담하며, 특히 신원에 관한 정보를 당해 계약 이외에 사용하거나 제3자에게 무단으로 제공하는 것은 금지된다.

(1) 방문판매자 등의 신원에 관한 정보

방문판매자 등이 소비자에게 제공하여야 할 신원에 관한 정보는 당해 방문 또는 전화를 행한 자에 따라 구분된다. 즉, 방문판매업자 또는 전화권유판매업자가 직접 소비자를 방문 또는 전화를 한 경우에 자신의 신원, 즉 방문판매업자 등의 성명(법인인 경우에는 대표자의 성명을 말한다)·상호·주소·전화번호·전자우편주소를 제공하여야 한다. 하지만 방문판매원 또는 전화권유판매원이 방문 또는 전화를 한 경우에 제공하여야 할 신원에 관한 정보는 상기의 방문판매업자 등의 신원정보뿐만 아니라 방문판매원 등의 신원정보, 즉 방문판매원 등의 성명·주소·전화번호·전자우편주소도 함께 제공하여야 한다(동법 제7조 제1항 제1호, 제2호). 소비자가 방문판매원 등과 계약을 체결하고자 하는 경우에 당해 방문판매원 등이 방문판매업자 등에게 소속되었는지 여부 및 제공된 방문판매원의 신원이 정확한지의 여부를 방문판매업자 등에게 확인할 수 있다(동법 제6조 제2항).

(2) 재화 등과 거래조건 등에 관한 정보

방문판매자 등은 계약을 체결하기 이전에 상기의 신원에 관한 정보뿐만 아니라 재화 등과 거래조건 등에 관한 정보를 소비자에게 제공하여야 한다. 이러한 정보에는 재화 등의 명칭·종류 및 내용, 재화 등의 가격과 그 지급 방법 및 시기, 재화 등의 공급 방법 및 시기, 청약의 철회 및 계약해제의 기한·행사방법·효과에 관한 사항 및 청약철회 등의 권리 행사에 필요한 서식, 재화 등의 교환·반품·수리보증 및 그 대금 환급의 조건과 절차, 전자매체로 공급이 가능한 재화 등의 설치·전송 등과 관련하여 요구되는 기술적 사항, 소비자피해보상·재화 등에 대한 불만 및 소비자와 사업자 사이의 분쟁처리에 관한 사항, 거래에 관한 약관, 재화 등의 가격 외에 소비자가 추가로 부담하여야 할 사항이 있는 경우 그 내용 및 금액, 판매일시·판매지역·판매수량·인도지역 등 판매조건과 관련하여 제한이 있는 경우 그 내용이 있다(동법 제7조 제1항 제3호 내지 제11호).

Ⅵ. 계약의 체결 및 계약서 교부의무

1. 체결의 방식

방문판매자 등이 소비자와 재화 등의 매매계약을 체결할 경우에 할부매매와 같이 서면으로 체결하여야 하는가에 대하여 의문이 제기될 수 있다. 즉, 방문판매법에서 방문판매자 등이 재화 등의 판매에 관한 계약을 체결할 때에 상기의 정보가 기재된 계약서를 소비자에게 교부하도록 규정하고 있다. 하지만 동 규정의 의미는 방문판매자 등이 재화 등의 계약을 체결하기 위하여 소비자에게 일정한 정보를 설명하여야 하며, 이후 계약을 체결하기 위하여 그 내용을 서면으로 제공하도록 한 것이다.[53] 또한 방문판매법에서는 할부거래법에서와 같이 계약을 서면으로 체결하여야 한다고 규정하고 있지 않으며, 특히 전화권유판매의 경우에 계약체결은 구두에 의하여 체결되는 경우가 대부분이다. 그러므로 방문판매 등으로 재화에 관한 계약의 체결은 서면 또는 구두로도 가능하다고 할 것이다. 하지만 방문판매자 등이 소비자와 계약을 체결한 경우에 즉시 계약서를 교부하여야 하기 때문에 대부분의 경우 서면으로 계약을 체결한다.

2. 미성년자와의 계약체결

방문판매자 등과 계약을 체결하는 소비자가 미성년자인 경우에 방문판매자 등은 법정대리인의 동의를 얻어야 하며, 법정대리인의 동의를 얻지 못한 경우에 미성년자 또는 법정대리인이 계약을 취소할 수 있다는 내용을 소비자인 미성년자에게 고지하여야 한다(동법 제7조 제3항). 이는 방문판매자 등이 행위무능력자와 계약을 체결한 경우에 행위무능력자의 보호를 위하여 민법에서 규정하고 있는 행위무능력자의 권리를 고지하도록 한 것이다. 이러한 규정의 취지에도 불구하고 동 규정은 다음과 같은 문제점이 제기된다. 즉, 민법에서 규정하고 있는 행위무능력자에는 미성년자뿐만 아니라 한정치산자와 금치산자가 있으며(민법 제4조, 제9조, 제12조), 동 조항의 문언상 후자와 계약을 체결한 경우에 상기의 고지의무는 면제된다. 또한 미성년자와의 계약체결은 반드시 법정대리인의 동의가 있어야 하는 것은 아니며, 미성년자라 할지라도 단독으로 유효한 법률행위를 할 수 있다.[54] 특히, 금치산자인 경우에 법정대리인에게는 동의권이 없기 때문에 동의를 얻더라도 당해 계약을 취소할 수 있다. 따라서 동 규정은 "행위무능력자가 단독으로 유효한 법률행위를 할 수 있는 경우를 제외하고 방문판매자 등이 행위무능력자와 계약을 체결할 경우에 법정대리인의 동의를 얻어야 하며, 법정대리인의 동의 없이 미성년자와 한정치산자와 계약을 체결한 경우 또는 금치산자와 계약을 체결한 경우에 취소할 수 있다는 내용을 방문판매자 등이 미성년

53) 전자상거래소비자보호법에서도 사업자에게 일정한 정보제공의무를 부과하고 있으며, 이를 서면으로 제공하도록 하고 있지만, 서면에 의한 계약체결의무를 부과하고 있지 않다(동법 제13조 제2항).

54) 미성년자라 할지라도 단독으로 유효한 법률행위를 할 수 있는 경우로는 권리만을 얻거나 의무만을 면하는 경우, 법정대리인이 범위를 정하여 처분을 허락한 재산에 대한 처분행위, 법정대리인으로부터 허락받은 영업의 범위내 행위, 혼인한 미성년자의 법률행위 등이 있다(민법 제5조 제1항 단서, 제6조, 제8조, 제826조의2).

자 등에게 고지하여야 한다"로 개정하여야 할 것이다.

3. 계약서 교부의무

방문판매자 등이 소비자와 재화 등에 관한 계약을 체결할 경우에 즉시 계약서를 소비자에게 교부하여야 한다(동법 제7조 제2항). 이러한 계약서의 교부는 소비자가 계약내용을 재차 확인하여 자신이 원래 의도하였던 내용과 일치여부를 검토할 수 있도록 함과 더불어 추후 계약에 관한 분쟁이 발생하였을 경우에 분쟁해결을 위한 자료로서 활용할 수 있기 위함이다. 이러한 계약서에는 계약체결을 위하여 방문판매자 등이 소비자에게 제공하여야 할 정보가 기재되어 있어야 하며, 계약체결 후 즉시 소비자에게 교부하여야 한다. 하지만 전화권유판매의 경우는 비대면거래의 특성상 계약서의 교부는 즉시 이루어질 수 없기 때문에 모사전송이나 전자문서로서 계약서를 송부할 수 있으나, 이를 위하여는 소비자의 동의를 얻어야 한다(동법 제7조 제4항).[55] 이러한 계약서교부의무를 이행하지 않거나 허위로 기재한 계약서를 교부한 방문판매자 등에 대하여 1천만원 이하의 과태료 또는 벌금이 부과된다(동법 제56조 제2호, 제58조 제2항 제3호). 그러나 방문판매자 등이 소비자에게 교부하여야 하는 서면이 방문판매법의 규정과 같이 계약서인가에 대하여는 의문이 제기된다. 계약서라 함은 당사자간 계약을 체결하기 위한 방식이거나 계약의 성립을 증명하는 서면이다. 하지만 동 규정에서는 방문판매자 등이 계약을 체결할 때에 소비자에게 이를 제공하도록 하고 있다. 즉, 방문판매자 등이 계약체결 전에 소비자에게 제공하여 설명하여야 할 정보를 서면으로 제공할 의무를 규정한 것이다. 따라서 이 서면은 계약의 체결방식 또는 계약체결 이후 증거자료로서의 지위를 갖지 못한다. 하지만 동법의 제정목적과 동 조항의 표제에서 알 수 있듯이 방문판매자 등이 방문판매 등을 통

---

55) 전화권유판매업자의 계약서교부의무를 규정하고 있는 방문판매법 제7조 제3항은 인용규정을 제1항이라고 하고 있으나 제1항이 아니라 제2항이며, 이러한 법 조항의 오기는 허위의 계약서 교부와 계약서의 미교부에 대한 벌칙조항에서도 동일하다. 즉, 법문에서 인용하고 있는 제1항은 방문판매업자 등이 소비자에게 제공하여야 할 정보에 관하여 규정하고 있으며, 계약서의 기재 및 교부에 관하여는 제2항에서 규정하고 있기 때문에 제1항이 아니라 제2항이다.

하여 계약을 체결한 경우에 소비자가 이를 재차 확인할 수 있음과 더불어 추후 발생할 수 있는 분쟁에 대한 해결자료로서의 역할을 하기 위하여 계약서의 교부의무를 부과한 것이므로 계약서의 성격을 갖는다. 하지만 상기의 입법취지 및 앞에서 살펴본 체결의 방식을 고려할 때, 동 조항에서 계약서의 교부시기는 '체결할 때'가 아니라 '체결한 경우에 즉시'로 변경하여야 할 것이다. 또한 전자거래기본법에서 전자문서의 문서성을 인정하고 있음에도 불구하고 방문판매의 경우에 계약서교부의무이행의 방법으로 이를 인정하고 있지 않은 것은 전자문서의 활성화에 역행하는 것이다. 따라서 방문판매자 등도 역시 소비자의 동의를 받은 경우에 전자문서로써 계약서교부의무를 이행하는 것을 인정하여야 할 것이며, 다만 작성자의 신원확인을 위하여 공인전자서명이 부가된 경우로 한정하는 것이 타당할 것이다.

Ⅶ. 계약의 이행

1. 목적물의 인도와 대금의 지급

방문판매자 등이 소비자와 계약을 체결한 경우에 계약의 내용에 적합하게 재화 등을 인도하여야 하며, 소비자는 대금을 지급하여야 한다(동법 제7조 제5항).

2. 양자의 이행시기

양자의 의무이행시기는 계약상 별도의 특약이 없으면 동시이행관계에 있다(민법 제536조 제1항). 따라서 상대방의 의무이행이 있기 전까지 자신의 채무이행청구에 대하여 거절할 수 있다. 하지만 대부분의 경우 소비자가 사업자의 재화 등의 인도 전에 대금을 지급하는 것으로 계약을 체결한다. 이러한 약정은 계약의 자유로써 인정되며, 소비자는 선이행을 거절할 수 없다. 따라서 선이행하지 않은 경우에 채무불이행책임을 지게 된다. 그러나 이러한 경우라 할지라도 방문판매자 등의 의무이행이 현저하게 곤란한 사유가 발생한 경우에 대금지급의무의 선이행을 거부하고 동시이행을 주장할 수 있다(민법 제536조 제2항). 이러한 소비자의 항변권을 불안의 항변권이라 하며, 대금지급을 지연하더라도 채무불이행책임을 부담하지 않는다.

Ⅷ. 청약철회권

1. 해제권과의 관계

방문판매계약을 체결한 소비자가 당해 계약관계를 간편하게 해소할 수 있는 권리로서는 방문판매법에서는 청약철회권 외에 해제권을 동시에 부여하고 있다.[56] 그러나 이를 동시에 소비자에게 부여할 필요가 있는가에 대하여는 재고할 필요가 있다. 따라서 이를 살펴보기 위하여 방문판매법상 인정하고 있는 해제권과 민법상 해제권 및 청약철회권을 비교하여 살펴본다.

(1) 민법상 해제권과의 관계

방문판매법에서는 소비자가 간편하게 방문판매계약을 벗어날 수 있는 방안으로 해제권을 인정하고 있다. 이러한 해제권은 소비자의 일방적인 의사표시로 효력을 발생하는 형성권이라는 점과 계약관계를 전제로 하고 있다는 점에서 민법상의 해제권과 동일하다. 하지만 양법상의 해제권은 다음과 같은 점에서 차이가 있다. 첫째, 인정근거에 있어서 방문판매법상의 해제권은 방문판매원의 방문 등에 의한 계약체결이라는 점을 고려하여 소비자가 충동적인 구매를 할 수 있기 때문에 이를 보호하고자 특별한 요건을 주장함이 없이 당해 방문판매계약에서 벗어날 수 있도록 한 권리임에 반하여, 민법상 해제권은 당사자 중 일방이 약정 또는 법정의 채무불이행을 한 경우에 당해 계약관계에서 벗어날 수 있도록 한 권리이다. 둘째, 해제권의 대상이 되는 계약의 효력에 있어서 방문판매법상의 방문판매계약은 사업자와 소비자 간의 의사합치로 성립하였으나 아직 완전한 효력을 갖지 못한 상태이지만, 민법상의 계약은 당사자의 의사합치로 성립하고 완전히 효력을 발생하고 있다. 셋째, 발생요건에 있어서 방문판매법에서는

56) 이러한 점은 전화권유판매, 다단계판매, 통신판매에서도 동일하다.

제한을 두고 있지 않지만, 민법에서는 약정 또는 법정의 사유가 발생할 것을 요건으로 하고 있다. 넷째, 행사기간에 있어서 방문판매법에서는 7일 또는 30일·3개월로 정하고 있으나, 민법에서는 하자담보책임을 제외하고 구체적인 행사기간에 대하여 명문의 규정을 두고 있지 않다. 다섯째, 반환범위에 있어서 방문판매법에서 소비자는 원상회복의무를 부담하지만 사실상 현존이익의 반환에 가까우며, 예외적으로 재화 등이 일부 사용 또는 소비된 경우에 일정범위 내의 금액을 함께 반환하여야 하지만, 사업자는 원상회복의무를 부담하기 때문에 수령한 대금 전액을 반환하여야 하며, 지연시 지연배상금까지 지급하여야 한다. 하지만 민법에서는 양 당사자 모두에게 원상회복의무를 부과하고 있다. 이러한 세부적인 차이점이 구체적인 방문판매계약의 법률관계에서 어떻게 적용될 것인가에 대하여는 앞에서 살펴본 바와 같이 방문판매법은 민법에 대하여 특별법의 지위를 갖기 때문에 우선 적용되지만, 민법의 규정이 소비자에게 유리한 경우에는 민법이 우선하여 적용된다(동법 제4조). 따라서 사업자가 하자 있는 재화를 소비자에게 인도하여 당해 방문판매계약의 목적 달성이 불가능한 경우에 소비자는 방문판매법상 재화를 인도받은 날로부터 3개월 또는 하자를 안 날 또는 알 수 있었던 날로부터 30일 이내에 해제권을 행사하여야 한다(동법 제8조 제1항, 제2항). 그러나 민법에서는 그 사실을 안 날로부터 6월 이내에 행사할 수 있기 때문에 소비자는 전자상거래소비자보호법보다 민법의 적용을 통하여 더 장기간 동안 해제권을 행사할 수 있다(민법 제582조). 따라서 소비자가 방문판매법상 해제권을 행사하는 경우는 민법상 해제권의 발생요건에 해당하지 않는 개인적 구매의사변경 또는 당해 방문판매계약의 목적을 달성할 수 있는 사업자의 채무불이행에만 해당하게 된다.

(2) 청약철회권과의 관계

청약철회권은 소비자가 계약을 체결한 후라 할지라도 일정기간 내에 재차 구매의사를 판단하여 구매의사가 소멸한 경우에 별도의 요건을 입증함이 없이 간편하게 계약관계를 소멸시킬 수 있도록 인정된 권리이다. 따라서 청약철회권의 대상이 되는 계약의 효력은 완전한 유효가 아니라 유동적 유효이다. 반면에 본질적 의미에서 해제권은 당사자의 채무불이행이 발생한 경우에 상대방이 당해 계약을 일방적으로 해소할 수 있는 권리이며, 당해 계약의 효력은 완전한 유효이다. 이러한 해제권에 대하여 방문판매법에서는 청약철회권과 동일하게 규정하고 있지만, 이러한 입법내용이 동법의 입법취지에 적합한 것인가에 대하여 의문이 제기된다. 즉, 방문판매계약을 체결하는 소비자는 구매의사를 사업자가 제공한 정보를 기초로 하여 결정하기 때문에 충분한 사고 없이 계약을 체결할 수 있으므로 추후 구매의사를 재차 고려하여 구매의사가 변경된 경우에 별도의 요건을 증명함이 없이 간편하게 방문판매계약을 해소할 수 있도록 하기 위하여 방문판매법에서는 청약철회권을 소비자에게 부여하였다. 따라서 소비자가 체결한 방문판매계약은 소비자의 권리행사라는 해제조건이 부가된 계약이기 때문에 확정적인 유효가 아니라 유동적 유효상태인 것이다. 또한 청약철회권은 민법에서 부정되고 있기 때문에 소비자보호를 목적으로 하는 특별법에서 소비자에게 부여할 실익이 있다. 하지만 해제권은 이미 민법에서도 규정하고 있으며, 방문판매법상의 해제권은 민법에서 인정되지 않은 개인적 구매의사변경 또는 당해 방문판매계약의 목적을 달성할 수 있는 사업자의 채무불이행의 경우에만 실익을 가지나, 이 분야 역시 청약철회권을 통하여 소비자보호에 충실할 수 있다. 특히, 동법의 입법목적은 공정한 거래질서의 확립을 통한 소비자보호이기 때문에 사업자에게 의무를 부과함에 있어서도 입법목적에 적합한 합리성을 갖추어야 한다. 하지만 동법에서는 소비자를 보호하기 위하여 동일한 내용을 가지는 청약철회권과 해제권을 동시에 소비자에게 부여하고 있으며, 동일한 내용을 갖는 복수의 의무(청약철회권과 해제권의 기한 · 행사방법 · 효과에 관한 사항의 고지의무와 권리행사에 필요한 서식교부의무)를 사업자에게 부과하여 이의 위반시 사업자에게 시정조치 또는 영업정치처분을 부과할 수 있도록 하고 있다(동법 제41조, 제42조). 이러한 점은 과도한 소비자보호임과 더불어 합리적 근거 없는 의무부과라고 할 수 있다.

(3) 소 결

상기의 내용을 종합하여 볼 때, 청약철회권과 해제권을 동시에 소비자에게 부여하는 것은 법 적용과 체계상의 문제점을 가중시키며, 사업자에게 과중한 의무를 부담시키는 것이기 때문에 입법목적에 적합한 청약철회권만을 존속게 하고, 해제권은 삭제하여야 한다. 이와 같이 동법상 소비자의 해제권을 삭제한다고 하여도 동법의 입법목적을 저해하는 것은 아니며, 더 충실하게 하는 것이다. 즉, 소비자는 청약철회권의 행사기간 동안 재차 구매의사를 판단하여 구매의사가 부존재하는 경우에 이의 행사를 통하여 당해 방문판매계약을 벗어날 수 있으며, 동 기간이 경과하더라도 사업자의 채무불이행이 있는 경우에 민법상 해제권의 행사를 통하여 당해 방문판매계약을 해소시킬 수 있으므로 소비자의 법적 지위를 강화시키는 것이며, 사업자에게는 불필요한 의무를 경감시키는 것이기 때문에 동법의 입법목적에 충실하게 하는 것이다. 또한 해제권의 삭제는 방문판매계약에 대한 민법과 방문판매법의 적용상 문제점을 해소함과 더불어 양법의 체계적인 적용을 통하여 이 분야에서 소비자를 보호하는 방안이라 할 수 있다.[57]

2. 행사의 요건

舊 방문판매법에서는 청약철회권의 행사요건에 관하여 특별한 제한을 두거나 구분하지 않았다. 하지만 방문판매법에서는 종전과 동일하게 청약철회권의 행사요건에 대하여 특별한 제한을 두고 있지 않지만 그 행사요건을 세분하여 각기 다르게 규정하고 있다. 이러한 행사요건은 구매의사변경 등에 의한 청약철회권과 방문판매자 등의 채무불이행에 의한 청약철회권으로 구분된다.

(1) 구매의사변경 등에 의한 청약철회권

방문판매 등으로 재화 등을 구입한 소비자는 방문판매자 등이 정보를 제공하지 않은 경우뿐만 아니라 단순한 구매의사의 변경을 이유로 청약철회권을 행사할 수 있다(동법 제8조 제1항). 따라서 동 규정에 따른 청약철회권의 행사요건은 백지라고 할 수 있다. 다만 방문판매법이 적용되지 않는 경우와 일정한 방문판매에 대하여는 동 규정의 청약철회권을 행사할 수 없다. 후자의 경우로는 소비자에게 책임 있는 사유로 재화 등이 멸실 또는 훼손된 경우,[58] 소비자의 재화 등의 사용 또는 일부 소비에 의하여 그 가치가 현저히 감소한 경우, 시간의 경과에 의하여 재판매가 곤란할 정도로 재화 등의 가치가 현저히 감소한 경우, 복제가 가능한 재화 등의 포장을 훼손한 경우,[59] 소비자의 주문에 의하여 개별

57) 졸고, "전자상거래와 해제," 「정보화정책」 제11권 제1호, 한국전산원, 2004 · 3, 89~91면.

58) 소비자가 재화 등의 내용을 확인하기 위하여 포장 등을 훼손한 경우에는 청약철회권을 행사할 수 있다(방문판매법 제8조 제2항 제1호 단서).

59) 상기 세 가지 사유로 소비자가 청약철회권을 행사할 수 없기 위하여는 방문판매자 등이 청

적으로 생산되는 재화 등 청약철회 등을 인정하는 경우에 방문판매자 등에게 회복할 수 없는 중대한 피해가 예상되는 경우로서 사전에 당해 거래에 대하여 별도로 그 사실을 고지하고 소비자의 서면(전자문서를 포함한다)에 의한 동의를 얻은 경우가 이에 속한다(동법 제8조 제2항, 제6항, 동 시행령 제11조).

(2) 방문판매자 등의 채무불이행에 의한 청약철회권

상기의 청약철회권과 달리 동 청약철회권은 방문판매자 등의 일정한 채무불이행이 존재하여야 행사할 수 있다. 즉, 소비자에게 인도된 재화 등의 내용이 표시 · 광고의 내용과 다르거나 계약내용과 다르게 이행된 경우에 한정된다(동법 제8조 제3항). 이러한 청약철회권은 구매의사변경 등에 따른 청약철회권의 행사가 인정되지 않은 경우(동법의 적용을 배제하는 경우는 제외한다)라 할지라도 동 규정상 청약철회권의 행사요건에 해당하는 경우에는 청약철회권을 행사할 수 있다.

(3) 입증책임

방문판매법에서는 청약철회권의 행사요건에 대하여 상기와 같이 구분하고 있기 때문에 재화 등의 훼손에 대하여 소비자의 책임이 있는지의 여부, 계약이 체결된 사실 및 그 시기, 재화 등의 공급사실 및 그 시기 또는 계약서의 교부사실 및 그 시기 등에 관하여 분쟁이 발생할 수 있다. 이러한 분쟁은 소비자가 청약철회권을 행사할 수 있는가 또는 어느 규정에 근거하여 청약철회권을 행사할 수 있는가의 문제와 직결한다. 이러한 경우에 방문판매법에서는 상기의 입증책임을 방문판매자 등에게 부과하고 있으며, 소비자의 청약철회권을 부정하는 경우 등에 방문판매자 등이 이를 입증하여야 한다(동법 제8조 제5항).

3. 행사기간과 방법

(1) 행사기간

청약철회권의 행사기간은 행사요건마다 상이하다. 즉, 개인적 구매의사변경

약철회권의 행사가 불가능하다는 사실을 재화 등의 포장 기타 소비자가 쉽게 알 수 있는 곳에 명기하거나 시용상품을 제공하는 등의 방법으로 재화 등의 사용이나 일부 소비 등에 의하여 청약철회권의 행사가 방해받지 아니하도록 조치하여야 한다(방문판매법 제8조 제2항, 제6항).

등에 따른 청약철회권의 행사기간은 계약서를 교부 받은 날부터 14일 내에 행사하여야 한다. 다만, 그 계약서를 교부 받은 때보다 재화 등의 공급이 늦게 이루어진 경우에는 재화 등을 공급받거나 공급이 개시된 날부터 14일 내에 청약철회권을 행사할 수 있다. 하지만 계약서를 교부받지 아니한 경우, 방문판매자 등의 주소 등이 기재되지 아니한 계약서를 교부받은 경우 또는 방문판매자 등의 주소 변경 등의 사유로 상기의 기간 이내에 청약철회권을 할 수 없는 경우에는 그 주소를 안 날 또는 알 수 있었던 날부터 14일 내에 행사할 수 있다(동법 제8조 제1항 제1호, 제2호). 반면에 방문판매자 등의 채무불이행에 의한 청약철회권은 당해 재화 등을 공급 받은 날부터 3월 이내, 그 사실을 안 날 또는 알 수 있었던 날부터 30일 이내에 청약철회권을 행사할 수 있다(동법 제8조 제3항). 하지만 소비자가 방문판매자 등의 주소를 알지 못한 경우에 있어 기산점 규정을 두고 있지 않다. 따라서 이 경우에 있어서도 개인적 구매의사변경과 동일하게 사업자의 주소 등을 알지 못한 경우에 있어서 청약철회권행사의 기산점을 안 날 또는 알 수 있었던 날로 정하는 규정을 신설하여야 할 것이다.

(2) 행사의 방법

소비자가 방문판매 등으로 계약을 체결한 경우에 방문판매자 등은 소비자에게 청약철회권의 행사에 필요한 서식을 제공하여야 한다(동법 제7조 제1항 제6호). 하지만 소비자가 청약철회권을 행사함에 있어서 할부거래법과 달리 반드시 서면으로 행사할 필요는 없으며, 방문판매자 등이 제공한 서식으로 행사할 의무도 없다. 따라서 구두 또는 서면의 방식으로 청약철회권을 행사할 수 있다.

4. 행사의 효과

(1) 효력발생시기

청약철회권의 효력발생시기는 소비자의 행사방법에 따라 다르다. 즉, 구두로써 청약철회권을 행사한 경우에 효력발생시기는 의사표시의 효력발생시기인 방문판매업자 등에게 도달한 시점이며(민법 제111조 제1항), 서면으로 행사한 경우에는 서면을 발송한 날이다(동법 제8조 제4항). 후자의 경우에 소비자가 청약철회의 의사표시를 기재한 서면을 발송하였다는 것만으로 효력은 발생하지만, 서면은 상당한 기간 내에 방문판매자 등에게 도달하여야 한다(민법 제529조).

(2) 재화 등의 반환

소비자가 청약철회권을 행사한 경우에 방문판매자 등으로부터 인도받은 재화 등은 반환하여야 한다(동법 제9조 제1항). 재화 등의 반환에 따른 비용은 방문판매자 등이 부담하며, 소비자에게 청약철회권의 행사를 이유로 손해배상금 등을 청구할 수 없다(동법 제9조 제9항). 하지만 소비자의 개인적인 구매의사변경에 따른 청약철회권의 행사로 인한 재화 등의 반환비용을 방문판매자 등이 부담하는 것은 과중한 소비자보호라 할 수 있다. 따라서 소비자의 개인적 구매의사변경에 따른 청약철회권의 행사에 따른 반환비용은 소비자가 부담하는 것이 타당할 것이다.[60] 또한 인도받은 재화 등을 소비자가 사용하거나 일부 소비한 후에 청약철회권을 행사하여 반환한 경우에 방문판매자 등은 재화 등의 사용 또는 일부 소비에 의하여 소비자가 얻은 이익 또는 그 재화 등의 공급에 소요된 비용에 상당하는 금액으로서 재화 등의 사용으로 인하여 소모성 부품의 재판매가 곤란하거나 재판매가격이 현저히 하락하는 경우에는 당해 소모성 부품의 공급에 소요된 비용 또는 다수의 동일한 가분물로 구성된 재화 등의 경우에는 소비자의 일부소비로 인하여 소비된 부분의 공급에 소요된 비용의 지급을 소비자에게 청구할 수 있다(동법 제9조 제8항, 동 시행령 제14조 제1항). 즉, 악의적으로 청약철회권을 행사한 소비자에 대하여 책임을 부과하지 않는다면 이로 인한 손실액은 사업자가 부담하게 된다. 하지만 사업자는 이를 재화 등의 가격결정요소에 반영하기 때문에 재화 등의 가격을 상승하는 요인으로 작용한다. 그 결과, 재화 등을 구입하여 소비하는 일반소비자는 재화 등의 원래 가격에 악의적인 청약철회권의 행사에 따른 손실액을 부담하게 된다. 따라서 상기의 소비자책임은 청약철회권을 인정함으로써 발생할 수 있는 부작용을 방지함과 더불어 일반소비자의 손해부담을 방지하기 위한 것이다.

---

60) 전자상거래소비자보호법에서는 소비자자의 개인적인 구매의사변경에 따른 청약철회권의 행사에 따른 재화 등의 반환비용은 소비자가 부담하는 규정하고 있다(전자상거래소비자보호법 제18조 제9항).

(3) 대금의 반환

청약철회권의 행사로 인하여 소비자는 인도받은 재화 등을 반환하여야 하며, 방문판매자 등은 소비자로부터 받은 대금을 반환하여야 한다. 이러한 대금반환의무는 소비자의 대금지급방식에 따라 구분된다. 또한 대금반환의무를 부담하는 자는 방문판매자 등을 비롯하여 소비자와 계약을 체결하거나 대금을 수령한 자가 각기 상이한 경우에 각자는 대금반환의무에 대하여 연대하여 책임을 부담한다(동법 제9조 제10항).

① 소비자가 직접 대금을 지급한 경우

소비자로부터 대금을 직접 지급받은 경우에 방문판매자 등은 재화 등을 반환받은 날부터 3영업일 이내에 이미 지급받은 재화 등의 대금을 환급하여야 한다. 만일 대금환급을 지연한 경우에 연 24%의 지연이자율을 곱하여 산정한 지연이자를 함께 지급하여야 한다(동법 제9조 제2항, 동 시행령 제11조의2).

② 신용카드 등으로 지급한 경우

소비자가 재화 등의 대금을 신용카드 등으로 지급하고 청약철회권을 행사한 경우에 대금의 반환방식은 결제업자로부터 대금을 수령하기 전과 후로 구분된다. 방문판매자 등이 아직 결제업자로부터 대금을 수령하기 전인 경우에 방문판매자 등은 결제업자의 소비자에 대한 대금청구를 정지 또는 취소하도록 요청하여야 하며, 이미 대금을 수령한 경우에 지체 없이 이를 결제업자에게 환급하고 그 사실을 소비자에게 통지하여야 한다(동법 제9조 제3항). 소비자가 결제업자에게 대금을 지급한 후에 방문판매자 등으로부터 재화 등의 대금을 환급 받은 결제업자는 지체 없이 소비자에게 이를 환급하거나 환급에 필요한 조치를 취하여야 한다(동법 제9조 제4항). 또한 대금환급의 지연으로 인하여 소비자가 결제업자에게 대금을 지급한 경우에 방문판매자 등은 지연기간에 대한 지연배상금을 소비자에게 지급하여야 한다(동법 제9조 제5항). 하지만 방문판매자 등이 정당한 사유 없이 결제업자에게 대금의 환급을 지연한 경우에 소비자는 환급 받을 금액에 대하여 결제업자에게 당해 방문판매자 등에 대한 다른 채무와 상계할 것을 요청할 수 있으며, 결제업자는 소비자의 상계요청이 법정 행사기간 내에 청약철회권을 행사하였다는 사실과 재화 등을 반환하였음을 입증하는 자료(소비자가 재화 등을 계약서에 명시된 방문판매자 등의 주소로 반환하였으나 수취거절된 경우에는 그 입증자료)를 첨부한 환급금액 등을 기재한 서면(전자문서를 포함한다)으로 이루어진 경우에 즉시 상계할 수 있다(동법 제9조 제6항, 동 시행령 제13조 제1항). 결제업자가 상계한 경우에 그 사실 및 상계금액 등을 기재한 서면(전자문서를 포함한다)을 방문판매자 등 및 소비자에게 지체 없이 송부하여야 한다(동 시행령 제13조 제2항). 하지만 소비자의 상계요청에도 불구하고 결제업자가 정당한 사유 없이 상계를 해태한 경우에 소비자는 결제업자의 대금결제를 거부할 수 있으며, 방문판매자 등과 결제업자는 그 결제의 거부를 이유로 당해 소비자를 신용정보의 이용 및 보호에 관한 법률상 신용불량자로 처리하는 등 소비자에게 불이익을 주는 행위를 하여서는 아니 된다(동법 제9조 제7항).

5. 휴업 또는 영업정지기간 내 업무처리

방문판매자 등은 그 휴업기간 또는 영업정지기간 중에도 청약철회권의 행사에 관한 업무와 그에 따른 대금의 반환 등의 업무를 계속하여야 한다(동법 제12조 제1항).

Ⅸ. 계약의 해제와 손해배상책임의 제한

1. 계약의 해제

방문판매자 등은 소비자의 귀책사유로 인한 약정 또는 법정의 사유가 발생한 경우에 계약을 해제할 수 있다. 이러한 해제권의 발생사유 중 가장 대표적인 것은 소비자가 대금지급의무를 이행하지 않는 경우이다. 대금의 미지급은 채무불이행 중 이행지체에 해당하기 때문에 방문판매자 등이 해제권을 행사하기 위하여는 이행기 도과에도 불구하고 대금의 미지급만으로는 해제권을 행사할 수 없다. 따라서 방문판매자 등은 소비자에게 대금지급을 상당한 기간을 정하여 최고하여야 하며, 이러한 최고기간의 경과에도 불구하고 소비자가 대금을 지급하지 않은 경우에 비로소 계약해제권을 행사할 수 있다. 만일 약관에서 소비자의 대금지연만으로 계약해제권을 행사할 수 있다고 규정하더라도 당해 약관은 사업자에게 해제권의 행사요건을 완화하여 소비자에게 부당한 불이익을 부여함으로 불공정약관에 해당하여 무효가 되기 때문에 사업자는 이러한 약관을 근거로 하여 계약해제권을 행사할 수 없다(약관규제법 제9조 제2호).

2. 손해배상책임의 제한

소비자에게 책임 있는 사유로 인하여 재화 등의 판매에 관한 계약이 해제된 경우 방문판매자 등이 소비자에게 청구하는 손해배상액의 범위는 계약이 이행된 경우에 방문판매자 등이 받게 되는 이익, 즉 이행이익이 아닌 일정금액 이하로 제한된다(동법 제10조 제1항). 구체적으로 방문판매자 등이 소비자에게 청구할 수 있는 손해배상금은 인도된 재화 등이 반환된 경우와 반환되지 않은 경우로 구분되어 결정된다. 전자의 경우에 손해배상금액은 반환된 재화 등의 통상 사용료액 또는 그 사용에 의하여 통상 얻어지는 이익에 상당하는 금액과 반환된 재화 등의 판매가격에서 그 재화 등이 반환된 당시의 가액을 공제한 금액 중 큰 금액에 대금미납에 따른 지연배상금을 더한 금액을 초과할 수 없다. 후자의 경우에 손해배상금은 그 재화 등의 판매가액에 상당하는 금액과 대금미납에 따른 지연배상금을 더한 금액을 초과할 수 없다.

X. 방문판매자 등의 금지행위 및 불공정약관의 효력

1. 금지행위의 유형

방문판매법에서는 건전한 거래질서의 확립 및 소비자보호를 위하여 방문판매자 등에게 일정한 행위를 금지하고 있으며, 공정거래위원회는 방문판매법 위반행위의 방지 및 소비자피해의 예방을 위하여 방문판매자 등이 준수해야 할 기준을 정하여 고시할 수 있다(동법 제11조). 이러한 금지행위에는 재화 등의 판매에 관한 계약의 체결을 강요하거나 청약철회 등 또는 계약의 해지를 방해할 목적으로 소비자에게 위력을 가하는 행위, 허위 또는 과장된 사실을 알리거나 기만적 방법을 사용하여 소비자를 유인 또는 거래하거나 청약철회 등 또는 계약의 해지를 방해하는 행위, 가입비 · 판매보조물품 · 개인할당 판매액 · 교육비 등 그 명칭 및 형태여하를 불문하고 방문판매원 등이 되고자 하는 자 또는 방문판매원 등에게 방문판매원 등이 되기 위한 조건 또는 방문판매원 등의 자격을 유지하기 위한 조건으로서 1인당 연간 2만원 이상의 비용 그 밖의 금품을 징수하거나 재화 등을 구매하게 하는 등 의무를 부과하는 행위, 방문판매원 등에게 다른 방문판매원 등을 모집하도록 의무를 지게 하는 행위, 청약철회 등이나 계약의 해지를 방해할 목적으로 주소 · 전화번호 등을 변경하는 행위, 분쟁이나 불만처리에 필요한 인력 또는 설비의 부족을 상당기간 방치하여 소비자에게 피해를 주는 행위, 소비자의 청약이 없는데도 일방적으로 재화 등을 공급하고 재화 등의 대금을 청구하는 행위, 소비자가 재화를 구매하거나 용역을 제공받을 의사가 없음을 밝혔음에도 불구하고 전화, 모사전송, 컴퓨터통신 등을 통하여 재화를 구매하거나 용역을 제공받도록 강요하는 행위, 본인의 허락을 받지 아니하거나 허락 받은 범위를 넘어 소비자에 관한 정보를 이용(제3자에게 제공하는 경우를 포함한다)하는 행위[61]가 있다.

2. 불공정약관의 효력

방문판매자 등이 재화 등에 관한 계약을 소비자와 체결함에 있어 구체적인 내용은 미리 작성한 약관으로 정한다. 이러한 약관은 방문판매자 등이 일방적으

61) 재화 등의 배송 등 소비자와의 계약의 이행에 불가피한 경우로서 재화 등의 배송 또는 전송을 업으로 하는 자로서 당해 배송 또는 전송을 위탁받은 자에게 정보를 제공하는 경우와 재화 등의 설치, 사후 서비스 그 밖에 약정한 서비스의 제공을 업으로 하는 자로서 당해 서비스의 제공을 위탁받은 자에게 정보를 제공하는 경우, 재화 등의 거래에 따른 대금정산을 위하여 필요한 경우, 도용방지를 위하여 본인확인에 필요한 경우로서 소비자의 신원 및 실명여부나 본인의 진의여부의 확인을 위하여 전기통신사업법상의 기간통신사업자, 신용정보의 이용 및 보호에 관한 법률상의 신용정보업자, 당해 거래에 따른 대금결제와 직접 관련된 결제업자, 법령 또는 법령의 규정에 의한 인 · 허가에 의하여 도용방지를 위한 실명확인을 업으로 하는 자에게 제공하는 경우와 미성년자와의 거래에 있어 법정대리인의 동의여부를 확인하기 위하여 이용하는 경우, 법률의 규정 또는 법률에 의하여 필요한 불가피한 사유가 있는 경우에는 제외된다(방문판매법 제11조 제1항 제9호 단서, 동 시행령 제16조, 제17조).

로 작성하기 때문에 소비자에게 불리한 내용이 포함되어 있을 수 있다. 이러한 약관의 내용은 약관규제법에 의하여 그 효력이 상실되지만, 방문판매법에서는 구체적으로 그 기준을 정하여 이를 위반한 약관의 효력을 무효로 규정하고 있다(동법 제45조). 즉, 당해 약관의 내용이 계약체결 전의 정보제공 및 계약체결에 따른 계약서 교부의무, 청약철회, 청약철회 등의 효과, 손해배상청구금액의 제한 등의 조항과 비교하여 소비자에게 불리한 것은 그 효력이 없다. 또한 방문판매 등으로 인하여 소비자와 분쟁이 발생한 경우에 있어 관할법원을 방문판매자 등의 주소지 또는 주된 사업소의 소재지를 관할하는 지방법원의 1심법원으로 약관에서 정하고 있더라도 관할법원은 제소 당시의 소비자의 주소를, 주소가 없는 경우에는 거소를 관할하는 지방법원이 관할권을 갖는다. 하지만 제소 당시 소비자의 주소 또는 거소가 분명하지 아니한 경우에는 약관에서 합의한 법원이 관할권을 갖는다(동법 제46조).

제3장 다단계판매와 소비자보호

Ⅰ. 다단계판매의 정의

다단계판매라 함은 판매업자가 특정인에게 당해 판매업자가 공급하는 재화 등을 소비자에게 판매하는 또는 특정인에 의하여 재화 등을 구입한 소비자의 전부 또는 일부를 당해 특정인의 하위판매원으로 가입하도록 하여 그 하위판매원이 당해 특정인의 활동과 같은 활동을 하면 일정한 이익[62]을 얻을 수 있다고 권유하여 판매원의 가입이 3단계 이상의 단계적으로 이루어지는 다단계판매조직을 통하여 재화 등을 판매하는 것을 말한다(동법 제2조 제5호). 따라서 다단계판매는 재화 등의 판매가 단계적으로 이루어지는 것을 말하기 때문에 재화 등의 판매 없이 금전거래만을 하거나 이를 가장하여 사실상 금전거래만을 하는 행위는 다단계판매가 아니며, 이러한 행위는 금지된다(동법 제23조 제2항). 다단계판매는 다단계판매를 업으로 하기 위하여 다단계판매조직을 개설 또는 관리·운영하는 자인 다단계판매업자와 다단계판매조직에 판매원으로 가입한 자인 다단계판매원에 의하여 이루어지며, 양자를 다단계판매자라 한다(동법 제2조 제6호). 이러한 다단계판매는 소비자가 판매원의 지위를 가질 수 있다는 점에서 다른 거래유형과 차이점이 있다.

62) 다단계판매에 있어서 다단계판매원이 소비자에게 재화 등을 판매하여 얻는 소매이익과 다단계판매업자가 그 다단계판매원에게 지급하는 후원수당을 말한다.

Ⅱ. 다단계판매업자와 다단계판매원

1. 다단계판매업자의 등록 및 결격사유

(1) 다단계판매업자의 등록

다단계판매업을 하고자 하는 자는 상호 및 주소·전화번호·전자우편주소(법인인 경우에는 대표자의 성명·주민등록번호 및 주소를 포함한다) 등을 기재한 등록신청서, 자본금이 5억원 이상임을 증명하는 서류, 소비자피해보상보험계약 등의 체결증명서류, 후원수당의 산정 및 지급기준에 관한 서류, 재고관리·후원수당 지급 등 판매의 방법에 관한 사항을 기재한 서류, 그 밖에 다단계판매자의 신원확인을 위하여 필요한 사항으로서 법인인 경우에 법인등기부등본(당해 법인의 설립등기 전에 신고를 하는 때에는 법인설립을 위한 발기인의 주민등록표등본)·사업자등록증 사본·회사의 영업일을 기재한 서류를 주된 사무소의 소재지를 관할하는 시·도지사에게 제출하여야 하며, 주된 사무소의 소재지가 외국인 경우에는 공정거래위원회에 이를 제출하여야 한다(동법 제13조 제1항, 동 시행령 제18조 제1항, 제19조, 동 시행규칙 제11조 제1항, 제3항). 다단계판매의 등록신청을 받은 공정거래위원회 또는 시·도지사는 등록요건에 적합한 때에는 등록증을 교부하여야 한다(동법 제13조 제2항). 등록된 다단계판매업자는 상기의 등록사항 중에서 변경사항이 있는 경우에 변경사항이 발생한 날부터 15일 이내에 변경신고서에 그 변경사항을 증명하는 서류를 첨부하여 공정거래위원회 또는 시·도지사에게 제출하여야 하고, 당해 신고를 받은 공정거래위원회 또는 시·도지사는 변경사항을 확인하고 변경사항이 기재된 신고증을 다시 교부하여야 한다(동법 제13조 제2항, 동 시행령 제18조 제3항). 다단계판매업자는 그 영업을 휴지 또는 폐지하거나 휴업 후 영업을 재개하는 때에는 신고서를 공정거래위원회 또는 시·도지사에게 제출하여야 하며, 영업의 폐지를 신고하는 경우에는 종전의 등록증을 첨부하여야 한다(동법 제13조 제3항, 동 시행령 제18조 제4항). 또한 허위의 다단계판매업자 등으로부터의 소비자피해를 예방하기 위하여 등록된 다단계판매업자의 정보 중 다단계판매업자의 등록번호 및 등록일, 다단계판매업자의 성명(법인인 경우에는 대표자의 성명)·상호명·소재지·전화번호, 다단계판매업자가 판매하는 재화 등의 판매품목 및 매출액, 후원수당의 산정 및 지급기준 및 그 밖에 소비자보호 및 거래질서를 유지하기 위하여 필요한 사항으로서 공정거래위원회가 정하는 사항을 공정거래위원회는 공개할 수 있으며, 공개하기 이전에 당해 다단계판매업자에게 공개하는 내용과 방법을 미리 통지하여야 하고, 사실과 다른 내용을 정정할 수 있는 기회를 주어야 한다(동법 제13조 제4항, 동 시행령 제20조). 다단계판매업자가 사위 그 밖의 부정한 방법으로 다단계판매등록을 한 경우, 다단계판매업자의 결격사유에 해당하게 된 경우 및 소비자피해보상보험계약 등이 해지된 경우에 공정거래위원회는 그 등록을 취소할 수 있다(동법 제42조 제4항 단서). 또한 공정거래위원회 또는 시·도지사는 소비자의 청약철회권행사를 위하여 또는 소비자피해를 예방하기 위하여 다단계판매업자가 상호 또는 주된 사업장의 주소·전화번호를 변경한 경우, 휴업 또는 폐업신고를 한 경우 및 영업정지처분을 받은 경우에 그 사실을 관보, 당해 지방자치단체에서 발행하는 공보 또는 일간신문에 게재하거나 게시판에 게시하는 방법으로 하여야 하며, 등록이 취소된 경우에 그 사실을 관보 또는 일간신문에 게재하여야 한다(동법 제26조, 동 시행규칙 제20조).

(2) 다단계판매업자의 등록결격사유

다단계판매는 소비자가 판매원이 될 수 있다는 점에서 사업규모가 기하급수적으로 증대할 수 있으며, 소비자피해가 발생한 경우에 광범위하게 발생하며, 동일행위자에 의한 법 위반행위가 반복된다는 점에서 다단계판매업의 등록에 대하여 상기에서 살펴본 것과 같이 자본금에서 5억원 이상으로 규정하고 있으며, 등록할 수 있는 자에 대하여도 일정한 제한을 두고 있다. 따라서 금치산자·한정치산자 또는 미성년자, 파산선고를 받고 복권되지 아니한 자, 방문판매법에 위반하여 징역의 실형을 선고받고 그 집행이 종료되거나 집행이 면제된 날부터 5년이 경과되지 아니한 자, 방문판매법에 위반하여 형의 집행유예의 선고를 받고 그 유예기간 중에 있는 자와 이러한 자가 임원으로 있는 법인은 다단계판매업자로 등록할 수 없다(동법 제14조 제1호). 또한 다단계판매업의 취소사유에 해당하여 취소된 후 5년이 경과하지 아니한 개인 또는 법인과 등록취소된 법인의 임원이었던 자가 임원으로 있는 법인은 등록을 신청할 수 없다(동법 제14조 제2호, 제3호).

(3) 소비자피해보상보험계약의 체결

다단계판매는 그 특성상 단시간 내에 광범위한 소비자를 확보할 수 있다. 반면에 다단계판매로 인하여 피해가 발생한 경우에 그 피해의 범위는 광범위하며, 피해액은 고액이기 때문에 단순히 행위자인 다단계판매자만이 책임을 지도록 한다면 소비자와 피해자인 다단계판매원의 손해배상청구권은 유명무실하게 될 수 있다. 따라서 다단계판매로 인하여 피해를 입은 소비자 등이 손해배상을 효율적으로 받을 수 있도록 하기 위하여 방문판매법에서는 다단계판매업자에게 소비자피해보상보험계약 등의 강제적인 체결을 요구하고 있다.[63] 즉, 다단계판매업의 등록을 하고자 하는 자는 소비자피해보상을 위한 보험계약, 소비자피해보상금의 지급을 확보하기 위한 금융기관과의 채무지급보증계약 또는 공제조합[64]과의 공제계약 중 하나를 체결하여야 한다(동법 제34조 제1항). 다단계판매업자가 체결하는 소비자피해보상보험계약 등은 방문판매법의 위반행위로 인하여 발생한 소비자피해를 보상하기에 적절한 수준[65]이어야 하며, 보험계약 등을 체

63) 다단계판매업자에게는 소비자피해보상보험계약 등의 체결을 강제하고 있지만, 방문판매업자, 전화권유판매업자, 전자상거래사업자, 통신판매업자 등에게는 체결을 강제하지 않고 권장하고 있다(방문판매법 제34조 제2항, 전자상거래소비자보호법 제24조 제1항).

64) 공제조합이라 함은 방문판매업자, 전화권유판매업자로서 신고 또는 다단계판매업자로 등록한 사업자가 소비자피해보상으로 인한 보상금지급책임의 보험사업 등의 공제사업을 영위하기 위하여 공정거래위원회의 인가를 받아 설립한 조합을 말한다(방문판매법 제35조 제1항).

65) 소비자피해보상보험계약 등이 적절한 수준으로 판단되기 위하여는 청약철회 등의 권리행사에 따라 발생하는 대금환급의무의 불이행 또는 재화 등의 공급의무의 불이행 등으로 인한 소비자피해를 보상하는 것을 그 내용으로 할 것, 피보험자 또는 수혜자는 당해 소비자피해보상보험계약 등을 체결한 자가 판매하는 재화 등의 구매자로 할 것, 계약금액은 재화 등의 매매대금을 한도로 공정거래위원회가 정한 규모 이상으로 할 것, 소비자(다단계판매원을 포함한다)가 용이하고 신속하게 피해보상을 받을 수 있도록 하고 보상이 지연되는 경우 지연배상금이 지급되도록 할 것, 정당한 사유 없이 소비자의 의사표시 방법을 제한하거나 소비자에게 과도한 입증책임의 부담을 부과하지 아니할 것, 정당한 사유 없이 피해보상의 범위나 보험자 또는 재화 등의 판매자의 책임을 한정하지 아니할 것, 그 밖에 소비자에게 예상하기 어려운 위험이나 손해를 줄 우려가 있거나 부당하게 불리한 약정을 두지 말 것, 보험계약 또는 채무지급보증계약은 보험업법 제2조 제1항의 규정에 의한 보험사업자 또는 은행법 제2조 제2호의 규정에 의한 금융기관과 체결할 것, 소비자피해보상보험계약 등의 계약을 체결하여 거래하는 기간은 1년 이상의 기간으로 하고, 정당한 사유 없이 계약해지의 요건을 용이하게 정하여 소비자에게 불이익을 주지 아니할 것의 요건을 충족하여야 한다(방문판매법 시행령 제42조 제1항).

결함에 있어 매출액 등의 자료를 제출함에 있어 허위의 자료를 제출하여서는 아니 된다(동법 제34조 제3항, 제5항). 이러한 소비자피해보상보험계약 등을 체결한 다단계판매업자는 그 사실을 나타내는 표지를 사용할 수 있으며, 이를 체결하지 아니한 사업자는 이러한 표지를 사용하거나 이와 유사한 표지를 제작 또는 사용하여서는 아니 된다(동법 제34조 제6항, 제7항). 또한 소비자피해보상보험계약 등을 체결한 다단계판매업자는 보험계약 등의 성립 후 재화 등의 소비자 또는 다단계판매원이 보험계약 등을 체결한 사실 및 그 내용을 쉽게 알 수 있도록 조치를 취하여야 한다(동 시행규칙 제22조 제2항). 다단계판매업자와의 보험계약 등으로 보험금을 지급할 자는 그 지급사유가 발생한 경우에 지체 없이 지급하여야 하며, 만일 지급지연시 지연배상금을 함께 지급하여야 한다(동법 제34조 제4항).

2. 다단계판매원의 등록 및 결격사유

(1) 다단계판매원의 등록

다단계판매조직에 다단계판매원으로 가입하고자 하는 자는 그 조직을 관리·운영하는 다단계판매업자에게 성명·주민등록번호·주소·전화번호(전자우편주소가 있는 경우 이를 포함한다) 및 다단계판매업자명을 기재하고, 서명·날인한 다단계판매원 등록신청서를 제출하여야 하며, 등록신청서는 전자문서로도 제출이 가능하다(동법 제15조 제1항, 동 시행규칙 제15조). 다단계판매원이 되고자 하는 자의 신청서를 받은 다단계판매업자는 다단계판매원의 성명·주민등록번호·주소·등록일자·등록번호 및 다단계판매업자명(직인을 포함한다)이 표시되어 있는 다단계판매원등록증을 교부하여야 한다(동법 제15조 제3항, 동 시행규칙 제16조). 또한 다단계판매업자는 등록한 다단계판매원에게 후원수당의 산정 및 지급기준, 하위판매원의 모집 및 후원에 관한 사항, 재화 등의 반환 및 다단계판매원의 탈퇴에 관한 사항, 다단계판매원이 지켜야 할 사항, 공정거래위원회가 정하여 고시하는 다단계판매에 관한 해설자료, 다단계판매원수첩이라는 뜻, 제작시기 및 다단계판매업자명(수첩의 표지에 표시할 것)에 대하여 확인이 가능한 다단계판매원수첩(전자기기로 된 것을 포함한다)을 교부하여야 한다(동법 제15조 제5항, 동 시행규칙 제18조).

(2) 다단계판매원의 결격사유

다단계판매원이 되고자 다단계판매업자에게 신청한 자 중에서 국가공무원·지방공무원 또는 교육공무원 및 사립학교법에 의한 교원, 법인, 다단계판매업자의 지배주주 또는 임직원, 방문판매법에 위반하는 행위를 한 자로서 시정조치를 2회 이상 받은 자 중에서 마지막 시정조치에 대한 이행을 완료한 날부터 3년이 경과하지 아니한 자, 방문판매법에 위반하여 징역의 실형을 선고받고 그 집행이 종료되거나 집행이 면제된 날부터 5년이 경과되지 아니한 자 및 방문판매법을 위반하여 형의 집행유예의 선고를 받고 그 유예기간 중에 있는 자는 다단계판매원이 될 수 없다(동법 제15조 제2항, 동 시행령 제21조).

Ⅲ. 다단계판매조직의 관리

1. 다단계판매원의 등록 및 탈퇴

다단계판매업자는 다단계판매원이 되고자 하는 자에게 등록·자격유지 또는 유리한 후원수당의 지급기준을 적용받기 위한 조건으로 재화 등을 구매하도록 본인에게 부과하는 부담으로서 연간 5만원 이상의 부담을 지우게 하여서는 아니 되며, 다단계판매원에게 일정수의 하위판매원을 모집하도록 의무를 지게 하거나, 특정인을 그 특정인의 동의 없이 자신의 하위판매원으로 등록하여서는 아니 된다(동법 제22조 제1항, 제2항). 또한 등록된 다단계판매원이 결격사유에 해당하는 경우에 즉시 탈퇴시켜야 한다(동법 제22조 제3항). 다단계판매원은 언제든지 다단계판매업자에게 탈퇴의사를 표시하고 탈퇴할 수 있으며, 다단계판매업자는 다단계판매원의 탈퇴에 조건을 부과하여서는 아니 된다(동법 제22조 제4항). 다단계판매원이 탈퇴하거나 결격사유에 해당하여 탈퇴시킨 경우에 다단계판매업자는 탈퇴한 다단계판매원의 판매행위 등으로 인하여 소비자의 피해가 발생하지 아니하도록 판매원 수첩의 회수 등 필요한 조치를 하여야 한다(동법 제22조 제5항).

2. 다단계판매원 등록부의 작성 및 비치

다단계판매업자는 다단계판매원이 되고자 하는 자의 신청을 받아 등록증을 교부한 경우에 다단계판매원별로 등록일자・등록번호・성명・주민등록번호・주소(전자우편주소가 있는 경우 이를 포함한다) 및 전화번호가 포함되어 있는 다단계판매원 등록부를 작성하고, 이를 주된 사업장에 비치하여야 한다(동법 제15조 제3항, 동 시행규칙 제17조 제1항, 제2항). 또한 다단계판매업자는 허위의 다단계판매원의 재화 등의 판매로부터 소비자피해의 방지 또는 구제를 위하여 필요한 경우 소비자로 하여금 등록된 다단계판매원의 신원을 확인할 수 있도록 조치를 취하여야 하며, 홈페이지를 운용하는 경우에 소비자가 당해 홈페이지를 통하여 특정 다단계판매원이 당해 다단계판매업자에 등록되어 있음을 쉽게 확인할 수 있도록 하여야 한다(동 시행규칙 제17조 제3항).

3. 후원수당

(1) 후원수당의 정의

후원수당이라 함은 판매수당・알선수수료・장려금・후원금 등 그 명칭 및 지급형태를 불문하고, 다단계판매업자가 다단계판매원에게 속하는 하위판매원들에 대한 조직관리 및 교육훈련실적 또는 다단계판매원 자신의 재화 등의 판매실적이나 그 다단계판매원에게 속하는 하위판매원들의 재화 등의 판매실적과 관련하여 다단계판매원에게 지급하는 경제적 이익을 말한다(동법 제2조 제7호).

(2) 후원수당에 관한 정보제공

다단계판매업자는 다단계판매원이 등록한 경우에 후원수당의 산정 및 지급기준에 관한 사항을 다단계판매원수첩에 기재하여 교부하여야 한다. 이러한 후원수당의 산정 및 지급기준은 객관적이고 명확하게 정하여져야 하며, 다단계판매업자가 후원수당의 산정 및 지급기준을 변경하고자 하는 경우에는 변경사유 및 새로운 기준의 적용일을 명시하여 현행 후원수당의 산정 및 지급기준과 함께 그 적용일부터 3월 이전에 다단계판매원에게 통지하여야 한다. 다만, 후원수당의 산정 및 지급기준의 변경이 다단계판매원에게 이익이 되거나 다단계판매원의 동의를 얻은 경우에는 즉시 변경할 수 있다. 후원수당의 변경사항을 통지함에 있어서 주소불명 등의 사유로 개별통지가 불가능한 다단계판매원에 대하여는 그 통지사항을 사보에 게재하거나 1월 이상의 기간 동안 홈페이지에 게시함으로써 상기의 통지에 갈음할 수 있다(동법 제20조 제2항, 동 시행령 제26조). 따라서 다단계판매업자는 다단계판매원이 되고자 하는 자 또는 다단계판매원에게 다단계판매원이 받게 될 일정한 이익에 관하여 허위의 정보를 제공하여서는 아니 되며, 다단계판매원이 되고자 하는 자 또는 다단계판매원에게 전체 다단계판매원에 대한 평균 후원수당 등 후원수당의 지급현황에 관한 정보를 평균 후원수당과 후원수당의 분포를 알 수 있도록 도표로 작성된 서식으로 고지하여야 한다(동법 제21조 제1항, 제2항).

(3) 후원수당관련 금지행위

다단계판매원에게 고지한 후원수당의 산정 및 지급기준과 다르게 후원수당을 산정·지급하거나 그 밖의 부당한 방법으로 다단계판매원을 차별대우하여서는 아니 되며, 다단계판매업자는 다단계판매원의 요구가 있는 경우 후원수당의 산정·지급명세 등의 열람을 허용하여야 한다(동법 제20조 제1항, 제4항). 또한 다단계판매업자는 일정수의 하위판매원을 모집 또는 후원하는 것을 조건으로 하위판매원 또는 그 하위판매원의 판매실적과 관계없이 후원수당을 차등하여 지급하여서는 아니 된다(동법 제20조 제5항). 하지만 다단계판매업자가 다단계판매원에게 후원수당으로 지급할 수 있는 총액은 다단계판매업자가 다단계판매원에게 공급한 재화 등의 가격(부가가치세를 포함한다)의 합계액의 35퍼센트에 해당하는 금액의 범위를 초과할 수 없다(동법 제20조 제3항, 동 시행령 제27조).

4. 다단계판매업자의 책임

다단계판매업자는 다단계판매원이 그의 하위판매원을 모집하거나 다단계판매업자의 재화 등을 소비자에게 판매함에 있어서 당해 다단계판매원이 후술하는 금지행위를 행하지 아니하도록 다단계판매원에게 당해 규정의 내용을 서면이나 전자우편으로 고지하여야 한다(동법 제27조 제1항). 만일 다단계판매업자가 고지의무를 해태한 경우에 금지행위에 관한 규정을 위반한 다단계판매원의 행위로 인하여 발생한 다른 다단계판매원 또는 소비자의 재산상 손해에 대하여 다단계판매원의 위반행위와 상당인과관계가 있는 손해액 중에서 위반행위와 관련된 매출액을 한도로 하여 배상할 책임을 진다(동법 제27조 제2항, 제3항 전단, 동 시행령 제35조). 다단계판매원의 금지행위위반에 대하여 다단계판매업자가 소비자 등에게 손해배상을 한 경우에 행위자인 다단계판매원에게 구상권을 행사할 수 있다(동법 제27조 제3항 후단).

Ⅳ. 계약체결 전 정보제공의무와 계약서 교부의무

1. 정보제공의무

다단계판매자는 소비자가 합리적인 구매의사를 결정할 수 있도록 계약을 체결하기 전에 관련정보를 제공하여야 한다. 다단계판매업자가 제공하여야 할 정보에는 다단계판매업자 등의 신원에 관한 정보와 재화 등에 관한 정보 및 거래조건 등에 관한 정보로 구분되며, 소비자에게 제공하여야 할 시기는 계약체결 이전이다(동법 제16조).

(1) 다단계판매자의 신원에 관한 정보

다단계판매자가 소비자에게 제공하여야 할 신원에 관한 정보는 당해 계약을 체결하는 당사자의 지위에 따라 구분된다. 즉, 다단계판매업자가 직접 소비자와 계약을 체결하는 경우에 자신의 신원, 즉 다단계판매업자의 성명(법인인 경우에는 대표자의 성명을 말한다)・상호・주소・전화번호・전자우편주소를 제공하여야 한다. 하지만 다단계판매원이 직접 계약을 체결하는 경우에 제공하여야 할 신원에 관한 정보는 상기의 다단계판매업자의 신원정보뿐만 아니라 다단계판매원의 신원정보, 즉 다단계판매원의 성명・주소・전화번호・전자우편주소도 함께 제공하여야 한다(동법 제7조 제1항 제1호, 제2호). 소비자가 다단계판매원과 계약을 체결하고자 하는 경우에 당해 다단계판매원이 다단계판매업자에게 소속되었는지 여부 및 제공된 다단계판매원의 신원이 정확한지의 여부를 다단계판매업자 등에게 확인할 수 있다(동법 제15조 제4항).

(2) 재화 등과 거래조건 등에 관한 정보

다단계판매자는 계약을 체결하기 이전에 상기의 신원에 관한 정보뿐만 아니라 재화 등과 거래조건 등에 관한 정보를 소비자에게 제공하여야 한다. 이러한 정보에는 재화 등의 명칭·종류 및 내용, 재화 등의 가격과 그 지급 방법 및 시기, 재화 등의 공급 방법 및 시기, 청약의 철회 및 계약의 해제의 기한·행사방법·효과에 관한 사항 및 청약철회 등의 권리 행사에 필요한 서식, 재화 등의 교환·반품·수리보증 및 그 대금 환급의 조건과 절차, 전자매체로 공급이 가능한 재화 등의 설치·전송 등과 관련하여 요구되는 기술적 사항, 소비자피해보상·재화 등에 대한 불만 및 소비자와 사업자 사이의 분쟁처리에 관한 사항, 거래에 관한 약관, 재화 등의 가격 외에 소비자가 추가로 부담하여야 할 사항이 있는 경우 그 내용 및 금액, 판매일시·판매지역·판매수량·인도지역 등 판매조건과 관련하여 제한이 있는 경우 그 내용이 있다(동법 제7조 제1항 제3호 내지 제11호).

2. 계약의 체결 및 계약서 교부의무

(1) 미성년자와의 계약체결

다단계판매자와 계약을 체결하는 소비자가 미성년자인 경우에 다단계판매자는 법정대리인의 동의를 얻어야 하며, 법정대리인의 동의를 얻지 못한 경우에 미성년자 또는 법정대리인이 계약을 취소할 수 있다는 내용을 소비자인 미성년자에게 고지하여야 한다(동법 제7조 제3항).

(2) 계약서 교부의무

다단계판매자가 소비자와 재화 등에 관한 계약을 체결할 경우에 즉시 계약서를 소비자에게 교부하여야 한다(동법 제7조 제2항). 이러한 계약서의 교부는 소비자가 계약내용을 재차 확인하여 자신이 원래 의도하였던 내용과 일치여부를 검토할 수 있도록 함과 더불어 추후 계약에 관한 분쟁이 발생하였을 경우에 분쟁해결을 위한 자료로서 활용할 수 있기 위함이다. 이러한 계약서에는 계약체결을 위하여 다단계판매자가 소비자에게 제공하여야 할 정보가 기재되어 있어야 하며, 계약체결 후 즉시 소비자에게 교부하여야 한다.

Ⅴ. 청약철회권

다단계판매는 다른 거래방식과 달리 소비자가 판매자가 될 수 있다는 특징을 갖고 있다. 이러한 점에서 청약철회권은 소비자의 청약철회권과 다단계판매원의 청약철회권으로 구분되며, 소비자의 청약철회권 역시 다단계판매업자에 대한 청약철회권과 다단계판매원에 대한 청약철회권으로 구분된다.

1. 소비자의 청약철회권

(1) 청약철회권의 상대방

소비자가 청약철회권을 행사할 경우에 상대방은 원칙적으로 계약을 체결한 상대방이 된다. 따라서 소비자가 재화 등의 매매계약을 다단계판매업자와 체결한 경우에 다단계판매업자가 청약철회권의 상대방이 되며, 다단계판매원과 계약을 체결한 경우에 다단계판매원이 청약철회권의 상대방이 된다. 후자의 경우에 다단계판매원의 소재불명 또는 재산이 없는 경우에 소비자가 청약철회권을 행사하더라도 대금을 반환받기는 매우 곤란하다. 이러한 경우에 청약철회권행사에 따라 대금을 반환받을 수 있도록 하기 위하여 다단계판매업자에 대하여도 청약철회권을 행사할 수 있도록 인정하고 있다. 다만, 다단계판매원과 계약을 체결한 소비자가 다단계판매업자에게 청약철회권을 행사하기 위하여는 다단계판매원의 주소·전화번호 또는 전자우편주소 등 연락처의 변경이나 불명 등의 사유로 청약철회권을 행사할 수 없는 경우 또는 당해 다단계판매원에게 청약철회권을 행사하더라도 대금환급 등의 효과를 기대하기 어려운 경우만으로 한정된다(동법 제17조 제1항, 동 시행령 제22조).

(2) 행사의 요건

① 구매의사변경 등에 의한 청약철회권

다단계판매로 재화 등을 구입한 소비자는 다단계판매자의 정보의 미제공 등의 경우뿐만 아니라 단순한 구매의사의 변경을 이유로 청약철회권을 행사할 수 있다(동법 제8조 제1항). 따라서 동 규정에 따른 청약철회권의 행사요건은 백지라고 할 수 있다. 다만 방문판매법이 적용되지 않는 경우와 일정한 다단계판매에 대하여는 동 규정의 청약철회권을 행사할 수 없다. 후자의 경우로는 소비자에게 책임 있는 사유로 재화 등이 멸실 또는 훼손된 경우,[66] 소비자의 재화 등의 사용 또는 일부 소비에 의하여 그 가치가 현저히 감소한 경우, 시간의 경과에 의하여 재판매가 곤란할 정도로 재화 등의 가치가 현저히 감소한 경우, 복제가 가능한 재화 등의 포장을 훼손한 경우,[67] 소비자의 주문에 의하여 개별적으로 생산되는 재화 등에 대하여 청약철회 등을 인정하는 경우에 다단계판매자에게 회복할 수 없는 중대한 피해가 예상되는 경우로서 사전에 당해 거래에 대하여 별도로 그 사실을 고지하고 소비자의 서면(전자문서를 포함한다)에 의한 동의를 얻은 경우가 이에 속한다(동법 제8조 제2항, 제6항, 동 시행령 제11조).

② 다단계판매자의 채무불이행에 의한 청약철회권

상기의 청약철회권과 달리 동 청약철회권은 다단계판매자의 일정한 채무불이행이 존재하여야 행사할 수 있다. 즉, 소비자에게 인도된 재화 등의 내용이 표시·광고의 내용과 다르거나 계약내용과 다르게 이행된 경우에 한정된다(동법 제8조 제3항). 이러한 청약철회권은 구매의사변경 등에 따른 청약철회권의 행사가 인정되지 않은 경우(동법의 적용을 배제하는 경우는 제외한다)라 할지라도 동 규정상 청약철회권의 행사요건에 해당하는 경우에는 청약철회권을 행사할 수 있다.

③ 입증책임

방문판매법에서는 청약철회권의 행사요건에 대하여 상기와 같이 구분하고 있기 때문에 재화 등의 훼손에 대하여 소비자의 책임이 있는지의 여부, 계약이 체결된 사실 및 그 시기, 재화 등의 공급사실 및 그 시기 또는 계약서의 교부사실 및 그 시기 등에 관하여 분쟁이 발생할 수 있다. 이러한 분쟁은 소비자가

66) 소비자가 재화 등의 내용을 확인하기 위하여 포장 등을 훼손한 경우에는 청약철회권을 행사할 수 있다(방문판매법 제8조 제2항 제1호 단서).

67) 상기 세 가지 사유로 소비자가 청약철회권을 행사할 수 없기 위하여는 다단계판매업자 등이 청약철회권의 행사가 불가능하다는 사실을 재화 등의 포장 기타 소비자가 쉽게 알 수 있는 곳에 명기하거나 시용상품을 제공하는 등의 방법으로 재화 등의 사용이나 일부 소비 등에 의하여 청약철회권의 행사가 방해받지 아니하도록 조치하여야 한다(방문판매법 제8조 제2항, 제6항).

청약철회권을 행사할 수 있는가 또는 어느 규정에 근거하여 청약철회권을 행사할 수 있는가의 문제와 직결한다. 이러한 경우에 방문판매법에서는 상기의 입증책임을 다단계판매자에게 부과하고 있으며, 소비자의 청약철회권을 부정하는 경우 등의 경우에 다단계판매자가 이를 입증하여야 한다(동법 제17조 제3항).

(3) 행사기간과 방법

① 행사기간

청약철회권의 행사기간은 행사요건마다 상이하다. 즉, 개인적 구매의사변경 등에 따른 청약철회권의 행사기간은 계약서를 교부 받은 날부터 14일 내에 행사하여야 한다. 다만, 그 계약서를 교부 받은 때보다 재화 등의 공급이 늦게 이루어진 경우에는 재화 등을 공급받거나 공급이 개시된 날부터 14일 내에 청약철회권을 행사할 수 있다. 하지만 계약서를 교부받지 아니한 경우, 다단계판매자의 주소 등이 기재되지 아니한 계약서를 교부받은 경우 또는 다단계판매자의 주소 변경 등의 사유로 상기의 기간 이내에 청약철회권을 할 수 없는 경우에는 그 주소를 안 날 또는 알 수 있었던 날부터 14일 내에 행사할 수 있다(동법 제8조 제1항 제1호, 제2호). 반면에 다단계판매자의 채무불이행에 의한 청약철회권은 당해 재화 등을 공급 받은 날부터 3월 이내, 그 사실을 안 날 또는 알 수 있었던 날부터 30일 이내에 청약철회권을 행사할 수 있다(동법 제8조 제3항).

② 행사의 방법

소비자가 다단계판매 등으로 계약을 체결한 경우에 다단계판매자는 소비자에게 청약철회권의 행사에 필요한 서식을 제공하여야 한다(동법 제7조 제1항 제6호). 하지만 소비자가 청약철회권을 행사함에 있어서 할부거래법과 달리 반드시 서면으로 행사할 필요는 없으며, 다단계판매자가 제공한 서식으로 행사할 의무도 없다. 따라서 구두 또는 서면의 방식으로 청약철회권을 행사할 수 있다.

(4) 행사의 효과

① 효력발생시기

청약철회권의 효력발생시기는 소비자의 행사방법에 따라 다르다. 즉, 구두로써 청약철회권을 행사한 경우에 효력발생시기는 의사표시의 효력발생시기인 다단계판매자에게 도달한 시점이며(민법 제111조 제1항), 서면으로 행사한 경우에는 서면을 발송한 날이다(동법 제8조 제4항). 후자의 경우에 소비자가 청약철회의 의사표시를 기재한 서면을 발송하였다는 것만으로 효력은 발생하지만, 서면은 상당한 기간내에 다단계판매자에게 도달하여야 한다(민법 제529조).

② 재화 등의 반환

소비자가 청약철회권을 행사한 경우에 다단계판매자로부터 인도받은 재화 등은 반환하여야 한다(동법 제18조 제1항). 재화 등의 반환에 따른 비용은 다단계판매자가 부담하며, 소비자에게 청약철회권의 행사를 이유로 손해배상금 등을 청구할 수 없다(동법 제18조 제8항). 또한 인도받은 재화 등을 소비자가 사용하거나 일부 소비한 후에 청약철회권을 행사하여 반환한 경우에 다단계판매자는 재화 등의 사용 또는 일부 소비에 의하여 소비자가 얻은 이익 또는 그 재화 등의 공급에 소요된 비용에 상당하는 금액으로서 재화 등의 사용으로 인하여 소모성 부품의 재판매가 곤란하거나 재판매가격이 현저히 하락하는 경우에는 당해 소모성 부품의 공급에 소요된 비용 또는 다수의 동일한 가분물로 구성된 재화 등의 경우에는 소비자의 일부소비로 인하여 소비된 부분의 공급에 소요된 비용의 지급을 소비자에게 청구할 수 있다(동법 제18조 제7항).

③ 대금의 반환

청약철회권의 행사로 인하여 소비자는 인도받은 재화 등을 반환하여야 하며, 다단계판매자는 소비자로부터 받은 대금을 반환하여야 한다. 이러한 대금반환의무는 소비자의 대금지급방식에 따라 구분되며, 소비자와 계약을 체결하거나 대금을 수령한 자가 다단계판매자와 상이한 경우에 각자는 대금반환의무에 대하여 연대하여 책임을 부담한다(동법 제18조 제9항). 소비자가 다단계판매원과 계약을 체결하였으나 다단계판매업자에게 청약철회권을 행사하여 다단계판매업자가 환급한 경우에 그 환급금액이 다단계판매원에게 공급한 금액을 초과한 때에는 그 차액을 다단계판매원에게 청구할 수 있다(동법 제18조 제6항).

㉮ 소비자가 직접 대금을 지급한 경우

소비자로부터 대금을 직접 지급받은 경우에 다단계판매자는 재화 등을 반환받은 날부터 3영업일 이내에 이미 지급받은 재화 등의 대금을 환급하여야 한다. 만일 대금환급을 지연한 경우에 그 지연기간에 연 24%의 지연이자율을 곱하여 산정한 지연이자를 함께 지급하여야 한다(동법 제18조 제2항).

㈏ 신용카드 등으로 지급한 경우

소비자가 재화 등의 대금을 신용카드 등으로 지급하고 청약철회권을 행사한 경우에 대금의 반환방식은 결제업자로부터 대금을 수령하기 전과 후로 구분된다. 다단계판매자가 아직 결제업자로부터 대금을 수령하기 전인 경우에 다단계판매자는 결제업자의 소비자에 대한 대금청구를 정지 또는 취소하도록 요청하여야 하며, 이미 대금을 수령한 경우에 지체 없이 이를 결제업자에게 환급하고 그 사실을 소비자에게 통지하여야 한다. 만일 다단계판매자가 환급을 지연하여 소비자가 대금을 결제업자에게 지급한 경우에 결제한 날 이후의 지연기간에 대한 지연이자를 지급하여야 한다(동법 제18조 제3항). 다단계판매자로부터 재화 등의 대금을 환급 받은 결제업자는 지체없이 소비자에게 이를 환급하거나 환급에 필요한 조치를 취하여야 하며, 다단계판매자가 정당한 사유 없이 결제업자에게 대금의 환급을 지연한 경우에 소비자는 환급 받을 금액에 대하여 결제업자에게 당해 다단계판매자에 대한 다른 채무와 상계할 것을 요청할 수 있다. 결제업자는 소비자의 상계요청이 법정 행사기간 내에 청약철회권을 행사하였다는 사실과 재화 등을 반환하였음을 입증하는 자료(소비자가 재화 등을 계약서에 명시된 다단계판매자 등의 주소로 반환하였으나 수취거절된 경우에는 그 입증자료)를 첨부한 환급금액 등을 기재한 서면(전자문서를 포함한다)으로 이루어진 경우에 즉시 상계할 수 있으며(동법 제18조 제4항, 동 시행령 제25조 제1항), 상계한 경우에 그 사실 및 상계금액 등을 기재한 서면(전자문서를 포함한다)을 다단계판매자 및 소비자에게 지체 없이 송부하여야 한다(동 시행령 제25조 제2항). 하지만 소비자의 상계요청에도 불구하고 결제업자가 정당한 사유 없이 상계를 게을리 한 경우에 소비자는 결제업자의 대금결제를 거부할 수 있으며, 다단계판매자와 결제업자는 그 결제의 거부를 이유로 당해 소비자를 신용정보의 이용 및 보호에 관한 법률상 신용불량자로 처리하는 등 소비자에게 불이익을 주는 행위를 하여서는 아니된다(동법 제18조 제5항).

2. 다단계판매원의 청약철회권

(1) 행사의 요건과 기간

다단계판매로 인하여 재화를 구입한 다단계판매원은 계약을 체결한 날로부터 3개월 이내에 서면으로 철회할 수 있다. 다만, 재고의 보유를 허위로 알리는 등의 방법으로 재화 등의 재고를 과다하게 보유한 경우, 재판매가 곤란한 정도로 재화 등을 훼손한 경우, 재화 등의 내용을 확인하기 위하여 포장 등을 훼손한 경우는 제외하고 다단계판매원에게 책임 있는 사유로 재화 등이 멸실 또는 훼손된 경우, 청약철회 등이 불가능하다는 사실을 재화 등의 포장 그 밖에 쉽게 알 수 있는 곳에 명기하거나 시용상품을 제공하는 등의 방법으로 재화 등의 일부 사용 등에 의하여 청약철회 등의 권리행사가 방해받지 아니하도록 한 때를 제외하고 재화 등의 일부 사용 또는 소비에 의하여 그 가치가 현저히 감소한 경우, 복제가 가능한 재화 등의 포장을 훼손한 경우, 소비자 또는 다단계판매원의 주문에 의하여 개별적으로 생산되는 재화 등에 대하여 철회를 인정하는 경우 다단계판매업자에게 회복할 수 없는 중대한 피해가 예상되는 경우로서 사전에 당해 거래에 대하여 별도로 그 사실을 고지하고 소비자 또는 다단계판매원의 서면(전자문서를 포함한다)에 의한 동의를 얻은 경우에는 청약철회권의 행사가 불가능하다(동법 제17조 제2항, 동 시행령 제23조).

(2) 행사의 효과

다단계판매원이 청약철회권을 행사한 경우에 받은 재화 등과 대금은 상대방에게 반환하여야 하며, 반환에 따른 비용은 다단계판매업자가 부담한다(동법 제18조 제1항, 제8항). 구체적인 행사효과는 상기 소비자의 청약철회권행사의 효과와 동일하지만, 다단계판매업자가 환급해야 할 대금의 범위는 재화 등의 반환시기에 따라 다르다(동법 제18조 제2항 단서, 동 시행령 제24조). 즉, 다단계판매원이 계약을 체결한 날로부터 1월 내에 재화 등을 반환한 경우에 다단계판매업자는 받은 대금을 전액 환급하여야 한다. 그러나 공급일부터 1월 경과 후 2월 이내에 반환하는 경우에는 그 재화 등의 대금의 5퍼센트 이내로서 당사자간 약정한 금액을 공제한 대금을 반환하여야 하며, 공급일부터 2월 경과 후 3월 이내에 반환하는 경우에는 그 재화 등의 대금의 7퍼센트 이내로서 당사자간 약정한 금액을 공제한 대금을 환급할 의무를 부담한다. 다만, 다단계판매업자의 등록이 취소되어 반환하는 경우에 상기의 공제금액은 2분의 1로 축소된다.

3. 휴업 또는 영업정지기간 내 업무처리

다단계판매자는 그 휴업기간 또는 영업정지기간 중에도 소비자의 청약철회권에 관한 업무와 다단계판매원의 청약철회권에 관한 업무를 계속하여야 한다(동법 제25조 제1항). 또한 다단계판매원은 다단계판매업자가 폐업하거나 그 등록이 취소된 경우 그 폐업 또는 등록취소 당시 판매하지 못한 재화 등을 다른 사람에게 판매한 때에는 그 다단계판매원이 청약의 철회 등에 따라 반환되는 재화 등을 반환 받고, 재화 등을 반환 받은 날부터 3영업일 이내에 재화 등의 대금을 환급하여야 한다(동법 제25조 제2항).

Ⅵ. 계약의 해제와 손해배상책임의 제한

1. 계약의 해제

다단계판매자는 소비자의 귀책사유로 인한 약정 또는 법정의 사유가 발생한 경우에 계약을 해제할 수 있다. 이러한 해제권발생사유 중 가장 대표적인 것은 소비자가 대금지급의무를 이행하지 않는 경우이다. 대금의 미지급은 채무불이행 중 이행지체에 해당하기 때문에 다단계판매자가 해제권을 행사하기 위하여는 이행기 도과에도 불구하고 대금의 미지급만으로는 해제권을 행사할 수 없다. 따라서 다단계판매업자 등은 소비자에게 대금지급을 상당한 기간을 정하여 최고하여야 하며, 이러한 최고기간의 경과에도 불구하고 소비자가 대금을 지급하지 않은 경우에 비로소 계약해제권을 행사할 수 있다. 만일 약관에서 소비자의 대금지연만으로 계약해제권을 행사할 수 있다고 규정하더라도 당해 약관은 불공정약관에 해당하여 무효가 되므로 계약해제권을 행사할 수 없다(약관규제법 제9조 제2호).

2. 손해배상책임의 제한

소비자에게 책임 있는 사유로 인하여 재화 등의 판매에 관한 계약이 해제된 경우 다단계판매자가 소비자에게 청구하는 손해배상액의 범위는 계약이 이행된 경우에 다단계판매자가 받게 되는 이익, 즉 이행이익이 아닌 일정금액 이하로 제한된다(동법 제19조). 구체적으로 다단계판매자가 소비자에게 청구할 수 있는 손해배상금은 인도된 재화 등이 반환된 경우와 반환되지 않은 경우로 구분되어 결정된다. 전자의 경우에 손해배상금액은 반환된 재화 등의 통상 사용료액 또는 그 사용에 의하여 통상 얻어지는 이익에 상당하는 금액과 반환된 재화 등의 판매가격에서 그 재화 등이 반환된 당시의 가액을 공제한 금액 중 큰 금액에 대금미납에 따른 지연배상금을 더한 금액을 초과할 수 없다. 후자의 경우에 손해배상금은 그 재화 등의 판매가액에 상당하는 금액과 대금미납에 따른 지연배상금을 더한 금액을 초과할 수 없다.

Ⅶ. 다단계판매자의 금지행위 및 불공정약관의 효력

1. 금지행위의 유형

방문판매법에서는 건전한 거래질서확립 및 소비자보호를 위하여 다단계판매자에게 일정한 행위를 금지하고 있으며, 다단계판매업자가 다단계판매원으로 하여금 금지행위 또는 유사다단계판매를 하도록 교사 또는 방조하는 행위를 금지하고 있다(동법 제23조 제1항, 제3항). 또한 공정거래위원회는 방문판매법 위반행위의 방지 및 소비자피해의 예방을 위하여 다단계판매자가 준수해야 할 기준을 정하여 고시할 수 있다(동법 제23조 제4항). 이러한 금지행위에는 재화 등의 판매에 관한 계약의 체결을 강요하거나 청약철회 등 또는 계약의 해지를 방해할 목적으로 상대방에게 위력을 가하는 행위, 허위 또는 과장된 사실을 알리거나 기만적 방법을 사용하여 상대방과의 거래를 유도하거나 청약철회 등 또는 계약의 해지를 방해하는 행위 또는 재화 등의 가격·품질 등에 대하여 허위사실을 알리거나 실제의 것보다도 현저히 우량하거나 유리한 것으로 오인시킬 수 있는 행위, 다단계판매원이 되고자 하는 자 또는 다단계판매원에게 가입비, 판매보조물품, 개인할당판매액, 교육비 등 그 명칭 및 형태여하를 불문하고 연간 총합계 5만원 이상의 비용 그 밖의 금품을 징수하는 등 의무를 부과하는 행위, 다단계판매원에게 하위 판매원 모집 자체에 대하여 경제적 이익을 지급하거나 정당한 사유 없이 후원수당 외의 경제적 이익을 지급하는 행위, 청약철회 등이나 계약의 해지를 방해할 목적으로 주소·전화번호 등을 변경하는 행위, 분쟁이나 불만처리에 필요한 인력 또는 설비의 부족을 상당기간 방치하여 상대방에게 피해를 주는 행위, 상대방의 청약이 없는데도 일방적으로 재화 등을 공급하고 재화 등의 대금을 청구하는 등 상대방에게 재화 등을 강매하거나 하위판매원에게 재화 등을 판매하는 행위, 소비자가 재화를 구매하거나 용역을 제공받을 의사가 없음을 밝혔음에도 불구하고 전화·모사전송·컴퓨터통신 등을 통하여 재화를 구매하거나 용역을 제공받도록 강요하는 행위, 다단계판매원이 사회적인 신분 등을 이용하여 자신의 하위판매원으로서의 등록을 강요하거나 다단계판매원이 그 하위판매원에게 재화 등의 구매를 강요하는 행위, 다단계판매원이 되고자 하는 자 또는 다단계판매원에게 본인의 의사에 반하여 교육·합숙 등을 강요하는 행위, 다단계판매업자의 피용자가 아닌 다단계판매원을 다단계판매업자에게 고용된 자로 오인하게 하거나 다단계판매원으로 등록하지 아니한 자를 다단계판매원으로 활동하게 하는 행위, 소비자피해보상보험계약 등을 체결하지 아니하고 영업하는 행위, 다단계판매자가 거래의 상대방에게 판매하는 개별 재화 등의 가격을 부가가치세를 포함하여 130만원 이상으로 정하여 판매하는 행위, 본인의 허락을 받지 아니하거나 허락받은 범위를 넘어 소비자에 관한 정보를 재화 등의 배송 등 소비자와의 계약의 이행에 불가피한 경우[68]·재화 등의 거래에 따른 대금정산을 위하여 필요한 경우·도용방지를 위하여 본인확인에 필요한 경우[69]·법률의 규정 또는 법률에 의하여 필요한 불가피한 사유가 있는 경우를

---

68) 재화 등의 배송 또는 전송을 업으로 하는 자로서 당해 배송 또는 전송을 위탁받은 자에게 정보를 제공하는 경우와 재화 등의 설치, 사후 서비스 그 밖에 약정한 서비스의 제공을 업으로 하는 자로서 당해 서비스의 제공을 위탁받은 자에게 정보를 제공하는 경우가 이에 해당한다(방문판매법 시행령 제31조).

69) 소비자의 신원 및 실명여부나 본인의 진의여부의 확인을 위하여 전기통신사업법상의 기간통신사업자, 신용정보의 이용 및 보호에 관한 법률상의 신용정보업자, 당해 거래에 따른 대금결제와 직접 관련된 결제업자, 법령 또는 법령의 규정에 의한 인·허가에 의하여 도용방

제외하고 이용하는 행위, 다단계판매원의 지위를 상속하는 경우 또는 사업의 양도·양수·합병의 경우를 제외하고 다단계판매조직 및 다단계판매원의 지위를 양도·양수하는 행위가 있다(동법 제23조 제1항).

2. 불공정약관의 효력

다단계판매업자가 재화 등에 관한 계약을 소비자와 체결함에 있어 구체적인 내용은 미리 작성한 약관으로 정한다. 이러한 약관은 다단계판매업자가 일방적으로 작성하기 때문에 소비자에게 불리한 내용이 포함되어 있을 수 있다. 이러한 약관의 내용은 약관규제법에 의하여 그 효력이 상실되지만, 방문판매법에서는 구체적으로 그 기준을 정하여 이를 위반한 약관의 효력을 무효로 규정하고 있다(동법 제45조). 즉, 당해 약관의 내용이 계약체결 전의 정보제공 및 계약체결에 따른 계약서 교부의무, 청약철회, 청약철회 등의 효과, 손해배상청구금액의 제한 등의 조항과 비교하여 소비자에게 불리한 것은 그 효력이 없다. 또한 다단계판매로 인하여 소비자와 분쟁이 발생한 경우에 있어 관할법원을 다단계판매자의 주소지 또는 주된 사업소의 소재지를 관할하는 지방법원의 1심법원으로 약관에서 정하고 있더라도 제소 당시의 소비자의 주소를, 주소가 없는 경우에는 거소를 관할하는 지방법원이 관할권을 갖는다. 하지만 제소 당시 소비자의 주소 또는 거소가 분명하지 아니한 경우에는 약관에서 합의한 법원이 관할권을 갖는다(동법 제46조).

지를 위한 실명확인을 업으로 하는 자에게 제공하는 경우와 미성년자와의 거래에 있어 법정대리인의 동의여부를 확인하기 위하여 이용하는 경우가 이에 해당한다(방문판매법 시행령 제32조).

제4장 계속거래 · 사업권유거래와 소비자보호

Ⅰ. 계속거래와 사업권유거래의 정의

1. 계속거래

계속거래라 함은 1월 이상 계속하여 재화 등을 공급하는 계약으로서 중도에 해지할 경우 대금환급의 제한 또는 위약금에 관한 약정이 있는 거래를 말한다(동법 제2조 제8호, 동 시행령 제3조). 즉, 소비자가 장기간 동안 동일한 재화 등을 구매할 필요성이 있는 경우에 매번 매매계약을 체결하기보다는 한 번의 계약체결로 일정기간 동안 계속하여 인도를 받게 된다면 계약체결의 단순화와 저렴한 가격으로 재화 등을 구입할 수 있다. 하지만 계약체결 이후에 발생한 개인적인 사정으로 인하여 계약기간 내에 재화 등을 구입할 필요성이 없어지거나 구입할 수 없는 경우가 발생하더라도 이미 체결한 계약에 따라 대금을 지급하여야 하며, 중도에 계약관계에서 벗어나고자 한 경우에 이미 지급한 대금은 위약금의 형식으로 상계하여 대부분을 환급받지 못하거나 과다한 위약금을 지급하여야 하는 경우가 대부분이다. 이러한 경우에 소비자가 정당하게 계약을 해지하여 계약관계에서 벗어날 수 있도록 함과 더불어 소비자의 계약해지로 인하여 발생한 계속거래업자의 손해에 대하여 합리적인 수준으로 배상금액을 정하여 과도한 위약금으로 인한 소비자피해를 방지하고자 방문판매법에서 계속거래를 규율하게 되었다. 그러나 방문판매법의 적용대상이 되는 계속거래가 되기 위하여는 1개월 이상의 계약기간과 대금환급의 제한 또는 위약금에 대한 약정이라는 요건을 충족하여야 한다. 따라서 사업자가 법정해지권을 제외하고 소비자의 임의적 해지권을 부정하는 계속거래에 대하여는 동법의 적용대상에서 배제된다. 그 결과 장기계약에 있어서 소비자가 계약관계를 벗어날 수 있도록 인정하고자 하는 동법의 입법취지는 달성할 수 없게 된다. 그러므로 동법의 적용대상인 계속거래에는 1개월 이상의 계약기간만을 요건으로 하고, 대금환급의 제한 또는 위약금의 약정은 배제하여야 할 것이다.

2. 사업권유거래

사업권유거래라 함은 사업자가 소득기회를 알선・제공하는 방법으로 거래 상대방을 유인하여 재화 등을 구입하게 하는 거래를 말한다(동법 제2조 제9호).

Ⅱ. 계약체결 전 정보제공의무와 계약체결

1. 정보제공의무

계속거래업자 또는 사업권유거래업자(이하에서는 '계속거래업자 등'이라 한다)는 소비자가 합리적인 구매의사를 결정할 수 있도록 계약을 체결하기 전에 관련정보를 제공하여야 한다. 다만, 정보제공의무는 모든 계속거래 등에 적용되는 것이 아니라 10만원 이상 및 3개월 이상으로 거래조건으로 하는 계속거래와 30만원 이상인 사업권유거래에만 해당된다(동법 제28조, 동 시행령 제36조). 계속거래업자 등이 소비자 등에게 제공하여야 할 정보에는 계속거래업자 등의 신원에 관한 정보와 재화 및 거래 조건 등에 관한 정보로 구분된다. 신원에 관한 정보에는 계속거래업자 등의 성명(법인인 경우에는 대표자의 성명을 말한다)・상호・주소・전화번호・전자우편주소 등이 있으며, 재화 및 거래 조건 등에 관한 정보에는 재화 등의 명칭・종류・내용, 재화 등의 대금(가입비, 설치비 등 명칭여하를 불문하고 재화 등의 거래와 관련하여 지급하는 금액을 포함한다)・지급시기・방법, 재화 등의 거래방법・거래기간・시기, 사업권유거래의 경우에는 제공되는 사업에 관한 거래조건으로 재화 등을 구매하는 경우 사업자가 제공하는 사업기회에 의하여 얻게 되는 이익이나 그 보장에 관한 조건, 계약의 해지와 그 행사방법 · 효과에 관한 사항 및 해지권의 행사에 필요한 서식, 소비자 피해보상 · 재화 등에 대한 불만 및 소비자와 사업자 사이의 분쟁처리에 관한 사항, 거래에 관한 약관, 그 밖에 거래 여부의 판단에 영향을 주는 거래조건 또는 소비자의 피해구제에 필요한 사항으로서 판매일시 · 판매지역 · 판매수량 · 인도지역 등 판매조건과 관련하여 제한이 있는 경우 그 내용에 관한 사항이 있다.

2. 계약의 체결

(1) 미성년자와의 계약체결

계속거래업자 등이 미성년자인 소비자와 계약을 체결하는 경우에 계속거래업자는 법정대리인의 동의를 얻어야 하며, 법정대리인의 동의를 얻지 못한 경우에 미성년자 또는 법정대리인이 계약을 취소할 수 있다는 내용을 소비자인 미성년자에게 고지하여야 한다(동법 제28조 제2항).

(2) 계약서 교부의무

계속거래업자 등이 소비자와 재화 등에 관한 계약을 체결할 경우에 즉시 계약서를 소비자에게 교부하여야 한다(동법 제28조 제1항). 이러한 계약서의 교부는 소비자가 계약내용을 재차 확인하여 자신이 원래 의도하였던 내용과 일치여부를 검토할 수 있도록 함과 더불어 추후 계약에 관한 분쟁이 발생하였을 경우에 분쟁해결을 위한 자료로서 활용할 수 있기 위함이다. 이러한 계약서에는 계약체결을 위하여 다단계판매자가 소비자에게 제공하여야 할 정보가 기재되어 있어야 하며, 계약체결 후 즉시 소비자에게 교부하여야 한다.

(3) 거래기록의 보존 및 열람

계속거래업자 등이 재화 등에 관한 계약을 체결한 경우에 소비자가 언제든지 거래기록을 확인할 수 있도록 보존하여야 하며, 요청이 있는 경우 이를 방문 · 전화 또는 인터넷 등을 통하여 열람할 수 있도록 하여야 한다(동법 제31조). 만일 소비자가 우편 등에 의하여 열람요청을 하는 경우 3영업일 이내에 관련자료를 발송하여야 한다(동 시행령 제41조).

Ⅲ. 계약의 해지

1. 해지권의 의의

해지권이라 함은 계속적 계약관계에 있어서 일방 당사자의 계약상 또는 법정의 사유가 발생한 경우에 상대방이 일방적으로 계약관계의 종료를 주장할 수 있는 권리이며, 형성권의 일종이다. 이러한 해지권은 계약상 또는 법정사유가 발생한 경우에 당해 계약관계에서 벗어나 원상회복의무를 부담하는 해제권과 유사하나 계속적인 계약관계에서 발생한다는 점과 해지권의 행사효과로서 원상회복의무를 부담하지 않는다는 점에서 차이가 있다. 또한 취소권은 발생사유가 법정되어 있으며, 그 효과에 있어서 소급효를 갖는다. 그러나 해지권은 발생사유가 법정뿐만 아니라 약정에 의하여도 발생할 수 있으며, 효과에 있어서 소급효가 인정되지 않는다는 점에서 차이가 있다. 하지만 계속거래 등에서의 해지권은 민법상의 해지권과 달리 행사요건에 대하여 제한을 두지 않았다는 점에서 차이가 있다.

2. 행사요건 및 기간

계속거래업자 등과 계약을 체결한 소비자는 방문판매법이 적용되지 않는 경우, 다른 법률에 별도의 규정이 있는 경우, 소비자의 주문에 의하여 개별적으로 생산되는 재화 등 계약해지를 인정하는 경우 계속거래업자 등에게 회복할 수 없는 중대한 피해가 예상되는 경우로서 사전에 당해 거래에 대하여 별도로 그 사실을 고지하고 소비자의 서면(전자문서를 포함한다)에 의한 동의를 얻은 경우를 제외하고 언제든지 계약 기간 중에 당해 계약을 해지할 수 있다(동법 제29조, 동 시행령 제39조).

3. 행사의 효과

소비자가 계약 해지권을 행사한 경우에 계속거래업자 등은 이로 인하여 입은 손해에 대하여 배상을 청구할 수 있다(민법 제551조). 다만, 소비자에게 청구하는 금액이 해지로 인하여 발생한 손실을 현저하게 초과하여서는 아니 되며, 가입비 그 밖의 명칭여하를 불문하고 실제 공급된 재화 등의 대가를 초과하여 수령한 대금의 반환을 부당하게 거부하여서는 아니 된다(동법 제30조 제1항). 또한 해지권의 행사 후에도 소비자는 반환할 수 있는 재화 등을 계속거래업자 등에게 반환할 수 있으며, 계속거래업자 등은 반환을 받은 날로부터 3영업일 내에 반환받은 재화 등의 가치에 상당하는 금액을 해지권의 행사에 따라 지급하여야 할 환급금에 더하거나 청구할 수 있는 위약금에서 감액하여야 한다(동법 제30조 제2항). 이 경우에 감액범위의 결정은 반환받은 재화 등의 시장가격이나 감가상각 등을 감안하여야 한다. 하지만 소비자로부터 받은 재화 등의 대금(재화 등이 반환된 경우 환급하여야 할 금액을 포함한다)이 이미 공급한 재화 등의 대금에 위약금을 더한 금액보다 많은 경우에는 그 차액을 소비자에게 환급하여야 하며, 환급이 지연되는 경우에는 지연기간에 대한 지연배상금을 더하여 환급하여야 한다(동법 제30조 제3항). 또한 계약의 해지 또는 대금의 환급에 관하여 소비자의 책임이 있는지의 여부, 계약이 체결된 사실 및 그 시기, 재화 등의 공급사실 및 그 시기에 관하여 다툼이 있는 경우에는 계속거래업자 등이 이를 입증하여야 한다(동법 제30조 제4항). 이와 같이 해지권 행사에 따른 소비자의 손해배상책임 등을 규정하고 있는 제30조 제1항은 책임의 요건을 '계속거래업자 등의 귀책사유 없이 계약이 해지된 경우'로 정하고 있다. 그러나 이는 소비자에게 자신의 귀책사유 없이 계약이 해지된 경우에도 책임을 부과하고 있으며, 동 규정 제4항과 관련하여서도 모순이 발생한다. 즉, 계속거래업자 등 또는 제3자의 행위에 의하여 계약이 해지된 경우에 소비자는 계약의 해지에 따른 책임을 지지 않으며, 제4항에서는 계약의 해지에 관하여 소비자의 책임이 있는지에 관하여 계속거래업자 등이 이를 입증하도록 하고 있기 때문에 소비자가 계속거래업자 등에게 책임을 지는 경우는 소비자의 귀책사유로 인하여 계약이 해지된 경우에 한정된다. 따라서 책임의 요건을 규정하고 있는 제1항의 규정 중 '계속거래업자 등은 자신의 귀책사유 없이'는 '계속거래업자 등은 소비자의 귀책사유에 의하여'로 개정되어야 한다.

Ⅳ. 금지행위 및 불공정약관의 효력

1. 금지행위의 유형

방문판매법에서는 건전한 거래질서확립 및 소비자보호를 위하여 계속거래업자 등에게 일정한 행위를 금지하고 있으며, 공정거래위원회는 방문판매법 위반행위의 방지 및 소비자피해의 예방을 위하여 계속거래업자 등이 준수해야 할 기준을 정하여 고시할 수 있다(동법 제32조 제1항, 제2항). 이러한 금지행위에는 계속거래 등의 계약을 체결하게 하거나 계약의 해지 또는 해제를 방해하기 위하여 소비자에게 위력을 가하는 행위, 허위 또는 과장된 사실을 알리거나 그 밖의 기만적인 방법으로 소비자를 유인 또는 거래하거나 계약의 해지 또는 해제를 방해하는 행위, 계속거래 등에 필요한 재화 등을 통상거래가격보다 현저히 비싼 가격으로 구입하게 하는 행위, 소비자가 계속거래 등의 계약을 해지 또는 해제하였음에도 불구하고 정당한 사유 없이 이에 따른 조치를 지연하거나 거부하는 행위, 계약의 해지 또는 해제를 방해할 목적으로 주소・전화번호 등을 변경하는 행위, 분쟁이나 불만처리에 필요한 인력 또는 설비의 부족을 상당기간 방치하여 소비자에게 피해를 주는 행위, 소비자의 청약이 없는데도 일방적으로 재화 등을 공급하고 재화 등의 대금을 청구하는 행위, 소비자가 재화를 구매하거나 용역을 제공받을 의사가 없음을 밝혔음에도 불구하고 전화, 모사전송, 컴퓨터통신 등을 통하여 재화를 구매하거나 용역을 제공받도록 강요하는 행위가 있다.

2. 불공정약관의 효력

계속거래업자 등이 재화 등에 관한 계약을 소비자와 체결함에 있어 구체적인 내용은 미리 작성한 약관으로 정한다. 이러한 약관은 계속거래업자 등이 일방적으로 작성하기 때문에 소비자에게 불리한 내용이 포함되어 있을 수 있다. 이러한 약관의 내용은 약관규제법에 의하여 그 효력이 상실되지만, 방문판매법에서는 구체적으로 그 기준을 정하여 이를 위반한 약관의 효력을 무효로 규정하고 있다(동법 제45조). 즉, 당해 약관의 내용이 계약체결 전의 정보제공 및 계약체결에 따른 계약서 교부의무, 계약의 해지, 해지의 효과와 위약금 등의 조항과 비교하여 소비자에게 불리한 것은 그 효력이 없다. 또한 계속거래 등으로 인하여 소비자와 분쟁이 발생한 경우에 있어 관할법원을 계속거래업자 등의 주소지 또는 주된 사업소의 소재지를 관할하는 지방법원의 1심법원으로 약관에서 정하고 있더라도 제소 당시의 소비자의 주소를, 주소가 없는 경우에는 거소를 관할하는 지방법원이 관할권을 갖는다. 하지만 제소 당시 소비자의 주소 또는 거소가 분명하지 아니한 경우에는 약관에서 합의한 법원이 관할권을 갖는다(동법 제46조).

제5장
전자상거래와 소비자보호

Ⅰ. 전자상거래소비자보호법의 제정배경

인터넷의 발달로 전자상거래 비중이 증가하고 이로 인한 소비자의 피해 가능성이 높아짐에 따라 舊 방문판매법에 규정되어 있는 종전의 통신판매제도만으로는 이에 대처하기에 한계가 있어 통신판매에 관한 사항을 별도로 분리하여 이 법의 적용대상으로 하고, 전자상거래에 있어서 통신판매업자 등이 준수하여야 할 사항을 규정하며, 법령상 의무를 위반한 자에 대한 시정조치명령·과징금제도 등을 도입함으로써 공정한 거래질서를 확립하고 소비자를 보호하기 위하여 전자상거래소비자보호법을 제정하였다.

Ⅱ. 전자상거래의 개관

1. 정　　의

전자상거래라 함은 재화 등을 거래함에 있어서 그 전부 또는 일부가 전자문서에 의하여 처리되는 거래 중 전자거래의 방법으로 이루어지는 상행위를 말한다(동법 제2조 제1호, 전자거래기본법 제2조 제5호). 따라서 전자상거래가 성립하기 위하여는 전자문서의 존재, 거래과정에서 전자문서의 이용, 재화 등의 거래가

상거래일 것이라는 요소가 필요하다.

2. 통신판매와의 관계

전자상거래는 전기통신망을 이용하여 재화 등의 거래가 이루어진다는 점에서 통신판매와 유사하며, 전자상거래소비자보호법에서도 통신판매와 함께 규율하고 있다. 하지만 양자가 동일한 것인가, 즉 전자상거래가 통신판매의 일 유형인가에 대하여는 구체적으로 살펴보아야 한다. 통신판매는 우편・전기통신 등의 방법에 따라 재화 등의 판매에 관한 정보를 제공하고 소비자의 청약에 의하여 재화 등을 판매하는 것을 말하며, 전자상거래는 거래과정의 전부 또는 일부에서 전자문서를 이용하여 이루어지는 상행위를 말한다. 따라서 통신판매의 과정에서 당사자가 전자문서를 이용하였다면 통신판매이자 전자상거래가 된다. 하지만 사업자가 청약의 유인 없이 전자문서로써 재화 등의 계약을 체결한 경우에 전자상거래에는 해당하지만 통신판매에는 해당하지 않는다. 특히, 사이버몰[70]에서 이루어지는 전자상거래는 소비자가 사이버몰을 방문하여 재화 등에 관한 계약을 체결한 경우에 전자상거래에 해당하지만 통신판매에는 해당하지 않으며, 사업자가 재화 등에 관한 정보를 제공한 후 소비자가 사이버몰을 방문하여 재화 등에 관한 계약을 체결한 경우에 전자상거래와 통신판매에 해당하게 된다. 따라서 전자상거래는 통신판매의 일 유형이라고 할 수 없으며, 전자상거래의 일부가 통신판매의 일 유형이라고 할 수 있다.[71][72]

---

70) 컴퓨터 등과 정보통신설비를 이용하여 재화 등을 거래할 수 있도록 설정된 가상의 영업장을 말한다(전자상거래소비자보호법 제2조 제4호).

71) 이성구, "전자상거래에서의 소비자보호 법제 정비," 「정보법학」 제4권 제2호, 한국정보법학회, 2000・12, 70면.

72) 이하에서는 통신판매에 속하지 않는 전자상거래에서의 소비자보호에 관한 전자상거래소비자보호법을 설명하며, 통신판매에 속하는 전자상거래에 대하여는 통신판매에 관한 장에서 설명한다.

Ⅲ. 적용범위 및 다른 법률과의 관계

1. 적용범위

전자상거래소비자보호법 중 전자상거래에 해당하는 규정은 사업자와 소비자간 전자상거래에만 적용된다(동법 제3조 제1항 본문). 따라서 사업자가 상행위를 목적으로 구입하는 거래에 대하여는 적용되지 않지만, 사업자라 하더라도 사실상 소비자와 같은 지위에서 다른 소비자와 같은 거래조건으로 거래하는 경우에는 적용대상에 포함된다(동법 제3조 제1항 단서).

2. 다른 법률과의 관계

소비자가 전자상거래를 통하여 재화 등을 구입한 경우에 전자상거래소비자보호법을 비롯하여 민법 등의 법이 적용될 수 있다. 이러한 경우에 어느 법이 우선하여 적용될 것인가의 문제가 발생하며, 전자상거래소비자보호법에서는 전자상거래에서의 소비자보호에 관하여 이 법과 다른 법률의 규정이 경합하는 경우에는 이 법을 우선 적용하되 다른 법률을 적용하는 것이 소비자에게 유리한 경우에는 그 법을 적용한다고 규정하고 있다(동법 제4조).

Ⅳ. 사이버몰의 표시사항

전자상거래업을 영위하는 사업자 중 사이버몰을 운영하는 사업자는 소비자가 합리적인 구매의사를 결정할 수 있음과 더불어 추후 발생할 수 있는 이의신청 또는 청약철회권의 행사를 용이하게 할 수 있도록 사업자의 신원 등에 관한 정보인 상호 및 대표자 성명, 영업소 소재지 주소(소비자의 불만을 처리할 수 있는 곳의 주소를 포함한다), 전화번호·모사전송번호·전자우편주소, 사업자등록번호, 사이버몰의 이용약관을 소비자가 쉽게 알 수 있도록 사이버몰의 초기 화면에 표시하여야 하며, 이 중 이용약관은 소비자가 연결화면을 통하여 볼 수 있도록 할 수 있다(동법 제10조 제1항, 동 시행령 제7조 제1항). 하지만 전자상거래를 행하는 사이버몰의 운영자로서 이동통신단말기 등 출력에 제한이 있는 기기를 이용하여 거래하는 사업자는 상기의 사항이 사이버몰의 화면에 순차적으로 나타나도록 할 수 있으며, 대표자성명·모사전송번호·사업자등록번호 및 사이버몰 이용약관은 그 내용을 확인할 수 있는 방법을 화면에 나타나게 하는 것으로 대신할 수 있다(동법 제7조 제2항).

Ⅴ. 전자상거래의 성립

1. 전자문서의 송·수신시기

전자상거래 역시 계약의 일종이기 때문에 소비자의 청약과 사업자의 승낙으로 성립한다. 따라서 구체적인 성립시기는 승낙의 효력이 발생한 때이며, 민법에서는 승낙의 효력발생시기에 대하여 대화자 간의 계약에서는 도달주의를 취하고 있으며, 격지자 간의 계약에서는 발신주의를 취하고 있다(민법 제111조, 제531조).[73][74] 이러한 민법의 제 규정은 전자상거래에도 동일하게 적용되기 때문에 전자상거래가 격지자 간의 계약에 해당하는가 아니면 대화자 간의 계약에 해당하는가의 문제가 먼저 제기된다. 또한 당사자의 구체적인 의사표시는 전자문서로서 행하여지므로 승낙이 기재된 전자문서의 송·수신시기가 바로 전자상

---

73) 영미법상 격지자 간의 계약에 있어서 성립시기를 정하는 기준으로 Mailbox Rule이 있다. 즉, 청약에 대하여 승낙자가 승낙의 의사표시를 우편으로 발송하였다면 우편을 발송한 시점에 계약은 성립하므로 청약자는 청약을 철회할 수 없다. 이러한 Mailbox Rule은 1818년 *Adams v. Lindsell*(106 Eng. Rep. 250(K. B. 1818))에서 확립된 법원칙이며, 현재 일반적으로 통용되고 있으며, Restatement Second of Contracts 제63조에서 이를 명문으로 규정하고 있다(E. Allan Farnsworth, *Contracts*, Third Edition, Aspen Law & Business, 1999, pp.175～180; John Edward Murray, Jr., *Murray on Contracts*, Fourth Edition, LexisNexis, 2001, pp.160～163).

74) 독일 민법 제130조 제1항에서는 격지자 간 의사표시의 효력발생시기를 도달주의로 규정하고 있으며, 우리 민법과 달리 격지자 간의 계약성립시기에 대하여 특칙을 두고 있지 않으므로 격지자 간의 계약성립시기 역시 승낙의 의사표시가 상대방에게 도달한 시기이다(양창수, 앞의 책, 55면).

거래의 성립시기이다. 하지만 전자문서의 송신시기에 관하여 전자거래기본법과 정보보호법에서는 상이하게 규정하고 있어 전자상거래의 구체적인 성립시기를 결정함에 있어서 문제가 제기된다.

(1) 대화자 간 계약과 격지자 간 계약

계약은 승낙의 효력발생시기에 따라 대화자 간의 계약과 격지자 간의 계약으로 구분할 수 있다. 즉, 전자는 양 당사자가 대면하여 계약을 체결하는 것과 같이 승낙이 상대방에게 즉시 도달하는 계약을 말하며, 후자는 원격지에 있는 당사자가 계약을 체결하는 것과 같이 일정한 시간이 경과한 후에 승낙이 상대방에게 도달하는 계약을 말한다. 이와 같이 계약을 양자로 구별하는 이유와 실익은 무엇인가? 즉, 민법이 제정될 당시에는 현재와 같은 통신수단이 발달하지 않았으며, 격지자 간에 통신수단으로는 우편이나 전보밖에 없었다. 따라서 승낙의 발신과 도달 사이에는 시간적 격차가 존재하였으며, 표의자의 이익을 위하여 발신주의를 취할 합리성이 있었다.[75] 또한 격지자 간의 계약에 있어서 발신주의를 취함으로 인하여 거래의 신속을 도모할 수 있었다. 하지만 현재에 있어서 통신기술이 발달하였기 때문에 종전과 달리 격지자 간이라 할지라도 발신과 도달 사이의 시간적 격차는 그리 크지 않으며, 청약자는 승낙의 존재여부를 알지 못한 상태에서 승낙자의 이익만을 고려하는 것이 과연 합리적인가라는 의문점이 제기된다. 또한 승낙의 발송만으로는 계약이 성립하지 못하며, 승낙기간이 정해진 경우에는 그 기간 내에, 승낙기간이 정해지지 않은 경우에는 상당한 기간 내에 청약자에게 도달하여야 한다(민법 제528조 제1항, 제529조). 만일 승낙이 이 기간을 도과하여 도달한 경우에 승낙이 아닌 새로운 청약으로 볼 수 있다(민법 제530조). 따라서 격지자 간의 계약이라고 하더라도 승낙의 발송만으로 성립하지 않고 반드시 청약자에게 도달하여야 한다. 또한 국제물품매매계약에 관한 유엔협약[76]에서 계약의 성립시기를 도달주의원칙에 따라 결정하고 있으며,[77] 국

75) 곽윤직, 앞의 채권각론, 41～43면.

76) 국제물품매매계약에 관한 유엔협약(일명 '비엔나 협약')은 1980년 4월 11일에 비엔나에서 채택되었으며, 이후 1988년 1월 1일부터 발효하였다. 우리나라에서는 2004년 2월에 동 협약에 대한 국회비준동의를 거쳐 2005년 3월부터 발효되었다.

77) United Nations Convention on Contracts for the International Sale of Goods

제연합의 전자상거래 모델법에서는 명문으로 규정하고 있지 않지만 도달주의를 원칙으로 하고 있으며,[78] 우리 민법과 같이 발신주의를 취하고 있는 일본에서도 전자소비자계약 및 전자승낙통지에 관한 민법의 특례에 관한 법률을 제정하여 전자상거래의 성립시기를 도달주의로 정하고 있다(동법 제4조). 이와 더불어 2003년 10월 10일에 개정된 전자상거래 표준약관에서도 성립시기에 관하여 도달주의를 취하고 있다(표준약관 제10조 제2항).[79] 이러한 제반의 내용을 고려할 때, 대화자간의 계약과 격지자 간의 계약으로 구분하여 계약의 성립시기를 달리 정하고 있는 민법의 규정은 불합리하다고 할 수 있기 때문에 양자 모두 동일하게 도달주의의 원칙으로 정하여야 할 것이다.[80] 그러나 현행 민법에서는 대화

Article 18.

(2) An acceptance of an offer becomes effective at the moment the indication of assent reaches the offeror. An acceptance is not effective if the indication of assent does not reach the offeror within the time he has fixed or, if no time is fixed, within a reasonable time, due account being taken of the circumstances of the transaction, including the rapidity of the means of communication employed by the offeror. An oral offer must be accepted immediately unless the circumstances indicate otherwise.

Article 23.

A contract is concluded at the moment when an acceptance of an offer becomes effective in accordance with the provisions of this Convention.

78) 内田貴, "電子商去來と法(2)," 「NBL」 No.601, 1996 · 9, 21면.

79) 표준약관 제10조

② "몰"의 승낙이 제12조 제1항의 수신확인통지형태로 이용자에게 도달한 시점에 계약이 성립한 것으로 봅니다.

80) 한웅길, "민법개정과 관련하여 격지자 간의 계약성립시기에 대한 제언," 「법이론과 실무」 제3집, 영남민사법학회, 1999, 195~197면; 고영덕, 앞의 글, 393~394면; 김재형, "전자거래에서 계약의 성립에 관한 규정의 개정방향," 「인터넷법률」 제9호, 법무부, 2001 · 11, 7~9면. 현재 민법개정안에서는 격지자간의 계약성립시기를 발신주의에서 도달주의로 변경하였다(민법개정안 제531조). 반면에 청약에 일치하는 승낙을 발송하는 경우에 당사자들은 가능한 한 빨리 계약을 성립시키기를 바랄 것이고 또 그것이 거래계의 요구에도 부합하며, 오늘날 계약의 성립은 일반적으로 서면이나 전보 등의 방법 또는 가격의 지급 등의 분명한 방법으로 행하여지는데 이때에는 결정적인 기준이 되는 시점을 쉽게 확인할 수 있을 뿐만 아니라 청약자가 청약의 구속력으로 인하여 부담하는 의무에 상응하여 승낙자도 가능한 한 빨리 승낙의 발신시점부터 그러한 의무를 부담하게 하는 것이 형평에도 맞는다고 볼 수 있으며, 입법자의 의사 역시 이러한 측면에서 민법 제531조의 규정을 둔 것으로 판단된다고 주장하면서 도달주의로 변경한 민법개정안에 대하여 현행의 발신주의를 유지하여야 한다는 견해도 있다(김욱곤, "승낙의 효력발생과 계약의 성립시기," 「민사법학」 제19호, 한국민사법

자와 격지자 간의 계약으로 구분하여 계약의 성립시기를 정하고 있기 때문에 전자상거래가 양자 중 어디에 속하는가의 문제가 제기된다.81) 이에 학설은 격지자 간의 계약설과 대화자 간의 계약설로 대별하고 있다.

전자의 견해에 따르면, 표의자와 수령자의 컴퓨터가 물리적으로 분리되어 있으며, 발신과 도달이 동시에 일어나지 않고 전자적 의사표시가 상대방의 전자사서함에 저장되는 경우도 있기 때문에 원칙적으로 격지자 간의 의사표시로 보아야 한다.82) 인터넷으로 이루어지는 전자거래에서는 당사자 간에 즉시적인 질의응답이나 계약교섭이 이루어지기 어렵다.83) 또한 전자문서의 송·수신이 동시에 이루어진다고 하더라도 송신한 자가 그 즉시 상대방의 의사표시를 기대할 수 있는 것은 아니므로 대화자간의 법리, 즉 대화가 종료하면 청약의 구속력이 소멸한다는 원칙 그리고 계약의 성립은 대화 중에 이루어진다는 원칙을 적용하는 것은 적절하지 않으며, 전자거래기본법에서 송신시기와 수신시기를 논하는 것은 이미 전자거래가 격지자 간의 거래로 볼 필요성이 있음을 전제로 한 것이므로 격지자 간의 계약으로 보아야 한다.84) 후자의 견해에 따르면, 독일 민법 제147조 제1항에서는 전화 또는 다른 기술적 설비에 의하여 직접적으로 행한 청약에 대하여 대화자 간의 청약으로 인정하고 있으며, 상대방의 의사표시에 즉시 반응하고 즉각적으로 전달되는 특성이 있기 때문에 대화자 간의 계약으로 보아야 한다.85)

학회, 2001·3, 329~330면).

81) 격지자 간 계약의 성립시기를 규정하고 있는 민법 제531조는 임의규정이기 때문에 양 당사자의 합의로 이를 변경할 수 있다. 따라서 사업자가 소비자와 별도의 합의를 하거나 전자상거래 표준약관을 사용하면서 소비자의 동의를 얻은 경우에 민법 제531조는 적용되지 않고 승낙이 도달한 시점에 계약이 성립하게 된다.

82) 지원림, "자동화된 의사표시,"「저스티스」 제31권 제3호, 한국법학원, 1998·9, 53면; 한삼인·김상명, "전자상거래의 법리에 관한 연구,"「비교사법」 제11호, 한국비교사법학회, 1999·12, 722면; 전자상거래는 격자지 간의 계약이라고 주장하면서 성립시기에 관하여는 발신주의가 아닌 도달주의를 취하여야 한다고 주장하는 견해도 있다(고영덕, 앞의 글, 394면).

83) 최창렬, "전자거래에서의 법률행위에 관한 연구,"「성균관법학」 제11호, 성균관대학교 비교법연구소, 1999, 18면.

84) 이철송, "전자거래기본법의 개정방향,"「인터넷법률」 제5호, 법무부, 2001·3, 16면.

85) J. Fritzsche, H.M Malzer, *Ausgewählte zivirechtliche Probleme elecktronisch signierter* WillenserKlärungen, DNotZ, 1995, S.11; M. Reimer, *Rechtsformen und Inhalte von Verträgen im Online-Bereich*, DStR, 1996, S.1291(최창렬, 앞의 글, 18면에서 재인용).

대화자와 격지자의 구별은 거리적·장소적 관념에 의한 것이 아니라 시간적 관념에 따른 것이므로 전화나 신호에 의한 의사표시는 거리와 무관하게 대화자의 것에 불과하며,[86] 채팅 룸이나 인터넷쇼핑몰에서 계약이 체결되는 경우에는 비록 구두의 대화가 당사자 사이에 즉시적으로 성립하지 아니하나 원격대화와 유사한 측면이 있다고 하는 사실을 긍정할 수 있으므로 대화자 간 계약체결로 볼 수 있다.[87] 또한 전자거래에 있어 시간적 장애(발신과 도달 사이의 간격)는 거의 해소되었으므로 발신주의에 의하여 취하고자 하는 목적은 달성될 수 있으며, 전자적 의사표시의 전달과정의 다단계성과 복잡성으로 인하여 그 도달 여부가 더욱 중요하게 고려되어야 할 필요성이 있다는 점 및 전자적 의사표시에 있어서 전자서명을 이용하는 경우가 날로 증가하고 있으며, 이때 상대방은 전자적 의사표시를 담은 전자적 기록을 수령하여 그 진정성 등을 확인할 현실적 필요성이 있다는 점을 고려할 때 전자적 의사표시에 의하여 계약을 체결하는 경우에는 대화자간의 계약으로 보아 도달주의에 의하는 것이 타당하다고 한다.[88]

격지자 간의 계약과 대화자 간의 계약을 구별하는 이유는 계약의 성립시기와 청약의 유효기간이 각각 상이하기 때문이다. 즉, 격지자 간 계약의 성립시기는 승낙을 발송한 때이지만, 대화자 간 계약의 성립시기는 승낙이 도달한 시점이다(민법 제111조, 제531조). 또한 격지자 간 계약에 있어서 청약의 유효기간은 승낙기간이 정해진 경우에 그 기간 동안이며, 승낙기간이 정해지지 않은 경우에는 상당한 기간 동안이다(민법 제528조, 제529조). 반면에 대화자 간 계약에 있어서 청약은 상대방이 즉시 승낙하지 않으면 효력을 상실한다(상법 제51조). 이러한 점을 비추어 보았을 때, 양자의 구별기준은 청약의 유효기간과 승낙의 발신과 도달 사이의 시간적 격차이다. 즉, 대화자 간의 계약에 있어서 청약에 대한 승낙은 대화 도중에 이루어져야 하며, 발신과 동시에 상대방에게 도달하게 된다. 반면에 격지자 간 계약에 있어서 승낙은 일정기간(또는 상당한 기간) 동안 내에 행하여지면 되고, 발신과 도달 사이에 상당한 시간적 격차가 존재하

---

86) 배대헌, "정보사회로의 변혁과 민사법상 수용에 관한 연구," 「민사법학」 제20호, 한국민사법학회, 2001, 283면.

87) 김민중, "인터넷법학의 민사법적 과제와 체계," 「인터넷법연구」 제2호, 한국인터넷법학회, 2003, 302면.

88) 김진환, 앞의 글, 67~68면.

게 된다. 따라서 격지자 간 계약에 있어서 성립시기는 승낙자를 보호하기 위하여 발신주의로 규정하였다. 이러한 점을 고려할 때에 전자상거래는 어디에 해당하는가? 하지만 전자상거래는 다음의 두 가지로 구분할 수 있기에 이를 일률적으로 해결할 수는 없다. 즉, 사업자가 사이버 몰에 계약체결의 자동화 시스템을 갖추어 소비자의 청약에 대하여 즉각적인 승낙을 하는 경우[89]와 소비자의 청약을 수령한 후 배송가능성 여부를 판단한 후 승낙을 하는 경우로 구분할 수 있다. 전자의 경우에 소비자의 청약에 대한 승낙이 즉각적으로 이루어지지 않은 경우에 청약의 효력은 소멸하므로 대화자 간의 계약으로 볼 수 있다. 반면에 후자의 경우에 청약은 상당한 기간 동안 유지되며, 이 기간 동안에 사업자가 승낙을 하지 않은 경우에 청약은 소멸하게 된다. 그러나 승낙의 전자문서가 송신에서 수신까지 소요되는 시간은 불과 수 초 또는 수 분내이므로 매우 짧다.[90] 이러한 시간적 격차는 민법상 격지자 간의 계약에 있어서 인정하고 있는 수일에서 길게는 몇 달이라는 시간적 격차(발신부터 도달까지)보다 매우 단기간이다. 따라서 후자의 경우는 청약의 유효기간만을 기준으로 판단하였을 때는 격지자 간의 계약이라고 할 수 있지만, 발신과 도달 사이의 시간적 격차를 기준으로 보았을 때는 대화자간의 계약이라고 할 수 있다. 그러나 대화자 간의 계약인가 아니면 격지자 간의 계약인가의 여부를 결정함에 있어서 주된 기준은 시간적 격차가 아닌 청약의 유효기간으로 보아야 하기 때문에 후자의 경우는 격지자 간의 계약에 해당한다. 그러므로 양 당사자 간 별도의 합의가 없을 경우에 전자상거래는 민법 제531조에 의하여 승낙의 의사표시가 기재된 전자문서를 송신하였을 때에 성립한다.

---

89) 구체적으로 소비자가 사이버 몰에서 음악파일 또는 소프트웨어를 구입하는 경우가 이에 해당하며, 이러한 계약의 체결과정과 이행과정을 살펴보면, 소비자가 청약과 동시에 대금을 지급하면 자동화시스템에 의하여 즉각적인 승낙이 이루어짐과 동시에 파일을 다운받을 수 있게 된다.

90) 극히 예외적으로 중간 서버의 장애 또는 고장으로 단시간 내에 전자문서가 상대방에게 도달할 수 없는 경우도 있지만, 이를 기초로 송신과 수신 사이에 상당한 시간적 격차가 있다고 볼 수 없다. 즉, 전화 통화 도중에 회선고장 등으로 불통이 되었다고 하여 이를 격지자 간의 계약으로 인정하지 않기 때문이다.

(2) 전자문서의 송신시기

전자문서의 송신시기를 규정하고 있는 현행법으로는 전자거래기본법과 정보보호법이 있지만,91) 양자의 내용은 상이하다.92) 전자거래기본법에서는 전자문서의 송신시점을 "전자문서는 수신자 또는 그 대리인이 당해 전자문서를 수신할 수 있는 정보처리시스템에 입력된 때에 송신된 것으로 본다"고 규정하고 있으며(동법 제6조 제1항),93) 정보보호법에서는 "전자문서는 작성자 외의 자 또는 작성자의 대리인 외의 자가 관리하는 컴퓨터에 입력된 때에 송신된 것으로 본다"고 규정하고 있다(동법 제19조 제1항). 따라서 양법상 전자문서의 송신시기가 동일한 경우는 송신자의 정보처리시스템과 수신자의 정보처리시스템 간에 중간 정보처리시스템이 부존재하거나 하나인 경우이며, 중간 정보처리시스템이 2개 이상인 경우에 양법상 송신시기는 상이하게 된다. 즉, 중간 정보처

---

91) 전자상거래에서 전자문서의 송·수신시기에 관하여 전자거래기본법과 정보보호법 중 어느 법이 적용될 것인가의 문제가 제기된다. 그러나 양법의 적용범위가 상이하게 때문에 이러한 문제는 발생하지 않는다. 즉, 전자거래기본법은 전자거래에 있어서 전자문서의 송·수신시기를 정하고 있는 반면에, 정보보호법은 국가기관 또는 지방자치단체의 장이 전자문서중계자를 통하여 법령에서 규정한 허가·인가·승인·등록·신고·신청 등을 전자문서로 처리하고자 하는 경우의 전자문서의 송·수신시기를 정하고 있기 때문이다(정보보호법 제18조). 따라서 전자상거래에서 전자문서의 송·수신시기에 관하여는 전자거래기본법이 적용되며, 정보보호법은 적용되지 않는다.

92) 전자문서의 송신시기에 관한 전자거래기본법과 정보보호법의 내용은 전자거래기본법을 개정하기 전에는 동일하였으나, 2002년에 전자거래기본법을 개정하면서 상이하게 되었다. 즉, 개정전 전자거래기본법상 전자문서의 송신시기는 작성자 외의 자 또는 작성자의 대리인 외의 자가 관리하는 컴퓨터 등에 입력된 때였다(舊 전자거래기본법 제9조 제1항).

93) 전자문서의 송신시기에 관한 전자거래기본법은 2002년 1월에 개정되면서 현재의 내용으로 변경되었다. 전자거래기본법 개정 실무작업반이 제시한 개정이유로는 전자문서의 송·수신시기에 관한 현행법 제9조의 내용은 불명확한 점이 많아 그 내용을 수정·보완하며, 현행법 제9조 제1항에 규정된 전자문서의 송신시기는 특히 컴퓨터 등과 관련하여 이를 작성자 또는 그 대리인의 컴퓨터에 입력된 때로 오해될 소지가 있다. 구체적으로 송신의 사전적 의미는 편지나 정보 등의 통신을 보내는 것이지만, 전자문서를 송·수신하는 경우에 물론 EDI 등에 의하여 작성자 또는 그 대리인이 관리하는 정보처리조직과 수신자 측의 정보처리조직이 직접 연결되어 있는 경우도 있지만 보통 양 정보처리조직이 Server에 의하여 연결되어 있다는 특수성을 감안할 때 작성자 측과 수신자 측의 이해관계를 조절하기 위해서는 전자문서가 작성자 측의 정보처리조직에서 벗어나 Server에 입력된 때에 송신된 것으로 보는 것이 합리적이다(지원림, "전자거래기본법의 과제," 「인터넷법연구」 제1호, 한국인터넷법학회, 2002, 116~117면).

리시스템이 2개 이상인 경우에 전자거래기본법상 송신시기는 수신자의 정보처리시스템 또는 이와 바로 연결된 중간 정보처리시스템에 전자문서가 입력된 시점이지만, 정보보호법상 송신시기는 전자문서가 송신자의 정보처리시스템에서 일탈된 시점이 된다. 따라서 양법의 차이점에 대한 검토를 하기 위해서는 전자문서의 송신과 의사표시의 발신의 의미를 파악하여야 하며, 이를 기초로 양법의 타당성을 살펴보아야 한다. 의사표시의 발신이라 함은 표의자가 외부에 나타낸 의사표시가 외형적 존재를 가지고 표의자의 지배를 벗어나 상대방에 보내진 것을 의미하며, 서면이 우편함에 투입되거나, 우체국의 창구에서 발송을 의뢰하는 것이 대표적이다.[94] 즉, 의사표시가 표의자의 영역에서 벗어나 제3자의 지배영역으로 들어간 것을 의미하며, 여기에서 제3자는 의사표시의 상대방이 아닌 상대방에게 전달하기 위하여 의사표시를 표의자로부터 수령한 모든 자가 된다. 이러한 의사표시의 발신은 전자문서의 송신과 동일하다고 할 수 있다.[95] 즉, 전자문서의 송신은 작성자가 전자문서를 정보통신망을 통하여

94) 곽윤직, 앞의 민법총칙, 248면; 김용한, 「민법총칙론」, 박영사, 1993, 309 ~310면. 의사표시의 발신 대신에 통지라는 용어를 사용하면서 통지란 '표의자가 의사표시를 상대방에 대하여 발송하는 행위'라고 정의하는 견해도 있다(이영준, 앞의 책, 403면; 이은영, 앞의 민법총칙, 555면).

95) 전자문서의 송·수신과 의사표시의 발신·도달이 동일한 것인가에 대하여 이를 긍정하는 견해와 부정하는 견해가 있다. 먼저, 긍정하는 견해에 따르면 특별한 근거를 제시하지 않고 송신은 민·상법에서 말하는 의사표시의 발신을 가리키며, 수신은 의사표시의 도달을 가리키는 말로 이해하는 데 별 이견이 없다고 한다(이철송, 앞의 글, 12면). 부정하는 견해에 따르면 산업기술기반조성에 관한 법률 제8조 제2항, 무역업무자동화법 제15조 제1항, 정보보호법 제17조의3, 화물유통촉진법 제48조의5 제1항 등은 전자문서의 도달시기를 규정하는데 반하여 전자거래기본법 제9조는 전자문서의 송·수신시기를 규정하고 있는데 앞의 여러 법률에서 문제된 것은 이른바 전자문서의 송·수신이 아니라 전자문서에 포함된 신청 등의 의사표시의 송·수신이고 따라서 의사표시가 포함되었는지 여부와 관계없이 전자문서의 송·수신시기를 정한 전자거래기본법 제9조를 의사표시의 발신·도달시기로 보는 것은 법문에 대한 오해라고 한다(지원림, 앞의 "전자거래기본법의 과제," 118면). 이를 살펴보기 위해서는 전자문서와 의사표시가 일치하는가 아니면 상호 상이한 것인가를 고찰하여야 한다. 전자문서라 함은 정보처리시스템에 의하여 전자적 형태로 작성, 송·수신 또는 저장된 정보를 말하며(전자거래기본법 제2조 제1호), 광의의 전자문서와 협의의 전자문서로 구분된다. 협의의 전자문서는 종전 종이문서에 상응하는 개념으로 정보처리시스템에 의하여 작성되어 가독성이 있는 전자서면을 의미하며, 광의의 전자문서는 협의의 전자문서뿐만 아니라 정보처리시스템에 의하여 작성되어 정보통신망을 통하여 송·수신, 저장될 수 있는 디지털 컨텐츠

상대방에게 송부하는 것을 의미하며, 이의 시점은 작성자를 기준으로 결정하여야 한다.[96] 따라서 전자문서가 작성자(또는 작성자의 대리인)의 지배영역을 벗어나 제3자가 관리하는 정보처리시스템에 입력된 시점이 바로 전자문서의 송신시점이라 할 수 있다. 이러한 점에서 살펴보았을 때, 전자문서의 송신시점을 작성자가 아닌 수신자, 즉 상대방을 기준으로 하여 규정하고 있는 전자거래기본법은 송신의 의미를 잘못 판단한 것이므로 정보보호법과 동일하게 전자문서의 송신시점을 개정하여야 할 것이다.[97][98]

(Digital Contents)를 말한다(박정기 · 고형석, 「인터넷과 전자상거래법」, 법문사, 2005, 10면). 따라서 협의의 전자문서는 의사표시와 동일하다고 할 수 있지만, 광의의 전자문서는 의사표시와 동일하다고 할 수 없다. 하지만 전자문서의 송 · 수신으로 체결되는 전자상거래에서 전자문서는 의사표시(청약 또는 승낙)의 역할을 하기 때문에 이 경우에 전자문서는 광의의 전자문서가 아닌 협의의 전자문서에 해당하므로 전자문서의 송 · 수신시기는 의사표시의 발신 · 도달과 동일하다고 할 수 있다.

96) 박정기 · 고형석, 앞의 책, 117면.

97) 우리나라의 전자거래기본법의 기초인 UNCITRAL 전자상거래 모델법(UNCITRAL Model Law on Electronic Commerce)에서도 전자문서의 송신시기에 관하여 "작성자와 수신자 간에 다른 합의가 없는 한 데이터 메시지의 송신은 작성자 또는 그의 대리인의 지배를 벗어난 정보처리시스템에 입력된 때에 발생한다"고 규정하고 있다.

UNCITRAL Model Law on Electronic Commerce

Article 15. Time and place of dispatch and receipt of data messages

(1) Unless otherwise agreed between the originator and the addressee, the dispatch of a data message occurs when it enters an information system outside the control of the originator or of the person who sent the data message on behalf of the originator.

98) 현행 전자거래기본법상 전자문서의 송신시점에 대하여 "경우에 따라서는 송신시기와 수신시기가 별 차이가 없는 결과를 가져오게 되므로 사실상 기존의 대화자와 유사한 구조로 변경되는 것이 바람직한 것인가"라는 의문을 제기하면서 비판하는 견해도 있으며(오병철, "2001년 개정 전자거래기본법의 이론적 검토," 「연세법학연구」 제8권 제2호, 연세법학회, 2002 · 2, 203면), 이와 반대로 현재 과학기술의 발전상에 비추어 발신과정은 길게 잡더라도 수 분내에 이루어지고 있는 반면에 발신주의를 규정한 각종 법규의 효력 여부는 하루 단위로 적용되고 있어 법률관계의 신속한 확정이나 효력발생시기의 획일적 확정이라는 문제는 어느 순간을 발신시기로 삼아도 문제가 되지 않으며, 전자거래에서 이루어지는 전자적 의사표시의 전달과정에는 필연적으로 보안 등에 관한 각종 위험적 요소가 상존하고 있으므로 전자적 의사표시의 발신에 대하여도 의사표시의 부도달과 같은 전달위험은 표의자에게 부담하게 하는 것이 타당하다는 점 등을 이유로 전자문서의 송신시점을 상대방의 서버에 입력되는 순간으로 규정하는 것이 타당하다는 견해가 있으며, 이는 현행 전자거래기본법상 전자문서의 송신시기에 관한 규정을 긍정하는 입장이다(김진환, "전자적 의사표시와 전자약관,"

(3) 전자문서의 수신시기

전자문서의 수신시점에 대하여 규정하고 있는 법으로는 전자거래기본법과 정보보호법 등이 있으며, 그 내용은 거의 동일하다. 구체적인 수신시점을 살펴보면, 먼저 수신자가 전자문서를 수신할 정보처리시스템을 지정한 경우에는 지정된 정보처리시스템에 입력된 시기이나 지정된 정보처리시스템이 아닌 다른 정보처리시스템에 입력된 경우[99]에는 이를 출력한 때이다(전자거래기본법 제6조 제2항 제1호, 정보보호법 제19조 제2항 제1호).[100] 반면에 수신자가 전자문서를 수신할 정보처리시스템을 지정하지 않은 경우에는 수신자가 관리하는 정보처리시스템에 입력된 때이다(전자거래기본법 제6조 제2항 제2호, 정보보호법 제19조 제2항 제2호). 여기에서 말하는 정보처리시스템은 단지 컴퓨터만을 의미하는 것이 아니라 컴퓨터와 같은 정보처리장치를 비롯하여 전자우편주소 등도 포함된다.[101]

「국방조달계약연구논집」, 국방부조달본부, 2005, 66~67면).

99) 전자상거래소비자보호법에서는 소비자가 사업자와 전자문서로써 거래할 것을 약정하면서 주소를 지정한 경우에 사업자가 지정된 주소로 전자문서를 송신하지 않은 경우에 당해 전자문서에 의한 권리를 주장할 수 없도록 하였으나, 긴급성을 요하는 경우, 소비자가 전자문서를 출력한 경우, 소비자와 특정한 전자우편주소로 2회 이상 거래한 경우에 그 전자우편주소로 전자거래기본법 제2조 제1호의 규정에 의한 전자문서를 송신한 경우, 소비자의 이익에 반하지 아니하고 당해 소비자도 해당 전자문서의 효력을 부인하지 아니하는 경우, 긴급하게 연락할 필요성이 있고 전자우편 외에 다른 수단을 활용할 수 없는 경우에는 전자문서상의 권리를 주장할 수 있도록 규정하고 있다(동법 제4조 제1항, 동 시행령 제4조).

100) 전자거래기본법 개정 실무작업반에서는 지정된 정보처리시스템이 아닌 다른 정보처리시스템에 전자문서가 입력된 경우에 수신시점을 수신자가 전자문서의 입력을 알았을 때로 제안하였으나 동법의 개정시 이를 알았을 때가 아닌 출력을 하였을 때로 변경되었다(지원림, 앞의 "전자거래기본법의 과제," 115~117면). 동법상 출력은 전자문서의 내용을 화면에 나타내는 것을 의미하며, 의사표시의 요지단계라고 할 수 있다. 그러나 수신은 요지단계가 아닌 수신자의 지배가능한 영역 내에 들어오는 것, 즉 요지할 수 있는 상태를 의미하므로 실무작업반의 의견과 같이 수신자가 다른 정보처리시스템에 전자문서가 입력되었다는 것을 알았을 때에 수신된 것이 타당하며, 동법의 내용은 이와 같이 개정되어야 할 것이다.

101) 舊 전자거래기본법에서는 전자문서의 송·수신시기를 규정함에 있어 컴퓨터 등에 입력된 때라고 하였으나, 현행 전자거래기본법에서는 컴퓨터 등이라는 용어 대신에 정보처리시스템을 사용하고 있으며, "전자문서의 작성, 송·수신 또는 저장을 위하여 이용되는 정보처리능력을 가진 전자적 장치 또는 체계를 말한다"라고 정의하고 있어 컴퓨터 등의 정보처리장치와 전자우편주소 등이 여기에 포함되게 된다(동법 제2조 제2호).

2. 수신확인통지를 요구한 전자문서의 효력

전자상거래의 가장 큰 특징 중의 하나는 비대면 거래라는 점이다. 따라서 소비자와 사업자는 시간과 장소에 구애를 받지 않고 계약을 체결할 수 있다는 장점을 갖지만, 자신의 의사표시를 상대방이 수령하였는가를 확인하는 것은 대면거래와 달리 곤란하다. 이러한 점 때문에 표의자가 자신의 의사표시를 상대방이 수령하였는가의 여부를 확인하기 위하여 수신확인통지를 요구하게 되었다. 특히, 사업자가 소비자의 청약에 대하여 승낙의 전자문서를 송신하면서 수신확인통지를 조건으로 부가한 경우에 계약의 성립을 인정할 수 있는가, 즉 수신확인통지라는 조건이 부가된 승낙이 승낙으로서의 효력을 갖는가에 대한 문제가 제기된다. 이 문제에 대하여는 승낙의 전자문서에 수신확인통지를 요구하면서 이를 조건으로 부가한 경우와 조건으로 부가하지 않은 경우로 구분하여 살펴본다.

(1) 수신확인통지를 조건으로 부가한 경우

전자상거래에 있어서 소비자의 청약에 대하여 사업자가 승낙을 하면서 '수신확인을 통지한 경우에 승낙한 것으로 본다'라는 조건을 부가한 경우에 사업자의 승낙의 수신으로 계약의 성립을 인정할 수 있는가의 문제가 제기된다. 이러한 점은 앞에서 언급한 바와 같이 전자상거래가 비대면으로 체결되기 때문에 상대방이 자신의 의사표시, 즉 전자문서를 수신하였는가를 확인하기가 곤란하기 때문이다. 이러한 점을 반영하여 전자거래기본법에서는 전자문서를 송신하면서 수신확인통지라는 조건을 부가할 수 있음을 인정하고 있으며, 작성자가 수신확인통지를 받을 때까지 전자문서는 송신되지 않은 것으로 간주된다(동법 제9조 제1항 전문). 하지만 수신확인통지를 조건으로 부가한 경우에 수신확인통지의 조건이 부가된 승낙으로 계약의 성립을 인정할 수 있는가의 문제가 제기된다. 즉, 민법에서는 승낙의 의사표시에 조건이나 변경을 가한 경우에 청약의 거절과 더불어 새로운 청약으로 인정하기 때문에 수신확인통지의 조건이 부가된 승낙은 승낙이 아닌 새로운 청약이 되며, 이를 수신한 소비자가 승낙하여야만이 전자상거래가 성립하게 된다. 만일, 소비자 역시 수신확인통지를 조건으로 부가하고, 또 이를 수신한 사업자 역시 수신확인통지를 조건으로 재차 부가하였다면 청약만 존재할 뿐 승낙이 없으므로 계약은 성립하지 않게 된다.[102] 따라서 이러한 문제점을 해결하기 위하여 2002년 1월에 전자거래기본법을 개정하여 전자문서에 수신확인통지를 조건으로 부가하여 송신한 후 수신자가 수신확인통지를 한 경우에 수신확인통지가 부가된 승낙은 조건을 붙인 승낙으로 인정되지 않게 된다(동법 제9조 제1항 후문). 이 경우에 계약의 성립시기는 언제인가? 즉, 수신확인통지의 조건이 부가된 승낙을 수신한 시기인가 아니면, 수신확인통지를 받은 시기인가의 문제가 제기된다. 전자거래기본법 제9조 제1항의 전문에 따르면 승낙자가 수신확인통지를 받기 전까지는 승낙의 전자문서를 송신하지 않은 것으로 간주되기 때문에 수신확인통지의 조건을 부가한 승낙의 전자문서를 송신한 후 수신자가 이를 수신하였더라도 계약은 성립된 것으로 인정되지 않고 송신자가 수신자의 수신확인통지를 받았을 때에 비로소 성립하게 된다. 하지만 동항 후단에 의하면, 승낙의 전자문서에 수신확인통지의 조건을 부가하여 송신한 후 수신확인통지를 수신한 경우에 민법 제534조의 적용을 배제하였기 때문에 이는 새로운 청약이 아닌 승낙으로 인정되어 수신확인통지의 조건이 부가된 승낙의 수신만으로 계약은 성립하게 된다.[103] 따라서 동항 전문에 의한 성립시기와 후문에 의한 성립시기가 각각 상이하다. 그럼 계약의 성립시기를 언제로 정하여야 할 것인가? 개인적으로는 후문을 중심으로 계약의 성립시기를 정하여야 할 것이다.[104] 즉, 동법의 개정 전 수신확인통지를 조건으로 부가한 경우에 민법 제534조와의 문제를 해결하기 위하여 후문을 신설하였다. 또한, 수신확인통지의 조건이 부가된 사업자의 승낙으로 계약은 성립하였으며, 수신확인통지는 이를

---

102) 이 경우에 사업자가 계약의 목적물인 재화를 인도하였다면, 승낙이라는 의사표시가 없다고 하더라도 승낙의 의사표시로 인정되는 사실이 있기 때문에 계약은 성립하게 된다(민법 제532조).

103) 이와 달리 승낙의 효력발생은 수신확인도달시이며, 수신확인을 요구하는 것이 조건을 붙인 것으로 해석되어서는 아니 된다는 견해가 있다(정완용, 「전자상거래법」, 법영사, 2005, 48~49면). 하지만 수신확인은 송신자에 의하여 부가된 조건이며, 이를 조건이 아니라고 해석할 수 없다. 따라서 동 조항의 전체적인 측면에서 수신확인은 당사자에 의하여 부가된 조건이지만, 민법 제534조의 적용이 배제된다고 해석하여야 한다.

104) 舊 전자상거래 표준약관의 제10조 제2항과 제12조 제2항의 조화로운 해석을 위하여 구매신청의 변경・취소를 해제조건으로 사업자의 승낙이 수신확인통지의 형태로 이용자에게 도달한 시점에 계약이 성립하는 것으로 인정하는 견해 역시 인정근거에 있어서 차이는 있으나 결론에 있어서는 동일하다(구재군, "디지털콘텐츠서비스 이용계약에 수반하는 법적 문제," 「비교사법」 제10권 제3호, 한국비교사법학회, 2003・9, 225~226면).

단지 확인하는 절차이기 때문에 계약의 성립시기는 사업자의 승낙이 수신된 시점으로 파악하여야 할 것이다. 이와 같이 해석을 하게 되면 전문의 내용과 상반되게 된다. 즉, 전문상 수신확인통지의 조건은 정지조건이기 때문에 수신확인통지라는 조건이 성취되어야 승낙이라는 전자문서가 송신된 것이 된다. 따라서 상기와 같은 결론이 도출되기 위하여 전문의 조건은 정지조건이 아닌 해제조건으로 변경하여 사업자의 승낙의 수신으로 계약은 성립하지만, 수신확인통지가 도달하지 않았을 경우에 승낙이 송신되지 않은 것으로 하여야 할 것이다. 이를 위하여 전문의 규정은 "작성자가 수신확인통지의 조건을 부가하여 전자문서를 송신한 후 수신자 또는 그의 대리인으로부터 수신확인통지를 받지 않은 경우에 그 전자문서가 송신되지 않은 것으로 본다"로 개정되어야 할 것이다.[105] 또한 수신확인통지의 조건을 부가한 경우에 통지의 시기와 통지의 방법에 대하여는 규정을 두고 있지 않지만, 통지의 시기에 관하여는 기간이 정해진 경우에는 그 기간 내에, 기간이 정해지지 않은 경우에는 상당한 기간 내에 통지를 하여야 할 것이다. 통지의 방법 역시 상대방이 이를 지정한 경우에는 그 방법에 따라 통지를 하여야 할 것이며, 이를 지정하지 않은 경우에는 당해 전자문서가 수신되었다는 것을 상대방에게 표시하기에 충분한 방법으로 통지하면 충분할 것이다.[106]

---

105) 전자거래기본법 개정 실무작업반은 수신확인과 관련하여 구 전자거래기본법 제12조 제2항에 의하면 수신확인통지가 작성자에게 도달하기 전까지는 전자문서가 발신되지 않은 것으로 되는데 여기서 당사자의 의사가 전자문서에 포함된 의사표시의 효력은 의사표시를 한 날부터 발생하도록 하되, 다만 수신확인통지가 도달할 때까지 그것을 유예하는 것이라고 보아야 할 것이며, 이러한 점을 분명하게 하기 위하여 개정시안 제12조 제2항이 필요하다고 하면서 구체적인 개정시안을 다음과 같이 제시하였다(지원림, 앞의 "전자거래기본법의 과제," 122~125면).

제12조(수신확인) ① 민법 제534조의 규정에 불구하고 작성자가 수신확인을 조건으로 하여 전자문서를 발신한 경우에는 수신확인통지가 작성자에게 도달하기 전까지는 그 전자문서는 발신되지 아니한 것으로 본다.

② 제1항의 경우에 수신확인통지가 작성자에게 도달한 때에는 전자문서는 최초에 송신된 시기에 발신된 것으로 본다.

③ 작성자가 수신확인을 조건으로 명시하지 아니하고 수신확인통지를 요구한 경우 상당한 기간(작성자가 지정한 기간 또는 당사자가 약정한 기간이 있는 경우에는 그 기간을 말한다) 내에 작성자가 수신확인통지를 받지 못한 때에는 작성자는 그 전자문서의 송신을 철회할 수 있다.

(2) 수신확인통지를 조건으로 부가하지 않은 경우

작성자가 전자문서를 송신하면서 수신확인통지를 요구하였으나 이를 조건으로 부가하지 않은 경우에 상당한 기간 내에 수신확인통지를 받지 못하면 작성자는 그 전자문서의 송신을 철회할 수 있다(전자거래기본법 제9조 제2항). 예를 들어, 甲이 승낙의 전자문서를 송신하면서 수신확인통지를 요구하였지만 조건으로 부가하지 않은 경우에 상대방인 乙이 甲과 합의한 기간 내에 수신확인통지를 하지 않은 경우에 甲은 자신의 승낙을 철회할 수 있게 된다. 이와 같이 수신확인통지를 하지 않은 것만으로 이미 성립된 계약을 일방의 의사에 따라 존속 또는 소멸케 할 수 있도록 인정하고 있는 동 조항의 타당성에 대하여 의문점이 제기된다. 즉, 제1항에서는 수신확인통지를 조건으로 부가하였기 때문에 조건의 성취(수신확인의 미통지)에 의하여 승낙은 송신되지 않은 것으로 인정되어 계약은 소멸하게 되지만, 조건으로도 부가하지 않았음에도 불구하고 수신확인통지를 요구한 당사자의 의사에 따라 계약의 존속여부가 결정된다는 것은 다음과 같은 점에서 부당하다. 먼저, 동법은 국제연합의 국제거래법위원회에서 1996년에 제정한 전자상거래 모델법(UNCITRAL Model Law on Electronic Commerce)을 토대로 하여 제정되었으며,[107] 동 모델법에서도 수신확인에 관한 내용을 규정하고 있다. 하지만 수신확인을 조건으로 부가하지 않은 경우에 있어 모델법의 내용은 동법의 내용과 상이하다. 즉, 작성자가 수신확인을 요구하였지만 이를 조건으로 부가하지 않은 전자문서를 송신한 후 수신자가 전자문서의 수신 후 확인통지를 하지 않은 경우에 작성자는 즉시 전자문서의 송신을 철회할 수 있는 것이 아니라 수신확인통지를 받지 못하였다는 것과 합리적인 시간 내에 수신확인통지가 반드시 도달되어야 한다는 사실을 수신자에게 재차 통지할 수 있으며, 이 기간내에 통지를 받지 못한 경우에 한하여 작성자는 전자문서의 송신을 부정하거나 전자문서상의 모든 권리를 행사할 수 있음을 수신자에게 통지할 수

---

106) 전자상거래 모델법에서는 통지의 방법에 관하여 '작성자가 데이터메시지의 통지를 특정한 형식 또는 특정한 방법으로 할 것을 수신자와 합의하지 아니한 경우에, 통지는 수신자・자동화된 방식・기타의 방법 또는 수신자의 행위에 의하여 행하여질 수 있다'고 규정하고 있다(동 모델법 제14조 제2항).

107) 전자상거래 모델법을 채택 또는 수용하여 국내법화한 국가로는 2006년 3월을 기준으로 우리나라를 비롯한 미국(일리노이즈 주를 포함한 49개주), 프랑스, 캐나다, 중국 및 영국 등의 31개국이 있다(www.uncitral.org/uncitral_texts/electronic_commerce/1996_model_staus.html).

있다(전자상거래 모델법 제14조 제4항).[108] 이에 반하여 동법에서는 수신자의 수신확인통지가 없는 경우에 재차 통지의무를 송신자에게 부가하지 않고 바로 철회할 수 있음을 인정하고 있다. 이는 동법의 입법과정에서 전자상거래 모델법의 내용을 정확하게 반영하지 못하고 일부만을 수용함으로써 발생한 결과이다. 또한 계약은 청약에 대한 승낙으로 성립하며, 청약의 효력이 발생한 경우에 소비자보호를 목적으로 제정된 특별법상 소비자의 청약철회권을 제외하고 임의적인 철회를 부정하고 있다(민법 제527조). 이는 청약자가 임의로 청약을 철회할 수 있다면 신의를 바탕으로 한 거래의 안전은 유지될 수 없으며, 상대방에게 불측의 손해를 야기할 수 있기 때문이다.[109] 이와 같이 민법에서는 계약의 성립이전 단계인 청약의 효력발생시점부터 철회를 부정하고 있으며, 명문으로 규정하고 있지 않지만 당연히 계약의 성립 이후인 승낙의 효력발생 이후에 승낙에 대한 철회는 더 엄격하게 부정된다고 할 것이다. 그럼에도 불구하고 승낙의 철회를 인정하고 있는 동 조항은 계약에 관한 일반법인 민법에 정면으로 배치되며, 이를 인정할 합리적인 근거도 없다. 따라서 송신자의 의사에 따라서 계약의 존속여부를 결정할 수 있도록 하고 있는 동 조항을 삭제하거나,[110] UNCITRAL 전자상거래 모델법과 같이 송신자가 재차 수신확인을 요구하도록 하고 이에도 불

---

108) UNCITRAL Model Law on Electronic Commerce

Article 14. Acknowledgment of Receipt

(4) Where the originator has not stated that the data message is conditional on receipt of the acknowledgment, and the acknowledgment has not been received by the originator within the time specified or agreed or, if no time has been specified or agreed, within a reasonable time, the originator:

(a) may give notice to the addressee stating that no acknowledgment has been received and specifying a reasonable time by which the acknowledgment must be received; and

(b) if the acknowledgment is not received within the time specified in subparagraph (a), may, upon notice to the addressee, treat the data message as though it had never been sent, or exercise any other rights it may have.

109) 곽윤직, 앞의 채권각론, 38~39면; 三上雅通, "訪問販賣におけるクーリング・オフ制度," 「森泉 章・池田眞朗 編-消費者保護の法律問題」, 勁草書房, 1994, 219면.

110) 전자거래기본법에서 단순한 문서전달의 철회를 규정할 필요는 없으며, 계약법에서 해결할 문제라고 주장하는 견해 역시 동일한 입장을 취하고 있다(최준선, "UNCITRAL전자상거래모델법과 우리나라의 전자거래기본법(안)의 비교," 「비교사법」 제9호, 한국비교사법학회, 1998, 76~77면).

구하고 수신자가 수신확인통지를 하지 않은 경우에만 철회할 수 있도록 개정하여야 할 것이다.

3. 승낙의 부존재시 전자상거래의 성립문제

전자상거래에 있어서 소비자의 청약을 받은 사업자는 이의 수신확인 및 판매가능여부에 관한 정보를 신속하게 통지하여야 하며, 재화의 배송이 불가능한 경우에 그 사유를 지체 없이 소비자에게 고지하여야 한다(동법 제14조 제1항, 제15조 제2항). 여기에서 판매가능여부에 관한 정보는 사업자의 승낙 또는 거절을 의미한다. 하지만 사업자가 소비자의 청약에 대하여 전혀 의사표시를 하지 않거나 청약의 내용만을 확인하는 전자문서를 송신한 경우에 승낙은 부존재하므로 계약은 성립하지 않게 된다. 그 결과 소비자가 청약의 과정 속에서 대금을 미리 지급[111]하였음에도 불구하고 장기간 동안 계약의 성립여부가 모호하게 된다. 이러한 계약의 성립시기의 모호성을 해결하는 하나의 방안으로 사이버 몰의 표시・광고를 청약으로 보는 것을 제시할 수 있으며, 이 경우에 소비자의 구매의사가 바로 승낙이 되므로 계약의 성립시기가 명확해질 수 있다. 그러나 전자상거래소비자보호법 제2조 제2호에서 통신판매업자가 거래조건을 제시하는 것을 청약의 유인으로 전제하고 있으며, 나아가 재고량이나 상대방의 변제자력에 대한 위험 또는 당해 거래에 관한 행정적인 규제[112] 등을 고려할 때 사이버 몰의 표시・광

111) 전자상거래 역시 쌍무계약이기 때문에 소비자의 대금지급의무와 사업자의 재화의 인도의무는 동시이행관계에 있다(민법 제536조 제1항). 다만, 동 규정은 임의규정이기 때문에 당사자가 달리 합의할 수 있으며, 일반적인 전자상거래에서는 소비자가 청약을 하는 과정에서 대금의 전부 또는 일부를 지급하기 때문에 양 채무가 동시이행관계에 있는 경우는 매우 드물다. 이와 같이 소비자가 대금의 전부 또는 일부를 먼저 지급하는 거래를 선불식 통신판매(전자상거래)라 하며, 선불식 통신판매에서 사업자는 별도의 약정이 없는 한 소비자가 대금의 일부 또는 전부를 지급한 날로부터 3영업일 이내에 재화의 공급에 필요한 조치를 하여야 하며, 재화의 공급이 곤란함을 알았을 때에는 소비자가 그 대금의 전부 또는 일부를 지급한 날부터 3영업일 이내에 환급하거나 환급에 필요한 조치를 하여야 한다(전자상거래소비자보호법 제15조 제1항, 제2항).

112) 청소년보호법상 청소년에게 판매가 금지되는 물건으로는 주류・담배・마약류・성기구 등이 있으며(동법 제2조 제4호, 제26조 제1항), 이를 위반한 자에게는 3년 이하의 징역 또는 2천만원 이하의 벌금이 부과되거나 2년 이하의 징역 또는 1천만원 이하의 벌금이 부과된다

고를 청약이 아닌 청약의 유인으로 보아야 하기 때문에 적절한 방안이라고 할 수 없다.

이 외의 방안으로는 상법과 전자상거래소비자보호법을 기초로 하여 승낙여부에 대한 통지의무와 이의 해태시 승낙한 것으로 간주하는 방안을 제시할 수 있다. 즉, 상법에서는 상시 거래관계에 있는 자로부터 그 영업부류에 속하는 청약을 받은 경우에 즉시 승낙여부를 통지하여야 하며, 이를 해태한 경우에 승낙한 것으로 간주되며(동법 제53조), 전자상거래소비자보호법에서는 소비자의 청약을 받은 경우에 판매가능여부에 대한 정보를 소비자에게 신속하게 통지할 의무를 부과하고 있다(동법 제14조 제1항). 양법의 동일한 점은 상대방으로부터 청약을 받은 경우에 사업자는 즉시 승낙여부를 통지할 의무가 있다는 점이다. 차이점은 상법에서는 이의 적용범위를 상시거래관계에 있는 자간으로 한정하였으며, 통지의 해태시 승낙한 것으로 간주된다. 하지만 전자상거래소비자보호법에서는 상시거래관계가 부정되며, 승낙간주규정이 부존재하다는 점이다. 이와 같이 상법에서 승낙 또는 거절이 없음에도 불구하고 계약의 성립을 인정하는 이유는 무엇인가? 즉, 상시 거래관계에 있으면서 동종 또는 유사한 계약을 되풀이하는 상거래 당사자 간에는 종전의 거래에서 생긴 관행으로 인해 특별한 사정이 없는 한 새로운 계약이 체결될 것으로 믿는 것이 일반적이며, 이러한 거래관계에 있는 상인에게 지체 없이 낙부통지를 하게 함으로써 상거래의 신속을 기하고 때늦은 거절로 인해 상대방이 예측하지 못한 손해를 입지 않도록 배려한 것이며, 청약을 받은 상인의 입장에서도 거래시마다 일일이 승낙의사를 통지할 필요없이 계약을 체결할 수 있다는 이점이 있기 때문이다.[113] 또한 상시거래관계에 있는 자간에는 청약에 대하여 침묵하는 것은 이를 승낙하였기 때문인 경우가 많고, 청약자를 보호하기 위한 규정이다.[114] 즉, 이를 요약하면 상법 제53조의 입법취지는 거래의 신속, 거래관행 및 상대방의 신뢰보호라고 할 수 있다. 이러한 상법 제53조의 입법취지는 전자상거래에도 동일하게 적용될 수 있다. 즉, 전자상거래

(동법 제50조, 제51조). 또한 복권 및 복권기금법상 청소년에 대한 복권판매는 금지되며, 위반시 1천만원 이하의 과태료가 부과된다(동법 제5조 3항, 제36조).

113) 이철송, 「상법강의」, 박영사, 2004, 138면; 최기원, 「상법학신론(상)」, 박영사, 2003, 233면 등.

114) 이범찬 · 최준선, 「상법(상)」, 삼영사, 2004, 274면 등.

는 시간과 공간의 제약을 받지 않고 신속하게 계약을 체결할 수 있다는 특성을 가지고 있다. 또한 일반적으로 청약과 동시에 대금지급이 이루어지므로 특별한 사정(예를 들어, 사업자의 거부)이 없는 한 소비자는 계약이 체결된 것을 판단하며, 즉각적인 거부의 의사표시가 없음에도 불구하고 불성립으로 인정하게 되면 계약이 체결되었다고 판단하여 재화의 인도만을 기대하고 있는 소비자에게 예기치 못한 피해를 야기할 수 있다. 이러한 점을 고려하여 전자상거래소비자보호법에서도 상법과 동일하게 청약에 대한 낙부여부를 신속하게 소비자에게 통지하도록 한 것이다. 따라서 상법 제53조의 규정도 전자상거래에 적용될 수 있다고 할 것이나, 전자상거래는 그 특성상 단시간 내에 불특정 다수인과 동시에 계약의 체결이 가능하므로 청약에 대한 즉각적인 승낙이 없다고 하여 계약의 성립으로 인정하게 되면 과다한 청약으로 인하여 사업자는 채무불이행에 따른 손해배상책임을 부담하게 되므로 계약의 이행여부를 판단할 수 있는 시간을 부여할 필요성이 있다. 그러므로 전자상거래에 있어서 소비자의 청약을 받은 후 사업자는 신속하게 승낙여부를 통지하여야 하며, 청약을 받은 후 3영업일 이내에 승낙여부를 통지하지 않은 경우에는 승낙한 것으로 간주하여 계약성립시기의 모호성을 배제하여야 할 것이다.[115]

4. 행위무능력자의 전자상거래의 체결

행위무능력자가 전자상거래를 체결하였을 경우에 무능력자 또는 대리인 등은 당해 전자상거래를 취소할 수 있으며(민법 제5조 제2항, 제10조, 제13조, 제140조), 무능력자의 반환범위도 선의·악의를 불문하고 현존이익에 한정된다(민법 제141조). 하지만 전자상거래의 가장 기본적인 특성이 비대면거래이며, 자동화된 거래이기 때문에 당사자의 행위능력 유무를 계약체결 당시에 상대방이 파악하는 것은 거의 불가능하다. 이러한 점을 바탕으로 전자상거래의 발전을 위하여 예외적으로 이 분야에서 무능력자제도의 적용을 배제하거나,[116] 일정한 금액 이하의 전자상거래에 대하여는 무능력자제도를 제한하고자 하는 견해[117]가 등장하고

115) 졸고, "전자상거래의 성립시기에 관한 연구,"「비교사법」 제13권 제3호, 한국비교사법학회, 2006·9, 23~43면.

116) 오병철, 앞의 전자거래의 민사법적 규율방안, 65면.

있다. 하지만 무능력자제도는 우리 민법에서 인정하고 있는 가장 기본적인 원리 중의 하나이며, 상대방 보호를 통한 거래의 안전보다 더 상위에 위치하고 있기에,[118] 양 당사자의 합의로도 배제할 수 없다. 따라서 전자상거래의 발전을 위하여 무능력자제도를 부정하는 견해는 우리 민법의 기본적인 원리를 부정하기 때문에 결코 찬성할 수 없다. 또한 일정금액 이하의 전자상거래에 대하여 일률적으로 무능력자의 취소권을 제한하는 경우에는 경제적인 측면에서의 불평등한 처우가 될 수 있다. 그러므로 소액의 전자상거래에 있어서 무능력자의 취소권부정문제는 무능력자가 단독으로 유효한 법률행위를 할 수 있는 경우 중 처분이 허락된 재산의 처분행위(민법 제6조) 등에 해당하는가에 따라 개별적으로 판단하여야 할 것이다.[119] 따라서 행위무능력자가 단독으로 체결한 전자상거래 역시 추후에 본인 또는 대리인이 취소할 수 있다(민법 제5조 제2항, 제10조, 제13조). 또한 사업자가 약관으로 무능력자의 취소권을 박탈하는 내용을 규정하고 이에 무능력자가 동의하였다고 하여도 무능력자 또는 대리인은 당해 전자상거래를 취소할 수 있다. 전자상거래소비자보호법에서는 사업자가 미성년자와 계약을 체결하는 경우에 법정대리인의 동의를 얻도록 하고 있으며, 법정대리인의 동의를 얻지 못한 경우에 미성년자 또는 법정대리인이 계약을 취소할 수 있다는 내용을 고지하도록 하고 있다(동법 제13조 제3항). 이는 계약법상의 행위무능력자의 권리를 재차 확인하는 규정이라고 할 수 있으며, 계약체결과정에서 행위무능력자의 권리를 통지하도록 하여 행위무능력자인 소비자의 보호에 만전을 기하고 있다. 행위무능력자와 관련하여 문제가 되는 경우는 무능력자에게 단순히 행위능력자 여부를 묻는 쇼핑몰의 화면에 능력자로 표시하였을 때 이를 무능력자의 사술로 인정하여 취소권을 배제할 것인가 여부이며, 이는 무능력자가 행한 사술의 의미에 대한 문제이기도 하다.

---

117) 정현수, "전자계약의 법리에 관한 연구," 석사학위논문, 동국대학교, 1998, 57~58면.

118) 이러한 점은 무능력자의 법률행위를 취소한 경우에 선의의 제3자 보호규정을 두고 있지 않으며, 그 반환범위에 있어서도 무능력자의 선의, 악의를 불문하고 현존이익에 한하여 반환하도록 하는 규정에서 잘 나타나고 있다(민법 제141조 후단).

119) 김은기 · 이정득, 「전자상거래에 관한 입법의 보완」, 국회사무처 법제실, 2000 · 10, 99~100면.

(1) 부 정 설

무능력자의 취소권을 배제하는 민법 제17조에서 사술의 의미는 적극적인 수단을 행사하여 상대방이 능력자로 믿게 한 경우를 말하므로 단순히 성년이라고 표시한 정도는 동 규정에서 말하는 사술에 포함되지 않기 때문에 무능력자의 취소권은 배제되지 않는다고 주장한다.[120] 판례도 부정설의 입장에서 "무능력자가 사술로써 능력자로 믿게 한 때에 있어서의 사술을 쓴 것이라 함은 적극적으로 사기수단을 쓴 것을 말하는 것이고 단순히 자기가 능력자라 사언함은 사술을 쓴 것이라고 할 수 없다"고 판시하였다.[121]

(2) 긍 정 설

사술이라는 개념은 적극적으로 부정한 기망수단을 쓰는 경우는 물론이며, 타인을 오신케 할 목적으로 일반인이 오신할 수 있는 방법을 행하여 상대방의 오신을 유발하거나 오신을 강하게 하는 것도 이에 포함된다.[122] 따라서 침묵도 제반사정에 따라 사술의 범주에 포함될 수 있다.[123] 또한 사업자가 컴퓨터 모니터의 화면에 명시적으로 소비자의 미성년자인지의 여부나 법정대리인의 동의 여부에 대한 사항을 입력하도록 하고 허위의 사실을 입력한 경우에는 사술을 쓴 것으로 인정하여야 한다. 따라서 무능력자가 능력자라고 표시한 것도 사술에 포함되므로 민법 제17조에 의하여 취소권을 행사할 수 없다고 주장한다.[124]

(3) 소 결

무능력자가 상대방에게 사술을 행하여 능력자로 믿게 하거나 대리인의 동의가 있는 것으로 믿게 한 경우에 당해 무능력자를 보호할 필요성이 없으며, 상대방이 처음에 예상한 것과 동일한 효과를 발생하게 하여 거래의 안전을 도모하고자 무능력자의 취소권을 배제하고 있다(민법 제17조).[125] 이는 우리 민법의

---

120) 방순원, 「신민법총칙」, 한일문화사, 1959, 67면.

121) 대판 1971.12.14, 71다2045.

122) 곽윤직, 앞의 민법총칙, 104면; 이영준, 앞의 책, 816~817면; 고상용, 「민법총칙」, 법문사, 1990, 138면; 장경학, 「민법총칙」, 법문사, 1988, 231면; 김용한, 앞의 책, 123~124면.

123) 谷口知平・石田喜久夫 編, 「註釋民法(1) 總則(1)」, 東京; 有斐閣, 1993, 240~241면.

124) 최창열, 앞의 글, 756면.

기본원리인 무능력자보호제도를 예외적으로 배제하고 있으며, 이 예외규정을 확대하여 적용할 경우에는 무능력자보호제도가 유명무실하게 될 위험이 있다. 따라서 민법 제17조에 의하여 무능력자의 취소권이 배제되는 경우에 있어서 사술의 의미는 부정설과 마찬가지로 적극적인 사술을 사용한 경우에만 배제된다고 하여야 할 것이다. 이러한 점은 전자상거래에도 동일하게 적용되어야 한다. 특히 비대면거래의 특성으로 인하여 체결 당시에 상대방의 신원을 정확하게 파악할 수 없기 때문에, 단순히 행위능력자 여부만을 묻는 화면에 행위능력자로 표시한 것 자체만으로 무능력자의 사술에 해당한다고 인정한다면 전자상거래의 분야에서 무능력자의 취소권은 유명무실하게 된다. 그러므로 사업자는 무능력자 여부를 파악하기 위한 기술적 장치를 마련하여 무능력자일 경우에는 법정대리인의 동의를 얻어서 또는 대리에 의하여 전자상거래를 체결하여야 할 것이며[126], 단순히 능력자 여부를 묻는 화면에 능력자로 표시한 경우에는 소극적 사술에 해당하여 무능력자의 취소권은 배제되지 않을 것이다.[127] 하지만 사업자가 행위무능력자여부를 파악하기 위하여 확인시스템을 갖추었음에도 불구하고 미성년자 등이 허위의 사실을 기재하여 성년자로서 전자상거래를 체결한 경우에는 적극적 사술에 해당하여 당해 계약을 취소할 수 없다.[128]

5. 전자문서의 효력제한

전자문서는 종이문서와 동일한 법적 효력을 갖지만, 전자상거래에 있어서 사업자가 전자문서를 사용하여 전자문서상 권리를 주장하기 위하여는 이에 관한 소비자의 동의가 있어야 한다. 따라서 소비자의 동의를 얻은 경우에 사업자는 계약에 관한 사항을 소비자에게 전자문서로써 고지할 수 있다. 하지만 지정된 주소로 전자문서가 송신되지 않은 경우에 사업자는 전자문서에 의한 권리를 주장할 수 없다(동법 제5조 제1항 본문). 다만, 긴급하게 연락할 필요성이 있고 전

125) 곽윤직, 앞의 민법총칙, 104면.

126) 구재군, 앞의 전자거래에 있어서 계약의 성립에 관한 법적 검토, 289면.

127) 한재철, 앞의 학위논문, 84면.

128) 백형기・최창렬, 앞의 책, 132～133면; 류승훈, "Internet산업의 발달과 그로 인한 사법상의 제 문제,"「외법논집」제12집, 한국외국어대학교, 2002・8, 163면.

자우편 외에 다른 수단을 활용할 수 없는 경우, 소비자도 이미 전자문서로 거래할 것을 예정하고 있는 경우, 소비자가 전자문서를 출력한 경우, 소비자와 특정한 전자우편주소로 2회 이상 거래한 경우에 그 전자우편주소로 전자문서를 송신한 경우, 소비자의 이익에 반하지 아니하고 당해 소비자도 해당 전자문서의 효력을 부인하지 아니하는 경우에는 약정하지 아니한 주소로 송부된 전자문서에 의한 권리를 주장할 수 있다(동법 제5조 제1항 단서). 사업자가 송신한 전자문서의 효력에 관한 사항을 규정하고 있는 동 조항은 수신이 아닌 송신을 기준으로 하고 있다. 이는 의사표시의 효력발생시기에 관한 원칙인 도달주의를 부정하는 것이며, 인용하고 있는 전자거래기본법 제6조 제2항 제2호 역시 전자문서의 송신시기에 관한 것이 아니라 수신시기에 관한 것이다. 따라서 동 조항은 소비자가 지정하지 않은 주소로 사업자가 전자문서를 송신할 수 있는 경우와 소비자가 지정한 주소로 수신되지 않은 경우로 세분하여 규정하여야 할 것이다. 즉, '소비자가 지정한 주소로 전자문서가 수신되지 않은 경우에 사업자는 전자문서상의 권리를 주장할 수 없지만, 긴급한 경우·소비자가 전자문서를 출력한 경우·소비자와 특정한 전자우편주소로 2회 이상 거래한 경우에 그 전자우편주소로 전자문서가 수신된 경우·소비자의 이익에 반하지 아니하고 당해 소비자도 해당 전자문서의 효력을 부인하지 아니하는 경우에는 그 주소로 수신된 전자문서의 효력을 사업자는 주장할 수 있다'로 개정되어야 할 것이다.

6. 거래기록의 보존

전자상거래를 통하여 재화 등을 구입한 소비자가 사업자와 분쟁이 발생할 경우에 입증의 문제가 제기된다. 이러한 경우를 비롯하여 소비자가 재화 등을 구입한 내역 등을 통하여 자신의 소비형태를 판단하고 합리적인 소비문화를 스스로 영위할 수 있도록 하기 위하여 전자상거래소비자보호법에서는 사업자에게 표시·광고, 계약내용 및 그 이행 등 거래에 관한 기록에 대한 보존의무를 부과하고 있다(동법 제6조 제1항). 또한 거래기록 등은 개인정보와 함께 소비자가 개인정보의 이용에 관한 동의를 철회하는 경우[129]에도 일정기간 동안 보존하여야 한다(동법 제6

129) 전자상거래를 이용하는 소비자의 개인정보는 소비자가 개인정보의 이용 또는 수집에 대한

조 제2항). 따라서 사업자는 표시·광고에 관한 기록은 6월, 계약 또는 청약철회 등에 관한 기록과 대금결제 및 재화 등의 공급에 관한 기록은 5년, 소비자의 불만 또는 분쟁처리에 관한 기록은 3년 동안 보존하여야 하며, 소비자가 쉽게 거래기록을 열람·보존할 수 있도록 거래가 이루어진 해당 사이버몰에서 거래당사자인 소비자가 거래정보를 열람·확인할 수 있도록 하고, 전자문서의 형태로 정보처리시스템 등에 저장할 수 있도록 하거나 소비자가 희망하는 경우 사업장에 비치된 서류 등 당해 소비자와의 거래관련 서면에 대하여 방문 또는 열람하거나 복사할 수 있도록 하는 방법을 제공하여야 한다(동법 제6조 제3항, 동 시행령 제6조).

Ⅵ. 전자상거래와 착오

1. 조작실수 등의 방지

전자상거래는 비대면거래이며, 사업자가 설치한 계약체결시스템에 소비자가 기입 또는 클릭함으로써 체결된다. 이러한 과정 속에서 표시상의 착오 등으로 자신의 의사와 다른 내용을 기입하거나 클릭할 수 있으며, 최종 입력단계에서 클릭하는 순간에 계약은 체결된다. 이 경우에 소비자는 착오를 이유로 하여 청약을 취소할 수 있으나, 취소하기 위하여는 착오의 요건을 입증하여야 하는 문제가 발생한다. 따라서 소비자가 표시한 구매의사의 정확성여부를 계약체결 전에 확인할 수 있는 장치를 마련하게 된다면 소비자의 착오에 의한 계약체결의 방지로 인하여 소비자피해를 예방할 수 있게 된다. 따라서 사업자는 전자상거래에서 소비자의 조작실수 등으로 인한 의사표시의 착오 등으로 발생하는 피해를 예방할 수 있도록 거래 대금이 부과되는 시점 또는 청약에 앞서 그 내용의 확인 및 정정에 필요한 절차를 마련하여야 한다(동법 제7조).

동의를 철회한 경우에 사업자는 수집한 정보를 지체 없이 파기하여야 한다(정보보호법 제30조 제3항).

2. 착오의 개관

(1) 정 의

법률행위에 있어서 필수적인 요소인 의사표시는 본래 하나가 아니라 내심적 요소인 의사와 이를 외부로 나타내는 표시가 합쳐진 것을 말한다. 따라서 의사표시가 표의자의 의도한 바와 같이 효과를 발생하기 위하여는 양자가 상호 일치하여야 한다. 하지만 표의자가 의사표시를 함에 있어 양자의 상이함을 알지 못한 경우에 본래 의도한 바와 다른 법률효과가 발생하게 된다. 이와 같이 표의자가 의사와 표시가 불일치함을 알지 못하고 한 의사표시를 착오라 하며, 의사와 표시가 불일치하는 비진의 의사표시, 통정허위표시와는 표의자가 이를 알고 하였다는 점에서 차이가 있다.

(2) 유 형

의사와 표시의 불일치를 표의자가 알지 못하는 착오에는 표시상의 착오, 내용상의 착오 및 동기의 착오가 있으며, 이 중 동기의 착오에 대하여는 학설의 대립이 있다.[130)]

① 표시상의 착오

표시행위 자체를 잘못하여 표시하려고 의도한 내용인 의사와 실제 표시된 내용이 불일치하는 경우를 표시상의 착오라 한다. 이러한 표시상의 착오에는 오기·오담과 같이 표의자가 표시과정에서 실수를 한 경우와 표의자가 의사표시를 위하여 사용한 보조자의 실수로 진의와 다른 표시를 한 경우 등이 있다.[131)] 예를 들어, 표의자가 재화의 가격을 96만원으로 표기할 것을 69만원으로 표기한 경우가 이에 해당한다.

② 내용상의 착오

내용상의 착오는 표의자가 표시하는 내용을 잘못 이해하여 의사와 다른 내용

---

130) 민법개정안에서는 동기의 착오에 대하여 "당사자, 물건의 성상 그 밖의 법률행위의 동기에 착오가 있는 때에도 그 착오가 표의자의 의사표시에 거래상 본질적인 사정에 관한 것인 경우에는 제1항을 준용한다"고 명문의 규정을 두고 있다(민법 개정안 제109조 제2항).

131) 이은영, 앞의 민법총칙, 512~513면.

을 표시한 것을 말하며, 예를 들어 홍콩 달러와 미국 달러가 동일한 가치가 있는 것으로 생각하고 미국 100달러로 표시할 것을 홍콩 100달러로 표기한 경우이다. 그렇다면, 사업자가 가격을 잘못 기재한 상품에 대한 광고를 하였을 경우에 표시상의 착오에 해당하는 것인가 아니면 내용상의 착오에 해당하는 것인가의 문제가 발생한다. 먼저, 광고물 등의 오기가 존재하는 경우에 상담원 등에 의하여 체결되는 통신판매에서의 착오는 매수인의 청약에 대하여 상담원 등이 청약의 내용을 오인하여 승낙하기 때문에 내용상의 착오라 할 수 있으나, 사업자가 설치한 시스템에 의하여 체결되는 전자상거래의 경우에 사업자의 착오는 표시·광고시에 존재하는 것이고, 이는 시스템에 의한 승낙까지 유지된다. 따라서 상기의 통신판매와 달리 사이버 몰을 통한 전자상거래에 있어서 표시·광고상 오기에 의하여 체결된 전자상거래는 내용상 착오가 아닌 표시상 착오에 해당한다.

③ 동기의 착오

동기의 착오라 함은 당해 의사표시를 하게 된 동기에 착오가 있는 경우를 말한다. 예를 들어, 생일을 오인하여 생일선물을 구입한 경우이다. 이러한 동기의 착오를 착오로서 인정할 것인가에 대하여 학설은 동기의 표시여부에 따라 대립하고 있다.[132] 즉, 동기의 착오가 일반적인 착오로서 인정되기 위하여 당해 동기가 상대방에게 표시될 것을 요구하는 학설에 따르면, 동기가 상대방에게 표시되지 않은 경우에 착오의 문제는 일어나지 않는다고 한다.[133] 반대

---

132) 이와 달리 동기는 법률행위의 내용이 되지 않기 때문에 동기가 표시되었다고 하더라도 이에 관한 착오는 취소사유가 되지 않지만, 동기가 상대방에 의하여 유발된 경우에는 신의칙상 취소권을 인정하는 것이 타당하다는 견해도 있다(김증한·김학동, 앞의 책, 343면; 송덕수, "착오론의 체계와 법률효과의 착오," 「민사법학」 제9·10호, 한국민사법학회, 1993, 109~110면).

133) 곽윤직, 앞의 민법총칙, 239면; 지원림, 앞의 책, 192면; 이병준, 「민법사례연습」, 세창출판사, 2004, 124면. 동기의 착오에 관하여 판례는 "동기의 착오가 법률행위의 내용의 중요부분의 착오에 해당함을 이유로 표의자가 법률행위를 취소하려면 그 동기를 당해 의사표시의 내용으로 삼을 것을 상대방에게 표시하고 의사표시의 해석상 법률행위의 내용으로 되어 있다고 인정되면 충분하고 당사자들 사이에 별도로 그 동기를 의사표시의 내용으로 삼기로 하는 합의까지 이루어질 필요는 없지만, 그 법률행위의 내용의 착오는 보통 일반인이 표의자의 입장에 섰더라면 그와 같은 의사표시를 하지 아니하였으리라고 여겨질 정도로 그 착

의 학설에 따르면, 동기의 표시유무를 불문하고 동기의 착오가 존재하는 경우에 표시상의 착오 또는 내용상의 착오와 동일하게 민법 제109조의 적용을 주장한다.[134] 이와 달리 동기의 착오를 동기가 법률행위의 내용인가의 여부에 따라서 해결하는 견해도 있다. 즉, 동기가 법률행위의 내용으로 된 경우와 되지 않는 경우로 구분하여 전자의 경우에는 동기의 표시 여부와 관계없이 법률행위 내용의 착오로 인정한다. 하지만 후자의 경우에는 동기의 착오를 통상의 착오와 동일하게 취급하는 것은 현행 민법의 해석으로는 무리이지만, 동기의 착오 중 거래에 있어서 중요한 사람 또는 물건의 성질에 관한 착오 및 이에 준하는 착오는 표시상의 착오 또는 내용상의 착오와 동등한 가치를 가진다고 한다.[135] 또한 동기의 착오는 착오로서 인정되지 않기 때문에 동기의 진실성에 대한 위험은 본인이 부담하여야 하며, 상대방에게 위험을 전가하려면 당사자의 합의에 의하여 동기를 조건으로 만들어 법률행위의 내용으로 높여야 한다고 주장한다.[136] 이러한 동기의 착오에 관한 학설의 대립은 착오에 관한 정의에서부터 시작한다. 즉, 동기표시설에 따르면 착오는 표시로부터 추측·판단되는 의사와 진의가 일치하지 않은 의사표시라고 하지만, 동기불표시설은 표의자가 의사표시에 이르는 과정 또는 의사표시 자체에 있어서 스스로 모르고 사실과 일치되지 않은 인식 또는 판단을 하고 이에 의거하여 의사표시를 한 경우라고 한다. 하지만 동기의 착오는 내심의 효과의사인 진의를 결정하는 동기에서 착오가 발생한 것이기 때문에 이러한 것을 배제하는 동기표시설에 의할 경우에 동기의 착오는 인정되지 못한다.[137] 또한 진의는 착오가 없었다면 가졌을 본연의 의사를 말하기 때문에 착오에 의하여 형성된 의사가 진의라고 할 수 없다. 따라서 동기의 착오 역시 동기의 표시 여부와 관계없이 일반적인 착오와 동일하게 인정하여야 할 것이다. 즉, 동기가 법률행위의 내용으로 된

오가 중요한 부분에 관한 것이어야 한다"고 판시하였다(대판 2000.5.12, 2000다12259; 대판 1998.2.10, 97다44737; 대판 1997.9.30, 97다26210; 대판 1995.11.21, 95다5516 등).

134) 이은영, 앞의 민법총칙, 519면. 장경학, 앞의 책, 476～477면; 김형배, 「민법학연구」, 박영사, 1986, 92～109면.

135) 이영준, 앞의 책, 347～348면.

136) 송덕수, 「민법강의(상)」, 박영사, 2004, 165～166면. 다만, 증여에 있어서는 동기의 표시를 묻지 않고 민법 제109조의 요건에 따라 취소할 수 있다고 한다.

137) 곽윤직, 앞의 민법총칙, 239면.

경우는 민법 제109조 제1항 본문의 적용을 받지만, 동기가 당해 법률행위의 내용으로 되지 못한 경우는 유추적용을 통하여 해결하여야 할 것이다. 이와 같이 동기의 착오를 일반적인 착오와 동일하게 평가하더라도 상대방보호에는 큰 영향을 미치지 않는다. 즉, 동기의 착오를 이유로 하여 표의자가 취소하기 위하여는 동기가 법률행위의 중요부분이어야 하며,[138] 표의자에게 중대한 과실이 없어야 하기 때문이다. 또한 민법개정안에서는 착오를 이유로 의사표시를 취소한 경우에 상대방에게 손해배상청구권까지 인정하고 있다(민법개정안 제109조의2 제1항).[139]

3. 착오에 의한 취소요건

상기의 유형에서 본 바와 같이 표의자가 착오를 이유로 당해 의사표시를 취소하기 위하여는 의사표시의 착오뿐만 아니라 착오한 부분이 당해 법률행위의 중요한 부분이어야 하며, 표의자에게 중대한 과실이 없어야 한다.

(1) 중요부분에 대한 착오

표의자가 착오를 이유로 의사표시를 취소하기 위하여는 법률행위의 중요한 부분에 대한 착오가 존재하여야 한다. 따라서 표의자가 착오에 의한 의사표시를 하였지만 착오된 부분이 사소한 경우에는 취소할 수 없으므로 유효한 법률행위가 된다. 이와 같이 중요한 부분에 대한 착오는 취소할 수 있는가의 여부를 결정하는 기준이 되며, 이에 대한 판단은 주관적인 평가와 객관적인 평가에 의하여 결정하여야 한다. 즉, 표의자가 착오가 없었다면 그러한 의사표시를 하지 않았을 것이 인정되어야 하며, 그 다음에 일반인도 착오가 없었다면 그러한 의사

138) 대판 1989.1.17, 87다카1271; 대판 2000.5.12, 2000다12259.

139) 민법개정안에서는 현행민법과 달리 동기의 착오에 대하여 명문의 규정을 두고 있으나, 다음과 같은 점에서 문제가 제기된다. 즉, 동기의 착오에 거래의 본질적인 사정에 관한 것을 요구하고 있으며, 다시 제1항을 준용한다고 규정하고 있기 때문에 동기의 착오가 성립하기 위하여는 동기가 거래의 본질적인 사정이어야 하고 중요부분에 해당하며, 표의자에게 중대한 과실이 없어야 한다. 따라서 본질적인 사정과 중요부분이라는 이중의 기준을 충족하여야 하지만, 양자는 동일하다고 할 수 있기 때문에 민법개정안 중에서 본질적인 사정이라는 요건을 삭제하는 것이 타당하다.

표시를 하지 않았을 판단되어야 한다.[140] 이러한 이중기준설에 대하여 중요부분에 대한 판단은 법률행위의 여러 사정을 고려하여 객관적으로 하여야 한다는 견해가 있다.[141] 즉, 주관적 기준과 객관적 기준이 상이할 경우에 있어서 이중기준설은 해결방안을 제시하고 있지 않으며, 표의자의 의도는 취소를 주장할 때 나타나기 때문에 이를 중요성의 판단기준으로 할 필요성은 없으며, 착오의 문제는 상대방의 입장에서 취소를 감수하는 것이 타당하는가의 여부를 판단하여야 하기 때문에 이중기준이 아닌 객관적으로 중요부분을 판단하여야 한다고 주장한다. 하지만 주관적 요소와 객관적 요소가 상이할 경우에 중요부분에 대한 해당여부에 대한 판단은 이중기준설에서 이미 해결하고 있다. 즉, 이중기준설에서 판단하는 중요부분은 주관적 판단과 객관적 판단이 일치하여야 하기 때문에 양자가 상이할 경우에는 중요부분이 되지 않는다. 구체적으로 살펴보면, 표의자가 중요부분으로 판단하지 않을 경우는 중요부분이 되지 않으며, 표의자가 중요부분이라고 판단하더라도 일반인이 중요부분이라고 판단하지 않은 경우에 중요부분이 되지 않는다. 또한 착오의 문제는 상대방의 입장에서 취소를 감수하는 것이 타당한가의 여부를 판단하는 것이 주가 아니라 표의자에게 착오에 의한 의사표시의 효력을 귀속시키는 것이 타당한가의 여부가 핵심적이다. 따라서 표의자에게 그 효과귀속이 부당한 경우에 상대방보호 측면에서 이를 어떻게 제한할 것인가의 문제가 발생하며, 그 제한 사유로서 중요부분에 대한 착오를 요구하고 있다. 따라서 중요부분에 대한 해당여부는 이중적 기준설에 의하여 판단하여야 할 것이다.

(2) 중과실의 부존재

상기의 법률행위의 중요부분에 착오가 있다고 하더라도 표의자에게 중대한 과실이 있는 경우에는 취소하지 못한다. 따라서 착오를 이유로 표의자가 의사표

140) 곽윤직, 앞의 민법총칙, 240~241면; 이영준, 앞의 책, 356~357면; 지원림, 앞의 책, 196면; 송덕수, 앞의 책, 168면. 판례 역시 이중적 기준설의 입장에서 "법률행위의 중요부분의 착오라 함은 표의자가 그러한 착오가 없었더라면 그 의사표시를 하지 않았을 것이라고 생각될 정도로 중요한 것이어야 하고 보통 일반인도 표의자의 처지에 섰더라면 그러한 의사표시를 하지 않았으리라고 생각될 정도로 중요한 것이어야 한다"고 판시하였다(대판 1996.3.26, 93다55487).

141) 이은영, 앞의 민법총칙, 521면.

시를 취소하기 위하여는 중대한 과실이 없어야 한다. 중대한 과실이라 함은 표의자의 직업, 행위의 종류, 목적 등에 비추어 보통 요구되는 주의를 지나치게 결여한 것을 말한다.[142] 표의자가 착오에 의한 의사표시를 함에 있어 중대한 과실이 있었는가에 대한 판단은 획일적인 기준에 의하여 결정하는 것이 아니라 구체적인 사정을 고려하여 결정하여야 한다. 이러한 중대한 과실에 대한 입증책임은 상대방에게 있으므로 표의자의 취소권을 부정하기 위하여는 중대한 과실이 있었다는 것을 증명하여야 한다.[143] 하지만 표의자의 중대한 과실이 상대방에 의하여 발생하거나 상대방이 이를 인식하고 이용한 경우에는 신의성실의 원칙에 의하여 표의자에게 취소권을 인정하여야 할 것이다.[144]

4. 취소의 효과

(1) 취소권의 행사기간

중대한 과실 없이 법률행위의 중요부분에 대하여 착오가 있는 경우에 표의자는 의사표시를 취소할 수 있다(민법 제109조 제1항).[145] 취소권은 추인할 수 있는 날, 즉 착오에서 벗어날 때로부터 3년 이내에 또는 법률행위를 한 날로부터

---

142) 곽윤직, 앞의 민법총칙, 241면; 이영준, 앞의 책, 362면; 대판 2003.4.11, 2002다70884; 대판 2000.5.12, 2000다12259.

143) 이영준, 앞의 책, 364면; 이은영, 앞의 민법총칙, 524면.

144) 이영준, 앞의 책, 363~364면; 이은영, 앞의 민법총칙, 524면.

145) 일본 민법에서는 착오의 효과를 우리와 달리 무효라고 규정하고 있지만, 표의자에게 중대한 과실이 있는 경우에 착오를 이유로 무효를 주장할 수 없도록 규정하고 있다(동법 제95조). 이러한 착오에 관한 일본 민법 제95조 역시 전자상거래에도 적용되지만 소비자에게 중대한 과실이 있는 경우에 무효를 주장할 수 없는 문제가 제기되기 때문에 '전자소비자계약 및 전자승낙통지에 관한 민법의 특례에 관한 법률'을 제정하였다. 따라서 민법과 달리 동법에서는 사이버 몰을 통한 전자상거래의 경우에 소비자가 청약을 하기 전에 이를 확인하고 정정할 수 있는 화면을 사업자가 제공하지 않았다면 소비자는 중대한 과실이 있을 경우에도 착오로써 무효를 주장할 수 있도록 규정하고 있다(동법 제3조; 河野太志, "電子消費者契約及び電子承諾通知に關する民法の特例に關する法律の概要," 「NBL」 No.718, 商事法務硏究會, 2001・8, 29~30면; 山本 豊, 앞의 글, 78~79면). 미국법에서는 착오의 효과를 우리 민법과 동일하게 취소할 수 있도록 하고 있으나, 미래의 시장가격 또는 목적물의 품질에 관한 착오는 평가의 착오이며, 이를 이유로 계약을 취소하지 못한다(Roger Leroy Miller, Gaylord A. Jentz, Law for E-Commerce, West legal Studies in Business, 2002, pp.152~153).

10년 이내에 행사하여야 한다(민법 제146조). 다만, 취소권의 행사기간 내라 할지라도 취소권자가 추인하거나 또는 이의를 유보함이 없이 착오에서 벗어난 후 일정한 행위[146]를 경우에는 취소권을 포기한 것으로 간주되기 때문에 취소권을 행사할 수 없다(민법 제143조 제1항, 제145조).

(2) 행사의 효과

표의자가 착오를 이유로 취소권을 행사한 경우에 당해 법률행위는 소급하여 무효가 된다(민법 제141조 본문). 따라서 당사자에게 처음부터 아무런 권리와 의무가 발생하지 않은 것으로 되기 때문에 아직 이행 전이라면 이행할 필요가 없지만, 이행을 받은 경우에는 상대방의 급부를 취득할 법률상 원인이 소멸하였기 때문에 반환하여야 한다. 이 경우에 반환의 범위는 부당이득반환의 원칙에 따라 이득자가 선의인 경우에 현존이익의 범위 내에서만 반환의무를 부담하며, 악의인 경우에는 원본에 이자를 붙여 반환하여야 하며 손해가 있는 경우에 배상하여야 한다(민법 제748조). 이러한 취소권의 행사에 따른 법률관계는 취소할 수 있는 법률행위에 기초한 제3자가 존재할 경우에 선의의 제3자 보호, 즉 거래의 안전이 문제된다. 특히, 등기의 공신력을 부여하지 않는 현행 법제에서 등기부를 신뢰하여 권리를 취득한 선의의 제3자는 취소권의 행사로 인하여 권리를 상실당하게 된다.[147] 따라서 선의의 제3자를 보호하여 거래의 안전을 도모하고자 취소의 효과에 제한을 두어 의사표시의 취소는 선의의 제3자에게 대항하지 못하도록 하고 있다(민법 제109조 제2항). 여기에서 선의의 제3자라 함은 착오에 의한 의사표시임을 알지 못하는 자로서 착오에 의한 법률행위를 기초로 하여 새로운 이해관계를 맺은 자를 말한다. 따라서 착오에 의한 매매계약의 매수인으로부터 목적부동산을 양수한 자, 매수인으로부터 저당권을 설정받은 자, 대금채권의 양수인, 양수인에 대한 압류채권자 등이 선의일 경우에 선의의 제3자에

146) 취소권자가 명시적으로 추인하지 않았음에도 불구하고 일정한 사유가 있으면 이를 추인한 것으로 보는 제도가 바로 법정추인제도이며, 이에는 전부 또는 일부의 이행, 이행의 청구, 경개, 담보의 제공, 취소할 수 있는 법률행위로 취득한 권리의 전부나 일부의 양도, 강제집행이 있다(민법 제145조 각호).

147) 목적물이 동산일 경우에 민법에서는 점유에 공신력을 인정하여 무권리자로부터 권리를 양수한 자를 보호하는 선의취득을 규정하고 있다(민법 제249조).

포함되지만, 착오에 의한 채권양도에 있어서 채무자는 독립한 이익을 갖는 자가 아니기 때문에 제3자에 포함되지 않는다.[148)]

(3) 취소와 손해배상청구권

표의자가 착오를 이유로 취소한 경우에 상대방에게 손해배상청구권이 인정되는가에 대하여 학설은 긍정설과 부정설로 대립하고 있다. 긍정설[149)]은 상대방이 취소로 인하여 예견하지 못한 손해를 입었기 때문에 배상이 필요하며, 그 손해는 전적으로 표의자에 의하여 야기된 것이므로 표의자가 부담하여야 한다. 또한 민법 제535조의 취지는 계약체결행위를 신뢰한 상대방이 뜻밖의 계약좌절로 말미암아 손해를 입은 경우에 그것을 전보시켜 주는 것에 있으며, 원시적 불능계약과 착오취소는 상대방보호의 필요성이 유사하므로 민법 제535조를 착오취소의 경우에 유추적용하는 것이 바람직하다고 한다.[150)] 이와 달리 부정설[151)]은 표의자와 상대방의 이익조절의 구체적인 내용은 법률정책의 문제이며, 우리 민법은 독일 민법과 달리 착오에 의한 취소에 있어서 손해배상책임을 인정하고 있지 않다. 또한 민법제정과정에서 표의자에게 경과실이 있는

148) 곽윤직, 앞의 민법총칙, 235～236면.

149) 곽윤직, 앞의 채권각론, 58면; 이은영, 앞의 민법총칙, 533～534면; 이영준, 앞의 책, 374～376면.

150) 표의자의 손해배상책임을 긍정하면서 전자상거래분야에서 착오자의 상대방을 보호하기 위하여 착오에 의한 취소를 제한하는 것이 바람직하다는 견해도 있다(오병철, 앞의 책, 262～263면). 즉, 표의자가 위험을 의식적으로 인수하면서 표시를 행하였고 후에 이 위험이 현실로 나타나는 경우인 모험적인 행위에 있어서는 착오의 주관적 현저성이 결여되므로 행위내용의 중요부분의 착오라고 할 수 없거나 동기의 착오로 될 것이므로 착오를 이유로 한 취소를 할 수 없다고 한다. 하지만 상기의 주장에서 말하는 모험적인 행위는 착오의 범주에 해당하지 않는다. 즉, 착오는 표의자가 의사와 표시의 불일치를 알지 못하고 의사표시를 하는 것이지만, 모험적인 행위는 설령 의사와 표시가 불일치하더라도 그에 따른 위험을 표의자가 감내하면서 의사표시를 하였기 때문에 착오에 속하지 않으며, 이는 착오에 의한 취소권의 제한이 아니라 착오의 범주에 속하지 않는다고 보아야 한다.

151) 김증한・김학동, 앞의 책, 351면; 大久保憲, "錯誤者の過失-サヴィニー, イエリング,"「ベール-現代私法學の形成と現代法理論-原島重義 編」, 九州大學出版會, 1996, 282～283면. 민법의 해석상 착오자의 신뢰이익배상책임을 인정하는 것은 무리이지만 자기 책임의 원칙에 따라 신뢰이익에 대한 배상책임을 인정하는 것이 바람직하기 때문에 입법론적으로 해결하여야 한다는 견해도 있다(지원림, 앞의 책, 207～208면).

경우에 배상책임을 인정하자는 수정안이 제출되었으나 국회에서 부결되었으며, 이는 법률이 표의자의 손해배상의무를 부인하는 의사를 간접적으로 나타내는 것이라고 한다.

민법에서는 표의자가 착오를 이유로 법률행위를 취소한 경우에 독일 민법과 달리 명문으로 손해배상책임을 규정하고 있지 않다. 이로 인하여 학설은 대립하고 있지만, 착오에 의한 취소의 경우에 착오는 표의자의 귀책사유에 의한 것임에도 불구하고 그로 인한 손해를 상대방이 부담하도록 하는 것은 손해배상책임의 원칙에도 합치하지 않다. 따라서 착오의 경우에 표의자에게 취소권을 인정하면서 취소권의 행사로 인하여 발생하는 손해에 대하여는 표의자가 손해배상책임을 부담하는 것이 양자의 이해관계를 조절하는 것이므로 표의자의 손해배상책임을 인정하는 것이 타당할 것이다.[152] 다만, 착오자가 소비자인 경우에는 착오를 이유로 하여 취소권을 행사하더라도 손해배상책임을 부담하지 않는다고 할 것이다. 즉, 소비자가 착오에 의하여 전자상거래를 체결하였다면, 민법상 착오에 의한 취소권을 행사하거나 전자상거래소비자보호법상 청약철회권을 행사하여 당해 전자상거래에서 벗어날 수 있다. 착오로 인한 취소에 대하여 소비자에게도 손해배상책임을 인정한다면, 소비자가 민법상 착오를 이유로 취소한 경우에 손해배상책임을 부담하지만, 전자상거래소비자보호법상 청약철회권을 행사한 경우에는 손해배상책임을 부담하지 않는다(동법 제18조 제9항). 따라서 청약철회권을 알지 못하여 민법상 취소권을 행사한 소비자만 불이익을 받게 되는 것은 부당하므로 착오를 이유로 취소권을 행사한 소비자는 손해배상책임을 부담하지 않는다고 할 것이다. 다만, 청약철회권이 부정되는 전자상거래에 대한 민법상 취소권의 행사의 경우에는 손해배상책임을 부담하여야 한다.

---

152) 민법개정안 제109조의2에서 착오를 이유로 취소한 자에게 신뢰이익의 범위 내에서 손해배상책임을 인정하고 있으나, 상대방이 표의자의 착오를 알았거나 알 수 있었을 경우에는 책임을 인정하고 있지 않다.

Ⅶ. 전자적 대금지급의 신뢰확보

1. 전자적 대금지급에 관한 정보보호의무

전자상거래의 체결 후 소비자는 재화 등에 대한 대금지급의무를 부담한다. 종전에는 직접 대금을 지급하거나 은행창구에서 무통장입금 또는 지로로 대금을 지급하였으나, 현재에는 전자적 수단을 이용한 대금지급방식이 증가하고 있다. 하지만 전자적 수단을 통한 지급방식은 직접 대면하여 당사자의 신원을 확인하지 않기 때문에 전자적 지급수단을 이용할 수 있는 정보가 유출된 경우에 소비자는 막대한 피해를 입게 된다. 따라서 사업자가 대면하여 본인여부를 확인한 경우를 제외하고 전자문서의 형태로 이루어지는 대금결제를 이용하는 경우에 사업자와 전자결제수단 발행자, 전자결제서비스 제공자, 당해 전자결제수단을 통한 전자결제서비스의 이행을 보조하거나 중개하는 자로서 은행법 등 법령의 규정에 의한 금융기관으로서 계좌이체업무를 수행하는 금융기관·여신전문금융업법 제2조 제2의2호의 규정에 의한 신용카드업자, 전자적 매체 또는 정보처리시스템에 화폐가치 또는 그에 상응한 가치를 기록 또는 저장하였다가 재화 등의 구매시 지급하는 결제수단의 발행자·유무선의 전기통신단말기에 의한 결제서비스 사업자, 정보보호법 제2조 제3호의 규정에 의한 정보통신서비스제공자, 전자결제 대행 또는 중개서비스 사업자 등의 전자적 대금지급 관련자는 관련 정보의 보안 유지에 필요한 조치를 취하여야 한다(동법 제8조 제1항, 동 시행령 제8조).

2. 확인 및 통지의무

사업자와 전자결제업자 등은 전자적 대금지급이 이루어지는 경우 소비자가 입력한 정보가 소비자의 진정 의사 표시에 의한 것인지를 확인함에 있어 주의를 다하여야 하며, 전자적 대금지급이 이루어진 경우 전자문서의 송신·전화·모사전송·이동전화단말기 등을 이용하여 소비자에게 신속하게 전자적 대금지급 사실을 통지하고, 매월 일정기일에 이용요금을 고지함에 있어 재화 등을 공급한 사업자별로 거래내역과 이용요금을 표시하는 방법에 따라 소비자에게 그 사실을 통지하고, 언제든지 소비자가 전자적 대금지급과 관련한 자료를 열람할 수 있도록 하여야 한다(동법 제8조 제2항, 제3항, 동 시행규칙 제5조). 즉, 소비자가 청약을 송신하기 전에 착오 여부 등을 확인할 수 있는 절차의 마련의무와 같이 전자적 대금지급이 이루어지기 전에 대금지급에 관하여 입력한 정보의 이상유무를 소비자가 대금지급이 이루어지기 전에 확인할 수 있는 절차를 마련하여야 하며, 대금지급이 이루어진 경우에 이를 즉시 소비자에게 통지하여 확인할 수 있도록 하여야 한다.

3. 전자적 결제수단에 관한 표시 및 보험가입의무

다수의 사이버몰에서 사용되는 결제수단 중 3개 이상의 사이버몰에서 사용되는 결제수단으로서 소비자가 이를 이용한 거래대금의 지급에 앞서 구입・이용에 대한 대가를 지급하는 형식의 결제수단의 발행자는 대표자 성명, 주된 사무소 주소, 전화번호, 전자우편 주소, 자본금 규모 및 자기 자본현황, 소비자피해보상보험계약 등의 체결사실 및 계약의 내용과 그 확인에 필요한 사항, 잔여금의 현금환급과 관련된 사항, 반품시 처리기준 및 현금화와 관련된 사항, 당해 결제수단을 사용할 수 있는 사이버몰 현황, 당해 결제수단 사용상 제한 및 주의사항, 그 밖에 소비자에게 표시 또는 고지를 하지 아니하는 경우 당해 결제수단을 사용하는 소비자에게 피해를 줄 우려가 있는 것으로 인정되는 사항을 소비자에게 고지하여야 한다(동법 제8조 제4항, 동 시행규칙 제6조).

전자결제수단의 사용 등으로 인하여 발생한 손해에 대한 소비자의 배상청구권을 보장하기 위하여 전자결제업자는 보험업법에 의한 보험계약 또는 소비자피해보상금의 지급을 확보하기 위한 금융기관과의 채무지급보증계약을 반드시 체결하여야 하며, 그 계약의 내용은 소비자 피해의 보상이나 결제수단 발행자의 신뢰성 확보에 적절한 수준이어야 한다(동법 제24조 제1항 단서, 제2항). 또한 소비자피해보상보험계약 등을 체결한 사업자는 그 사실을 나타내는 표지를 사용할 수 있으며, 체결하지 않은 사업자가 동 표지를 사용하거나 이와 유사한 표지를 제작 또는 사용하는 것은 금지된다(동법 제24조 제5항, 제6항). 이러한 소비자피해보상보험계약 등을 체결한 결제수단 발행자의 행위로 인하여 보험금지급사유가 발생한 경우에 지체 없이 이를 지급하여야 하며, 지연시 지연배상금을 지급하여야 한다(동법 제24조 제3항).

Ⅷ. 분쟁해결을 위한 협조의무

1. 전자결제업자 등의 협력

소비자가 재화 등의 대금을 전자적 방식으로 지급한 경우에 있어 대금지급과 관련하여 양 당사자간 분쟁이 발생한 경우에 이에 관한 증명이 용이하지 않다. 따라서 대금지급과 관련한 분쟁의 조속한 해결을 위하여 전자결제업자 등은 대금지급 관련 정보의 열람을 허용함과 더불어 사업자나 소비자가 분쟁발생 사실을 소명하여 요청하는 경우에 분쟁해결에 필요한 범위 내에서 분쟁의 원인이 된 대금지급과 관련된 정보의 열람·복사를 허용 또는 분쟁의 원인이 된 대금지급에 대한 전자결제업자 등의 보안유지 조치관련 정보의 열람·복사를 허용하여 당해 분쟁의 해결에 협조하여야 한다(동법 제8조 제5항, 동 시행령 제10조).

2. 배송업자의 협력

전자상거래로 재화 등에 관한 계약을 체결한 경우에 재화 등의 인도는 사업자에 의하여 직접적으로 이행되지 않고 배송업자 등을 통하여 이루어진다. 따라서 재화 등의 배송과 관련하여 사업자와 소비자 간 분쟁이 발생한 경우에 분쟁해결을 위하여 배송업자 등의 협력은 필수적이라 할 수 있다. 따라서 재화 등의 배송 등과 관련하여 분쟁이 발생하여 조속한 해결을 위하여 소비자가 분쟁의 발생사실을 소명하여 요청하는 경우에 배송업자 등은 분쟁해결에 필요한 범위 내에서 배송관련 기록의 열람제공과 사고 또는 장애관련 사실의 확인을 위한 기록의 열람에 대하여 지체 없이 협조하여야 한다(동법 제9조, 동 시행령 제11조).

IX. 금지행위

전자상거래소비자보호법에서는 건전한 거래질서확립 및 소비자보호를 위하여 전자상거래를 영위하는 사업자에게 일정한 행위를 금지하고 있으며, 공정거래위원회는 전자상거래소비자보호법 위반행위의 방지 및 소비자피해의 예방을 위하여 통신판매업자가 준수해야 할 기준을 정하여 고시할 수 있다(동법 제21조 제1항, 제2항). 이러한 행위로는 허위 또는 과장된 사실을 알리거나 기만적 방법을 사용하여 소비자를 유인 또는 거래하거나 청약철회 등 또는 계약의 해지를 방해하는 행위, 청약철회 등을 방해할 목적으로 주소·전화번호·인터넷도메인 이름 등을 변경 또는 폐지하는 행위, 분쟁이나 불만처리에 필요한 인력 또는 설비의 부족을 상당기간 방치하여 소비자에게 피해를 주는 행위, 소비자의 청약이 없음에도 불구하고 일방적으로 재화 등을 공급하고 그 대금을 청구하는 행위, 소비자가 재화를 구매하거나 용역을 제공받을 의사가 없음을 밝혔음에도 불구하고 전화, 모사전송, 컴퓨터통신 등을 통하여 재화를 구매하거나 용역을 제공받도록 강요하는 행위, 재화 등의 배송 등 소비자와의 계약의 이행에 불가피한 경우[153]·재화 등의 거래에 따른 대금정산을 위하여 필요한 경우·도용방지를 위하여 본인확인에 필요한 경우[154]·법률의 규정 또는 법률에 의하여 필요한 불가피한 사유가 있는 경우를 제외하고 본인의 허락을 받지 아니하거나 허락 받은 범위를 넘어 소비자에 관한 정보를 이용하는 행위가 있다.

---

153) 재화 등의 배송 또는 전송을 업으로 하는 자로서 당해 배송 또는 전송을 위탁받은 자에게 제공하는 경우와 재화 등의 설치, 사후 서비스 그 밖에 약정한 서비스의 제공을 업으로 하는 자로서 당해 서비스의 제공을 위탁받은 자에게 제공하는 경우가 이에 해당한다(전자상거래소비자보호법 시행령 제26조).

154) 소비자의 신원 및 실명여부나 본인의 진의여부의 확인을 위하여 전기통신사업법 제4조 제3항 제1호의 규정에 의한 기간통신사업자에 해당하는 자, 신용정보의 이용 및 보호에 관한 법률 제2조 제4호의 규정에 의한 신용정보업자, 당해 거래에 따른 대금결제와 직접 관련된 전자결제업자 등, 법령 또는 법령의 규정에 의한 인·허가에 의하여 도용방지를 위한 실명확인을 업으로 하는 자에게 제공하는 경우와 미성년자와의 거래에 있어 법정대리인의 동의여부를 확인하기 위하여 이용하는 경우가 이에 해당한다(전자상거래소비자보호법 제27조).

제6장

통신판매와 소비자보호

Ⅰ. 통신판매의 정의

통신판매라 함은 우편·전기통신·광고물·광고시설물·전단지·방송·신문 및 잡지 등을 이용하는 방법과 판매자와 직접 대면하지 아니하고 우편환·우편대체·지로 및 계좌이체 등을 이용하는 방법에 따라 재화 등의 판매에 관한 정보를 제공하고 소비자의 청약에 의하여 재화 등을 판매하는 것을 말한다(동법 제2조 제2호 본문, 동 시행규칙 제2조). 따라서 전화권유판매 역시 전기통신을 이용하여 재화 등을 거래한다는 점에서 통신판매에 속하지만 방문의 수단을 전화로 한다는 점에서 전자상거래소비자보호법이 아닌 방문판매법에서 규율하고 있다(동법 제2조 제2호 단서).

Ⅱ. 적용범위 및 다른 법률과의 관계

1. 적용대상의 통신판매

전자상거래소비자보호법은 소비자가 재화 등을 사업자로부터 구입한 경우에 있어서 소비자를 보호하기 위하여 제정되었기 때문에 사업자와 소비자 간 거래에만 적용되는 것이 원칙이다(동법 제3조 제1항 본문). 다만, 사업자라 할지라도 사실상 소비자와 동일한 지위에서 다른 소비자와 같은 거래조건으로 거래하는 경우에는 전자상거래소비자보호법의 적용대상이 된다(동법 제3조 제1항 단서). 즉, 이러한 자는 형식상 사업자라 할지라도 실질적으로는 소비자로 인정되기 때문에 다른 사업자와의 통신판매에 대하여 전자상거래소비자보호법의 적용을 받게 된다. 또한 개인 간의 통신판매인 경우에 원칙적으로 전자상거래소비자보호법은 적용되지 않지만 통신판매중개자를 통한 통신판매의 경우에는 예외적으로 적용대상이 된다.

2. 전자상거래소비자보호법의 적용이 일부 배제되는 통신판매

(1) 계약서 또는 공급서 송부의무의 면제

사업자는 소비자와 통신판매를 체결하기 전에 재화 등에 대한 정보와 거래조건 등에 관한 정보를 소비자에게 서면으로 제공하여야 한다. 이러한 서면교부의무는 소비자가 청약여부를 결정함에 있어 중요한 판단자료가 되며, 추후 분쟁이 발생한 경우에 입증자료로서 이용되기 때문에 매우 중요하다고 할 수 있다. 하지만 이러한 서면교부의무는 소비자가 사전에 숙지된 약관 또는 정형화된 거래방법에 따라 수시 거래하는 경우로서 재화 등에 관한 정보와 거래조건에 관한 사항을 관한 서면교부가 곤란한 거래에 대하여는 적용되지 않으며(동법 제3조 제2항 제1호), 이 경우에 사업자는 계약체결 전에 미리 재화 등의 제공자의 성명·연락처 및 재화 등의 내용·이용요금 등을 제공하고, 거래 후에 거래대금의 결제내역을 통보하여야 한다(동 시행규칙 제4조). 또한 민법과 방문판매법을 제외한 다른 법률에 이 법의 규정과 다른 방법에 의한 계약서 교부의무 등이 규정되어 있는 거래에 대하여는 전자상거래소비자보호법의 규정이 아닌 법률의 규정[155]에 따른 서면을 교부하여야 한다(동법 제3조 제2항 제2호).

(2) 통신판매중개업자에 대한 적용배제

통신판매는 사업자에게 저렴한 비용으로 시장을 진입할 수 있는 가능성을 부

155) 대표적으로 할부거래법에서는 사업자와 소비자가 할부거래를 체결한 경우에 지체 없이 사업자의 신원, 재화 등에 대한 정보 및 거래조건에 관한 사항을 기재한 계약서 1통의 교부의무를 사업자에게 부여하고 있다(할부거래법 제4조 제3항).

여하고 있다. 하지만 통신판매를 행하는 모든 사업자가 성공한 것은 아니다. 즉, 사업자가 현실공간에서 소비자의 인지도 등이 갖추지 못한 경우에 통신판매를 통한 성공가능성은 낮다. 따라서 소비자의 인지도를 가지지 못한 또는 통신판매업을 처음 시작하는 사업자가 통신판매를 이용하여 재화 등을 소비자에게 판매하거나 판매량을 증대시키는 방법 중의 하나가 시장에서 인지도를 가지고 있는 통신판매중개업자를 통하여 자신의 재화를 판매하는 방식이다. 이와 같이 재화의 판매를 중개하는 역할을 하는 자를 통신판매중개업자라 한다. 통신판매중개업자에 대하여도 전자상거래소비자보호법은 적용되지만 통신판매업자가 아닌 자 사이의 통신판매를 중개하는 통신판매중개업자에 대하여는 전자상거래소비자보호법 중 제13조 내지 제19조가 적용되지 않는다(동법 제3조 제3항).

(3) 특수한 목적물의 거래에 대한 적용배제

통신판매의 목적물이 특수한 거래의 경우, 즉 증권회사에 의한 유가증권의 거래, 금융기관에 의한 금융상품의 거래 및 일상 생활용품, 음식료 등의 인접지역에의 판매를 위한 거래[156]에 대하여는 사업자의 신고의무, 정보제공의무, 청약확인의무, 재화 등의 공급에 관한 사항, 청약철회권, 손해배상의 제한 및 통신판매중개업자의 책임에 관한 규정(제12조 내지 제20조)이 적용되지 않는다(동법 제3조 제4항).

3. 다른 법률과의 관계

통신판매는 의사표시를 불가결의 요소로 하는 법률행위에 해당하기 때문에 이를 규율하고 있는 민법과 상법 등의 계약법이 적용된다. 또한 재화 등을 구입하는 자는 최종 소비를 목적으로 구입하기 때문에 소비자의 지위를 가지며,

---

156) 일상 생활용품이라는 개념 그 자체가 막연할 뿐만 아니라 통신판매의 발전에 따라 모든 종류의 상품 등에 대한 통신판매가 행하여지고 있는 현실에서 이를 배제할 합리적인 이유는 없으며, 통신판매의 특성상 국제적인 거래가 쉽게 이루어지기 때문에 인접지역에서의 판매를 위한 통신판매인지의 여부를 소비자가 쉽게 파악할 수 없다. 따라서 이러한 재화에 대하여 제12조 내지 제20조 전체의 적용을 배제할 것이 아니라 개별 조항에서 배제여부를 판단하여 규정하는 것이 타당할 것이다.

소비자보호를 목적으로 제정된 각종 소비자보호법의 적용을 받는다. 이러한 민법·상법 및 각종의 소비자보호법과 전자상거래소비자보호법은 어떠한 관계에 있는가? 즉, 소비자의 통신판매에 적용될 법 조항들이 경합하는 경우에 어느 법이 우선하여 적용되는가의 문제로 직결한다. 먼저, 민법·상법과 전자상거래소비자보호법과의 관계는 일반법과 특별법의 관계에 있다고 할 수 있다. 즉, 민법과 상법은 모든 당사자의 재화 등의 거래에 적용되지만 전자상거래소비자보호법은 사업자와 소비자 간의 통신판매에만 적용되기 때문에 민법·상법과 비교하여 특별법의 지위에 있다. 따라서 민법 또는 상법과 경합하는 경우에는 특별법우선의 원칙에 따라 전자상거래소비자보호법이 먼저 적용되며, 전자상거래소비자보호법의 규정이 없는 경우에 보충적으로 일반법인 민법과 상법이 적용된다. 전자상거래소비자보호법과 다른 소비자보호법과의 관계에 있어서는 상호 적용범위가 일치하는 부분과 불일치하는 부분이 있기 때문에 민법·상법과의 관계처럼 특별법과 일반법의 관계로 일률적으로 해결할 수 없다. 따라서 구체적인 상황에서 어느 법을 적용할 것인가의 문제를 해결하여야 하지만 전자상거래소비자보호법에서는 명문으로 이를 해결하고 있다. 즉, 통신판매에서의 소비자보호에 관하여 “이 법과 다른 법률의 규정이 경합하는 경우에는 이 법을 우선 적용하되 다른 법률을 적용하는 것이 소비자에게 유리한 경우에는 그 법을 적용한다”고 규정하여 전자상거래소비자보호법을 우선 적용한다(동법 제4조).[157)]

Ⅲ. 정보제공과 금지되는 청약의 유인

1. 사업자의 표시의무

통신판매를 행하는 사업자의 표시의무는 사업자의 신원에 관한 정보와 재화 등 및 거래조건에 관한 정보로 구분된다.[158)] 사업자의 신원에 관한 정보로서 상

157) 예를 들어, 할부거래법상 청약철회권이 부정되는 재화를 통신판매를 통하여 구입한 경우 소비자는 할부거래법상 청약철회권을 행사할 수 없지만 전자상거래소비자보호법상의 청약철회권을 행사할 수 있다.

158) 전자상거래소비자보호법에서 규정하고 있는 표시사항은 개인사업자와 법인사업자를 구별

호 및 대표자의 성명, 주소・전화번호・전자우편주소・통신판매업 신고번호를 제공하여야 하며, 재화 등과 거래조건에 관한 정보로는 재화 등의 공급자 및 판매자에 관한 사항, 재화 등의 명칭・종류・내용, 가격・지급시기・방법, 재화 등의 공급방법・시기, 청약의 철회 및 계약의 해제의 기한・행사방법・효과・권리행사에 필요한 서식・재화 등의 교환・반품[159]・보증과 그 대금 환급의 조건 및 절차, 전자매체로 공급이 가능한 재화 등의 전송・설치 등과 관련하여 요구되는 기술적 사항, 소비자피해보상, 재화 등에 대한 불만 및 소비자와 사업자간 분쟁처리에 관한 사항, 거래에 관한 약관, 소비자가 구매의 안전을 위하여 원하는 경우에는 재화 등을 공급받을 때까지 제3자에게 그 재화 등의 결제대금을 예치하는 것의 이용을 선택할 수 있다는 사항 또는 통신판매업자의 소비자피해보상보험계약 등의 체결을 선택할 수 있다는 사항, 재화 등의 가격 외에 소비자가 추가로 부담하여야 할 사항이 있는 경우 그 내용 및 금액 및 판매일시・판매지역・판매수량・인도지역 등 판매조건과 관련하여 제한이 있는 경우 그 내용을 제공하여야 한다(동법 제13조, 동 시행령 제20조).[160]

하고 있지 않으며, 현실적인 영업망의 구축하지 않고도 통신판매를 영위할 수 있음에도 불구하고 영업소에 관한 사항을 담고 있어 이를 구분하여 규정할 필요가 있다. 그리고 추가되어야 할 사항으로는 먼저 사업자의 신원에 관한 정보로서는 사이버몰의 등록국가, 온라인마크 사용시 마크 및 마크부여국가와 관할기관, 전자서명사용시 인증기관 및 공인인증여부를 첨가하여야 할 것이며, 거래조건에 있어서는 재화 등의 원산지, 배송지 등이 있다.

159) 전자상거래소비자보호법에서는 소비자가 아무런 부담을 지지 않고 계약관계에서 벗어날 수 있는 반품과 청약철회권에 관한 사항을 소비자에게 제공하도록 하고 있다(전자상거래소비자보호법 제13조 제2항 제5호, 제6호). 하지만 양자의 내용은 상호 중복이므로 양자 모두를 규정할 필요성이 없다고 할 것이다. 즉, 반품제도는 반품이 부정되는 경우를 제외하고 원칙적으로 재화를 반품하여 당해 통신판매관계에서 벗어날 수 있지만 반품이 부정되는 경우에도 역시 청약철회권을 행사하여 당해 통신판매관계에서 벗어날 수 있다. 또한 반품에 따른 비용부담에 대하여 전자상거래소비자보호법에서는 특별한 규정을 두고 있지 않기 때문에 특약에 따라 소비자가 비용을 부담할 수 있지만, 청약철회권제도는 일정한 경우 사업자가 부담하는 것으로 되어 있기에 반품제도의 필요성은 그리 높지 않다.

160) 통신판매는 국내의 거래뿐만 아니라 국제거래 역시 손쉽게 체결될 수 있다. 하지만 모든 국가의 언어가 동일하지 않기 때문에 해외의 소비자가 타국의 언어로 표시된 사항을 정확하게 인식하는 것은 불가능하다. 따라서 해외의 소비자를 대상으로 하는 통신판매에 있어서 사업자는 당해 표시사항에 대하여 소비자국의 언어로 표시하여야 하며, 대금 또는 부대비용 역시 소비자국의 통화로 표시되어야 할 것이다.

2. 금지되는 청약유인행위

사업자는 소비자가 재화 등에 관한 통신판매의 청약을 하기 전에 합리적이고 정확하게 구매의사를 결정할 수 있도록 상기의 사항을 정확하게 제공하여야 하며, 허위 또는 과장된 사실을 알리거나 기만적인 방법을 사용하여 소비자를 유인하여서는 아니 된다. 또한 소비자가 재화를 구매하거나 용역을 제공받을 의사가 없음을 밝혔음에도 불구하고 전화, 모사전송, 컴퓨터통신 등을 통하여 재화를 구매하거나 용역을 제공받도록 강요하는 행위를 하여서는 아니 된다. 청약유인행위는 아니지만, 소비자의 청약이 없음에도 불구하고 재화 등을 공급하여 대금을 청구하는 행위는 소비자에게 통신판매의 체결을 강요하는 행위이기 때문에 역시 금지된다(동법 제21조 제1항 제1호, 제4호, 제5호). 이러한 금지의무를 위반한 경우 공정거래위원회 또는 시・도지사는 당해 행위의 시정을 권고할 수 있으며, 이에 응하지 않은 경우 시정조치[161]를 명할 수 있다. 이러한 시정조치에도 불구하고 위반행위를 지속하거나 시정조치에 응하지 않은 경우 1년 이내의 기간을 정하여 영업의 전부 또는 일부의 정지를 명할 수 있다(동법 제32조 제4항). 또한 당해 행위를 한 사업자에게는 1천만원 이하의 과태료가 부과된다(동법 제45조 제1항 제3호).

Ⅳ. 통신판매계약의 체결

1. 청약의 확인 및 통지의무

통신판매는 비대면거래의 특성으로 인하여 소비자가 사업자와 대면하지 않고 구매의사를 전자문서를 통하여 사업자에게 표시한다. 특히, 소비자의 구매의사를 표시함에 있어 해당 재화 등, 가격 등을 클릭하기 때문에 조작실수로 인하여 자신의 의도와 다른 내용으로 청약을 할 수 있다. 따라서 소비자가 청약을 전송하기 전에 자신의 청약내용에 대한 하자유무를 확인할 수 있는 조치가 필

161) 시정조치에는 당해 위반행위의 중지, 이 법에 규정된 의무의 이행, 시정조치를 받은 사실의 공표, 그 밖의 시정에 필요한 조치가 있다(전자상거래소비자보호법 제32조 제2항).

요하다. 이에 전자상거래소비자보호법에서는 먼저, 사업자에게 소비자의 조작실수 등으로 인하여 의사표시의 착오 등으로 인한 피해를 예방할 수 있도록 거래대금이 부과되는 시점 또는 청약에 앞서 그 내용의 확인 및 정정에 필요한 절차를 마련할 의무를 부과하였다(동법 제7조, 제14조 제2항). 또한 통신판매는 체결의 즉시성으로 인하여 소비자의 청약과 더불어 바로 승낙이 행하여지며, 통신판매는 체결된다. 다만, 예외적인 경우에 소비자가 청약을 하고 승낙을 받은 경우라 할지라도 예외적으로 시스템 또는 네트워크의 오류로 인하여 청약의 부도달 또는 미체결되는 경우도 있다. 이러한 경우를 대비함과 더불어 과다한 청약으로 인한 원시적 불능을 대비하여 사업자는 소비자로부터 재화 등의 거래에 관한 청약을 받은 경우 청약의 수신 확인 및 판매가능 여부에 관한 정보를 신속하게 통지하여야 한다(동법 제14조 제1항).

2. 거래기록의 보존

통신판매를 통하여 재화 등을 구입한 소비자가 사업자와 분쟁이 발생할 경우에 입증의 문제가 제기된다. 이러한 경우를 비롯하여 소비자가 재화 등을 구입한 내역 등을 통하여 자신의 소비형태를 판단하고 합리적인 소비문화를 스스로 영위할 수 있도록 하기 위하여 전자상거래소비자보호법에서는 사업자에게 표시・광고, 계약내용 및 그 이행 등 거래에 관한 기록에 대한 보존의무를 부과하고 있다(동법 제6조 제1항). 또한 거래기록 등은 개인정보와 함께 소비자가 개인정보의 이용에 관한 동의를 철회하는 경우[162]에도 일정기간 동안 보존하여야 한다(동법 제6조 제2항). 따라서 사업자는 표시・광고에 관한 기록은 6월, 계약 또는 청약철회 등에 관한 기록과 대금결제 및 재화 등의 공급에 관한 기록은 5년, 소비자의 불만 또는 분쟁처리에 관한 기록은 3년 동안 보존하여야 하며, 소비자가 쉽게 거래기록을 열람・보존할 수 있도록 거래가 이루어진 해당 사이버몰에서 거래당사자인 소비자가 거래정보를 열람・확인할 수 있도록 하고, 전자문서의 형태로 정보처리시스템 등에 저장할 수 있도록 하거나 소비자가 희망하는

162) 전자상거래를 이용하는 소비자의 개인정보는 소비자가 개인정보의 이용 또는 수집에 대한 동의를 철회한 경우에 사업자는 수집한 정보를 지체 없이 파기하여야 한다(정보보호법 제30조 제3항).

경우 사업장에 비치된 서류 등 당해 소비자와의 거래관련 서면에 대하여 방문 또는 열람하거나 복사할 수 있도록 하는 방법을 제공하여야 한다(동법 제6조 제3항, 동 시행령 제6조).

Ⅴ. 선불식 통신판매에서 결제대금의 보호

1. 결제대금예치제도의 의의 및 필요성

(1) 의 의

전자상거래소비자보호법에서는 결제대금예치제도에 대하여 소비자가 구매의 안전을 위하여 원하는 경우에 재화 등을 공급받을 때까지 제3자에게 그 재화 등의 결제대금을 예치하는 것으로 정의하고 있다(동법 제13조 제2항 제10호). 이러한 정의는 소비자와 결제대금예치업자 간의 법률관계를 중심으로 하여 정의하고 있으나 결제대금예치제도는 소비자와 사업자 및 결제대금예치를 업으로 하는 자(이하에서는 '결제대금예치업자'라 함) 간의 3면관계에 의하여 형성된다. 따라서 결제대금예치제도의 3면관계를 고려할 때, 결제대금예치제도는 다음과 같이 정의할 수 있다. 즉, 선불식 거래에 있어서 사업자와 소비자가 재화 등에 관한 계약을 체결한 후 소비자가 지정된 결제대금예치업자에게 대금을 지급하고, 사업자로부터 재화 등의 공급을 받은 후에 결제대금예치업자가 일정한 수수료를 제외한 금액을 사업자에게 지급하지만, 재화 등의 미인도시 소비자에게 대금을 환급하는 것을 내용으로 하는 제도라고 할 수 있다.[163] 이와 같은 정의는 결제대금예치제도를 법제화한 미국 켈리포니아주의 금융법전(Financial Code) 제6편에서의 정의와 동일하며, 동법에서는 결제대금예치제도에 대하여 "부동산 또는 동산 재산권의 매매・양도・부담 또는 임대차계약의 효력을 발생시키기 위하여 일방이 제공한 서면, 금전, 재산권의 증거 또는 재화를 제3자가 보관하며, 규정된 조건이 성취되거나 특정한 사건이 발생한 이후에 양수인・양도인・피청

163) 결제대금예치제도에 관한 자세한 내용은 졸고, "전자소비자계약에 있어서 결제대금예치제도에 관한 연구," 「정보화정책」 제14권 제2호, 한국정보사회진흥원, 2007・6, 64면 이하 참조.

약자 · 청약자 · 채권자 · 채무자 · 수탁자 · 임치인 또는 대리인 또는 고용인에게 이를 제공하는 것을 내용으로 하는 거래를 의미한다"고 규정하고 있다.[164]

(2) 필 요 성

전자상거래는 사업자와 소비자가 대면하여 재화 등과 구체적인 거래조건에 대하여 협의하여 체결하는 것이 아니라 사업자가 가상공간에 개설한 사이버몰에 소비자가 접속하여 자동화된 계약체결시스템에 따라 클릭 또는 기입함으로써 체결한다. 이러한 점은 신속한 계약의 체결과 시간과 장소의 제약 없이 계약을 체결할 수 있는 장점을 부여하지만, 상대방의 신원 및 재화 등의 내용을 정확하게 파악할 수 없는 단점이 존재한다. 또한 비대면거래의 특성으로 인하여 쌍무계약인 전자상거래에서는 양 채무가 동시이행관계에 있는 것이 아니라 일반적으로 일방이 선이행하고, 상대방은 일방의 급부를 수령한 후에 자신의 의무를 이행한다.[165] 대부분의 사업자와 소비자 간 전자상거래에서 선이행의무를 부담하는 자는 소비자이며, 대금지급시기는 청약 도중 또는 청약 후 일정기간 내이다.[166] 이 경우에 사업자가 소비자로부터 대금을 수령한 후 재화 등을 배송한 경우에는 문제가 없으나, 예외적으로 소비자로부터 대금을 수령한 후 재화 등을 배송하지 않은 경우가 발생하고 있다. 특히 전자상거래가 범죄의 수단으로 악용된 경우에 광범위한 소비자피해가 발생하게 되며, 앞에서 살펴본 바와 같이 이미 현실적으로 많은 소비자피해가 발생하고 있다. 이러한 소비자피해발생의 주

---

164) 결제대금예치제도, 즉 에스크로를 일종의 조건부양도증서로 정의하는 견해도 있다(이종인, 「전자상거래에서의 에스크로 서비스와 소비자보호 연구」, 한국소비자원, 2003, 18~19면). 이는 에스크로의 어원인 프랑스어의 'Escroue'에서 파악한 것이다.

165) 사업자와 소비자가 전자상거래를 체결한 경우에 소비자는 대금지급의무를 부담하며, 사업자는 재화 등의 재산권을 이전할 의무를 부담한다. 양자의 채무는 상호 견련관계에 있기 때문에 전자상거래는 쌍무계약의 성질을 가지며, 이로 인하여 양 채무는 당사자간 별도의 합의가 없는 한 동시이행관계에 있다. 다만, 당사자간에 별도의 합의, 즉 일방이 선이행하기로 합의한 경우에는 선이행의무를 부담하는 자는 동시이행의 항변권을 주장할 수 없으며, 자신의 채무를 먼저 이행하여야 한다(민법 제536조).

166) 소비자가 대금의 일부 또는 전부를 먼저 이행하는 전자상거래를 선불식 계약이라고 하며, 선불식 계약에 있어서 상대방인 사업자의 의무이행시기는 소비자와 별도의 합의가 없는 한 소비자가 대금의 일부 또는 전부를 지급한 날로부터 3영업일 이내에 재화 등의 배송에 필요한 조치를 완료하여야 한다(전자상거래소비자보호법 제15조 제1항).

된 원인은 비대면거래의 특성상 사업자의 신원을 정확하게 파악하기가 곤란하며, 소비자가 대금을 먼저 지급하기 때문이다.[167] 이러한 소비자피해를 예방하기 위한 방안으로는 양 채무를 동시이행하도록 하는 방안과 후불식을 제시할 수 있다. 그러나 비대면 거래의 특성상 대금지급의무와 재화 등의 인도의무를 동시에 이행하는 것은 현실적으로 곤란하며, 소비자가 재화 등을 배송받은 후 대금지급을 지연 또는 거부할 우려가 있으며, 선불식보다 반품의 확률이 더 높기 때문에 대다수 사업자가 이를 채택하고 있지 않다. 따라서 소비자가 재화 등의 수령 전에 대금을 지급한 경우에 재화 등의 미인도 또는 대금의 미환급에 따른 피해를 예방할 수 있는 방안이 요청되었으며,[168] 2005년 3월에 전자상거래소비자보호법을 개정하여 결제대금예치제도와 더불어 소비자피해보상보험제도[169] 등을 도입하였다.[170][171]

167) 이병주, "인터넷 쇼핑몰 거래안전 확보방안—전자상거래 제도 발전을 위한 공청회 자료—," 한국소비자보호원, 2003, 9면.

168) 김성숙, "전자상거래 에스크로 제도 입법화 과정에서 소비자정책 결정과정에 관한 연구," 「e-비즈니스연구」 제6권 제3호, 국제e비즈니스학회, 2005 · 12, 350면.

169) 소비자피해보상보험은 소비자가 통신판매업자에게 대금을 결제하였으나 재화 등을 배송받지 못하는 피해 등을 입은 경우에 그 피해를 보상해주는 것을 내용으로 하는 보험이며, 동법의 개정 전에는 3개 이상의 사이버몰에서 사용하는 전자결제수단의 발행자는 동 보험을 의무적으로 가입하여야 했지만, 그 외의 전자상거래 또는 통신판매 사업자는 반드시 가입할 필요가 없었기 때문에 동 보험을 통한 소비자보호는 큰 효과를 기대할 수가 없었다.

170) 김영균 · 배무언, "B2C 전자상거래에서 고객만족도를 높이기 위한 ESCROW의 활용에 관한 연구," 「경상논집」 제16집 제1호, 인하대학교 산업경제연구소, 2002, 71면. 결제대금예치제도의 도입으로 사업자의 사기에 의한 피해를 방지할 수 있게 되었지만, 이의 단점으로 자유로운 거래 관행에 대한 법적 강제화의 당위성 문제, 거래비용의 증가, 자금의 유동성 저하에 따른 경영곤란, 에스크로 서비스 사업자의 공신력, 구매자의 구매승인지연 등이 지적되었다(김성숙, "전자상거래 에스크로 제도 도입에 관한 연구," 「전자상거래(B2C) 활성화를 위한 정책 추진 전략」, 산업자원부 · 한국전자거래진흥원, 2003, 170～172면; 이병주, 앞의 글, 31～33면).

171) 공정거래위원회가 2006년 6월 14일부터 7월 7일까지 85개 통신판매업자를 대상으로 결제대금예치제도 등의 실시여부를 조사한 결과 45개 통신판매업자가 미도입한 것으로 나타났으며, 동 사업자에 대하여 시정권고를 명하였다(공정거래위원회(2006 · 9 · 15), "에스크로제도 미도입 업체에 대해 시정권고," 보도자료(www.ftc.go.kr).

2. 결제대금예치제도의 적용범위

(1) 전자상거래의 적용여부

전자상거래소비자보호법에서는 특수거래형태로서 전자상거래와 통신판매를 규율하고 있으며, 양자에 대하여 구분하고 있다(동법 제2조 제1호, 제2호). 특히, 결제대금예치제도에 대하여는 선불식 통신판매에 대하여만 적용대상으로 하고 있기에 선불식 전자상거래에도 적용되는가의 여부가 문제된다. 이는 전자상거래가 통신판매의 일종에 해당하는가의 문제이며, 이를 긍정하는 견해[172]에 따르면 통신판매에 관한 전자상거래소비자보호법상의 규정이 전자상거래에도 적용되지만, 이를 부정하는 견해[173]에 따르면 통신판매에 관한 규정은 전자상거래에 적용되지 않는다.[174]

양자의 견해에서 문제가 되는 경우는 사이버몰에서 재화 등을 구입한 경우이며, 이러한 거래가 전자상거래에 해당함은 이설(異說)이 없다. 그러나 통신판매에 해당하는가에 대하여는 논란이 있다. 이를 긍정하는 견해에 따르면, 사이버몰에서 정보제공 및 청약이 비대면으로 이루어지기 때문에 통신판매에도 해당한다고 한다.[175] 하지만 사이버몰을 통한 전자상거래가 통신판매에 해당하는가의 여부에 대한 판단은 일률적으로 행할 수 없다. 즉, 사이버몰에서의 계약체결은 사업자가 재화 등에 관한 정보를 소비자의 전자우편주소로 송부하거나 다른

---

172) 정완용, 앞의 책, 143면; 박희주, 앞의 전자거래에 있어서의 소비자보호, 90면; 맹수석, "전자상거래소비자보호법의 법적 문제와 개선방안,"「기업법연구」 제12집, 한국기업법학회, 2003·3, 362~363면.

173) 현대호,「전자거래입법의 문제점과 개선방안」, 한국법제연구원, 2002, 49면; 이성구, "전자상거래에서의 소비자보호 법제 정비,"「정보법학」 제4권 제2호, 2000·12, 70면.

174) 일본에서는 전자상거래를 통신판매의 일종으로 인정하고 있다(日本辯護士連合會 編,「消費者法講義 제2판」, 日本評論社, 2007, 421면; 野崎和義·德村美佳,「消費者のための法學」, ミネルヴァ書房, 2006, 168면). 일본 특정상취인에 관한 법률(特定商取引に関する法律)에서는 통신판매를 우리와 달리 '사업자 등이 우편 등의 방법으로 매매계약 등의 청약을 받아 상품 등의 제공하는 것으로 전화권유판매에 해당하지 않는 것'으로 정의하고 있으므로(동법 제2조 제2호), 우편 등에 의한 정보제공을 전제하고 있는 우리의 통신판매와는 이 점에서 차이가 있다.

175) 정무위원회, "전자상거래등에서의소비자보호에관한법률중개정법률안 검토보고서," 2005·4, 9면.

쇼핑몰 또는 포털 사이트에 광고화면을 게시 또는 링크하여 소비자가 이를 보고 사업자의 사이버몰에 접속하여 계약을 체결한 경우와 소비자가 주소창에 도메인이름을 기입하여 접속하거나 포털 사이트의 검색서비스를 이용하여 접속한 이후에 계약을 체결하는 경우로 구분할 수 있다. 전자의 경우에 소비자의 청약에 앞서 사업자의 정보제공이 존재하기 때문에 전자상거래임과 동시에 통신판매에 해당하지만, 후자의 경우에는 청약에 앞선 정보제공이 부존재하기 때문에 통신판매에는 해당하지 않는다. 후자의 경우에 통신판매임을 긍정하는 견해에 따르면 사이버몰상 재화 등의 정보게시가 통신판매의 정보제공에 해당하기 때문에 후자 역시 통신판매에 해당한다고 보고 있으나, 통신판매의 정의상 정보제공은 특정인 또는 불특정 다수인을 대상으로 한 적극적인 정보제공을 의미한다. 따라서 재화 등의 판매에 관한 정보를 전자우편, 다른 사이버몰에서의 광고 또는 다른 매체를 통하여 제공한 것을 의미하며, 단순히 사이버몰에 재화 등의 거래정보를 게시한 것은 통신판매에서의 정보제공에 해당하지 않는다. 그러므로 후자는 청약에 앞선 정보의 제공이 없기 때문에 통신판매에 해당하지 않는 전자상거래이므로 통신판매에 관한 규정은 적용되지 않으며,[176] 결제대금예치제도 역시 이러한 전자상거래에는 적용되지 않는다.

(2) 적용이 배제되는 거래

① 전자상거래소비자보호법의 적용배제

전자상거래소비자보호법의 적용이 배제되는 경우는 당사자의 지위에 따른 배제와 특수한 거래형태 및 특정목적물로 구분할 수 있다. 첫째, 전자상거래소비자보호법은 전자상거래 또는 통신판매를 통하여 재화 등을 구입한 소비자를 보호하기 위하여 제정된 법이므로 이러한 방법으로 재화 등을 구입한 자가 상행위를 목적으로 구입한 자에 대하여는 동법이 적용되지 않는다(동법 제3조 제1항).

---

176) 전자상거래가 통신판매와 구별되기 때문에 전자상거래를 이용하는 소비자에 대하여 전자상거래소비자보호법의 적용을 통한 보호가 이루어지지 않는다는 점을 고려하여 김석준 의원 등이 2004년 9월에 동법의 개정안을 제안하였으나, 정무위원회에서는 첫째, 전자상거래가 대면으로 체결될 수 있으며, 둘째 전자상거래에 대하여 통신판매에 관한 규정을 적용할 경우에 모든 거래에 대하여 청약철회권이 인정되어 거래질서에 큰 혼란을 야기할 수 있으며, 셋째 보호가 필요한 분야인 인터넷 쇼핑은 통신판매에도 해당하기 때문에 현행법으로도 충분한 보호가 가능하다는 점에서 반대의견을 제시하였다(정무위원회, 앞의 보고서, 1~5면).

둘째, 통신판매업자가 아닌 자 사이의 통신판매중개를 하는 통신판매업자와 일상 생활용품, 음식료 등의 인접지역에의 판매를 위한 거래에 대하여는 결제대금예치제도가 적용되지 않는다(동법 제3조 제3항, 제4항). 셋째, 증권거래법상 증권회사에 의한 유가증권의 거래, 금융기관에 의한 금융상품의 거래에 대하여는 결제대금예치제도가 적용되지 않는다(동법 제3조 제4항).

② 결제대금예치제도만의 적용배제

전자상거래소비자보호법의 적용대상이 되지만, 사업자의 비용부담 및 규제를 최소화하고자 다음의 거래에 대하여는 결제대금예치제도의 적용을 배제하고 있다(동법 제24조 제3항). 첫째, 소비자가 1회 결제하는 금액이 10만원 미만인 재화등을 구매하는 거래,[177] 둘째 신용카드로 재화 등의 대금을 지급하는 거래, 셋째 정보통신망에 의하여 전송되거나 제3자가 배송을 확인할 수 없는 재화등[178]을 구매하는 거래,[179] 넷째 일정기간에 걸쳐 분할되어 공급되는 재화 등을

177) 이의 해석과 관련하여 두 가지의 점에서 문제점이 제기된다. 첫째, 단일 재화 등의 가격이 10만원 미만이지만 복수 또는 수 종의 재화가격의 합계액이 10만원 이상인 경우이며, 둘째 10만원 이상인 재화 등을 할부로 구매하여 첫회 할부금이 10만원 미만인 경우이다. 전자의 경우는 동 규정에서 단일 재화의 가격을 전제로 하고 있으므로 총 합계액이 10만원 이상이라 할지라도 각 재화의 가격이 10만원 미만인 경우에 결제대금예치제도의 적용을 받지 못한다. 하지만 복수의 재화를 구입하여 10만원 이상을 지급하는 소비자의 보호 측면에서 적용배제여부를 결정함에 있어 단일 재화의 가격으로 결정할 것이 아니라 소비자가 지급할 총 금액을 기준으로 하여 결정하여야 할 것이다. 또한 전자상거래와 할부거래가 병행된 경우에 1회의 할부금을 기준으로 적용여부를 결정할 것이 아니라 대금 전체를 기준으로 적용여부를 결정하여야 할 것이다. 즉, 1회의 할부금을 기준으로 결정하면, 사업자가 결제대금예치제도를 회피하기 위하여 1회 할부금액을 10만원 미만으로 정할 수 있으며, 재화 등의 인도시기를 2회 이상의 할부금을 수령한 시기 이후로 정한 경우에 소비자는 결제대금예치제도를 통한 보호를 받지 못하게 된다. 따라서 동 규정은 "소비자가 1회 결제하는 금액이 10만원 미만인 재화 등을 구매하는 거래"가 아닌 "당해 거래에서 소비자가 결제하여야 할 총 금액이 10만원 미만인 경우"로 개정하여야 할 것이다. 이와 같이 10만원 미만의 거래에 대하여 결제대금예치제도의 적용을 배제하는 것은 동 제도의 도입에 따른 사업자의 부담을 줄이기 위한 방안이다. 그러나 현실적으로 10만원 미만의 전자상거래를 행하는 소비자피해가 발생하고 있으며, 적절한 구제방안이 없다는 점에서 향후 금액에 따른 제한은 폐지되어야 할 것이다. 현재도 소액의 전자상거래를 이용하는 소비자를 보호하기 위하여 제한 금액을 10만원이 아닌 5만원으로 인하하자는 견해도 있다(이종인, 「전자상거래 소비자보호제도의 실효성 확보를 위한 연구」, 한국소비자원, 2006, 154면).

구매하는 거래, 다섯째 다른 법률에 의하여 소비자의 구매안전이 충분히 갖추어진 경우 또는 이와 유사한 사유로 결제대금예치 또는 소비자피해보상보험계약 등의 체결이 필요하지 아니하거나 곤란하다고 공정거래위원회가 정하여 고시하는 거래가 이에 해당한다.

3. 결제대금예치제도에 따른 법률관계

(1) 결제대금예치업자의 법적 지위

① 결제대금예치업자의 자격요건

전자상거래의 비대면거래의 특성으로 인하여 발생하는 피해를 방지하고자 결제대금예치제도를 도입하였지만, 동 제도를 악용하여 소비자에게 피해를 야기시킨 경우에 그 피해의 규모와 범위는 예상할 수 없을 정도로 광범위하며, 거액의 피해가 발생하게 될 것이다.[180] 따라서 동 제도가 소비자피해를 예방할 수 있는 역할을 충분히 수행할 수 있게 함과 더불어 이로 인한 피해발생을 방지하기 위

---

178) 이에 해당하는 대표적인 재화가 디지털 콘텐츠이며, 이의 소비자를 보호하기 위하여 온라인디지털 콘텐츠산업발전법을 개정하여 전자상거래소비자보호법 제13조 제2항의 내용인 청약철회를 추가하였다(온라인디지털 콘텐츠 산업발전법 제16조의2). 하지만 철약철회권은 계약을 체결한 후 소비자가 간편하게 계약관계를 벗어날 수 있도록 하기 위한 제도인 반면에 결제대금예치제도는 소비자의 대금환급을 확보하기 위한 제도이다. 즉, 사업자에게 대금을 직접 지급한 경우, 사업자가 채무를 이행하지 않거나 청약철회권을 행사하였지만 사업자가 도주한 경우에 소비자는 대금을 환급받지 못하게 된다. 이러한 피해를 예방하기 위한 제도가 바로 결제대금예치제도이므로 청약철회권이 인정된다고 하더라도 결제대금예치제도가 별도로 인정될 필요성이 있다.

179) 전자상거래소비자보호법에서는 재화 등을 정보통신망을 통하여 배송한 경우에 결제대금예치업자의 재화 등의 인도 여부를 확인하기가 곤란하다는 점에서 결제대금예치제도의 배제사유로 규정하고 있다. 하지만 온라인을 통한 배송 역시 이의 확인이 가능하며, 사업자가 결제대금예치제도를 회피하기 위하여 가격할인 등의 방식으로 오프라인배송보다 온라인배송을 소비자에게 권장한 경우에 소프트웨어 등에 관한 전자상거래에 대하여는 동 제도가 유명무실하게 될 우려가 있다. 따라서 온라인 배송의 경우는 결제대금예치제도의 배제사유에서 제외하여야 할 것이다.

180) 에스크로 제도를 악용한 피해사례가 미국에서는 이미 다수 발생하였으며, 이를 통한 피해를 방지하고자 www.sos4auctions.com에서는 기만적인 에스크로 사업자에 대한 정보를 제공하고 있다(JeongGon Kim, "*Electronic Commerce and Regulation of Internet Escrow Service*," 「교수논총」 제12호, 한세대학교, 2004, 308면).

하여는 결제대금예치업을 할 수 있는 자격요건을 엄격하게 하여야 한다. 이에 전자상거래소비자보호법에서는 결제대금예치업을 할 수 있는 자를 일반사업자와 금융기관으로 구분하고 있다. 먼저, 일반사업자가 결제대금예치업을 영위하기 위하여는 소비자피해보상보험계약 등[181]을 체결하고 금융기관 또는 체신관서에 결제대금의 예치만을 위한 계좌로 개설·통보한 계좌에 소비자의 결제대금을 예치할 것이라는 요건의 충족과 더불어 금융감독위원회에 등록하여야 한다(동 시행령 제19조 제1항).[182] 등록을 하기 위하여는 합명회사·합자회사·주식회사 또는 유한회사 중 하나에 해당하여야 하며, 자본금·출자총액이 30억원 이상이어야 한다(전자금융거래법 제30조 제2항, 동 시행령 제17조 제1항 제1호). 이와 더불어 이용자의 보호가 가능하고 행하고자 하는 업무를 수행함에 있어서 충분한 전문인력과 전산설비 등 물적 시설을 갖추고 있어야 하며, 사업계획이 타당하고 건전하여야 한다(동법 제31조 제1항 제2호, 제4호). 재무건전성 요건으로 신청인의 자기자

---

181) 결제대금예치업을 하고자 하는 사업자가 체결하여야 하는 소비자피해보상보험계약 등의 요건으로는 ① 사업자가 소비자에 대한 대금환급을 하지 아니하거나 할 수 없게 됨에 따른 피해를 보상하는 것을 그 내용으로 할 것, ② 피보험자 또는 수혜자는 결제대금을 예치한 소비자로 할 것, ③ 소비자피해보상보험계약 등의 계약금액은 소비자가 예치한 결제대금 잔고의 100분의 10 이상의 금액으로 할 것, ④ 정당한 사유 없이 피해자의 범위나 보험자 또는 사업자의 책임을 한정하지 아니할 것, ⑤ 소비자가 쉽고 신속하게 피해보상을 받을 수 있도록 하고, 보상이 지연되는 경우에는 지연배상금이 지급되도록 할 것, ⑥ 정당한 사유 없이 소비자의 의사표시 방법을 제한하거나 소비자에게 과도한 입증책임의 부담을 부과하지 아니할 것, ⑦ 그 밖에 소비자에게 예상하기 어려운 위험이나 손해를 줄 우려가 있거나 부당하게 불리한 약정을 두지 아니할 것, ⑧ 보험계약 또는 채무지급보증계약은 「보험업법」 제2조 제5호의 규정에 따른 보험회사 또는 「은행법」 제2조 제2호의 규정에 따른 금융기관과 체결할 것이 있다(동 시행령 제19조의2 제3항).

182) 캘리포니아주 에스크로법상 에스크로 사업자의 요건으로 5년 이상의 경력을 가진 에스크로 대리인 1인 이상이 근무하여야 하며(지점의 경우에는 4년 이상의 경력자, 단 인터넷 에스크로 사업자의 경우에는 경력자의 요건이 아닌 에스크로법에 대한 지식을 갖춘 자로서 동법상의 자격을 취득한 자), 자산면에서 유동자산 25,000달러를 포함한 50,000만달러 이상을 보유하고 있어야 하며, 이행보증금으로 등록 당시에 담당관에게 25,000달러를 예치하여야 하며, 등록이후에는 종전 사업년도의 평균 수탁금액의 150%가 250,000달러에 해당할 경우에 25,000달러(250,001달러에서 500,000달러 이하인 경우에는 35,000달러; 500,001달러 이상인 경우에는 50,000달러)를 이행보증금으로서 예치하여야 한다(동법 제17200.8조, 제17202조, 제17210조)(이종인, 앞의 책, 37～38면; 김정곤, "전자상거래상의 인터넷 에스크로 서비스의 규제에 관한 연구," 「정보기술과 데이터베이스 저널」 제11권 제2호, 한국데이터베이스학회, 2004·6, 222～223면).

본·출자총액 또는 기본재산에 대한 부채총액의 비율이 100분의 200의 범위 안에서 금융위원회가 정하여 고시하는 비율 이하이어야 하지만, 정부 또는 광역지방자치단체(이하 "정부 등"이라 한다)가 자본금·출자총액 또는 기본재산의 100분의 10 이상을 소유하고 있거나 출자하고 있고, 신청인의 사업 수행이 곤란하게 되는 경우 정부 등이 해당 사업을 인수할 것을 확약하는 등 그 사업의 연속성에 대하여 정부 등이 보장하고 있으며, 금융위원회가 정하여 고시하는 요건에 맞추어 재무구조개선계획을 제출할 경우에 당해 신청인에 대하여는 금융위원회가 그 비율을 달리 정하여 고시할 수 있다(동법 제31조 제1항 제3호, 동 시행령 제18조 제2항). 마지막으로 의결권 있는 발행주식총수 또는 출자총액을 기준으로 본인 및 그와 증권거래법 시행령 제10조의3 제2항 각 호의 어느 하나에 해당하는 관계에 있는 자가 소유하는 주식의 수 또는 출자지분이 가장 많은 경우의 그 본인(다만, 최대주주가 법인인 경우에는 최대주주인 법인의 최대주주 또는 최대주주인 법인의 대표자를 포함한다), 최대주주의 특수관계인인 주주 또는 출자자, 누구의 명의로 하든지 자기의 계산으로 소유한 주식 또는 출자지분의 합계액이 의결권 있는 발행주식총수 또는 출자총액의 100분의 10 이상에 해당하는 자 또는 임원의 임면 등 해당 법인의 주요 경영사항에 대하여 사실상 영향력을 행사하고 있는 주주 또는 출자자에 해당하는 자가 충분한 출자능력, 건전한 재무상태 및 사회적 신용을 갖추고 있어야 한다(동법 제31조 제1항 제5호, 동 시행령 제18조 제3항). 다만, 이러한 요건을 갖춘 자라 할지라도 등록이 말소된 날부터 1년이 지나지 아니한 법인 및 그 등록이 말소될 당시 그 법인의 대주주[183]이었던 자로서 그 말소된 날부터 1년이 지나지 아니한 자, 허가 또는 등록의 취소가 있은 날부터 3년이 지나지 아니한 법인 및 그 취소 당시 그 법인의 대주주이었던 자로서 그 취소가 있은 날부터 3년이 지나지 아니한 자, 채무자 회생 및 파산에 관한 법률에 따른 회생절차 중에 있는 회사 및 그 회사의 대주주, 금융거래 등 상거래에

183) 이에 해당하는 자로는 법인의 의결권 있는 주식 또는 출자지분을 많이 소유하고 있는 자부터 순차적으로 그 소유주식수 또는 출자지분을 합하여 의결권 있는 발행주식총수 또는 출자총액의 100분의 50에 달하는 때에 그에 포함되는 주주 또는 출자자 모두를 말한다. 이 경우 소유주식수 또는 출자지분의 합계가 발행주식총수 또는 출자총액의 100분의 50이 되는 때의 소유주식수 또는 출자지분이 같은 자가 2인 이상인 경우에는 이들 모두를 포함한다(동 시행령 제19조 제1항).

있어서 약정한 기일 내에 채무를 변제하지 아니한 자로서 금융위원회가 정하는 자, 허가 또는 등록 신청일을 기준으로 최근 3년간 금융관계법령[184]을 위반하여 벌금형 이상의 처벌을 받은 사실이 있는 자 또는 상기의 요건 중 하나에 해당하는 자가 대주주인 법인인 경우에 등록을 받을 수 없다(동법 제32조).

결제대금예치업을 행할 수 있는 금융기관에는 은행법에 의한 금융기관과 기타의 금융기관으로 구분되며, 일반사업자와 달리 금융감독위원회에 등록할 필요가 없다(전자금융거래법 제28조 제2항 단서). 기타의 금융기관에는 우체국예금・보험에 관한 법률에 따른 체신관서, 새마을금고법에 따른 새마을금고 및 새마을금고연합회, 상호저축은행법에 의한 상호저축은행과 그 중앙회, 신용협동조합법에 의한 신용협동조합 및 그 중앙회, 농업협동조합법에 의한 농업협동조합중앙회의 신용사업부문, 수산업협동조합법에 의한 수산업협동조합중앙회의 신용사업부문, 여신전문금융업법에 따른 여신전문금융회사 중 신용카드사업자, 장기신용은행법에 따라 인가를 받아 설립된 금융기관, 한국산업은행, 중소기업은행, 한국수출입은행, 산림조합법에 따른 조합과 그 중앙회의 신용사업부문, 농업협동조합법에 따른 조합, 수산업협동조합법에 따른 조합이 있다(전자금융거래법 시행령 제15조 제2항).[185] 만일 등록대상인 사업자가 등록을 하지 않고 결제대금예치업을 영위하였을 경우에는 3년 이하의 징역 또는 2천만원 이하의 벌금이 부과된다(전자금융거래법 제49조 제4항).

---

184) 이에 해당하는 법령으로는 은행법, 한국은행법, 예금자보호법, 한국산업은행법, 중소기업은행법, 장기신용은행법, 한국수출입은행법, 증권거래법, 종합금융회사에 관한 법률, 신탁업법, 간접투자자산 운용업법, 보험업법, 자산유동화에 관한 법률, 주택저당채권 유동화회사법, 산업발전법, 상호저축은행법, 여신전문금융업법, 신용보증기금법, 기술신용보증기금법, 신용협동조합법, 새마을금고법, 중소기업 창업지원법, 신용정보의 이용 및 보호에 관한 법률, 선물거래법, 금융위원회의 설치 등에 관한 법률, 농업협동조합법, 수산업협동조합법, 산림조합법, 외국환거래법, 외국인투자촉진법, 금융산업의 구조개선에 관한 법률, 금융실명거래 및 비밀보장에 관한 법률, 금융지주회사법, 금융기관부실자산 등의 효율적 처리 및 한국자산관리공사의 설립에 관한 법률, 특정 금융거래정보의 보고 및 이용 등에 관한 법률, 한국주택금융공사법, 유사수신행위의 규제에 관한 법률, 대부업의 등록 및 금융이용자보호에 관한 법률이 이에 해당한다.

185) 현재 결제대금예치제도를 시행하고 있는 사업자로는 하나은행・제일은행・우리은행・국민은행・신한은행・농협(이상 금융기관), KCP・데이콤・보훈정보시스템・삼성올앳・이니시스・애프앤비씨・사이버CVS・뱅크타운・케이에스넷・페이케이트(이상 PG), 서울보증보험(보험) 등이 있다(ecc.seoul.go.kr/consumer/escro.asp).

② 결제대금예치업자의 법적 지위

소비자로부터 대금을 수령받아 보관하는 결제대금예치업자의 법적 지위를 무엇으로 볼 것인가에 따라 구체적인 법률관계가 결정되며, 결제대금예치업자의 법적 지위는 다음의 세 가지로 예상할 수 있다. 첫째, 결제대금예치업자를 사업자 또는 소비자와 독립된 자로 인정하는 경우, 둘째 소비자의 대금지급의무이행을 보조하는 자, 셋째 사업자의 대금수령을 보조하는 자로 인정하는 경우이다.[186]

먼저, 독립된 자로 인정할 경우[187]에 소비자가 대금을 결제대금예치업자에게 지급하였음에도 불구하고 사업자가 대금을 수령하기 전에는 소비자의 대금지급의무를 이행하지 않은 결과가 되는 모순점을 가지게 된다. 두 번째, 소비자의 대금지급의무이행을 보조하는 자로 볼 경우는 소비자와 결제대금예치업자 간 결제대금예치계약을 체결하고, 소비자가 대금을 사업자에게 지급하지 않고 결제대금예치업자에게 송금하는 경우이다. 하지만 현실적으로 소비자가 결제대금예치업자와 결제대금예치계약을 체결하지는 않는다.[188] 즉, 결제대금예치계약을 체결함에 있어서 소비자는 가입비를 제공하고 거래시마다 일정한 수수료를 지급하여야 하기 때문에 구입비용에 추가적인 비용을 부담하기 때문이다.[189] 현재

---

186) 사업자와 결제대금예치업자가 체결한 결제대금예치계약을 전제로 하는 것이며, 사업자와 소비자가 각각 결제대금예치계약을 결제대금예치업자와 체결한 경우(소비자가 직접 결제대금예치계약을 체결하는 경우는 거의 없음)에 결제대금예치업자는 소비자의 이행보조자이자 동시에 사업자의 수령보조자의 지위를 갖게 된다.

187) 미국에서는 결제대금예치업자를 당사자로부터 독립된 자로 인정하고 있다(Gary P. Schneider, James T. Perry(2000), *Electronic Commerce*, Course Technology, p.328). 따라서 에스크로 사업자는 공평성유지, 권리확정의 소 제기 가능, 중대사실의 공개의무, 기록유지, 종료시 완벽하고 명백한 정보제공의무를 부담한다(우경, “미국 에스크로우제도의 국내도입방안,” 「토지연구」 제13권 제4호, 한국토지공사, 2002, 116면).

188) 전자상거래소비자보호법에서도 소비자와 전자상거래를 체결하기 전에 사업자가 결제대금예치업자와 결제대금예치계약을 체결할 것을 요구하고 있다. 즉, 사업자가 소비자와 전자상거래를 체결하기 전에 제공하여야 할 정보 중 결제대금예치제 등을 선택할 수 있다는 정보를 제공하고, 소비자가 이를 선택한 경우에 사업자는 소비자가 이를 이용하도록 규정하고 있기 때문에 결제대금예치계약은 사업자와 결제대금예치업자 간에 체결되는 것을 전자상거래소비자보호법에서도 전제로 하고 있다(동법 제13조 제2항 제10호, 제24조 제2항).

189) 결제대금예치계약을 체결할 경우에 결제대금예치업자에게 가입비 및 연회비로 지급하는 금액은 결제대금예치업자마다 상이하며, KSPAY(케이에스넷)의 경우에 33만원, KCP의 경우에 22만원, 보훈정보시스템의 경우에 22만원, 이니시스의 경우에 44만원이다.

결제대금예치계약은 사업자와 결제대금예치업자 간에 체결되며, 사업자는 계약 체결단계에서 소비자가 이를 이용할 수 있도록 이에 관한 정보를 제공하게 된다. 그러므로 결제대금예치업자는 결제대금예치계약에 따라 사업자의 대금수령 업무를 대신하여 처리하는 자이므로 사업자의 대금수령보조자에 해당하며, 소비자가 결제대금예치업자에게 대금을 지급한 경우에 목적물의 미인도시 대금의 환급을 조건으로 대금지급의무를 이행한 것에 해당한다.[190)]

(2) 사업자와 결제대금예치업자 간의 관계

① 결제대금예치계약의 체결

결제대금예치업자가 사업자를 위하여 소비자로부터 대금을 수령하기 위하여는 먼저 사업자와 결제대금예치계약을 체결하여야 한다. 계약의 내용은 사업자가 소비자와 계약을 체결한 경우에 대금의 수령을 결제대금예치업자에게 위임하며, 결제대금예치업자는 소비자로부터 대금을 수령한 후에 재화 등의 인도시 대금을 사업자에게 지급하는 것이다. 이러한 계약은 사업자의 사무처리를 내용으로 하기 때문에 위임계약의 성질을 가지므로 위임에 관한 민법의 규정이 적용된다. 다만, 민법에서는 위임계약에 대하여 무상임을 원칙으로 하지만, 결제대금예치업자는 상인이므로 상법의 적용을 받아 보수에 관하여 합의가 없다고 하더라도 보수를 지급하여야 한다(민법 제686조 제1항, 상법 제61조).

② 결제대금예치계약의 법률관계

㉠ 결제대금예치업자의 권리와 의무

결제대금예치계약은 민법상 위임계약과 유사하므로 이에 관한 규정이 적용된다. 따라서 결제대금예치업자의 권리와 의무 역시 민법의 위임계약에 기초하여 발생한다.

---

190) 이와 달리 결제대금예치제도를 쌍방위탁계약으로 파악하여 결제대금예치업자의 법적 지위를 사업자와 소비자 모두의 대리인, 즉 쌍방대리인으로 인정하여 사업자로부터 매매대금채권의 변제수령을 위탁받고, 소비자로부터 일정한 정지조건부 대금지급을 위탁받은 것으로 해석하는 견해도 있다(藤池智則・六川浩明・堀 裕, "インターネット・エスクロー決濟の法的構成案の検討,"「NBL」No.707, 商事法務研究會, 2001・2, 34면).

ⓐ 결제대금예치업자의 권리

결제대금예치계약은 1회의 이용으로써 종료하는 것이 아니라 계약기간[191] 동안 내에 이루어진 사업자와 소비자 간의 계약에서 대금의 수령과 지급 또는 환급을 내용으로 하는 계약이다. 따라서 결제대금예치계약을 체결한 이후에 사업자의 의무위반을 이유로 계약을 종료하기 위하여는 해지권을 행사하여야 하며, 해지권의 발생원인으로는 약정사유[192]와 법정사유가 있다. 그러나 민법상 위임계약의 해지권의 발생사유 또는 위임종료사유는 결제대금예치계약에 적용되지 않는다. 즉, 민법에서 위임계약은 각 당사자가 언제든지 해지할 수 있다고 규정하고 있으나(동법 제689조 제1항), 결제대금예치계약기간 동안에 결제대금예치업자의 임의적인 해지권은 부정된다고 할 것이다. 또한 당사자의 사망 또는 파산이나 수임인의 금치산선고의 경우에 위임은 종료한다고 규정하고 있으나(민법 제690조), 상법 제50조에서는 본인의 사망인 경우에 위임에 의한 대리권은 소멸하지 않는다고 규정하고 있으므로 사업자의 사망에 의하여 당연히 결제대금예치계약이 종료한다고 할 수 없다. 따라서 상기에서 기재한 사유 외의 해지권발생사유가 발생한 경우에 결제대금예치업자는 결제대금예치계약을 해지할 수 있으며, 이로 인하여 발생한 손해를 사업자에게 청구할 수 있다(민법 제551조).

결제대금예치계약상 결제대금예치업자의 가장 중요한 권리는 보수청구권이며, 그 외에 사업자에게 가입비 및 연회비에 대한 약정이 있는 경우에 이를 청구할 수 있다. 가입비와 연회비는 계약의 체결과 동시에 사업자가 결제대금예치업자에게 지급하여야 하는 금액이다. 가입비는 초기 1회만 지급하나 연회비는 계약기간인 1년간만 유효하며, 계약을 갱신할 경우에 추가로 지급하여야 한다. 결제

191) 결제대금예치업자와 사업자가 일반적으로 체결하는 결제대금예치계약기간은 1년이다(KCP 전자지급 및 매매보호 서비스 계약서 제21조; 페이엑스 이용 계약서 제20조).

192) 결제대금예치계약의 약정해지사유로 ① 어느 일방이 본 계약의 의무를 이행하지 아니하고 상당한 기간을 정한 상대방의 시정요구에 응하지 아니한 경우, ② 본 계약과 관련한 업무내용이 정부의 인・허가 등을 규정한 법률에 위반하거나 전자상거래 관련법령에 위반하여 영업의 지속이 곤란한 경우, ③ 파산・회사정리 등의 절차가 개시되거나 조세체납처분・영업상 중요재산에 대한 압류 등으로 인하여 영업의 지속이 곤란한 경우, ④ 본 계약상의 권리・의무를 상대방의 동의 없이 제3자에게 양도한 경우, ⑤ 기타 상거래 관행 및 상도덕에 위배된 행위로 인하여 본 계약의 지속이 곤란하다고 인정될 경우, ⑥ 사업자의 상품 및 서비스에 대해 고객이 결제대금예치업자에게 3회 이상 심각한 클레임을 제기하는 경우를 제시하고 있다(KCP 전자지급 및 매매보호 서비스 계약서 제20조).

대금예치업자의 보수청구권은 단순한 사무의 처리인 소비자로부터 대금을 수령하여 보관하였다는 사실만으로 발생하지 않고, 사업자와 소비자 간에 체결된 전자상거래에 의하여 사업자가 소비자에게 재화 등을 인도한 후 소비자가 이를 통지하여 결제대금예치업자가 사업자에게 대금을 지급한 시점에 발생한다. 하지만 실무에서는 결제대금예치업자가 사업자에게 대금을 지급한 후에 보수청구권을 행사하여 수수료[193](실무에서는 보수라는 용어보다는 수수료라는 용어를 사용하고 있음)를 청구하는 것이 아니라 사업자와 약정한 정산기간[194] 동안 발생한 거래대금에서 수수료를 제외한 잔액을 지급하고 있다. 또한 결제대금예치업자에게 대금을 지급한 후 소비자가 청약철회권을 행사하였으나 사업자가 대금을 환급하지 않거나 결제대금예치업자에게 직접 반환을 청구한 경우에 결제대금예치업자는 소비자에게 대금을 환급하여야 하며, 환급한 경우에 사업자에게 구상권을 행사할 수 있다(동법 제18조 11항, 민법 제425조). 구상권의 행사범위는 소비자에게 지급한 금액과 지연에 따른 지연이자이다.

ⓑ 결제대금예치업자의 의무

첫째, 결제대금예치계약을 체결한 결제대금예치업자는 사업자가 당해 서비스를 이용할 수 있도록 제반 물적 설비를 제공하여야 하며, 소비자가 신뢰하고 결제대금예치제도를 이용할 수 있도록 자신에 관한 정보를 사업자가 제공할 수 있음을 인정하여야 하며, 이에 관한 정보를 제공하여야 한다. 또한 결제대금예치제도를 이용하는 자가 안심하고 이용할 수 있도록 안정적이고, 안전한 시스템을 운영할 의무를 부담한다. 특히, 제3자의 불법적인 접근으로 인한 개인정보유출을 비롯한 금융피해를 방지하기 위하여 보안시스템을 갖추어야 할 것이며, 이용자의 요구 및 불만을 신속하게 처리할 수 있는 적정한 인원을 고용하여야 할 것이다. 둘째, 결제대금예치업자는 선량한 관리자의 주의의무로 위임인의 본지에 따라 사무를 처리하여야 한다(민법 제681조). 민법상 수임인에게는 위임사무의 처리와 관련하여 폭 넓은 재량권이 인정되지만,[195] 결제대금예치업자의 사

193) 결제대금예치제도의 이용에 따른 수수료는 결제대금예치업자와 사업자가 별도로 정하는 경우를 제외하고 일반적으로 거래대금의 2%(최저 200원/건)로 정하고 있다.

194) 결제대금예치업자가 제시하고 있는 대금정산기간으로는 일일정산 · 월4회 · 2회 · 1회(이니시스), 7일정산 · 월4회 · 2회 · 1회(페이엑스), 일일정산 · 주정산 · 15일정산(KCP)이 있다.

무는 대금의 수령 및 지급 또는 환급이므로 재량이 인정될 여지가 그리 많지 않다. 다만, 결제대금예치업자의 선관주의의무와 관련된 문제는 소비자로부터 수령하는 대금과 관련한 것이다. 즉, 소비자가 현금으로 대금을 지급한 경우에는 문제가 없으나, 신용카드 또는 전자화폐로 지급한 경우에 결제대금예치업자는 다음과 같은 주의의무를 다하여야 할 것이다. 먼저, 결제대금예치업자는 소비자가 신용카드로 대금을 지급한 경우에 분실・도난・위조・변조된 신용카드의 사용 또는 신용카드정보의 도용에 의한 대금결제에 대하여는 확인할 의무가 있으며(여신전문금융업법 제19조 제2항), 이에 해당할 경우에 소비자뿐만 아니라 사업자에 대하여 그 사실을 통보하고 대금결제를 거부하여야 한다. 만일 소비자가 이에 해당하는 신용카드로 대금을 결제하여 사업자가 재화 등을 인도한 후 신용카드회사가 대금지급을 거절한 경우에 사업자는 이에 관하여 고의 또는 중대한 과실이 있는 결제대금예치업자에게 대금을 청구할 수 있다.[196] 둘째, 전자화폐[197]에 의한 지급의 경우에 전자화폐발행자의 신용상태를 파악하여 파산 등

195) 김상용, 앞의 책, 407면; 이은영, 앞의 채권각론, 568면.

196) 분실・도난・위조・변조된 신용카드의 사용에 대하여 신용카드업자는 회원이 그 사실(분실・도난)을 신고한 시점으로부터 60일 전부터 제3자가 사용한 금액에 대하여는 회원이 책임을 지지 않으며, 가맹점 역시 사용금액에 대하여 책임을 지지 않으나, 신용카드업자가 가맹점의 고의 또는 중대한 과실로 인하여 발생한 손실을 가맹점에게 전가할 수 있다는 계약을 체결하고 이를 입증한 경우에 가맹점이 손실의 전부 또는 일부를 부담한다(여신전문금융업법 제16조, 제17조).

197) 전자화폐라 함은 이전 가능한 금전적 가치가 전자적 방법으로 저장되어 발행된 증표 또는 그 증표에 관한 정보로서, 대통령령이 정하는 기준 이상의 지역 및 가맹점에서 이용될 것, 발행인 외의 제3자로부터 재화 등을 구입하고 그 대가를 지급하는 데 사용될 것, 구입할 수 있는 재화 등의 범위가 2개 업종 이상일 것, 구입할 수 있는 재화 등의 범위가 5개 이상으로서 대통령령이 정하는 업종 수 이상일 것, 현금 또는 예금과 동일한 가치로 교환되어 발행될 것, 발행자에 의하여 현금 또는 예금으로 교환이 보장될 것이라는 요건을 모두 갖춘 것을 말한다(전자금융거래법 제2조 제15호). 이러한 전자화폐를 발행하는 자(3개 이상의 사이버몰에서 사용되는 전자결제수단으로서 전자화폐를 발행한 자)는 이용자보호를 위하여 소비자피해보상보험계약을 반드시 체결하여야 한다(전자상거래소비자보호법 제24조 제1항 단서). 전자화폐로 대금을 지급한 경우에 그 효력에 관하여는 전자화폐의 법적 성질을 무엇으로 볼 것인가에 따라 견해가 대립되었다. 먼저, 채권으로 보는 견해(최경진, 「전자상거래와 법」, 현실과 미래, 1998, 189면)는 채권양도로 인정하였으며, 자유화폐로 보는 견해(나승성, 「NEW 전자상거래법」, 청림출판, 2000, 239면)는 강제통용력이 없기 때문에 변제의 효과가 발생하기 위하여는 상대방의 승낙이 필요하며, 승낙시 대물변제가 아닌 금전채무의 본지에

의 우려가 있는 경우에 신속하게 이를 현금으로 전환하여야 한다. 또한 소비자가 사용한 전자화폐가 위조 또는 변조된 경우에 이를 신속하게 소비자 및 사업자에게 통지하여 이로 인한 피해를 방지하여야 한다. 셋째, 사업자로부터 위임받은 사무인 소비자의 대금수령은 자신이 직접 행하여야 하나, 사업자로부터 동의 또는 부득이한 경우에 제3자를 통한 대행이 가능하다(민법 제682조 제1항). 그러나 제3자 역시 전자상거래소비자보호법상 결제대금예치업자의 요건을 갖춘 자로 한정되며, 이로 인한 추가비용은 최초의 결제대금예치업자가 부담하여야 한다. 넷째, 결제대금의 수령 및 지급으로서, 소비자로부터 대금을 수령한 경우에 결제대금예치업자는 사업자에게 이를 즉시 통지하여야 하며, 소비자로부터 재화 등의 수령사실을 통지받은 경우에 즉시 대금을 사업자에게 지급하여야 한다. 다만, 소비자로부터 지급받은 대금을 지급할 시기는 사업자의 요청이 있을 때가 아닌 일정한 조건이 충족되었을 때이다. 즉, 소비자가 재화 등의 배송확인을 통지하거나 통지하지 않았을 경우에는 일정한 절차를 경료한 경우에만 대금을 지급하여야 한다. 구체적인 대금의 지급시기는 소비자가 재화 등의 수령사실을 통지한 경우와 통지하지 않은 경우로 구분된다. 먼저 소비자가 재화 등의 수령사실을 통지한 경우에 결제대금예치업자는 즉시 대금을 사업자에게 지급하여야 한다. 소비자가 재화 등을 수령하고 3영업일이 경과하였음에도 불구하고 결제대금예치업자에게 수령사실을 통지하지 않은 경우에 결제대금예치업자는 소비자에게 재화 등의 수령시 이를 통보하여 줄 것을 고지한 경우에 한하여 사업자에게 대급을 지급할 수 있다. 반면에 상기의 사실을 소비자에게 고지하지 않은 경우에 결제대금예치업자는 그 사실을 소비자에게 고지한 날로부터 3영업일이 경과한 후 사업자에게 대금을 지급할 수 있다(동 시행령 제28조의3). 만일 결제대금예치업자가 지급시기에 지급을 지연한 경우에는 지연이자를 지급하여야 하지만, 구체적인 지연이자율에 대하여 전자상거래소비자보호법에서는 규정을

따른 변제라고 하며, 대용화폐로 보는 견해[정경영, "전자화폐의 구조," 「21세기 상사법의 전개(하촌정동윤선생화갑기념)」, 법문사, 1999, 537면]에서는 금전 이외의 재화 등의 제공에 의한 변제로 인정하였다. 2006년에 제정된 전자금융거래법에서는 전자화폐의 지급의 효력에 대하여 "전자화폐보유자가 재화를 구입하거나 용역을 제공받고 그 대금을 수취인과의 합의에 따라 전자화폐로 지급한 때에는 그 대금의 지급에 관한 채무는 변제된 것으로 본다"라고 규정하고 있다(동법 제17조).

하고 있지 않다. 따라서 당사자간 합의가 있으면 합의한 이자율이 적용되지만, 합의가 없으면 상사이율인 연 6%가 적용된다(상법 제54조). 다만, 정산시기에 관하여 양 당사자가 별도의 합의를 한 경우에는 상기의 지급시기가 아닌 정산시기가 기준이 된다.

㉡ 사업자의 권리와 의무

ⓐ 사업자의 권리

사업자는 결제대금예치제도의 이용에 필요한 제반 물적 설비를 결제대금예치업자에 대하여 청구할 수 있으며, 이의 미이행시 계약의 해제를 비롯한 손해배상을 청구할 수 있다. 이와 더불어 결제대금예치업자가 상기의 의무를 이행하지 않은 경우에 합리적인 기간을 정하여 이행을 청구하고,[198] 이행하지 않은 경우에 계약의 해제 또는 해지와 더불어 손해배상을 청구할 수 있다. 또한 사업자는 일정한 정산주기가 경과한 시기에 대금을 청구할 수 있으며, 이의 해태시 지연이자를 동시에 청구할 수 있다.

ⓑ 사업자의 의무

첫째, 사업자는 정상적인 거래를 체결하고 그 대금결제를 위임하여야 한다. 즉, 재화 등의 거래 없이 단순히 금전거래만을 목적으로 결제대금예치를 요구하여서는 아니 된다. 둘째, 사업자는 재화 등의 배송이 불가능한 경우(불가항력에 기한 특정물의 파손 또는 한정종류물에 대한 전자상거래에서 초과청약을 받은 경우 등)에 그 사실을 결제대금예치업자와 소비자에게 신속하게 고지하여 결제대금예치업자가 소비자로부터 지급받은 대금을 신속하게 환급할 수 있도록 하여야 한다. 셋째, 결제대금예치업자가 정상적인 업무를 처리할 수 있도록 재화 등의 배송관련정보를 정확하게 제공하여야 하며, 허위의 배송정보를 제공함으로써 발생하는 피해를 야기하지 않을 의무가 있다. 넷째, 사업자는 가입비·연회비 및 보수를 결제대금예치업자에게 지급하여야 한다. 가입비 및 연회비는 결제대금예치

198) 결제대금예치업자의 채무이행은 불가능한 것이 아니기 때문에 적절한 시간 내에 이행이 가능하다면 사업자는 상당한 기간을 정하여 이행을 최고하여야 할 것이지만, 이행거절을 통지한 경우, 파산 등으로 이행이 불가능한 경우, 이행에 필요한 시간이 장시간 소요되는 경우 등에는 최고 없이 바로 해제 또는 해지할 수 있다.

서비스를 처음 또는 지속적으로 사용하기 위한 요건이므로 사업자가 지급하여야 하지만, 보수는 결제대금예치업자가 별도로 청구하는 것이 아니라 정산기간 동안 사업자에게 지급하여야 할 금액에서 자신의 보수를 공제한 나머지 금액만을 지급하므로 사실상 사업자가 직접 결제대금예치업자에게 보수를 지급하지는 않는다. 다섯째, 결제대금예치업자가 소비자에게 대금을 지급하여 구상권을 행사한 경우에 사업자는 그 금액을 결제대금예치업자에게 지급하여야 한다.

(3) 소비자와 결제대금예치업자 간의 관계

① 결제대금예치업자의 권리와 의무

소비자와의 관계에서 결제대금예치업자의 권리로서 인정될 수 있는가의 문제가 제기되는 것이 결제대금예치업자가 사업자의 대금청구권을 행사할 수 있는가의 문제이다. 하지만 소비자에 대한 결제대금예치업자의 대금청구권의 행사는 인정되지 않는다고 할 것이다. 이는 결제대금예치계약상 결제대금예치업자는 소비자가 대금을 자신에게 지급한 경우에 이를 수령할 권한이 있지만, 사업자와 별도의 특약이 없는 한 적극적으로 소비자에게 대금을 청구할 수 없기 때문이다. 또한 전자상거래소비자보호법에서 소비자는 결제대금예치제도를 이용하여 결제대금예치업자에게 대금을 지급할 것인가 아니면 이를 이용하지 않고 사업자에게 대금을 직접 지급할 것인가를 선택할 수 있도록 규정하고 있기 때문에 전자상거래소비자보호법상에서도 결제대금예치업자의 대금청구권은 인정하고 있지 않다고 볼 수 있다. 반면에 결제대금예치업자는 사업자가 배송한 재화 등의 수령여부에 대한 확답을 소비자에게 요구할 수 있는 권리가 있다. 즉, 소비자의 재화 등의 수령여부 및 반환여부는 결제대금예치업자가 소비자로부터 수령한 대금을 사업자에게 지급할 것인가 아니면 소비자에게 반환할 것인가를 결정하는 중요 사실이기 때문에 이를 소비자에게 요구할 수 있다.[199]

소비자로부터 대금을 수령한 결제대금예치업자는 먼저, 대금의 수령사실과 금액을 신속하게 소비자에게 고지하여야 한다. 만일 소비자가 전자자금이체시스템의 오류로 인하여 이중으로 지급하거나 대금을 초과하여 지급한 경우에 그 사실을 즉시 통지하고, 초과분을 반환하여야 할 것이며, 대금보다 소액이 지급된

---

199) 윤정배, 앞의 논문, 371면.

경우에 그 사실을 즉시 통지하여 부족분을 재입금하게 함으로써 재화 등이 배송이 신속하게 이루어질 수 있도록 협력하여야 할 것이다. 둘째, 사업자로부터 재화 등의 배송이 불가능하다는 통지를 받은 경우에 소비자로부터 받은 대금을 신속하게 환급하여야 하며, 지연시 지연이자를 함께 지급하여야 한다.[200] 셋째, 소비자가 대금을 지급한 후 사업자가 재화 등을 배송하지 않거나 사업자에게 대금을 지급하기 전 소비자가 청약철회권 등을 행사하여 재화 등을 반환한 경우에 소비자에게 대금을 환급하여야 한다(동 시행령 제28조의3 제4호). 현재 결제대금예치업자가 소비자에게 대금의 환급을 지연한 경우에 지연이자율에 관한 규정이 부존재하지만, 청약철회권의 행사에 따른 대금의 지연에 따른 지연이자율이 이 경우에 당연히 적용되어야 할 것이다. 마지막으로 사업자에게 대금을 지급한 후 소비자가 청약철회권을 행사하여 재화 등을 반환하였으나 사업자가 대금을 환급하지 않은 경우에 결제대금예치업자는 소비자에게 대금을 환급하여야 한다(동법 제18조 제11항). 이 경우에 결제대금예치업자가 소비자에게 지급할 금액은 보수를 제외하고 사업자에게 지급한 금액이 아닌 소비자가 지급한 금액을 지급하여야 할 것이다. 다만, 청약철회권의 행사에 따른 대금환급에 따른 비용[201]의 부담자는 청약철회권의 발생요건에 따라 각기 다르게 결정하여야 할 것이다.[202] 먼저, 전자상거래소비자보호법 제17조 제3항에 따라 소비자가 청약철회권을 행사한 경우에는 환급비용 역시 결제대금예치업자가 부담하고, 사업자에게 구상하여야 할 것이지만, 전자상거래소비자보호법 제17조 제1항에 따라 청약철회권을 행사한 경우에 환급비용은 소비자가 부담하여야 할 것이므로 결제대금예치업자는 환급비용을 제외한 나머지 금액만을 지급하면 될 것이다. 즉, 소비자의 단순구매의사의 경우에도 환급비용을 사업자에게 부담시키는 것은 사

200) 사업자가 재화 등의 인도가 불가능함을 인식하고 결제업자에게 이를 통지하였으나 결제대금예치업자가 대금환급을 지연한 경우에 지연이자율은 청약철회권행사에 따른 지연이자율이 적용되므로 역시 24%가 적용된다(전자상거래소비자보호법 제15조 제4항).

201) 전자자금이체에 따른 시중 금융기관의 수수료는 동일 금융기관 내에서는 무료이지만, 상이한 금융기관으로 이체할 경우에는 약 500원의 수수료가 부과된다.

202) 전자상거래소비자보호법에서는 청약철회권의 행사에 따른 비용부담에 관하여 재화 등의 반환비용부담자에 대하여만 규정하고 있을 뿐 대금환급에 있어서 비용부담자에 대하여는 규정을 두고 있지 않다(동법 제18조 제9항, 제10항). 따라서 당사자간 이에 대하여 합의를 할 수 있으며, 합의가 없을 경우에 동 규정을 유추적용할 수 있을 것이다.

업자에 대한 과도한 비용부담을 요구하는 것임과 더불어 사업자는 이를 다른 소비자에게 전가하기 때문에 결국 추가적인 소비자피해를 유발시킬 수 있다.

② 소비자의 권리와 의무

사업자와 전자상거래를 체결한 소비자는 대금을 지급함에 있어 결제대금예치제도를 이용하여 결제대금예치업자에게 지급할 것인가 아니면 동 제도를 이용하지 않고 사업자의 사칭에 의한 피해의 위험을 부담하면서 사업자에게 직접 지급할 것인가를 선택할 수 있다. 즉, 전자상거래소비자보호법에서는 사업자에게 소비자가 선택할 수 있도록 정보를 제공할 의무를 부과하고 있지만(동법 제13조 제2항 제10호), 사업자가 동 제도에 관한 정보를 제공할 경우에 소비자가 반드시 이를 이용하여야 하는 것은 아니다. 만일 소비자가 결제대금예치업자에게 대금을 지급한 경우에 결제대금예치업자에 대하여 대금의 수령사실 및 금액의 이상 유무에 대한 내용을 통지받을 권리가 있으며, 이중 지급 또는 초과 금액에 대하여는 환급을 받을 권리가 있다. 또한 대금을 결제대금예치업자에게 지급한 후 사업자가 재화 등을 인도하지 않거나 사업자에게 대금을 지급하기 전에 청약철회권 등을 행사하여 재화 등을 반환한 경우에 그 사실을 통지하고 대금의 환급을 청구할 수 있다. 만일 결제대금예치업자가 대금을 사업자에게 지급한 후 소비자가 청약철회권을 행사하였으나, 사업자가 대금을 환급하지 않은 경우에 결제대금예치업자에게 대금의 환급을 청구할 수 있다(동법 제18조 제11항). 결제대금예치업자에 대한 소비자의 의무로서 소비자는 사업자로부터 재화 등을 인도받은 경우에 그 사실을 즉시 통지하여야 하며, 인도받은 이후 재화 등을 반환한 경우에도 그 사실을 즉시 통지하여 이에 관한 사무(대금지급의 정지 및 환급)를 결제대금예치업자가 신속하게 처리할 수 있도록 협력할 의무를 부담한다.

(4) 사업자와 소비자 간의 관계

사업자와 소비자 간의 법률관계는 체결전, 체결단계 및 이행 등으로 구분할 수 있으나,[203] 여기에서는 결제대금예치제도와 관련된 부분에 한정한다.

---

203) 사업자와 소비자 간 전자상거래에서의 구체적인 법률관계에 대하여는 졸고, "사업자와 소비자간 전자상거래에서 소비자보호에 관한 연구," 「정보화정책」 제10권 제1호, 한국전산원, 2003·3, 120~142면 참조.

① 대금지급의무의 완료시기

전자상거래가 체결된 경우에 소비자는 기본적으로 대금을 지급할 의무를 부담한다(민법 제563조). 대금지급의 상대방은 사업자 또는 사업자가 지정한 자이지만, 사업자의 사칭에 의한 피해를 방지하고자 결제대금예치제도를 도입하였으며, 사업자가 아닌 제3자에게 대금을 지급할 수 있도록 하였다. 만일 소비자가 사업자 아닌 결제대금예치업자에게 대금을 지급한 경우에 소비자의 대금지급의무의 완료시점은 언제인가의 문제가 제기된다. 이러한 문제는 결제대금예치업자의 법적 지위와 직결하며, 앞에서 결제대금예치업자는 사업자의 수령보조자의 지위를 가짐을 살펴보았다. 따라서 소비자가 사업자가 아닌 결제대금예치업자에게 대금을 지급한 경우에도 자신의 대금지급의무를 완료한 것이다.[204] 만일 결제대금예치업자가 소비자로부터 대금을 지급받고도 그 사실을 사업자에게 통지하지 않은 경우에 소비자는 자신의 의무를 다 이행하였음과 사업자의 채무불이행(이행지체)을 이유로 손해배상을 청구할 수 있으며,[205] 사업자는 대금지급사실을 통지받지 않았음을 이유로 이를 거부할 수 없다.[206] 다만, 사업자는 소비자에 대하여 손해배상을 한 후 결제대금예치업자에게 구상권을 행사할 수 있다.

---

204) 개정전 전자상거래소비자보호법 제15조 제1항에서 "통신판매업자가 이미 재화 등의 대금의 전부 또는 일부를 받은 경우"로 규정하였지만, 결제대금예치제도의 도입으로 동 규정을 "소비자가 재화 등을 공급받기 전에 미리 재화 등의 대금의 전부 또는 일부를 지급"으로 개정하였다.

205) 민법에서는 이행보조자의 귀책사유에 대한 채무자의 책임에 관한 규정을 두고 있지만(동법 제391조), 수령보조자에 대하여는 명문의 규정을 두고 있지 않다. 하지만 민법 제391조의 유추해석에 의하여 수령보조자의 귀책사유 역시 당사자의 귀책사유로 인정된다고 할 것이다.

206) 결제대금예치업자를 사업자의 수령보조자로 인정하면서 소비자의 대금지급의무의 완료시점을 결제대금예치업자에게 대금을 지급한 시점이 아닌 결제대금예치업자가 대금의 수령사실을 사업자에게 통지한 시점으로 보는 견해가 있다(윤정배, 앞의 논문, 374~376면). 하지만 사업자에게 통지한 시점을 대금지급의무의 완료시점으로 보기 위하여는 결제대금예치업자의 법적 지위를 소비자의 대금지급의무의 이행을 위한 이행보조자로 인정하여야 한다. 하지만 현재 결제대금예치계약의 당사자는 사업자와 결제대금예치업자이므로 결제대금예치업자는 사업자의 수령보조자에 해당한다. 따라서 사업자에 대한 결제대금예치업자의 대금수령에 관한 통지여부와 관계없이 소비자가 결제대금예치업자에게 대금을 지급한 시점이 대금지급의무의 완료시점으로 보아야 할 것이다.

② 재화 등의 인도시기

전자상거래에서 소비자의 대금지급의무와 사업자의 재화 등의 소유권이전의무는 상호 견련관계가 존재하므로 양 채무는 동시에 이행되어야 하지만(민법 제536조 제1항), 양 당사자는 이행시기에 관하여 달리 정할 수 있다. 특히, 비대면거래의 특성을 가지고 있는 전자상거래에서 양 채무간 동시이행은 이루어지지 않고 있으며, 소비자가 먼저 대금지급의무를 부담한다. 따라서 일반적으로 사업자의 재화 등의 소유권이전의무, 즉 재화 등의 인도는 소비자의 채무가 이행된 이후 일정기간 내에 이행되는 것으로 합의하고 있으며, 전자상거래소비자보호법 역시 선불식 전자상거래에서의 사업자의 의무이행시기에 대하여 규정하고 있다.[207] 선불식 전자상거래에서 전자상거래소비자보호법상 재화 등의 인도시기는 당사자간 합의가 있는 경우와 합의가 없는 경우로 구분된다. 먼저, 전자의 경우에는 합의한 시기 내에 재화 등을 인도하여야 하지만, 후자의 경우에는 소비자가 대금의 전부 또는 일부를 지급한 날로부터 3영업일 이내에 재화 등의 공급에 필요한 조치를 완료하여야 한다(동법 제15조 제1항). 여기에서 재화 등의 공급에 필요한 조치의 완료는 소비자에게 재화 등을 인도하는 것이 아니라 다른 재화 등으로부터 분리하여 배송할 수 있는 상태(포장 등)로 만들어 배송업체 또는 배송부서에 공급을 의뢰하는 것을 말한다. 만일, 재화 등의 배송이 불가능한 경우에 그 사실을 소비자와 결제대금예치업자에게 통지하여 대금의 환급이 신속하게 이루어질 수 있도록 하여야 한다(동법 제15조 제2항).

Ⅵ. 청약철회권

1. 청약철회권의 발생요건

전자상거래소비자보호법에서는 통신판매에서 소비자의 청약이 쉽게 행하여진

207) 선불식 전자상거래가 아닌 일반적인 전자상거래에서 양 당사자의 합의가 있는 경우를 제외하고, 사업자는 소비자가 청약을 한 날로부터 7일 이내에 재화 등의 공급에 필요한 조치를 취하여야 하며, 소비자 역시 이와 동시에 대금의 지급에 필요한 조치를 취하여야 한다(전자상거래소비자보호법 제15조 제1항).

다는 점을 고려하여 舊 방문판매법 중 통신판매에 관한 장과 달리 소비자의 구매의사변경에도 청약철회권을 인정하고 있어 행사요건을 구분하고 있다.[208] 또한 사업자는 청약철회권의 행사를 방해할 목적으로 주소, 전화번호, 인터넷도메인 이름 등을 변경 또는 폐지하여서는 아니 되며, 휴업기간 또는 영업정지기간 중에도 청약철회 등의 업무와 이에 따른 대금의 환급에 관한 업무를 계속하여야 한다(동법 제21조 제1항 제2호, 제22조 제1항).

(1) 개인적 구매의사변경 등에 의한 청약철회권

통신판매를 체결한 소비자는 개인적 구매의사변경이나 사업자의 표시의무위반 등의 경우에도 아무런 제한 없이 청약철회권을 행사할 수 있다. 따라서 소비자는 계약내용에 관한 서면을 받은 날 또는 서면교부일자보다 재화 등의 공급이 늦게 이루어진 경우에는 공급받거나 공급이 개시된 날로부터 7일 이내에 청약철회권을 행사할 수 있다. 하지만 계약내용에 관한 서면을 받지 아니한 경우 또는 사업자의 주소 등이 기재되지 아니한 서면을 교부받은 경우, 사업자의 주소 변경 등의 사유로 인하여 상기의 기간 내에 청약철회권을 행사할 수 없는 경우에는 그 주소를 안 날 또는 알 수 있었던 날로부터 7일 이내에 행사할 수 있다(동법 제17조 제1항). 다만, 소비자에게 책임 있는 사유로 재화 등이 멸실 또

208) 전자상거래소비자보호법에서는 소비자의 청약철회권 행사요건을 '舊 방문판매법'의 행사요건보다 완화하여 소비자보호에 충실하고 있다. 즉, 재화 등의 내용이 표시·광고된 내용과 상이하거나 계약내용과 다르게 이행된 경우와 기타의 경우로 구분하여 청약철회권의 행사방법을 정하고 있다. 하지만 표시의무위반, 조작실수방지화면의 미설치, 계약서의 미송부 등과 같은 사업자의 일정한 의무위반의 청약철회권과 소비자의 구매의사변경의 청약철회권의 행사요건을 동일시하고 있다. 이는 청약철회권의 행사요건을 소비자의 개인적 구매의사의 변경의 경우와 사업자의 의무위반의 경우로 구분하여 달리 정하고자 하는 원래의 입법취지와 일치하지 않는 것이며, 사업자의 표시의무위반에 대하여 '舊 방문판매법'에서 청약철회권의 행사기간을 20일로 정하였던 것을 전자상거래소비자보호법에서 7일로 단축한 것은 소비자보호 측면에서 미흡한 점이 있다. 또한 반환비용의 부담에 있어서도 사업자의 의무위반(표시의무위반 등)을 이유로 청약철회권을 행사하였지만 소비자가 반환비용을 부담하여야 하는 결과가 발생하게 된다. 따라서 전자상거래소비자보호법상 청약철회권의 행사요건은 소비자의 개인적 구매의사변경의 경우와 사업자의 의무위반의 경우로 구분하고, 후자는 재화 등의 내용이 표시·광고된 내용과 상이하거나 계약내용과 다르게 이행된 경우와 전자상거래소비자보호법상 사업자의무를 위반한 경우로 구분하여 행사요건과 효과를 달리 규정하여야 할 것이다.

는 훼손된 경우(다만, 재화 등의 내용을 확인하기 위하여 포장 등을 훼손한 경우를 제외), 소비자의 사용 또는 일부 소비에 의하여 재화 등의 가치가 현저히 감소한 경우, 시간의 경과에 의하여 재판매가 곤란할 정도로 재화 등의 가치가 현저히 감소한 경우, 복제가 가능한 재화 등의 포장을 훼손한 경우[209] 및 소비자의 주문에 의하여 개별적으로 생산되는 재화 등 등 청약철회권을 인정하는 경우 사업자에게 회복할 수 없는 중대한 피해가 예상되는 경우로서 사전에 당해 거래에 대하여 별도로 그 사실을 고지하고 소비자의 서면(전자문서를 포함한다)에 의한 동의를 얻은 경우에 소비자는 일반적인 청약철회권을 행사할 수 없다(동법 제17조 제2항, 동 시행령 제21조).

(2) 사업자의 채무불이행에 의한 청약철회권

일반적인 청약철회권의 행사요건과 달리 이 경우의 청약철회권을 행사하기 위하여는 재화 등의 내용이 표시·광고된 내용과 상이하거나 계약내용과 다르게 이행된 경우라야 한다. 또한 일반적인 청약철회권의 행사가 부정되는 경우라 할지라도 재화 등의 내용이 표시·광고된 내용과 상이하거나 계약내용과 다르게 이행된 경우에는 당해 청약철회권을 행사할 수 있다. 이 경우 소비자는 공급받은 날부터 3개월 이내에, 그 사실을 안 날 또는 알 수 있었던 날부터 30일 내에 청약을 철회할 수 있다(동법 제17조 제3항). 하지만 소비자가 사업자의 주소 등을 알지 못한 경우에 대한 기산점 규정을 두고 있지 않다. 따라서 이 경우에 있어서도 개인적 구매의사변경과 동일하게 사업자의 주소 등을 알지 못한 경우에 있어서 청약철회권행사의 기산점을 안 날 또는 알 수 있었던 날로 정하는 규정을 신설하여야 할 것이다.[210]

---

209) 상기 세 가지 경우에 소비자의 청약철회권을 부정하기 위하여 사업자는 청약철회권의 행사가 부정된다는 사실을 재화 등의 포장 기타 소비자가 쉽게 알 수 있는 곳에 명기하거나 시용(試用)재화를 제공하는 등의 방법으로 사용이나 일부 소비 등으로 인하여 청약철회 등의 권리 행사가 방해받지 아니하도록 조치한 경우에 한한다(전자상거래소비자보호법 제17조 제6항).

210) 고형석·서민교, 앞의 글, 21～22면.

(3) 입증책임

상기의 청약철회권에 관하여 재화 등의 훼손에 대하여 소비자의 책임이 있는지의 여부, 재화 등의 구매에 관한 계약이 체결된 사실 및 시기, 재화 등의 공급사실 및 그 시기, 공급서의 송부 사실 및 그 시기 등에 관하여 다툼이 있는 경우에는 사업자가 이를 입증하여야 한다(동법 제17조 제5항). 또한 재화 등의 배송 과정에서 사고, 장애 등으로 인하여 분쟁이 발생한 경우에 배송업자는 소비자가 요청하는 경우에 배송관련 기록과 사고 또는 장애 관련 사실의 확인을 위한 기록을 열람할 수 있도록 하여 분쟁 해결을 위하여 협력하여야 한다(동법 제9조, 동 시행령 제11조). 따라서 사업자는 소비자와 통신판매를 체결한 경우 당해 거래기록 등을 5년 동안 보존하여야 하며, 소비자가 이를 쉽게 열람, 보존할 수 있도록 하여야 한다(동법 제6조, 동 시행령 제6조).

2. 행사의 방법

전자상거래소비자보호법에서는 舊 방문판매법 중 통신판매의 장과 달리 소비자가 청약철회권의 행사방법에 대하여 서면 등의 방식을 인정하고 있으며, 서면으로 하는 경우에는 발송한 때에 그 효력이 발생한다(동법 제17조 제4항).

3. 효　　과

소비자가 청약철회권을 행사한 경우에 양 당사자는 원상회복의무를 부담하게 된다. 따라서 소비자는 수령한 재화 등을 반환하여야 하며, 사업자는 재화 등을 수령한 날로부터 3영업일 내에 대금을 반환하여야 한다. 만일 사업자가 대금반환을 지연한 경우 그 지연기간에 대하여 연 24%의 지연이자율을 곱하여 산정한 지연이자를 지급하여야 한다. 반환에 따른 비용은 개인적 구매의사변경 등에 따른 청약철회권행사의 경우와 사업자의 채무불이행에 따른 청약철회권행사의 경우에 따라 달리 정하여진다. 전자의 경우에는 소비자가 부담하며, 후자의 경우에는 사업자가 부담한다. 소비자가 대금을 신용카드 등으로 지급한 경우에 신용카드 사업자 등(이하에서는 '결제업자'라고 함)에게 대금의 청구를 정지 또는 취소할 것을 요청하여야 하며, 사업자가 이미 대금을 수령한 경우에 결제업자에게 환급하고 그 사실을 소비자에게 통지하여야 한다. 이 경우에 사업자가 결제업자 등에게 대금을 환급하지 않은 경우에 소비자는 결제업자에게 사업자의 다른 채무와 상계할 것을 요청할 수 있다.[211] 소비자의 상계요청을 받은 결제업자는 사업자의 다른 채무와 상계할 수 있다(동법 제18조 제1항 내지 제6항). 결제업자가 상계를 한 경우에 그 사실 및 금액내역을 기재한 서면(전자문서 포함)을 당해 사업자와 소비자에게 지체 없이 송부하여야 한다(동 시행령 제23조 제2항). 만일 결제업자가 정당한 사유 없이 이를 해태한 경우에 소비자는 결제업자의 대금청구에 거절할 수 있으며, 결제업자는 이를 이유로 소비자를 신용불량자로 취급하여서는 아니 된다(동법 제18조 제7항).[212] 또한 사업자, 재화 등의 대금을 지급받은 자(예를 들어, 결제대행업자) 또는 소비자와 통신판매에 관한 계약을 체결한 자가 동일인이 아닌 경우에 각자는 대금의 환급에 관하여 연대하여 책임을 진다(동법 제18조 제11항). 소비자가 청약철회권을 행사하였으나 당해 재화 등을 일부 사용 또는 일부 소비한 경우에 사업자는 그 재화 등의 사용 또는 일부 소비에 의하여 소비자가 얻은 이익 또는 그 재화 등의 공급에 소요된 비용에 상당하는 금액으로서 재화 등의 사용으로 인하여 소모성 부품의 재판매가 곤란하거나 재판매가격이 현저히 하락하는 경우에는 당해 소모성 부품의 공급에 소요된 비용 또는 다수의 동일한 가분물로 구성된 재화 등의 경우에는 소비자의 일부소비로 인하여 소비된 부분의 공급에 소요된 비용의 범위내 금액의 지급을 소비자에게

---

211) 결제업자에 대한 상계요청은 환급금액을 기재한 서면(전자문서 포함)에 의하여 상계를 신청하여야 하며, 청약철회권을 행사한 사실 및 재화 등을 반환하였음을 입증하는 자료를 첨부하여야 한다(전자상거래소비자보호법 시행령 제23조 제1항).

212) 소비자가 결제업자에게 상계를 요청한 경우에, 사업자에 대한 다른 채무가 없는 경우 등에 있어서 결제업자는 상계를 할 수 없기 때문에 소비자에게 대금을 청구할 수 있으며, 소비자는 이에 대항하지 못하게 된다. 그 결과 소비자는 전자상거래소비자보호법상 인정되는 청약철회권을 행사하였음에도 불구하고 실질적으로는 전혀 전자상거래소비자보호법에 의한 보호를 받지 못하게 된다. 또한 신용카드 등으로 대금을 2월 이상 기간을 정하여 3회 이상 분할하여 지급한 소비자와 일시불 또는 할부거래법의 적용을 받지 못하는 할부거래, 즉 대금을 2회 분납하거나 1개월 내에 수회 분할하여 지급한 소비자의 법적 지위를 구별하여 달리 보호방안을 취할 합리적인 근거도 없다. 따라서 청약철회권 행사에 따른 절차의 간소화와 대금환급에 있어서 소비자보호를 위하여 소비자가 청약철회권을 행사하고 동 기간 내에 이 사실을 결제업자에게 서면으로 고지한 경우에 결제업자는 소비자에게 대금을 청구할 수 없도록 하여야 할 것이다.

청구할 수 있다(동법 제18조 제8항, 동 시행령 제24조). 이는 악의적으로 청약철회권을 남용하는 소비자에게 일정한 책임을 부과함과 더불어 사업자를 보호하기 위한 규정이다.[213)]

VII. 통신판매의 이행

1. 재화 등의 인도의무

통신판매는 쌍무계약이므로 원칙상 사업자의 재화 등의 인도의무와 소비자의 대금지급의무는 동시이행의 관계에 있지만 양 당사자가 일방의 채무를 선이행하는 것의 약정을 할 수 있다(민법 제536조 제2항). 현재 대부분의 통신판

213) 할부거래법과 달리 소비자가 카드사의 대금결제요청에 대하여 거부하기 위하여는 상계요청을 하여야 하며, 카드사가 정당한 사유 없이 상계하지 않은 경우에 한하여 대항할 수 있도록 규정하고 있다. 이러한 점은 매매계약과 여신계약 간 항변의 접속을 인정하고 있는 학설과 판례의 입장과 상이할 뿐만 아니라 청약철회권을 행사하여 재화에 대한 매매계약이 소멸하였음에도 불구하고 대금지급의무를 부담하여야 하는 불공평한 문제가 발생하게 된다. 또한 신용카드거래의 법적 성질을 채권양도의 입장에서 볼 때 항변권의 행사에 대하여 추가적인 조건을 부가하는 것은 부당하다고 할 것이다. 따라서 소비자가 청약철회권을 행사한 경우 이의 사실을 청약철회권 행사기간 내에 카드사에게 통지한 경우 대금결제요청에 바로 대항할 수 있도록 개정하여야 할 것이다. 또한 할부거래법과 달리 소비자가 대금을 이미 지급한 경우 상계요청권을 부여하고 있으나, 카드사가 정당한 사유 없이 상계하지 않은 경우의 효과에 대하여는 규정하고 있지 않다. 따라서 이미 대금을 결제한 소비자는 사업자에게 환급을 청구할 수밖에 없으나 사업자가 임의적으로 반환하지 않은 경우에 소비자가 소송 등을 통하여 반환을 받아야 한다. 그러나 반환금액이 소액이고, 소송 등의 절차의 복잡성, 시간 및 비용 등의 문제로 인하여 대금의 반환 그리 쉬운 문제가 아니다. 따라서 소비자가 간편하게 대금을 환급받을 수 있는 절차의 마련이 필요하며, 그 대안이 바로 상계요청권을 활용하는 방안이다. 즉, 방문판매법 등에서 소비자가 간편하게 대금을 환급받을 수 있도록 상계요청권을 부여하고 있으나 카드사가 정당한 사유 없이 이를 행하지 아니한 경우에 대하여 규정을 두고 있지 않으므로 이의 효과를 추가하는 것이다. 구체적으로 소비자가 카드사에게 사업자의 다른 채권과 상계할 것을 요청하였음에도 불구하고 정당한 사유 없이 상계하지 않은 경우 카드사에게 대금환급의무를 부과하고, 사업자에게 구상하도록 하게 된다면 소비자는 간편하게 대금을 환급받음과 더불어 카드사 역시 추후 사업자의 다른 채권과 상계함으로써 간편하게 환급받은 효과를 발생시킬 수 있다는 장점이 있다.

매에 있어서 소비자의 대금지급의무를 선이행하도록 하고 있다. 이처럼 사업자가 소비자의 청약을 받고 재화를 인도하거나 용역을 제공하기 전에 미리 재화대금 또는 용역대가의 전부 또는 일부를 받는 거래형태를 선불식 통신판매라고 한다(동법 제15조 제1항). 사업자가 선불식 통신판매로 소비자에게 대금을 받은 경우에 대금수령일로부터 3일 이내에 재화의 인도 또는 용역의 제공에 필요한 조치를 취하여야 한다. 다만 사업자와 소비자 간 이행시기에 대하여 특약이 있는 경우에 이의 적용을 받지 아니한다(동법 제15조 제1항 단서). 또한 사업자가 재화의 품절 등의 사유로 재화를 인도 또는 용역을 제공할 수 없는 때에는 받은 대금을 수령일로부터 3일 이내에 환급을 위한 조치를 취하고 그 사유를 소비자에게 통지하여야 한다(동법 제15조 제2항, 표준약관 제14조 제1항). 선불식 통신판매가 아닌 경우에 사업자는 소비자의 청약을 받은 날로부터 7일 이내에 재화 등의 공급에 필요한 조치를 하여야 하며, 이에 관하여 다른 약정이 있는 경우에는 그에 따른다. 이 경우에 사업자가 재화 등의 품절로 인하여 소비자에게 인도할 수 없는 경우에 그 사유를 즉시 소비자에게 통지하여야 한다(동법 제15조 제1항, 제2항). 사업자는 소비자가 재화 등의 공급 절차 및 진행 상황을 확인할 수 있는 적절한 조치를 마련하여야 한다(동법 제15조 제3항). 이러한 인도시기에 재화 등을 인도하지 않은 경우에 소비자는 당해 통신판매에 대한 청약을 철회할 수 있으며(동법 제17조 제1항, 제3항), 경우에 따라서는 후술하는 계약해제권을 행사할 수 있다. 재화 등의 공급이 불가능한 경우에 있어서 대금의 환급에 관한 사항은 청약철회권에 관한 규정이 준용되므로 대금반환을 지연한 경우 지연이자를 더하여 반환하여야 하며, 신용카드로 대금을 결제한 경우에 사업자가 반환하지 않은 경우 소비자는 결제업자에 대하여 사업자에 대한 다른 채무와 상계할 것을 요청할 수 있고, 결제업자는 상계할 수 있다. 또한 사업자, 통신판매 체결자 및 대금수령자가 상이한 경우에 연대하여 책임을 진다(동법 제15조 제4항).

2. 대금지급의무

사업자의 재화 등의 인도의무에 대응하여 소비자는 대금지급의무를 부담한다. 대금지급시기는 당사자간 특약이 없는 한 재화 등의 인도와 동시에 지급하여야 한다(민법 제536조 제1항). 따라서 특약으로 소비자의 대금지급의무를 선이행할 것을 정할 수 있으며, 이 경우에 소비자는 사업자의 이행이 곤란한 현저한 사유가 있는 경우를 제외하고 지급시기에 대금을 지급하여야 한다(민법 제536조 제2항). 소비자의 대금지급방법에는 E-뱅킹, 지로입금, 무통장입금, 텔레뱅킹 등의 현금지급방식, 전자화폐의 지급 및 신용카드에 의한 지급[214]이 있다. 특히 사업자가 전자적 대금지급방법을 이용하는 경우에 전자결제수단 발행자, 전자결제서비스 제공자 등은 관련 정보의 보안 유지에 필요한 조치를 취하여야 하고, 전자적 대금지급이 이루어지는 경우에 소비자가 입력한 정보가 진정한 의사표시에 의한 것인지를 확인함에 있어서 주의를 다하여야 한다. 전자적 대금지급이 이루어진 경우에 사업자와 전자결제업자는 전자문서의 송신 등으로 소비자에게 그 사실을 통지하고, 소비자가 언제든지 이에 관한 자료를 열람할 수 있도록 하여야 한다. 만일 사업자와 소비자 간에 전자적 대금지급과 관련하여 분쟁이 발생한 경우에 전자결제업자 등은 관련자료의 열람을 허용하는 등의 방법을 제공하여 분쟁해결에 협력하여야 하다(동법 제8조).

Ⅷ. 계약의 해제와 손해배상청구권

사업자가 재화 등의 인도에 관한 채무를 이행하지 않은 경우(이행지체, 이행불능, 불완전이행)에 소비자는 이행의 청구 또는 계약의 해제와 더불어 손해배상을 청구할 수 있다(민법 제390조, 제551조).[215] 이와 더불어 사업자의 행위가 불법행

214) 한국소비자보호원이 2001년 7월 2일에서 6일까지 인터넷 사이버몰 125개 업체를 상대로 실시한 조사결과에 따르면, 조사대상의 68%만이 신용카드로 물품구매가 가능하였으며, 이 중 42.3%의 사이버몰이 신용카드 이용시 현금구매와 차별적인 대우를 하고 있는 것으로 나타났다(한국소비자보호원, 보도자료: 인터넷 사이버몰 42.3%, 신용카드 이용 소비자에게 차별대우, 2001·7, 1～2면).

215) 전자상거래 표준약관을 사용하는 사이버몰은 일정한 경우에 서비스의 중단에 따른 손해배상책임을 면한다. 즉, 사업자는 컴퓨터 등의 보수점검, 교체 및 고장, 통신의 두절 등의 사유가 발생한 경우에는 서비스의 제공을 일시적으로 중단할 수 있다. 이 경우에 사업자는 소비자에게 전자우편 또는 1주일 이상 사이버몰의 게시판에 이 사실을 게시하여야 하며, 사이버몰이 서비스의 제공을 중단함으로 인한 이용자 등의 손해에 대하여 과실이 없는 경우에는 책임을 지지 않는다(표준약관 제5조).

위책임의 구성요건을 충족한다면 소비자는 사업자에게 불법행위에 기한 손해배상청구권을 행사할 수 있다(민법 제750조). 이러한 손해배상의 범위는 사업자의 채무불이행과 상당인과관계 있는 통상손해가 포함될 것이나, 특별손해는 사업자가 이를 알았거나 알 수 있었던 경우에 한하여 포함된다(민법 제393조 제2항). 하지만 비대면계약의 특성으로 인하여 사업자가 과실 없이 이를 알 수 없는 경우가 대부분이기 때문에 소비자가 사업자에게 이를 고지한 경우를 제외하고는 특별손해에 대한 청구는 거의 불가능할 것이다. 또한 바이러스에 감염된 소프트웨어 제공으로 인하여 소비자의 컴퓨터 시스템이 파괴된 경우와 같이 불완전이행으로 인하여 발생하는 확대손해 역시 배상하여야 하나,[216] 사업자는 예측하지 못한 배상책임으로 인하여 파산할 우려가 있기 때문에 이에 관한 보험제도 등이 마련되어야 할 것이다.[217] 이와 반대로 소비자의 귀책사유로 인한 채무불이행(예를 들어, 대금지급의 지연)의 경우에 사업자는 통신판매를 해제할 수 있다. 다만, 대금의 미지급은 이행불능의 경우가 되지 않고 이행지체이므로 소비자가 대금지급기한 내에 대금을 지급하지 않았다고 하여 바로 계약을 해제할 수 있는 것이 아니라 재차 대금지급의무의 이행을 상당한 기간을 정하여 최고하고 동 기간 내에 이행하지 않은 경우에 사업자는 계약해제권과 손해배상청구권을 행사할 수 있다. 하지만 사업자가 청구할 수 있는 손해배상의 범위는 계약이 이행된 경우에 사업자가 받게 되는 이익, 즉 이행이익이 아닌 일정금액 이하로 제한된다. 구체적으로 사업자가 소비자에게 청구할 수 있는 손해배상금은 인도된 재화 등이 반환된 경우와 반환되지 않은 경우로 구분되어 결정된다. 전자의 경우에 손해배상금액은 반환된 재화 등의 통상 사용료액 또는 그 사용에 의하

---

216) 이은영, "통신판매와 소비자법,"「비교사법」 제9호, 한국비교사법학회, 1998, 114면. 손해배상액의 산정에 기본이 되는 통상손해는 채무불이행이 있으면 사회일반의 관념에 따라 일반적으로 발생하는 것으로 생각되는 범위의 손해이다. 바이러스에 감염된 소프트웨어를 알지 못하고 구입한 소비자는 이를 이용하기 위하여 필연적으로 컴퓨터 등의 정보처리매체에 설치한다. 그 결과 컴퓨터 등의 시스템에 고장이 발생하였다면, 일반인은 누구나 그러한 손해가 발생할 것이라고 생각하기 때문에 이러한 확대손해는 통상손해의 범주에 포함된다. 따라서 소비자는 통신판매사업자를 상대로 채무불이행에 기하거나 불법행위에 기하여 손해배상을 청구할 수 있다. 이와 동시에 소비자는 제조업자를 상대로 하여 제조물책임법에 의한 책임을 주장할 수 있다(제조물책임법 제3조 제1항).

217) 한웅길, 앞의 전자거래와 계약법, 40면.

여 통상 얻어지는 이익에 상당하는 금액과 반환된 재화 등의 판매가격에서 그 재화 등이 반환된 당시의 가액을 공제한 금액 중 큰 금액에 대금미납에 따른 지연배상금을 더한 금액을 초과할 수 없다. 후자의 경우에 손해배상금은 그 재화 등의 판매가액에 상당하는 금액과 대금미납에 따른 지연배상금을 더한 금액을 초과할 수 없다(동법 제19조 제1항).

Ⅸ. 통신판매중개업자 등의 책임

1. 통신판매중개의 의의

중개라 함은 당사자 일방이 상대방에 대하여 계약체결의 소개 또는 주선을 의뢰하고 상대방이 이를 승낙함으로써 그 효력이 발생하는 계약을 말한다. 이러한 중개 중 통신판매중개는 중개자가 사이버몰[218]의 이용을 허락하거나[219] 자신의 명의로 통신판매를 위한 광고수단을 제공하거나 그러한 광고수단에 자신의 이름을 표시하여 통신판매에 관한 정보의 제공이나 청약의 접수 등 통신판매의 일부를 수행하는 것에 의하여 거래 당사자간의 통신판매를 알선하는 행위를 말한다(동법 제2조 제4호, 동 시행규칙 제3조). 따라서 중개는 당사자의 계약체결까지 중개인이 이를 조력할 의무를 주된 내용으로 하기 때문에 계약 체결 후 당사자간의 법률관계에 대하여는 포함하지 않는다. 상법상의 중개에 있어서 중개인은 적극적인 중개의무를 부담하나, 전자상거래소비자보호법상의 통신판매중개에는 중개인의 적극적인 중개의무뿐만 아니라 사업자가 중개인의 사이버몰을 이용하는 것을 인용할 소극적인 중개의무도 포함하고 있다. 또한 상법상 중개인은 원칙적으로 당사자간 계약체결을 위한 알선행위만을 할 수 있으며, 당사자를 위하여 지급 기타의 이행을 받지 못한다(상법 제94조 본문). 하지만 통신판매중개자는 알선행위뿐만 아니라 청약의 접수 등 본계약의 체결 등 통신판매의 일부를 수행할 수 있다는 점에서 차이가 있다.[220]

---

218) 컴퓨터 등과 정보통신설비를 이용하여 재화 등을 거래할 수 있도록 설정된 가상의 영업장을 말한다(전자상거래소비자보호법 제2조 제4호).

219) 사이버몰의 일반게시판을 통하여 재화 등에 대한 거래가 이루어지는 경우는 통신판매중개에 해당하지 않고 당사자간의 직거래에 해당한다.

2. 중개인의 법적 지위

중개인은 중개계약에 있어서 당사자이지만 본계약에 있어서 당사자가 아니며, 대리인의 지위도 갖지 않는다. 따라서 본계약의 당사자가 중개인에 대하여 의사표시를 하더라도 상대방에게 효력이 발생하는 것은 아니다. 그러나 중개인이라 할지라도 대리인의 지위를 가질 수 없는 것은 아니다.[221] 즉, 중개계약에서 사업자가 중개행위의 의뢰뿐만 아니라 계약체결에 관한 대리권을 수여한 경우에 중개인은 대리인의 지위를 동시에 가지게 되며, 소비자는 중개인과 계약을 체결할 수 있다. 또한 중개인은 불특정 다수인의 상행위를 중개한다는 점에서 특정한 상인을 위하여 상시 그 영업부류에 속하는 거래를 중개하는 중개대리상과 구별되며, 중개인의 행위는 사실행위에 한정된다는 점에서 자기 명의로 제3자를 위하여 법률행위를 하는 위탁매매인이나 운송주선인과 구분된다.

3. 통신판매중개자와 사업자 간의 법률관계

(1) 선량한 관리자의 주의의무

중개계약의 주된 내용은 사업자가 소비자와 본계약을 체결하도록 중개인이 조력하는 것이다. 중개인은 본계약의 당사자는 아니지만, 의뢰인인 사업자가 상대방인 소비자와 계약을 체결하도록 주선, 알선행위를 하는 것이다. 따라서 사업자를 위하여 그의 사무를 처리하기 때문에 중개인의 중개의무는 위임의 성격을 갖는다. 그러므로 중개인은 선량한 관리자의 주의를 가지고 중개사무를 처리하여야 하며, 이를 위반하여 사업자에게 손해를 끼친 경우에 손해배상책임을 부담하게 된다(민법 제681조, 제390조).[222]

---

220) 통신판매중개에 대한 자세한 내용은 졸고, "통신판매중개에 관한 연구," 「인터넷법률」 제20호, 법무부, 2003 · 11, 33면 이하 참조.

221) 임홍근, "중개업에 관한 연구," 「성균관법학」 창간호, 성균관대학교, 1987, 218면.

222) 강위두, 앞의 책, 138면; 田中誠二 · 高窪喜八郎 編, 「商法商行爲編」, 東京; 中央大學出版部, 1962, 362면.

(2) 성명・상호묵비의 의무

사업자가 성명 또는 상호를 소비자에게 표시하지 않을 것을 중개인에게 요구한 경우에 중개인은 결약서 및 장부에 기재하지 못한다(상법 제98조). 하지만 통신판매중개자는 통신판매의 중개를 의뢰한 사업자의 신원에 관한 정보를 소비자에게 제공하여야 하기 때문에 통신판매중개에 대하여 동 조항은 적용되지 않는다(동법 제20조 제4항).

(3) 급부수령권

중개인은 본계약의 직접 당사자도 아니며, 사업자의 대리인의 지위를 가지지 않는다. 따라서 소비자가 대금의 지급 기타 이행을 제공한 경우에 이를 수령할 권한이 없다(상법 제95조 본문). 다만, 다른 약정이나 관습이 있는 경우에는 이의 수령이 인정된다. 대표적으로 중개인이 대리인의 지위를 동시에 갖는 경우에 사업자를 위하여 대금 등을 수령할 수 있다. 또한 통신판매중개자가 대리권의 유무와 관계없이 소비자로부터 대금을 수령하였다면 소비자가 계약체결 후 청약철회권을 행사한 경우에 대금환급에 관련한 의무 이행에 대하여 사업자와 연대하여 책임을 진다(동법 제18조 제11항).

(4) 보수청구권

① 발생요건

중개인이 단지 중개행위를 완료하였다는 것만으로 사업자에게 보수를 청구할 수 없다. 즉, 중개인이 중개행위를 하고, 이로 인하여 사업자가 소비자와 본계약을 체결하고 중개인이 결약서를 작성하여 교부한 경우에 비로소 보수청구권을 행사할 수 있다(상법 제100조 제1항). 이러한 중개인의 보수청구권은 상인의 보수청구권을 인정하고 있는 상법 제61조에 대한 특칙이다. 즉, 상인이 그 영업범위 내에서 타인을 위하여 행위를 한 때에는 상당한 보수를 청구할 수 있다. 따라서 중개를 업으로 하는 중개인 역시 상인에 포함되며, 상법 제61조에 의하여 중개행위만으로 사업자에게 보수를 청구할 수 있다. 하지만 중개인에 대하여는 보수청구권의 발생요건을 강화하여 중개행위와 더불어 본계약의 체결과 결약서의 교부를 보수청구권의 발생요건으로 하고 있다. 다만, 당사자 중 일방이 결약서에 기명날인 또는 서명을 거부한 경우에 그 자의 기명날인 또는 서명이 없는 결약서를 교부하였다고 하더라도 보수청구권은 부정되지 않는다.

② 보수지급의무자와 비율

사업자는 중개인의 중개행위에 대한 대가인 보수를 지급할 의무를 부담한다. 하지만 보수지급의무자에 대하여 상법에서는 본계약의 양 당사자로 규정하고 있으며, 당사자간에 특약으로 보수비율을 달리 정하였다고 하더라도 중개인에게 대항할 수 없다(동법 제100조 제2항). 하지만 후술하는 바와 같이, 상법상 보수지급비율은 쌍방적 중개계약을 전제로 하기 때문에 중개계약을 체결하지 않은 소비자는 보수지급의무를 부담하지 않으므로 보수지급의무는 사업자만이 부담한다.

③ 본계약의 무효 등의 경우에 있어서 보수청구권

중개계약과 본계약은 상호 독립된 계약이기 때문에 본계약이 성립된 이후 본계약의 효력은 중개인의 보수청구권에 영향을 미치지 않는다.[223] 하지만 당사자간에 본계약이 체결되었지만, 중개인의 고의 또는 과실로 인하여 본계약이 무효, 취소 또는 해제된 경우에 중개인의 보수청구권은 유효한 것인가 아니면 본계약의 소멸과 더불어 소멸할 것인가의 문제가 발생한다. 중개인의 보수청구권의 발생요건은 중개인의 중개행위로 인하여 당사자가 본 계약을 체결하고 중개인의 결약서의 교부만을 규정하고 있을 뿐, 본 계약의 효력발생에 대하여는 그 요건으로 두고 있지 않다. 따라서 본계약이 성립된 후 중개인의 귀책사유와 무관하게 무효 또는 취소되더라도 중개인의 보수청구권은 영향을 받지 않을 것이다. 하지만 본계약의 무효 또는 취소 등이 중개인의 귀책사유로 인하여 발생한 경우에도 보수청구권을 인정하게 되면 신의성실의 원칙에 반하게 된다. 즉, 중개인의 기망행위 또는 강박행위로 인하여 소비자가 사업자와 계약을 체결하고 사업자가 이를 알고 소비자와 계약을 체결한 경우에 소비자는 계약을 취소할 수 있으며 또는 계약목적의 달성이 불가능함에도 불구하고 중개행위를 하여 본계약이 체결된 경우에는 그 효력은 무효이다. 이러한 경우에 중개인의 보수청구

---

223) 早川 勳, 「商法要論(I)」, 東京: 法學書院, 1995, 289면.

권은 발생하지 않으며, 이로 인하여 본계약의 당사자에게 손해가 발생한 경우에 손해배상책임을 부담하게 될 것이다.[224)]

④ 신의칙을 위반한 본계약의 체결에 있어서 보수청구권

중개인에 대한 보수지급을 회피하기 위하여 중개행위시 본계약을 체결하지 않고 추후 사업자와 소비자가 직접 본계약을 체결한 경우에 중개인은 보수청구권을 행사할 수 없는가의 문제가 발생한다. 중개인이 보수청구권을 갖기 위하여는 중개행위로 인하여 본계약이 체결되고 결약서를 교부하여야 하며, 중개행위와 본계약의 체결 간에 인과관계가 존재하여야 한다. 하지만 상기의 경우에는 중개행위와 본계약의 체결 간 인과관계는 단절되지 않고 인정된다고 할 것이다. 즉, 중개인의 중개행위에 의하여 즉시 본계약이 체결되지 않았지만, 추후 중개인을 배제하고 당사자가 본계약을 체결하였다고 하더라도 인과관계는 인정되며, 이를 부정하는 것은 신의칙상 인정되지 않는다. 또한 신의칙에 반한 본계약의 체결은 중개인의 보수청구권의 발생에 관한 정지조건의 달성을 신의칙에 반하여 방해한 것으로 인정되기 때문에 중개인의 보수청구권의 발생에는 영향을 미치지 않는다.[225)] 따라서 중개인은 당사자간 본계약의 체결과 동시에 보수청구권을 가지며, 추후 결약서교부의무 및 장부작성에 따른 등본의 교부의무를 부담한다.[226)]

⑤ 비용상환청구권과의 관계

보수청구권과 별도로 중개인이 중개행위를 함에 있어서 비용을 지출한 경우에 비용상환청구권을 행사할 수 있는가에 대하여 학설은 이를 부정하고 있다. 즉, 중개인에 대한 보수에는 중개행위에 따른 비용이 포함되어 있는 것이 일반적이기 때문에 별도의 비용상환청구권은 인정되지 않는다고 한다.[227)] 하지만 중

224) 부동산중개의 경우에 중개인에게 보수청구권을 인정하고 있지만, 중개인의 고의 또는 과실로 인하여 중개의뢰인 간의 거래행위가 무효·취소 또는 해제된 경우에는 부정하고 있다(부동산중개업법 제20조 제1항).

225) 이범찬·최준선, 「상법(상)」, 삼영사, 2002, 328면; 임홍근, 앞의 글, 243면; 酒卷俊雄·庄子良男, 「商行爲法」, 東京; 青林書院, 1995, 104면.

226) 판례 역시 이러한 경우에 있어서 중개인의 보수청구권에 대하여 민법 제673조, 제686조 및 신의칙에 비추어 인정하고 있다(서울고등법원 1987.9.24. 선고, 87나516 판결).

개인이 중개행위를 함에 있어서 소요되는 통상적인 비용은 보수에 포함되어 있다고 할 수 있으나, 중개행위 등에 있어서 소요된 특별비용은 보수에 포함되지 않는다고 하여야 할 것이다. 대표적으로 중개인은 의뢰인으로부터 견품을 받은 경우에 선량한 관리자의 주의로 견품을 보관하여야 하며, 의뢰인의 수령거부 등으로 인하여 견품보관비용이 추가로 지출된 경우에 이러한 비용은 보수와 별도로 청구할 수 있다고 할 것이다.[228]

4. 통신판매중개자와 소비자 간의 법률관계

(1) 이행책임

중개인이 사업자의 신원에 대하여 소비자에게 제공하지 않았을 경우에 소비자는 사업자뿐만 아니라 중개인에 대하여 본계약의 이행을 청구할 수 있다(상법 제99조). 즉, 소비자는 사업자의 신원을 알지 못한 상태에서 계약을 체결하였다는 것은 사업자보다 중개인을 신뢰하고 계약을 체결한 것이다. 따라서 단순히 중개인이 본계약의 당사자가 아니라는 것을 이유로 면책을 주장할 수 있다면 중개인을 신뢰한 소비자에게 예상치 못한 손해를 입힐 수 있기 때문에 이를 보호하기 위하여 중개인에게 사업자와 동일한 이행책임을 부과하고 있다. 또한 사업자의 요청에 의하여 정보를 제공하지 않았다고 하더라도 중개인은 소비자에 대하여 면책을 주장할 수 없다. 이 경우에 있어서 사업자의 채무와 중개인의 채무는 연대채무의 성질을 갖기 때문에 소비자는 전 채무가 이행될 때까지 중개인 또는 사업자에게 청구할 수 있다(상법 제57조 제1항).

(2) 소비자에 대한 보수청구권

중개인은 중개행위로 인하여 당사자가 본계약을 체결하고 결약서를 교부한

---

227) 정찬형, 앞의 책, 279면; 강위두, 앞의 책, 141면; 이기수・최한준・김성호, 앞의 책, 388면; 최기원, 「상법학개론」, 박영사, 1997, 106면; 연정열, 「신상법강의」, 학문사, 2000, 10면; 增田政章, 앞의 책, 218면; 蓮井良憲・森淳二朗, 「商法總則・商行爲法」, 東京: 法律文化社, 1993, 237면.

228) 부동산중개업법에서도 중개인의 보수청구권과 별도로 중개대상물의 권리관계 등의 확인에 소요되는 실비를 받을 수 있다고 규정하고 있다(동법 제20조 제2항).

경우에 당사자에게 보수를 청구할 수 있다. 이 경우에 중개계약이 쌍방계약인 경우와 일방계약 중 중개인과 중개계약을 체결한 당사자에 대한 보수청구권의 인정근거에 대하여는 문제가 발생하지 않지만, 중개인과 중개계약을 체결하지 않은 당사자에게 보수를 청구할 수 있는 근거에 대하여는 문제가 제기되고 있다. 이에 관하여는 상법 제100조 제2항에서 당사자쌍방이 중개인의 보수를 균분하여 부담하여야 한다고 규정하고 있기 때문에 중개계약을 체결하지 않은 당사자에게도 보수청구권을 인정하는 측면에서 견해가 세분되고 있다.[229]

① 법정효과설

중개인의 중개로 인하여 계약이 성립한 경우에 중개인과 상대방 간에도 일정한 법률관계가 발생하는데 그것은 상법의 규정에 의하여 생기는 특수한 효과이며,[230] 이로 인하여 중개인은 상대방에 대하여 보수청구권을 갖는다. 이러한 규정은 중개인의 지위라는 특수성과 그 연혁적 이유[231]에서 발생한다.

② 묵시적 계약설

중개인은 상행위의 중개를 묵시적으로 위임받을 수 있다. 따라서 중개계약은 일방당사자의 위임에 의한 경우뿐만 아니라 중개인이 앞으로 교섭을 벌여야 하는 타방당사자의 묵시적 위임에 의하여도 성립하며, 이 경우에 중개인은 양당사자와 계약관계가 존속하게 된다. 하지만 묵시적 위임이 발생하는 경우는 상대방이 중개인의 중개행위를 알고 그 행위에 대하여 보수를 지급하기로 하고 그 행위를 활용한 때에 국한된다.[232]

---

229) 중개계약을 체결하지 않은 상대방에 대하여 보수청구권을 인정하는 다른 견해에서는 그 근거에 대하여 중개인이 의뢰인뿐만 아니라 상대방에게도 결약서교부의무, 장부작성 및 등본교부의무 등을 부담하며, 상대방 역시 중개인의 중개행위에 의하여 이익을 향유하였다는 점에 두고 있다(蓮井良憲・森淳二朗, 앞의 책, 237면).

230) 平出慶道, 앞의 책, 364~365면.

231) 중개업은 고대에는 자유영업으로 존재하였으나 중세에 들어와 도시를 중심으로 발달하기 시작하였으며, 중개인은 동업조합의 형성과 더불어 일정한 공직으로서의 지위와 독점영업권을 갖게 되었다. 즉, 중개인은 자국인과 외국인 간의 거래에 있어서 통역, 번역, 감정인의 직무와 영업경찰업무를 담당하여 공적 지위를 보유하였으며, 이러한 특성으로 인하여 자기 또는 제3자를 위하여 상인 또는 위탁업자가 되는 것이 금지되었다(이기수・최한준・김성호, 앞의 책, 378면).

③ 소 결

일방적 중개에 있어서 중개인과 중개계약을 체결하지 않은 자에 대한 보수청구권의 근거에 대하여 법정효과설에서는 상법의 규정에서 발생하는 특수한 효과라고 하고 있으며, 묵시적 계약설에서는 상대방이 중개인의 중개행위를 알고 그 행위에 대하여 보수를 지급하기로 한 경우에 당사자간 중개계약이 묵시적으로 성립하며 이로 인하여 보수청구권이 발생한다고 한다. 양자의 차이점은 상대방이 중개인의 중개행위를 알지 못하고 본계약을 체결한 경우이며, 법정효과설은 이를 긍정하나 묵시적 계약설에서는 이를 부정한다. 중개계약의 체결은 명시적으로 또는 묵시적으로 가능하기 때문에 문제가 되는 경우는 묵시적 계약마저도 없는 경우에 있어서 상대방에 대한 보수청구권의 문제이며, 법정효과설에서는 상법 제100조의 규정에서 발생한다고 하고 있지만 묵시적 계약설에서는 이에 관하여 언급하고 있지 않다.

상법에서 상인에게 보수청구권을 인정하는 것은 그 영업범위 내에서 타인을 위하여 행위를 하였기 때문에 상인의 특성상 원칙적으로 보수청구권을 인정한 것이며(상법 제61조), 보수청구권의 상대방은 본인이다. 상인이 본인을 위하여 행위를 하던 도중에 상대방을 위한 행위를 할 수 있지만, 이는 본인을 위한 행위의 결과일 뿐 상대방을 위한 행위라고 할 수 없다. 따라서 상대방에 대하여는 보수청구권이 발생하지 않는다. 이러한 점은 중개에 있어서도 동일하다. 즉, 중개인이 중개행위를 하는 것은 중개계약상 중개의무의 이행이며, 의뢰인을 위한 행위이다. 중개인은 의뢰인이 본계약을 체결할 수 있도록 선량한 관리자의 주의의무를 부담하며, 본계약이 체결된 경우에 보수를 청구할 수 있는 것이다. 하지만 상대방이 의뢰인과 본계약을 체결한 것은 중개인이 의뢰인 간의 중개계약상의 의무이행에 따른 부수적 효과이며, 상대방을 위한 행위라고 할 수 없다. 또한 계약체결에 따른 비용은 계약당사자가 균분하여 부담하지만(민법 제566조), 이 경우의 비용은 계약체결에 따른 통상의 비용을 의미하며,[233] 일방이 특별한 비용을 지출하였다고 하여도 상대방과 공동으로 부담한다고 할 수 없다. 그러므로 중개인의 보수청구권을 규정하고 있는 상법 제100조는 쌍방적 중개계약을

232) 임홍근, 앞의 글, 223면.

233) 곽윤직, 앞의 채권각론, 134면.

전제로 하여 양 당사자에게 보수지급의무를 인정하고 있으며, 그 비율도 역시 균분하여 부담하는 것으로 규정하고 있다.[234] 따라서 소비자가 중개인의 중개행위로 인하여 사업자와 본계약을 체결한 경우에 보수지급의무를 부담하는 경우는 중개인과 중개계약을 체결한 경우에만 한정된다고 할 것이며, 사업자만이 중개인과 중개계약을 체결한 경우에 소비자는 보수지급의무를 부담하지 않는다고 할 것이다.[235]

(3) 손해배상책임

① 소비자에 대한 손해배상책임

통신판매중개자가 중개행위로 인하여 소비자에게 손해를 입힌 경우에 배상을 하여야 한다. 즉, 통신판매중개자가 중개행위를 함에 있어서 허위 또는 과장의 광고 또는 표시 등을 하여 소비자와 사업자가 계약을 체결하고 이로 인하여 소비자에게 신체, 생명 또는 재산에 대한 손해가 발생한 경우에 배상을 하여야 한다. 이러한 통신판매중개자의 소비자에 대한 책임은 채무불이행에 기한 손해배상책임이 아닌 불법행위에 기한 손해배상책임이다. 따라서 통신판매중개자에게 손해배상을 청구하기 위하여는 통신판매중개자의 귀책사유와 위법한 행위, 손해발생 및 인과관계가 존재하여야 한다(민법 제750조).[236] 이러한 소비자의 손해에 대한 배상책임은 행위자인 통신판매중개자만이 부담하는 것이 원칙이나, 예외적으로 통신판매의 중개를 의뢰한 사업자도 일정부분에 대하여 통신판매중개자와 공동으로 책임을 부담한다(동법 제20조 제3항). 즉, 통신판매중개자의 행위로 인하여 소비자에게 손해가 발생한 경우에 사업자는 손해발생이 통신판매중개자의 행위에 의한 것을 주장하여 면책을 주장할 수 없다. 하지만 의뢰인인 사업자가 부담하는 책임은 통신판매중개자의 행위로 인하여 발생한 소비자의

---

234) 부동산중개업법에서는 보수지급의무자를 중개의뢰인으로 규정하고 있기 때문에 반대해석에 의하여 중개를 의뢰하지 않은 당사자에 대하여 보수를 청구할 수 없다(동법 제20조 제1항 본문).

235) 임중호, 앞의 글, 56면. 대표적인 통신판매중개업체인 옥션(www.auction.co.kr)에서도 중개의뢰자에게만 보수지급의무를 부과하고 있다(옥션 개인회원약관 제25조).

236) 통신판매중개인 또는 사업자의 부당한 표시·광고행위로 인하여 소비자에게 손해가 발생한 경우에 소비자는 손해배상을 청구할 수 있으며, 이 경우에 있어서 사업자 등의 책임은 무과실책임이다(표시광고공정화법 제10조).

전손해가 아니라 재산상의 손해에 대해서만 책임을 진다.[237] 또한 사업자와 통신판매중개자의 책임의 관계에 대하여 동법에서는 명문의 규정을 두고 있지 않지만, 동법 제20조 제1항과 관련하여 연대책임을 부담한다고 할 것이다.

② 사업자의 손해배상책임에 대한 연대책임

통신판매중개자는 사업자와 소비자 간 통신판매의 체결을 주선 또는 알선하는 자이며, 본계약의 당사자는 아니다. 따라서 본계약의 체결 이후 사업자의 행위로 인하여 소비자가 피해를 입었더라도 통신판매중개자는 소비자에 대하여 책임을 지지 않는 것이 원칙이다. 그럼에도 불구하고 전자상거래소비자보호법에서는 사업자의 귀책사유로 인하여 소비자에게 손해가 발생한 경우에 사업자뿐만 아니라 통신판매중개자에 대하여도 연대하여 책임을 지도록 규정하고 있다.[238] 이러한 연대책임은 통신판매중개자에 대한 소비자의 신뢰보호와 더불어 손해배상청구권을 더 실효성 있게 하기 위하여 규정한 특칙이라고 할 수 있다. 즉, 소비자는 사업자보다 통신판매중개자를 더 신뢰하여 사업자와 본계약을 체결하기도 하며, 사업자에 대한 손해배상청구권을 갖더라도 정보제공의무의 미이행[239] 또는 사업자의 도주, 책임재산의 부존재로 인하여 소비자의 권리가 실효성을 갖지 못하는 경우가 발생할 수 있다. 따라서 사업자에 대한 소비자의 손해배상청구권을 실효성 있게 하기 위하여 전자상거래소비자보호법에서는 사업자의 행위로 인하여 손해가 발생한 경우에 통신판매중개자에 대하여 연대책임을 인정하고 있다(동법 제20조 제1항). 다만, 통신판매중개자의 책임범위는 소비자에게 발생한 전손해가 아닌 재산상 손해로 한정되며, 통신판매중개자가 소비자에

---

237) 다만, 사업자가 소비자에게 피해가 가지 않도록 상당한 주의를 다한 경우에는 책임을 부담하지 않으며, 이에 관하여는 사업자가 상당한 주의를 다하였다는 것을 입증하여야 한다(동법 제20조 제3항 단서).

238) 이와 반대로 통신판매중개자에 대한 책임은 그 행위의 태양에 따라 민법 제750조의 책임을 부담하는데, 이들에 대한 입법은 민법 제750조의 과실책임을 구체화하는 것으로 충분하고 연대책임을 부담하는 것은 형평에 맞지 않다고 주장하는 견해도 있다(현대호, 앞의 전자거래입법의 문제점과 개선방안, 57면).

239) 이병준, "민법상 전형계약으로서의 중개계약과 중개인의 책임," 「법학연구」 제42권 제1호, 부산대학교, 2001 · 12, 273면. 의뢰인의 정보를 미제공한 경우에 통신판매중개자는 이행책임을 부담한다(상법 제99조).

대하여 손해배상을 한 경우에 사업자에게 구상권을 행사할 수 있다. 또한 통신판매중개자가 재화 등을 판매함에 있어서 책임이 없다는 사실을 약정하거나 미리 고지한 경우에는 사업자의 행위로 인한 발생한 소비자의 피해에 대하여 책임을 부담하지 않는다. 이 경우에 면책에 관한 약정 또는 고지의 상대방은 소비자이며, 사업자와 이와 같은 내용을 약정 또는 고지하더라도 소비자에 대한 책임을 면하지 못한다.

(4) 통신판매업자로서의 책임

① 책임의 내용

사업자의 귀책사유로 인한 소비자의 피해에 대한 통신판매중개자의 책임은 사전에 소비자와 면책에 관한 약정을 하거나 면책을 고지한 경우에 사업자의 손해배상책임에 대하여 책임을 부담하지 않는다. 하지만 통신판매중개자가 통신판매업자인 경우에 동법 제12조 내지 제18조의 규정에 의한 통신판매업자의 책임을 소비자에게 부담한다(동법 제20조 제2항 본문). 구체적으로 통신판매업자인 통신판매중개자는 통신판매업자의 신고 등(제12조), 정보제공의무(제13조), 청약확인(제14조), 재화 등의 공급(제15조), 공급서의 송부(제16조), 청약철회 및 효과(제17조, 제18조)의 책임을 부담한다. 다만, 통신판매중개자가 통신판매업자인 의뢰인의 요청을 받아 통신판매의 중개를 함에 있어 의뢰인이 책임을 지는 것으로 약정하여 소비자에게 고지한 부분은 의뢰인이 책임을 지기 때문에 고지한 부분에 대하여는 책임을 지지 않는다(동법 제20조 제2항 단서). 이러한 책임은 중개인으로서의 책임보다는 계약의 당사자로서의 책임이며, 소비자보호를 위하여 규정한 특칙이다. 그러나 소비자에 대한 통신판매중개자의 책임을 규정하고 있는 동법의 규정은 다음과 같은 문제점이 제기된다.

첫째, 동법에서 규정하고 있는 책임은 소비자에 대한 책임이다. 반면에 제12조의 통신판매업자의 신고 등에 관한 책임은 소비자에 대한 책임이 아닌 형사책임 또는 행정법상의 책임이며, 통신판매업자에게 당연히 인정되는 책임이다.[240] 즉, 이에 관한 면책을 소비자와 약정하더라도 당연히 책임을 부담하기

240) 통신판매업자가 공정거래위원회, 특별시장, 광역시장 또는 도지사에게 신고하지 않은 경우에 공정거래위원회는 시정조치와 과징금을 부과할 수 있으며(동법 제32조 제1항 제1호, 제34조), 3천만원 이하의 벌금과 500만원 이하의 과태료가 부과된다(동법 제42조 제1호, 제45

때문에 소비자와 무관한 책임이다.241) 따라서 제20조 제2항에서 제12조에 관한 내용은 삭제되어야 할 것이다.242)

둘째, 제13조 내지 제18조는 통신판매에서 사업자가 소비자에게 부담하는 주된 책임이다. 이러한 책임을 계약의 직접 당사자도 아닌 중개자에게 부과하는 것으로 이에 대한 타당성과 실효성에 대하여 의문이 제기된다. 중개자는 사업자와 소비자 간 통신판매가 체결되도록 알선 또는 주선하는 자이며, 예외적인 경우243)를 제외하고 통신판매의 체결 및 이행에 관하여는 개입하지 않는다. 그럼에도 불구하고 체결 전 단계에서부터 이행에 이르기까지의 전 과정에 대하여 책임을 부과하는 것은 중개인이 아닌 계약의 당사자로서의 책임을 인정하는 것이며, 이는 중개의 본질과 일치하지 않는다. 특히 의뢰인이 통신판매업자인 경우에 동 책임을 통신판매중개자에게 부과하는 것은 소비자를 과도하게 보호하는 것이다. 이러한 점을 이유로 하여 동 조항의 단서에서는 통신판매업자의 의뢰를 받아 통신판매의 중개를 함에 있어서 의뢰인이 책임을 지는 것으로 약정하여 소비자에게 고지한 부분에 대하여는 통신판매중개자의 면책을 규정하고 있다(동법 제20조 제2항 단서). 그러므로 통신판매중개자는 이에 관한 면책을 소비자에게 고지함으로써 동법상 책임을 부담하지 않기 때문에 동 규정의 실효성은 없다. 따라서 통신판매업자인 통신판매중개자에 대한 동 책임은 소비자보호의 필요성을 구체적으로 판단하여 결정하여야 할 것이다. 먼저, 의뢰인이 통신판매업자인 사업자의 경우에 의뢰사업자는 통신판매업자로서의 책임인 제13조 내지 제18조의 책임을 소비자에게 부담한다. 이러한 경우에 통신판매중개자에게 동일한 책임을 부과하는 것은 중개의 본질에도 부합하지 않으며, 소비자에 대한 과도한 보호이다. 따라서 통신판매중개자가 책임을 지는 경우는 의뢰인인 통신판매업자에 대한 정보를 제공하지 않은 경우로 한정하여야 할 것이다. 반면에

조 제2항 제3호).

241) 통신판매중개자가 통신판매업자인 경우에 당연히 통신판매의 신고 등에 관한 의무를 부담한다(동법 제12조). 이는 통신판매중개자로서의 책임이 아닌 통신판매업자로서의 책임이다.

242) 조용혁, "전자상거래소비자보호법 제정의 의의와 논점,"「2002년 추계 국제학술 및 정책세미나 논문집」, 한국인터넷전자상거래학회, 2002 · 11, 346면.

243) 이러한 경우에는 통신판매중개자가 소비자의 청약을 받거나 사업자로부터 대리권을 받아 소비자의 대금을 수령한 경우에는 사업자와 소비자 간 계약의 체결이나 이행에 개입하게 된다.

의뢰인이 통신판매업자가 아닌 경우에는 소비자가 정보의 제공, 청약의 확인, 재화 등의 공급, 공급서의 송부 및 청약철회에 관한 권리를 의뢰사업자에게 행사하기가 곤란하기 때문에 소비자보호를 위하여 제13조 내지 제18조의 책임을 인정하는 것이 타당할 것이다.

② 전자상거래소비자보호법 제3조 제3항과의 관계

통신판매업자가 아닌 자 사이의 통신판매중개를 하는 통신판매업자는 전자상거래소비자보호법 제13조 내지 제19조의 규정을 받지 않는다(동법 제3조 제3항). 하지만 동법 제20조 제2항 본문에서는 통신판매업자인 통신판매중개자에 대하여 제12조 내지 제18조의 적용을 인정하고 있다. 따라서 제3조 제3항과 제20조 제2항 본문은 상호 모순된다. 즉, 제3조 제3항에 의하여 제13조 내지 제19조의 적용이 배제되는 경우는 일반 개인 간 또는 통신판매업자가 아닌 사업자와 소비자 간의 통신판매의 중개이다. 그러나 통신판매업자인 통신판매중개자에 대하여 제12조 내지 제18조의 적용을 인정하고 있는 제20조 제2항 본문이 적용되는 통신판매의 중개는 일반 개인 간 또는 통신판매업자가 아닌 사업자와 소비자 간 통신판매의 중개뿐만 아니라 통신판매업자와 소비자 간 통신판매의 중개까지 포함하고 있기 때문에 적용범위가 더 광범위하며, 책임의 주체에 있어서는 양 조항 모두 동일하다. 그러므로 제3조 제3항에서 적용을 배제하였던 제13조 내지 제18조가 제20조 제2항 본문에 의하여 적용되는 결과가 된다. 또한 통신판매업자와 소비자 간의 통신판매를 중개하는 통신판매중개자는 제3조 제3항에 의하여 제13조 내지 제18조의 적용을 받지만, 제20조 제2항 단서에 의하여 적용이 면제될 수 있다. 그 결과 제3조 제3항은 제20조 제2항에 의하여 유명무실하게 된다. 따라서 법 적용에 있어서 혼란을 배제하고 통신판매중개자를 신뢰하여 통신판매를 체결한 소비자를 보호하기 위하여 동법 제3조 제3항은 삭제되어야 할 것이다.

(5) 정보제공의무

통신판매중개업자는 판매를 의뢰한 사업자의 신원에 관한 정보[244]를 소비자

244) 전자상거래소비자보호법에서는 사업자의 신원에 관한 정보를 열람할 수 있는 방법의 제공만을 규정하고 있을 뿐이지 구체적으로 어떠한 정보를 제공하여야 하는가에 대하여는 침묵하고 있다. 따라서 사업자의 정보제공의무를 규정하고 있는 전자상거래소비자보호법의 규정

가 열람할 수 있는 방법으로 제공하여야 하며, 의뢰인이 사업자가 아닌 경우에는 성명, 주소, 전화번호와 당해 중개자가 제공하는 중개를 이용한 사실과 관련된 신용도에 관한 정보를 보유하고 있는 경우 당해 정보를 전자상거래의 중개대상이 되는 거래의 당사자에게 거래상대방에 관한 정보를 열람할 수 있는 방법을 제공하여야 한다(동법 제20조 제4항, 동 시행령 제25조).

Ⅹ. 금지행위 및 불공정약관의 효력

1. 금지행위

전자상거래소비자보호법에서는 건전한 거래질서확립 및 소비자보호를 위하여 통신판매업자에게 일정한 행위를 금지하고 있으며, 공정거래위원회는 전자상거래소비자보호법 위반행위의 방지 및 소비자피해의 예방을 위하여 통신판매업자가 준수해야 할 기준을 정하여 고시할 수 있다(동법 제21조 제1항, 제2항). 이러한 행위로는 허위 또는 과장된 사실을 알리거나 기만적 방법을 사용하여 소비자를 유인 또는 거래하거나 청약철회 등 또는 계약의 해지를 방해하는 행위, 청약철회 등을 방해할 목적으로 주소·전화번호·인터넷도메인 이름 등을 변경 또는 폐지하는 행위, 분쟁이나 불만처리에 필요한 인력 또는 설비의 부족을 상당기간 방치하여 소비자에게 피해를 주는 행위, 소비자의 청약이 없음에도 불구하고 일방적으로 재화 등을 공급하고 그 대금을 청구하는 행위, 소비자가 재화를 구매하거나 용역을 제공받을 의사가 없음을 밝혔음에도 불구하고 전화·모사전송·컴퓨터통신 등을 통하여 재화를 구매하거나 용역을 제공받도록 강요하는 행위, 재화 등의 배송 등 소비자와의 계약의 이행에 불가피한 경우,[245] 재화

들을 통하여 유추하면, 상호 및 대표자 성명, 주소·전화번호·전자우편주소, 사업자등록번호 등과 이전에 당해 중개업자를 통하여 거래를 한 경우에 거래상의 신용도 등이 해당한다고 볼 수 있다.

245) 재화 등의 배송 또는 전송을 업으로 하는 자로서 당해 배송 또는 전송을 위탁받은 자에게 제공하는 경우와 재화 등의 설치, 사후 서비스 그 밖에 약정한 서비스의 제공을 업으로 하는 자로서 당해 서비스의 제공을 위탁받은 자에게 제공하는 경우가 이에 해당한다(전자상거래소비자보호법 시행령 제26조).

등의 거래에 따른 대금정산을 위하여 필요한 경우, 도용방지를 위하여 본인확인에 필요한 경우,[246] 법률의 규정 또는 법률에 의하여 필요한 불가피한 사유가 있는 경우를 제외하고 본인의 허락을 받지 아니하거나 허락 받은 범위를 넘어 소비자에 관한 정보를 이용하는 행위가 있다.

2. 불공정약관의 효력

통신판매는 부합계약의 특성을 가지며, 사업자가 구체적인 계약내용을 각 소비자와 개별적으로 약정하지 않고 사업자가 미리 작성한 계약내용, 즉 약관을 소비자에게 제시하고 이에 동의한 경우에 통신판매를 체결하고 있다. 따라서 사업자와 통신판매를 체결하고자 하는 자는 당해 약관을 거부할 수 없으며, 약관의 내용과 다른 특약을 정하기란 매우 곤란하다. 이러한 측면에서 소비자에게 불리한 불공정 약관에 대한 규제가 필요하며, 사업자의 약관은 약관규제법의 적용을 받게 된다. 따라서 약관의 내용 중 불공정한 조항으로 인정되는 경우에 당해 약관의 일부 또는 전부는 무효가 된다(약관규제법 제6조 제1항). 특히, 소비자의 청약철회권의 행사요건, 방식, 효과 및 손해배상금의 제한에 관한 전자상거래소비자보호법의 규정(제17조 내지 제19조)보다 약관에서 소비자에게 불리하게 정하고 있는 경우에 당해 조항은 무효가 되며, 전자상거래소비자보호법의 적용을 받게 된다(동법 제35조). 또한 통신판매로 인하여 소비자와 분쟁이 발생한 경우에 있어 관할법원을 통신판매업자의 주소지 또는 주된 사업소의 소재지를 관할하는 지방법원의 1심법원으로 약관에서 정하고 있더라도 제소 당시의 소비자의 주소를, 주소가 없는 경우에는 거소를 관할하는 지방법원이 관할권을 갖는다. 하지만 제소 당시 소비자의 주소 또는 거소가 분명하지 아니한 경우에는 약관에서 합의한 법원이 관할권을 갖는다(동법 제36조).

---

246) 소비자의 신원 및 실명여부나 본인의 진의여부의 확인을 위하여 전기통신사업법 제4조 제3항 제1호의 규정에 의한 기간통신사업자에 해당하는 자, 신용정보의 이용 및 보호에 관한 법률 제2조 제4호의 규정에 의한 신용정보업자, 당해 거래에 따른 대금결제와 직접 관련된 전자결제업자 등, 법령 또는 법령의 규정에 의한 인·허가에 의하여 도용방지를 위한 실명확인을 업으로 하는 자에게 제공하는 경우와 미성년자와의 거래에 있어 법정대리인의 동의여부를 확인하기 위하여 이용하는 경우가 이에 해당한다(전자상거래소비자보호법 제27조).

제7장
신용카드거래와 소비자보호

Ⅰ. 의의 및 성질

1. 의　　의

신용카드 거래라 함은 신용카드 발행사(이하에서는 '카드사'라 함)와 회원 또는 가맹점이 되고자 하는 사업자와 사전에 회원계약 또는 가맹점 계약을 체결하고, 추후 회원이 가맹점에서 재화 등을 구입함에 있어 신용카드로 대금을 지급하고, 추후 카드사가 가맹점으로부터 소비자에 대한 대금채권을 양수하여 소비자에게 대금의 결제를 요청하는 것을 말한다. 이러한 신용카드 거래는 카드사, 가맹점 및 회원이 관여하는 점에서 3면 관계가 형성된다는 점에서 특징을 갖는다.[247)]

---

247) 신용카드거래가 반드시 3면 관계로 형성되는 것은 아니다. 즉, 백화점 또는 주유소 등의 카드인 경우 카드사와 사업자가 동일인이기 때문에 일반 계약과 동일하게 2당사자간 계약이다(신종석, "신용카드거래의 법적 문제에 관한 연구,"「배화논총」 제19집, 2000, 205면). 이러한 신용카드거래에 있어서 매매계약의 당사자와 여신계약의 당사자가 동일하기 때문에 회원은 매매계약에서 발생한 항변을 카드사에 대하여 주장할 수 있다(김대규, "신용카드취득시의 문제점과 항변,"「기업법연구」 제20권 제3호, 2006 · 9, 475면). 이 외 다당사자카드거래도 하나의 유형으로 제시하고 있지만, 신용카드 발행자가 복수일 뿐 실질적인 거래에 있어서는 3면관계로 구성되기 때문에 세부적인 법률관계는 3면 관계의 신용카드거래와 동일하다고 할 수 있다.

2. 법적 성질

신용카드 거래의 법적 성질에 대하여 학설은 크게 채권양도설, 채무인수설(병존적 또는 면책적 채무인수) 및 혼합설(채권양도와 채무인수) 등으로 세분되고 있다.[248)]

먼저, 채권양도설은 여신전문금융업법 제20조에서 신용카드거래에 의하여 발생한 채권은 이를 신용카드업자 외의 자에게 양도하여서는 아니 되며, 신용카드업자 외의 자는 이를 양수하여서는 아니 된다고 규정하고 있다는 점에 근거를 두고 있다. 따라서 회원에 대한 가맹점의 대금채권을 카드사가 양수하고, 카드사는 그 양수한 대금채권을 회원으로부터 변제받는 것이다. 개개의 채권양도는 가맹점이 채권을 카드사에 양도함으로써 행하여지고, 회원은 카드사와의 계약에서 채권양도에 대한 포괄적인 승낙을 사전에 해두기 때문에 개개의 채권양도 때마다 대항요건을 따로 갖출 필요가 없다고 한다.[249)] 면책적 채무인수설에 따르면 가맹점이 직접 신용카드업자에 대한 채권을 취득하게 되고, 신용카드업자는 신채무자로서 그 대금을 가맹점에 지급한 후 회원에게 구상할 수 있으며, 또한 회원으로부터 채권의 회수가 불능한 때에는 신용카드업자가 그 위험을 부담하게 된다. 그리고 병존적 채무인수설에 의한 법률구성과 달리 채무자가 동시에 병존하지 아니하여 단순하므로 양 채무자의 관계를 어떻게 볼 것인가 하는 복잡한 문제는 발생하지 않는다고 한다.[250)] 병존적 채무인수설에 따르면, 카드회원과 가맹점 간에는 카드거래로부터 발생한 채권·채무관계가 존재한다고 보면서 카드회사가 카드회원의 채무를 병존적으로 인수한 것으로 보고, 다만 특별

---

248) 이 외에 비전형계약인 소비자신용계약의 한 유형으로 보는 견해도 있다(최완진, “신용카드 제도의 문제점과 정착방안,” 「외법논집」 제13집, 2002·12, 118면).

249) 곽윤직, 앞의 채권각론, 162면; 김형배, 앞의 채권각론, 844~845면; 김준호, 「민법강의」, 법문사, 2007, 1482~1483면. 신용카드거래를 형식적으로 소비자신용의 형태로 보면서 그 실질은 가맹점에 대한 기업여신으로 보는 견해 역시 채권양도설과 동일하다고 할 수 있다(이창범, “신용카드회원의 항변권 대항이론,” 「소비자문제연구」 제13호, 1994·6, 59면).

250) 강위두, “신용카드거래의 법구조,” 「법학연구」 제30권 제1호, 1988·8, 196면. 회원의 대금채무는 면책적으로 카드발행인에게 인수되지만, 여기에서 면책은 무한면책이 아닌 제한적 면책이라고 주장하는 견해도 있다(서규석·윤홍선, “신용카드거래의 법률문제에 관한 연구,” 「전북대학교 논문집」 제33집, 1991·9, 19면).

한 사정이 없는 한 카드회원에게 대금을 직접 청구하지 않겠다는 특약이 체결된 것으로 본다. 따라서 회원의 항변사유를 가지고 카드회사는 가맹점의 대금청구에 대하여 대항할 수 있다고 한다.[251] 혼합설에 따르면, 카드이용대금의 지급관계의 법적 성질은 일원적으로 설명될 수 없고 이원적으로 설명할 수밖에 없다고 하면서 먼저 카드회원의 카드발행인에 대한 대금지급의무의 근거는 카드회원규약의 내용에 의하여 타당한 법리를 찾아야 할 것이고, 카드발행인의 카드가맹점에 대한 대금지급의무의 근거는 카드가맹점규약의 내용에 의하여 타당한 법리를 찾아야 할 것이다. 둘째로 카드회원규약 및 카드가맹점규약의 내용모순, 불명확 등의 이유로 일정한 법리를 찾을 수 없는 경우에는 카드발행인의 카드가맹점에 대한 대금지급의무의 근거는 면책적 채무인수설에서 찾고, 카드회원의 카드발행인에 대한 대금지급의무의 근거는 채권양도설에서 찾아야 할 것이라고 한다.[252]

---

251) 김대규, "신용카드사용에 따른 손실부담고찰," 「기업법연구」 제3집, 1998 · 6, 234면; 이은영, 앞의 약관규제법, 507~508면. 하급심에 있어서도 역시 병존적 채무인수설을 취하고 있다. 즉, 신용카드거래의 법률적 성질에 관하여 살피건대, 카드가맹점계약에 이 점에 관한 직접적인 규정은 없으나 신용카드거래의 법률적 성질을 원고의 주장과 같이 채권매매 또는 이와 유사한 성격의 유상행위로 보는 견해가 없지는 아니하나 그럴 경우 가맹점은 카드회원에 대하여 전혀 대금채권을 갖지 아니하므로 카드발행회사가 파산 등의 이유로 지급불능이더라도 가맹점은 카드회원에게 대금을 청구할 수 없게 되는 등의 불합리한 결과가 발생하므로 신용카드거래의 법률적 성질을 채권매매 또는 이와 유사한 성격의 유상행위로 볼 수는 없고, 이러한 불합리한 결과 및 신용카드거래의 실질 등에 비추어 보면 그 법률적 성질은 카드회원이 카드발행회사에 가맹점에 대한 채무를 인수하여 줄 것을 포괄적으로 의뢰하고, 카드발행회사가 가맹점에 대하여 카드회원의 채무를 중첩적으로 인수하며, 그 대신에 가맹점은 카드회원에 우선하여 카드발행회사에게 거래대금을 청구하기로 하는 계약을 체결하였다고 해석함이 상당하며, 따라서 카드발행회사인 원고는 가맹점인 피고에 대하여 중첩적 채무인수인의 지위에 있으므로 카드회원으로부터 신용카드사용대금을 변제받지 못하였다 하더라도 피고에게 그 지급을 구할 수는 없고, 따라서 원고의 위 주장은 이유 없다고 판시하였다[서울지법 1999.5.19. 선고 98가합4410 판결; 이와 같은 취지의 판결로는 서울고등법원 2005.10.14. 선고 2005나15057(본소), 2005나15064(반소), 2005나15095(반소) 판결 등]. 그러나 판결의 논거 중 카드사의 파산 등의 경우에 가맹점은 회원에 대하여 대금을 청구할 수 없다고 하지만, 이 경우 가맹점은 채권양도계약을 해제할 수 있다고 할 것이므로(채권양도설에 의할 경우) 회원에 대하여 직접 대금을 청구할 수 없는 것은 아니다.

252) 정찬형, "신용카드거래와 대금채무자의 항변," 「상사법연구」 제6집, 1988, 111면; 전광수, "신용카드거래의 항변에 관한 연구," 「서강대논문집」, 1993, 95~96면.

상기의 학설은 크게 3면관계로 구성된 신용카드 거래를 단일의 구조로 파악할 것인가 아니면 복수의 법률관계로 구성할 것인가에 따라 구분된다. 전자의 입장이 다수의 학설이며, 후자는 소수의 학설이다. 먼저, 채권양도설에 대하여는 지명채권의 양도는 채무자에게 통지 또는 채무자가 승낙하지 않으면 채무자에게 대항하지 못하기 때문에 채권양도설은 이 경우 가입신청시 미리 포괄적으로 장래 발생할 가맹점의 채권을 양도하는 데 합의를 맺은 것만으로 설명할 수밖에 없는데 장래의 불확정 채권의 양도에 대한 포괄적 승인이 민법 제450조에서 말하는 대항요건이 될 수 있는가의 의문이 제기되며, 회원약관에 포괄적 승인에 관한 조항이 없음에도 불구하고 이것이 있었다고 해석하는 것은 부당하다는 비판이 있다.[253] 또한 카드사의 부도 등의 경우에 사업자는 채권을 가지고 있지 않기 때문에 소비자에 대하여 직접 청구를 하지 못한다는 단점도 제기된다. 채무인수설은 소비자에 대한 채권의 소멸시효가 기본계약상 3년 또는 1년임에도 불구하고 채무인수를 통하여 카드사가 소비자에 대하여 가지는 채권은 5년의 소멸시효의 대상이 된다는 점[254]과 소비자의 채무를 변제함에도 불구하고 사업자에게 수수료[255]를 받는다는 점은 모순이라고 할 수 있다. 또한 소비자의 항변권을 카드사 역시 원용할 수 있지만, 소비자가 카드사에 대하여 항변할 수 있는가에 대하여는 채무인수설에 따르면 부정되지만, 소비자의 측면에서 볼 때, 사업자에 대하여 주장할 수 있는 항변을 카드사에 대하여 행사할 수 없다는 점은 타당성을 상실한다. 혼합설의 경우, 면책적 채무인수설과 채권양도설을 취하고 있으나 회원 역시 가맹점인 사업자에게 직접 변제를 할 수 있으며, 면책적 채무인수설에 따르게 되면 사업자는 부당이득을 취한 것이 되어 소비자에게 반환하여야 한다는 결론에 도달하게 된다. 그러나 이를 부정할 만한 근거 또는

---

253) 이은영, 앞의 약관규제론, 507면.

254) 병존적 채무인수설이 타당하지만, 이러한 문제를 내포하고 있다는 견해로는 김성천, 「신용카드의 소비자문제와 법제개선방안」, 한국소비자보호원, 2000, 21～22면.

255) 여신전문금융업법 제19조 제3항에서 신용카드거래의 경우 수수료를 소비자에게 전가하는 것을 금지하고 있기 때문에 가맹점인 사업자가 이를 부담하고 있으나, 미국의 경우 이에 대한 규정을 두지 않아 가맹점의 자유의사에 따라 자신이 부담할 것인가 소비자에게 이를 전가할 것인가를 결정하도록 하고 있다. 따라서 소비자는 수수료를 부담시키지 않은 가맹점과 계약을 체결할 것인가 또는 수수료를 부담시키는 가맹점과 계약을 체결할 것인가를 선택할 수 있다(문성제, "우리나라에서의 신용카드거래와 전망," 문양사, 1994, 539면).

이유도 없기 때문에 당연히 인정되어야 할 것이므로 소비자 역시 채무를 부담하여야 할 것이다.

이와 같이 신용카드거래의 법적 성질에 대한 제학설은 모두 일장일단을 가지고 있으나 사견으로 채권양도설에 찬동한다. 이의 근거로는 먼저, 여신전문금융업법에서 신용카드에 의한 거래에 의하여 발생한 매출채권은 이를 신용카드업자외의 자에게 양도하여서는 아니 되며, 신용카드업자 외의 자는 이를 양수하여서는 아니 된다고 규정하고 있으므로 이는 신용카드거래는 채권양도라는 점을 나타낸다(동법 제20조 제1항). 둘째, 매매계약에서 발생하는 채권은 3년 또는 1년의 단기소멸시효가 적용됨에도 불구하고 채무인수설에 따르면 5년의 상사소멸시효가 적용되는 불합리한 점이 있으나, 채권양도설에 의할 경우 채권이 그대로 카드사에게 이전되므로 소멸시효 역시 동일하게 3년 또는 1년의 소멸시효가 적용된다. 셋째, 회원의 가맹점에 대한 항변권 역시 그대로 카드사에 대하여 주장할 수 있다는 장점이 있다. 넷째, 카드사의 파산 등의 경우 채권양도계약을 해제함으로써 채권을 회수하여 회원에게 대금을 청구할 수 있으므로 채무인수설이 주장하는 문제는 발생하지 않는다. 다섯째, 병존적 채무인수설에 의하면 회원이 카드사에게 대금을 지급하였지만, 카드사가 대금을 가맹점에게 지급하지 않은 경우 회원의 채무는 그대로 존재하기 때문에 가맹점의 청구에 거부할 수 없게 되지만, 회원은 카드사에 대금을 지급한 것만으로 사업자의 대금지급의무를 이행한 것으로 인정하여야 하며, 이를 위하여도 채권양도설이 타당하다.[256)] 여섯째, 회원계약체결시 채권양도에 대하여 포괄적 승인이 있었다고 인정할 수 없다는 비판에 대하여는 일정기간 동안 회원의 카드사용액에 대하여 카드사가 청구하고 대금결제일에 회원이 대금을 지급하기로 하는 약정이 회원계약의 핵심이기 때문에 이에 대한 포괄적 승인이 있었다고 보는 것이 더 합리적이다. 다만, 포괄적 승인에 대하여 이의를 유보하지 않은 것으로 보는 것은 회원의 항변권을 전면부정하는 것이기 때문에 인정할 수 없다.

---

256) 채권양도계약이 무효인 경우에 선의인 채무자가 양수인에게 채무를 변제한 경우 당해 변제는 유효하므로 채무는 소멸하며, 양수인과 양도인 간 부당이득반환 또는 원상회복의 문제만이 남게 된다(민법 제452조). 또한 해제의 경우 제3자는 보호를 받기 때문에 채권양도계약이 해제되었다고 하더라도 이미 양도인에게 채무를 변제한 채무자에게 양도인은 채무의 변제를 요구할 수 없다.

Ⅱ. 신용카드거래의 장단점

회원이 재화 등을 구입할 경우에 재화 등의 인도와 동시에 대금을 지급하여야 하며, 이를 유예받기 위하여는 계속적인 거래관계의 형성으로 신용이 보장된 경우 등을 제외하고 일정한 담보를 제공하여야 한다. 하지만 신용카드거래의 경우에 신용카드업자가 사업자의 채권을 양수하기 때문에 회원은 일정기간 동안 대금지급이 된다. 이 결과 회원은 계약 당시에 지급할 대금이 없더라도 재화 등을 구입할 수 있으므로 간편하게 신용을 확보할 수 있다. 신용카드거래를 통하여 재화 등을 구입할 경우에 거래내역이 명확해지며, 이는 조세부과의 근거를 확보함과 더불어 투명한 경제질서를 확립하는 역할을 하게 된다. 또한 과다한 현금을 소지함으로써 발생하는 불편을 해소함과 더불어 각종 범죄의 대상이 될 수 있는 가능성을 줄일 수 있다.[257] 이러한 신용카드거래의 장점에도 불구하고 신용카드업자가 이자율, 할인율, 연체료율 등 각종 요율을 과다하게 책정하여 회원은 예상하지 못한 피해를 입게 된다. 또한 결제능력 없는 자에게 대한 무분별한 신용카드 발급으로 인하여 신용불량자를 양산하게 되는 주된 원인이 되고 있으며, 신용카드대금의 연체로 인하여 각종 범죄의 주된 원인이 되고 있다. 마지막으로 개인정보유출에 따른 위·변조된 신용카드 사용에 따른 회원의 책임이 문제시되고 있으며, 전자적 결제방법으로 인한 신용카드의 도용에 따른 책임은 새로운 사회문제로 등장하고 있다.

Ⅲ. 신용카드업자와 회원과의 법률관계

1. 신용카드의 발급과 주지의무

(1) 신용카드회원의 모집과 발급

여신전문금융업법에서는 신용카드업자의 경쟁적인 회원모집과 무분별한 신용

257) 신종석, "신용카드거래의 부정사용에 대한 법적 책임," 「법학논총」 제24집, 단국대학교, 2000 · 12, 293면.

카드발급을 규제하기 위하여 회원의 모집방법과 신용카드발급에 대하여 일정한 제한을 두고 있다. 신용카드업자가 회원을 모집함에 있어서 신용카드발급과 관련하여 당해 신용카드 연회비의 100분의 10을 초과하는 경제적 이익의 제공이나 제공을 조건으로 모집하거나 도로법 제2조 및 사도법 제2조의 규정에 의한 도로 및 사도 등 길거리에서의 모집 또는 사전에 동의를 얻은 후 방문하거나 사업장을 방문하는 경우를 제외하고 방문을 통한 모집은 금지된다(여신전문금융업법 시행령 제6조의7 제5항). 회원이 신용카드업자와 회원가입계약을 체결하여 발급신청을 한 경우에 신용카드업자는 발급신청이 본인에 의한 것인지를 확인함과 더불어 신청자가 신용카드의 발급신청일 현재 만18세 이상인 자, 신용카드업자가 정한 기준에 따라 신용카드이용대금을 결제할 수 있는 능력이 있음이 확인되는 자 및 미성년자의 경우에 법정대리인의 동의서와 재직증명·납세증명 등 소득을 증빙하는 서류를 제출하는 자에 해당하는 경우에 신용카드를 발급할 수 있다(여신전문금융업법 제14조, 동 시행령 제6조의7 제2항).

(2) 신용카드업자의 주지의무

신용카드 사업자는 이자율, 할인율, 연체료율 등 각종 요율, 신용카드 이용대금의 결제방법, 신용카드의 도난, 분실, 위조, 변조에 대한 회원 등에 대한 책임, 가맹점에 대한 책임과 준수사항, 신용카드업자의 신용카드회원에 대한 자금융통업무의 종류별 수수료 등 수입비율 및 신용카드회원에게 적용되는 신용등급의 분포현황에 대하여 신용카드회원에게 개별통지와 더불어 전국적으로 보급되는 일간신문에의 공고, 신용카드 사업자의 영업장에 게시 또는 인터넷 홈페이지에 게시하여야 한다(여신전문금융업법 제18조, 동 시행규칙 제6조).

2. 신용카드의 양도 등의 금지

회원은 신용카드를 양도하거나 질권설정을 할 수 없다(여신전문금융업법 제15조). 따라서 신용카드를 양도하거나 담보로 제공하여 발생한 채무에 대하여 회원은 책임을 면하지 못하며, 특히 양도 또는 담보로 제공된 신용카드를 이용하여 위·변조된 신용카드의 사용에 대하여는 고의 또는 중대한 과실이 인정되기 때문에 회원은 그 전부 또는 일부의 책임을 부담할 수 있다(여신전문금융업법 제

16조 제3항, 제5항, 제7항, 동 시행령 제6조의10).

3. 분실 · 도난, 위조 · 변조된 신용카드 사용에 따른 책임

(1) 도난 · 분실된 신용카드 사용에 대한 책임

신용카드회원이 신용카드를 도난 · 분실하여 이를 신용카드 사업자에게 통지한 경우에 신고시점 이후의 신용카드 사용에 대한 책임을 부담하지 않는다(여신전문금융업법 제16조 제1항). 다만, 회원의 통지 전에 사용된 금액 중 분실·도난 등의 통지를 받은 날부터 60일 전까지의 기간 내에 제3자가 사용한 금액에 대하여 회원이 아닌 신용카드업자가 책임을 진다. 또한 신용카드업자는 신용카드의 분실 또는 도난 등에 대하여 그 책임의 전부 또는 일부를 신용카드회원의 부담으로 할 수 있다는 취지의 계약을 체결한 때에는 당해 신용카드회원에 대하여 그 계약내용에 따른 책임을 부담하게 할 수 있지만, 저항할 수 없는 폭력이나 자기 또는 친족의 생명 · 신체에 대한 위해로 인하여 비밀번호를 누설한 경우 등 신용카드 회원의 고의 또는 과실이 없는 경우에는 그러하지 아니하다(동법 제16조 제1항 내지 제3항). 이러한 책임부담의 계약은 반드시 서면에 의한 경우에만 효력이 있으며, 신용카드회원 등의 중대한 과실은 계약서에 기재된 것에 한한다(동법 제16조 제7항). 이러한 회원의 고의 또는 중대한 과실은 고의 또는 중대한 과실에 의한 비밀번호의 누설 및 신용카드 또는 직불카드의 양도 또는 담보목적으로의 제공으로 한정된다(동법 제16조 제9항, 동 시행령 제6조의10).

(2) 위조 · 변조된 신용카드 사용에 대한 책임

신용카드의 위조 · 변조된 신용카드의 사용에 대하여는 신용카드회사가 책임을 부담한다. 다만, 회원의 고의 또는 중대한 과실로 인하여 위조 또는 변조가 이루어진 경우에 신용카드회사가 이를 입증한 때에는 책임의 전부 또는 일부를 회원에게 전가할 수 있다는 계약을 서면으로 체결한 경우에 신용카드의 위조 · 변조가 회원의 고의 또는 중대한 과실로 인하여 발생하여 신용카드업자가 이를 입증한 경우에 그 책임의 전부 또는 일부를 회원이 부담하게 된다(여신전문금융업법 제16조 제5항 내지 제7항).[258]

(3) 신용카드 도용에 대한 책임

전자적 방식으로 대금을 지급하기 위하여 신용카드를 이용하는 경우에 소비자가 직접 신용카드를 사업자에게 제공하여 단말기를 통하여 결제하는 것이 아니라 신용카드번호, 비밀번호 등을 화면상에 기입하여 간편한 대금결제방식을 취하고 있다. 하지만 많은 가상공간 쇼핑몰에서 신용카드에 의한 대금결제를 함에 있어 카드번호만을 입력하도록 하고 있어 이로 인한 신용카드회원의 피해가 급증하고 있다. 이 경우에 타인이 소비자의 신용카드번호 등을 이용하여 대금지급을 한 경우에는 원칙적으로 무권한자의 카드사용이므로 신용카드회원에게는 책임이 없다. 다만 사업자가 선의·무과실인 경우에 채권의 준점유자[259]에 대한 변제[260]로서 효력이 인정되기 때문에 소비자는 도용에 대한 책임을 부담할 수

---

258) 이러한 중대한 과실의 유형으로 회원의 고의 또는 중대한 과실에 의한 비밀번호 누출의 경우와 신용카드의 양도 또는 담보 목적으로의 제공을 규정하고 있다(여신전문금융업법 시행령 제6조의10).

259) 채권의 준점유자라 함은 채권을 사실상 행사하는 자로서 채권이 사실상 어떤 자에게 귀속하는 것과 같이 보이는 외관을 갖춘 자를 말한다(곽윤직, 채권총론, 박영사, 2002, 333면). 채권의 준점유자의 해당여부에 대하여 판례는 "채권의 준점유자가 될 수 있는가의 여부는 오로지 채권자임을 사칭하는 자가 한 행위가 변제자의 입장에서 볼 때 사회일반의 거래관념상 진실한 채권를 가진 자라고 믿을 만한 외관을 구비하였는가의 여부로써 결정하여야 할 것이므로 채권자임을 사칭하는 자가 채권자의 인장 및 채권자명의의 문서를 위조하여 그로 인하여 유죄를 받았다고 하여도 그 유죄판결을 받았다는 사실만으로 채권의 준점유자가 아니라고 할 수 없다"고 판시하였다(대판 1963.10.10, 63다384).

260) 전자적 대금지급과 관련하여 은행이 채권의 준점유자에 대한 변제로 되기 위한 주의의무와 과실유무를 판단함에 있어 판례는 "소위 폰뱅킹에 의한 자금이체신청의 경우에는 은행의 창구직원이 직접 손으로 처리하는 경우와 달리 그에 따른 자금이체가 기계에 의하여 순간적으로 이루어지지만, 그것이 채권의 준점유자에 대한 변제로서 은행에 대하여 요구되는 주의의무를 다하였는지의 여부를 판단함에 있어서는 자금이체시의 사정만을 고려할 것이 아니라 그 이전에 행하여진 폰뱅킹의 등록을 비롯한 제반사정을 총체적으로 고려하여야 하며, 은행이 거래상대방의 본인 여부를 확인할 필요가 있는 경우에 담당직원으로 하여금 그 상대방이 거래명의인의 주민등록증을 소지하고 있는지 여부를 확인하는 것만으로는 부족하고 그 직무수행상 필요로 하는 충분한 주의를 다하여 주민등록증의 진정 여부 등을 확인함과 더불어 그에 부착된 사진과 실물을 대조하여여 할 것인바, 만일 실제로 거래행위를 한 상대방이 주민등록상의 본인과 다른 사람이었음이 사후에 밝혀졌다고 한다면 특별한 사정이 없는 한 은행으로서는 위와 같은 본인확인의무를 다하지 못한 과실이 있는 것으로 사실상 추정된다"고 판시하였다(대판 1998.11.10, 98다20059; 전경근, "채권의 준점유자에 대한 변제에 관한 일고찰," 「인권과정의」 제294호, 대한변호사협회, 2001·2, 294면).

있다.[261] 따라서 이러한 경우에 대한 소비자의 보호방안이 요구되며, 구체적으로 소비자의 책임범위를 일정금액 이내로 한정할 필요성이 있다.[262]

(4) 부당이용대금에 대한 항변

회원이 재화 등의 구입에 신용카드를 사용하지 않았음에도 불구하고 신용카드업자로부터 결제요청을 받은 경우에 회원은 서면으로 당해 신용카드의 이용금액에 대하여 이의를 신청할 수 있다. 이러한 이의신청을 받은 신용카드업자는 이에 대한 조사를 완료할 때까지 그 신용카드회원으로부터 해당금액을 지급받을 수 없다(여신전문금융업법 제16조 제10항).

Ⅳ. 신용카드사업자와 가맹점과의 법률관계

1. 가맹점의 모집

신용카드업자는 신용카드가맹점을 모집하는 경우에는 신용카드가맹점이 되고자 하는 자의 사업장을 방문하여 영업여부 등을 확인하여야 하며, 회원에게 제공하는 거래조건을 신용카드가맹점에 고지하여야 한다(여신전문금융업법 제16조의 2, 제18조).

---

261) 무권한자의 신용카드 사용에 대하여 일본 최고재판소는 진정한 신용카드 사용, 정확한 비밀번호의 입력 및 은행의 비밀번호관리가 불충분하다는 특단의 사정이 없는 한 무권한자의 신용카드사용에 대한 은행의 면책약관의 효력은 유효하다고 판시하였다(最2小判1993<平成5>年 7月 19日 判例時報 1489号 111면). 신용카드 도용에 따른 책임에 대하여 원칙적으로 회원에게 대금의 청구를 부정하면서 신용카드정보관리에 과실이 있거나 공인전자서명생성키의 도난, 유출하였음에도 불구하고 이를 신고하지 않아서 발생한 도용에 대하여 회원의 책임을 인정하는 견해도 있다(정진명, 앞의 글, 13～14면).

262) 공정거래위원회가 승인한 전자금융거래 표준약관(제00028호)에서는 제3자의 무권한거래에 대하여 은행은 거래지시에 포함된 계좌번호, 비밀번호, 이용자번호 등이 은행에 신고된 것과 같음을 확인하고 거래지시의 내용대로 전자금융거래를 처리한 경우에는 은행의 과실이 아닌 접근수단의 위조·변조 기타의 사고로 거래처에 손해가 생기더라도 책임을 지지 아니한다고 규정하고 있다(표준약관 제23조 제2항).

2. 위조 · 변조된 신용카드사용에 대한 책임

위조·변조, 분실 또는 도난된 신용카드에 의한 거래에 대하여 회원은 책임을 지지 않는다. 하지만 이로 인하여 발생한 손실에 대하여 신용카드업자는 신용카드가맹점에 전가할 수 없다. 다만, 신용카드업자가 당해 거래에 대하여 그 신용카드가맹점의 고의 또는 중대한 과실을 입증하는 경우 그 손실의 전부 또는 일부를 신용카드가맹점의 부담으로 할 수 있다는 취지의 계약을 신용카드가맹점과 체결한 경우에는 그러하지 아니하다(여신전문금융업법 제17조 제1항).

3. 허위의 신용카드거래행위 금지 등

금융회사 등으로부터 금전을 대차하지 못한 회원이 단순히 금전소비대차를 하면서 허위로 재화 등을 구입한 것으로 가장하여 신용카드로 결제하는 행위를 비롯하여, 실제 매출금액을 초과하여 신용카드에 의한 거래를 하는 행위, 다른 신용카드가맹점 명의로 신용카드에 의한 거래를 하는 행위, 신용카드가맹점의 명의를 타인에게 대여하는 행위 및 신용카드에 의한 거래를 대행하는 행위는 금지된다(여신전문금융업법 제19조 제4항). 또한 신용카드가맹점이 아닌 자는 신용카드가맹점의 명의로 신용카드에 의한 거래를 하여서는 아니 되며, 신용카드에 의한 거래에 의하여 발생한 매출채권은 이를 신용카드업자외의 자에게 양도하여서는 아니 되며, 신용카드업자외의 자는 이를 양수하여서는 아니 된다(여신전문금융업법 제20조).

4. 가맹점 계약의 해지

신용카드업자는 신용카드가맹점이 가맹수수료를 회원에게 부담시키거나 허위 신용카드거래의 금지규정을 위반 또는 매출채권을 신용카드업자 외의 자에게 양도하거나 신용카드업자 외의 자가 양수하여 형의 선고를 받은 경우, 상기의 금지규정과 신용카드회원에 대한 차별대우금지규정을 위반한 사실을 세무관서로부터 서면통보받은 경우 및 세무관서로부터 신용카드가맹점의 폐업사실을 서면으로 통보받은 경우에 특별한 사유가 없는 한 지체 없이 가맹점계약을 해지하여야 한다(여신전문금융업법 제21조, 동 시행령 제6조의12, 동 시행규칙 제6조의2).

V. 가맹사업자와 회원과의 관계

1. 대금지급의무

회원이 재화 등을 구입하고 신용카드로 대금을 지급하여 정상적으로 승인되어 카드사가 대금을 지급한 경우 채권은 카드사에 대하여 양도되었기에 사업자는 회원에 대하여 대금을 청구할 수 없다. 이후 회원이 결제일에 대금을 지급하면 당해 신용카드거래는 종료하게 된다. 이러한 신용카드에 의한 대금지급은 어음·수표에 의한 지급과는 상이하다. 즉, 소비자가 대금을 어음·수표로 지급하여 사업자가 지급인에게 지급제시를 하였으나 지급되지 않은 경우에 사업자는 소비자에게 대금을 청구할 수 있다. 따라서 어음·수표에 의한 대금지급은 지급인의 지급을 조건으로 하는 대금지급의무의 이행이다.[263)]

2. 차별금지

가맹사업자는 신용카드에 의한 거래를 이유로 물품의 판매 등을 거절하거나 신용카드회원을 불리하게 대우하지 못한다(여신전문금융업법 제19조 제1항). 예를 들어, 가맹점이 부담하여야 할 수수료를 회원인 소비자에게 부담하는 경우에는 신용카드회원을 불리하게 대우하는 것으로 금지되며, 위반시 1년 이하의 징역 또는 1천만원 이하의 벌금이 부과된다(여신전문금융업법 제19조 제3항, 제70조 제3항 제5호).

3. 본인여부의 확인의무

가맹점은 신용카드에 의한 거래를 할 때마다 신용카드상의 서명과 매출전표

---

263) P. S. Atiyah, John N. Adams, Hector MacQeen, *The Sale of Goods*, London: Longman, 2001, p.302.

상의 서명이 일치하는지 확인하는 등 본인에 의하여 정당하게 사용되고 있는지의 여부를 확인하여야 한다(여신전문금융업법 제19조 제2항). 즉, 도난・분실된 카드의 사용시 이러한 본인여부를 확인하지 않은 경우에 가맹점은 중대한 과실이 있는 것으로 인정되어 당해 거래로 발생하는 신용카드 사업자의 손해의 전부 또는 일부를 부담할 수 있다(여신전문금융업법 제17조 제1항).[264]

264) 대판 1986.10.28, 85다카739.

제5편 | 소비자피해예방 및 피해구제

제1장

제조물과 소비자보호

Ⅰ. 제조물책임법의 제정배경

인간은 삶을 영위함에 있어 필수적으로 수많은 상품을 소비하며, 이러한 상품은 자신이 직접 제작하거나 타인에게 구입한다. 타인의 상품을 구입함에 있어 종전에는 제조자와 직접 계약을 체결하여 상품을 구입하였다. 따라서 물건에 하자가 발생한 경우에 소비자는 제조자에게 직접 채무불이행책임 또는 불법행위책임에 기하여 손해배상을 청구할 수 있었다. 하지만 현대 사회는 대량생산과 대량소비의 시대이며, 소비자가 제조자와 직접 계약을 체결하여 상품을 공급받는 일은 거의 없고 유통단계를 통하여 판매만을 전문적으로 하는 사업자들에게 상품을 구입하는 것이 일반적이다. 따라서 하자 있는 상품으로 인하여 소비자가 손해를 입은 경우에 상품을 판매한 사업자에게 채무불이행책임 또는 불법행위책임으로 인한 손해배상을 청구할 수밖에 없다. 만일 사업자가 재력이 충분하여 소비자의 손해를 충분히 배상하여 준다면 문제가 없지만, 사업자가 재력이 없는 경우에 소비자의 손해배상청구권은 유명무실한 것이 될 수밖에 없다. 이 경우에 제조자는 소비자와 직접적인 계약관계에 있지 않기에 계약상의 책임을 청구하기가 곤란하며, 불법행위에 기한 손해배상을 청구함에 있어서도 제조업자의 귀책사유와 위법성, 행위와 손해와의 인과관계 등을 입증하는 것은 전문적인 지식을 가지지 못한 소비자에게는 거의 불가능하다. 이러한 점을 고려하여 제조물의 결함으로 인하여 소비자가 손해를 입은 경우에 소비자의 입증책임을 경감하여

제조업자 등에 대한 손해배상청구권을 실효성 있게 보장하기 위하여 제정된 법이 제조물책임법이다.[1)]

Ⅱ. 제조물책임의 요건

1. 제 조 물

제조물이라 함은 다른 동산이나 부동산의 일부를 구성하는 경우를 포함한 제조 또는 가공[2)]된 동산을 의미하므로 인간에 의하여 가공되지 않은 원물 그 자체는 동법상의 제조물에는 포함되지 않는다(제조물책임법 제2조 제1호). 이와 같은 제조물에 대한 동법상의 개념에 전자상거래에 있어서 필수적인 요소인 전자문서가 포함되는가에 대하여는 긍정하는 견해[3)]와 부정하는 견해[4)]가 있다. 이를 긍정하는 견해에서는 민법 제98조에서 유체물 및 전기 기타 관리가능한 자연력을 물건이라고 규정하고 있기에 전자문서 역시 관리가능성이 있는 물건으로 파악하고 있다. 하지만 전자문서는 인간에 의하여 관리할 수 있으나 민법상에서 말하는 동산의 범주에 포함되기 위하여는 관리가능성뿐만 아니라 관리가능의 대상이 자연력이어야 한다. 따라서 전자문서가 동산인가의 여부를 판단하기 위하여는 자연력의 범주에 포함되는가를 판단하여야 한다. 자연력은 인간에 의해서가 아니라 자연적으로 발생한 에너지, 즉 빛, 풍력, 조력, 열 등을 의미한다. 하지만 전자문서는 자연적으로 발생한 것이 아니라 인간에 의하여 만들어진 것이기 때문에 자연력의 범주에 포함되지 않는다.[5)] 따라서 전자문서도 동

---

1) 山本庸幸, 「註釋 製造物責任法」, 東京: ぎょうせい, 1994, 1~8면.

2) 제조라 함은 부품 또는 원재료에 인위적인 힘을 가하여 새로운 물건을 만드는 것을 말하며, 가공이라 함은 물건에 인위적인 힘을 가하여 본성을 유지하면서 새로운 속성 또는 가치를 부가하는 것을 말한다(山本庸幸, 앞의 책, 23면).

3) 김성준, "인터넷법률의 형성과 전망," 「인터넷법률」 창간호, 법무부, 2000, 8면.

4) 이충훈, "인터넷 통신판매업자의 민사법적 책임," 「디지털경제시대의 소비자보호와 법」, 한국법제연구원, 2001·6, 106면; 김민중, "제조물책임법의 입법화와 그 내용," 「전북법학논총」 제1집, 전북대학교, 2000·2, 44면; 최병규, "제조물책임의 법제 및 보험에 대한 고찰," 「인권과정의」 제315호, 대한변호사협회, 2002·11, 71면.

법상의 제조물의 범주에 포함이 될 수 있도록 입법적 조치를 강구하여야 할 것이다.

2. 제조물의 결함

제조물의 결함은 제조·설계 또는 표시상의 흠결이나 기타 통상적으로 기대할 수 있는 안전성이 결여되어 있는 것을 말한다(제조물책임법 제2조 제2호).

(1) 설계상의 결함

제조업자가 합리적인 대체설계를 채용하였다면 피해나 위험을 줄이거나 피할 수 있었음에도 대체설계를 채용하지 아니하여 당해 제조물이 안전하지 못한 경우를 말한다(제조물책임법 제2조 제2호 제나목).

(2) 제조상의 결함

제조업자의 제조물에 대한 설계상의 주의의무를 이행하였음에도 불구하고 제조물이 원래 의도한 설계와 다르게 제조·가공됨으로써 안전하게 되지 못한 경우를 말한다(제조물책임법 제2조 제2호 제가목).

(3) 표시상의 결함

제조업자가 합리적인 설명, 지시, 경고 기타의 표시를 하였더라면 당해 제조물에 의하여 발생될 수 있는 피해나 위험을 줄이거나 피할 수 있었음에도 이를 하지 아니한 경우를 말한다(제조물책임법 제2조 제2호 제다목).

3. 제조물의 결함으로 인한 손해발생

제조물의 제조·설계 또는 표시상의 결함이나 기타 통상적으로 기대할 수 있는 안전성의 결여로 인하여 소비자에게 손해가 발생하여야 한다. 하지만 제조물 자체만에 손해가 발생한 경우는 제조물책임법의 적용대상에서 배제되며, 결함

---

5) 류창호, 앞의 글, 289면.

있는 제조물로 인한 확대손해가 발생한 경우에만 적용된다. 이러한 손해에는 당해 제조물에 대한 손해를 포함한 재산, 생명 및 신체손해가 포함된다(제조물책임법 제3조 제1항).

Ⅲ. 제조물책임의 효과

1. 책임의 원칙

제조물의 결함으로 인하여 손해를 입은 자는 당해 제조물로 인하여 손해를 입었다는 사실만을 입증하여도 제조업자 등에게 손해배상청구권을 행사할 수 있다. 즉, 손해배상책임에 대하여 민법에서는 과실책임주의를 취하고 있기에 손해배상청구를 위하여 제조업자의 위법한 행위, 손해, 인과관계 및 귀책사유 등을 입증하여야 하지만, 동법에서는 이러한 입증책임을 경감하여 무과실책임주의로 하고 있다. 다만 동법상에서 인정하고 있는 무과실책임주의는 불가항력 등의 사유에 의한 손해까지 포함하고 있지 않다. 따라서 제조물의 결함으로 발생한 손해가 면책사유[6]에 해당하는 경우에 제조업자 등은 손해배상책임을 면한다(제조물책임법 제4조 제1항). 다만 제조물을 공급한 후 제조물에 대한 결함이 존재한다는 사실을 알았거나 알 수 있었을 때에 그 결함에 의한 손해발생을 방지하기 위한 적절한 조치를 하지 아니한 때에는 제조업자가 면책사유에 의한 손해배상책임을 면하는 경우에도 책임을 부담한다(제조물책임법 제4조 제2항). 또한 동법에서 인정하는 면책사유 이외에 사유를 면책사유로 약정한 경우에 그 면책특약은 무효이나, 자신의 영업에 이용하기 위하여 제조물을 공급받은 자가 자신의 영업용 재산에 대하여 발생한 손해에 대하여 면책특약을 한 경우에는 유효하다(제조물책임법 제6조).

---

6) 이러한 면책사유로 제조업자가 당해 제조물을 공급하지 아니한 경우, 당해 제조물을 공급할 때의 과학기술수준으로 흠결의 존재를 발견할 수 없는 경우, 당해 제조물을 공급할 당시의 법령이 정하는 기준을 준수함으로써 발생한 경우, 원재료 또는 부품의 경우에는 당해 원재료 또는 부품을 사용한 제조물 제조업자의 설계 또는 제작에 관한 지시로 인하여 흠결이 발생한 경우가 해당한다(제조물책임법 제4조 제1항 각호).

2. 손해배상청구권

(1) 책임의 주체

기본적으로 제조물을 제조, 가공 또는 수입을 업으로 하는 자 또는 제조물에 성명・상호・상표 또는 인식가능한 기호 등을 사용하여 자신을 위의 자로 표시한 자 또는 위의 자로 오인시킬 수 있는 표시를 한 자가 책임을 부담한다. 만일 피해자 등이 제조업자를 알 수 없는 경우에 제조물을 영리의 목적으로 판매・대여 등의 방법으로 공급한 자는 제조물의 제조업자 또는 제조물을 자신에게 공급한 자를 알거나 알 수 있었음에도 불구하고 상당한 기간 내에 제조업자 또는 공급한 자를 피해자 등에게 고지하지 않은 때에는 책임을 부담한다(제조물책임법 제2조 제3호, 제3조). 이 경우에 배상할 책임이 있는 자가 2인 이상인 경우에는 연대하여 그 손해를 배상하여야 한다(제조물책임법 제5조).

(2) 청구권의 소멸시효

제조물의 결함으로 인하여 손해를 받은 자는 제조업자 등에게 배상을 청구할 수 있다(제조물책임법 제3조). 이러한 손해배상청구권은 청구권자 또는 법정대리인이 손해 및 채무자를 안 날로부터 3년 또는 제조업자가 제조물을 공급한 날로부터 10년 이내에 행사하지 않으면 소멸한다. 하지만 신체에 누적되어 사람의 건강을 해하는 물질에 의하여 발생하는 손해 또는 일정한 잠복기간 후에 증상이 발생하는 손해에 대하여 소멸시효기간은 그 손해가 발생한 날부터 기산된다(제조물책임법 제7조).

(3) 민법과의 관계

제조물책임법에서는 제조물 자체에 대한 손해배상청구권을 인정하고 있지 않으며, 제조물의 판매업자 등에 대한 손해배상청구권을 예외적인 경우에 인정하고 있으므로 피해자 등은 민법상 인정되는 채무불이행책임 또는 불법행위책임에 기하여 제조물 자체 또는 판매업자에 대하여 손해배상을 청구할 수 있다(제조물책임법 제3조, 제8조).

제2장 간이한 소송제도

Ⅰ. 소액사건심판

1. 제정배경 및 적용범위

재화 등의 거래로 인하여 소비자가 손해를 입은 경우에 그 손해액은 대부분의 경우에 소액에 해당한다. 하지만 사업자가 임의적으로 손해배상을 하지 않은 경우에 소비자는 피해구제를 위하여 민사소송 등을 제기하여야 하나 민사소송의 방식을 통한 권리구제는 소액의 피해가 주종을 이루는 소비자분쟁에는 시간적, 경제적 측면 등에서 효율적이지 않다. 이러한 소비자분쟁과 더불어 소액의 분쟁을 효율적으로 처리하기 위하여 제정된 법이 소액사건심판법이다. 소액사건심판법의 적용대상이 되는 사건은 소송가액이 2,000만원 이하의 금전 기타 대체물이나 유가증권의 일정수량의 지급을 목적으로 하는 비교적 단순한 민사사건이며, 소송가액이 2,000만원을 초과함에도 불구하고 소액사건심판절차를 통하여 분쟁을 해결하고자 청구금액을 분할하여 그 일부만을 당사자가 청구하는 경우에는 소액사건심판법의 적용대상이 되지 못하며, 만일 이러한 소송이 제기된 경우에 법원은 각하하여야 한다(동법 제5조의2, 소액사건심판규칙 제2조).

2. 소송의 개시

(1) 제소방식의 특징

민사소송의 개시는 소송당사자인 원고의 소 제기로 시작되며, 그 방식은 일반적인 민사소송의 경우 소장의 형식으로 제기하여야 하나(민사소송법 제248조), 소액심판의 경우에는 소장 이외에 구두 또는 양 당사자의 출석에 의한 제소가 인정된다(소액사건심판법 제4조, 제5조).

(2) 소송대리에 관한 특례

민사소송은 소송당사자가 직접 소송에 관한 모든 행위를 직접 할 수 있다. 하지만 법률지식의 부족, 시간 등의 이유로 소송당사자가 직접 소송을 수행하지 않고 소송대리인을 선임하게 되는데, 소송대리인으로 될 수 있는 자는 원칙적으로 변호사에 한정된다(민사소송법 제87조). 다만, 단독판사가 심리·재판하는 사건[7] 가운데 그 소송목적의 값이 일정한 금액 이하인 사건으로 대법원 규칙에서 정하는 사건[8]에 대하여 당사자의 배우자 또는 4촌 이내의 친족으로서 당사자와의 생활관계에 비추어 상당하다고 인정되는 경우와 당사자와 고용, 그 밖에 이에 준하는 계약관계를 맺고 그 사건에 관한 통상사무를 처리·보조하는 사람으로서 그 사람이 담당하는 사무와 사건의 내용 등에 비추어 상당하다고 인정되는 경우에 법원의 허가를 받으면 변호사가 아니더라도 소송대리인이 될 수 있다(민사소송법 제88조). 하지만 소액사건에서는 변호사가 아니라도 당사자의 배우자, 직계혈족, 형제자매 또는 호주는 당사자와의 신분관계 및 수권관계를 서면 또는 구두로 증명한 경우에 법원의 허가 없이 소송대리인이 될 수 있다(소액사

7) 소송가액이 1억원 이하인 사건, 수표금·약속어음금 청구사건, 은행·농업협동조합·수산업협동조합·축산업협동조합·산림조합·신용협동조합·신용보증기금·기술신용보증기금·새마을금고·상호저축은행·종합금융회사·시설대여회사·보험회사·신탁회사·증권회사·신용카드회사·할부금융회사 또는 신기술사업금융회사가 원고인 대여금·구상금·보증금 청구사건, 자동차손해배상보장법에서 정한 자동차·원동기장치자전거·철도차량의 운행 및 근로자의 업무상재해로 인한 손해배상 청구사건과 이에 관한 채무부존재확인사건, 단독판사가 심판할 것으로 합의부가 결정한 사건이 이에 속한다(민사 및 가사소송의 사물관할에 관한 규칙 제2조).

8) 소송가액이 5천만원 이하인 사건을 말한다(민사 및 가사소송의 사물관할에 관한 규칙 제4조).

건심판법 제8조).

(3) 소장의 송달

법원은 소액사건에 관한 소가 제기된 경우에 상대 당사자에게 소장부본이나 제소조서등본은 지체 없이 피고에게 송달하여야 한다. 하지만 피고에게 이행권고결정서의 등본이 송달된 때에는 소장부본이나 제소조서등본이 송달된 것으로 본다(소액사건심판법 제6조).

3. 이행권고결정

소액사건의 소가 제기된 경우에 소송을 통한 분쟁의 해결 전에 당사자의 자율적인 분쟁의 해결을 위하여 법원은 결정으로 피고에게 이행을 권고할 수 있다. 이러한 권고결정에는 당사자, 법정대리인, 청구의 취지와 원인, 이행조항을 기재하고, 피고가 이의신청을 할 수 있음과 이행권고결정의 효력의 취지를 부기하여야 하며, 소장부본이나 제소조서등본을 첨부되어야 한다. 다만, 이행권고결정의 송달은 우편송달과 공시송달의 방법으로 할 수 없기에 이러한 방법에 의하지 않고 피고에게 이행권고결정서의 등본을 송달할 수 없는 때에 법원은 지체 없이 변론기일을 지정하여야 한다(소액사건심판법 제5조의3). 이행권고결정을 받은 피고는 동 등본을 송달받기 전 또는 송달받은 날부터 2주일 내[9]에 서면으로 이의신청을 할 수 있으며, 법원은 피고의 이의신청이 있는 때에는 지체 없이 변론기일을 지정하여야 한다(소액사건심판법 제5조의4). 다만 피고의 이의신청이 적법하여야 하며, 이의신청이 부적법한 경우에 법원은 그 흠을 보정할 수 없으면 결정으로 이를 각하하여야 하며, 이 결정에 대하여 피고는 즉시항고를 할 수 있다(소액사건심판법 제5조의5). 이러한 이행권고결정은 피고가 이의신청기간 내에 이의신청을 하지 아니한 때, 이의신청에 대한 각하결정이 확정된 때 및 이의신청이 취하된 때에 확정판결과 같은 효력을 가지며, 법원사무관은 이행

9) 이의신청기간은 불변이나 피고가 부득이한 사유로 동 기간 내에 이의신청을 할 수 없었던 경우에는 그 사유가 소멸한 후 2주일 내에 이의신청을 추후 보완할 수 있으며, 그 사유가 없어질 당시 외국에 있는 피고에 대하여는 그 기간을 30일로 한다. 또한 피고는 이의신청과 동시에 서면으로 그 추후보완사유를 소명하여야 한다(동법 제5조의6).

권고결정서의 정본을 원고에게 송달하여야 한다(소액사건심판법 제5조의7). 이행권고결정서를 수령한 원고는 집행문을 부여받지 않고서도 결정서의 정본에 기하여 강제집행을 할 수 있다(소액사건심판법 제5조의8).

4. 심리절차

(1) 1회 심리의 원칙

소액사건은 신속처리를 위하여 소의 제기가 있으면 판사는 지체 없이 변론기일을 지정하여야 하고, 가능한 1회의 변론기일로 심리를 종결하도록 하여야 한다. 이를 위하여 판사는 변론기일 전이라도 당사자로 하여금 증거신청을 하게 하는 등 필요한 조치를 취할 수 있다(소액사건심판법 제7조).

(2) 공휴일 · 야간의 재판

판사는 필요한 경우 근무시간외의 야간 또는 공휴일에도 개정할 수 있다(소액사건심판법 제7조의2). 따라서 소송당사자가 업무시간 이외에도 편리하게 소송을 진행할 수 있다.

(3) 변론에 관한 특칙

법원은 소장·준비서면 기타 소송기록에 의하여 청구가 이유 없음이 명백한 때에는 변론 없이 청구를 기각할 수 있으며, 판사의 경질이 있는 경우에도 변론의 갱신 없이 판결할 수 있다(소액사건심판법 제9조).

(4) 증거조사

소액사건에서 판사는 필요하다고 인정할 때에 직권으로 증거를 조사할 수 있다. 증인신문방식에 있어서도 판사가 증인을 신문하고, 당사자는 판사에게 알리고 신문할 수 있게 하여 민사소송법상의 교호신문제를 배제하였다. 판사는 상당하다고 인정한 때에는 증인 또는 감정인의 신문에 갈음하여 서면을 제출하게 할 수 있다(소액사건심판법 제10조).

5. 소송의 종료

(1) 판 결

소액사건을 종국판결에 의하여 종료시킬 때에는 판결의 선고는 변론종결 후 즉시 할 수 있다. 판결을 선고함에는 주문을 낭독하고 주문이 정당함을 인정할 수 있는 범위 안에서 그 이유의 요지를 구술로 설명하여야 하며, 판결서에는 이유를 기재하지 아니할 수 있다(소액사건심판법 제11조의2).

(2) 상고 및 재항고 제한

소액사건에 대하여는 상고 및 재항고가 제한된다. 즉, 소액사건에 대한 지방법원 본원 합의부의 제2심 판결이나 결정·명령에 대하여는 법률·명령·규칙 또는 처분의 위헌여부와 명령·규칙 또는 처분의 법규위반의 여부에 대한 판단이 부당한 때와 대법원의 판례와 상반된 판단을 한 때에 한하여 대법원에 상고 또는 재항고할 수 있다(소액사건심판법 제3조).

Ⅱ. 독촉절차

1. 의의 및 필요성

채무자가 채무를 이행하지 않은 경우에 채권자는 스스로 권리 구제를 할 수 없고(자력구제금지), 국가기관에 의한 강제집행을 통하여 권리구제를 받아야 한다. 이때 채권자가 국가기관에 의한 강제집행을 신청하기 위해서는 먼저 이행의 소를 제기하여 승소판결에 대한 채무명의를 얻어야 한다. 하지만 채권의 존부가 명백한 경우에도 이와 같은 방식을 고수하면 시간·경제적인 면에서 채권자에게 불이익을 주게 되므로 간이하고 신속한 절차로 채무명의를 얻게 하는 약식절차가 요구된다. 이러한 약식절차가 독촉절차이며, 독촉절차에 의하여 법원이 발하는 명령이 지급명령이다.

2. 대　　상

지급명령을 신청할 수 있는 대상은 금전, 기타 대체물이나 유가증권의 일정한 수량의 지급을 목적하는 청구권에 한정된다(민사소송법 제462조 본문). 이러한 청구권의 발생원인에 대하여는 불문하나 우리나라에서 공시송달에 의하지 아니하고 송달할 수 있는 경우에 한정된다(민사소송법 재462조 단서). 따라서 채무자의 주소, 거소 기타 송달할 장소를 알 수 없는 경우와 외국에서의 송달을 할 수 없거나, 송달하여도 그 효력이 없을 것으로 인정되는 경우에는 지급명령을 신청할 수 없다(민사소송법 제194조).

3. 신　　청

지급명령의 신청은 관할법원에 신청을 하며, 구체적인 내용은 원칙적으로 소에 관한 규정이 적용된다(민사소송법 제463조). 먼저, 지급명령의 관할법원은 채무자의 주소, 거소, 최후의 주소지를 관할하는 법원이나, 직장에서 근무를 하는 채무자의 경우에는 사무소, 영업소 소재지를 관할하는 법원, 사무소 또는 영업소가 있는 채무자에 대하여는 그 사무소 또는 영업소의 업무에 관한 소는 그 소재지를 관할하는 법원에 제기하여야 한다(민사소송법 제463조). 또한 지급명령의 신청방식은 서면에 의하는 것이 원칙이나 청구금액이 소액심판의 대상인 경우에는 구술 또는 임의출석에 의하여도 신청할 수 있다(민사소송법 제248조, 소액사건심판법 제4조, 제5조). 따라서 서면으로 신청할 경우에는 당사자(법정대리인), 청구의 취지와 원인을 기재하여야 한다(민사소송법 제249조). 하지만 채권자의 지급명령 신청에 대하여 적용대상이 아니거나 관할을 위반한 경우, 청구의 이유가 없음이 명백한 경우에 법원은 그 신청을 각하하여야 한다(민사소송법 제465조).

4. 변　　론

지급명령을 결정함에 있어서 법원은 원칙적으로 채무자의 변론을 구하지 않고 채권자의 주장만으로 지급명령 여부를 결정하여야 한다(민사소송법 제467조). 이러한 심문절차의 특성으로 인하여 신속하게 분쟁을 해결할 수 있게 된다.

5. 지급명령

법원이 지급명령을 송달함에 있어 반드시 당사자, 법정대리인, 청구의 취지와 원인을 기재하고 채무자가 지급명령이 송달된 날로부터 2주일 내에 이의신청을 할 수 있음을 기재하여야 한다(민사소송법 제468조). 따라서 동 기간 내에 채무자의 이의신청이 없는 경우에 지급명령은 확정되며, 채권자는 지급명령을 기초로 하여 강제집행을 할 수 있다(민사소송법 제474조).

6. 이의신청

채무자가 지급명령을 송달받고 2주일 내에 이의신청을 하게 되면 이의신청의 범위 내에서 지급명령은 효력을 상실한다(민사소송법 제470조). 이 경우에 채권자가 정식소송을 제기한 경우에 소의 제기는 지급명령을 신청한 때가 되며, 독촉절차에 따른 비용은 소송비용의 일부로 인정된다(민사소송법 제472조). 하지만 모든 이의신청에 대하여 지급명령의 효력이 상실하는 것이 아니라 채무자의 이의신청이 적법하여야 한다. 따라서 이의신청이 적법하지 아니한 경우에 법원은 결정으로써 이의신청을 각하하며, 이로써 지급명령은 확정된다(민사소송법 제471조 제1항, 제474조). 이러한 이의신청의 각하결정에 대하여 채무자는 즉시 항고할 수 있다(민사소송법 제471조 제2항).

Ⅲ. 형사배상명령제도

1. 의의 및 필요성

범죄로 인하여 피해를 입은 경우 당해 범죄행위에 대한 형벌을 부과하기 위한 절차인 형사소송과 별도로 피해를 입은 자는 가해자에 대하여 손해배상을 청구하기 위하여 민사소송을 제기하여야 한다. 이 경우 형사소송과 민사소송은 별개의 소송이므로 담당법원 역시 상이하며, 각 법원은 다른 법원의 견해에 기속되지 않는다. 즉, 법관은 헌법과 법률에 의하여 그 양심에 따라 재판을 하기 때문에 다른 법관 또는 법원의 판단은 원칙적으로 영향을 미치지 않는다(헌법 제103조). 또한 피해자가 손해배상을 받기 위하여 별도의 민사소송을 제기하여야 한다. 그 결과 형사법원과 민사법원의 견해가 상이할 수 있으며, 피해자는 형사소송과 별도의 민사소송을 제기하여야 하기 때문에 소송비용이 소요되며, 피해구제가 단시간 내에 이루어질 수 없다. 따라서 법원의 견해를 통일함과 더불어 신속한 피해구제를 위하여 일정한 범죄로 인한 피해에 대한 구제절차를 간소화한 것이 형사배상명령제도이다.

2. 대상 및 신청

(1) 대상범죄

형사배상명령제도는 모든 범죄행위로 인한 피해구제를 대상으로 하지 않고 특정범죄에 한하여 발생한 피해구제를 내용으로 하고 있다. 이에 해당하는 범죄로는 상해죄, 중상해, 상해치사, 폭행치사상, 과실치사상의 죄, 절도와 강도의 죄, 사기와 공갈의 죄, 횡령과 배임의 죄 및 손괴의 죄가 있다(소송촉진 등에 관한 특례법 제25조 제1항). 다만, 이에 해당하지 않은 범죄라 할지라도 피고인과 피해자 간 합의된 손해배상액에 관하여도 배상명령을 할 수 있다(동법 제25조 제2항). 또한 상기의 요건을 충족한다고 하더라도 피해자의 성명·주소가 분명하지 아니한 때, 피해금액이 특정되지 아니한 때, 피고인의 배상책임의 유무 또는 그 범위가 명백하지 아니한 때 및 배상명령으로 인하여 공판절차가 현저히 지연될 우려가 있거나 형사소송절차에서 배상명령을 함이 상당하지 아니하다고 인정한 때에 법원은 배상명령을 할 수 없다(동법 제25조 제3항).

(2) 신청 및 취하

배상명령의 신청은 피해자 또는 상속인이 제1심 또는 제2심 공판의 변론 종결시까지 사건이 계속된 법원에 동법 제25조에 의한 손해배상을 신청할 수 있다(동법 제26조 제1항). 다만, 담당법원은 피해자 등의 신청이 없다고 하더라도 직권으로 배상명령을 할 수 있다(동법 제25조 제1항). 배상명령의 신청방법은 서면 또는 구두로 할 수 있다(동법 제26조 제2항, 제5항). 서면으로 할 경우 신청서와 상대방 피고인의 수에 상응한 신청서 부본을 제출하여야 한다. 신청서에는 피고사건의 번호·사건명 및 사건이 계속된 법원, 신청인의 성명·주소, 대리인이 신청할 때에는 그 성명·주소, 상대방피고인의 성명·주소, 배상의 대상과 그 내용 및 배상을 청구하는 금액을 기재하고 신청인 또는 대리인이 서명·날인하여야 한다(동법 제26조 제3항). 구두로 신청할 수 있는 경우는 피해자가 증인으로 법정에 출석한 경우이며, 공판조서에 신청의 취지를 기재하여야 한다(동법 제26조 제5항). 다만, 피해자는 피고사건의 범죄행위로 인하여 발생한 피해에 관하여 다른 절차에 의한 손해배상청구가 법원에 계속중인 때에는 배상신청을 할 수 없다(동법 제26조 제7항). 이러한 배상명령의 신청은 배상명령이 확정되기 전까지 신청인은 언제든지 배상명령을 취하할 수 있으며, 민사소송에 있어서의 소의 제기와 동일한 효력이 있다(동법 제26조 제6항, 제8항). 즉, 배상명령의 신청으로 인하여 손해배상청구권의 소멸시효는 중단된다(민법 제168조).

상기의 배상명령신청이 있는 경우 법원은 배상신청이 부적법한 때 또는 신청이 이유 없거나 배상명령을 함이 상당하지 아니하다고 인정될 때에는 결정으로 이를 각하하여야 한다. 만일 유죄판결의 선고와 동시에 배상명령신청에 대한 각하결정의 재판을 할 때에는 이를 유죄판결의 주문에 표시할 수 있다. 이러한 배상명령신청의 각하 또는 그 일부의 인용에 대한 재판에 대하여 신청인은 불복을 신청하지 못하며, 다시 동일한 배상신청을 할 수 없다(동법 제32조).

3. 배상명령절차

(1) 대 리 인

민사소송에 있어서 소송대리인은 변호사만이 할 수 있지만, 예외적으로 5,000만원 이하의 민사단독심사건 또는 2,000만원 미만인 소액사건에 대하여 소송대리인에 대한 특례를 규정하고 있다. 동법에서도 이러한 소송대리인에 대하여 특례를 규정하여 배상신청에 한하여 배우자·직계혈족 또는 형제자매에게 소송대리권을 부여하고 있지만, 법원의 허가를 요건으로 하고 있다(동법 제27조).

(2) 부본의 송달과 기일의 통지 등

배상명령신청이 있는 경우 법원은 지체 없이 그 신청서 부본을 피고인에게 송달하여야 하며, 공판기일이 지정된 경우 신청인에게 통지하여야 한다(동법 제

28조, 제29조 제1항). 신청인은 손해배상을 청구하기 위하여 재판장의 허가를 받아 소송기록을 열람할 수 있으며, 공판기일에 피고인 또는 증인을 신문함과 더불어 필요한 증거를 제출할 수 있다. 다만, 이러한 절차진행으로 인하여 공판절차가 현저하게 지연될 경우에는 그러하지 아니한다(동법 제30조). 신청인에 대하여 공판기일을 통지하였음에도 불구하고 공판기일에 출석하지 않은 경우 공판기일은 연기되지 않고 신청인의 진술 없이 재판을 진행할 수 있다(동법 제29조 제2항).

4. 배상명령의 선고와 불복절차

(1) 배상명령의 선고와 집행

배상명령은 유죄판결과 동시에 선고한다. 배상명령은 일정액의 금전지급으로 명하고, 배상의 대상과 금액을 유죄판결의 주문에 표시하지만, 배상명령의 이유는 특히 필요하다고 인정되는 경우를 제외하고 이를 기재하지 아니한다(동법 제31조 제1항, 제2항). 배상명령을 하는 경우에 가집행할 수 있음을 선고할 수 있으며, 배상명령이 이루어진 경우에 유죄판결서의 정본을 피고인과 피해자에게 지체 없이 송달하여야 한다(동법 제31조 제3항, 제5항).

확정된 배상명령 또는 가집행선고 있는 배상명령이 기재된 유죄판결서의 정본은 민사집행법에 의한 강제집행에 관하여는 집행력 있는 민사판결 정본과 동일한 효력이 있다. 또한 동법에 의한 배상명령이 확정된 때에는 그 인용금액 범위 안에서 피해자는 다른 절차에 의한 손해배상을 청구할 수 없다(동법 제34조 제1항, 제2항). 소송비용은 원칙적으로 패소한 자가 부담하는 것이 원칙이지만, 동법에서는 이의 특례를 정하여 배상명령의 절차비용은 특히 그 부담할 자를 정한 경우를 제외하고는 국고의 부담으로 한다(동법 제35조).

(2) 불복절차

법원의 배상명령에 대하여 불복이 있는 자는 청구이의의 소를 제기할 수 있으며, 지방법원이 민사지방법원과 형사지방법원으로 분리 설치된 경우에 배상명령에 대한 청구이의의 소는 형사지방법원의 소재지를 관할하는 민사지방법원을 제1심 판결법원으로 한다(동법 제34조 제3항). 유죄판결에 대한 상소의 제기가 있는 때에는 배상명령은 피고사건과 함께 상소심에 이심된다. 만일, 상소심에서 원심의 유죄판결을 파기하고 피고사건에 대하여 무죄·면소 또는 공소기각의 재판을 할 때에는 원심의 배상명령을 취소하여야 한다. 이 경우 상소심에서 원심의 배상명령을 취소하지 아니한 때에는 이를 취소한 것으로 본다. 다만, 동법에서 규정하고 있는 범죄 외의 행위로 인하여 발생한 손해에 대한 합의금에 대하여는 적용되지 않는다. 또한 상소심에서는 유죄에 대한 원심판결을 유지함에도 불구하고 배상명령에 대하여만 이를 취소·변경할 수 있다. 피고인 역시 유죄판결에 대한 상소를 제기함이 없이 배상명령에 대하여만 상소제기 기간 내에 즉시항고를 할 수 있으며, 즉시항고 후 상소권자의 적법한 상소가 있는 때에는 즉시항고는 취하된 것으로 본다(동법 제33조).

5. 화　　해

형사피고사건의 피고인과 피해자 사이에 민사상 다툼(해당 피고사건과 관련된 피해에 관한 다툼을 포함하는 경우에 한한다)에 관하여 합의한 경우, 해당 피고사건이 계속 중인 제1심 또는 제2심 법원에 공동하여 그 합의를 공판조서에 기재하여 줄 것을 신청할 수 있다. 이러한 합의가 피고인의 피해자에 대한 금전지급을 내용으로 하는 경우 피고인 외의 자가 피해자에 대하여 그 지급을 보증하거나 연대하여 의무를 부담하기로 합의한 때에는 상기의 신청과 동시에 피고인 및 피해자와 공동하여 그 취지를 공판조서에 기재하여 줄 것을 신청할 수 있다. 이상의 신청은 변론종결 전까지 공판기일에 출석하여 서면으로 하여야 한다. 신청서면에는 당해 신청과 관련된 합의 및 그 합의가 이루어진 민사상 다툼의 목적인 권리를 특정함에 충분한 사실을 기재하여야 한다. 합의의 내용이 기재된 공판조서의 효력은 확정판결과 동일한 효력을 가지며, 화해비용은 특별한 합의가 없으면 당사자들이 각자 부담한다(동법 제36조).

제3장 소비자단체소송제도

Ⅰ. 의의 및 필요성

소비자피해는 사업자의 허위·과장의 광고에 의하여 체결된 계약상의 피해, 물품 등의 미배송에 따른 피해 등과 같은 거래상의 피해와 결함 있는 물품에 의하여 발생하는 생명 등의 손해와 같은 물품 등의 사용에 의한 피해로 구분할 수 있다. 이러한 소비자의 피해는 다른 거래와 달리 소액 다수의 피해라는 특성을 가지고 있다. 즉, 개별 소비자에게 발생한 손해액은 적은 금액이지만, 단시간 내에 다수의 소비자가 동일한 원인에 의하여 피해를 입는다. 이러한 소비자피해가 발생한 경우에 효율적인 피해구제제도를 통하여 구제하는 것 역시 매우 중요하지만, 이보다도 더 중요한 것은 소비자피해를 사전에 예방하는 것이다. 이를 위하여는 사업자의 위법행위로 인한 피해가 발생하지 않도록 당해 위법행위를 금지 또는 중지시킬 필요가 있지만, 개별 소비자가 직접 소송을 통하여 이를 청구하기란 매우 곤란하다. 그러나 이를 방관할 경우에 소비자피해는 현실화되며, 피해구제 역시 간단한 문제만은 아니다. 이러한 점을 고려하여 우리나라에서는 소비자보호법을 소비자기본법으로 개정하면서 단체소송제도를 도입하였다. 단체소송제도는 등록소비자단체, 경제단체 및 비영리민간단체(이하에서는 '등록소비자단체 등'이라고 함)에게 소권을 부여하여 사업자의 위법행위를 금지 또는 중지시키는 것을 내용으로 하는 소비자피해예방제도 중 하나이다.[10]

Ⅱ. 단체소송의 도입배경 및 근거법령

1. 도입의 배경

소비자피해의 특성은 소액다수의 피해이며, 단시간 내에 다수의 소비자에게 발생한다는 점이다. 이러한 점은 소비자가 권리구제를 신청함에 있어 소극적인 성향을 나타내게 되는 결과로 이어진다. 즉, 개별 소비자가 입은 손해는 매우 작은 금액이기 때문에 권리구제절차를 통하여 구제받을 경우 많은 시간과 비용이 소요됨으로 인하여 권리구제를 포기하게 된다. 하지만, 이로 인하여 얻은 불법적인 이득은 거액이기에 사업자는 계속 반복하여 소비자피해를 야기하는 행위를 지속할 수 있다. 따라서 사업자의 위법한 행위로 인한 소비자의 피해를 방지 또는 구제하기 위하여는 소비자의 피해를 전보하여 사업자의 불법적인 이득을 박탈하는 방안과 소비자의 피해가 발생하지 않도록 사업자의 위법한 행위를 금지하는 방안이 있다. 그러나 개별 소비자가 사업자의 위법한 행위를 금지 또는 피해구제를 신청하는 것은 사실상 곤란하기 때문에 이에 대한 보완책이 반드시 필요하다.[11] 이러한 방안으로 논의되었던 것이 집단소송제도[12]와 단체소

---

10) 소비자단체소송제도는 결함 있는 물품 등으로 인한 소비자피해 및 거래상의 소비자피해를 예방하는 제도이며, 물품 등의 사용에 따른 피해를 예방할 수 있는 방안으로는 리콜제도 등이 있다. 즉, 리콜제도는 사업자가 제공한 물품 등으로 인하여 소비자에게 위해발생이 우려된 경우에 사업자가 자발적으로 또는 관계행정기관의 장이 당해 사업자에 대하여 물품 등의 수거·파기 또는 위해방지대책을 강구할 것을 권고 또는 명령함으로써 결함 있는 물품 등의 사용에 따른 피해를 예방할 수 있다.

11) 집단소송 또는 단체소송제도의 도입의 필요성으로 권리구제의 강화, 예방적 효과, 소송경제, 공익적 기능, 시민에 의한 문제해결 영역의 확대 등이 제시되었다(김성수, "집단소송제도 도입에 관련된 여러 쟁점들에 대한 검토"—집단소송제도 도입방안 전문가 토론회—, 사법제도개혁추진위원회 기획추진단[www.pcjr.go.kr: 2007년 8월 5일 방문), 27～28면]. 이와 더불어 집단소송제의 도입의 필요성을 주장한 견해로는 오대성, "집단소송제의 도입필요성과 도입방향," 「저스티스」 제95호, 2006·12, 166～170면; 오재창, "공익관련 집단소송제 도입방안," 「저스티스」 제72호, 2003·4, 20～21면 등.

12) 집단소송제도는 이미 증권관련집단소송법이 2003년 국회를 통과하여 2005년 1월 1일부터 시행되고 있으며, 모든 분야에서의 집단소송제도의 도입에 관하여는 2004년 최재천 의원이 대표발의한 집단소송 등에 관한 법률안이 제안되었지만, 입법화되지 못하였다.

송제도이다. 즉, 소비자 개개인이 입은 피해는 매우 작은 금액이기 때문에 피해자인 소비자가 소송 등을 통하여 권리구제를 받은 것을 쉽게 포기하지만, 다수의 소비자가 공동으로 피해구제를 신청할 경우에 그 비용은 절감되며, 다수의 소비자가 공동으로 변호사를 선임하여 소송을 진행할 경우 시간 등에 구애를 받지 않고 권리를 구제받을 수 있다는 장점이 있다. 또한 소비자의 권익을 대변하는 소비자단체 등이 직접 소를 제기하여 사업자의 위법행위를 금지 또는 중지할 경우에 소비자의 피해를 예방 또는 확산을 방지할 수 있다는 장점이 있다. 다만, 이러한 제도의 도입과 관련하여 기존의 소송법 체계와 충돌의 문제가 발생할 수 있다는 점에서 반대의 견해[13]도 있었지만,[14] 시간이 경과함에 따라 급증하고 있는 소비자피해의 효과적인 구제와 예방을 위하여 이를 도입하자는 주장이 우세하였다. 이 결과 도입의 필요성이 인정되었으며,[15] 우리[16]의 경우 양제도의 동시도입보다는 단체소송제도의 우선도입으로 합의가 이루어졌다.

---

13) 양금승, 재정경제위원회 회의록, 2005・2, 25～28면; 양세영, "집단소송제 도입의 문제점"–집단소송제도 도입방안 전문가 토론회–, 사법제도개혁추진위원회 기획추진단(www.pcjr.go.kr), 51～52면. 따라서 집단적 분쟁의 해결은 현행법상 선정당사자제도 또는 동일한 소송대리인을 선임함으로써 충분히 해결할 수 있다고 주장한다. 또한 우리나라처럼 경제규제관련법을 통하여 사전규제가 엄격하고, 다른 국가에서는 존재하지 않는 과징금 제도와 형사특례규정이 있는 현실을 고려할 때 법원의 판결보다는 오히려 현행 감독기관의 행정조치가 더 효율적일 수 있다는 점에서 집단소송제도의 도입은 긍정하지만 단체소송제도의 도입을 반대하는 견해도 있다(전삼현, "사법개혁추진위원회의 집단소송법(안)에 대한 토론 요지"–집단소송제도 도입방안 전문가 토론회–, 사법제도개혁추진위원회 기획추진단(www.pcjr.go.kr), 88면).

14) 일본의 경우, 소비자계약법의 개정을 통하여 단체소송이 도입되었지만, 단체에 소권을 부여하기보다는 약관감시위원회라고 하는 행정조직을 설치하여 약관사용금지처분의 권한을 부여하고, 약관심사청구권을 단체 또는 개인에 부여하는 것이 더 바람직하지 않는가라는 비판을 제기하고 있다(大村郭志, 「消費者法」 第3版, 東京; 有斐閣, 2007, 385頁).

15) 집단소송과 단체소송을 추가한 소비자보호법에 대한 이상민 의원의 개정안에 대한 검토의견에서 집단소송제도를 도입하는 것이 기업의 소비자권익 침해행위로부터 소비자를 보호하는 강력한 수단이지만, 기업 입장에서 이에 대한 엄청난 위험부담과 비용을 감수하여야 하고 이 비용은 결국 소비자에게 전가될 수 있다는 사실을 감안할 때 소비자집단소송제도의 도입은 보다 신중한 검토가 필요하다고 하였다(이규담, 「소비자보호법 전부개정법률안 심사보고서」, 서울; 국회 재정경제위원회, 2006・8, 15～16면).

16) 소비자기본법의 개정과정에서 이상민 의원은 집단소송제도의 도입 필요성을 주장한 반면, 재경부 이헌재 장관은 남소의 우려를 고려하여 이의 도입을 배제하였다(국회사무처, 재정경제위원회 회의록, 서울; 국회, 2005・2, 21면).

2. 근거법령

우리나라에서 단체소송 또는 집단소송제도의 도입에 대한 논의의 시초는 1983년 행정소송법의 개정당시에 있었지만, 추후 논의과정에서 삭제되었다. 또한 1984년 민사소송법개정특별분과위원회에서의 민사소송법 개정 작업과 1996년 법무부의 집단소송법시안에서도 단체소송제도와 집단소송제도의 도입여부가 검토되었지만, 구체적인 입법안으로 또는 입법화되지 못하였다.[17] 최근에 들어와서 2000년 증권관련집단소송에 관한 법률안이 제안되어 증권관련집단소송법안으로 변경된 후 2003년 12월에 국회 본회의에서 통과되었다. 또한 2004년 12월 최재천 의원이 대표발의한 집단소송 등에 관한 법률안이 제안되었지만, 입법화되지 못하였다. 이후 집단소비자분쟁을 해결하기 위하여 단체소송의 도입을 내용으로 한 舊 소비자보호법 개정안이 통과되어 2007년 3월부터 시행되었지만, 단체소송에 관한 규정은 2008년 1월 1일부터 시행되었다. 즉, 우리의 단체소송제도는 민사소송법에 대한 특별법의 제정이 아닌 소비자기본법에 도입되었다.

Ⅲ. 단체소송제도의 내용

1. 제소권자로서의 단체

(1) 당사자능력

소송은 소의 이익이 있는 자에 의하여 제기되는 것이 원칙이다.[18] 하지만 소비자거래에 있어서 소의 이익이 있는 소비자는 인적 및 피해의 특성상 소송을

17) 김해용 · 김재호, "단체소송제도의 도입에 관한 고찰," 「환경법연구」 제27권 제4호, 2005, 129면; 한충수, "소비자보호를 위한 바람직한 집단소송 시스템," 「민사소송」 제10권 제1호, 2006 · 5, 151면.

18) 당사자적격이라 함은 특정의 소송사건에서 정당한 당사자로서 소송을 수행하고 본안판결을 받기에 적합한 자격을 말한다. 만일 이러한 자격을 갖추지 못한 자가 소를 제기한 경우 법원은 소제기의 형식적 요건의 불비를 이유로 각하판결을 내리게 된다(이시윤, 「신민사소송법」 제3판, 서울; 박영사, 2007, 133～140면).

통하여 자신의 권리침해를 예방하거나 구제를 신청하기가 곤란하다. 이러한 특성을 고려하여, 민사소송법상 당사자 요건을 완화하여 소비자의 이익을 대변하는 등록소비자단체 등에 소권을 부여한 것이 소비자기본법상 단체소송제도이다.[19] 하지만 소비자의 이익을 대변하는 모든 단체에게 소권을 부여할 경우, 남소의 우려·중복 소송·소송수행능력 등의 문제로 인하여 제도의 본질적인 목적 달성이 훼손될 수 있으므로 일정한 제한을 두고 있다. 즉, 모든 소비자단체에 소권을 부여한 것이 아니라 등록소비자단체 등에게만 소권을 부여하고 있다.

(2) 등록소비자단체의 요건

소비자기본법상 단체소송을 제기할 수 있는 자로는 등록소비자단체, 경제단체 및 비영리민간단체가 있다(동법 제70조). 먼저, 모든 소비자단체가 단체소송을 제기할 수 있는 소권을 가진 것은 아니며, 공정위에 등록된 소비자단체 중 일정한 소비자단체에게만 소권을 부여하고 있다. 구체적인 요건을 살펴보면, 먼저, 공정위에 등록하여야 하며, 등록된 소비자단체 중 목적에 있어서 상시 소비자권익증진을 추구할 것, 단체의 정회원수가 1천명 이상일 것, 공정위에 등록 후 3년이 경과하였을 것이라는 요건을 동시에 충족하여야 한다(동법 제70조 제1항 제1호). 둘째, 경제단체[20]로서 상공회의소법에 따른 대한상공회의소, 중소기업협동조합법에 따른 중소기업협동조합중앙회 및 전국 단위의 경제단체로서 사업자

19) 단체소송은 소송대리인을 통한 소송수행과는 다음과 같은 차이가 있다. 즉, 소송대리에 있어서 당사자는 대리인이 아닌 본인이 당사자이지만, 단체소송에 있어서는 구체적인 소비자가 아닌 단체가 당사자이며, 단체의 이름으로 소송을 수행한다는 점에서 차이가 있다. 소송대리에 있어서 원칙적으로 대리인은 법정대리인외 변호사에 한정되지만(민사소송법 제87조), 소액사건과 1심의 단독심 사건에 대하여는 이를 완화하고 있다. 소액사건의 경우, 당사자의 배우자·직계혈족·형제자매 또는 호주(2008년 1월 1일부터는 제외)는 법원의 허가 없이 소송대리인이 될 수 있지만(소액사건심판법 제8조), 단독판사가 심리·재판하는 사건 가운데 소송 가액이 5천만원 이하인 사건에서 당사자와 밀접한 생활관계를 맺고 있고 배우자 또는 4촌 이내의 친족관계에 있는 사람 또는 당사자와 고용계약 등으로 그 사건에 관한 통상사무를 처리·보조하여 오는 등 일정한 관계에 있는 사람이 법원의 허가를 받은 경우에 한하여 소송대리인이 될 수 있다(민사소송법 제88조).

20) 경제단체에 단체소권을 부여한 것은 유럽의 단체소송제도에서 유래된 것으로서 소비자의 권익을 직접적으로 실현하기 위함보다는 자율규제를 통한 사업자 상호간에 부정경쟁행위를 방지할 수 있도록 허용하여 간접적으로 소비자의 권익을 보호하기 위함으로 판단한다(김원기·박수영, "소비자기본법상의 단체소송,"「법학논총」 제27권 제1호, 2007·6, 87면).

등을 회원으로 하여 민법에 따라 설립된 사단법인으로서 정관에 따라 기업경영의 합리화 또는 건전한 기업문화 조성에 관한 사업을 수행하는 법인 중 공정거래위원장이 정하여 고시하는 법인 또는 사업자 등을 회원으로 하여 민법에 따라 설립된 사단법인으로서 정관에 따라 무역진흥업무를 수행하는 법인 중 공정거래위원장이 정하여 고시하는 법인이 이에 해당한다. 셋째, 비영리민간단체로서, 비영리민간단체지원법상 요건[21]을 충족한 비영리민간단체가 단체소권을 향유하기 위하여는 정관에 소비자의 권익증진을 단체의 목적으로 명시한 후 최근 3년 이상 이를 위한 활동실적의 존재, 단체의 상시 구성원의 수가 5천명 이상, 중앙행정기관에의 등록, 법률상 또는 사실상 동일한 침해를 입은 50인 이상의 소비자로부터 단체소송의 제기요청이 있어야 한다. 이러한 비영리민간단체의 제소요건과 소비자단체의 요건을 비교하였을 때 가장 큰 차이점으로 상기의 등록소비자단체는 별도의 제한 없이 소를 제기할 수 있지만, 비영리민간단체는 50인이상의 소비자로부터 단체소송의 제기요청이 있을 때에만 단체소송을 제기할 수 있다.

2. 청구의 대상

등록소비자단체 등이 단체소송을 제기할 수 있는 경우는 사업자의 법위반행위의 존재, 소비자에 대한 피해의 발생 및 지속이라는 요건을 갖추어야 한다. 먼저, 사업자의 위법행위는 모든 법위반행위가 이에 해당하지 않고 특정한 법위반행위에 한정된다. 이에 해당하는 행위로는 첫째, 국가가 정한 기준에 의반되는 물품 등을 제조·수입·판매·제공한 경우, 둘째 국가가 정한 표시기준을 위반한 경우, 셋째 국가가 정한 광고 기준을 위반한 경우, 넷째 소비자의 합리적인 선택을 방해하고 소비자에게 손해를 끼칠 우려가 있다고 인정되는 사업자

21) 비영리민간단체지원법상 요건으로는 영리가 아닌 공익활동을 수행하는 것을 주된 목적으로 하는 민간단체로서 사업의 직접 수혜자가 불특정 다수일 것, 구성원 상호간에 이익분배를 하지 아니할 것, 사실상 특정정당 또는 선출직 후보를 지지·지원하는 것을 주된 목적으로 하거나 특정 종교의 교리전파를 주된 목적으로 설립·운영되지 아니할 것, 상시 구성원수가 100인 이상일 것, 최근 1년 이상 공익활동실적이 있을 것, 법인이 아닌 단체일 경우에는 대표자 또는 관리인이 존재하여야 한다(비영리민간단체지원법 제2조).

의 부당한 행위, 다섯째 국가가 정한 개인정보보호기준을 위반한 경우가 이에 해당한다.

3. 제소요건 및 청구의 내용

(1) 제소요건

등록소비자단체 등이 단체소송을 제기하여 수행하기 위하여는 소제기 전 사업자에 대한 침해행위의 금지 또는 중지의 요청과 더불어 법원의 소송허가결정을 받아야 한다. 먼저, 사업자에 대한 금지 또는 중지의 청구의 방식은 서면으로 하여야 하며, 사업자가 이에 답변할 수 있는 상당한 시간, 즉 14일 이상의 기간을 부여하여야 한다. 둘째, 단체소송은 소비자피해를 예방하기 위하여 사업자의 행위를 금지 또는 중지하는 것이므로 소송수행능력이 매우 중요하다. 이러한 점을 고려하여 소비자기본법에서는 단체소송을 제기함에 있어 반드시 변호사를 선임하도록 하여 변호사강제주의를 채택하고 있다(동법 제72조). 셋째, 등록소비자단체가 법원으로부터 단체소송의 허가를 받아야 한다. 법원의 허가요건으로는 형식적 요건과 실질적 요건으로 구분된다. 형식적 요건으로는 소장과 더불어 원고 및 그 소송대리인・피고・금지 또는 중지를 구하는 사업자의 소비자권익침해행위의 범위를 기재한 소송허가신청서를 법원에 제출하여야 하며, 제소권을 증명할 수 있는 자료・사업자에 대한 침해행위의 금지 또는 중지를 신청한 서면 및 이에 대한 사업자의 의견서를 첨부하여야 한다(동법 제73조). 실질적 요건으로는 물품 등의 사용으로 인하여 소비자의 생명・신체 또는 재산상의 피해가 발생하거나 발생할 우려가 있는 등 다수 소비자의 권익보호 및 피해예방을 위한 공익상의 필요가 있어야 한다(동법 제74조 제1항 제1호).[22]

---

22) 소비자기본법의 개정과정에서 법원의 허가 요건은 남소방지를 위하여 필요한 조치라 할지라도 헌법 제27조에서 규정하는 국민의 재판을 받을 권리의 보장에 위배될 소지 있다는 전문의원의 의견이 있었으며(이규담, 앞의 글, 13면), 소비자기본법상 단체소송의 제소요건으로 법원의 허가제도에 대하여 첫째, 이를 인정하고 있는 증권관련집단소송법과 차이, 둘째 공익상 필요요건은 소비자단체가 소제기시 당연히 고려할 문제, 셋째 이에 관한 외국 사례의 부존재, 넷째 증권관련집단소송이 한 건도 접수되지 않는 원인 중 하나가 너무 엄격한 제소요건이라는 점을 들어 이의 폐지를 주장한다(정영수, "소비자단체소송에 관한 고찰,"「법조」 제606호, 2007・3, 36~38면; 함영주, "집단소송법안의 입법형식에 대한 검토,"「민사소송」

(2) 청구의 내용

소비자기본법상 제소요건을 충족한 등록소비자단체 등이 단체소송으로 청구할 수 있는 내용은 소비자의 권익을 침해하는 일정한 행위의 금지 또는 중지이다. 또한 소비자기본법에서 명문으로 규정하고 있지 않지만, 민사집행법 제4편 보전처분에 관한 규정을 준용하고 있기에 민사집행법에 의한 가처분명령을 신청할 수 있다(동법 제76조 제2항). 즉, 단체소송의 허가가 있는 경우로서 현상이 바뀌면 당사자가 권리를 실행하지 못하거나 이를 실행하는 것이 매우 곤란할 염려가 있을 경우에 한하여 가처분을 신청할 수 있다(민사집행법 제300조).

4. 관할법원

단체소송의 관할법원의 결정 역시 단체소송에 있어서 중요한 문제이다. 기본적인 소의 관할법원은 피고의 주소지를 관할하는 1심지방법원이지만, 단체소송의 문제가 불법행위에 기초하고 있다는 점에서 불법행위지를 관할하는 1심지방법원이 관할권을 갖는다. 하지만, 소비자기본법에서는 이의 특칙을 정하여 단체소송에 대한 관할법원을 사업자의 주된 사무소 또는 영업소가 있는 곳, 만일 이에 해당하는 곳이 없는 경우 주된 업무담당자의 주소가 있는 곳의 지방법원 합의부의 관할로 규정하고 있다. 또한 피고가 외국사업자인 경우에 대한민국에 있는 이들의 주된 사무소·영업소 또는 업무담당자의 주소가 있는 곳의 지방법원 합의부가 관할권을 갖는다(동법 제71조).

5. 확정판결의 효력

단체소송에 대한 인용이 아닌 기각판결이 확정된 경우에 다른 등록소비자단체 등은 동일한 사안에 대하여 단체소송을 제기할 수 없다. 그러나 판결이 확정된 경우라 할지라도 그 사안과 관련하여 국가 등이 설립한 기관에 의하여 새

제9권 제1호, 2005·5, 104면). 하지만, 현행 소비자기본법상 제소권자인 등록소비자단체 등의 요건에 있어 이를 판단할 수 있는 인적 요건이 배제되어 있으며, 단체소송의 남소 또는 악용 등에 따른 사업자의 피해 역시 고려할 필요가 있기 때문에 법원의 허가요건은 필요하다고 할 수 있다.

로운 연구결과나 증거가 나타난 경우 또는 기각판결이 원고의 고의에 의한 것으로 밝혀진 경우에는 제한을 받지 않으므로 다른 등록소비자단체 등은 동일한 청구내용의 단체소송을 제기할 수 있다(동법 제75조).[23)]

---

23) 소비자단체소송제도의 문제점과 개선방안에 대한 자세한 내용은 졸고, “소비자단체소송제도에 관한 연구,” 「소비자학연구」 제19권 제2호, 한국소비자학회, 2008 · 6, 43면 이하 참조.

제4장

조정을 통한 분쟁해결

Ⅰ. 조정제도의 개요

1. 의의 및 필요성

재화 등의 거래로 인하여 분쟁이 발생한 경우 사업자와 소비자 간 자율적으로 분쟁을 해결하는 것이 가장 바람직하지만 자율적인 분쟁해결이 이루어지지 않거나 그 결과에 대하여 소비자가 만족을 하지 못한 경우 사법기관에 소송 등의 방식으로 분쟁해결을 요구할 수밖에 없다. 하지만 소송의 방식은 소비자 또는 대리인이 직접 그 절차에 참가하여야 하기 때문에 추가적인 피해를 입게 된다. 더욱이 소액의 거래가 주를 이루고 있는 소비자거래에서 이와 같은 븐쟁해결방법을 고수할 경우에 소비자는 추가적인 피해의 발생이나 분쟁절차의 복잡성 등을 우려하여 피해구제를 신청하지 않을 수 있다. 따라서 분쟁이 발생하였을 경우에 소비자가 간편한 절차에 의하여 신속, 공정하며 저렴한 비용으로 분쟁을 해결할 수 있는 대안적 분쟁해결방안이 요구된다. 즉, 대안적 분쟁해결방안(ADR: Alternative Dispute Resolution)은 분쟁을 해결할 수 있도록 당사자들을 도와주는 광범위한 절차와 메카니즘을 말하며,[24] 이에는 화해 · 알선 · 조정 및 중

24) 전자거래분쟁조정위원회 사무국, 온라인환경에서의 신뢰구축; BtoC 분쟁해결 OECD · HCOPIL · ICC 공동 컨퍼런스 참가보고서, 2000 · 12, 4면.

재가 있다. 이 중 조정제도는 당사자 일방이 조정기관에 분쟁해결을 요청하면 이에 대한 조정안을 마련하여 당사자의 수락을 권고하며, 당사자가 수락한 경우에 확정판결과 동일한 효력을 부여하는 제도이다(민사조정법 제29조, 민사소송법 제220조). 이러한 조정제도는 분쟁의 해결에 있어서 절차나 비용 등의 면에서 소송과 비교하여 많은 이점을 가지기 때문에 소비자가 분쟁해결의 수단으로 이용하고 있다. 하지만 기존의 조정제도는 현실적 공간을 기초로 하여 마련되었기에 국제적인 분쟁 등에 있어서는 효율적인 해결방안이 되지 못한다. 즉, 소비자가 외국의 사업자와 계약을 체결하여 분쟁이 발생한 경우에 조정을 통하여 분쟁을 해결하려고 하여도 외국의 조정기관이나 우리나라의 타지 조정기관에 직접 참가한다는 것은 소비자로서 또 다른 피해를 입을 수 있다. 따라서 간이한 방법으로 조정절차에 참여할 수 있는 방안이 요구되었으며, 이에 전자적 방식으로 조정절차에 참여할 수 있는 온라인 조정제도가 새롭게 등장하고 있다. 이러한 온라인 조정제도는 당사자가 직접 조정기관을 방문하지 않더라도 인터넷 등을 통하여 조정신청을 할 수 있으며, 조정절차의 참여도 역시 인터넷 등을 통하여 할 수 있는 제도를 말한다.

2. 조정과 다른 제도와의 차이점

화해, 알선, 조정 및 중재는 모두 소송외적인 분쟁해결방법이라는 점에서 공통점을 갖지만 다음의 점에서 각각은 상이하다. 먼저 중재는 사전 또는 분쟁의 발생시에 중재에 의한 분쟁해결을 합의하여 분쟁의 해결을 중재위원회에 요청하면 당사자는 중재위원회의 중재결정에 기속되지만(중재법 제35조), 조정은 조정절차의 도중에서 당사자가 합의를 포기할 수 있으며, 조정안에 대하여도 거부가 인정된다는 점에서 차이가 있다(민사조정법 제27조). 이러한 점에서 중재는 국제거래에서 발생하는 분쟁의 주된 해결수단으로 작용하였으며, 이에 관한 국제적 규범도 제정되었다.[25] 또한 중재는 양 당사자가 분쟁을 중재기관을 통하여 해

25) 중재에 관한 국제규범으로는 1958년에 채택된 뉴욕협약(New York Convention: 국제연합의 외국중재판정의 승인 및 집행에 관한 협약), 1965년에 채택된 워싱턴협약(ICSID Convention: 일방국가와 타방국가 국민 간의 투자분쟁해결에 관한 협약), 1976년 채택된 국제거래법위원회중재규칙(UNCITRAL Arbitration Rules), 1985년에 채택된 국제거래법위원회모델중재법

결하기로 약정한 경우에만 중재를 신청할 수 있지만 조정은 상대방의 동의여부와 관계없이 조정기관에 분쟁해결을 요청할 수 있다는 점에서 차이가 있다(중재법 제3조 2호, 제8조, 제9조, 민사조정법 제2조). 하지만 중재판정이나 조정안이 작성된 경우에는 모두 확정판결과 동일한 효력이 있다는 점에서 동일하다(중재법 제30조, 민사조정법 제29조). 화해는 당사자의 직접적·자주적 교섭을 통한 상호양보를 통하여 분쟁을 해결하는 방식이기 때문에 조정기관의 조정안의 수락을 통하여 분쟁을 해결하는 조정제도와는 이 점에서 차이가 있다.[26] 알선 또는 주선은 분쟁의 당사자가 스스로 합의 또는 양해를 통하여 분쟁을 해소할 수 있도록 중립적인 제3자가 모든 직·간접적 교섭, 촉진, 중개 등의 노력을 행하는 것으로 제3자의 역할은 분쟁의 해결방안을 제시하는 것이 아니라 당사자가 합의에 도달하도록 돕는 지위에 있다는 점에서 분쟁의 해결방안을 제시하여 이의 수락을 권고하는 조정제도와 차이가 있다.[27]

3. 조정제도의 유형

조정제도는 그 신청 및 절차의 진행이 온라인으로 가능한가에 따라 일반 조정제도와 온라인 조정제도로 구분할 수 있으며, 온라인 조정제도는 다시 조정안에 대한 구속력의 여부와 자동화분쟁해결 방식[28]의 채택여하에 따라 구분할 수

(UNCITRAL Model Arbitration Law)이 있다(박상조·주기종·윤종진, 「국제상사중재법론」, 한올출판사, 1997, 135～150면).

26) 박상조·주기종·윤종진, 앞의 책, 51면.

27) 송상현, 「민사소송법」, 박영사, 1999, 7면.

28) 자동화 분쟁해결방식을 조정제도에 도입하고 있는 미국의 ClickNSettle社의 조정절차를 살펴보면, 조정을 신청하는 당사자는 분쟁에 대한 개괄적인 개요, 분쟁 상대방, 피해보상 요구액 등에 관한 정보를 제공한다. 이후 상대방에게 조정절차에 응할 것을 요구하게 되며, 상대방이 이에 동의하면 조정절차는 개시된다. 양 당사자의 청구와 제안은 기 설정된 프로그램에 따라 조정이 되는데 새로운 제안은 최소 5% 이상 증가하여야 하고 청구액은 최소 5%씩 감소하여야 한다. 이후 양자의 간격이 30% 이내에 있게 되면 더 이상의 제안이나 청구 없이 당해 사건은 그 중간점에서 해결된다. 이러한 조정절차는 모두 비공개로 진행되기 때문에 본인 이외에는 누구도 알 수 없다. 이러한 ClickNSettle社의 조정은 민간기구의 조정이기 때문에 양 당사자는 반드시 최종 조정안에 구속된다는 동의를 하여야 한다(전자거래분쟁조정위원회 사무국, 앞의 글, 13～14면).

있다. 경제협력개발기구에 의하면 B2C 전자상거래의 분쟁을 온라인으로 해결하는 조정기관으로 약 40여 개가 있으며, 이 중 26개는 비공식적, 비구속력의 분쟁해결방식이며, 24개는 공식적이고 구속력 있는 조정절차를 제공하고 있다. 또한 사람의 도움 없이 컴퓨터 프로그램에 의하여 조정결과를 생성하는 자동화된 분쟁해결방식을 취하고 있는 조정기관은 11곳이 있으며, 14곳은 복합적인 방법을 사용하고 있다.[29] 우리나라에 있어서 조정제도는 분쟁의 대상에 따라 모든 민사상의 분쟁을 대상으로 하는 민사조정제도와 특수한 분쟁의 해결을 주 대상으로 하는 특별조정제도로 구분할 수 있으며,[30] 특별조정제도는 분쟁대상에 따라 모든 거래관계에서 발생하는 소비자피해로 인한 분쟁을 담당하는 소비자분쟁조정제도, 개인정보침해로 인한 분쟁을 담당하는 개인정보분쟁조정제도 및 전자거래로 인하여 발생한 분쟁을 담당하는 전자거래분쟁조정제도 등으로 구분할 수 있다.

Ⅱ. 조정위원회별 분쟁해결

1. 민사조정

(1) 조정의 대상

모든 민사사건에 대하여 당사자는 분쟁의 해결을 위하여 조정을 신청할 수 있다(민사조정법 제2조). 즉, 개인 간의 법률관계에서 발생하는 다양한 분쟁, 소유권의 귀속, 손해배상 등의 재산법상의 분쟁 및 이혼을 비롯한 각종의 가사분쟁에 대하여 조정을 신청할 수 있다.[31]

---

29) 전자상거래분쟁조정위원회 사무국, 앞의 글, 4면.

30) 양자를 구별하는 기준은 조정의 대상인 분쟁뿐만 아니라 조정기관에 따라서도 이와 같이 구분될 수 있다. 즉, 민사조정제도에 있어서 조정기관은 민사조정법에서 정하고 있는 관할법원이며, 구체적으로는 조정담당판사 또는 조정위원회가 당해 조정사건을 담당하지만 특별조정제도에서는 법원이 아닌 분쟁분야의 전문가로 구성된 조정위원회에서 조정사건을 처리한다는 점에서 차이가 있다. 또한 조정조서의 효력을 기준으로 하면 재판상의 화해로 인정하는 경우(민사조정법 제29조, 소비자기본법 제67조 제4항)와 당사자간 합의의 성립으로 인정하는 경우(정보보호법 제38조 제4항, 전자거래기본법 제35조 제3항)로 구분할 수 있다.

(2) 관　　할

분쟁사건에 대하여 조정을 신청하고자 하는 자는 다음에 해당하는 법원에 신청서 등을 제출하여야 한다(민사조정법 제3조). 피신청인의 주소・거소・최후의 주소를 관할하는 법원, 치외법권이 있는 대한민국의 국민이 대한민국 내에 주소・거소・최후의 주소도 없는 경우 대법원의 소재지인 서울을 관할하는 법원, 법인의 경우에는 주된 사무소 또는 영업소를 관할하는 법원, 국가의 경우에는 국가를 대표하는 관청 또는 대법원의 소재지를 관할하는 법원, 피신청인의 사무소 또는 영업소 소재지 관할법원, 피신청인의 근무지, 분쟁의 목적물 소재지 관할법원, 손해발생지관할 법원, 이상에 상응하는 소송사건의 관할법원, 당사자가 합의한 법원 중 1개의 법원에 조정을 신청하여야 한다. 하지만 소비자분쟁에 대하여 관할권은 소비자의 주소지 또는 거소지를 관할하는 법원이 갖는다. 만일, 관할을 위반하여 조정을 신청한 경우에 조정을 접수한 법원은 관할 있는 법원으로 이송하여야 한다(민사조정법 제4조 제1항 본문). 하지만 피신청인이 관할위반에 대하여 이의신청을 하지 않고 조정절차에서 진술하거나 사건의 해결을 위하여 필요하다고 인정한 때에는 이송하지 않을 수 있다(민사조정법 제4조 제1항 단서). 또한 관할법원에 조정을 신청하였을 경우에도 접수법원은 직권으로 또는 당사자의 신청을 받아 다른 관할법원으로 이송결정을 할 수 있으며, 당사자는 이 결정에 대하여 불복신청을 하지 못한다(민사조정법 제4조 제2항, 제3항).

(3) 조정의 신청

① 당사자의 신청

분쟁의 당사자는 관할법원에 조정을 서면 또는 구두로 신청할 수 있다. 신청인이 구두로써 조정을 신청할 경우 법원서기관・법원사무관・법원주사 또는 법원주사보의 면전에서 신청내용을 진술하며, 법원서기관 등은 조정조서를 작성한

31) 민사조정법상의 조정은 원칙적으로 당사자가 자유롭게 신청할 수 있으나, 나류 및 다류 가사소송사건과 마류 가사비송사건에 대하여 가정법원에 소를 제기하거나 심판을 청구하고자 하는 자는 반드시 먼저 조정을 신청하여야 한다. 만일 이러한 사건에 대하여 당사자가 조정을 신청하지 아니하고 소를 제기하거나 심판을 청구한 때에 가정법원은 공시송달에 의하지 아니하고는 당사자의 일방 또는 쌍방을 소환할 수 없거나 그 사건이 조정에 회부되더라도 조정이 성립될 수 없다고 인정할 때를 제외하고 그 사건을 조정에 회부하여야 한다(가사소송법 제50조).

후 기명날인하여야 하며, 일정한 수수료를 납부하여야 한다(민사조정법 제5조). 하지만 조정담당판사가 사건의 성질상 조정을 함에 적당하지 아니하다고 인정하거나 당사자가 부당한 목적으로 조정을 신청한 것으로 인정한 때에는 조정을 하지 아니하는 결정으로 사건을 종결시킬 수 있다(민사조정법 제26조).

② 조정회부

민사분쟁에 대하여 정식소송이 제기된 경우에도 당해 법원은 항소심판결선고 전까지 조정에 의한 분쟁해결이 필요하다고 인정하는 경우에 당해 사건을 결정으로 조정에 회부할 수 있다(민사조정법 제6조).

(4) 조정기관

당사자의 신청 또는 법원의 직권으로 조정에 회부된 사건은 조정담당판사가 이를 처리하는 것이 원칙이나 조정담당판사의 판단으로 당해 사건을 조정위원회에 회부할 수 있다. 다만 당사자가 조정위원회에서의 처리를 요청한 경우에는 당해 사건을 조정위원회에 회부하여야 한다(민사조정법 제7조 제1항, 제2항). 법원이 직권으로 조정에 회부한 경우에 수소법원이 스스로 조정함이 상당하다고 인정한 사건은 조정담당판사 또는 조정위원회에 회부하지 않고 처리할 수 있으며, 수명법관 또는 수탁판사로 하여금 조정을 담당하게 할 수 있다. 이 경우에 수소법원과 수명법관 또는 수탁판사는 조정담당판사와 동일한 권한을 가진다(민사조정법 제7조 제3항 내지 제5항). 조정위원회는 조정위원장 1인과 조정위원 2인 이상으로 구성되며, 조정위원장은 고등법원장 · 지방법원장 또는 지원장이 지정하는 판사가 된다. 다만 조정판사가 있는 경우에는 조정담당판사가, 수소법원이 조정을 행할 경우 수명법관 또는 수탁판사가, 시 · 군 법원의 경우에는 시 · 군 법원의 판사가 조정장이 된다. 조정위원은 사전에 고등법원장 등에 의하여 위촉받은 자를 말하며, 그 임기는 2년이다. 구체적인 조정사건에 있어서의 조정위원은 분쟁의 당사자가 합의에 의하여 선정한 자 또는 조정위원 중 조정위원장이 지정한 자가 된다(민사조정법 제8조 내지 제10조의2).

(5) 조정절차

당사자에 의하여 조정신청을 받은 법원은 조정신청서 또는 조정신청조서를 지체 없이 피신청인에게 송달하여야 하며, 조정기일 역시 당사자에게 통지하여야 한다(민사조정법 제14조, 제15조 제1항). 이러한 조정기일의 통지방법에는 소환장 이외에 이에 상당한 방법으로 할 수 있다(민사조정법 제15조 제2항). 만일 조정기일을 상대방에게 통지할 수 없는 경우에 조정담당판사는 당해 조정신청을 각하할 수 있다(민사조정법 제25조).

① 조정기일의 결정

양 당사자가 출석하여 조정을 신청하는 경우에는 특별한 사정이 없는 한 조정신청일을 조정기일로 한다(민사조정법 제15조 제3항). 만일 대표당사자가 선임된 경우에 조정기일의 통지는 대표당사자에게만 할 수도 있다(민사조정법 제18조 제5항). 이러한 조정의 결과에 이해관계 있는 자는 조정담당판사의 허가를 얻어 절차에 참가할 수 있다(민사조정법 제16조).

② 대표당사자의 선임

일방 당사자가 복수인 경우에 그 중 1인 내지 수인을 대표당사자로 선임할 수 있으며, 이러한 선임은 서면으로 증명하여야 한다. 또한 조정담당판사 역시 필요한 경우 대표당사자를 선임할 것을 명할 수 있다. 선임된 대표당사자는 조정조항안의 수락, 조정신청의 취하 등의 행위를 제외하고 조정절차에 관한 일체의 행위를 할 수 있다(민사조정법 제18조 제1항 내지 제4항).

③ 조정의 장소 및 방식

조정의 장소는 원칙적으로 법원 내에서 행하지만 사건의 실정에 따라 법원외의 적당한 장소에서 조정절차를 진행할 수 있으며, 이러한 조정절차는 공개하는 것을 원칙으로 한다. 다만 당사자의 신청 또는 법원의 직권으로 비공개로 할 수 있으며, 이 경우에도 조정담당판사가 적당하다고 인정하는 자에 대하여 방청을 허가할 수 있다(민사조정법 제19조, 제20조).

④ 조정 전의 처분

조정담당판사는 특히 필요한 경우에 당사자의 신청을 받아 조정 전에 상대방 기타 사건관계인에 대하여 현상을 변경하거나 물건을 처분하는 행위의 금지를 명할 수 있으며, 기타 조정의 내용이 되는 사항의 실현이 불가능하게 하거나 현저하게 곤란하게 하는 행위의 배제를 명할 수 있으며, 이 명령을 발함에 있어 이의 위반시 30만원 이하의 과태료가 부과됨을 고지하여야 한다(민사조정법 제21조).

(6) 조정의 불성립, 성립 및 이의신청

조정담당판사는 당사자간에 합의가 성립하지 아니하거나 성립된 합의의 내용이 상당하지 아니하다고 인정하는 경우에 조정이 성립하지 아니한 것으로 사건을 종결시켜야 한다(민사조정법 제27조). 이와 달리 당사자가 조정안에 대하여 합의를 한 경우에 합의내용을 조서에 기재함으로써 조정은 성립한다(민사조정법 제28조). 하지만 조정이 성립하지 아니한 경우라도 조정담당판사는 직권으로 당사자의 이익 기타 모든 사정을 참작하여 신청인의 신청취지에 반하지 아니한 한도 내에서 사건의 공평한 해결을 위한 결정을 하여야 한다(민사조정법 제30조). 만일 조정기일에 신청인이 불출석한 경우에는 다시 기일을 정하여 당사자에게 통지하여야 하며, 새로 지정된 기일에도 신청인이 출석하지 않은 경우에는 신청을 취하한 것으로 본다(민사조정법 제31조). 그러나 피신청인이 불출석한 경우에 조정담당판사는 상당한 이유가 없는 한 직권으로 조정에 갈음하는 결정을 하여야 한다(민사조정법 제32조). 당사자가 합의하여 조정조서를 작성한 경우를 제외하고 조정에 갈음하는 결정에 의한 조정은 피신청인이 조서정본을 송달받은 날로부터 2주일 내 또는 조서송달 전에 이의신청을 할 수 있다. 이러한 이의신청이 있는 경우에 조정담당판사는 이 사실을 지체 없이 신청인에게 통지하여야 하며, 이의신청이 제기된 조정은 이의신청이 취하 또는 이의신청이 부적법하여 각하된 경우를 제외하고 불성립으로 인정된다(민사조정법 제34조).

(7) 이의신청에 의한 소송으로의 이행

조정담당판사가 사건의 성질상 조정함에 적당하지 아니하다고 인정하거나 당사자가 부당한 목적으로 조정을 신청한 것으로 인정하여 조정을 하지 아니하기로 결정한 경우, 당사자간 합의가 성립하지 않거나 성립된 합의안이 상당하지 아니하다고 인정하여 불성립으로 인정한 경우, 조정에 갈음하는 결정에 대하여 일정기간 내에 이의신청을 한 경우에는 당해 사건에 대한 조정을 신청한 때에 소가 제기된 것으로 본다(민사조정법 제36조 제1항).

(8) 조정의 효력

이러한 절차를 통하여 성립된 조정은 재판상 화해와 동일한 효력을 가지므로 신청인은 조정조서로써 채무자의 재산에 대하여 강제집행을 할 수 있다(민사조정법 제29조). 또한 조정신청 그 자체는 시효중단의 효력이 있으나, 조정신청이 취하 또는 새로운 기일 또는 그 후의 기일에 신청인이 출석하지 아니하여 조정신청이 취하된 것으로 인정되는 경우에는 1개월 이내에 소를 제기하지 않으면 시효중단의 효력은 발생하지 아니한다(민사조정법 제35조).

2. 소비자분쟁조정위원회

(1) 설치의 근거 및 배경

소비자피해는 금액이 작고 그 피해의 책임소재를 따지기 어려운 경우가 많기 때문에 비용과 시간의 부담이 큰 민사소송으로 해결하기에는 적당치 않다. 이러한 점에서 전자상거래를 비롯한 모든 거래관계에서 발생한 소비자피해를 신속하고 효율적으로 구제하기 위하여 소비자분쟁조정위원회는 소비자기본법 제60조에 근거하여 1987년에 설립되었다. 이러한 소비자분쟁조정위원회는 개별 소비자가 사업자와의 거래에서 발생하는 피해 또는 분쟁을 대상으로 하였으나, 소비자피해의 특성상 동일한 원인에 의하여 다수의 피해자가 동시에 발생하고 이의 처리가 일괄적으로 이루어질 필요성이 있다는 점을 고려하여 2006년 동법의 개정으로 집단분쟁조정제도를 도입하였다.

(2) 소비자분쟁조정위원회의 구성

① 조정위원

소비자분쟁조정위원회는 소비자와 사업자 사이에 발생한 분쟁을 조정하기 위하여 한국소비자원 내에 설치되었다(동법 제60조 제1항). 동 조정위원회는 위원장 1인을 포함한 50인 이내의 위원으로 구성되며, 위원장을 포함한 2인은 상임으로 하고 그 외의 위원은 비상임으로 한다(동법 제61조 제1항). 위원장은 상임위원 중에서 공정거래위원회 위원장이 임명하며, 위원은 대학이나 공인된 연구기관에서 부교수 이상 또는 이에 상당하는 직에 있거나 있었던 자로서 소비자권익 관련분야를 전공한 자, 4급 이상의 공무원 또는 이에 상당하는 공공기관의 직에 있거나 있었던 자로서 소비자권익과 관련된 업무에 실무경험이 있는 자, 판사·검사 또는 변호사의 자격이 있는 자, 소비자단체의 임원의 직에 있거나 있었던 자, 사업자 또는 사업자단체의 임원의 직에 있거나 있었던 자, 그 밖에 소비자권익과 관련된 업무에 관한 학식과 경험이 풍부한 자 중에서 한국소비자원 원장이 전국적 규모의 소비자단체 및 사업자단체[32]로부터 추천된 자 중에서 각각 2명 이상이 균등하게 포함될 수 있도록 제청하고, 공정거래위원회 위원장이 임명 또는 위촉한다(동법 제61조 제2항, 동 시행령 제47조). 분쟁조정위원의 임기는 3년이며, 연임할 수 있다(동법 제61조 제5항).

분쟁조정위원회의 업무를 효율적으로 추진하기 위하여 조정위원회 내에 전문위원회를 둘 수 있으며, 분야별로 10명 이내의 위원으로 구성되며, 해당 분야에 관한 학식과 경험이 풍부한 자 중에서 조정위원장이 위촉한다(동법 제61조 제6항, 동 시행령 제50조).

② 위원의 신분보장과 중립성

조정위원회는 준사법적 권한을 가진 기구이기에 신분보장이 필요함과 더불어 분쟁에 있어서 중립성이 요구된다. 따라서 조정위원은 자격정지 이상의 형의 선고를 받거나 신체상 또는 정신상 장애로 직무를 수행할 수 없는 경우를 제외하고 그의 의사와 다르게 면직되지 않는다(동법 제62조). 또한 조정위원회의 위원은 위원 또는 그 배우자나 배우자이었던 자가 그 사건의 당사자가 되거나 그 사건에 관하여 공동의 권리자 또는 의무자의 관계에 있는 경우, 위원이 그 사건의 당사자와 친족관계에 있거나 있었던 경우, 위원이 그 사건에 관하여 증언이나 감정을 한 경우, 위원이 그 사건에 관하여 당사자의 대리인으로서 관여하거나 관여하였던 경우에 해당하는 분쟁조정사건의 심의·의결에서 제척된다. 이

32) 전국적 규모의 소비자단체 및 사업자단체라는 요건은 매우 추상적이어서 판단주체의 자의가 개입될 소지가 있다. 따라서 이를 명확히 할 필요가 있으며, 소비자단체의 경우 공정거래위원회에 등록된 소비자단체로, 사업자단체 역시 단체소권자인 경제단체 등으로 구체화할 필요가 있다.

와 더불어 당사자는 위원에게 심의·의결의 공정을 기대하기 어려운 사정이 있는 경우에는 원장에게 기피신청을 할 수 있으며, 원장은 기피신청에 대하여 조정위원회의 의결을 거치지 아니하고 결정한다. 또한 위원이 상기의 사유에 해당하는 경우에는 스스로 그 사건의 심의·의결에서 회피할 수 있다(동법 제64조). 이와 같이 조정위원회의 중립성을 보장하기 위하여 제척 등의 제도를 운영하고 있으나, 기피사유에 해당하는지에 대한 판단권한을 조정위원장이 아닌 한국소비자원 원장에게 부여하고 있는 점은 조정위원회의 운영에 있어서 자율성 보장측면에서 문제점으로 제기된다. 분쟁조정위원회는 한국소비자원에 설치되고 그 구성에 있어서 한국소비자원과 공정거래위원회의 지휘를 받지만, 운영에 있어서는 이와 독립된 기구로서 운영되어야 한다. 따라서 기피신청 역시 한국소비자원 원장에게 할 것이 아니라 조정위원회 위원장에게 하여야 할 것이며, 기피의 대상이 위원장일 경우에 한하여 원장에게 하도록 하는 것이 타당할 것이다.

(3) 일반적 소비자분쟁조정의 절차

① 피해구제절차 및 조정의 신청

상품 또는 용역의 거래로 인하여 피해를 입은 소비자는 한국소비자원에 피해의 구제를 청구할 수 있으며, 청구할 경우 서면으로 하여야 한다. 다만, 긴급을 요하거나 부득이한 경우에는 구두 또는 전화 등으로 할 수 있다(동법 제55조 제1항, 동 시행령 제43조 제1항). 이러한 피해구제는 기본적으로 소비자가 신청하지만, 국가·지방자치단체 또는 소비자단체 소비자로부터 피해구제의 신청을 받은 경우 한국소비자원에 그 처리를 의뢰할 수 있으며, 사업자 역시 소비자로부터 피해구제의 신청을 받은 경우에 한국소비자원에 그 처리를 의뢰할 수 있다. 다만, 사업자가 의뢰할 수 있는 경우는 소비자로부터 피해구제의 신청을 받은 날로부터 30일이 경과하여도 합의에 이르지 못한 경우, 한국소비자원에 피해구제의 처리를 의뢰하기로 소비자와 합의한 경우에 한정된다(동법 제55조 제2항, 제3항). 한국소비자원은 소비자 등으로부터 피해구제신청을 받은 즉시 피해구제신청사건의 당사자와 의뢰인에게 서면으로 그 사실을 통보하여야 한다(동 시행령 제43조 제2항). 위와 같은 절차를 통하여 접수된 소비자피해에 대하여 원장은 피해구제절차를 진행함과 더불어 피해구제신청의 당사자에 대하여 피해보상에 대한 합의를 권고할 수 있으며, 절차의 진행도중에 당사자 또는 관계인이 법령을 위반한 것으로 판단되는 때에는 관계기관에 이를 통보하고 적절한 조치를 의뢰하여야 한다(동법 제56조, 제57조). 이러한 권고에 따라서 사업자가 소비자와 피해보상에 합의한 경우 당해 분쟁은 종료하게 된다. 하지만 피해구제의 신청을 받은 날로부터 30일 이내에 당사자간에 합의가 이루어지지 않은 경우에 원장은 소비자분쟁조정위원회에 분쟁조정을 신청하여야 한다. 다만, 30일이라는 피해구제기간은 피해의 원인규명 등에 상당한 시일이 요구되는 피해구제신청사건으로 의료관련 사건, 보험관련 사건, 농업 및 어업관련 사건, 그 밖에 피해의 원인규명에 시험・검사 또는 조사가 필요한 사건에 대하여는 60일 이내의 범위에서 처리기간을 연장할 수 있다(동법 제58조, 동 시행령 제44조). 이와 더불어 소비자와 사업자 사이에 발생한 분쟁에 관하여 국가 등이 설치한 기구에서 소비자분쟁이 해결되지 않거나 소비자단체의 합의권고에 따른 합의가 이루어지지 아니한 경우 당사자, 당해 기구 또는 단체의 장은 조정위원회에 분쟁조정을 신청할 수 있으며, 이러한 분쟁조정신청 또는 피해구제신청에 의한 분쟁조정요청을 받은 경우 지체 없이 분쟁조정절차를 개시하여야 한다(동법 제65조 제1항, 제2항). 다만, 한국소비자원의 피해구제는 그 내용이 한국소비자원에게 처리하는 것이 부적합하다고 판단되는 때에 신청인에게 그 사유를 통보하고 그 사건의 처리를 중지할 수 있으며, 한국소비자원의 피해구제 처리절차 중에 법원에 소를 제기한 경우 당사자는 즉시 그 사실을 한국소비자원에게 통보하여야 하며, 한국소비자원은 당사자의 소제기 사실을 알게 된 때에는 지체 없이 피해구제절차를 중지하고 당사자에게 이를 통지하여야 한다(동법 제55조 제4항, 제59조).

② 조정의 절차

분쟁에 대한 조정을 요청받은 분쟁조정위원회는 필요한 경우 그 신청인이나 분쟁당사자에게 증거서류 등 관련 자료의 제출을 요청할 수 있으며, 필요한 경우 전문위원회의 자문 및 분쟁조정절차에 앞서 이해관계인・소비자단체 또는 관계기관의 의견을 들을 수 있다(동법 제65조 제3항, 제4항, 동 시행령 제53조). 또한 분쟁조정 업무의 효율적인 수행을 위하여 10일 이내의 기간을 정하여 분쟁당사자에게 보상방법에 대한 합의를 권고할 수 있다(동 시행령 제54조). 이러한 합의권고에도 불구하고 보상방법에 대한 합의가 성립하지 않은 경우에 구체적인 조정절차가 시작된다. 먼저 조정위원회는 조정위원장을 포함하여 50명으로 구성되지만 구체적인 조정회의는 위원장, 상임위원과 위원장이 회의마다 지명하는 5인 이상 7인 이하의 위원으로 구성된다(동법 제63조 제1항). 조정회의의 의결정족수는 의원 과반수 이상의 출석과 과반수의 찬성에 의한다(동법 제63조 제2항). 이러한 조정위원회의 운영방식은 조정이라는 준사법적 절차에 대한 객관성 확보가 부족한 측면이 있다. 즉, 조정위원의 구성에 있어서는 중립성(소비자측 조정위원과 사업자측 조정위원)을 확보한 반면에 구체적인 조정위원회의 참석위원에 있어서는 이에 대한 내용이 전혀 부존재하다. 따라서 참석대상위원은 조정위원장이 지정하지만, 반드시 소비자단체의 추천을 받아 임명된 조정위원과 사업자단체의 추천을 받아 임명된 조정위원 및 판사・검사 또는 변호사 자격을 가진 조정위원 각 1인은 반드시 포함되도록 하여야 할 것이다.

이러한 조정위원회는 분쟁조정을 신청받은 때로부터 30일 이내에 그 분쟁조정을 종료하여야 한다. 다만, 부득이한 사유로 30일 이내에 그 분쟁조정을 마칠 수 없는 경우에는 그 기간을 연장할 수 있으며, 이 경우 그 사유와 기한을 명시하여 당사자 및 그 대리인에게 통지하여야 한다(동법 제66조). 조정절차는 소송과 비교하여 신속한 분쟁해결이라는 특징을 갖고 있기 때문에 신속한 분쟁해결이 무엇보다 중요하다. 그러나 신속한 분쟁해결도 중요하지만, 정확한 판단에 기초한 분쟁해결 역시 더욱더 중요하다. 즉, 소송의 경우 심급제도에 의하여 불복할 수 있지만, 조정은 단심제의 성격을 갖기 때문에 정확한 판단에 대한 중요성은 더욱 강조됨은 당연하다. 따라서 정확한 판단을 위한 시간의 소요는 필연적이라 할 수 있다. 이를 기초로 보았을 때, 상기의 30일이라는 기간이 충분한 것인가에 대하여는 의문이 제기된다. 즉, 30일의 기산점이 분쟁조정의 신청을 받은 날이기 때문에 실질적으로 분쟁절차를 진행할 수 있는 기간은 약 20일 정도에 불과하다. 즉, 분쟁조정이 신청된 경우 위원장은 당사자에게 합의해결을 권고할 수 있으며, 이 기간이 10일이기 때문에 사실상 이 기간 동안 분쟁절차는 진행되지 않을 것이다. 따라서 약 20일이라는 기간 동안 당사자 또는 이해관계인 등의 의견수렴, 자료제출, 전문위원회의 의견 수렴 등의 절차를 거치기가 사실상 곤란하다. 따라서 이의 기간을 현실화할 필요가 있으며, 기산점을 당사자 등의 신청을 받은 때가 아닌 원칙적으로는 당사자의 신청을 받은 때로 정하고, 예외적으로 당사자간 합의를 권고하였을 경우에는 합의권고기간(10일)이 종료한 시점 또는 합의 불성립에 대한 통지를 받은 시점으로 정할 필요가 있다. 또한 동 기간은 분쟁조정의 종료기한이다. 그러나 분쟁조정의 종료는 당사자가 조정안을 수락, 거부 또는 미답변에 의하여 수락한 것으로 인정되어 마련된 조정조서에 당사자가 기명·날인한 경우에 이루어진다. 즉, 분쟁조정위원회의 조정안의 마련만으로 분쟁조정이 종료한 것이 아니다. 그럼에도 불구하고 표현에 있어서 분쟁조정을 사용하는 것은 부당하며, 舊 소비자보호법과 마찬가지로 조정조서안의 작성으로 개정하여야 할 것이다. 만일 분쟁조정절차의 진행 도중에 당사자가 법원에 소를 제기한 경우 이를 분쟁조정위원회에 알려야 하며, 이의 사실을 알게 된 분쟁조정위원회는 분쟁조정절차를 중지하고 이의 사실을 당사자에게 통지하여야 한다(동법 제65조 제5항).

(4) 집단분쟁조정의 절차

① 집단분쟁조정의 대상

집단분쟁조정을 신청할 수 있는 사건으로는 물품 등으로 인한 피해가 같거나 비슷한 유형으로 발생한 소비자 중 소비자단체협의회의 자율적 분쟁조정 또는 한국소비자원 원장의 권고 그 밖의 방법으로 사업자와 분쟁해결이나 피해보상에 관한 합의가 이루어진 소비자, 다른 분쟁조정기구에서 분쟁조정이 진행 중인 소비자 및 해당 물품 등으로 인한 피해에 관하여 법원에 소를 제기한 소비자를 제외한 소비자의 수가 50명 이상이며, 사건의 중요한 쟁점이 사실상 또는 법률상 공통될 사건에 한정된다(동 시행령 제56조).

② 신청 및 공고

상기의 요건을 충족한 사건에 대하여 국가·지방자치단체·한국소비자원 또는 소비자단체·사업자는 분쟁조정위원회에 집단분쟁조정을 의뢰 또는 신청할 수 있다(동법 제68조 제1항). 집단분쟁조정을 신청할 수 있는 청구권자에 대하여 직접 분쟁의 당사자인 소비자는 배제되어 있다. 이러한 점은 집단분쟁조정제도 역시 분쟁해결제도 중 하나라는 점을 고려할 때, 당사자의 청구를 부정한다는 점에서 부당하다고 할 것이다. 따라서 사업자와의 분쟁에 있어서 사실상 또는 법률상 쟁점이 공통되는 소비자가 50명 이상인 경우에 직접 분쟁조정위원회에 집단분쟁조정을 신청할 수 있도록 하여야 할 것이다. 이와 같이 국가 등의 의뢰 등을 통하여 집단분쟁조정이 신청된 경우 조정절차를 개시하여야 하며, 이의 내용을 14일 이상 동안 한국소비자원 인터넷 홈페이지 및 전국을 보급지역으로 하는 일간신문에 게재하여 절차의 개시를 공고하여야 한다(동법 제68조 제2항, 동 시행령 제58조). 이러한 공고절차는 집단분쟁조정을 신청하지 않은 소비자가 참가할 수 있는 기회를 부여하기 위함이다. 따라서 초기에 참여하지 않은 소비자는 동 기간 동안 서면으로 참가신청을 할 수 있으며, 조정위원회는 소비자의 참가신청에 대하여 참가신청기간이 경과한 후 10일 이내에 참가인정 여부를 서면으로 알려야 한다(동법 제68조 제3항, 동 시행령 제59조). 만일 신청 당시에 분쟁당사자 중 소비자의 50명이라는 요건을 충족하였으나, 일부의 소비자가 소를 제기하거나 다른 절차에 의하여 사업자와의 분쟁이 해결 또는 다른 분쟁조정기구에서 분쟁조정이 진행 중인 소비자가 있는 경우 일반분쟁조정절차와 달리 집단분쟁조정절차는 당해 제소한 소비자 등만을 제외하고 그 절차는 계속한다(동법 제68조 제6항, 동 시행령 61조).

③ 대표당사자의 선임

조정위원회는 의결로써 집단분쟁조정의 당사자 중에서 공동의 이익을 대표하기에 가장 적합한 1인 또는 수인을 대표당사자로 선임할 수 있다. 대표당사자가 선임될 경우 조정기일의 통지는 대표당사자를 선임한 나머지 당사자에 대하여는 이를 하지 아니할 수 있으며, 대표당사자는 이를 선임한 당사자를 위하여 조정조항안의 수락, 조정신청의 취하, 민사조정법 제30조 및 제32조에 의한 결정과 관계되는 행위 또는 대리인의 선임을 제외하고는 각자 조정절차에 관한 일체의 행위를 할 수 있다(민사조정법 제18조 제4항, 제5항). 이와 같이 조정절차에 있어서 대표당사자의 역할은 매우 중요하기 때문에 당사자인 소비자들에게는 매우 문제이다. 그럼에도 불구하고 대표당사자의 선임에 있어서 당사자인 소비자가 선임하는 것이 아니라 조정위원회가 선임하도록 한 것은 대표당사자의 역할을 고려하지 않은 것이다. 따라서 민사조정법과 같이 대표당사자의 선임은 당사자인 소비자에게 위임하여야 하며, 이를 선임하지 않아 조정절차의 진행이 곤란할 경우에 조정위원회가 당사자인 소비자들에게 대표당사자의 선임을 명하도록 하여야 할 것이다(민사조정법 제18조 제1항 내지 제3항).

④ 조정절차의 기간

일반적 분쟁조정절차는 당사자 등의 신청을 받은 날로부터 30일 이내에 종료하여야 하지만, 집단적 분쟁조정의 경우에는 그 기산점이 분쟁조정의 신청을 받은 날이 아닌 집단분쟁조정개시에 관한 공고기간이 종료한 시점부터 30일 이내에 종료하여야 하며, 동 기간 내에 종료할 수 없는 경우에는 그 사유와 기한을 정하여 당사자 및 대리인에게 통지하여야 한다(동법 제68조 제7항).

(5) 조정의 효과

조정위원장은 분쟁조정을 마친 때에는 지체 없이 당사자에게 그 분쟁조정의 내용을 통지하여야 한다. 이러한 통지를 받은 당사자는 그 통지를 받은 날로부터 15일 이내에 분쟁조정의 내용에 대한 수락 여부를 조정위원회에 통보하여야 하며, 동 기간 내에 수락여부를 통지하지 않은 경우 수락한 것으로 간주된다. 따라서 당사자가 수락하거나 수락한 것으로 간주되는 경우에 조정위원회는 조정조서를 작성하고 조정위원장 및 각 당사자가 기명·날인하여야 하지만, 수락한 것으로 보는 경우에 당사자의 기명·날인은 생략할 수 있다. 이와 같이 당사자가 수락하거나 수락한 것으로 보는 경우 당해 분쟁조정의 내용은 재판상 화해와 동일한 효력을 갖는다(동법 제67조). 만일 분쟁조정의 내용과 기명·날인한 조정조서의 내용이 불일치할 경우 어느 내용이 우선할 것인가의 문제가 제기되지만, 동법에서 재판상 화해의 효력을 갖는 것은 분쟁조정의 내용이므로 기명·날인한 조정조서의 내용보다 우선한다고 할 것이다. 집단분쟁조정에 있어서 사업자가 집단분쟁조정내용을 수락한 경우 조정위원회는 집단분쟁조정의 당사자가 아닌 자로서 피해를 입은 소비자에 대한 보상계획서를 작성하여 조정위원회에 제출할 것을 권고할 수 있으며, 이 권고를 받은 사업자는 15일 이내에 권고의 수락여부를 조정위원회에 알려야 한다(동법 제68조 제5항, 동 시행령 제60조). 그러나 이러한 보상계획서의 내용은 상기의 당사자가 수락한 분쟁조정의 내용과 달리 재판상 화해의 효력은 인정되지 않는다. 또한 소비자 등이 분쟁조정을 신청할 경우 손해배상청구권에 대한 소멸시효는 중단된다(민사조정법 제35조).[33] 구체적으로 조정이 성립한 경우 소멸시효는 재기산되며, 그 기간은 10년이 되지만(민법 제165조), 조정이 불성립한 경우 최고의 효과를 가지기 때문에 불성립일로부터 6개월 이내에 재판상 청구·파산절차참가·화해를 위한 소환·임의출석·

33) 곽윤직, 앞의 민법총칙, 334면.

압류 또는 가압류·가처분을 하여야 한다(민법 제174조).[34] 이러한 조정절차에 의하여 분쟁이 해결된 경우에는 문제가 없으나, 사업자 등의 거부로 인하여 조정이 성립하지 않은 경우 소비자는 피해구제를 받기 위하여 법원에 소송을 제기할 수밖에 없다.

〈그림 4〉 소비자분쟁조정위원회 조정절차

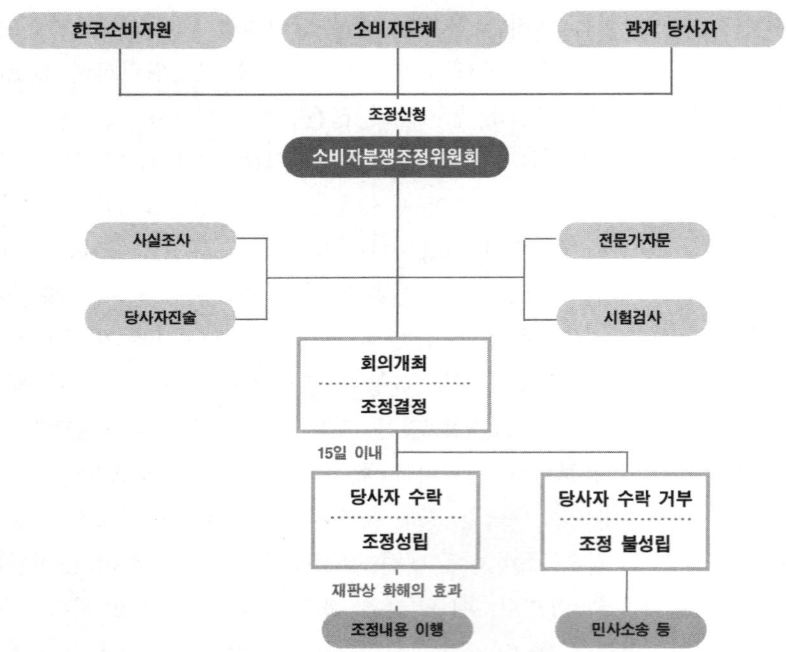

3. 소비자단체협의회의 자율적 분쟁조정위원회

(1) 분쟁조정기구 및 분쟁조정의 대상

소비자와 사업자 간 분쟁이 발생한 경우 소비자단체는 소비자의 불만이나 피

34) 조정신청이 취하 또는 취하된 것으로 인정되는 경우에는 1개월 이내에 소를 제기하지 않으면 시효중단의 효력은 발생하지 아니한다(민사조정법 제35조).

해를 처리하기 위하여 당사자 간 합의의 권고를 할 수 있지만, 소비자단체로 구성된 협의체[35]는 소비자분쟁에 대한 조정을 할 수 있다(동법 제31조 제1항). 다만, 모든 소비자분쟁이 자율적 분쟁조정의 대상이 되는 것이 아니라 전문성이 요구되는 분야에 대하여 다른 분쟁조정기구에서 처리하는 분쟁조정을 제외한 소비자분쟁만이 대상이 된다. 이에 해당하는 분쟁조정기구로는 금융감독기구의 설치 등에 관한 법률 제51조에 따라 설치된 금융분쟁조정위원회, 의료법 제54조의2에 따라 설치된 의료심사조정위원회, 환경분쟁조정법 제4조에 따라 설치된 환경분쟁조정위원회, 저작권법 제81조에 따라 설치된 저작권심의조정위원회, 컴퓨터프로그램 보호법 제35조에 따라 설치된 컴퓨터프로그램보호위원회, 전기통신기본법 제37조에 따라 설치된 통신위원회, 정보보호법 제33조에 따라 설치된 개인정보분쟁조정위원회, 전기사업법 제53조에 따라 설치된 전기위원회, 우체국예금・보험에 관한 법률 제48조의2에 따라 설치된 우체국보험분쟁조정위원회, 그 밖에 다른 법령에 따라 설치된 분쟁조정기구로서 공정거래위원회가 필요하다고 인정하여 지정・고시하는 분쟁조정기구가 있다(동 시행령 제25조). 이러한 소비자분쟁을 처리하기 위하여 소비자단체 협의체 내에 자율적 분쟁조정위원회를 설치하며, 위원장 1명을 포함한 40명 이내의 위원으로 구성된다.

(2) 분쟁조정의 신청

자율적 분쟁조정은 소비자, 사업자 또는 소비자단체가 신청할 수 있다. 다만, 자율적 분쟁조정을 신청하기 위하여는 등록된 소비자단체가 합의를 권고하였음에도 불구하고 합의가 이루어지지 않은 경우에 한정되므로 단순히 소비자분쟁이 발생하였다는 사실만으로 분쟁조정을 신청할 수 없다(동 시행령 제24조 제1항, 제2항). 분쟁조정신청을 받은 자율적 분쟁조정위원회는 분쟁조정을 위하여 필요한 경우 분쟁당사자 또는 소비자를 대리하여 신청한 소비자단체에 증거서류 등 관련 자료의 제출을 요청할 수 있다(동 시행령 제24조 제5항). 다만, 소비자단체는 소비자를 대리하여 자율적 분쟁조정을 신청할 수 있음에도

35) 이러한 소비자단체 협의체로는 한국소비자단체협의회가 있으며, 녹색소비자연대・대한주부클럽연합회・대한YWCA연합회・전국주부교실중앙회・한국소비자교육원・한국YMCA전국연맹・한국소비자연맹・한국소비생활연구원・소비자문제를 연구하는 시민의 모임 등 9개의 소비자단체로 구성되어 있다(http://www.consumer.or.kr/partner/p_main.html).

불구하고 사업자까지 대리하여 신청할 수 있음을 규정하고 있는 동 시행령 제24조 제5항의 규정은 동조 제2항과 불일치한다. 따라서 양자를 일치시키기 위하여 동조 제5항의 규정 중 "분쟁당사자나"는 삭제하여야 할 것이다. 마지막으로 소비자단체의 조정신청은 소비자가 이를 요청하였을 경우에만 한정하여야 할 것이지만 이에 관한 수권절차는 전혀 규정을 두고 있지 않다. 따라서 소비자단체의 분쟁조정신청을 규정하고 있는 동 시행령 제24조 제2항의 내용에 소비자의 분쟁조정에 관한 위임 규정을 추가하여야 할 것이다. 이와 같이 자율적 분쟁조정의 신청을 받은 자율적 분쟁조정위원회는 신청을 받은 날로부터 30일 이내에 분쟁조정을 마쳐야 하지만, 동 기간 내에 분쟁조정을 마칠 수 없는 경우에는 그 사유와 기한을 구체적으로 밝혀 당사자 또는 그 대리인에게

〈그림 5〉 자율적 분쟁조정절차

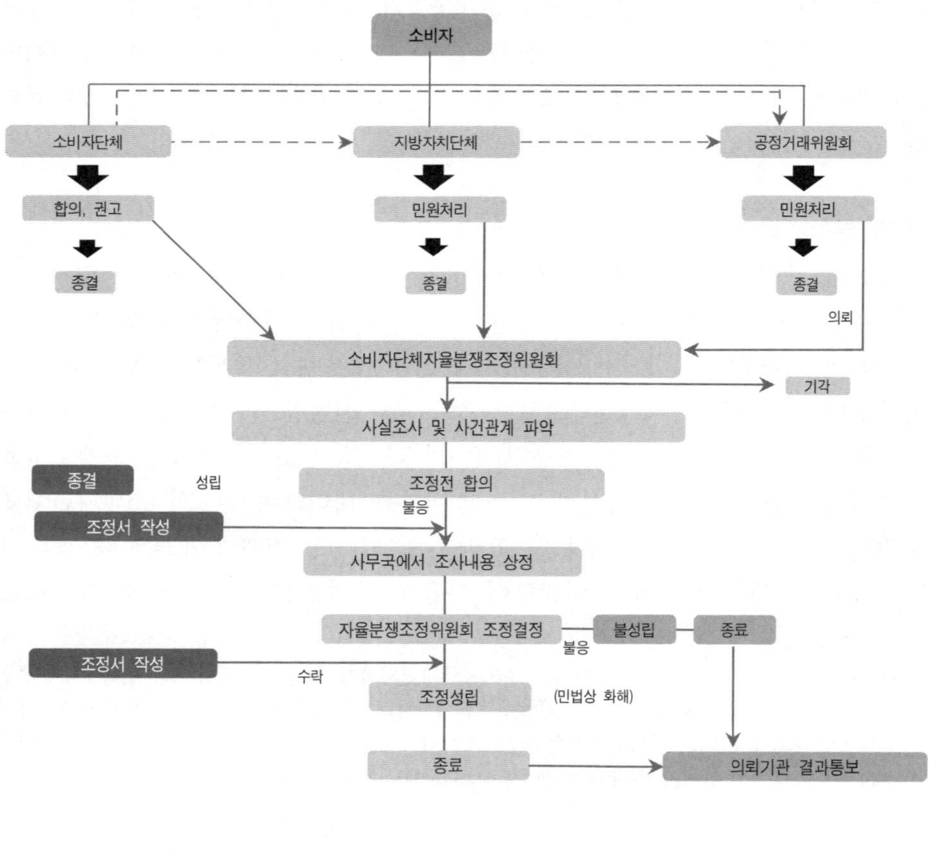

알려야 한다(동 시행령 제24조 제6항).

(3) 효　　력

자율적 분쟁조정위원회의 조정안에 대하여 분쟁당사자가 이를 수락한 경우 그 효력은 재판상 화해가 아닌 당사자 간 자율적 분쟁조정과 동일한 내용의 합의가 성립한 것으로 본다(동법 제31조 제2항). 즉, 자율적 분쟁조정이 성립한 경우 당사자간 화해계약의 성립으로 인정된다.

4. 전자거래분쟁조정위원회

(1) 설치의 근거 및 배경

전자상거래가 급속히 확대됨에 따라 이로 인한 관련 당사자간의 분쟁이 급증하고 있다. 이러한 전자상거래의 분쟁은 법률적인 부분 외에 전자거래 특유의 기술적인 부분이 많이 포함되어 있어 통상의 재판절차나 기존의 조정제도보다 전문가에 의한 간이조정제도가 요구되었다. 따라서 전자거래의 고유한 특성(전자거래의 비대면성·비서면성·내용수정의 용이성 및 소액 다수거래로 인한 단기간의 광범위한 피해발생과 경우에 따라서 국경을 넘는 피해의 발생)에 따른 분쟁을 해결하기 위하여 전자거래분쟁조정위원회는 舊 전자거래기본법 제28조와 동 시행령 제15조에 의거하여 2000년 4월 한국전자거래진흥원에 설치되었다.

(2) 조정위원회의 구성 및 운영

전자거래분쟁조정위원회는 대학이나 공인된 연구기관에서 부교수급 이상 또는 이에 상당하는 직에 있거나 있었던 자로서 전자거래관련 분야를 전공한 자, 4급 이상 공무원 또는 이에 상당하는 공공기관의 직에 있거나 있었던 자로서 전자거래업무에 관한 경험이 있는 자, 판사·검사 또는 변호사의 자격이 있는 자, 비영리민간단체 지원법 제2조의 규정에 의한 비영리민간단체에서 추천한 자, 그 밖에 전자거래와 분쟁조정에 관한 학식과 경험이 있는 자 중에서 지식경제부장관이 임명 또는 위촉하는 위원으로 구성되며, 위원장은 호선한다(동법 제32조 제3항). 위원장은 조정위원회를 대표하고 그 업무를 총괄한다. 만일 위원장이 직무를 수행할 수 없는 경우에 위원장이 지명한 위원이 그 직무를 대행한다(동 시행령 제16조). 조정위원의 수는 15인 이상 50인 이하의 위원이며, 위원의 임기는 2년이지만 연임할 수 있다(동법 제32조 제2항, 제4항).[36] 조정위원회의 운영은 회의개최 5일 전까지 회의의 일시・장소 및 심의안건을 각 위원에게 서면 또는 전자문서로 통지하며, 긴급을 요하거나 부득이한 사유가 있는 경우 이 기간을 단축할 수 있다(동 시행령 제19조 제1항). 위원회는 위원장을 포함한 재적위원 과반수의 출석으로 개의하고 출석의원 과반수의 찬성으로 의결한다(동 시행령 제19조 제2항). 조정위원회의 회의는 위원의 직접 참석 또는 온라인 참석을 인정하고 있으며, 업무의 효율적 수행을 위하여 분과위원회를 설치할 수 있다(동 시행령 제19조 제3항, 제4항).

(3) 조정위원의 신분보장 및 중립성

조정위원은 자격정지 이상의 형의 선고를 받거나 심신상의 장애로 직무를 수행할 수 없는 경우를 제외하고는 그의 의사에 반하여 면직 또는 해촉되지 아니한다(동 시행령 제17조). 또한 분쟁조정의 중립성을 보장하기 위하여 당해 분쟁과 이해관계 있는 조정위원을 배척하고 있다. 먼저, 조정위원회의 위원은 위원 또는 그 배우자나 배우자이었던 자가 당해 사건의 당사자가 되거나 당해 사건에 관하여 공동권리자 또는 의무자의 관계에 있는 경우, 위원이 당해 사건의 당사자와 친족관계에 있거나 있었던 경우, 위원이 당해 사건에 관하여 증언이나 감정을 한 경우, 위원이 당해 사건에 관하여 당사자의 대리인으로서 관여하거나 관여하였던 경우에 해당 조정위원은 당해 분쟁조정사건의 조정에서 제척된다. 또한 당사자는 위원에게 공정한 조정을 기대하기 어려운 사정이 있는 경우에는 조정위원회에 기피신청을 할 수 있으며, 위원장은 기피신청이 타당하다고 인정하는 때에는 기피의 결정을 한다. 마지막으로 위원이 상기의 요건에 해당하는 때에는 위원장의 허가를 얻어 스스로 당해 사건의 조정을 회피할 수 있다(동 시행령 제18조).[37]

---

36) 산업자원부, 보도자료: 전자거래 분쟁조정위원회 전문성 제고, 2001・8・18, 4~5면.

37) 조정위원회의 독립성 및 중립성을 보장하기 위하여 전자거래기본법에서는 위원의 신분보장 및 제척 등을 규정하고 있으나, 이를 법률의 차원이 아닌 시행령에 위임하고 있다. 이러한 점은 조정위원회의 독립성 및 중립성을 보장하고자 하는 법률의 취지와 일치하지 않으며, 다른 분쟁조정위원회에 관한 규정과 비교하여 불합리하기 때문에 이를 시행령이 아닌 법률

(4) 조정의 절차

① 조정신청

전자상거래로 인하여 분쟁이 발생한 경우에 당사자는 전자거래분쟁조정위원회에 조정을 신청할 수 있다(동법 제33조 제1항). 당사자의 분쟁조정신청을 받은 조정위원회는 지체 없이 분쟁당사자에게 그 내용을 통지하고 조정 전에 합의를 권고할 수 있다(동 시행령 제20조 제2항). 합의권고에 의하여 당사자가 분쟁을 해결한 경우에 조정절차는 더 이상 진행되지 않지만, 합의가 이루어지지 않거나 이를 거부할 경우에 위원장은 조정부를 지정하여 조정신청서를 회부하며, 조정절차는 개시된다(전자거래기본법 시행령 제20조 제3항). 조정신청시 당해 사건이 조정경비를 납부하도록 한 사건인 경우 신청인이 조정비용을 예납하여야 한다(동법 제37조 제1항, 동 시행령 제21조).

② 자료요청과 당사자 등의 출석

조정신청서를 회부받은 조정부는 분쟁조정을 위하여 필요한 자료의 제공을 분쟁당사자 또는 참고인에게 요청할 수 있으며, 분쟁당사자는 정당한 사유가 없는 한 이를 거부할 수 없다(동법 제34조 제1항). 또한 조정부는 필요한 경우에 분쟁당사자 또는 참고인으로 하여금 출석하게 하여 의견을 들을 수 있으며, 출석요구시에는 7일 전까지 의견진술의 사유 등을 통지하여야 한다(동법 제34조 제2항, 동 시행령 제20조 제4항). 이러한 요청을 받은 당사자 또는 참고인은 출석 또는 서면으로 의견을 제출할 수 있다(동 시행령 제20조 제5항).

③ 조정절차의 진행

조정위원회는 당사자간 합의가 이루어지지 않거나 당사자가 조정에 응한 경우에 조정위원 3인 이내로 구성되는 담당조정부를 구성한다(동법 제33조 제3항). 전자거래분쟁에 대한 조정의 진행방법에는 당사자가 직접 전자거래분쟁조정위원회에 출석하여 진행하는 조정과 사이버분쟁조정센터에서 전자우편 등 정보통신망을 이용하여 진행하는 조정이 있다.[38]

의 차원에서 규정하여야 할 것이다.

38) http://www.ecmc.or.kr/index.asp.

㉮ 당사자의 출석에 의한 조정

전자거래와 관련하여 분쟁이 발생하여 이해관계인이 위원회에 분쟁의 조정을 신청한 경우에 위원장은 즉시 관계당사자에게 그 내용을 통지하고 합의 및 조정에 응할 것을 권고하며, 합의가 이루어지지 않은 때에 담당조정부를 구성한다. 담당조정부는 분쟁조정의 신청을 받은 날로부터 45일 이내에 조정안을 작성하여 당사자들에게 이의 수락을 권고하며, 부득이한 사정으로 그 기한을 연장하고자 할 때에는 그 사유와 기한을 명시하여 당사자들에게 통보하여야 한다(동법 제33조 제2항). 이후 이해관계인이 조정안을 수락한 경우에는 조정조서가 작성되어 조정이 성립된다(전자거래기본법 제35조 제1항 제1호).

㉯ 사이버분쟁조정센터에 의한 조정

분쟁사건에 대하여 이해관계인들이 사이버조정센터의 조정에 응하기로 합의한 경우에 사무국 직원은 비공개 대화방을 개설하고 비밀번호를 실시간 조정이 이루어지기 전에 이해관계인에게 통지한다. 이후 조정관계인이 정해진 기일과 시간에 부여된 비밀번호를 입력하여 비공개 대화방에 접속하여 실시간 조정이 진행된다. 위 조정결과를 토대로 사무국직원이 조정안을 작성한 후 조정관계인의 확인을 받아 조정조서를 작성하면 조정은 성립한다.

(5) 조정의 성립과 효과

조정이 성립된 경우는 조정위원회의 조정안을 수락한 경우와 분쟁당사자가 위원회에 자체적인 조정합의서를 제출한 경우이다. 조정이 성립된 경우 조정조서에 분쟁당사자가 기명·날인하며, 이 경우 당사자간 합의와 동일한 효력이 있다(동법 제35조). 이러한 조정의 효력은 조정제도의 취지와 부합하는가의 문제가 제기된다. 즉, 민사조정위원회, 소비자분쟁조정위원회 및 프로그램심의조정위원회의 조정에 대하여 재판상 화해와 동일한 효력을 부여하고 있지만(민사조정법 제29조, 소비자기본법 제67조 제4항, 컴퓨터프로그램보호법 제40조 제2항), 전자거래분쟁조정위원회와 후술하는 개인정보분쟁조정위원회의 조정은 당사자간 화해가 성립한 것으로 인정하고 있다.[39] 양자의 구체적인 차이점은 전자의 경

39) 개인정보분쟁조정위원회의 분쟁조정에 대하여도 그 효력을 당사자간에 조정조서와 동일한 내용의 합의가 성립한 것으로 인정하고 있다(정보보호법 제38조 제4항).

우에 조정조서가 확정판결과 동일한 효력을 갖기 때문에 이를 기초로 강제집행을 할 수 있지만, 후자의 경우에 확정판결의 효력이 인정되지 않기 때문에 강제집행을 하기 위하여는 다시 소송을 제기하여 확정판결을 받아야 한다(민사소송법 제220조, 민사집행법 제24조). 이러한 전자거래분쟁조정위원회의 조정효력은 전자거래기본법의 제정 당시부터 논란이 되어 왔다. 하지만 조정위원회의 중립성, 공정성, 전문성의 부족 및 국가배상심의회의 배상결정에 대한 헌법재판소의 위헌결정[40]을 이유로 하여 재판상 화해로 인정하지 않았다.[41] 하지만 다음과 같은 점에서 조정의 효력에 대하여 재판상 화해로 인정하지 않은 것은 부당하다. 첫째, 당사자가 조정안을 수락한 후에도 다시 재판상 이를 다툴 수 있도록 하며, 이를 기초로 한 집행력도 부정하게 된다면 조정제도의 존재근거를 상실한다. 둘째, 조정위원회의 중립성을 유지하기 위하여 조정위원의 자격 및 신분보장, 위원의 제척·기피·회피 등에 관한 사항을 규정하고 있으며(전자거래기본법 제32조 제6항), 셋째, 조정위원회의 전문성을 보장하기 위하여 구성에 있어서도 전자거래와 분쟁조정에 관하여 학식과 경험이 있는 자 중에서 임명하도록 하고 있다(전자거래기본법 제32조 제3항). 그러나 국가배상심의위원회는 그 구성에 있어서 위원장을 법무부차관 또는 차장검사 등으로 임명하고, 심의회의 지휘·감독권을 법무부 장관에게 부여하였기에 심의회의 중립성이 보장되지 않는다는 점에서 헌법재판소는 위헌결정을 하였다(국가배상법 시행령 제7조, 제9조, 제15조). 마지막으로 조정에 대하여 재판상 화해로 인정하는 소비자분쟁조정위원회와 이를 인정하지 않고자 하는 전자거래분쟁조정위원회의 차이점은 무엇인가라는 의문이 발생한다. 위원회의 구성, 절차 등에서 거의 동일함에도 불구하고 조정위원회의 조정에 대한 효력을 달리 구별하여야 할 합리적인 이유가 존재하는가? 만약 합리적인 이유가 있더라도 전자상거래로 인하여 피해를 입은 소비자는 소비자분쟁조정위원회의 조정을 신청할 수 있기 때문에 조정의 효력이 더 강한 소비자분쟁조정위원회를 이용할 것이며, 그 결과 전자거래분쟁조정위원회는 유명무실한 조정위원회로 전락하게 될 것이다. 이러한 점에서 조정의 효력을 당사자간 합의의 성립으로 인정하기보다는 재판상의 화해로 인정하여야

40) 헌법재판소 전원합의부, 1995.5.25, 91헌7 [위헌].

41) 옥무석, "전자거래기본법상의 분쟁조정제도," 「인터넷법률」 제8호, 법무부, 2001·9, 30면 참조.

할 것이다.[42)]

(6) 조정의 불성립

분쟁조정의 신청이 취하되거나 분쟁당사자 일방이 분쟁의 조정에 불응하는 경우, 당사자가 위원회의 조정안을 거부한 경우, 당해 분쟁조정 사건에 대하여 법원에 소송이 제기된 경우 및 사건의 성질상 위원회에서 조정함이 적당하지 아니하다고 인정되는 경우에 조정위원회는 조정이 성립되지 않았음을 당사자에게 통지하여야 한다(전자거래기본법 제36조).

〈그림 6〉 전자거래분쟁조정위원회 조정절차

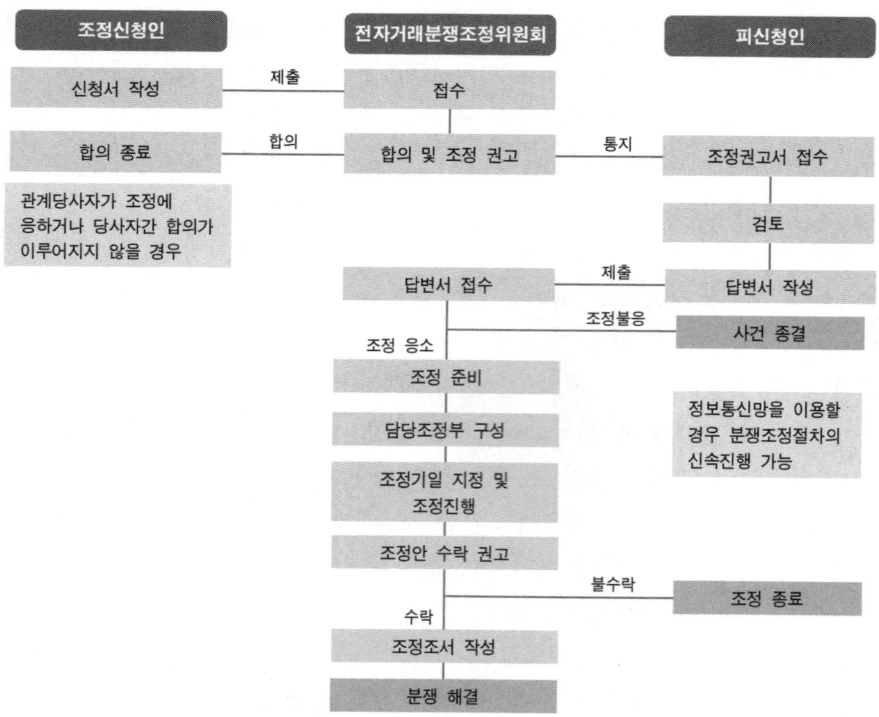

42) 대한변호사협회, "전자거래기본법 중 개정법률(안)에 대한 의견," 「인권과 정의」 제302호, 대한변호사협회, 2001 · 10, 143면.

〈표 11〉 분쟁유형별 조정성립률

(단위 : 건, %)

분쟁유형	조정절차 진행	조정안 수락	비율	분쟁유형	조정절차 진행	조정안 수락	비율
배송관련	3	2	66.6	서비스불만	1	1	100.0
계약취소・반품・환급	34	19	55.8	한글인터넷주소	1	1	100.0
계약변경・불이행	6	3	50.0	이용약관관련	3	2	66.6
상품정보 오기	3	2	66.6	온라인 게임	2	2	100
물품 하자	2	1	50.0	기 타	1	0	-
총 계					56	33	58.9

※ 전자거래진흥원, 2006 전자거래분쟁조정사례집, 2007, 158면.

〈표 12〉 전자거래 분쟁유형별 상담동향

(단위 : 건,%)

분쟁유형	2001년	2002년	2003년	2004년	2005년	2006년	증감률(2005년)
배송관련	224	358	552	513	382	430	12.6
계약취소	67	123	80	45	57	77	35.1
반품 및 환급	207	626	502	529	504	621	23.2
계약조건 변경, 불이행	96	197	381	195	98	239	143.9
상품정보 오기	0	55	59	40	59	67	13.6
물품하자	98	110	100	152	151	199	31.8
개인정보관련	59	79	67	36	30	50	66.7
시스템 오류	12	32	19	16	9	8	-11.1
서비스 관련	48	61	61	51	106	168	58.5
사이버몰 폐쇄	16	29	57	84	52	53	1.9
도메인 · 한글인터넷주소	12	155	308	77	30	31	3.3
허위 · 과장광고	41	75	66	199	76	152	100
쇼핑몰 분양	39	135	109	19	0	0	-
저작권 관련	6	13	16	5	2	9	350
웹호스팅	2	6	8	12	7	6	-14
온라인 게임	2	4	47	135	29	286	886.2
이용약관 관련	7	36	4	20	9	20	122.2
기 타	374	893	926	577	565	700	23.9
총 계	1,310	2,987	3,362	2,705	2,166	3,116	43.9

※ 전자거래진흥원, 2006 전자거래분쟁조정사례집, 2007, 19～21면.

5. 개인정보분쟁조정위원회

(1) 설치의 근거

개인정보분쟁조정위원회는 정보주체와 사업자 간의 개인정보에 관한 분쟁을 조정하기 위하여 정보보호법 제33조에 근거하여 한국정보보호진흥원 내에 2001년 7월부터 설치되었다.

(2) 개인정보분쟁조정위원회의 구성

분쟁조정위원회는 위원장 1인을 포함한 15인 이내의 위원으로 구성하며, 그 중 1인은 상임으로 한다. 위원은 대학이나 공인된 연구기관에서 부교수급 이상 또는 이에 상당하는 직에 있거나 있었던 자로서 개인정보보호관련 분야를 전공한 자, 4급 이상 공무원(고위공무원단의 일반직공무원을 포함) 또는 이에 상당하는 공공기관의 직에 있거나 있었던 자로서 개인정보보호업무에 관한 경험이 있는 자, 판사・검사 또는 변호사의 자격이 있는 자, 정보통신서비스이용자단체의 임원의 직에 있거나 있었던 자, 정보통신서비스제공자 또는 정보통신서비스제공자단체의 임원의 직에 있거나 있었던 자, 비영리민간단체지원법 제2조의 규정에 의한 비영리민간단체에서 추천한 자 중에서 행정안전부장관이 임명 또는 위촉하지만, 상기의 분야에 속하는 자가 반드시 1인 이상 포함되어야 한다(동법 제33조 제2항, 제3항). 위원의 임기는 3년이며, 연임할 수 있고, 위원장은 행정안전부장관이 임명한다. 또한 분쟁의 조정업무를 효율적으로 수행하기 위하여 5인 이하의 위원으로 구성되는 조정부를 설치하며, 조정위원 중 1인은 반드시 변호사의 자격이 있는 자이어야 한다. 조정부의 위원장은 위원 중에서 호선한다. 조정부는 분쟁조정위원회가 위임한 분쟁에 대하여 조정하며, 회의는 과반수의 출석과 출석의원 과반수의 찬성으로 의결한다(동법 제33조의2, 동 시행규칙 제3조의4).

(3) 조정위원의 신분보장 및 중립성 보장

조정위원은 자격정지 이상의 형의 선고를 받거나 심신상의 장애로 직무를 수행할 수 없는 경우를 제외하고는 그의 의사에 반하여 면직 또는 해촉되지 아니한다(동법 제34조). 또한 조정의 중립성을 보장하기 위하여 조정위원은 위원 또는 그 배우자나 배우자이었던 자가 당해 사건의 당사자가 되거나 당해 사건에 관하여 공동권리자 또는 의무자의 관계에 있는 경우, 위원이 당해 사건의 당사자와 친족관계에 있거나 있었던 경우, 위원이 당해 사건에 관하여 증언이나 감정을 한 경우, 위원이 당해 사건에 관하여 당사자의 대리인 또는 임직원으로서 관여하거나 관여하였던 경우에는 당해 분쟁조정청구사건의 심의·의결에서 제척된다. 이와 더불어 당사자는 위원에게 심의·의결의 공정을 기대하기 어려운 사정이 있는 경우에는 분쟁조정위원회에 기피신청을 할 수 있으며, 분쟁조정위원회는 기피신청이 타당하다고 인정하는 때에는 기피의 결정을 한다. 마지막으로 조정위원이 상기의 사유에 해당하는 경우에는 스스로 그 사건의 심의·의결에서 회피할 수 있다(동법 제35조).

(4) 개인정보침해 구제절차

① 신고접수

사업자가 정보보호법상 개인정보보호 규정을 위반하여 개인정보침해를 당한 소비자 등은 개인정보침해신고센터에 전화, 인터넷, PC통신의 신고란 및 팩스, 우편 및 직접 방문을 통하여 신고할 수 있다(개인정보침해신고센터 이용약관 제5조 제3항).

② 신고처리

신고인의 접수에 대하여 개인정보침해신고센터는 개인정보침해의 심각성·중대성 여부를 파악하여 경미한 사안에 대하여는 당사자간 화해 또는 시정권고의 수락을 사업자에게 요구할 수 있다. 하지만 당사자간 화해가 성립하지 않거나 중대한 사안에 대하여는 서류제출요구와 함께 현장조사를 실시하여 시정조치명령, 이행권고, 과태료부과 및 검찰 또는 경찰에 수사의뢰를 함과 더불어 분쟁조정위원회로 이관한다(개인정보침해신고센터 이용약관 제5조 제4항 별표3).

(5) 분쟁조정절차

① 분쟁조정의 신청

개인정보와 관련한 분쟁의 조정을 원하는 자는 분쟁조정위원회에 개인정보분쟁조정신청서를 제출하여 분쟁의 조정을 신청할 수 있다(동법 제36조 제1항). 다만, 분쟁조정위원회는 분쟁의 성질상 분쟁조정위원회에서 조정함이 적합하지 아니하다고 인정하거나 부정한 목적으로 신청되었다고 인정하는 경우에는 당해 조정을 거부할 수 있으며, 조정거부의 사유 등을 신청인에게 통보하여야 한다(동법 제39조 제1항).

② 자료 등의 요청 및 조정기한

분쟁조정위원회는 분쟁조정의 신청을 받은 경우에 당사자에게 그 내용을 통지하고 조정전 합의를 권고할 수 있다(동 시행령 제19조). 당사자간 조정전 합의가 성립하지 않은 경우에 조정위원회는 부득이한 경우를 제외하고 조정의 신청을 받은 날로부터 60일 이내에 조정안을 작성하여야 한다(동법 제36조 제2항). 조정안을 작성함에 있어서 조정위원회는 분쟁조정에 필요한 자료를 당사자에게 요청할 수 있으며, 필요한 경우에는 분쟁당사자 또는 참고인으로 하여금 조정위원회에 출석하여 의견을 진술하게 할 수 있다(동법 제37조). 만일 조정절차의 진행도중에 당사자가 법원에 소를 제기한 때에 조정위원회는 조정처리를 중지하고 이를 상대방에게 통보하여야 한다(동법 제39조 제2항).

③ 의　　결

위원장은 회의개최 5일 전까지 회의의 일시·장소 및 심사안건을 각 위원에게 통지하여 분쟁조정위원회의 회의를 소집하며, 그 의장이 된다. 분쟁조정위원회는 위원장을 포함한 재적위원 과반수의 출석으로 개의하며 출석위원 과반수의 찬성으로 의결한다. 분쟁조정위원회의 회의는 공개하지 아니하지만, 필요하다고 인정될 때에는 분쟁조정위원회의 의결로 당사자 또는 이해관계인에게 방청을 하게 할 수 있다(동 시행령 제17조).

(6) 조정의 효력

조정위원회는 조정안을 작성한 후, 즉시 당사자에게 제시하여야 하며, 조정안을 제시받은 당사자는 15일 이내에 수락여부를 조정위원회에 통보하여야 한다. 이후 당사자가 조정안을 수락한 경우에 조정위원회는 조정조서를 작성하여 위원장 및 당사자가 이에 기명날인하여야 한다. 이 경우에 당해 분쟁에 대하여 당사자간에 조정조서와 동일한 내용의 합의가 성립된 것으로 본다(동법 제38조). 만약 당사자가 조정안에 대하여 15일 내에 거부의 의사표시를 하거나 동 기간

내에 의사표시를 하지 않은 경우에는 조정은 불성립으로 된다.

〈그림 7〉 개인정보분쟁조정위원회의 조정절차

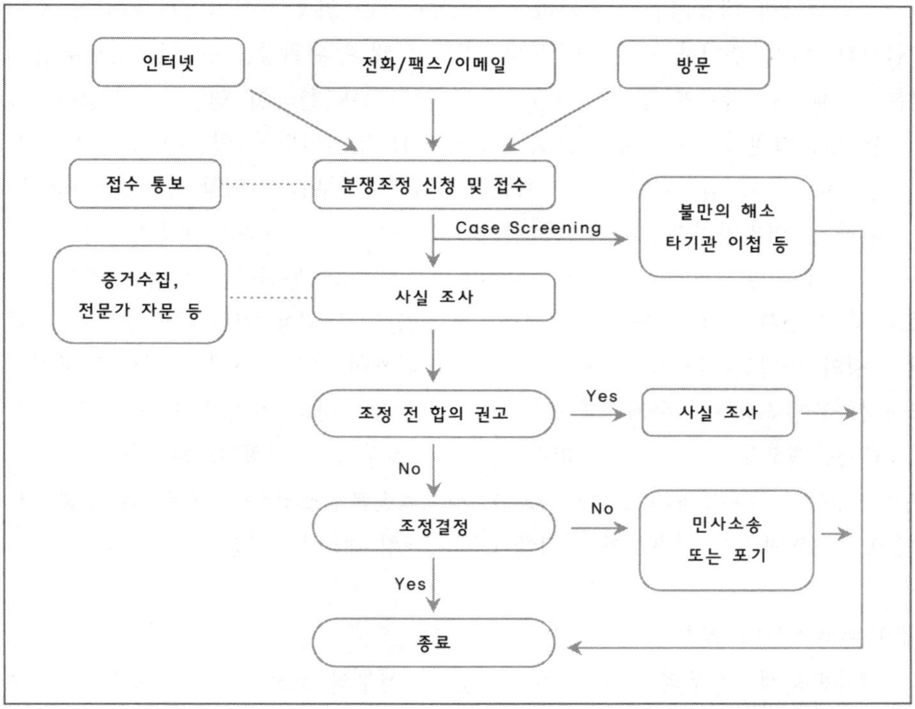

6. 방송통신심의위원회에 의한 분쟁조정

(1) 설치의 근거 및 필요성

온라인상에서 이루어지는 사생활침해 및 명예훼손 등이 급증함에 따라 이로 인한 분쟁을 조정하기 위하여 방송통신심의위원회를 2008년에 신설하여 이에 관한 분쟁조정권한을 부여하였다(방송통신위원회의 설치 및 운영에 관한 법률 제18조, 제21조 제8항, 정보보호법 제44조의10 제1항).

(2) 심의위원회의 구성

심의위원회는 위원장 1인, 부위원장 1인을 포함한 3인의 상임위원을 포함한 9인의 위원으로 구성된다. 위원의 위촉은 대통령이 하지만, 3인은 국회의장이 국회 각 교섭단체 대표의원과 협의하여 추천한 자를 위촉하고, 3인은 국회의 소관 상임위원회에서 추천한 자를 위촉한다. 위원장 및 부위원장을 포함한 상임위원 3인은 호선하며, 위원의 임기는 3년으로 하되 1회에 한하여 연임할 수 있다. 다만, 사고로 결원이 생긴 경우에 위촉되는 보궐 심의위원의 임기는 전임자의 잔임기간으로 한다. 심의위원장이 부득이한 사유로 직무를 수행할 수 없는 때에는 부위원장, 심의위원회가 미리 정한 심의위원 순으로 그 직무를 대행한다(방송통신위원회의 설치 및 운영에 관한 법률 제18조). 특히, 정보통신망을 통하여 유통되는 정보 중 사생활의 침해 또는 명예훼손 등 타인의 권리를 침해하는 정보와 관련된 분쟁의 조정업무를 효율적으로 수행하기 위하여 5인 이하의 위원으로 구성된 명예훼손분쟁조정부를 두되, 그 중 1인 이상은 변호사의 자격이 있는 자로 한다. 명예훼손분쟁조정부 위원은 심의위원회의 위원장이 심의위원회의 동의를 얻어 위촉하며(동법 제44조의10 제1항, 제2항), 명예훼손분쟁조정부의 장은 위원 중에서 방송통신심의위원회 위원장이 지명한다(동 시행령 제36조 제4항).

(3) 분쟁조정의 절차

명예훼손분쟁조정부의 장이 명예훼손분쟁조정부의 회의를 개최하려는 때에는 회의일시·장소 및 안건을 정하여 부득이한 사유가 있는 경우를 제외하고는 회의개시 7일 전까지 위원에게 통지하여야 한다. 명예훼손분쟁조정부의 회의는 재적위원 과반수의 출석으로 개의하며 출석위원 과반수의 찬성으로 의결한다. 명예훼손분쟁조정부의 회의는 공개하지 아니하지 않지만, 필요하다고 인정될 때에는 명예훼손분쟁조정부의 의결로 당사자 또는 이해관계인에게 방청을 하게 할 수 있다(동 시행령 제36조). 이 외의 분쟁조정절차와 조정의 효력은 개인정보분쟁조정위원회와 동일하다.

찾아보기

【저자 약력】
한국해양대학교 대학원 수료(법학박사)
한국해양대학교 법학부 강사
부경대학교 법학과 강사
부경대학교 법학연구소 전임연구교수
한국소비자원 선임연구원
선문대학교 법학과 교수(현)

[저서] 인터넷과 전자상거래법(공저)
전자상거래법(공저)
전자상거래와 소비자보호법
[논문] 소비자단체소송제도에 대한 연구
소비자취소권에 관한 연구
전자소비자계약에 있어서 결제대금예치제도에 관한 연구
전자상거래의 성립시기에 관한 연구
특수거래에 있어서 소비자의 청약철회권에 관한 연구
전자상거래와 해제
전자상거래에 있어서 착오에 관한 연구
통신판매중개에 관한 연구
할부거래와 소비자보호
사이버몰의 약관과 소비자보호에 관한 연구
사업자와 소비자간 전자상거래에서 소비자보호에 관한 연구 등

제2판 소비자보호법

2003년 10월 25일 초 판 발행
2008년 9월 1일 제2판 발행

저 자 고 형 석
발행인 이 방 원
발행처 세창출판사
서울 서대문구 냉천동 182 냉천빌딩 4층
전화 723 - 8660 팩스 720 - 4579
E-mail: sc1992@empal.com
Homepage: www.sechangpub.co.kr
신고번호 제300-1990-63호

정가 30,000 원

ISBN 978-89-8411-233-9 93360